بهاشن

Raif Karadağ

MUHTEŞEM İMPARATORLUĞU YIKANLAR

Truva Yayınları®

Truva Yayınları: 514
Siyaset: 103
Yayıncı Sertifika No: 12373

Genel Yayın Yönetmeni: Sami Çelik
Editör: Sema Satan
Sayfa Düzeni: Truva Ajans
Kapak Tasarımı: Mehmet Emre Çelik

Baskı - Cilt: Step Ajans Reklamcılık Matbaacılık Tan. ve Org. Ltd. Şti.
Göztepe Mah. Bosna Cad. No: 11
Mahmutbey - Bağcılar / İSTANBUL
Tel. : 0212 446 88 46
Matbaa Sertifika No.: 12266

1. Baskı Eylül 2017

ISBN: 978-605-9850-61-2

© Kitabın telif hakları, Truva Yayınları'na aittir.
Yayınevinden yazılı izin alınmadan kısmen veya tamamen alıntı yapılamaz, hiçbir şekilde kopya edilemez, çoğaltılamaz ve yayımlanamaz.

Truva Yayınları® 2017
Kavacık Mahallesi Övünç Sokak Kıbrıs Apartmanı No: 19/2
Beykoz / İstanbul
Tel: 0216 537 70 20
www. truvayayinlari. com
info@truvayayinlari. com
facebook. com/truvayayinlari
instagram. com/truvayayinlari
twitter. com/truvayayinevi

Raif Karadağ
MUHTEŞEM İMPARATORLUĞU YIKANLAR

Raif Karadağ

28 Nisan 1920 tarihinde Yanya'da doğdu. Babası Yanya eşrafından bankacı Süleyman Bey'dir. Annesinin adı Selime'dir. Lozan anlaşması gereğince yapılan anlaşmayla 1924 yılında Türkiye'ye gelen Süleyman Bey ailesi, İstanbul'da Pendik'e yerleşti. Ozaman henüz 4 yaşında bulunan küçük Raif, daha sonra Pendik ilkokulunu bitirdi. Sonra Kadıköy ortaokulundan mezun oldu.

Rumca, Osmanlıca ve İngilizce bilen Raif Karadağ, çocukluk ve gençlik yıllarından beri okumayı çok seven bir insan olarak tanınırdı. Onunu bu okuma aşkı, daha sonraki yıllarda yazma aşkına dönüştü. Bu aşkla Raif Karadağ, gazeteciliği kendine meslek seçti. 1952 yılında günlük Yeni Büyük Doğu gazetesinde yazmaya başladı. Daha sonra Son Havadis, Tercüman ve Bizim Anadolu gazetelerinde yazmış, diğer taraftan da bazı dergilerde de çeşitli yazılarını yayınlamıştır. Bu yazılarından pek çoğunu daha sonra kitap haline getiren Raif Karadağ, gazetecilik mesleği dolayısıyla yaptığı araştırma ve çalışmalarının meyvelerinin gazete sütunlarında kaybolup gitmesini hazırladığı kitaplarla engellemiştir. Bu sayede milli kütüphanemizi, gerek sade ve akıcı Türkçesi, gerekse de araştırma değeri yönünden birçok kıymetli eserle zenginleştirmeye hizmet etmiştir.

İşte bu araştırma ve çalışmalarının semeresi olan ve günümüz açısından da bir ışık olan ve elden düşmeyen, sahasında tek kaynak olma özelliğini halen sürdüren Petrol Fırtınası, Muhteşem İmparatorluğu Yıkanlar gibi eserleri halen bir ışık olarak elimizden düşmemektedir.

Selver hanımla evlenen Karadağ'ın bu evlilikten iki oğlu dünyaya gelmiştir. Murat ve Ferhat.

Raif Karadağ, hem çok iyi bir insan, hem de çok iyi bir aile reisi olarak yaşadı. 22 Aralık 1973 yılında, son derece sıhhatli bir şekilde gittiği Ankara'da kaldığı otel odasında, henüz genç sayılacak bir yaşta (53 yaşında) esrarengiz bir şekilde vefat etmiştir.

İÇİNDEKİLER

ÖNSÖZ 9
GİRİŞ 13
SALİB'İN HİLAL'E AÇTIĞI HARP 13
MEŞRUTİYET DÖNEMİ İLAN OLUNAN
MEŞRUTİYET VE SALİB 19
MEŞRUTİYETTE MUHALEFETİN DURUMU 21
MUSTAFA REŞİD PAŞA'NIN MASONLUĞU 23
MEŞRUTİYET SONRASINDA AVRUPA ile İLİŞKİLER
MEŞRUTİYET'İN İLANINDAN
SONRA AVRUPA'NIN ENDİŞELERİ 28
İNGİLTERE ve RUSYA'NIN İMPARATORLUĞU YIKMA
HUSUSUNDA BİRLEŞMELERİ 29
ARNAVUTLARIN OSMANLI İÇİNDEKİ
YERLERİ ve BALKANLAR'DAKİ
SALİP (HAÇLI) KATLİAMI 31
BÜYÜK REŞİD PAŞA MUAMMASI 43
MUSTAFA REŞİD PAŞA 50
TÜRK–İNGİLİZ–FRANSIZ İTTİFAKI 53
MUSTAFA REŞİD PAŞA'NIN SADRAZAMLIĞI ve SONU
MUSTAFA REŞİD PAŞA SADRAZAM 59
MUSTAFA REŞİD PAŞA'NIN HALK
NAZARINDA GÖZDEN DÜŞMESİ 67
MUSTAFA REŞİD PAŞA'NIN AZLİ VE AVUSTURYA ... 69
LONDRA ANLAŞMASINDAN
SONRAKİ HADİSELER 76
MUSTAFA REŞİD PAŞA'NIN
ÖLÜMÜ VE SONRASI 78
SULTAN ABDULAZİZ HAN'IN CÜLUSU ve
DENİZCİLİKTE İNKILAP 87
DENİZLERDE BÜYÜK İNKILAP 88
KIRIM HARBİ
KIRIM HARBİ'NİN SEBEBİ 90

KIRIM HARBİ'NİN İLANINA TEKAÜDÜM
EDEN SİYASİ HADİSELER 92
KARADAĞ MESELESİ ve RUS SEFİRİ MENÇİKOF 94
YENİ RUS SEFİRİ PRENS MENÇİKOF İSTANBUL'DA 100
İNGİLİZ-FRANSIZ İTTİFAKI ve KIRIM MUHAREBESİ
İNGİLTERE-FRANSA HARP HAZIRLIĞI 103
İNGİLTERE ve FRANSA HARBE GİRİYOR 106
İNGİLİZ-FRANS1Z İTTİFAKI 108
SULTAN ABDÜLAZİZ HAN'IN TAHT'A ÇIKIŞI
SULTAN ABDÜLAZİZ HAN TAHT'A ÇIKIYOR 119
BİR YANDA RUM PATRİĞİ, BİR YANDA ERMENİ
BAŞPİSKOPOSU ve HAHAMBAŞI 123
RUS SEFİRİNİN ENTRİKALARI 131
ABDÜLAZİZ DÖNEMİNDE MÜLKİ, ASKERÎ,
FİKRÎ ISLAHAT ve ATILIMLAR
ABDÜLAZİZ'İN TAHT'A CÜLUSU
SULTAN ABDÜLAZİZ ve TEKNİK İHTİLAL 133
DONANMA ve ORDU KURULUYOR 135
KUDRETLİ DONANMA DOĞUYOR 139
OSMANLI TUNA ZIRHLI FİLOSU 144
OSMANLI KARA ORDUSU 149
MÜLKÎ ISLAHAT 150
FİKRÎ HAREKET ve VİLAYET MATBAALARI 153
İNGİLTERE, MUSTAFA FAZIL PAŞA ve JÖN TÜRKLER. 155
MİDHAT PAŞA
MİDHAT PAŞA (AHMED ŞEFİK) KİMDİR? 157
RUSLARIN, MİDHAT PAŞA'YA
SUİKAST TEŞEBBÜSLERİ 170
TÜRK-RUS HARBİNİN MES'ULÜ MİDHAT PAŞA'DIR 172
DEVLETİ BORÇLANDIRANLAR
DEVLETLÜ PAŞALARDIR 174
ABDÜLAZİZ'İN HAL'I ÖNCESİNDEKİ
HADİSELER ve JÖN TÜRKLER
SULTAN ABDÜLAZİZ'İN HAL'İNE ve KATLİNE
TEKADDÜM EDEN HADİSELER ZİNCİRİ 176
JÖN TÜRKLER ve FAALİYETLERİ 181
ABDÜLAZİZ HAN'IN İLERİLİK HAMLESİ 184
DEVLETİN DEMİRYOLU SİYASETİ 187
DEVLET-İ ALİYYE'DE TELGRAF ŞEBEKESİ 188
AHMED MİDHAT EFENDİ ve İHTİLALCİLER 190

İHTİLALCİLER ve MASON LOCALARI 195
ALİ SUAVİ EFENDİ.. 202
ALİ SUAVİ FİRAR EDİYOR.. 210
PRENS MUSTAFA PAŞA KİMDİR? 214
HÜSEYİN AVNİ PAŞA ve SULTAN AZİZ'İN
MÜSRİFLİĞİ İDDİASI
HÜSEYİN AVNİ PAŞA'NIN İHANETİ 218
SULTAN ABDÜLAZİZ HAN MÜSRİF DEĞİLDİ 230
PEHLİVAN MUSTAFA ve
ÂLÎ–FUAD PAŞALARIN GAFLETİ
SULTAN ABDÜLAZİZ HAN'IN KATLİNDE
KULLANILAN PEHLİVAN MUSTAFA İLK DEFA
SAHNEYE ÇIKIYOR... 237
HÜSEYİN AVNİ PAŞA İKBAL YOLUNDA............................. 239
ÂLÎ ve FUAD PAŞALARIN GAFLETİ 240
HÜSEYİN AVNİ PAŞA AVRUPA'DA....................................... 248
MİDHAT PAŞA ve İNGİLİZ SEFİRİ ELLIOT
İHANET KADROSUNUN BAŞI MİDHAT PAŞA................ 251
MİDHAT-ELLIOT İKİLİSİ 259
İNGİLİZ SEFİRİNİN SAYGISIZLIĞI...................................... 263
MİDHAT PAŞA İÇİN ELLIOT NE DİYOR?........................... 267
OSMANLININ NE OLDUĞUNU BİLMİYORLARDI 270
GAYR-İ MÜSLİM İKTİDARI 272
SIR HENRY ELLIOT ve İNGİLİZ OYUNLARI
HRİSTİYANLARIN GÜYA İMHASI PLANI........................... 275
İNGİLİZ SEFİRİ İÇİN ISLAHAT NEDİR? 278
İNGİLİZ AMİRALİ İSTANBUL'DA 281
ULEMA TAHRİK EDİLİYOR... 284
DR. KAPOLEONE, MASON ŞEHZADE ve
MUSTAFA FÂZIL PAŞA Dr. KAPOLEONE DENEN AJAN . 287
MASON BİR ŞEHZADE... 289
BEYNELMİLEL SERMAYE-
MUSTAFA FÂZIL PAŞA İŞBİRLİĞİ 291
İHANETİN SON SAFHASI: HAL'... 295
ROMANYA'NIN VAZİYETİ... 388
MİTHAT PAŞA LONDRA'DA ve BAĞDAT VALİLİĞİ........ 407
MİDHAT PAŞA BAĞDAT VALİSİ... 412
MİDHAT PAŞA İZMİR VALİSİ 444
YILDIZ MAHKEMESİ.. 458

ÖNSÖZ

Dünyada petrol denen hammaddenin mevcudiyetinin siyasi hadiselere tesirlerini –hasbelkader– tedkik mecburiyeti, bizi Türk tarihinin, bilhassa yakın safhasının içine girmeye mecbur etmiştir. Bu mecburiyet, Türk tarihi bakımından bizi dehşete düşmeye mecbur eden birtakım pek ciddi hadiselerle karşı karşıya getirmiştir ve bütün bu tedkiklerimizi otuz yıldan fazla bir zaman içinde yaptıktan sonra, ilk eserimiz olan *Petrol Fırtınası* ile *Şark Meselesi* adlı eserimizi Türk efkârının engin müsamaha ve tedkikine arzetmiştik fakat bu tedkiklerimiz sonunda öğrendik ki, Türk tarihi henüz yazılmamıştır ve gerek memleketimizde gerek memleketimizin dışında okutulan veya öğretilen Türk tarihi –maalesef– Türk'e düşman çevrelerin belli birtakım gayeler sonunda yazdıkları veya yazdırdıkları tarihlerdir.

Biz, bir tarih yazdığımız iddiasında veya cür'etinde değiliz. Ancak tedkik edebildiğimiz kadarıyla, dehşete düştüğümüz fahiş yanlışların bir kısmını olsun düzeltebilmek iyi niyeti ile kalemi elimize almış ve bir-iki tecrübeye girmiş bulunmaktayız.

Türk tarihi elbette yazılacak ve bir gün bu tarihi yazacak olan müverrihler, ortaya çıkacak acı hakikatler önünde hem ileri hayrette kalacaklar, hem de fahiş hataları ile Türk milletini dehşete düşüreceklerdir.

Biz bu fahiş hatanın, daha doğru tabiri ile, bile bile devam eden bir yanlışın elimizden geldiği kadar tashihi yolunda bir deneme yaptık. Ne derece muvaffak olduğumuzu okuyucunun takdirine terkettiğimiz bu tarih hatası *Sultan Abdülaziz'in hal'i ve katli* hadisesidir.

Bugüne kadar böylesine bir hatanın ısrarla devam ettirildiğini öyle zannediyoruz ki dünya milletlerinin hiçbirisinin tarihlerinde bulmak mümkün değildir. Nihayet mazlumların katiller ve hainler ile yer değiştirdikleri bu hadisedekine benzer şekilde bir ikinci misal de bulmak zannımızca imkansızdır.

Elde mevcut vesikalar pek yanlış değerlendirilmek suretiyle işlenen bu fâhiş hata, öyle zannediyoruz ki Türk milletinin tarihi ve tarihî seyri üzerinde çok menfi tesirler icra etmiş ve etmekte devam edegelmiştir. Bugün dahi aynı hatalar üzerinde ısrarla durmaktayız ve bu ısrarın pek tabii neticesi olarak da Türk milleti, yanlış tarihî bilgiler üzerine bina ettiği devletini ve kendi belini bir türlü doğrultamamaktadır.

Biz şuna kâniiz ki, bir millet eğer tarihini bilmiyorsa, eğer tarihi yanlış öğretiliyor ve bilerek başka bir istikamete sevkediliyorsa, o millet için çöküş mukadderdir.

Pek geriye değil, yüz yıl evveline dönüp baktığımız vakit Türk Devleti'nin, *Osmanlı* adı altında dünya siyasi haritasında işgal ettiği yerleri dehşet ve ibretle görürüz.

Üç kıtaya yayılmış devâsâ bir imparatorluktan, dünyanın en kudretli iki donanmasından birisine sahipken, dünyanın en modem harp tekniğine göre hazırlanmış ve devrinin bütün askerî otoritelerinin gıbtasını çekmiş kudretli bir orduya sahip bir devletken, geride kalanlarla meydana gelmiş küçük bir devlet durumuna nasıl indirildiğimizi anlamak cidden pek zordur. Aklın ve idrakin reddetmeye daima meyyal bulunduğu bir *anlama* keyfiyetini, derinlemesine inmedikçe, Osmanlı ciddi surette tetkik edilmedikçe tesbit etmek asla mümkün değildir.

Biz, işte bu *anlama* keyfiyetini yerine getirmek için bu tecrübeyi yaptık ve *Sultan Abdülaziz Han'ın hal'i ve katli* hadisesini ele aldık. Zira bu mevzu üzerinde, Türk milletinin salahiyetli bildiği zevatın hemen hepsinin yazdıkları, birbirlerinin devamı veya teyidi mahiyetinde olarak daima bir istikameti göstermiş ve hepsi bir noktada ittifak etmişlerdir: *Sultan Abdülaziz katledilmemiş, intihar etmiştir.*

Biz, bu iddianın karşısına çıkmış tek insan değiliz, bizden evvel de bu iddianın karşısına çıkmış olanlar bulunmuş ve iddialarını isbat etmek için gayret sarfetmişlerdir. Onların bu gayretleri birçok vesâikin gün ışığına çıkmasına yardımcı olmuş, böylece bu vesikaların ışığında yaptığımız tedkik, bizi hadisenin mahiyetini tamamen değiştiren bir neticeye götürmüştür: *Sultan Abdülaziz Han intihar etmemiş, katledilmiştir.*

Bu kitabımızda göreceğiniz vesikalar, bu vesikaların ışığında ileriye sürmeye cür'et ettiğimiz mütalaalar, öyle ümit ediyoruz ki okuyucuyu tatmin edecek ve bizim vardığımız neticeye bu kitabı okuyan her okuyucu da iştirak edecektir.

Katl hadisesini intihara tebdil etmek için düzenlenen yanlış ve maksatlı rapor, seraskerin bir padişah cesedi başındaki küstahlığı, sarfettiği sözler, insanı dehşete düşürecek birtakım tezâhürlerdir. Bizim hiç kimseye ne düşmanlığımız ne de bir başka cepheden kinimiz yoktur. Bu sebeple, kitabımızda sık sık rastlanacak *hain, çete* gibi sıfatları okuyucunun çok görmeyeceğini ümit etmek isteriz. Çünkü ortada bir olay vardır: *Devlete ihanet* edilmiştir ve bu ihanet sonunda da Türk devletlerinin en ulusu, en muhteşemi dize getirilmiştir. Sadece dize mi getirilmiştir? Hayır... Dize getirilmekle kalınmamış, parçalanmış, tarumar edilmiş ve daha dün denecek kadar yakın bir geçmişte dünya siyasetinde kendisinden "Acaba o ne der?" diye bahsedilen koskoca devlet, sözü edilmez küçük bir devlet menziline indirilmiştir.

Bu devleti, ilhamını dışardan alan birtakım hareketlerle parçalayanlar hakkında elbette *hayırhah olacak değiliz.* Ve sadece bu sebeple de, onlara gerçek sıfatları ile hitap etmek isteyecek ve bunu bir vatan borcu olarak yapacağız. İster dünün, isterse bugünün devletine, Türk'ün devletine yabancı telkinleri ile karşı çıkanlar, onu yıkmak isteyenler tek kelime ile tavsif edilirler: *İhânet*... Biz de, bu fiili işleyenleri aynı sıfatla andık ve anmakta devam edeceğiz. Okuyucunun bizi affedeceğine inancımız sonsuzdur.

Pendik-Nisan 1971
Raif KARADAĞ

GİRİŞ
SALİB'İN HİLAL'E AÇTIĞI HARP

Osmanlı İmparatorluğu'nun son bir asırlık siyasi, iktisadi ve içtimai hayatı sarih olarak göstermiştir ki, Türkler olmadıkça İslâmiyet pâyidâr olamaz. Bu bakımdan, İslamiyet'in yegâne istinatgâhı olan Osmanlı İmparatorluğu'nu her türlü terakki ve ilerlemeden mahrum bırakmak, iktisaden çökertmek, içtimai sahada da temeline dinamit koyarak bunu ateşlemekten başka çıkar yol yoktu. Avrupa, daha doğru tabiri ile hristiyan alemi ve bilhassa Rusya ile Fransa bunu böyle düşünüyorlar ve bu hususların tahakkuku için azami derecede Osmanlı İmparatorluğu aleyhine çalışıyorlardı. XIX. asır tarihi, Fransa ile Rusya arasında Osmanlı İmparatorluğu'nu yıkmak için yapılan bir çok anlaşmalarla doludur. Bu hususu bilmezlikten gelmek, halen içinde bulunduğumuz buhranlı günlerin Türkiye'yi nerelere kadar götürmekte olduğunu anlamamak demektir.

Dün Deli Petro'nun vasiyetine sıkı sıkıya sarılmış olan Çarlık Rusyası diplomasisi, sıcak denizlere inmek için sarfettikleri bütün gayretlerin, hatta en zayıf zamanında dahi Osmanlı İmparatorluğu tarafından azâmete uğratıldığını müşahede etmiş ve bu devleti çökertmek, siyasi haritadan kaldırmak için bütün güçlerini seferber etmişti.

Rusya, bunu böyle yapmak için kendisini haklı çıkaran birtakım gayr-i mantıki sebepler ortaya koymakta idi. Bunların başında, boğazların Türk hakimiyeti altında bulunuşu kendilerince en büyük bir sebep olarak mütalaa edilmekte idi. Rusya genişlemek, dünya hammaddelerine sahip olmak, büyük, cihan-şümul bir imparatorluk kurmak ve dünyayı kendi hegemonyasına tâbi bir duruma sokmak hülya ve emeli peşinde koşmakta idi. Bu Rus planının da tahakkuku için sıcak denizlere, dünya medeniyetinin tarih boyunca geliştiği Akdeniz'e inmek başlıca hedefi olmuştu.

İşte bu siyasi hedeftir ki, Rusya'yı, Osmanlı İmparatorluğu aleyhine her teşebbüste daima başta bulunmaya sevk etmiştir.

Rusya'nın, Osmanlı İmparatorluğu'na müteveccih bu hasmâne ve düşmanca siyaseti yanında, bütün bir Avrupa, *hasta adam* adını verdikleri Osmanlı İmparatorluğu'nu parçalamak, onu yok etmek için elbirliği yaptılar. Aslında, Avrupa devletlerinin bu birleşmesi, asırlardan beri devam edegelmekte olan ehl-i salib'in (haçlı) devamından başka bir şey değildi ve Osmanlı Türk İmparatorluğu'nun kafi olarak parçalanmasını da salip, hilal'e karşı Berlin muahedesi ile elde etmiş bulunuyordu.

Her türlü terakki ve gelişmeden kasten mahrum edilen, içişlerine her gün artan bir hırs ve kinle saldıran salip, dünyanın dörtte biri üzerinde yayılmış devâsâ bir imparatorluğun üzerine bütün kudreti ile saldırmış, o muhteşem imparatorluğu, İslâm'ın tarih boyunca koruyucu ve yüceltici bulunan müslüman-Türk'ün devletini çökmeye mahkum etmek hususunda Rusya'ya azami müsamahayı göstermişti.

Tarihlerimizde meş'um bir sâbite olan 93, yani 1877-78 Türk-Rus Harbi'ne bu maksatla göz yumulmuş, fakat Rusya'nın beklenmeyen ani ve Osmanlı İmparatorluğu'nun izmihlaline yol açacak muzafferiyeti üzerine, galip Rus orduları Ayastefanos (Yeşilköy) önlerinden yine salip tarafından geriye çekilmeye mecbur edilmişti.

Osmanlı İmparatorluğu'nun üzerine yığılan bütün bu beliyyeler, hep salip zihniyeti ile harekete geçirilmiş olan Berlin muahedesinin tabii bir neticesi idi. İşte böylece, bir azmanların en adil insanlarının hükmettiği, en adilane bir idarenin hakim olduğu ve sadece insanlığa hizmet fikrinin yerleştiği bu topraklarda bir kere daha salib'in korkunç ve iğrenç yüzünü, 400 milyona yakın müslümanın kalbi mesafesindeki İstanbul semalarında göstermesine yol açmıştı.

Salibin hilale hıncı ve kini bitmemiştir. İşgal edilen vatanı Macaristan'dan, iltica ettiği ABD'ne adımını atar atmaz, daha ayağının tozunu aldırmadan bir kitap yazan Stefan Zweig, Türkçe'ye *Tarihte Yıldızın Parladığı Anlar* adı ile tercüme edilmiş bulunan kitabında bu salip fikrini, en açık ve reddi imkan dahilinde olmayan bir vâkıa olarak ortaya koymaktadır. Muharrir, bu eserinin birinci bahsi olan İstanbul'un fethi kısmında salib'i dile getiriyor ve bütün ehl-i salibi seferberliğe çağırıyordu. Stefan Zweig diyor ki: "Ey Hristiyanlık! Ey salibe bağlı olanlar, uyanınız. Barbarların Ayasofya'dan indirdikleri altın haç yerde sürünmektedir. Bu altın haçı oradan kaldırmak, yerine koymak zamanı gelmiştir."

İşte bu da gösteriyor ki, salibin hilale karşı hıncı dinmemiş, kin ve gayzı devam etmektedir.

Demek oluyor ki, dün Osmanlı İmparatorluğu hangi şartlar altında yıkılmış ise, bu şartların başında salip ne derece ehemmiyetli bir yer işgal etmiş ise, bugünkü Türk Devleti de o derece tehlikelerle çevrili bulunmaktadır.

Berlin muahedesi, Osmanlı İmparatorluğu'nun sadece ölüm fermanını imza etmekle kalmamış, aynı zamanda bu devletin nasıl parçalanacağını da sarâhatle ortaya koymuştu. Osmanlı İmparatorluğu ne yapsa, nasıl tedbir alsa faydasızdı. Bir kere salip hilali idama mahkum etmişti ve bu hüküm infaz edilecekti. Onun içindir ki, Balkanlar, Girit, Makedonya dev orduların iştihasını çeken birer av olmuşlar; fakat kendi aralarındaki iktisadi rekabetlerden dolayı bu orduları harekete getirememişlerdi. Bu işi yapmak için kendilerince muvafık görülen ve Osmanlı İmparatorluğu hudutları içerisinde rahat ve huzur içerisinde yaşayan Balkanlı halklarını kullanmışlardı.

İşte bu andan itibaren Balkanlar ve Osmanlı İmparatorluğu'nun birçok kısmı kan ve ateş içine atılmış, zavallı müslüman-Türk'ün kanı oluk gibi akıtılmıştı.

Avrupa memnun ve mesut, bir milletin boğazlanmasını seyrediyordu; öyle ya, dökülen kan müslüman-Türk'ün kanı idi bunun ne ehemmiyeti olabilirdi.

Bir Bulgar veya Sırp komitacısının, bir Yunan kaptanının müslüman Türk cesetleri üzerinde şarap içmesi, medeni Avrupa'yı sadece memnun edebilirdi; zira ölenler müslüman-Türklerdi.

An'anelerimize göre en mukaddes varlık telakki ettiğimiz kızlarımızın bekâretlerinin, ağzı salyalı hoyrat çobanların, gözü dönmüş komitacıların gözleri önünde ve hora teperek kirletilmesi, bu medeni Avrupa'yı asla alakadar etmemekte idi; zira namusları pâyimâl edilenler Türk ve müslümandı.

Bir milletin, asırlar boyunca vatan edindiği topraklar üzerinde giriştiği her türlü imar ve iskan hareketi, birtakım katillerin canavarca tecavüzlerine hedef olmuş, asırların meydana getirdiği ümran tahrip edilmiş sanki ne olurdu? Bu husus da medeni Avrupa'yı alakadar etmiyordu; zira, bu muameleye hedef olanlar salîbiyyûndan (haçlılardan) değillerdi.

Günlük ibadetlerinde ve camilerde bulunan Türklere ellerinde dinamit ve bombalarla saldıran, Allah'a ibadet eden Türkleri topyekün imha eden caniler, Avrupa'nın takdirlerini kazanıyorlardı; zira, Berlin muahedesi onlara hilale karşı giriştikleri her harekette serbest olduklarını ilan ediyordu.

Bütün bunları düşünmek, tasavvur etmek bile insanlık için bir yüz karasıdır ve bu yüz karası medeni Avrupa'nın teşvik ve yardımları ile yapılmakta idi.

Ehl-i salibin mümessili Avrupa, bütün bu hadiseler karşısında susuyor, Osmanlı Devleti bu cinayetleri, insanlık dışı bu canavarlıkları tedip etmek için harekete geçtiği anda da, elinde bir *ıslahat projesi* ile müslüman-Türk devletinin karşısına çıkıyor ve şekâvet erbâbını himaye ediyorlardı.

Girit'te tatbik edilen ıslahatın ne olduğu ortadadır. Bütün planları, Osmanlı İmparatorluğu'nun kolunu kanadını kırmak ve vakti gelince bu devleti, kolu-kanadı kopmuş bir kuşa çevirmek için ortaya atılmış suni tedbirlerdi. Onların hedefi ve asıl maksadı, Türk'ü İslâmiyet'ten uzaklaştırmak, hilafeti kovmak ve dünya müslümanlarını başsız bırakmaktı. Bu bakımdan İstanbul, dünya hilafetinin merkezi olan bu şehir, Türklerden alınacak ve böylece İslâmiyet başsız bırakılacaktı.

Girit'te tatbik edilen ve büyük Avrupa devletlerinin kafi teminatı altında bulunan statü, kısa zamanda devlet-i aliyyenin aleyhine işlemiş; Girit, Rus Çarı'nın kuzeni Prenses Olga ile evlenen Yunanistan'ın ilk Kralı Yorgi'ye peşkeş çekilmişti.

Girit, böylece, bir emr-i vâki ile Osmanlı İmparatorluğu'ndan koparıldıktan sonra sıra Balkanlar'a gelmiş dayanmıştı. Girit'te tatbik edilen insanlık dışı davranışlar burada da aynen tatbik edilmiş ve bütün bu cinayetler, milletlerin haklarını istirdat için girişilmiş faaliyetler olarak mütalaa edilmişti. Evet, Avrupa'nın medeni milletleri bir milleti boğazlarken, boğazlayan hakkında böyle düşünüyorlardı. Halbuki, mesele temelinden başka idi. Avrupa, tarihin hiçbir devresinde tatbikten geri kalmadığı salîbî siyasetini bir daha hilalin üzerine savlete geçirmişti. Aslında, mücadele bundan ibaret de değildi; fakat Avrupa devletleri, bunu bir paravan gibi kullanmakta kararlı idiler. Osmanlı toprakları üzerinde cereyan eden hakiki mücadele ise, bu devletin derinliklerinde mevcut ve her geçen yıl biraz daha kıymetlenen yeraltı ve yerüstü servetleri idi. Bu devletler, mücadeleyi açıkça bu servetler üzerinde yapamıyorlar ve salibi hilalin üzerine sevkederlerken, tek anlaşabildikleri bir koz'un arkasına sığınmış oluyorlardı.

Osmanlı İmparatorluğu'nun en iyi bir niyetle ve hakikaten insanca tatbike kararlı olduğu birçok ıslahat hareketlerini de sırf kendi politikalarının muvaffakiyeti için baltalamaktan geri durmuyorlardı. Osmanlı İmparatorluğu, Berlin muahedesinden itibaren kendi hudutları içindeki vilayetlerin hemen hiçbirisine nasip olmayan umran hareketlerini ve en ileri tekniği, Avrupalıların, salibi üzerimize çullandırdıkları Balkanlar ve Makedonya'da yapıyordu.

Sultan Abdülaziz'den itibaren, Sultan Abdülhamid devri de dahil olmak üzere, halen Balkanlar'da kullanılmakta bulunan birçok demiryolu yapılmış, yolları muntazaman ve devrin en iyi vasıflı şoseleri olarak yeni baştan ele alınmış, köprüler yapılmış, mektepler açılmış, vergi usulleri ıslah edilmiş, bütün bunlardan ayrı olarak devlete isyan eden haçlılar zihniyeti ile hareket etmekten geri kalmayan kiliselerinin dahi imar ve tamirine medar olacak yardımlarda bulunulmuştu. Ayrıca, Bulgar kilisesi müstakil hale getirilmiş, uzun asırlar devam eden bir dinî anlaşmazlık bertaraf edilmişti.

Fakat hayır, bütün bu ümran hareketleri, devletin hüsn-i niyeti Avrupalılar karşısında mücadeleyi durdurmak için kafi birer sebep olamamıştır. Böylece Balkanlar, Makedonya ve Osmanlı İmparatorluğu'nun birçok yerleri yer yer yangınlara gark edilmiştir. Ne gariptir ki Avrupa işlenen bütün bu cinayetler karşısında susmuş ve kendi teşviki ile hareket eden salibi, kudretinin son kertesine kadar desteklemişti.

İşte yukarıdan beri işaret ettiğimiz bu sebeplerdendir ki, Avrupa tarafından adalet-i ilahiye fikri bir tarafa atılmış, salibe azami derecede destek verilmiş ve Osmanlı Devleti için meş'um bir netice hazırlayacak olan Reval mülakatına yol açılmıştı.

Reval mülakatıdır ki, Türk kanı içmekten ve akıtmaktan zevk alan, İslâmiyet'i mahvederek ebediyyen dünya üzerinden kaldırmak sevdasında bulunan Rusya'nın Reval'de elde ettiği imtiyazlar, elbette ki, Osmanlı Devleti'nin çökmesine büyük mikyasta yardımcı olacaktı.

Artık Avrupa'yı idare eden ehl-i salip erkânı, onların kanlı katilleri Balkan komitacıları, velhâsıl doğuda ve batıda yaşayan bütün bir hristiyanlık alemi, bu neticeden, adeta İsevîlik yeniden doğmuşcasına memnun olabilir ve saadet duyabilirdi. Zira bir Türk-İslâm İmparatorluğu mahvediliyordu.

MEŞRUTİYET DÖNEMİ

İLAN OLUNAN MEŞRUTİYET VE SALİB

"Türkiye Türklerindir!" Senelerden beri takip olunan ve Avrupa'da Mısırlı Prens Mustafa Fâzıl Paşa delâleti ile Rodchild'in parasını yiyen Jön Türklerin bu parola(sı)nın sonunda *İkinci Meşrutiyet* adını verdiğimiz devreye girildi.

İkinci Meşrutiyet'in ilanından yıllarca evvel başlamış bulunan, maddi ve manevi gücünü Batı'dan alan, Osmanlı İmparatorluğu hudutları dahilindeki cinayetlerin önünde daima yüzümüze vurulmak istenen ve "Bu topraklar Türklere ait değildir, onları sahiplerine veriniz!" diyen zihniyetin cinayetlerindeki maskeyi yırttık.

Bu maskenin arkasından Avrupa'nın korkunç yüzünü gördük, ama iş işten geçtikten sonra.

Fakat gariptir ki Türk'ün amansız rakibi, daima olduğu gibi, hudutsuz merhametidir. Türk ırkının, elinde olmadan zayıflara ve mazlumlara duyduğu merhamet, onların ezilmelerine mani olmak hasleti, düşmanları tarafından, yani salîbiyyûn tarafından takdir edilmediği gibi, düşmanlık kazandı. Türkler, idareleri altındaki milletlere her türlü medeni haklarını bahşederken, onlar bu hakların verilişini bir zaaf telakki ettiler.

Tarih şahittir ki Türkler, beklenmeyen bir zamanda galeyana gelen milli tehevvürleri sonunda nasıl korkunç bir kuvolmuşlarsa, idare tarzında da o nisbette ince ve kıvrak bir sistemin de tatbikçisi ve devamcısı olmuşlardır. Fakat Batı, yani salip kararlı idi. Osmanlı İmparatorluğu mucizeler gösterse bile netice değişmeyecekti. Meşrutiyetin ilanını şart koşan salip, bu idarenin ilanı ile birlikte, zannedildi ki, Balkanlardaki komitacıların silahlarını teslim etmelerini talep edecek ve Osmanlı İmparatorluğu'nda bir sükun ve sulh devresi başlayacaktı ve yine zannedildi ki, Makedonya'da karargâh kurmuş Garp misyonerleri, musibet tellalları yurtlarına avdet edecekler ve mücadele burada nihayetlenecekti. Paris'te, İngiliz lirası bozdurarak veya arkadaşları aleyhine jurnaller göndererek hayatlarını devam ettiren Jön Türkler ve onların memleketteki çömezleri işte böyle düşünüyorlardı; fakat, netice bu zevatın bekledikleri gibi olmadı. Batı alemi, Osmanlı İmparatorluğu'na dikmeye kararlı olduğu ehl-i salip heykelini, bu zevatın gözleri önünde ve kendilerine sunduğu muvaffakiyet ve zafer iksiri ile sarhoş ederek dikiverdi.

Osmanlı İmparatorluğu, böylece İkinci Meşrutiyet hikayesi ile, kafi dağılma ve yok olma devresi içine girdi. Bulgaristan istiklali, Bosna-Hersek'in kaybı, bu idarenin Türkiye'ye getirdiği meş'um neticelerin ilk iki misali olarak değerlendirilebilir...

Hiç mümkün müdür ki, Osmanlıları barbar telakki eden salip, içinde bulunduğu ve sıkı sıkıya sarıldığı ilim ve tekniği terketsin ve bundan ayrı olarak, varlığının temeli addettiği İseviyet'in, bu ilmi almaya ve memleketinde tatbike başlayan İslâmlar tarafından, kuvvetlenmeleri halinde tehlikeye atılmasına Batı razı olabilsin. Elbetteki hayır... İşte, bize yepyeni bir devir getiren Jön Türklerin düşünmedikleri, düşünmek istemedikleri, belki de akıllarından geçmeyen madalyonun ikinci yüzü bu idi ve bu zevat hiç düşünememiştir ki, İngiliz Noel Bukston kardeşlerin silahlandırdığı ve direktif verdiği Bulgar komitasının başı Sandanski ile Türkiye'ye hürriyet gelmeyecektir. Evet, hakikaten düşünmemişlerdir ve bu yüzden de, Türk milletine karşı, Türk tarihine karşı büyük bir mesuliyet yüklenmişlerdir.

Bu zevatın kurmak istedikleri ve kurduktan sonra da koskoca bir imparatorluğu on yıl gibi kısa bir zamanda yıkmalarında başlıca rolü oynayan İkinci Meşrutiyet Meclisi'nin teşekkül tarzı dahi akıllarını başlarına getir(e)memiş ve intibaha sevkedememiştir.

Bu zevatın, "Uhuvvet, adalet, müsavat, hürriyet!" sloganları ile memlekete getirdikleri meşrutiyet meclisinde mevcut 144 a'yan azasının 1 tanesi Ulah, 3'ü Sırp, 4'ü Bulgar, 10'u Ermeni, 23'ü Rum, 1'i Arap Katolik, 4'ü Yahudi, 20'si Arnavut, 6'sı Kürt, 70 tanesi Türk'tü ve bunlar içerisinde de birçok dönme Maruni de bulunmakta idi.

İşte, sadece bu tablo, Jön Türklerin gözlerini açmaya kifayet edecek kadar korkunç bir sırıtışla ortada dururken, hâlâ "Hürriyet, uhuvvet, müsavat, adalet!" diye feryat etmenin sebebini anlamak çok güçtür.

Meşrutiyet'i ilan edenlerin hiçbir vakit akıllarına getirmedikleri bir husus da şudur: Bir asırdan beri devam edegelmekte olan ve netice almaya başladığı bir sırada ehl-i salibin, Osmanlıların kalkınmasını asla nazar-ı dikkate almayacağı ve daima köstekleyeceği hususu idi.

Nitekim, bu zevatın, hürriyeti birlikte ilan ettikleri için tefahur ettikleri bu Balkan komitacıları, onların gözü önünde devletin hükümet merkezinde halîfe-i rû-yı zemin Sultan Abdülhamid'in ikamet ettiği Yıldız Sarayı'nı topa tutacak ve Yanya müdafii Esad Paşa'nın da tefin ederek yazdığı bu menfur hadisede bu sarayı yağma edecek ve sonunda Türk Ordusu'nun alnına bir kara leke sürecekti.

MEŞRUTİYETTE MUHALEFETİN DURUMU

Meşrutiyet'in ilanı ile birlikte, Osmanlı İmparatorluğu iç bünyesindeki kaynaşma da bütün şiddeti ile devam etti. Muhtelif milletlerden meydana gelmiş olan Osmanlı topluğu bünyesinde bu milletlerin, salibin desteği ile giriştikleri istiklal hareketleri ve bunu tahakkuk safhasına çıkarmak için müracaat ettikleri usuller yanında, bizzat Osmanlı Türkleri de İttihad ve Terakki Cemiyeti'ne şiddetle muhalefet etmekten geri durmamışlardır.

Başlangıçta İttihadcılarla birlikte iken, sadece birtakım art düşüncelerle İttihadcıların liderleri ile arası açılan Miralay (Albay) Sadık Bey, kısa bir zaman içinde Ahrar ve İtilaf Fırkası'nı kurdu ve teşkilatlandırdı. Osmanlı İmparatorluğu'nda Meşrutiyet'in icabı olan çift parti idaresine geçilmişti; ancak bu muhalefet, esasen maksatlı bir şekilde iktidara getirilmiş bulunan İttihad ve Terakki Cemiyetini idare eden zayıf, zayıf olduğu nisbette memleket ve dünya hadiselerinden bî-haber kadro karşısında Sadık Bey, durumunu tamamen yıkıcı bir esasa istinat ettirmiş ve mücadelesini bu yoldan yapmıştı.

İttihadcıların iktidara geçişlerine *maksatlı* diyoruz; zira, artık bu hükme varmak için elimizde kafi miktarda vesaik mevcuttur ve tarihin bu devresi hemen hemen tamamen aydınlanmış gibidir. Maksatlıdır; zira bu partinin, daha doğru tabiri ile bu cemiyetin iktidarının en kudretli adamı Talat Paşa, Edirne postahanesinin telgraf memurluğundan bir anda ve en yakın dostu, Selanik mebusu, Bari mason locasının Türkiye'deki en büyük mümessili, Sultan Abdülhamid'i tahtından indiren fetvayı tebliğ eden, hepsi de gayr-i Türk unsurdan müteşekkil dört kişilik heyetin içinde bulunan Emmanuel Karasu Efendi delâleti ile, bir anda Şark masonluğunun maşrik-ı a'zamı pâyesine yükseltilmiş ve masonluğun en büyük derecesi olan 23 derece ile taltif edilmiştir.

Demek oluyor ki, Türk-İslâm İmparatorluğu'nu parçalamak ve gerek Rusya'nın, gerekse Fransa'nın, XIX. asırdan sonra İngiltere ile müşterek bir surette ve Almanya'yı da aralarına alarak giriştikleri bu salip hareketinde, beynelmilel Siyonizm ile de elele vermişti.

Bu milletlerin, beynelmilel siyonizmi, Osmanlı İmparatorluğu'nun parçalanmasında vasıta olarak kullanılmalarındaki sebep ise aşikardır.

MUSTAFA REŞİD PAŞA'NIN MASONLUĞU

Bir defa, Gülhane Hatt-ı Hümayunu'nu ilan ettiren Sadrazam Mustafa Reşid Paşa, İngiltere'de tahlif edilmiş bir masondu ve tahlif edildikten sonra Osmanlı İmparatorluğu'nda Sadrazam olmuş ve ilk ıslahat hareketlerine girmiştir. Bunu takip eden ilk Meşrutiyetçilerden ve Sultan Abdülaziz'i tahttan indirip dört gün sonra Fer'iye Sarayı'nda katlettiren Midhat Paşa, serasker Hüseyin Avni Paşa, Sadrazam Mütercim Rüştü Paşa memleketin tanıdığı büyük masonlardandı ve ayrıca bu zevat içindekilerden Midhat Paşa ile Serasker Hüseyin Avni Paşa, İngiltere'nin o zamanki sefiri sir Henry Elliot'un da en yakın sırdaşları ve adamları idi. Salip bu yolu seçerken ne kadar isabet ettiğini hadiseler göstermiş bulunmaktadır. Devlet yapısı tamamen şer'î hükümlere dayanan Osmanlı İmparatorluğu'nda açıktan açığa salibi ileriye sürmenin veya hristiyan propagandası yapmanın mümkün olamayacağı tabiidir. Bu hale göre, sâlim yol, bütün dünyaya, bir yardımlaşma ve dünya kardeşliği fikri taşıdığı her fırsat ve vesile ile propaganda edilen masonluktan istifade etmek olacaktı. Onlar da bu yolu tercih ettiler ve salibin isteklerini, arzularını, insani gayelerle kurulduğu iddia edilen mason cemiyetleri vasıtası ile İttihad ve Terakki Cemiyeti'ne empoze ettiler.

Zavallı İttihadcılar, cehaletleri ve kısır siyasi görüşlerinin kurbanı oldular ve Meşrutiyet'in ilk günlerinde Zabtiye nâzırının Çerkes Hasan ve mülazım Ahmed'e söylediği gibi devlet-i aliyyeyi on yılda tasfiye ettiler.

İşte, memleketin bu şartlar altında idare edildiği sıralarda, meşrutiyetin muhalefet partisi olan Ahrar ve İtilaf Fırkası (partisi) da, aynen İttihadcıların ekolüne mensup olduğu için, çalışma metodları bakımından herhangi bir ayrılık gösterememişlerdir. Onların metodu da tıpkı İttihadcıların metodları gibi kırıcı, haysiyet mahvedici ve hepsinden kötü olarak cinai idi ve bu parti, dış tesirlerin de yardımı ile memleketi adeta bir parti kavgasına, kardeş kavgasına götürecek metodları sayesinde memlekette korkunç bir terör havasının esmesinde birinci planda rol almıştır.

İttihadcıların hareketleri yanlış, metodları gayr-i milli olmasına rağmen, gönül arzu ederdi ki, İtilafçılar, iktidardaki parti ile daha iyi münasebetler kursun ve memleketi o istikamette idare etsinler; fakat maalesef bu mümkün olmadı. Balkan harbinden evvel mükemmel şekilde yetişmiş 120 tabur muallim askerin terhisinde oynadığı rol bakımından büyük mesuliyetleri bulunan İttihad rüesâsı bu memlekete ne kadar zarar vermişler ise, Selanik'i müdafaaya memur ordunun başında bulunan Haşan Tahsin Paşa'nın, bu şehri, müdafaa etmeden, tek kurşun atmadan Yunanlılara teslim etmesi de aynı şekilde zarar vermiş ve bütün Balkanların da elimizden gitmesinde büyük payı olmuştur.

İtilafçılar için, sadece muhalefet etmek, iyi veyahut kötüyü tefrik etmeden karşı koymak düşüncesidir ki, memleketin âlî menfaatlerini dahi düşünmekten kendilerini alıkoymuş ve birer sır kalması mutlaka şart olan hadiselere bile girmekten, bunları aleniyete dökmekten kendilerini alamamışlardı.

Tabii bütün bunlar yapılır, memleketin iki fırkası (partisi) en feci şartlar altında ve tam birer *Makedonya komitesi zihniyeti* ile birbirlerini kırarlarken, düşünmek istemedikleri tek şey, sadece vatan'dı ve istifade edenler de, beynelmilel Siyonizm ile hilali karartmaya, onun mümessili Osmanlı İmparatorluğu'nu yok etmeye kararlı salip istifade etmekte idi.

Bütün bu gayr-i milli hareketler, en aklı başında olanların bile dillerinde dehşet ifade eden bir mana taşımasına rağmen, aynı diller, "Partisiz meşrutiyet olmaz!" fikrinin arkasına sığınmaktan kendilerini alamamışlar ve umumi efkâr karşısında kendilerini temize çıkartmak için boş gayretler sarf etmişlerdi. Hakikatte ise, hadise düpedüz bu *vatana ihanetti* ve bu insanlar, gaflet uykusundan ancak bir kısmı kurşunlara hedef olduktan ve bir kısmı da memleketi on yıl sonra tamamen tasfiye ettikten sonra uyanmışlardı.

İttihad ve Terakki'nin bir numaralı değilse bile, asker-sivil mücadelesinde askerlerden yana başa güreşen Enver Paşa'nın, memleketi terk ederken Talat Paşa'ya söylediği "Sultan Abdülhamid'i hal' etmekle hayatımızın en büyük hatasını işledik. Kendisini çok yanlış anlamışız" sözü, İttihadcıların da, İtilafçıların da kıyasıya tepişmelerinin memlekete neye mal olduğunun en mükemmel ve ibret alınacak şahididir.

Halbuki, bu iki partinin memleketi felakete sürükledikleri devredeki çatışmaları yerine, memleket kendilerinden, daha vatanperverane bir hareket tarzı beklemekte idi; zira Osmanlı İmparatorluğu Batı dünyasına yetişmek için azami süratle, Batı'nın tekniğini almaya, eskisinden daha büyük bir azimle bu işleri başarmaya mecburdu.

Yine bu zevat düşünemiyordu ki, Osmanlı İmparatorluğu hudutları içerisinde bulunan bütün gayr-i Türk ve bilhassa hristiyan unsurlar bu vasat'ı, yani kardeş mücadelesini en mükemmel bir fırsat olarak kullanacaktır.

Osmanlı İmparatorluğu'nda Meşrutiyet'in ilanından evvel salibin en mühim silahı, hürriyet fikrinin yok olması idi. Ayrıca, bu hürriyeti vermeyen "zalim" ve "müstebit" padişah da memleketin ilerlemesi, yükselmesi için sarfedilen gayretleri baltalayan, yok eden bir insan olarak gösteriliyordu. Halbuki, İttihadcıların da, Jön Türklerin de bilmeleri lazım gelen bir husus vardı ki, o da, albaylarını ağa olarak tanıyan bir orduya, harbiyeden yetişme genç, dinamik ve malumatlı bir kurmaylar kadrosunu bu padişahın verdiği idi. Ne yazıktır ki, orduyu ağalardan kurtarıp mektepli kurmay zabitlerin eline veren padişah, gizli cemiyetlere girmekten hoşlanan bir zabit kadrosu tarafından alaşağı edilecek ve memleket perişan ve müzmahil olacak, sonra da parçalanacaktı.

Sultan Abdülaziz Han'a da aynı şeyler yapılmamış mı idi? Mahlu ve maktul padişah Sultan Abdülaziz, tensik ve teslîh ettiği, dünyanın en kudretli ordularından birisi haline getirdiği ordusunun başkumandanı ile, yine kurmay subaylarla mektepli subaylar yetiştirmek için kurmuş olduğu askerî mektepler nâzırı Süleyman Paşa'nın, bu mektepli askerlerden istifade ederek giriştikleri bir darbe sonunda tahtından ve canından edilmemiş mi idi? Demek ki, Osmanlı İmparatorluğu'nu kim ileriye götürmek, kim kuvvetlendirmek ve kim dünya siyasetinde söz sahibi etmek istemiş ise sonu pek feci olmuştur.

Muâsır teknik medeniyetin tam başlangıç sıralarında taht'a geçmiş bulunan Sultan Abdülaziz Han, memleketin içerisinde bulunduğu durumdan sıyrılmasını temin etmek için ihtiyar ettiği Avrupa seyahatinden yepyeni bir ümit ile dönmüş ve elde ettiği istikrazlarla, İngiliz donanmasına hemen hemen denk bir donanma inşa ettirdiği gibi, orduyu devrin en kudretli kadrosuna çıkarmaya muvaffak olmuştu. 187.000 kişilik bu ordunun, devrinin 120.000 kişilik Rus ordusunu perişan edecek kudrette bir teşkilata ve teçhizata mâlik bulunduğu da artık bir gerçek olarak ortadadır. Buna rağmen, salip her çareye başvurmuş ve Sultan Abdülaziz'i hal' ettirdiği gibi, katli yoluna da gitmiş ve böylece devletin zaafa uğraması ve hazırladığı sona bir an evvel varması için her çareye tevessül etmiştir. Bu dramın arkasında gizlenen, İngiltere'nin İstanbul sefir-i kebiri (büyükelçisi) sir Henry Elliot, Çerkes Hasan vakasını duyduğu sefaretin Tarabya'daki yazlık konağında, gecenin sabaha karşı saat üçünde, kendisine bu haberi getiren adama sorduğu ilk sual şu olmuştu: "Midhat Paşa'ya birşey oldu mu?"

Evet; Midhat Paşa'ya birşey olmamıştı. Olacaklar büyük Türk İmparatorluğu için hazırlanmıştı ve Midhat Paşa'nın vazifesi henüz bitmemişti.

Tarih şahittir ki, Türkiye ne vakit ilerlemek yoluna girmişse, salib'e, mutlaka Devlet-i Osmaniye içerisinde bir ve daha çok sayıda uşak bulmuş ve memleketin en üst kademelerine namzet bu insanlar zaman zaman kullanılmış, tahakkuku arzu edilen çöküntü bunlar marifeti ile kuvveden fiile çıkarılmıştır. İşte Midhat Paşa da, bu çöküntüye başlıca âmil olanlar arasında yer alan devlet ricâlimizden birisidir ve biz, hâlâ gaflet içerisinde, bu zat için ihtifaller tertip etmekte, kendisini hürriyet kahramanı olarak yâdetmekteyiz.

Gerçek çok acıdır; fakat gerçek daima gerçektir ve saklanması, belki bir müddet mümkün olsa da, sonunda mutlaka gün ışığına çıkmaktadır.

MEŞRUTİYET SONRASINDA AVRUPA ile İLİŞKİLER

MEŞRUTİYET'İN İLANINDAN SONRA AVRUPA'NIN ENDİŞELERİ

Meşrutiyet'in hemen sonrasında uzun yılların birikmiş husumeti ve iz'ansız, başıboş bir hürriyet havasının da inzimâmı ile basın gemi azıya almış, bir taraftan geçmiş idareye ve hâlâ saltanatta olmasına rağmen Sultan Abdülhamid'e en ağır hücumlarda bulunurken, bir kısmı da memleketin ilerlemesi için lüzumlu neşriyatı yapmaktan geri kalmamış, Batı'nın teknik ilmini nasıl alacağımız ve tatbik edeceğimiz hususunda yazılar yazmakta idi. Memleket adeta bir keşmekeşe dönmüştü. Her kafadan bir ses, her kalemden bir kelime çıkıyor ve bu hareketler, her geçen gün artan bir şiddetle devam ediyordu. Nihayet öyle bir an geldi ki, basın tamamen mesuliyetsiz, milli menfaatlere göz göre göre düşman birtakım neşriyatın içerisine girdi.

Zayıf ve adeta hadiseler önünde zebun olan hükümet, bütün bu ters gidişe "Dur!" diyemiyor, sadece seyirci kalıyordu; fakat memleketin içinde bocaladığı duruma bir çare bulunamıyordu. Osmanlı İmparatorluğu'nun, arzu edilen ilerlemeyi temin edebilmesi için lüzumlu imkanların hiçbirisine sahip olmayan hükümet ise, daha da ağırlaşan bir buhranın eşiğine gelmiş çatmıştı.

Hükümetin herhangi bir haricî siyaseti de yoktu. Bunun yanında, İttihadcılar, Pan-Turanizm fikri etrafında, kendi imkanları ile geniş propagandaya başlamışlar ve kısa zamanda bu propaganda tutmuştu. İttihadcıların bu propagandası, Osmanlı İmparatorluğu'nun asırlar boyu en can düşmanı olan Rus çarlığını şiddetle alakadar ediyor ve endişelendiriyordu. Şark hudutlarımızda yapılan basit bir manevra, Rusya'nın bu mıntıkada geniş askerî tedbirler almasına sebep olmuştu. Rus siyaseti İttihadcıların terviç ettikleri Pan-Turanizm hareketini daha başlamadan söndürmeye ve onu yok etmeye kararlı idi.

İNGİLTERE ve RUSYA'NIN İMPARATORLUĞU YIKMA HUSUSUNDA BİRLEŞMELERİ

Pan-Turanizm propagandası yanında, esasen imparatorluğun, kudretli devirlerinden itibaren devam etmiş olan İslâmî idare tarzının tabii neticesi olan İslâmî politikası, müstemlekeleri arasında 135 milyon kadar müslümanın da bulunduğu İngiltere'yi ciddi şekilde düşündürüyor ve Devlet-i Aliyye aleyhine tedbirler almaya sevkediyordu.

Osmanlı İmparatorluğu'nda Meşrutiyeti ilan edenler, devletin iki düşmanını, aralarındaki genişleme politikalarından meydana gelmiş olan zıddiyeti bir tarafa atmaya ve birleşmeye sevketmişti.

Avrupa siyasi ufkunda İngiltere ve Rusya'nın aleyhimize tedbirler almaya başladıkları bu sıralarda hükümet, donanmamızın, Girit'i geri alabilmek hülyası ile Akdeniz'e açılmasına karar vermiş ve bu kararını tatbik etmişti. Bu emir, bütün İngilizlerin sarsılmasını ve İngiliz donanmasının Akdeniz'de derhal harekete geçmesini tevlîd etti.

Gerek Pan-Turanizm, gerek Pan-İslâmik siyasetin neticesi şu oldu ki, İngiltere ile Rusya bütün anlaşmazlıklarını bir tarafa atarak birleştiler ve Osmanlı Devletine karşı çıktılar.

Fas müstemlekesine yeni yerleşmiş ve orada karşılaştığı gaileler başından aşkın olan Fransa da, Osmanlı İmparatorluğu'nun

Pan-İslâmik siyaseti takibi hususundaki propaganda ve kararından fena halde endişelenmişti; zira Fransa, Afrika'da her gün artan bir tazyikle gelişmekte olan Müslümanlığın bu süratli gelişmesinden esasen endişe ediyor ve kendisini huzurda hissetmediği için, Fas'ta giriştiği şiddet tedbirlerini artırıyordu. Bu durum muvâcehesinde, Fransa'nın yapacağı şey, Rusya ve İngiltere'nin yanında devlet-i aliyye aleyhine cephe almaktı. Nitekim, Fransız siyaseti de bu istikamette gelişti ve aleni olarak Osmanlı İmparatorluğu'na karşı oldu.

Meşrutiyetin ilanı ile birlikte adeta bütün salahiyetleri elinden alınmış olan Sultan Abdülhamid, bütün bu tehlikelerin Osmanlı İmparatorluğu'na nasıl bir netice hazırladığını görmekte gecikmeyince ve bazı ciddi tedbirler almak hususunda ısrar edince, *hareket ordusu* adı altında birleşen ve kahraman Türk ordusunun safları arasına girmiş olan Sırp, Bulgar, Yunan ve Arnavut komitacıları ile takviye edilmiş (ordu), Mahmud Şevket Paşa'nın kumandası altında İstanbul üzerine yürüdü.

Osmanlı İmparatorluğu'nda artık yeni bir devir başlıyordu. Ordu, otuz üç yıl içinde ikinci defa olarak idareye el koyuyor ve padişahı hal' ediyordu.

Sultan Abdülhamid'in hal'i ise, memleketin başına birçok gâileler açmıştır.

ARNAVUTLARIN OSMANLI İÇİNDEKİ YERLERİ ve BALKANLAR'DAKİ SALİP (HAÇLI) KATLİAMI

Meşrutiyet'in ilanına kadar ve bilhassa Sultan Abdülhamid tarafından takip edilen bir hususi siyasetin neticesi olarak, devletin kuruluşundan kısa bir müddet sonra fethedilmiş olan Arnavutluk halkı, devlete muti, vefakâr ve cefakâr bir sadâkatle çalışmıştır. Arnavutların, bilhassa Sultan Abdülhamid'e karşı besledikleri hususi bir hürmet, onları, haricin bütün yazdıklarına rağmen Osmanlılıktan ayıramamıştı.

Çok hürmet besledikleri ve kendilerini, halife ve sultan olan Abdülhamid'in, hususi muhafızı telakki ettikleri şahıslarından Arnavutlar, Osmanlı câmiası içinde kendilerine üstün bir vasıf izâfe etmişler ve bu düşünce ile de saltanata ve hilafete körü körüne bağlı kalmışlardı; lâkin hürriyet'in ve arkasından Meşrutiyet'in ilanı ile birlikte, salibin asırlar boyu Osmanlı İmparatorluğu'na karşı takip ettiği haçlı siyasetinin tabii bir neticesi olarak isyan eden ve Balkanlar'ın her yerinde birden Türk unsura karşı en hasmâne ve cânîyâne teşebbüslere girişen komitacılar ile birlikte, İtalya'nın tahrik ve desteği ile hristiyan Arnavutlarla müşterek bir harekete girişmişlerdi.

Bu isyan hareketinde Arnavutların müracaat ettikleri usuller, aslında bir hristiyan Arnavut olan ve Yunan *etniki eteryası*nı tesis eden Kapodistria'nın kurmuş olduğu bu ihtilal cemiyetindeki metodların aynı olmuştur.

Artık Balkanlar'da ve Osmanlı İmparatorluğu'nun her tarafında bir cinayetler silsilesi başlamıştı. Bu cinayetler, asırlar boyu devam eden salip siyasetinin son tezahürleri idi ve bir milleti yok etmek için, imha etmek için girişilen hareketin başlangıç noktası idi.

Salîbiyyûn ve medeni Avrupa bir milleti imha planını tatbik ediyor, bu iş için de sağlam müttefikler bulunuyordu. Sırb'ı, Ulah'ı, Pomak'ı, Arab'ı, Makedon'u, Arnavut'u... Velhâsıl Osmanlı İmparatorluğu içinde ne kadar gayr-i Türk unsur varsa hepsi, Türk'ü imha etmek için ayaklandırılmışlardı.

Bu öylesine iblisçe bir plan idi ki, tarih bir eşini daha ne görmüştür, ne de görmesi ihtimal dahilindedir.

Şimdi, sırası ile, Türk'ü imha planında takip edilen metodlara ve tatbik edilen usullerle imha edilen yüz binlerin macerasına geçelim.

Türk milletinin tek tesellisi, istikbalin kendilerine ait olduğunu bildiği ve güvendiği gençlerdir. Gençlerin İlmî, milli, an'anevî ve dinî inançlarının sağlamlığı bu emniyetin başlıca âmilidir.

Dün denecek kadar yakın bir zaman evvel Balkan facialarında, Balkan harbinin korkunç darbesinden sonra, bu milletin tek ümidi gençlerde idi; zira istikbal onlarındı ve millet topyekün buna inanıyordu. Eğer Türk milletinde bu inanç olmasa idi, iç ve dış bunca ihanetten sonra mutlaka kahrolur, mahvolur ve tarihten behemehal silinirdi. Bu facianın içinde yaşayan nesiller, ümit ediyorlardı ki, bu facialara vâkıf olacak istikbalin genç nesli, bu felaketli sahnelerin gerisinden kalpleri hırs ve intikam ile çarpacak, Türklüğün maruz kaldığı acılar ile yanıp tutuşacak ve böylece, kin ve intikam alevi ile yanan kalpler, istikbale hakim olacaklardır.

Fakat, bu facialarını içerisinde yoğurulan, kahredilen, adeta yok edilmek istenen bu nesillerin düşünceleri, sadece, *zaman mefhumu* dediğimiz bir geçmişin sisli ufukları sırasında kaldı ve kayboldu.

Tarih şuurundan mahrum nesillerin yetiştiği bir vasatta biz, herşeyden evvel geriye dönmek, oraya bakmak zaruretine inanıyoruz. Eğer geriye bakmaz ve orada bu büyük milletimize müstahak görülen zulmü görmezsek; eğer geriye bakmaz ve koskoca bir imparatorluğun içinde ve bu imparatorluğun işgal ettiği siyasi coğrafyadaki yerini tayin etmezsek; eğer dünya riyasetindeki – en zayıf devrelerimizde bile– yerimizi bilmezsek... Biz kendimizi asla bulamayız. Milletler istikbale, ancak mâziden aldıkları kuvvetle bakabilirler ve muvaffak olurlar.

Biz dün ne idik? Bugün ne olduk? İhtişamlı zaferleri ve medeniyetleri ile iftihar ettiğimiz ecdadımızın o şanlı günleri, o muzaffer yürüyüşleri, o cihan-girâne hakimiyetleri nerede? Yoksa ebediyyen söndü mü?

Asya'da, Avrupa'da, Afrika'da tarihin kaydettiği en muazzam imparatorluklar, tarihin kaydettiği en büyük kumandanların dolaştıkları yerler üzerinde, onlardan daha büyük bir ihtişamla dolaşan ecdadımızın kurdukları bu muhteşem imparatorluk neden çöktü?

Bir uç beyliğinden tarihin en büyük imparatorluğunu kurmuş olan Türkler, nasıl oldu da bugünkü hâle gelebildi? Yoksa Türk'ün bu büyük hasleti, imparatorluklar kurmak hasleti yok mu oldu?

Vaktiyle, önüne her geleni bir çığ gibi ezerek yürüyen, ummanların azgın dalgalarını hiçe sayarak denizleri birer Türk gölü haline sokan acaba bu millet değil mi idi?

Aklın almayacağı kahramanlıklar gösteren, en müstahkem kaleleri "Allah!.. Allah!.." sadâları ile bir kibrit kutusu gibi deviren ve zapteden acaba ceddimiz değil mi idi.

Tarihin en mühim meydan muharebelerine adeta cirit oyununa gider gibi giden; prenslikleri, krallıkları, imparatorlukları kökünden deviren ceddimizin bu devâsâ zaferlerinden sonra başlayan bu korkunç çöküntünün ve hezimetlerimizin esas sebebi salip değil mi idi?

Salibin, Osmanlı İmparatorluğu üzerinde asırlar boyu devam eden bu amansız saldırısı, vaktiyle asırlar boyu kendilerini en adilane ve insanca bir şekilde idare ettiğimiz dünün çobanları olan halktan meydana gelen küçük hükümetlerin, bize harp açmalarına ve mağlubiyetimize sebep olmalarına... hep ve daima salibin amansız saldırıları olmamış mı idi? Ve daha kötüsü, meşrutiyetin getirdiği telafisi imkansız hürriyetin ardından kardeş kardeşi en şenî iftiralar ve hayasız cinayetlerle kırarken, küçücük devletlerin açtığı harpte dahi dinmeyen bu mücadele yüzünden, askerimiz tek silah almadan teslim olur, şanlı sancağımız düşmana teslim edilirken; bütün bu facialar hep ve daima salib'in düşmanlığından meydana gelmemiş mi idi?

Evet, bir milletin ahlakını bozar, milli haysiyeti ile birlikte dinî inançlarını yıkar, vatan muhabbetini dumûra uğratır, tarihî mefâhirini unutabilir, ecdadının cesaret ve şecaati yerine meskenet ve rehâveti alabilir, çalışmaktan ve maişetini bizzat kazanmaktan nefret eder ve günlük siyasetin gayyâ çukuruna düşerse... Vatan hamiyyeti, milliyet duygusu, din inancı bozulur ve istiklal ile esâret adeta müsâvileşir.

Salib'in, Osmanlı Devleti'nin Avrupa'ya geçtiği ilk andan itibaren açmış olduğu hristiyan savaşı, asırlar boyu durmadan devam etmiştir. Devletin kudretli olduğu devirlerde bir kıymet ifade etmeyen bu tecavüz, devlet zayıfladıkça artan bir şiddetle Osmanlı Türk Devleti'nin ufkunda bir bela gibi dikilmiştir. Bilhassa Berlin anlaşmasından sonra artan salip tazyik ve tecavüzleri, 1877-78 Türk-Rus harbi ile zirveye ulaşmıştır. Berlin anlaşması ile Osmanlı Devleti üzerinde salibin en geniş müsamahasına mazhar olan Rusya, Balkanlar'a bir müstevli gibi inmiş, burada yaşayan Slav milletleri nezdinde bir kurtarıcı olarak karşılanmış ve gizli-açık bir diplomasi harbi ile Osmanlı Devleti'nin başına bela olmuştur.

Son asır tarihinin bizimle alakalı kısmı tedkik edilirse ve bu tedkikat tarafsız bir surette yazılacak olursa, Balkanlar'da Türk milletinin aleyhine işlenen facialardan dolayı insanlığın yüzü kızarır, insanlığa lanetler yağdırılır, bu facialar karşısında gözyaşları zaptedilemez.

Türk ırkına revâ görülen bu zulüm ve facialar serisi, barbar Slavların, hain ve hayasız Ortodoksların, Avrupa'nın büyük devletlerinin, daha doğru tabiri ile salibin elinde bir oyuncak olan Balkan komitalarının birer hayvandan farkı olmayan rüesâsı tarafından ve sadece dinî sâiklerle meydana getirildiği müşâhede edilir.

Biz Türkler, 1293 (1877-78) Türk-Rus harbinin elîm safahatını Rus Kazaklarının vahşetlerini, Bulgar halkının ve komitacılarının bu harpteki şenâetlerini ve bir milleti bu unsurların, *din* kisvesi altında nasıl imhaya karar verdiklerini behemehal öğrenmek, bilmek mecburiyetindeyiz. Bu tarihî gerçekleri bilmeyen nesillerin, Türklüğe fayda yerine zarar vereceklerine inanmaktayız ve yine biz Türkler, Balkan harbine tekaddüm eden günler ile bu harp içinde salib'in emrinde bulunan Bulgar, Sırp, Yunan ve Karadağ ordularının işledikleri cinayetleri de ta'dât etmek, onları da bilmek zorundayız. Ancak o zamandır ki, bu milletin başında estirilmek istenen kanlı fırtınaların, boynuna takılmak istenen kıpkızıl esaret zincirinin ne olduğunu anlayabilelim.

Balkan harbinin ilanından on beş gün geçmeden, *salip* orduları Osmanlı hudutlarını geçiyor ve Rumeli'yi dört bir taraftan istilaya başlıyordu. Salip ordusu, geçtiği her yeri –tıpkı Bizans'ı yağma eden ilk salip ordusu gibi– ekili ise çöle, mamur ise harabeye döndürüyordu.

Köyler, kasabalar şehirler bilhassa çıkarılan yangınlarla alev alev yakılıyor ve müslüman-Türk'ün malı ve koskoca bir tarihi yeryüzünden kazınıyordu. Birer canavar gibi köy, kasaba ve şehirlere dalan bu ordunun askerleri, rastladıkları Türklerin mal ve paralarını yağma ettikten sonra onları katlediyorlardı. Salip ordusu için bir insanın *müslüman* ve *Türk* olması kafi bir sebep telakki ediliyordu. Hele bazı şehirlerde kadınlar yakalanarak kamçılanıyor, sonra kiliselere götürülerek zorla vaftiz edilmek suretiyle hristiyan yapılıyorlardı.

Camilere zorla giren bu salip ordusu canavarları, dinî, yazılı levhaları parçaladıktan sonra onların yerine İsa'nın ve Meryem'in tasvirlerini asarak, İslâmiyet'e en büyük darbeyi indirdiklerine kendilerini inandırıyorlardı. Bu arada Kur'ân-ı Kerimler parçalanıyor, bu hayasız güruhun ayakları altında eziliyordu. Türbeler yıkılıyor, türbelerdeki mezarların yerine ambarlar yapıyorlardı.

Bulgarlar, Trakya ile Makedonya'nın bir kısmını işgal ettikleri zaman, Bulgar ordusu arasında harbi takip eden Avrupalı gazetecilerden bir kısmı, bu vahşet bu zulüm karşısında isyan ediyorlar ve gazetelerine bu insanlık dışı canavarlıkları şu satırlarla bildiriyorlardı:

"Trakya ve Makedonya'da bizzat gördüğümüz korkunç vahşet, ilk çağlar vahşetlerini fersah fersah geride bırakmıştır. Hangi köye veya kasabaya uğruyor, hangi yere bakıyorsak vücutları parça parça edilmiş ve birbirinden ayrılmış insan cesetleri ile karşılaşıyoruz. Geçtiğimiz her yerde, ateşe verilmiş ve tamamen yanmış köyler ve kasabalar görmekteyiz. Belli ki bu kasaba ve köyler, yangına verilmeden evvel yağma edilmişlerdi. Mamur çiftliklerin, mükemmel ve güzel köylerin, şirin ve düzgün kasabaların yerinde artık birer kül yığını var. Bu yerlerde sağlam kalan tek yer, camiden kiliseye tahvil edilen mabetlerdi."

"Açlıktan can çekişen binlerce aile, ırz ve namusuna tecavüz edilmiş binlerce kız... Velhâsıl, görenleri dehşete düşürecek binlerce facia... tasvir ve yazmakla bitmeyecek vakalar..."

Eeeyyy medeni Avrupa!... Bu vahşet ve zulme daha ne kadar dayanacaksın ve daha ne kadar seyirci kalacaksın?... Avrupa... Avrupa... Hangi Avrupa?... Bu salip ordusunu bir milleti mahvetmek için Türk'ün üzerine saldırtan, asırlar boyunca durmadan salip harbi yapan Avrupa mı?... Zavallı dünya... Zavallı beşer...

Evet... Hristiyan olmasına rağmen bu vahşet karşısında tüyleri diken diken olan bu zevat, güya medeni Avrupa'ya sesleniyorlar ve bu vahşetin durdurulmasını talep ediyorlardı; fakat bunlar bilmiyorlardı ki, Avrupa'nın medeni milletleri, Berlin Anlaşması ile buna karar vermişlerdi ve her neye mal olursa olsun bu kararlarını tatbik edeceklerdi. Türk'ün kökünü kazıyacaklar ve bu ırkı tarihten sileceklerdi.

Avrupa'nın bu feryatlar karşısında kulakları tıkalı idi; zira salip ordusunun vahşeti önünde ölen, mahvolan müslüman-Türklerdi.

Petersburg'ta (Leningrad) çıkan bir gazetenin muhabiri, gazetesine şöyle bir telgraf çekiyordu:

"Bulgarların muntazam ordusu da Türk ve müslüman halktan intikam alıyor. Tek kurşun atılmayan köyler dahi, yağma ve katliama tâbi tutulduktan sonra tamamen yakılıyordu. Yanımdakilere iftiharla bir Bulgar subayı 'Kırcaali'de arkamızda hiçbir Türk köyü bırakmadık!' diyordu."

Salibin istediği bu idi: Sistemli ve tarihin kaydettiği en korkunç bir zulm ile Türklerin yok edilmesi.

Yine bir Rus gazetecisi, gazetesine gönderdiği bir mektupta, Türklerin nasıl mahvedildiğini anlatıyor ve bu sistemli mahv hareketine maruz kalan köylerin ve öldürülen Türklerin miktarlarını bildiriyordu.

Bu Rus gazetecisinin yazdıklarına göre, Balkan harbinin başlamasından altı hafta sonra Bulgar komitacıları ile Bulgar sivil halkı tarafından Debrencik köyü tamamen yakılmış ve kırk beş aileden ibaret Türk köylüleri tamamen katledilmişlerdi. Yalnız bu köyde otuz dokuz erkek ve kadın ayrı bir imha sistemine tâbi tutulmuş ve köy camiine doldurularak cami ile birlikte yakılmışlardı.

Lusina köyünün kırk kişiden ibaret olan ve hepsi kadın ve çocuk olan sekseni istisna edilmeksizin doğranmışlar ve bunu medeni Avrupa adına yapmışlardı. Salip bir vampir gibi İslâmiyet'in üzerine çökmeye karar vermişti. İşte, Balkanlarda asırlardır yaşayan Türklere revâ görülen bu zulüm ve imha siyaseti, kuvvet ve kudretini, salibe inanan büyük devletlerden, siyaset patronlarından almakta idiler.

"Makedonya'ya medeniyeti getireceğiz, siz Türkler medeni değilsiniz!" diyerek bu vatanın harîm-i ismetine giren salib'in mümessillerinin cinayet ve canavarlıkları bununla da bitmiyordu. Bu katliam manzaralarına Balkanlar'ın her yerinde rastlanıyordu. Hatta rastlanıyordu demek bile abesti.

Bu topraklar üzerinde medeni milletlerin idaresi altında ve salibin desteği ile Avrupai bir mezbaha kurulmuştu. Sanki Balkanlar'da Azrail kol geziyordu.

İşte bir misal daha:

Kreşovo köyünde, Bulgar ordusu ile birlikte Rum halkı on dört ila on altı yaşları arasında altı Türk kızının ırzına geçmişler, sonra da alınlarına dayadıkları tabancaları ile bu zavallı insanları öldürmüşlerdi.

Bu insanlık dışı katliamı gazetesine bildiren *Le Tan* gazetesi harp muhabiri St. Volsky, mektubunda şöyle yazıyordu:

"Sakın bu şenî cinayetleri irtikap edenlerin birtakım serseriler olduklarını zannetmeyiniz. Hayır... Bu yağmalara, ırza tecavüzlere, bütün memleket, bütün hristiyan ahali ve halkı, hatta en okumuş olanları da iştirak etmişlerdir. Kilise ise bu işlerde birinci rolü oynamaktadır.

Mesela, Drama'da yağmanın, katliamın ve ırza tasallutun ilk tatbikçisi bizzat Ortodoks metropolitidir.

Herkesin ırzına tecavüz ediliyor, herşey yağma ediliyor, her yerde kitle halinde veya münferit şekilde katliamlar irtikap ediliyor. Bu kabil cinayetlere bir kitap dolusu misal verilebilir.

Balkanlar'da salib'in işlettiği hunharca cinayetler, bilhassa Alman, Avusturya-Macaristan ve İtalyan basınında çok tafsilatlı olarak ve tenkîdî mahiyette yer aldı. Aşağıdaki hadise ve vâkıalar, Milano'da intişar eden *Sekolo* gazetesinin Rumeli'ye gönderdiği hususi muhabiri Lüsyen Mangrini'nin gazetesine gönderdiği mektuptan alınmıştır. Muharrir bunda diyor ki:

"Siroz'da 800 müslüman katledilmiş, buraya yakın bir köyde Bulgar Makedonya komitası reislerinden Danço Kaptan, mevcut bir-iki camii, müslüman kadın ve çocukları ile doldurduktan sonra bombalarla imha etmiştir. Cuma-i Bâlâ, Petriç ve Menlik kazalarının müslüman olan bütün nüfusu katliam edilmiş, bunlar gibi çok kaza, nahiye ve köylerde hiçbir müslüman bırakılmamıştır. Geçtiğim bütün yollar, katledilmiş müslüman cesetleri ile doludur."

Evet, Balkanlar'da Türk katliamı bütün şiddeti ve vahşeti ile devam ediyor; Bulgar, Yunan, Sırp çetecileri ve muntazam orduları, salip uğruna hareket eden bu canavarlar, durmadan kitle halinde cinayetler işliyorlardı.

Bir Avusturyalı kadının şahit olduğu ve Viyana'daki bir gazeteye gönderdiği uzun mektubundan alınmış olan şu satırlar, kitle halindeki katliamın derecesini bütün açıklığı ile ortaya koyacaktır:

"Kavala'da, iki gün içinde 115, Siroz'da yirmi dört saat içinde 1.900 müslüman kesilmiştir."

Evet, bu rakamı bir kadın veriyor ve mektubunda, hristiyan olduğundan dolayı utandığını bildiriyordu.

Yine, bir yabancı müşahidin bildirdiğine göre, Dedeağaç'ta Balkanların en korkunç katliamı yapılmış; binlerce müslüman kadın, çocuk, ihtiyar, doldurulduklarını ahır ve cami gibi yerlerde ateşe verilerek cayır cayır yakılmış ve imha edilmişlerdir.

Edirne'nin işgalinden sonra esir edilmiş Türk askerleri, Karaağaç yakınlarında teşkil edilmiş esir kampında aç bırakılmış, askerler açlıktan ağaç kabuklarını kemirmek suretiyle karınlarını doyurmak yoluna gitmiş; fakat bu zavallı askerlerin binlercesi açlıktan şehir halkının ve işgal kuvvetleri kumandanının ve askerlerin gözleri önünde ölümlerin en fecii ile ölmüşlerdir.

Edirne'nin işgali ile birlikte, bu serhat şehrimizde, Osmanlı İmparatorluğu'nun bu şanlı başkentinde Bulgarların işledikleri cinayetler, ırza geçmeler, kitle halinde katliamlar ve şehir halkını civarı ile birlikte aç bırakmak suretiyle binlerin ölümüne sebep olanların bu iğrenç hareketleri, her halde ne salib'e, ne de medeni(!) Avrupa'ya şeref verecek bir tarih hakikati değildir.

Sırplılar ise bir başka facianın, Bulgarlardan hiç de aşağı kalmayan kitle cinayetlerinin zirvesine çıkmışlardır. Sırp ordu ve çetecilerinin, harp ile birlikte, işgalleri altına aldıkları Arnavutluk'ta Türk ve Arnavut olarak katlettikleri insanların yekunu, Kosova vilayeti de dahil olmak üzere 150.000 civarındadır. Bu kitle katliamından ne çocuklar, ne kadınlar, ne de ihtiyarlar yakalarını kurtaramamışlardır.

Yunanlıların işledikleri cinayetler, ırza geçmeler, tüyler ürpertecek kadar vahşi bir sadizm içinde icra edilmiştir. Yunanlılar Selanik, Tesalya, Epir ve adalarda, tarihin kaydettiği bu vahşetlerine devam ederlerken, Osmanlı İmparatorluğu'nun birçok yerine dağılmış ve icra-i ticaret eden, memleketin iliğini emen Yunan asıllı Rumlar günlük hayatlarını yaşıyorlar, ticaretlerini icra ediyorlardı.

Kırklareli muharebelerine katılmış ve sonradan Romanya'ya iltica etmiş olan Pete Pançet adında bir Bulgar askerinin anlattıkları ise, Romanya'nın en büyük gazetelerinden birisi olan *ÜniversuPun* birinci sahifesinde neşredilmiştir. Pete Pançet, katliam hakkında diyordu ki:

"Sırp ve Bulgar askerleri, esir edilmiş Türk askerlerine çok zalimane bir muamele tatbik etmektedirler. Mensup olduğum kıtaya, Sofya'ya götürülmek üzere teslim edilmiş olan 1.500 Türk esiri, kumandanımız tarafından verilen bir emirle tamamen öldürülmüş ve böylece vazife yerine getirilmişti."

Yine aynı gazetede neşredilen şu hadise ise, tarih huzurunda en kuvvetli bir delil olmak bakımından, aynı zamanda Türklerce bilinmesi ve ona göre hareket edilmesi noktasından dikkatle okunmaya değer bir mahiyet taşımaktadır.

Cephede bulunan Bulgar kralı Ferdinand'a rapor vermekte olan bir Bulgar subayı ile kral arasında geçen konuşma kelimesi kelimesine aynen şöyledir:

-Ele geçirdiğimiz üç bin Türk esirini derhal katlettik majeste.

Ferdinand, kılı bile kıpırdamadan,

—Çok şükür ki, o esnada yanınızda bir Avrupa gazetesi muhabiri bulunmamış! demiştir.

Dört Balkan hristiyan milletin ordularının bu harpte işledikleri cinayetlerin yekunu takriben yarım milyon civarındadır.

Evet, salip uğruna katledilen bu yarım milyon Türk'ün ne intikamı alınmıştır, ne de bu yolda herhangi bir telkin veya tavsiye yapılmıştır.

İktidarı ellerinde bulunduran Osmanlı hükümetleri, Balkan komitacılarının, dolayısıyla salibin eski dostları İttihadcıların daimi tazyik ve tehditleri altında bulundukları için, esasen herhangi bir tedbir alacak durumda da değildi.

Bir vakitler, *hürriyet ordusu* adı altında İstanbul'a yürüyen ve Sultan Abdülhamid'i tahtından indiren İttihadcılar, acaba bu Balkan katliamı hakkında Türk milletine hesap vermek lüzumunu duymuşlar mıdır? Bugüne kadar elimize geçmiş olan vesikalar, bize bu hususta herhangi bir ışık vermemektedir.

O İttihadcılar ki, hareket ordusu ile ve aynı sıfat altında, İstanbul'a, bu zulümleri icra eden Bulgar, Sırp, Yunan komitacıları ile birlikte girmişler, devletin haysiyet ve şerefini, bu alçak Balkan komitacılarının Türk kanı ile renk değiştirmiş çarıkları altında pâyimâl etmişlerdir.

O İttihadcılar ki, Balkanlar'dan terhis ettirdikleri harp kabiliyeti yüksek 120 taburun yokluğundan bi'l-istifade, Osmanlı İmparatorluğu'na harp ilan etmelerinde Balkanlı devletlere en büyük kozu vermekle, vatana ister bilerek, ister bilmeyerek ihanetlerin en büyüğünü yapmışlardır.

O İttihadcılar ki, katle cesaret edemedikleri Sultan Abdülhamid'i hak ve Selanik'te Alatini köşküne gönderdikten sonra ve Balkan harbinden kısa bir müddet evvel bu büyük hakanı katle teşebbüs etmişlerdir.

Evet, katle teşebbüs etmişlerdir. Ve maalesef, bu katle

teşebbüsü de, Balkan harbinde canavarlıkları ve işlediği cinayetlerin korkunçluğu ile şöhret yapmış, Makedonya komitasının azılı kaptanlarından Sandansky'ye icra ettirmek istemişler, fakat muvaffak olamamışlardı.

Yukarıda naklettiğimiz Balkan fecâyii, öyle birdenbire Türk milletinin başına gelmiş bir felaket değildir. Bu facianın sebepleri daha gerilerdedir ve tâ Gülhane Hatt-ı Hümayunu'na, Büyük Reşid Paşa'ya kadar dayanmaktadır.

BÜYÜK REŞİD PAŞA MUAMMASI

Türk milletinin karanlık istikbali üzerinde Mustafa Reşid Paşa'nın rolü pek meş'umdur. Bu zat, Garp kıyafeti giymek, kavuğu atmak, alafranga giyinmekle meselenin hallinin mümkün olabileceği ve Osmanlı İmparatorluğu'nun, ancak satıhta kaldığı şimdi daha vazıh olarak görülen bu gibi tedbirlerle yükselebileceği ve Avrupa devletlerine ve Avrupalı salîbiyyûna daha şirin görünebileceğini vehmetmiş, bütün imparatorluğa irade-i seniyyeler ısdâr ettirmek suretiyle Türk içtimai yapısına taban tabana zıt tedbirlerin tatbikini sağlamıştır.

Devletin içinde bulunduğu muhâtaralı devre, Avrupa'da tekniğin ilerlemesi, birtakım hamlelerin Osmanlı İmparatorluğu'nda da yapılması lüzumuna inanılmış olmak, İngiltere'den *ithal malı bir sadrazam* olarak dönmüş bulunan Mustafa Reşid Paşa'nın, İngiltere'de Osmanlı İmparatorluğu'nu temsil eden bir sefir olarak vazife gördüğü sıralarda birtakım faaliyetlerde bulunmuş olması akla en yakın gelen ihtimallerdendir; zira bu zat, Londra'da vazife görürken, tahlif merasimi yapılarak mason olmuş, ondan sonra da ikbal yıldızı süratle parlamıştı. Önce, İngiltere'deki sefirlik vazifesi uhdesinde olmak kaydı şartı ile Osmanlı Hâriciye nâzırlığına nasbedilmiş ve bu vazifeyi, Londra'da ikamet ederek ifa etmişti. Bu hadise hiçbir memleketin tarihinde görülmemiştir. Bir devletin Hâriciye nâzırı bir başka devletin hükümet merkezinde hem sefir bulunacak, hem de Hâriciye nâzırı olarak devletinin siyasetini o yabancı şehirden tedvir edecek ve ondan sonra bu zat, satıhtaki taklit birtakım safsatalarla devletin içtimai bünyesini allak bullak edecek, devletin süratle çökmesinde en büyük hisselerden birisine sahip olacak ve bütün bunları yapan bu insan, devletin tarihinde mutena bir sahife işgal edecek.

Muhteşem Türk tarihi içinde *Gülhane Hatt-ı Hümayun'u* olarak bahsi geçen ve devleti Avrupa-vari bir devlet bünyesi içine sokan, daha doğru tabiri ile devletin müesses ve asırlardan beri devam edegelen örf, âdet ve kültürünü tamamen ters istikamete çeviren bu Hatt-ı Hümayundur ki, Osmanlı İmparatorluğu'nun çöküşünde en büyük rolü oynamıştır.

İçtimaiyat (sosyoloji) ilminin koyduğu esaslara göre milletler dil, din, toprak, aile, örf ve âdet üzerine müesses bir içtimai heyettir ve her milletin kendi yapısına has müesseseleri vardır. Bu müesseseler, tarihin derinliklerinden gelmekte ve fertlere irsen intikal etmektedir. Bu müesseseler zorlanamazlar. Zorlandıkları takdirde de, netice Osmanlı İmparatorluğu'nda olduğu ve halen günümüzde devam ettiği gibi, içtimai heyeti şirâzesinden çıkarmak istidadını gösteren birtakım sapıklıkların meydana gelmesine yol açar.

Mustafa Reşid Paşa'dan sonra memleketin başına geçen sadrazamlara kadar devlet kademelerinde bulunmuş olan devletlülerin hatası işte buradadır. Bu devletlülerin hemen hepsi, Garplılaşmanın adeta perestişkârı olmuşlar, Türk heyet-i içtimaiyesinin nasıl tahrip edildiğini, salibin emrinde nasıl birer emir eri durumuna girdiklerini anlayamamışlar veya bilhassa böyle hareket etmişlerdir.

Bunun en güzel misalini bize, Avusturya-Macaristan İmparatorluğu Hâriciye nâzırı Prens Meternik vermektedir. Koyu bir hristiyan, fakat Türk milletinin çok vefalı ve hakiki bir dostu olduğunu tarihe tebcil ettirmiş olan Prens Meternik, Osmanlı Sultanı II. Mahmud'u ikaz etmekte ve Gülhane Hatt-ı Hümayunu ile memlekete getirilen, *yenilik* adı altındaki birtakım tedbirlerin ve kanunların, Avrupa'ya has ve kilisenin mutlak tesiri ile meydana gelen kanun ve tedbirler olduğunu, halbuki Osmanlı heyet-i içtimaiyesinin müslüman olduğunu, bu heyet-i içtimaiyenin, kiliseden mülhem kanunlarla idaresinin, yakın bir istikbalde memleketin başına büyük gâileler açabilecek bir istidatta bulunduğunu bildiriyordu. Prens Meternik, ayrıca ilave ediyordu:

"Eğer bu kanunları mutlaka tatbik etmek icap ediyorsa, bunlar üzerinde, müslüman içtimai heyetinin görüşlerine ve yaşayışına göre tadilat ve ıslahat yapılması, Osmanlı İmparatorluğu'nun selâmeti bakımından elzemdir."

Sultan II. Mahmud'un, bu mektup üzerine nasıl bir hareket hattı takip ettiği henüz tam manası ile anlaşılmış değildir; fakat muhakkak olan şudur ki, Londra, dolayısıyla Mustafa Reşid Paşa, Padişah'ın herhangi bir hareket yapmasına mani olmuştur; zira Padişah 1828-29 Türk-Rus harbi tehlikesi ile karşı karşıya iken, Londra'dan geldiği aşikar olan Sadrazam'ın telkinlerine hayır diyebilecek durumda değildi. Nitekim, Osmanlı İmparatorluğu'nda Gülhane Hatt-ı Hümayunu'nun kabulü, devlete Rus beliyyesini bertaraf etmek için bir fırsat vermiştir. Bu fırsat, İngiliz ve Fransız ittifakıdır ki, sonu Kırım harbi ile neticelenmiş ve müttefik Türk-İngiliz-Fransız orduları Rusya'yı dize getirmişlerdi.

Mustafa Reşid Paşa, bir milletin heyet-i ictimaiyesini dinamitlerken, buna mükâfeten İngiliz, Fransız dostluk ve ittifakını Osmanlı padişahına sus payı olarak veriyordu.

Garb'ın, salibin iblisçe tasarlanmış bu siyasi taktiğinin bir de içtimai ve sıhhi tahrip noktası vardır ki, üzerinde durmadan geçemeyeceğiz. Kırım harbi sırasında gelen müttefik ordulardan Fransız ordusu, bu memlekete hala ıstırabını çektiği, Türk ırkının bekâ hakkını adeta yok etmek istidadını göstermiş olan frengi ve şangırı hastalığını da birlikte getirmişti. Tedavisi o vakit için gayr-i mümkün olan bu menhus hastalık tüvânâ delikanlıların, sıhhatli anaların yetiştiği Anadolu'da Türk ırkını adeta körletmiştir ve bu hastalık, Kastamonu ve havalisi birinci derecede olmak üzere, Osmanlı İmparatorluğu'nun bilhassa Anadolu kısmındaki hemen bütün vilayetlerinde zamanla geniş tahribat yapmıştır.

III. Selim'in Kabakçı Mustafa ve avenesi tarafından şehit

ettirilmesinden sonra Osmanlı tahtına çıkan IV.Sultan Mustafa da, Rusçuk'tan İstanbul üzerine yürüyen Alemdar Mustafa Paşa kumandasındaki ordu tarafından tahtından indirilmiş ve katledilmiştir. Böylece, yerine Sultan Mahmud Han câlis-i taht olmuştu.

1808 yılında taht'a çıkan Sultan Mahmud, zeki olduğu kadar da gayyur bir padişah idi. Avrupa'nın, Fransız ihtilâl-i kebîrinin tesirinde kalarak birtakım büyük hamlelere muhtaç olduğunu görmüş, ağabeyi III. Sultan Selim Han gibi, o da gözünü Batı'ya çevirmiş, devleti muhâtaralı bir devreye girmekten korumak maksadıyla birtakım ileri hamleler yapmaya, Batı'nın teknik ve ilmini almaya karar vermişti. Bu maksatla, Alemdar Mustafa Paşa'yı sadrazam nasbetmişti. Ancak Sadrazam Alemdar Mustafa Paşa'nın maiyyetindeki insanların azameti, tekebbürü, israfları ve halkı hor gören tutumları, halk arasında, bilhassa Rusya'nın teşvik ve tahriki ile memnuniyetsizlik yaratmış ve her geçen gün bu hâlet-i ruhiye artmakta devam etmişti. Nihayet, İstanbul'da bu durum üzerine yeni bir ayaklanma baş göstermiş, Alemdar Mustafa Paşa, aynı ismi taşıyan semtteki konağının mahzenine depo ettiği barutu ateşleyerek hem kendi canına kıymış, hem de isyan sergerdelerinin ölümlerine sebep olmuştu.

Alemdar Mustafa Paşa'nın ölümü ile isyanın bastırılmış olmasına rağmen, Ruslar Osmanlı İmparatorluğu'nu rahat bırakmamışlardı.

1812 yılında, Rusya ile Bükreş anlaşmasını akdetmiş olmaklığımıza rağmen, Rusya, Balkanlarda yeniden isyanlar çıkartmak için var-kuvvetini sarfediyor ve durmadan çalışıyordu. Rusya'nın bu müdahale ve tahriklerinin hedefi açıktı. Osmanlı İmparatorluğu'nun başında bulunan Sultan II. Mahmud Han'ın giriştiği müsbet hamleleri yok etmek, bu devletin başlıca gayesi idi.

Artık Rusya, isyan hareketlerini açıktan açığa teşvik ediyor ve bu tahriklerini adeta Saray'ın gözü önünde ve yeniçeri ocağında devam ettiriyordu.

Yeniçeri ocağı, hakikaten imparatorluğun huzurunu bozmuş,

koskoca devlet, adeta bir isyanlar ve kıyamlar memleketi haline gelmişti. Yeniçerilerin bu seferki isyan hareketlerinde, Sultan III. Selim Han tarafından kurdurulmuş bulunan Nizâm-ı Cedid tek sebep olarak ileriye sürülüyordu. Nizâm-ı Cedid'in lağvedilmiş olmasına rağmen, yeniçeri ortaları ısrar ediyorlar, bu teşkilatın neden dolayı kurdurulduğunu sorarak ayaklanmalarına bahane ediyorlar.

Yeniçeri ocağının bu tutumu, tarihimiz için cidden elem verici bir hadise olmakta devam edecek ve imparatorluk sarsıntılar geçirecekti. Yeniçeri ortaları ve ağalar, hareketlerini öylesine bir şiddetle devam ettirmişlerdi ki, nihayet Sultan II. Mahmud Han, cesur, fakat realitenin dışında, imparatorluğun asli unsurunu teşkil eden içtimai bünyesinin tamamen aksine bir karar vermiş, Serasker Ağa Hüseyin Paşa ile anlaşarak ocağı, Karacehennem-oğlu İbrahim Ağa'nın toplarıyla yerle bir etmiş ve bu safhayı, ocak ile birlikte tarihe gömmüştü.

Bu hareketin doğru olup olmadığı artık münakaşa edilebilir bir hadise mahiyetindedir. Mâzisi aklın alamayacağı kadar muhteşem zaferlerle süslenmiş olan bu ocağın lağvına gitmek şart mı idi? Yoksa bu ocak ıslah edilebilir mi idi?

Gerçi, zamanın ağır şartları karşısında ve durmadan devam eden dış tahrikler muvâcehesinde ocağın ortadan kaldırılmasının şart olduğu ileriye sürülebilirse de biz, ocak ıslah edildiği takdirde bunun kâbil olacağına inanmaktayız. Bizi buna iten sebeplerin başında ise, bir milletin en çok güvendiği ve memleketin hudutlarını koruyan bir ordunun mâzi ile irtibatının kesilmesinin ortaya çıkaracağı birtakım ağır ve ciddi sebeplerdir. Ordular da, tıpkı milletler gibi mâziden istikbale akmaktadır ve orduların mâzi ile alakasının kesilmesi, bilhassa ordularda aranan kahramanlık, asâlet ve kendisine güvenme hissinin yok olmasına sebep olmaktadır.

Nitekim, yeniçeriliğin lağvından sonra Rusya ile yaptığımız birkaç savaşta, yeni kurulmuş olan ordu ile ciddi muvaffakiyetler elde edemediğimiz de tarihen sabittir; zira, yeni kurulan bir ordu sıfatı ile henüz toparlanmaya, gelişmeye imkan bulamamış olan kumandan ve askerler manevi bir çöküntünün içine girmişler ve Ruslarla yapılan harplerin hepsini kaybetmişlerdir.

Nitekim Rusya, yeniçeriliğin lağvından sonra, *asâkir-i mansûre-i Muhammediye* adı altında kurulmuş bulunan ve sonra da adı *sekban* olarak değiştirilen bu orduyu da rahat bırakmamış ve yeni ordunun kurulması 1830 seferine yol açmıştır. Mağlup Osmanlı İmparatorluğu, bi'z-zarûr, aynı yıl Edirne Anlaşmasını akdetmek mecburiyetinde bırakılmıştı.

Bu anlaşmayı takip eden yıllar, Osmanlı İmparatorluğu için cidden feci bir devrenin açılmasına sebep olmuş, isyan eden Mısır valisi Mehmed Ali Paşa'nın oğlu İbrahim Paşa, bütün Suriye'yi işgal ederek Kütahya'ya kadar ilerlemişti. 1831 yılında meydana gelen bu hadiseden iki yıl sonra, Sultan II. Mahmud, fevkalade bedbinliğe düşmüş ve Rusların kendisine teklif ettikleri ittifak anlaşmasını kabul ve 1833 yılında aktedilen Hünkâr iskelesi muâhedesi ile, İstanbul ve boğazlara Rus askerlerinin gelmesine muvâfakat etmiştir. İstanbul'a gelen Rus askerleri ile donanması Beykoz'u üs olarak kullanmıştır.

İşte, Türkiye'nin asıl felaketli devresi de bu tarihten sonra başlamıştır.

Hünkâr iskelesi muâhedesi ile birdenbire İstanbul'a yerleşiveren Ruslar, beynelmilel politikayı Türkiye'nin aleyhinde kullanmak için İngiltere ve Fransa'ya en büyük kozu vermiştir. Bilhassa İngiltere, Akdeniz'e inecek bir Rusya'nın mevcudiyetine asla tahammül edemezdi; zira İngiltere bir ticaret imparatorluğu kurmuş ve bunu bütün dünyaya kabul ettirmişti. İngiltere'nin büyük menfaatleri Akdeniz'de idi. Buraya Rusya'nın inmesine asla müsaade edemezdi. Nitekim, Rusya'nın bu şekilde İstanbul'a yerleşmeye kararlı olması, İngiliz diplomasisini harekete geçirdi ve tehlikeye giren Hindistan yolunu Ruslardan temizlemeye karar verdi. İngiltere'nin bu kararı, diplomasi dahil, her sahada tatbik ve Osmanlı İmparatorluğu'nun aleyhine olarak kullanıldı.

Mustafa Reşid Paşa, işte bu siyasetin meydana getirdiği bir devletlüdür ve tarihe de böyle geçecektir.

Açıkça söylemek icap ederse, Mustafa Reşid Paşa'nın takip ettiği siyaset muvâcehesinde, kendisi için söylenebilecek söz, konacak teşhis, bu devletlünün *İngiliz gizli diplomasisinin yetiştirdiği bir devlet adamı hüviyetinde* olduğudur.

Hadiselerin seyrinden fevkalade müteessir olan Sultan II. Mahmud, bu teessürden kendisini kurtaramamış ve vefat etmiştir. Yerine câlis-i taht olan 18 yaşındaki büyük oğlu Abdülmecid Han, aynı 1839 yılında Osmanlı İmparatorluğu'nun başına geçmiştir.

Henüz çok genç olmasına rağmen, devletin içerisinde bulunduğu muhâtaralı durumu çok iyi takdir eden padişah, en isabetli şekilde hareket ederek, devrinin kudretli devlet adamı olan Hüsrev Paşa'yı sadrazam tayin etmiştir.

Ne acıdır ki, Sultan Abdülmecid, daha tahtını ısıtamadan bir ihanetle karşılaşmış, *Firari* lakabı ile tarihe geçen Fevzi Ahmed Paşa, kumandası altındaki Osmanlı donanmasını İskenderiye'de Mısır valisi Mehmed Ali Paşa'ya teslim etmiştir.

Donanmanın teslimi de gösteriyor ki, Osmanlı devleti sadece salîbiyyûn tarafından düşmanca hareketlere muhatap olmuyor, bizzat kendi kumandanlarının da ihanetine uğruyordu. Nitekim, Türk donanmasının teslimi işi, imparatorluk emrindeki bir paşa ile isyan eden bir asi vali arasında bazı gizli münasebetlerin mevcudiyetini de ortaya koymaktadır. Osmanlı İmparatorluğu'nun, bir valisine mağlubiyetinin sebeplerini biraz da bu cepheden mütalaa etmek herhalde yanlış olmaz. Nitekim, Firari Ahmed Paşa, sonradan anlaşıldığına göre, kendisi ile Mehmed Ali Paşa arasındaki gizli münasebetlere vâkıf olan yeni Sadrazam Hüsrev Paşa'nın, bu ihanetinin cezasını vereceğinden ürktüğü için donanmayı teslim etmeyi düşünmüş, böylece, devlete ihanet ederek canını kurtarmıştı.

MUSTAFA REŞİD PAŞA

Asrın başında, yani Sultan III. Selim'in ciddi birtakım ıslahat tedbirleri aldığı 1800 yılında İstanbul'da bir çocuk doğuyor ve adını Mustafa Reşid olarak tescil ediyorlardı.

Tahsil çağına gelen Mustafa Reşid, medreseye kaydedilmişti. Kendisinin bütün tahsili buradadır. Medreseden mezun olduktan sonra bir müddet boş kalan genç Mustafa Reşid, 21 yaşında iken sadrazam olan eniştesi Said Ali Paşa'nın delaleti ile ve mühürdarlıkla ilk resmî vazifesine başlamıştır.

Devrin sadrazamının kayınbiraderi, bilahare paşa olan Köse Raif Efendi'nin delaleti ile Bâb-ı Âlî kalemine alınmış ve orada vazifeye başlamıştır. 1829 yılına kadar Bâb-ı Âlî kaleminde istihdam edilen Mustafa Reşid, o yıl Sadrazam Selim Paşa'ya tekrar mühürdar nasbedilmiş ve 1829 yılı içinde baş-kitabete kaydırılmıştır. Aynı yılın sonlarına doğru Ruslarla aktedilen Edirne muahedesine, işte bu başkatip sıfatı ile ve resmen heyet azası olarak iştirak etmiştir.

Tekrar İstanbul'a avdet eden Mustafa Reşid, bir yıl sonra, 1830'da, Girit meselesi hususunda müzakerelerde bulunmak maksadı ile Mısır'a gitmekte olan Pertev Efendi'ye (sonradan paşa) refakat etmiş ve bu vesile ile eski reisü'l-küttap (Hâriciye nâzırı) Pertev Efendi'nin teveccüh ve itimadını kazanmıştır.

İstanbul'a avdette Pertev Efendi Mustafa Reşid Bey üzerindeki himayesini eksiltmemiş ve bu himaye Mustafa Reşid Bey'in yükselmesinde başlıca âmil olmuştur.

Henüz 34 yaşında bulunduğu 1834 yılında ise, padişaha kendisinin ehliyeti hakkında verilen malumattan sonra Sultan II. Mahmud kendisini Paris orta elçiliğine tayin etmişti. Ancak Mustafa Reşid Bey, lisan bilmediği için de yanına, tercüman olarak mösyö Kod adında birisi terfik edilmiştir. İki yıl Paris orta elçiliğinde kalan Mustafa Reşid Bey, buradan, 1836 yılında Londra sefirliğine naklen tayin edilmiştir…

İşte, Mustafa Reşid Paşa'nın hakiki şahsiyeti bu şehirde, yani Londra'da meydana çıkmıştır. Kendisine fevkalade itibar gösteren İngiliz diplomatları ve İngiliz sarayının bu teveccühüdür ki, Mustafa Reşid Bey'e paşalık tevcihine imkan hazırlamıştır.

Bu paşalık ile birlikte, dünya tarihinde ender rastlanacak bir kararla, Londra'da ikamet etmesine, sıfatı sefir olmasına rağmen Osmanlı İmparatorluğu'nun Hariciye nâzırlığı da uhdesine verilmiştir.

Mustafa Reşid Paşa'nın Londra memuriyeti ile Hariciye nâzırlığı mevzuunda Ahmed Bedevi Kuran, *İnkılap Tarihimiz ve İttihad ve Terakki* adlı eserinin 11. sahifesinde şöyle demektedir:

"1836 yılında Londra sefirliğine tahvîl-i memuriyet eden bu genç diplomata, 1837 tarihinde Paşalık ünvanı ile beraber Hariciye nâzırı sıfatı da verilmiştir. Sultan Mahmud devrinde bir ara İstanbul'a dönen Mustafa Reşid Paşa, bilfiil Hariciye Nezâreti işleri ile meşgul olmuş ve görülen lüzum üzerine, Hariciye nâzırlığı ünvanı uhdesinde kalmak üzere, 1838'de tekrar Londra sefaretine gitmiştir."

Evet, Mustafa Reşid Paşa, Londra sefiri olmasına rağmen, bu sıfatı yetmiyormuş gibi bir de Hariciye nâzırlığı sıfatı ile Londra'ya yerleşmişti. Böyle bir hadise cihan tarihlerinde hemen hemen rastlanmayan bir şeydir.

Artık biliyoruz ki, Mustafa Reşid Paşa daha Paris sefaretine orta elçi olarak tayin edildiği zaman, vazifesi başına giderken Viyana'ya uğramış ve orada devrin en büyük siyasi otoritesi Prens Meternik ile görüşmüş ve gayet samimi münasebetler kurmuştu.

Mustafa Reşid Paşa'nın Prens Meternik ile kurduğu bu münasebet onun siyasi hayatında denilebilir ki ilk ciddi tesiri husule getirmiştir; zira siyasetin tam manası ile bir acemisi olarak, Prens Meternik gibi politikanın kurt bir siması ile münasebetler kurmuş olan Reşid Paşa'nın, bu zatın tesiri dışında kalması asla düşünülemez. Nitekim, Viyana'dan sonra ilk dış vazifesi olan Paris orta elçiliğinde iken Fransa'da kurduğu bir ikinci münasebet ve dostluk da câlib-i dikkattir.

Fransa'nın mümtaz simalarından ve siyasilerinden birisi olan Thiers ile Mustafa Reşid Paşa'nın kurduğu bu ikinci münasebet, onda Prens Meternik ile yaptığı siyasi konuşmaları ve bu zatın kendisine telkin ettiği Osmanlı İmparatorluğu'nun hamleler yapmak hususundaki ikazlarını bir başka istikamete çevirmesinde birinci planda rol oynamıştır.

TÜRK-İNGİLİZ-FRANSIZ İTTİFAKI

İngiliz siyasetinin ana hattını teşkil eden dünya denizleri hakimiyeti ile Hindistan yolu güzergâhına hakim olmak, buralarda rakip devlet tanımamak prensibi, Rusya'nın daima tazyik ve tehdidi altında bulunan Osmanlı İmparatorluğu'nu, istediği istikamete sevkedebileceğine dair İngiliz diplomasisinde tam bir kanaatin yerleşmesine yol açmıştı. Bu nokta-i nazardan hareketle İngiliz diplomatları Mustafa Reşid Paşa'ya, Osmanlı İmparatorluğu'nun Londra'da vazife gören Hariciye nâzırı olarak, Rusya'ya karşı bir İngiliz-Fransız-Türk ittifakını telkin etmişlerdi. Ancak, bu ittifakın gerçekleşmesi için bazı şartların yerine getirilmesi tekliflerinin de, Mustafa Reşid Paşa'ya bildirildiğine muhakkak nazarı ile bakmamak için herhangi bir sebep mevcut değildir.

Zira, Mustafa Reşid Paşa, Londra'da kendisine telkin edilen ilerilik fikirleri ve bir üçlü ittifak muahedesinin taslağı ile Londra'dan İstanbul'a gelirken Paris'e de uğramayı asla ihmal etmemiştir; zira bu üçlü ittifakın bir baklası da Fransa idi.

Fransa'da sefir-i kebir olan Fethi Paşa ile görüşen Mustafa Reşid Paşa, cebindeki İngiliz-Fransız-Türk ittifakının ana hatlarını sefir ile görüşmüş ve bu plan üzerinde imâle-i fikr etmişlerdi.

Bilinmektedir ki, XIX. asır Avrupa siyasi tarihi, Fransa'yı umumiyetle Avusturya-Macaristan İmparatorluğu ile karşı karşıya getirmiş ve Fransa, Rusya'nın dostluğunu, bu imparatorluğun dostluğuna tercih etmiştir. Fransa, bu şekilde hareket etmek suretiyle zaman zaman İngiliz siyasetine de karşı çıkmış ve Ortadoğu'da iktisadi menfaatleri bakımından çarpıştığı bu devlete karşı da daima Rusya'yı koz olarak kullanmıştır. Fransa, Ortadoğu'da takip ettiği politika ile, denilebilir ki, hiçbir vakit Osmanlı İmparatorluğu'nun dostu veya müttefiki olmamıştır. Bu sebepten dolayı da, Avusturya-Macaristan İmparatorluğu'nun Balkanlar üzerindeki emellerini, Rusya'nın emelleri ile karşılaştırmış, kendisi Rusya'yı İngiltere'ye karşı bir koz olarak kullanırken, dış siyaseti ile de Rusya'ya karşı dikilen Avusturya-Macaristan İmparatorluğu'nun Balkanlar siyasetine mani olmaya çalışmıştır.

Böylece, ayrı iki siyaset takip eden Fransa ile Avusturya-Macaristan İmparatorluklarının siyasetlerini, Mustafa Reşid Paşa daha derinden tedkik etmek imkanı bulmuş ve bu müşahedeler onda Fransa lehinde ciddi tesirler yaratmıştır.

Mustafa Reşid Paşa, Fransa'da kaldığı müddet zarfında Thiers'in dostluğunu ve fikirlerini daima terviç etmiş ve bu dostluğa sıkı sıkıya sarılmıştır.

Mustafa Reşid Paşa'nın Fransa'da vazife gördüğü iki yıllık devre içinde Fransız devlet ricali ve Thiers ile olan dostluğu İngiltere'nin gözünden kaçmamış ve kendisi 1836 yılında Londra'ya sefir-i kebir olarak tayin edildiği vakit büyük bir dostluk, yakınlık ve hüsn-i kabul görmüştür.

Bu dostluk ve yakınlık, Lord Palmerston ile çok samimi bir münasebet kurulmasına yol açmış ve Mustafa Reşid Paşa, İngiliz Lordunun en yakınlarından birisi olmuştur. Nitekim Londra'da vazife gördüğü sıralarda, gerek bizim tarihlerimizin, gerek İngiliz tarihlerinin ve gerekse Engelhard'm yazdığı *Türkiye ve Tanzimat* adlı eserinde izah edildiği gibi, Mustafa Reşid Paşa, İngiliz siyasilerinin ve bilhassa Lord Palmerston'un taht-ı tesirinde kalmıştır.

İşte, Mustafa Reşid Paşa'nın cebinde bulunan ve Paris sefiri Fethi Paşa ile müzakeresini yaptığı ittifak muahedesi, sonradan Kırım harbinin gerçekleşmesinde rol oynayacak ve Rusya'yı mağlup edecek ittifaktı. İngiltere, bu ittifak ile Rusya'yı mağlup etmiş, fakat tamamen yere vurmamıştı; zira bu devleti tamamen yere vurmak, kendi politikası bakımından pek tehlikeli olur ve

Fransa kendisine dünya hakimiyetinde ciddi bir rakip olabilirdi.

Mustafa Reşid Paşa, Londra'dan İstanbul'a avdet ederken uğradığı Paris'te Fethi Paşa ile müzakerelerde bulunur ve görüşmeler yaparken Padişah II. Sultan Mahmud'un vefat haberini almış, lâkin İstanbul'a gitmekten vazgeçmemiştir.

Mustafa Reşid Paşa bu seyahati sonunda İstanbul'a ayak bastığı anda belki de Osmanlı İmparatorluğu'nda Türk ırkından gelen ilk mason idi.

Bu hususta, yazdığı *Mason Tarihi* adlı kitabında 33 dereceyi ihraz etmiş ve Türk mason locaları maşrık-i a'zamlığı vazifesini de, kendi ifadesine göre bir-iki defa ifa etmiş bulunan Kemaleddin Apak geniş malumat vermekte, Mustafa Reşid Paşa'nın Londra sefirliği zamanında tahlif edildiğini ve mason locasına girdiğini bildirmektedir.

Kemaleddin Apak, ayrıca Mustafa Reşid Paşa'nın İstanbul'a geldikten sonra Çiçek Pasajı'nın 19 numaralı dairesinde veya odasında ilk mason locasını bizzat kurduğunu da ilave etmektedir.

Osmanlı İmparatorluğu'nun yaptığı her ileri hamlede karşısına daima mason localarının dikildiğini ve imparatorluğu bu locaya mensup insanların tasfiye ettiklerini göz önüne getirirsek, Mustafa Reşid Paşa'nın tanzimat hareketinin asıl sebebi kendiliğinden ortaya çıkar.

Avrupa diplomasisinin tasfiyeye karar verdiği Osmanlı İmparatorluğu'nu yıkmak isteyen mehâfil kendisine iki müttefik bulmuş oluyordu. Bu müttefikten biri, *tanzimat-ı hayriye* adı ile tarihlerimize geçen Avrupai hareketi ilk meydana getiren ve 18 yaşındaki padişahı, cebindeki İngiliz-Fransız-Türk ittifakı ile iğfal ve irade-i seniyyeler ısdâr ettiren Mustafa Reşid Paşa idi.

Nitekim, Mustafa Reşid Paşa İstanbul'a gelir gelmez yeni padişaha arz-ı ubudiyet etmiş, kendisine İngilizlerle hazırlanan ittifaktan bahsetmiş ve böylece Hariciye nâzırlığı makamında kalmıştır..

Çok kısa bir zaman sonra Osmanlı İmparatorluğu'nun başına

binbir beliyye açacak olan tanzimat fermanı ile, o güne kadar birer reâyâ muamelesi gören gayr-i müslim unsurlara verilen haklar inkarı gayr-i kabil bir vâkıa olarak, bu tarihten sonra bütün Avrupa devletlerinin Osmanlı İmparatorluğu'nun iç işlerine müdahale etmelerine ve muhtelif zamanlarda ıslahat projeleri teklif ve bu projelerde ısrar etmelerine yol açmıştır.

Kaldı ki, tanzimat fermanı ile Osmanlı İmparatorluğu'na getirilen yenilikler de sadece şekle inhisar etmekte idi.

Genç yaşta padişah olmasına rağmen, Sultan Abdülmecid Han, önceleri Mustafa Reşid Paşa'nın bu ıslahat ve Frenkleşmek hareketlerine ve taleplerine karşı durmuş; fakat Sultan Mahmud Han tarafından Ruslarla aktedilen Hünkar iskelesi muahedesinin meydana getirdiği beynelmilel huzursuzluk üzerine Londra'da toplanmasına karar verilen konferansta, Mısır valisi Mehmed Ali Paşa ile devlet-i aliyye arasındaki anlaşmazlık Mehmed Ali Paşa lehine halledilmek istenince, Mustafa Reşid Paşa padişaha "fevkalade mühim" kaydı ile fikirlerini şöyle hülasa etmişti:

"Londra'da toplanan konferansta Mehmed Ali Paşa lehine gelişen havayı dağıtmak ve bunu devlet-i aliyye lehine çevirmek, ancak Rusya'nın himaye eder göründüğü Ortodokslarla, Fransızların himayesinde olan Katolikleri tatmin etmek, bunlara reâyâ muamelesi yapmamak ve kendilerine müslim Osmanlı vatandaşları gibi müsavi haklar tanımak suretiyle hem Fransa'nın, hem Rusya'nın gönlünü almakla mümkündür."

Devletin içinde bulunduğu muhâtaralı durumu görmekten mütevellit bir bedbinlik içerisinde bulunan padişah da, Mustafa Reşid Paşa'dan gelen bu teklifi kabule mecbur olmuştu. Aslında bu teklif, İskoç mason locasından gelmekte idi ve hedef, Osmanlı İmparatorluğu'nun en kısa zamanda tasfiyesi idi. Nitekim, sonradan gelişen hadiseler, Osmanlı İmparatorluğu'nun başına örülen çoraplar, bu tarihten sonra iş başına gelen bütün devletlülerin hemen hepsinin mason olmaları bu hususu teyit etmektedir.

Sultan Abdülmecid Han, Gülhane Hatt-ı Hümayunu ile

tanzimat-ı hayriyeyi ilan eder etmez, Avrupa siyasileri arasında bir huzursuzluk sebebi olarak kabul edilmiş olan Hünkar iskelesi muahedesinin huzursuzluk veren maddeleri sanki bir anda değişmiş ve bu fermandan evvel aleyhimize gelişme kaydeden Londra konferansı bir anda lehimize dönmüş ve Mehmed Ali Paşa pek cüz'i birtakım menfaatler elde edebildiği konferanstan, devlet-i aliyyeye bağlı bir vali olarak ayrılmıştır.

Evet, maalesef bu böyle olmuştu ve devletlü Mustafa Reşid Paşa Hariciye nâzırı ve aynı zamanda sefir-i kebir bulunduğu Londra'da vazifede iken kendisini tahlif ederek Mason yapan dostlarının tavsiye ve temennilerini(!) yerine getirmişti.

Gülhane Hatt-ı Hümayunu ısdâr edilmiş ve bu Hatt-ı Hümayun ile devlet iki şey kazanmıştı. Birincisi, adliye teşkilatının kurulması, İkincisi ise yukarıda da bahsettiğimiz gibi Mısır meselesi devlet-i aliyye lehine halledilmişti.

Meşhur Londra protokolünde, evvelce Mısırlılar lehine hazırlanmış olan karar değiştirilmiş ve aşağıdaki yeni karar sureti kabul edilmiştir. Bu karar suretine göre:

Hutbe kıraati (okunması) ve sikke darbı (para basmak) saltanat-ı seniyye namına olmak, Bâb-ı Âlî'den müsaade istihsal edilmedikçe hiçbir bahrî inşaat (donanma inşaatı) yapmamak, Mısır eyaletinde bulundurulacak asâkir (asker) kuvvetini Osmanlı hükümetinin dileğine tâbi tutmak; yukarıdaki şartlara riayet edilmediği takdirde valinin derhal azli ve 'Ekber (büyük) evlada intikal eder' maddesinin tanınmaması derpîş edilmiş, ayrıca Akka kalesi ilk karar hilafına Osmanlı İmparatorluğu'na bırakılmış. Mısır valiliğinde Mehmed Ali Paşa ibkâ edilmiş ve Mısır meselesi de böylece kapatılmıştır.

Londra Konferansının toplanması da, bu konferansın ilk kararında Mehmed Ali Paşa'yı haklı gösteren karar suretinin kabulü de, sonradan bu kararın değiştirilerek Osmanlı İmparatorluğu'nun lehine tadili de hep birer siyasi manevra idi. Bu siyasi dalaverenin hedefi ise, istikbalde Avrupa devletlerinin Osmanlı

İmparatorluğu'nun işlerine müdahale etmek ve böylece bu imparatorluğun mirasından istifade ile birer yağlı parça koparmaktan ibaretti ve bu işte de en büyük rolü bizzat Türk Hariciye nâzırı oynuyordu.

Gariptir, Mustafa Reşid Paşa devrini ve şahsiyetini tedkik edenlerin hemen hepsi bu tenakuzu göstermiş olmalarına rağmen, hiçbirisi bu değişikliğin sebepleri üzerinde durmamış ve Mustafa Reşid Paşa'nın İskoç mason locasından aldığı artık su götürmez bir hakikat olan emirden bahsetmemiştir. Ve hemen hepsi bu devirden, yani Gülhane Hatt-ı Hümayunu'nun getirdiği yeniliklerden bahsederken, herhangi müsbet bir hadiseyi ortaya koymamış ve sadece şekilde, yani *Garplılaşmak* kelimesinin üzerinde ısrar etmişlerdir.

Mesela, bunlardan birisi ve şeklî Garplılığın belki de en hararetli taraftarlarından olan Ahmed Bedevi Kuran, *İnkılap Tarihimiz ve İttihad ve Terakki* adlı kitabının 14. sahifesinde, yapıldığı söylenen yeniliklerden bahsederken, askerî ricâlin, sivil ve şer'iye erbâbının ve vükelânın yemin merasimlerini de bir yenilik olarak zikretmiş ve yeminlerin suretlerini vermiştir.

Basit bir yemini yenilik telakki eden zihniyet ile, Mustafa Reşid Paşa'nın Gülhane Hatt-ı Hümayunu'nu neşrettiren zihniyet arasında herhangi bir fark olmasa gerektir.

Mustafa Reşid Paşa; Londra konferansının önce aleyhimizde, sonra lehimizde verdiği bir kararla, Mısır meselesinin, devlet-i aliyye lehine hallini müteakip Hariciye Nezâretinden istifa etmiştir.

MUSTAFA REŞİD PAŞA'NIN SADRAZAMLIĞI ve SONU

MUSTAFA REŞİD PAŞA SADRAZAM

Büyük Reşid Paşa, Sadrazamlığa ilk defa 28 Eylül 1846 tarihinde getirildiği sıralar, Avrupa ufkunun karanlık birtakım siyasi hadiselere ve harplere gebe olduğu zamana tesadüf etmektedir. Avusturya-Macaristan İmparatorluğu'nda için için birtakım hadiseler cereyan ediyor, Macarlar istiklallerini elde etmek için mücadele ediyorlardı. Avusturya-Macaristan İmparatorluğunda cereyan eden bu hadiseler gerek Fransa'yı, gerek İngiltere'yi memnun ediyor ve el altında Macar istiklal hareketinin önderlerini teşvik, teşci, hatta kendilerini her vasıta ile teçhiz ediyorlardı. Bu hususta Fransa'nın gösterdiği gayret bilhassa zikre değer bir mahiyette idi. Fransa, Avusturya-Macaristan İmparatorluğu'nun parçalanması için elinden ne gelirse yapmaktan geri durmuyordu. İngiltere bu devletin zayıflamasını arzu etmesine rağmen, tamamen parçalanmasına karşı idi; zira Avusturya-Macaristan İmparatorluğu'nun parçalanması, Orta Avrupa'da muvâzeneyi İngiliz siyaseti aleyhine bozacak ve esâsen mevcut olan Rus-Fransız dostluğunun daha da kuvvetlenmesine yol açacak, İngiltere'nin ticaret imparatorluğunun ticaret yolları Rusya ve Fransa gibi iki kuvvetli rakip devletin tehdidi altına girecekti. İngiltere, her zaman olduğu gibi, açık-gizli diplomasisi ile bu tehlikeyi önlemek için ikili oynuyordu.

İngiltere'nin gizli siyasetinin dünyada mümessili olan insan Rodchild Fransa'da idi. Fransa ile birlikte hemen bütün Avrupa'yı finanse ediyordu. Bu zat istifade edilecek bir insandı ve İngiltere bu zattan azami istifadeyi sağlıyordu. Rodchild'in Fransa'da giriştiği birtakım mali hareketler sonunda Fransa bir anda karışmıştı. Bu karışıklıklar kısa bir zamanda gelişmiş ve bir ihtilal mahiyetini almıştı. 1848 yılında patlayan bu ihtilal ile Fransa, bir müddet için Avrupa işlerinden elini eteğini çekmişti. İşte bu ihtilalden bir yıl sonra, 1849'da Macaristan'da gelişen istiklal hareketi tam bir isyan mahiyetini iktisap etmiş ve Macar halkı ayaklanmıştı. Çok kanlı şekilde tedip edilen bu hareket üzerine, isyanın elebaşları Osmanlı İmparatorluğu'na iltica etmişlerdi.

Osmanlı İmparatorluğu'na iltica edenlerin başında, bizzat ihtilalin lideri olan Lui Koşut ile Macar ihtilalinin başlarından Harbiye nâzırı, Hariciye nâzırı, Dahiliye nâzırı, birçok yüksek rütbeli kumandan ve sayısız subay ile aileleri vardı.

Tabii bu iltica karşısında Avusturya-Macaristan ve hemen arkasından da Rusya, mültecilerin kendilerine teslimini talep ettiler. Her iki devletin vâki talepleri Osmanlı İmparatorluğu'nca reddedildikten sonra da her iki devlet, devlet-i aliyye ile siyasi münasebetlerini kestiler. Türkiye'nin mültecileri iade etmemesi keyfiyeti Londra ve Paris'te fevkalade müsait karşılandı ve teşci edildi. Rusya'nın bütün tazyik ve tehditlerine rağmen, Fransa ve bilhassa İngiltere'nin kafi müzâheretini temin eden Mustafa Reşid Paşa kararında ısrar etti.

Osmanlı İmparatorluğu'nun bu hareketi Avrupa'nın ufkunu bir anda harp bulutları ile sardı. Avrupa'da bir harp adeta eli kulağında gibi idi ve bir emr-i vâki haline gelmişti; fakat İngiltere ve Fransa'nın Rusya ve Avusturya-Macaristan İmparatorlukları nezdinde yaptıkları şiddetli siyasi demarşlar, harbi göze almış olan bu iki devleti kararlarından rücû etmeye mecbur etmişti.

Mustafa Reşid Paşa bu sıralarda ma'zûl olmuş ve bir kenara çekilmişti; fakat memleketin başındaki gâileler bitmiyordu.

Nitekim, yukarıda bahsettiğimiz Londra protokolü ile Hünkar iskelesi muahedesi sonunda Osmanlı İmparatorluğu'nda elde ettiği üstünlüğü kaybeden Rusya tek durmuyordu. Macar mültecileri meselesi havayı bulandırmak için fırsat olarak yakalanmış; fakat Fransa ve İngiltere'nin muhalefeti ile karşılaşınca daha fazla ısrar edememiş ve siyasi bir mağlubiyete uğramıştır.

Bu iki hezimete rağmen Ruslar sulhü ihlal etmek hususunda kararlı idiler. Çar I. Aleksandr'ın vefatından sonra yerine geçen I. Nikola da, Aleksandr'ın siyasetini takip ediyordu. Her ne şekilde olursa olsun Osmanlı İmparatorluğu ile kozunu paylaşacak ve sıcak denizlere inmek ezelî siyasetlerini tahakkuk safhasına çıkaracaktı. Bu maksatla, yâverlerinden olan Prens Mençikofu İstanbul'a fevkalade salahiyetli sefiri olarak gönderdi. Büyük bir debdebe ve alayişle İstanbul'a gelen Prens Mençikof, İstanbul'a varır varmaz ilk iş olarak, ma'zûl olan eski Sadrazam Mustafa Reşid Paşa'yı Hariciye Nâzırlığı'na getirtmek için harekete geçmek oldu ve bu teşebbüsünde muvaffak oldu. Mustafa Reşid Paşa tekrar Osmanlı İmparatorluğu'nun dış siyasetine hakim olmuştu.

Osmanlı İmparatorluğu'nun bî-aman hasmı Rusya'nın, Mustafa Reşid Paşa'yı Hariciye Nezâreti'ne tayin ettirmek için Sultan Abdülmecid nezdinde yaptığı teşebbüsten beklediği menfaat acaba ne idi? Yoksa Mustafa Reşid Paşa Hariciye Nâzırlığı'na geldiği takdirde Rus tekliflerini kabul edeceğine dair Rus sefiri Mençikof'a vaadde mi bulunmuştu? İster öyle, isterse başka türlü olsun, ortada bir hakikat vardı ve amansız düşmanımız Rusya, Mustafa Reşid Paşa'nın Hariciye nâzırı olmasını istemiş, biz de bu talebini kabul etmiştik. Rus sefirinin bu talebini bazı tarihçilerimiz, Avrupa devletlerinin kapitülasyonlardan istifade etmelerine bağlamaktadırlar; fakat buna inanmak için çok saf olmak lazımdır; zira kapitülasyonlar hiçbir zaman "Şu adamı iş başına getirin, bu zatı indirin!" gibi bir tavsiyeyi yapmaya, hangi devlet olursa olsun ona bu vadide hak tanımaya ne müsaitti, ne de Osmanlı İmparatorluğu'nu idare edenler bu tavsiyelere uymaya mecburdu.

Ancak Rusya, Mustafa Reşid Paşa'yı Hariciye Nâzırlığı'na tayin ettirmekle, Londra konferansında kaybettiği imtiyazları tekrar elde edebileceğine inanmış olabilirdi.

Büyük Reşid Paşa kabine dışı kaldığı müddet içinde Osmanlı siyasetine bi'l-vasıta tesir etmiş ve ilk Hariciye nâzırlığı zamanında Viyana-Paris-Londra'da kurdurduğu sefaretler vasıtasıyla bu devletlerin en ileri hükümet adamları ile temaslarını devam ettirmiş, böylece devletin siyasetinde rol oynamıştır.

Mustafa Reşid Paşa perde arkasından oynadığı oyun ile Osmanlı siyasetini tamamen Londra'ya istinat ettirmeye muuğa tahlif edildiği Londra'nın siyasetini devam ettireceği gayet tabii idi. Ruslar işte bu hususu düşünememişler ve siyasi tesir altında kalmış olan Mustafa Reşid Paşa'yı Hariciye Nâzırlığı'na getirtmişlerdi.

Mustafa Reşid Paşa Hariciye nâzırı olur olmaz Ruslar ağızlarındaki baklayı çıkarmışlar ve beynelmilel siyaset sahasında ihtilal yaratacak hadiselerden birisi olan emanât-ı mübareke meselesinde Ortodokslar lehine imtiyaz istemişlerdi. Abdülhamid Han devrinde de ele alınacak olan ve tarihe *Kudüs ve Kamâme kilisesi hadisesi* olarak geçecek olan bu talep, Mustafa Reşid Paşa tarafından Londra ve Paris'e aktarılmış ve bu merkezlerin nokta-i nazarı talep edilmişti. İngiltere de, Fransa da, Rusların bu talebini şiddetle reddetmişlerdi. İngilizler, Rusya'nın Kudüs şehrine her ne suretle olursa olsun yerleşmesine veya buradaki mukaddes yerler üzerinde hak sahibi olmasına kendi dünya hakimiyetleri bakımından muhalif idiler; fakat Fransa, bu muhalefetini dinî nokta-i nazara istinat ettiriyordu. Fransa, çok eski zamanlardan beri Katolikliğin müdâfii ve hâmisi idi ve Ortadoğu'daki bütün Katolikleri adeta kendi teb'ası sayıyordu. Rusya'nın Katolik kilisesini Kudüs'e hiçbir şekilde sokmak istemeyeceği tabii idi.

Büyük Reşid Paşa, İngiliz ve Fransız kabinelerinin bu desteğini kazandıktan sonra, Rusya'nın, emanât-ı mübareke üzerinde Ortodokslara geniş imtiyazlar tanınması teklifini kafi olarak reddetti.

Esasen, *emanât-ı mübareke meselesi* yeni bir mesele de değildi ve bu husus için Viyana'da bir kongre toplanmıştı ve çalışmalarına devam ediyordu. Henüz bir karar da verilmemişti.

Rusya, İngiltere ve Fransa'nın tam desteğini temin etmiş olan Osmanlı hükümetince tekliflerinin reddi karşısında, son çare olarak harbe karar verdi ve derhal harekete geçti.

Viyana'da emanât-ı mübareke meselesi müzakere edilirken, Rusya'nın Osmanlı İmparatorluğuna tecavüzü, beynelmilel ahkâma tamamen aykırı bir hareketti ve Rusya'nın Osmanlı İmparatorluğu hakkındaki emellerini sarâhatle ortaya koymuştu.

Rusya, red keyfiyeti ile birlikte, esasen mevcut olan askerî hazırlıklarını tamamladı ve 1853 yılında Boğdan'a (Romanya) taarruza geçerek ileri harekata başladı. Ruslar aynı zamanda Sinop'ta demirlemiş bulunan Osmanlı donanmasına da aniden taarruza geçerek, herşeyden habersiz olan Osmanlı donanmasını tamamen yakmaya muvaffak oldu. 1853 yılı Haziran ayında yapılan bu baskın, Hariciye nâzırı olarak Mustafa Reşid Paşa'nın tedbirsizlik ve basiretsizliğinin tipik bir misalidir.

Zira, müşâru'n-ileyh daha Fransa orta elçisi olarak tayin edildiği ilk günlerden itibaren Viyana, Paris ve Londra ile kurmuş bulunduğu münasebetlerini, daha sonra Londra'da ikamet ederek devletin haricî siyasetini idare ederken çok ileri bir seviyeye çıkarmış ve bu merkezlerde kurmuş olduğu sefaretler vasıtasıyla Avrupa siyasetini adım adım takip etmek imkanını bulmuştu. Mustafa Reşid Paşa'nın, gafil bir anda avlanan ve yakılan Türk donanması meselesinde zannımızca büyük mesuliyet payı vardır; çünkü, kendisi Avrupa siyaseti hakkında ve büyük Avrupa merkezlerinde cereyan eden hadise ve haberleri en seri şekilde öğrenmek imkanlarına sahip bulunurken, Rusya'yı ihmal etmesi ve Osmanlı'ya amansız düşman Rusya'da cereyan eden hadiselere ehemmiyet vermemesi aklın almayacağı bir hususttur.

Kaldı ki, Mustafa Reşid Paşa'nın, devr-i ikbâlinde birtakım mühim karanlık işler çevirdiği ve dünya bankeri Rodchild (Roçild) ile de münasebetler kurduğu bir gerçektir. Rus donanmasının Sinop limanında demirli bulunan donanmamızı habersiz yakalaması ve yakması ile neticelenen hareketin arkasında hem Rodchild'in, hem de Rus elçisinin suratlarını görmemek mümkün değildir.

Zira, artık bilinmektedir ki, Mustafa Reşid Paşa, gizli olarak Londra'ya Nâmık Paşa'yı göndermiş ve orada birtakım gizli pazarlıklar ve alış verişler yapmıştır.

Nizameddin Nazif Tepedelenlioğlu bu hususta *Ordu ve Politika* adlı eserinin 31. sahifesinde şöyle demektedir:

"1853'te Mustafa Reşid Paşa'nın gönderdiği gizli murahhas Nâmık Paşa'ya, Londra'da açılan Rodchild bankası ve Rodchildlere sunulan ağır komisyonlarla açılan bütün kasalar artık pek sağırdı."

1871 Alman-Fransız harbi münasebetiyle yazılan bu satırlar, devrinde Mustafa Reşid Paşa'nın İngiltere'ye nasıl bir bağla bağlandığını açıkça ortaya koymaktadır.

Akla gelebilir ki, Rus çarının yâveri Bahriye nâzırı Prens Mençikof'un, İstanbul'a fevkalade elçi olarak gelir gelmez Mustafa Reşid Paşa'yı Hariciye Nâzırlığı'na tayin ettirmek için bütün gücü ile çalışması ve Rodchild ile oynadığı oyuna, Rusya ile de devam ettiği zannını ihtimal dahiline sokmaktadır; yani açıkçası, Mustafa (Reşid) Paşa zihinleri teşviş etmekte ve ikili oynayan bir Osmanlı Hariciye nâzırı durumuna girmektedir. Acaba, hakikaten bu zat, hem İngiltere ve hem de Rusya ile perde arkasında birtakım bilinmeyen anlaşmalar mı yapmıştı?

Her ne şekilde olursa olsun, Avrupa ahvâline, kurduğu şahsi dostluklar ve Hariciye nâzırlığı devrinde tesis ettiği sefaretler vasıtasıyla vâkıf olan bu Paşa'nın, Rusya'yı ihmal etmesi ve Rusya'dan herhangi bir haber alamaması, tarihlerimizin *büyük ve müdebbir vezir-i a'zam* pâyesine çıkarttığı Mustafa Reşid Paşa'nın şahsiyeti hakkında fikirleri bulandırmak için kafi bir sebeptir.

Mustafa Reşid Paşa, Sultan II. Mahmud'un ölümü sırasında İstanbul'a gelirken cebinde getirdiği İngiliz-Fransız ittifak muahedesinin metni, Rusya'nın bu tecavüzü üzerine, Sardunya devletini de (İtalya) içine alarak dörtlü bir ittifak şekline sokulmuştu. Rusya, İngiltere'nin, Rusya'yı Karadeniz'de hapsetmek ve sıcak denizlere inmekten meneden siyasetinin bir defa daha zebunu olmuş ve dörtlü ittifak sonunda Kırım harbinin açılması esbâbı meydana gelmişti.

Artık müttefiklerle Rusya, *Kırım harbi* dediğimiz harbe tutuşmuştu. Bu harbin iki safhası vardır; birinci safhası Boğdan'da (Romanya'da), tarihlerimize *Silistre müdafaası* adıyla geçen ve Rusların Silistre kalesini zaptedememeleri sonunda çekilmelerini intâc eden safhadır; ikinci safhası ise Kırım harekatıdır.

Bilindiği gibi bu harp, Osmanlı İmparatorluğu ve müttefikleri lehine neticelenmiş; Rusya mağlup ve sulhe tâlip olmuştu.

Kırım harbi henüz hitâma ermemişti. İngiltere, Mustafa Reşid Paşa vasıtası ile Osmanlı İmparatorluğu'nda sağlam bir destek bulduğu için Avrupa siyasi ufkunda rahatça çalışabilirdi. İngiltere için gaye, Rusya'nın, İngiliz ticaret imparatorluğunun yolu üzerine inmemesi idi. Bu hususu temin maksadı ile, Kırım harbi devam ederken Avrupa'da siyasi faaliyetini de buna muvâzi olarak artırdı. Bu cümleden olarak, Fransa'nın tasvibini de alarak Avusturya-Macaristan İmparatorluğu ile müzakerelere başladı ve bir anlaşmaya vardı. Bu anlaşmanın kuvveden fiile çıkması Avusturya-Macaristan İmparatorluğu için hayati ehemmiyeti haizdi; zira 1848 yılından beri Sardunya kralı Viktor Emmanuel, kont Kavur'un da büyük gayretleri ile İtalyan ittihadını gerçekleştirmek üzere idi. Bu ittihadın gerçekleşmesi ise, Avusturya-Macaristan İmparatorluğunun Avrupa ve Balkanlar siyasetine tamamen aykırı idi. Bu bakımdan, mezkur imparatorluk, İtalyan ittihadının meydana gelmesinden evvel Kırım harbinin bitirilmesi için azami gayreti gösteriyordu. Bu sebeple İngiltere ve Fransa'dan gelen teklife peki demişti.

Kırım harbinin sonlarına doğru ölen Rus çarı I. Nikola'nın yerine II. Aleksandr geçmiş bulunuyordu. Avusturya-Macaristan İmparatorluğu derhal İngiliz ve Fransız tekliflerini nazar-ı dikkate alarak, yeni Rus çarı nezdinde teşebbüse geçmiş ve sulh anlaşmasının bir an önce yapılmasını ısrarla tavsiye etmişti. İşte, Avusturya-Macaristan İmparatorluğu'nun bu teşebbüsüdür ki, Rusya'yı Viyana'da toplanacak sulh masasına oturtmuş ve anlaşmayı imzalamıştı.

İngiliz diplomasisi, Mustafa Reşid Paşa'ya verdiği sözü tutmuş, Rusya'yı daha fazla zayıflatmamış, fakat İngiltere-Fransa ve Avusturya-Macaristan İmparatorluğu arasında aktedilen bir anlaşma ile (Viyana anlaşması) Rusya'yı, Osmanlı İmparatorluğu'na tecavüzden menetmişti. Bu anlaşmanın birinci paragrafında, Avrupa'nın menâfii göz önüne alınıyor ve bu takdirde her üç devlet, aralarında bir karar vermedikçe, ayrı ayrı bir siyaset takip etmeyeceklerini taahhüt ediyorlar. Rusya hariç bırakılıyordu.

İkinci paragrafta, İngiltere-Fransa ve Osmanlı İmparatorluğu müştereken Rusya ile bir harbe girişirlerse, Avusturya-Macaristan İmparatorluğu'nun bu harpte bî-taraf kalmasını temin eden sarâhat mevcut idi.

Bu paragrafta beyan olunan taahhüt karşılığında, İngiltere ve Fransa, Rusya ile Avusturya-Macaristan İmparatorluğu arasında cereyan edecek herhangi bir harp takdirinde Viyana anlaşmasının kendiliğinden me'iyete gireceğini ve her üç devletin de müttefikan harekata başlayacaklarını tazammun etmekte idi.

Viyana konferansında kararlaştırılan ve aktedilen anlaşma gerçi mer'î idi, fakat asıl sulh anlaşması 25 Şubat 1856 tarihinde Paris'te imzalanmış ve bu konferansta Osmanlı İmparatorluğu'nu Fuad Paşa temsil etmişti.

Ancak, Paris sulh konferansının akdinden kısa bir müddet evvel, 18 Şubat 1856 tarihinde Gülhane Hatt-ı Hümayunu ile ilan edilen *tanzimat-ı hayriyeyi* daha da şümullendiren *ıslahat fermanı* ilan edilmiş ve tanzimat-ı hayriyede derpiş edilen, Osmanlı teb'ası gayr-i Türk unsurlara birincisinden çok daha geniş haklar verilmiştir.

Yukarıda da işaret ettiğimiz gibi, Rusya'nın mağlubiyeti ile biten Kırım harbini müteakip, 1856 tarihinde *Paris muahedesi* imzalanmıştır.

MUSTAFA REŞİD PAŞA'NIN HALK NAZARINDA GÖZDEN DÜŞMESİ

Yukarıdan beri izahına çalıştığımız, Mustafa Reşid Paşa'nın, Osmanlı İmparatorluğu'nun sükûtunda oynadığı elîm rol, devrin Osmanlı halkı tarafından da tasvip edilmemiş ve giriştiği, *inkılap* adını verdiği hareketler, halkın altıncı hissi önünde mahkum edilmişti.

Memlekete sokulan Frenk âdetleri, halk arasında, her geçen gün biraz daha gelişen bir itimatsızlık havasının esmesine ve Mustafa Reşid Paşa'ya "gâvur, Frenk bozması" gibi birtakım sıfatların takılmasına sebep olmuştu. Bu sükût, yalnız Mustafa Reşid Paşa'ya inhisar etmiyor, bütün vükelâ da onunla birlikte adeta tekfir ediliyordu. Halkın vükelâ ve bilhassa Reşid Paşa'ya karşı hatt-ı harekatı öyle bir dereceye varmıştı ki, neticesinden cidden endişe duyulmaya başlanmıştı. Aslında, endişe eden bizzat Osmanlı Devleti içindeki müslümanlardı; zira Gülhane Hatt-ı Hümayun'u ile her türlü hürriyetlerine sahip olma hakkını elde etmiş bulunan gayr-i müslim teb'a, dış tesirlerin de yardımı ile, her geçen gün biraz daha artan bir hırsla teşkilatlanmaya çalışıyordu. Bu hususta en çok gayretin hangi devletten geldiğini tayin etmek cidden güçtür; zira, gayr-i müslim teb'a üzerinde Avrupa'nın düvel-i muazzaması, yani Rusya, Fransa, İngiltere, Avusturya-Macaristan ve yeni yeni toparlanmaya başlayan Almanlar da en geniş şekilde ve Osmanlı İmparatorluğu'nu yıkıcı mahiyette propagandaya ve tahriklere katılmışlardı.

Osmanlı Türk'ü tam manası ile huzursuzdu. Milletin bu

huzursuzluğunu Mustafa Reşid Paşa'nın şahsiyeti ve icraatı daha da artırıyor, her gün akla gelmez şâyialar çıkarılan Osmanlı İmparatorluğu'nda, ciddi birtakım hareketlerin başlamasından endişe ediliyordu.

Bu huzursuzluk, bilhassa halkı müslüman ve hristiyan olan kasaba ve şehirlerde elle tutulacak kadar bârizdi.

Bu hususta en sıhhi malumatı veren Engelhard, *Türkiye ve Tanzimat* adlı eserinin 46. sahifesinde söyle demektedir:

"Taşra memurlarının endişesi o derece idi ki, birçok yerlerde, mesela İzmir'de paskalya haftasında Rumlar tarafından icrası mutad olan merasimin men'i cihetine gidilmek iktizâ etti."

Türk halkı, Mustafa Reşid Paşa'nın İskoç mason localarının mutlak tesiri altında Osmanlı İmparatorluğu'nda giriştiği hareketler karşısında tehlikeyi sezmişti. Bu tehlikeye karşı, ancak altıncı hissinin verdiği bir direnme ile mukabele edebiliyor ve Mustafa Reşid Paşa'dan devleti kurtarmak istiyordu.

Nihayet, ilk darbeyi, Mısır ile yapılacak muharebe için asker toplanmaya başlandığı zaman indirmeye muvaffak oldu.

İmparatorluğun birçok yerlerinde halk, Mustafa Reşid Paşa ve vükelâ tarafından padişahın aldatıldığı, Sultan Abdülmecid'in genç olduğu ve iğfalâta kandığı söyleniyor ve bu fikir memleketin her tarafına süratle yayılıyordu. Hatta halk, daha da ileriye gidiyor; devletin, heyet-i vükelâ tarafından ecnebilere bir nevi peşkeş çekildiğinden bahsediliyordu.

Engelhard, *Türkiye ve Tanzimat* adlı eserinin 47. sahifesinde, halkın hissiyatı ve düşünceleri hakkında şunları yazmaktadır:

"Padişah'ın vükelâsı ve bilhassa Reşid Paşa, hristiyanlar tarafından kazanılmış ve onlar tarafından beslenmiş birer hristiyandırlar. Bunlar kendi metbumarını (padişahı) aldatmakta ve milletin kader ve haysiyetini tezlîl etmektedirler."

Görülüyor ki, masonluk hakkında herhangi bir bilgiden mahrum olan halk, bu hususu bir başka şekilde hissediyor ve Mustafa

Reşid Paşa ile vükelâya *kafir, gâvur* sıfatını veriyordu. Aslında bu sıfat, ne Mustafa Reşid, ne de vükelânın gâvur veya kafir olduklarından neş'et etmiyordu. Halk tehlikeyi sezmiş, hristiyan Avrupa'nın salip uğruna müslüman bir imparatorluğu mahv'a karar verdiğini anlamıştı. Direnmesi ve Mustafa Reşid Paşa ile vükelâya bu sıfatları takması bu yüzdendi. Nitekim, sonraki hâdiseler göstermiştir ki, Türk halkının sağduyusu ile endişe ettiği tehlike, kısa bir müddet sonra gelişecek ve yarım asır içinde koskoca bir imparatorluk yok edilecekti.

Sultan Abdülmecid Han, bütün bu tehlikeleri görmüyor değildi; fakat devleti mahva mahkum etmiş olan salip, bu hareketi çabuklaştırmak için devlet-i aliyye etrafında aşılması imkansız bir tehlikeler zinciri meydana getirmiş bulunuyordu. Bu tehlikeleri bertaraf etmek mümkün değildi. İşte, padişahı acz içinde bırakan husus bu idi.

Nihayet, memleketin durumu o hale geldi ki, Padişah, Mustafa Reşid Paşa'yı azle mecbur oldu ve azletti (1841).

MUSTAFA REŞİD PAŞA'NIN AZLİ VE AVUSTURYA

Avrupa devletleri arasında, muhtelif sebeplerle devam etmekte olan genişleme mücadeleleri, Mustafa Reşid Paşa'nın azli ile birlikte Avusturya-Macaristan İmparatorluğu'nu harekete geçirdi.

Mustafa Reşid Paşa'nın azli, Osmanlı İmparatorluğu'nda İngiliz siyasetinin iflası demekti. Nitekim, Avrupa'nın o sıralardaki en kudretli siyaset adamı olan Avusturya-Macaristan İmparatorluğu başvekili Prens Meternik, İngiltere'den boşalan yere kendi devletini geçirmek için derhal harekete geçti.

Prens Meternik, Osmanlı İmparatorluğu'ndaki hadiseleri yakînen takip ettiğinden, halk efkârının düşünce ve hislerine tamamen vâkıf bulunuyordu. Bu durumdan istifade etmeyi kendi devletinin yayılma siyaseti bakımından elzem telakki etti ve Avusturya'nın İstanbul sefiri kont Aponi'ye, bütün hristiyan alemini tedirgin eden, onları hayrette bırakan ve Avusturya-Macaristan İmparatorluğu aleyhine bir havanın bütün Avrupa'da esmesine yol açan bir telgraf çekti ve padişaha ayrıca bir de mektup gönderdi:

"Herhangi bir hal, çok muhtelif hal ve şartlardan meydana gelir ki, bunlar arasında mazide cereyan eden hadiseleri birinci sıraya koymak lazımdır. Geniş imparatorluğu kemiren bir hastalığın açık alameti olarak telakki olunabilen Mısır gâilesinden Bâb-ı Alî'nin daha yeni kurtulduğu bu sırada, yukarıdaki hakikat Osmanlı Devleti hakkında bilhassa kâbil-i tatbiktir. Osmanlı Devleti çöküş halinde bulunan bir cisimdir. Şurasını gizlemeye çalışmamalıdır ki, çöküş sebepleri meyânında, ilk temelleri Sultan Selim (111. Selim) tarafından atılıp son padişahın ancak anlaşılmaz bir cehl ile ve hadsiz ve payansız (sonsuz) bir hayalperestliğe istinâden terviç ve teşvik ettiği Avrupa tarzındaki ıslahat fikir ve tasavvuratını zikretmek lazımdır. Bâb-ı Âlî'ye şu suretle hareket etmesini tavsiye ederiz:

—Hükümetinizi, mevcudiyetinizin temeli olan ve zât-ı şâhâne ile müslüman teb'a arasında başlıca bir râbıta teşkil eden dinî kanunlara hürmet ve riâyet esası üzerine bina ediniz.

—Zamanın ihtiyaçlarına göre hareket ediniz. Ve zamanın meydana getirdiği ihtiyaçları nazar-ı itibara alınız. Dahilî idarenizi intizam altına alınız ve ıslah ediniz; lâkin örf ve âdetlerinize ve yaşayış tarzınıza uygun olmayan bir idare usulünü tesis etmek için eski idareyi yıkmayınız. Aksi takdirde, Padişah'ın, ne tahrip ettiğinin farkında olmadığı, ne de harap ettiği şeylerin yerine koyduklarının kadir ve kıymetini bilmediğine hükmolunur.

—Avrupa medeniyetinden sizin kanun ve nizamlarınıza uymayan kanunları iktibas ederek almayınız; zira Garb'ın kanunları, hükümetinizin temelini teşkil eden kanunların müstenit bulunduğu usul ve kaidelere asla benzemeyen kaideler üzerine müessestir. Garp memleketlerinde esas olan şey *Hristiyanlık kanunlarıdır. Siz Türk kalınız;* lâkin, madem ki Türk kalacaksınız, şeriatın size gösterdiği kolaylıklardan istifade ediniz. Hristiyan teb'anızı tamamen himayeniz altına alınız. Onların paşalar tarafından hakarete uğramalarına mani olunuz. Hristiyan teb'anın ve diğer dinlere bağlı olanların dinlerine karışmayınız. Mazhar oldukları imtiyazlara riayet (ediniz) ve Gülhane Hatt-ı Hümayunundaki vaadleri tahakkuk ettiriniz.

-Bir kanunun icra sebeplerini ve tatbikini temin etmeden asla ilan etmeyiniz; fakat bunu yaparken Batı'nın umumi efkârı addettiğiniz şeye ehemmiyet atfetmeyiniz. Siz bu efkâr-ı umumiyeyi, Avrupa'nın umumi sadâsını anlamıyorsunuz. Eğer ilerleme yolunda adalet, ilim ile ileriye doğru hareket ederseniz Avrupa efkâr-ı umumiyesinin şâyân-ı ehemmiyet kısmı size temayül edecektir.

-Hülasa, biz Bâb-ı Âlî'yi, kendi idare tarzının tanzim ve ıslahı için giriştiği teşebbüslerinden vazgeçirmek istemiyoruz; lâkin ahvâl ve şerâiti, Türkiye İmparatorluğu'nun ahvâl ve şartlarına uymayan Garp hükümetlerini, herşeyden evvel taklide uygun bir numune suretinde telakki ederek ona göre ıslahatta bulunmasını, esas kanunları Şark'ın âdât ve âdâbına uygun olmayan hükümetleri taklit ve hâl-i hazırda her türlü ibdâ kuvvetinden ve tanziminden mahrum olup İslâm memleketlerinde zarar verecek neticeler tevlîd etmekten başka bir netice hâsıl etmeyeceği aşikar olan ıslahatı kabul ve tatbik etmemesini istiyoruz."

Acaba, beni siyasi hayallere ittibâ etmekle mi itham edeceklerdir? Varsın öyle olsun.

Avusturya Başvekili Prens Meternik'in içtimaiyat (sosyoloji), ruhiyat (psikoloji) ilimlerine tamamen uygun bu tavsiyeleri, maalesef devrin, hemen hepsi Garplılaşmak sarasına tutulmuş devlet ricâli tarafından asla nazar-ı itibara alınmamış ve Osmanlı İmparatorluğu'nun temeline ilk dinamiti koymuşlardı. Gülhane Hatt-ı Hümayunu'nun ısrarla tatbiki, Osmanlı İmparatorluğu'nun içtimai bünyesinde böylece telafisi imkansız büyük yaralar açmıştır.

Günümüzde hâlâ devam edegelen bu Garp hayranlığı ve mukallitliğinin Türkiye'ye verdiği zararlar izahtan vârestedir ve bu zararların ıstırabını milletçe çekmekteyiz.

Günümüzün içtimai topluluğumuzun içinde bulunduğu keşmekeş, memleket meselelerindeki aksaklıklar, hep 1838 Gülhane Hatt-ı Hümayunu'nun meydana getirdiği ukubetlerdir.

Bu Hatt-ı Hümayun ile Mustafa Reşid Paşa, Osmanlı Türkü'nün örf ve âdâtı ile seciyesinin değiştirilmek istendiğinin asla farkına varmamış veya bunu bildiği halde bu hattın ısdârında bilhassa ısrar etmiştir. Cemiyetler mevcudiyetlerini, örf ve âdetlerinin meydana getirdiği uzun asırların tekâmülü sonunda ortaya koyduğu devamlı milli müesseselerine medyundurlar. Bu müesseselerin herhangi bir şekilde tahribi, o cemiyetin yıkılması neticesini tevlît eder. Binaenaleyh, Gülhane Hatt-ı Hümayunu'nun ruhunda mevcut olan ve Avusturya başvekili Prens Meternik'in yukarıya aldığımız mektubunda bilhassa belirttiği hususlara çok dikkat etmek ve bu sözleri teşrih etmek elzemdir. Prens Meternik, mektubunda, "Garp memleketlerinde esas olan şey hristiyan kanunlarıdır." Demek suretiyle, müslüman Türklerin içtimaiyat ilmi muvâcehesinde maruz kalacakları tehlikeleri açıkça belirtmiş ve ikazlarda bulunmuştur. Buna rağmen bu Hatt-ı Hümayun'un getirdiği yeniliklerde ısrar etmek yolu ihtiyâr edilmiş, müslüman-Türk halkının örf ve âdetlerine tasallut edilmiş ve Türk milletinin mukaddes tanıdığı her şeyine, salip misali adeta harp ilan edilmiştir. Devlet zoru ile girişilen *ıslahat* adı altındaki bu tecavüzler, kısa zamanda hoşnutsuzluğu mucip olmuş ve halkın gösterdiği aksü'l-amel sonunda Padişah Sultan Abdülmecid, Reşid Paşa ve tâifesini vazifeden uzaklaştırmak mecburiyetinde kalmıştır; fakat bu değişiklik herhangi ciddi bir netice tevlît etmemiş, ve müslüman-Türk halkının örf ve âdetlerinin, salip tarafından ısrarlı bir şekilde yaratılan beynelmilel hadiselerle tahribi devam etmiştir.

Mustafa Reşid Paşa'nın azlinden sonra iktidara gelen Rıfat Paşa, selefinin takip ettiği Garplılaşmak riyasetini asla tasvip etmediğini ilan etmiş ve bu harekete karşı çıkmıştır.

Rıfat Paşa'nın, Prens Meternik'in taht-ı tesirinde kaldığı ve hakikati gördüğü bir vâkıadır; zira kendisi, Mustafa Reşid

Paşa'nın icraatını en şiddetli bir şekilde tenkit ve reddederken, Prens Meternik'in Avrupa'nın nasihatlerine kulak verilmesi hususundaki ikazına da cevap vermektedir.

Engelhard, *Türkiye ve Tanzimat* adlı eserinin 51. sayfasında, bu hususta Rıfat Paşa'nın şu sözlerini nakletmektedir:

"Hariçten vâki olacak nasihate memnuniyetle itibar ederiz; lâkin iç işlerimize vuku bulacak her türlü müdahaleyi şiddetle reddederiz."

Rıfat Paşa, bu görüşünü teyit eden ilk kararını, vergi usulünde eskiye dönmekle gösterdi ve 1841 yılı Kasım ayında çıkarılan bir heyet-i vükelâ kararnamesi ile de bunu ilan etti.

Padişah, Mustafa Reşid Paşa'nın iğfalâtına kapıldığını daha ilk günlerde anlamış, mukâvemet etmek istemiş; lâkin haricî meseleler, devletin etrafında dolaşan çok ciddi tehlikeler, salibin amansız müdahaleleri, Rusya, İngiltere, Fransa, Avusturya-Macaristan'ın, dört bir taraftan sardıkları imparatorluğu bir an evvel parçalamak hususunda giriştikleri faaliyetler ve nihayet, en küçük bahanelerle ilan edilen harpler, genç padişahı boyun eğmeye mecbur bırakmıştı; lâkin Rıfat Paşa gibi gayyur ve müdebbir bir sadrazam iş başına gelince, padişah da hakiki niyet ve kararını derhal ortaya koymuştu.

Mustafa Reşid Paşa'nın azlinden sonra Padişah, derhal bir irade-i seniyye çıkarmış ve birtakım tedbirler üzerinde durmakla beraber, halk arasındaki galeyanı yatıştırmak istemiştir. Padişah Abdülmecid'in bu hususta neşrettiği irade-i seniyyede şöyle denilmekte idi:

"Gâye-i âmâlimi henüz lâyıkı ile takdir edemeyen bazı kimselerin, hükümetin iç siyaseti ile dış siyasetinin başka bir renk ve şekle gireceği zan ve iddiasında bulunduklarını öğrenmiş bulunuyorum. Bu gibi esassız beyanâtın efkâr-ı umumiyeyi ihlalden başka bir netice hâsıl etmeyeceği âşikârdır. Taht'a çıktığım günden beri bütün mesâim teb'amın rahat, huzur ve refâhını temine matufdur."

Bu hatt-ı hümayun da gösteriyor ki, Türk halkı alınan kararları tasvip etmemiş ve bünyesinde meydana getirilmek istenen değişikliklere karşı durmuştur. Padişahın irade-i seniyyesinin gerçek manası budur.

Osmanlı Türk halkı, bilhassa hristiyan anâsıra verilen geniş hakların, Osmanlı İmparatorluğu bünyesinde büyük rahneler açacağına kâni idi. Nitekim, sonradan gelişen hadiseler bunu açıkça göstermiş, asırlarca birlikte yaşadıkları bu hristiyan teb'a tarafından Osmanlı İmparatorluğu'nun her tarafı ateşlenmiş, tarihin kaydettiği en büyük insan katliamına yol açmıştır.

Avrupa devletleri, kendi iç bünyelerinde tatbik etmedikleri kanunları, Mustafa Reşid Paşa'nın ısrarı ile ilan edilen Gülhane Hatt-ı Hümayun'u ile Osmanlı İmparatorluğu'nun iç bünyesine sokmuş ve memleketi bir ateş ve kan diyarına çevirmiştir. Salip, durmadan dinlenmeden müslüman-Türk üzerine saldırmış; neticede de muvaffak olmuş, Avrupa'daki Osmanlı toprakları tasfiye edilmiş, dünyanın en âdil idaresini kurmuş olan Türklere her türlü zulüm revâ görülmüş ve bir millet adeta tarihten silinmek istenmiştir.

Engelhard, meşhur kitabında Osmanlı Türkü'nün bu aksü'l-amelini tenkit etmekte ve şu mütalaayı ileriye sürmektedir ki, bu zat, bu mütalaasında tamamen hissi hareket etmekle, Avrupa'nın Osmanlı Türkü hakkındaki düşüncelerini aksettirmektedir:

"Gülhane Hatt-ı şerifi reâyâyı bulundukları esaretten kurtarmış, daha doğrusu bu kurtuluş emrinin tabii neticesi olması iktizâ eden faydaları onlara fiilen bahş ve temin etmeksizin kendilerine esaretten kurtulmalarını talep etme hakkını vermiştir. Asırlardan beri pâyidâr olan, nihayet meşruiyet kesbeden ve mutaassıp bir milletin dinî hissiyatının en derinliklerine kadar kök salmış olan bir usulün ânî surette değişmesine intizar etmek abes idi. Padişahın hüküm ve şahsi nüfuzunun muhafaza lüzumuna vicdânen kâni olması ve halka bazı haklarını bahşeden Gülhane Hatt-ı Hümayunu'nun tesiri ile, öteden beri hâiz olduğu menfaat ve hususi imtiyazlardan ferâgata razı olmaması ne kadar tabii idi ise, kendilerine hürriyet vaad olunanların da, hürriyetin galebe çaldığını görmek ve bunun bahşettiği nimetlerden istifade etmek istemeleri o derece tabii idi."

Evet, Engelhard böyle düşünüyordu. Ancak, kendisinin böyle düşünmesi, Osmanlı İmparatorluğu'nun bir esaret diyarı olduğu hususundaki görüşüne bizi iştirâke mecbur etmemektedir; zira en koyu Türk düşmanı Garp tarihçileri dahi, Osmanlı İmparatorluğu'nun iç bünyesini tedkik ederlerken, böyle bir hükümden mümkün olduğu kadar kaçınmak zaruretini duymuşlardır.

Zira, realite ortadadır. Eğer, Engelhard'ın iddia ettiği gibi, Gülhane Hatt-ı Hümayunu'nun, reâyâya, o güne kadar tatbik edilen usul-i idarenin, esir muamelesine dayanan zihniyetini ortadan kaldırdığı iddiasının arkasındaki gizli fikirleri Osmanlı İmparatorluğu'nda câri olsa idi, Macaristan'dan itibaren bütün Balkanlar'da, İstanbul'da, Anadolu'nun hemen her tarafındaki gayr-i müslim unsurun bugün yeryüzünde olmaması iktizâ ederdi; çünkü Osmanlı İmparatorluğu, bugün dünyanın kendisine bel bağladığı, bütün insani kaideleri ve hürriyetleri, ırk, din farkı gözetmeksizin en âdil bir şekilde tatbik etmiş ve *reâyâ* tabir edilen gayr-i müslim unsurun günümüze gelmesine hizmet etmiştir.

Bugün Birleşmiş Milletler teşkilatının yapmak istediği, fakat muvaffak olamadığı *dünya devleti* fikrini, Osmanlı İmparatorluğu, hiç kimsenin burnunu kanatmadan altı asra yakın bir müddet devam ettirmiş; Avrupa'nın yarıdan fazlasını hakimiyeti altında bulundurmuş, bu halkların her türlü meselelerini, en az kendi dinine sâlik imişçesine halle çalışmış ve muvaffak olmuştur.

Bütün bir Batı dünyasının, Gülhane Hatt-ı Hümayunu'nun arkasında gizlediği esas fikirleri, Osmanlı İmparatorluğu'na tevcih edilmiş salib'in galebesini teminden başka birşey değildi. Garb'ın düşündüğü, sadece salibin muvaffakiyeti ve İslâm'ın gerilemesi idi. İşte Mustafa Reşid Paşa'nın bu memlekete getirdiği de bundan başka bir şey değildi.

Osmanlı İmparatorluğu hudutları içerisinde yaşayan reâyâ, kendilerine kilise tarafından telkin edilen fikirlerle o derece hâl-i işbâa gelmişlerdi ki, Osmanlı İmparatorluğu'nun hakimiyetinden kurtulmak fikri bir sara nöbeti gibi onları sarsıyor ve hristiyan alemine durmadan, dinlenmeden ve kilise marifetiyle heyetler göndererek kurtuluşlarının çabuklaştırılmasını istiyorlardı. Bu teb'anın, tabii dış tesir ve tahriklerle durumu öyle bir noktaya gelmişti ki, Osmanlı İmparatorluğu hudutları içerisinde yaşayan Ortodokslar kendilerini Rus, Katolikler Fransız ve Protestanlar da İngiliz addetmekte idiler.

Böyle bir düşüncenin salip tarafından tahrik edildiği bir memlekette, Mustafa Reşid Paşa'nın getirdiği iddia edilen *ıslahat*, elbetteki devletin aleyhine tecelli edecekti. Nitekim, Kırım muharebesinden sonraki hadiseler, onu takip eden Bosna-Hersek meselesi, onu takiben 1877-78 Türk-Rus harbi, arkasından Trablusgarp ve nihayet Balkan harbi ile I. Cihan Harbine dayanan hadiseler silsilesi, bu ıslahat hareketlerinin tabii bir neticesi olmuştur.

LONDRA ANLAŞMASINDAN SONRAKİ HADİSELER

Londra anlaşmasından sonra tamamen İngiliz siyasetinin mihrakına girmiş bulunan Osmanlı İmparatorluğu, bu sıralarda İngiltere ile Osmanlı İmparatorluğu üzerinde adeta pazarlığa girmiş olan III. Napoleon'un gösterdiği yakınlık üzerine, bir nisbet dahilinde Fransa'ya da temâyül etmişti. Osmanlı İmparatorluğu'nun tarihî düşmanı Ruslara karşı Kırım'da, Fransa ve İngiltere'nin Türklerle müttefikan harp etmiş olmaları, işte bu İngiliz ve Fransız siyasetinin, en tabii telakki edilmesi lazım gelen bir neticesi idi. Her iki devlet, Osmanlı İmparatorluğu'na gösterdikleri dostluk nisbetinde, devleti idare eden devletlülerden menfaat koparmasını bilmişler ve Osmanlı İmparatorluğu'nu adeta devlet menzilesine indirmişlerdir.

Rusya'nın mağlubiyeti ile neticelenen Kırım muharebesi, 1856 tarihinde Paris sulh konferansının toplanmasına yol açtı. Osmanlı İmparatorluğu lehine birçok maddeler ihtiva eden bu konferans, eğer Garp devletleri tarafından tamamen tatbik edilmiş olsaydı, Osmanlı İmparatorluğu terakki ve istikbalini mutlaka elde eder ve dünya siyasetindeki ehemmiyetli mevkiini daha da kuvvetlendirmek imkanlarına sahip olabilirdi; fakat, ne İngiltere, ne de Fransa, Osmanlı İmparatorluğu lehine olan bu anlaşmayı layıkı ile tatbik etmediler ve Avrupa'nın siyasi ufku, çok kısa bir zaman sonra birdenbire ve Rusya'nın devamlı ifsâdât ve propagandası ile kararıverdi.

Bu da gösteriyor ki, Kırım harbinde müttefiklerimiz olmasına rağmen İngiltere de, Fransa da, hristiyan bir devletin, Rusya'nın müslüman Türkiye karşısında zayıf duruma girmesine karşı idiler; zira yaptıkları mücadele, karşılıklı diplomasi oyunları, sadece müslüman Osmanlı İmparatorluğu üzerinde salib'i hakim kılmak, bu devâsâ imparatorluğu çökertmek ve salibin zaferini ilan ettikten sonra, bu devletin zengin kaynaklarını ele geçirmek gayesini gütmekte idi. Nitekim, Rusya'nın Osmanlı İmparatorluğu aleyhine giriştiği hareketler Türkleri yine tek başına bıraktı ve Rusya'nın Akdeniz'e inmek ve genişlemek politikasını durdurmak vazifesini bu imparatorluğun omuzlarına yükledi.

Avrupa muvâzenesi uğrunda Osmanlı İmparatorluğu'nun, Rus istilâsına ve sıcak denizlere inmek istemesine karşı nasıl birtakım büyük fedakârlıklarla göğüs gerdiği, ne mert, fakat faydasız gayretlerde bulunduğu her türlü izahtan vârestedir. Osmanlı İmparatorluğu'nun bu fedakârlıkları kendisine hiçbir fayda sağlamamış; fakat, buna mukabil Avrupa devletleri, yani salîbiyyûn, bu fedakârlıkları istismar etmiş ve her seferinde kendisine pay çıkarmasını bilmiştir.

Osmanlı İmparatorluğu, bu gayretlerine karşılık Avrupa devletlerinden hüsn-i niyet beklerken, bu devletler tam aksine hareket etmişler ve Osmanlı İmparatorluğu'nun taksimini gerçekleştirmek hususunda her türlü gayreti göstermişlerdir. İngiltere ve

Fransa tarafından Bâb-ı Âlî rüesâsına, o büyük devletlülere telkin edilen yanlış bir siyaset ile recül-i devlet gözlerini şimâle dikmişler, geniş imparatorluğun diğer kısımları ile meşgul olmamış ve böylece, koskoca imparatorluğun Afrika'da Fas'tan ta Kızıldeniz'e ve hatt-ı üstüvâya kadar uzanan hudutlarının çatırdadığını ve bu toprakların elden çıktığını bile farketmemişlerdi.

Yarım asır kadar evvel Osmanlı Avrupası'nın büyük kısmını Türk hakimiyeti aleyhine ayaklandıran Pan-îslavist tahrikleri sonunda birbirlerini takip eden Karadağ-Sırbistan ve Rusya harpleri ve nihayet XIX. asrın ehl-i salip (haçlı) hücumlarına ve taarruzlarına muvakkaten son verir gibi olan Berlin muahedesi, sonradan meydana gelecek çok daha ağır hadiselerin başlangıcı oldu.

Artık, *hasta adam* adı verilen Osmanlı İmparatorluğu'nun ortadan kaldırılması vaktinin tayini meselesi bir emr-i vâki olarak koskoca Türk imparatorluğu'nun önüne dikiliverdi.

MUSTAFA REŞİD PAŞA'NIN ÖLÜMÜ VE SONRASI

Mustafa Reşid Paşa, 17 Aralık 1858 tarihinde ve 58 yaşında kalp sektesinden ölmüştür. Bu zat altı defa sadrazamlık, dört defa da Hariciye nazırlığı yapmıştır. İlk Hariciye nâzırlığına tayin edildiği 1837 tarihinden itibaren, ölünceye kadar geçen 21 yıl müddetle devlete fiilen vaz'-ı yed etmiş olan Mustafa Reşid Paşa, arkasında birçok gâileler ve memlekette içtimai sarsıntıya yol açan ve günümüzde hâlâ devam eden şeklî Avrupalılığın temelini atan insan olarak tarihe geçecek bir devletlüdür.

Mustafa Reşid Paşa'nın şekle inhisar eden Garplılık hareketi ile birlikte memlekette, Avrupa'nın tesiri altında kaldığı şüphe götürmez birtakım karanlık fikirli cemiyetlerin de zuhurunda rol oynamış, hiç olmazsa takip ettiği siyaset ile bu cemiyetlerin kurulmasına imkan hazırlamıştır.

Bu cemiyetlerin ilki olan Genç Türk cemiyet-i hafiyyesi,

sonradan devam edecek ve Osmanlı İmparatorluğu'nun ipini çekecek olan gizli komitecilik hareketlerinin sonuncusu olan İttihat ve Terakki Cemiyeti'ne kadar dayanacak ve bir İmparatorluk böylece tasfiye edilecekti.

Bu cemiyetin açtığı yol üzerinde nice vezirler, sadrazamlar, seraskerler, ordu kumandanları, subaylar, erkân-ı harpler, ulemâ takımı, siyasiler, hatta daha da acı(sı) bir mason padişah da yürüyecek ve devlet 80 yıl içerisinde tamamen yok edilecektir.

1839 yılında başlayan bu hareket 1918'de biterken, Türklüğün ve İslâmiyet'in de kaderi üzerinde rol oynayacak ciddi birtakım müdahalelerin, arkası kesilmeyen harplerin ve gizli diplomasinin, Osmanlı İmparatorluğu'nda bütün şiddetiyle devam etmesine yol açacaktır.

Osmanlı İmparatorluğu'nun yıkılmasında kimler ve kimler rol almamıştır. Rodchildlerden tutunuz da, Almanyalı baron Hirş'e, Hügen'e, banker Amerikalı Jacop Schiff'e, Rodchild'in adamı Mısırlı Prens Mustafa Fâzıl Paşa ve daha nicelerine; her birisi bir devleti yıkmaya yetecek ve artacak kadar kudretli bu adamların hepsi, hristiyanı ile, yahudisi ile, müslüman görüneni ile devlet-i aliyyeye yüklenmişler ve sonunda bu devleti, İslâm'ın ve Türklüğün kudretli imparatorluğunu dize getirmişler ve parçalamışlardır. Bu zevât, bilhassa gizli diplomasiyle hükmetmişler, açık ve gizli cemiyetlerle imparatorluğun iç bünyesini tahrip etmişler, suikastlar tertip etmişler, isyanlar çıkartmışlar ve memleketin huzurunu, bir daha düzenlenmesine imkan kalmayacak şekilde bozmuşlar ve nihai yıkılışı imkan dahiline sokmuşlardır. İmkan dahiline sokmuşlardır diyoruz; zira Sultan Abdülaziz devrinde girişilen hamleler, Osmanlı İmparatorluğu'nu yıkılmaz bir devlet haline getirmek için yapılan çalışmalar muvaffak olmuş; devrin en büyük donanması kurulmuş, ordu, devrinin en mükemmel silahlı kuvvetleri haline getirilmiş, fabrikalar açılmış, ordunun silahları memlekette imal edilmiş ve Avrupa'ya muhtaç olmayacak bir seviyeye çıkılmıştı; fakat salip de boş durmamış, mutlaka yıkmaya kararlı olduğu

Osmanlı İmparatorluğu'na, daha doğru tabiri ile hilal'e karşı her türlü silahı kullanarak ırk, mezhep ve din farkı gözetmeksizin bütün gayr-i müslimlerin ittifakı ile yüklenmişti. Ne yazık ki, ehl-i salibin bu mezbûhâne taarruzunda, bu teşkilat Türklerden de birtakım hainler bulabilmiş ve imparatorluğu, hem dahilden, hem hariçten yüklenmek suretiyle mahvetmişlerdir.

Bu gizli cemiyetlerden birincisi olarak işaret ettiğimiz Genç Türk cemiyeti işte bu zihniyetin bir eseri olarak kurulmuştur.

Mustafa Reşid Paşa'nın vefatı ile boşalan sadrazamlığa *Mütercim* lakabı ile tarihimize geçen Şirvanizade Rüşdü Paşa tayin edilmişti. Rüşdü Paşa sadrazamlığa geçtiği tarihlerde devlet, Gülhane Hatt-ı Hümayun'unun ilanından sonra Avrupalı devletlerin Osmanlı İmparatorluğu'na açtıkları kredilerle bir hayli borçlanmış, Kırım harbi de bu borçların üzerine tüy dikmişti. Gerçi birtakım irfan müesseseleri kurulmuş, hastahaneler yapılmıştı; fakat bu istikrazların bir kısmı ile saltanat ailesine iki saray inşa edilmiş Sultanların peri masallarındakilerine müşâbih bir şekilde düğünleri yapılmış ve bir hayli açık verilmişti. Memleketteki huzursuzluk her geçen gün biraz daha artmış ve bizzat padişah, bu işlerin mesulü olarak itham edilmeye başlanmıştı. Osmanlı İmparatorluğu'nda hava o kadar bozulmuştu ki, bunu önlemenin adeta imkanı kalmamıştı.

Osmanlı İmparatorluğu'nda böylesine bir havanın estiği bu sıralarda, yani 1859 yılında, müstakbelde imparatorluğu tasfiye edecek kadronun çöreklendiği ilk gizli cemiyetin teşekkülüne tevessül edilmişti.

Genç Türk cemiyetini şûrâ-yı askerî reisi Dâim Paşa kurmuş ve kendi gibi birtakım karanlık işler çeviren insanları etrafına toplamıştı. Genç Türk cemiyetinin en kuvvetli adamları, Dâim Paşa ile birlikte Fatih dersiâmlarından Nasuh Efendi ile Şeyh Ahmed Efendi idi.

Osmanlı İmparatorluğu'nun kuruluşunu gayet iyi bildiği anlaşılan teşkilatın reisi Dâim Paşa, bu iki adamı bilhassa seçmiş, onlarla anlaşmış ve teşkilatını kurmuştu.

Niçin bir dersiâm Nasuh Efendi ve bir şeyh olan Ahmed Efendi? Bu, gayet isabetli bir buluştu; zira Osmanlı İmparatorluğu, bünye olarak bir taraftan talebe-yi ulûma, tekke ve zâviyelere devam eden tarikat erbâbı ile şeyhlere, diğer taraftan seyfiyye (yani ordu) sınıfına dayanmakta idi. Osmanlı Sultanları da bu iki sınıf arasında muvâzene unsuru olmakta idi. Ordu isyan etmek istediği vakit padişah talebe-i ulum ile şeyhlere dayanır, onların desteği ile orduyu yola getirirdi. Talebe-i ulum ile şeyhler baş kaldırdığı vakit ise aksini yapar, orduya yaslanır ve bu sınıfı yola getirirdi. Bu muvâzene esası, Osmanlı İmparatorluğu'nun kurulduğu günden hemen hemen yıkıldığı güne kadar devam etmiştir. Pek ender hallerde bu iki sınıfın birleştiği ve müşterek hareket ettikleri görülmüştür. O takdirde de ya padişah azledilmiş, yahut Genç Osman veya III. Selim hadisesinde görüldüğü gibi padişahlar katledilmiştir.

Bu muvâzene öylesine yerleşmişti ki, ordu sınıfı da, talebe-i ulum da İstanbul'u kendi bölgeleri olarak iki kısma ayırmışlar ve biri diğerinin bölgesine girmekten daima tevakki etmişlerdir.

Mesela, talebe-i ulûm Fatih ve Şehzadebaşı semtinde ikamet eder, buraya ordu sınıfı müdahale etmez; hatta bu mıntıkada dolaşamazdı. Ordu sınıfı ise Sultanahmet ve Beyazıt semtlerinde bulunur; talebe-i ulûmun buraya girmesine fırsat vermezdi. Ve her iki sınıf da birbirlerine hürmetkâr davranır, mıntıkaları dışındaki işlere asla müdahale etmezdi.

İşte şûrâ-yı askerî reisi Dâim Paşa, onun için, talebe-i ulûm ve şeyhleri temsilen Şeyh Ahmed ve Nasuh Efendi'yi bu genç Türk teşkilatının içine almış, cemiyeti onlarla kurmuştur. Eğer Dâim Paşa, tasarladığı işi bunlarsız yapmaya teşebbüs etseydi, düşüncesini kuvveden fiile çıkarmak imkanlarını asla bulamazdı.

Demek oluyor ki, Dâim Paşa, Osmanlı İmparatorluğu'nun kuruluşundaki ana muvâzene unsurlarından ikisini birleştirmiş ve bu gruplar arasındaki zıddiyetten istifade imkanlarını daima kullanmış bulunan Osmanlı Padişahlarının bu kozunu kendi lehine kullanmıştı.

Dâim Paşa'nın kurduğu Genç Türk Cemiyeti'nin gayesi, bu ittifakla sarih şekilde ortaya çıkmaktadır. Bu gaye, Sultan Abdülmecid Han'ı katletmekten ibaretti. Bu fiili icra ederken de, kendisi orduya, Nasuh Efendi talebe-i ulûma, şeyh Ahmed Efendi de meşâyihe ve tekkelere tesir etmek suretiyle, onların daha doğrusu taraflardan birisinin, padişah lehine işe müdahalesini bertaraf edecekti.

Dâim Paşa için, esasen hazır olan vasattan istifade etmek imkanları lüzumundan fazla olarak mevcut idi. Kırım harbi dolayısıyla ordu, yabancı askerlerle kurduğu münasebet sonunda ilk ihtilalci fikirleri benimsemiş, imparatorluğun içtimai bünyesini tahrip eden şeklî Garplılaşmak hareketi olarak kabul edilen ve neticesi maalesef pek elîm olan tanzimat hareketinin tatbiki halkı, bizzat padişah aleyhine bir havanın ve hareketin içine sokmuştu. Dâim Paşa için en müsait fırsat böylece zuhur etmişti.

Bu hareketin idare edildiği yer ise Kuleli mektebi idi; fakat Dâim Paşa'nın girişmek istediği bu suikast zamanından evvel haber alınıp önlenmiş ve padişah hayatını kurtarmıştı.

Tarihlerimize *Kuleli vakası* olarak geçen hadise, işte bu Dâim Paşa'nın Padişahı öldürmek maksadıyla kurduğu Genç Türk Cemiyeti hareketidir; Genç Türk hareketinin muvaffak ol(a)maması, bu hareketin başlarının mahkum edilmeleri, girişilen Osmanlı İmparatorluğu'nun yıkılması hareketini durdurmuş mu idi? Asla; zira Genç Türk hareketi muvaffakiyetsizlikle neticelendiği an, yeni bir hareket, yeni bir cemiyet meydana gelmiş ve adına Yeni Osmanlılar denilmiştir.

Bu hususta Ahmet Bedevi Kuran'ın *İnkılap Tarihimiz ve İttihat ve Terakki* adlı eserinin 20. sahifesinde şöyle denilmektedir:

"Kuleli vakası denilen bu teşekkül, teşebbüsünde muvaffak olamamış ve bir ihbar neticesi alâkadarlar *İnkılap Tarihimiz ve Jön*

Türkler adlı eserimizde tafsil edildiği veçhile tevkif ve nefyedilmişlerdir; lâkin bu hareket, tanzimatı takip eden inkılap hamlelerinin... müjdecisidir ve Yeni Osmanlılar Cemiyeti'nin başlangıcını teşkil etmiştir. Bu gizli cemiyetten vaktin Sadrazamı Alî Paşa'nın haberdar bulunduğu ve müdahalede teenni gösterdiği melhuzdur."

Yukarıdaki satırlar da göstermektedir ki, Osmanlı İmparatorluğu, devleti idare edenler de dahil, bütün kadrosu ile parçalanmaya mahkum edilmiştir. Bir devletin kaderi ile oynanan bir devirde kurulan bir gizli cemiyetin, bizzat sadrazam tarafından görmezlikten gelinmesi ve bir nevi himaye göstermesi aklın alacağı hadiselerden değildir.

Devlet bir çıkmazın içine itilmişti. Avrupalıların verdikleri borçlar, padişaha telkin edilen ve israf olarak vasıflandırılan devlete layık bir sarayın yapılması için sarfedilen para, esasen Gülhane Hatt-ı Hümayunu ile içtimai bünyesinin tahrip edildiğine inanmış olan halk arasında hoşnutsuzluğun daha da artmasına sebebiyet vermişti. Sarayın, Abdülmecid'e telkin edilen Dolmabahçe sarayının inşası yüzünden başı derde girmişti. Bu hususta Haluk Y. Şehsuvaroğlu, *Sultan Aziz, Hususi-Siyasi Hayatı, Devri ve Ölümü* adlı eserinin 9. sahifesinde şöyle demektedir:

"Devlet borçlarını ödeyemez bir hale gelmişti. Hâzinenin itibarı kalmamıştı. 1859 senesinde, saraylar inşaatında çalışan ameleler, paralarını alamadıkları için Dolmabahçe Sarayını çevirerek, bağırıp çağırmaya başladılar. Hazine aleyhine sözler söylendi. Bu hareketten pek müteessir olan Sultan Mecid, saraylar inşaatını tatil ettirdi ve kendisine ait dörtbin keseyi alacaklılara dağıttırdı."

Evet, müdebbir ve kudretli vezirler!.. Osmanlı Sarayını böylesine müşkil bir duruma sokmuşlardı.

Amelelerin bu hareketlerinden bir yıl sonra, birincisinden daha da elîm bir durum yaratıldı. İngiliz, Fransız ve Rus sefirlerinin başlıca rol oynadıklarında şüphe olmayan bu hareket, devletin itibarını sarsıcı hadiselerin hemen en mühimlerinden birisi idi. Haluk Y. Şehsuvaroğlu, aynı eserinin 10. sayfasında bu hususta şunları yazmaktadır:

"Bir sene sonra ise daha müessif bir hadise vukua geldi. Saraydan alacaklı olan hristiyan esnafın istidalarını Bâb-ı Âlî kabul etmeyince, hep birden ve büyük bir kalabalık halinde Dolmabahçe'ye gidip istidâlarını bizzat padişaha vermek istediler. Abdülmecid rahatsız bulunuyordu, dilek sahiplerinin karşısına Serasker Rıza Paşa çıktı ve 'İşlerinize bakılacak!' diye esnafı savuşturdu. Bunun üzerine, alacak sahiplerinden birkaç yüz kişi bir vapur kiralayarak Boğaziçi'nde Fransa, İngiltere ve Rusya sefaretlerine gittiler ve bu sefaretlere, sarayı ve hükümeti şikayet eden dilekçeler verdiler."

Bu hareket, düşünülmeye değer birtakım ciddi ihtilafların başlangıcı mı idi? Evet, maalesef öyle idi; zira Gülhane Hatt-ı Hümayunu ile yeni haklar elde eden gayr-i müslim unsur, Avrupa'nın büyük devletlerinin İstanbul'daki sefirlerine yem oluyor, uzun asırlar birlikte yaşadıkları, mal, can emniyetinin en iyi bir şekilde vikâye edildiği (korunduğu) Osmanlı İmparatorluğu'na ve İslâm-Türklere karşı ilk ciddi ve toplu hareketlerini icra ediyorlardı.

Bu adamlar, Bâb-ı Ali'nin, adeta sarayı hedef gösteren bir kayıtsızlığı karşısında saraya yürüyebiliyorlar, sonra da, teb'ası bulundukları devletin padişahını ve heyet-i vükelâsını İngiltere, Fransa ve Rusya sefirlerine şikayet ediyorlardı. Mustafa Reşid Paşa'nın getirdiği tanzimat-ı hayriye meyvalarını vermeye başlamıştı. Gayr-i müslim unsurun, bu, ilk hareketi idi ve bu hareketi daha başka, daha ciddi, daha geniş teşkilatlı hareketler takip edecekti. İstikbal Osmanlı İmparatorluğu için ıstıraplar, kıtaller ve cinayetlerle dolu ve daima Türk unsurun aleyhine işleyen birtakım hadiselerle dolu idi. İleride de görüleceği gibi, 1839 fermanı ile gayr-i müslim anâsıra verilen bu haklar, devletin parçalanması için kullanılmış ve Avrupa'nın büyük devletleri, her fırsattan istifade ederek bu parçalanmayı hızlandırmışlardır.

Gayr-i müslimler ne yapmışlardı? Devleti, bütün müesseseleri ile salîbiyyûna şikayet etmişlerdi. Bundan daha büyük, bundan daha haince bir davranış ve ihanet olabilir miydi? Ve Bâb-ı Âlî sanki kulakları sağır, gözleri adeta kör bu hareketler karşısında âtıl kalmış ve devleti yabancı sefirlere şikayet eden bu gayr-i müslim anâsır hakkında hiçbir tedbir düşünmemiş, adeta bunların hareketlerini teşci etmişti. Evet, Bâb-ı Âlî'nin devletlüleri böyle yapmışlardı.

Salîbiyyûn tek durmuyordu, her gün yeni bir huzursuzluk çıkarılıyor, devletin itibarı sarsılmak için her çareye tevessül ediliyor; Osmanlı içinde can ve mal emniyetinin kalmadığını her vesile ile ileriye sürerek devletin içişlerine karışıyor ve devletin haysiyetini, itibarını kırıyordu. Bu hadiselerden birisi de, Rus sefaretinin tahrikçiliği ile patlak veren, tersane hapishanesindeki mahkumların isyan teşebbüsüdür. Bu isyan mel'unca düşünülmüş, planlanmış ve tatbikatına geçilmiştir. Plana göre; hapishaneye sokulan kesici aletlerle hapishanenin demir parmaklıkları kesilecek, kapıları kırılacak ve buradan çıkacak mahkumlar, dışarıda hazırlanmış silahlarla teçhiz edilerek şehir içine salınacak ve Bâb-ı Âlî'nin basılmasına yol açacaktır. Böylece, bir hükümet darbesi tahakkuk ettirilmiş olacaktı.[1]

Bütün bu hareketler, bir plan tahtında cereyan etmiş ve devletin daha o sıralarda çökertilmesi ve imparatorluğun tasfiyesi cihetine gidilmesi derpîş edilmişti; zira yukarıda bahsettiğimiz Genç Türk hareketi bütün bu hadiselerden sonra başlamıştı.

Cemiyet, halkı ayaklandırarak Abdülmecid'i katlettirdikten sonra, veliaht Aziz Efendi'yi tahta geçirmeyi tasarlamıştı. Bunun için de, halk arasında yaptığı propagandada, halkın hissiyatını şu mealde sözlerle tahrik yoluna gitmişti:

"Saray hayatı, şeriat usullerine aykırı olarak cereyan etmektedir ve bu keyfiyet harice de yayıldığı için, İslâmiyet kaidelerine riayette kusur eylemektedir. Sarayın bu israfı idarenin esasına dokunmakta

---

[1] Osmanlı İmparatorluğu tarihinde ilk gayr-i müslim hükümet darbesi.

ve Osmanlı mâliyesinin itibarını mahvedecek bir raddeye gelmiş bulunmaktadır. Veliaht, sâlim fikirli mergup maksatlar sahibidir. Bütün bu dertlere ancak o derman olabilir." Cemiyet, bu propagandasında hedefine de varmak istidadında idi. Ve işin garibi, cemiyet, Rus sefareti ile birlikte hareket ediyordu.

Cemiyet, bu minval üzere çalışmalarını genişletirken, cemiyetin umumi katibi ve en mühim simalarından birisi olan Didon Arif Bey namı ile Maruf Arif Bey, Karadeniz boğazı paşası mirliva (tuğgeneral) Haşan Paşa'ya cemiyete girme teklifinde bulunmuş, paşa da meseleyi Serasker Rıza Paşa'ya haber vermiş, böylece bu cemiyet, toplantı halinde bulundukları Kılıçali camiinde içtimâ halinde yakalanarak tevkif edilmişlerdi. Mevkuflar hemen Kuleli'ye nakledilmiş ve sorguları orada yapılmıştı.

Burada istitrâden şunu söylemek isterim ki, bütün bu hadiselerin meydana gelmesinin en mühim sebeplerinden birisi, dejenere olmuş Avrupa hanedanlarının yanında, Osmanoğulları'nın bütün sâfiyetlerini muhafaza edebilmiş olmalarıdır; zira üstün zekaları, cesaretleri, yoktan bir imparatorluk kurmak kâbiliyetleri ve nihayet bir birleşmiş milletler imparatorluğu kurarak, bu imparatorluğu asırlar boyu devam ettirebilmeleri bu ailenin tarih huzurundaki üstünlüklerini tescil ettirmiştir. Osmanlı İmparatorluğu'nu yıkmak, onun mirasına konmak, Müslümanlığı perişan etmek fikri etrafında toplanmış ve harekete geçmiş olan salîbiyyûn bu sebepledir ki, ilk olarak Osmanlı saltanat ailesini hedef almış, önce onu yıkmayı gaye edinmiş ve bu planında da sonunda muvaffak olmuştur. Osmanlı İmparatorluğu'nu idare eden bu ailenin mevcudiyeti takdirinde imparatorluğu yıkmanın kolay olmayacağı, aynı zamanda *halife* ünvanını taşıyan Sultan'ın dünya müslümanları nazarındaki çok ehemmiyetli mevkiini bilen salîbiyyûn ve bilhassa müslüman devletleri müstemleke olarak idare eden İngiltere, neye mal olursa olsun bu aileyi hedef almış ve onların şahsında, bir imparatorluğu, Osmanoğlu ailesi ile birlikte tasfiye etmiştir.

SULTAN ABDULAZİZ HAN'IN CÜLUSU ve DENİZCİLİKTE İNKILAP

Yukarıda bahsettiğimiz Genç Türk Hareketi'nin üzerinden çok zaman geçmeden, Sultan Abdülmecid Han vefat etmiş ve yerine veliaht Aziz Efendi, Sultan Abdülaziz adı ile tahta cülus etmiştir.

1861 yılında câlis-i taht olan Sultan Abdülaziz, gerçekten çok müdebbir bir padişahtı. Nitekim, taht'a çıktığı gün, devlet ricâli ile derhal temaslarına başlamış, devletin muâsır teknik ve ilim yolunda takip etmesi gereken yolu vükelâ ile müşâvereden sonra vakit geçirmeden tatbike karar vermişti.

Sultan Abdülaziz Han, bu görüşmeleri sırasında nazar-ı dikkatini celbeden iki zat üzerinde durmuş ve bu iki zattan daima istifade çarelerini araştırmıştır. Bu iki zat Âlî ve Fuad Paşalardı.

Nitekim, ilk icraat olarak, taht'a câlis olduğu vakit sadrazam olan Kıbrıslı Mehmed Paşa'dan mührü almış ve Âlî Paşa'yı Sadrazamlığa getirmiştir. Fuad Paşa'yı ise Serasker ve yâver-i ekrem nasbetmişti.

Sultan Abdülaziz, birtakım ciddi ve zecrî tedbirler almanın zaruretine daha taht'a çıkmadan inanmış bir padişahtı; zira veliaht bulunduğu sıralarda dünya ahvâlini yakından takip etmiş, memleketin içinde bulunduğu muhâtaralı durumu çok iyi ve yakından görmüştü. Eğer birtakım ciddi ve zecrî tedbirler alınmazsa, koskoca imparatorluğun kendi devr-i saltanatında çökertileceğini de gayet yakından tesbit etmiş, anlamıştı.

Sultan Abdülaziz biliyordu ki, imparatorluğun her tarafından yüklenen düşman kavî idi. Bu düşmana ancak kuvvetle karşı konulabilirdi. Bu maksatla da, orduyu kuvvetlendirmek için var gücü ile çalışmak zorunda idi.

Sultan Abdülaziz, orduyu kuvvetlendirirken, donanmayı asla ihmal etmemiş, Türk donanmasını, onbeş yıllık devr-i saltanatı içinde, dünyanın en kudretli donanması olan İngiliz donanması ile at-başı bir duruma yükseltmişti. Bilhassa, donanmaya büyük bir ehemmiyet vermiş olması, üç kıtaya yayılmış imparatorluğun müdafaa ve muhafazası için nasıl bir azimle çalıştığının en büyük delilidir; fakat Avrupa devletlerinin kendi lehlerine çevirmeye muvaffak oldukları Avrupa ve dünya muvâzenesi içinde Osmanlı İmparatorluğu'nun yine en ehemmiyetli bir şekilde rol oynamaya kalkması, Sultan Abdülaziz'in de, koskoca imparatorluğun da feci sonu olmuştur. Maalesef, bu feci sonda birçok devletlü rol almış ve devletin yıkılmasında başlıca âmil olmuşlardır.

Şimdi, sırası ile, Mustafa Reşid Paşa'dan sonra bu yıkılışta en büyük hisse sahibi olanlardan birisi olarak Midhat Paşa üzerinde bir nebze duracağız.

DENİZLERDE BÜYÜK İNKILAP

Midhat Paşa devrini anlamak için, biraz gerilere, Kırım Harbine ve onun meydana gelmesinde pek mühim olan hadislerin tekevvünü devresine dönmeye mecburuz; zira Kırım Harbine tekaddüm eden devrede, dünyanın bugünkü teknik tekâmülünde çok mühim bir adım atılmış; dünya, ahşap teknelerden zırhlı teknelere, büyük harp gemileri ve ticaret gemileri devresine girmiştir. Sultan Abdülaziz Han devri ile hakini anlamak için geriye dönüş adeta kaçınılmaz bir zarurettir.

Buhar kuvvetinin gemilere tatbik edildiği ve topçuluğun tekâmüle doğru yürüdüğü zamanlara tesadüf eden Kırım harbi, yalnız buhar makineleri ile mücehhez ve müteharrik, yeni sistem toplarla donatılmış harp gemilerinin harekatı nokta-i nazarından değil, zırhlı gemilerin yapılması ve devamlı inşalarının başlangıcı olması itibariyle de hususi bir kıymeti hâizdir.

Bu harpte, muhârip milletlerin kullandıkları gemilerin tamamı buharla işleyen gemiler değildi ve tarafların donanmaları içinde ahşap, *üç ambarlı* tabir edilen hatt-ı harp gemileri mevkilerini muhafaza etmekte idiler. Yalnız, bu kalyonlardan bazılarına buhar makineleri konulmak suretiyle, hareket kabiliyetleri sadece rüzgara tâbi bırakılmamış, bu gemiler aynı zamanda buhardan istifade etmek suretiyle hareket kabiliyetlerini artırmışlardı. Ticari sahada kullanılan nakliye gemileri de donanmada faal bir yardımcı sınıf haline gelmiş olduğu gibi, XIV. asırdan beri ilk defa olarak zırhlı gemiler kullanılmış olduğundan, Kırım Harbi, mühim bir teknik merhale ve adeta bir dönüm noktası teşkil etmekle beraber, gemi inşaiyeciliğinde bir inkılap yaratmıştır.

İstanbul muhasarasında Fatih Sultan Mehmed'in kullandığı bakır kaplı gemiler, Rum ateşine karşı düşünülmüş ve fetihten sonra terkedilmişti. Demek oluyor ki, Türkler, daha İstanbul'un fethinde dahi zırhlı gemileri düşünmüşler ve bu hususu gerçekleştirmişlerdi. O devrin top mermileri için ahşap küpeşteler kafi bir mukavemet gösterebiliyor; fazla olarak, bakır levhalarla mahfuz küpeşteler, efrâdı yukardan gelen tehlikelere karşı muhafaza edemiyordu. Bundan başka, en çok kürekle ve muvafık havalarda rüzgar kuvveti ile sevk ü idare edilen harp gemileri, bordalarına bakır kaplandığı takdirde pek ziyade ağırlaşıyor, hareket kabiliyeti ile birlikte manevra gücü o nisbette güçleniyordu. Binaenaleyh, Türk zekasının eseri olan bu sınıf gemiler, o devir için zırhlı gemilerin donanmalarda kullanılmasını temin edememiş, ancak, buhar makinelerinin keşfinden sonra bu mahzur ortadan kalkmış ve zırhlı gemiler inşası imkan dahiline girmiştir.

KIRIM HARBİ

KIRIM HARBİ'NİN SEBEBİ

Kırım Harbi'nin meydana gelmesinde en mühim mesele makâmât-ı mukaddese gösterilmektedir; fakat, hakikatte Kırım Harbi, Akdeniz sahillerine doğru yayılmak gayesine müteveccih olan asırlık Rus siyasetinin bir neticesidir.

Edirne muahedesi ile hedefine biraz daha yaklaşan Rusya, bir taraftan ordusunu tensik ve ıslah ederken, diğer taraftan Karadeniz'de mevkiini kuvvetlendirmeye çalışmış, bu siyasetini yürütürken de, Osmanlı İmparatorluğu'nda ilan edilmiş olan Gülhane Hatt-ı Hümayunu'nun meydana getirdiği hoşnutsuzluktan azami derecede istifade etmiştir.

Makâmât-ı mübareke meselesi, Rusya'nın düşündüğü tecavüzü, Avrupa efkâr-ı umumiyesine karşı mazur ve muhik göstermek endişesinden doğmuştur.

Fransız büyük ihtilali, Fransa'da dine büyük bir darbe vurmuş ve cumhuriyetin *lâ-dinî* (*dinsiz*) siyaseti, Fransa'yı, Katolik aleminde işgal ettiği mevkiden al aşağı etmişti.

İhtilalcilerin bu siyaseti sonunda, Paris'in Kudüs ile irtibatı kopmuş ve makâmât-ı mübarekeyi, bu politikanın neticesi olarak Katoliklerden çok Ortodokslar ziyaret etmişlerdi.

Kaynarca muahedesinin aktinden beri kendisini Ortodoks aleminin hâmisi addeden Rusya çarlığı, bu durumdan istifade ederek, Kudüs'te büyük bir nüfuz kazanmış, Bâb-ı Âlî'nin muhtelif tarihlerde ısdâr ettiği üç ferman ile de bu husus Osmanlı Devleti'nce teyit edilmişti.

III. Napoleon, Fransa'da takip edilen bu siyasetin halk arasında hoşnutsuzluk yaratması üzerine siyasetini değiştirmiş ve Fransa'nın eski mevkiini alması arzusuna düşmüş, bu sebeple Fransa ile Rusya arasında bir rekabet başlamıştı.

İşte, Osmanlı İmparatorluğu'nu uzun bir harbe sürükleyen zahirî sebep bu rekabettir.

Kırım Harbi'nin hakiki sebebine gelince; 1848 Fransız inkılabı, III. Napoleon'un yaptığı yenilikler ve iç ve dış siyasi değişiklik, Avrupa'nın her tarafında tesirini göstermiş ve bu cümleden olarak Eflak ve Boğdan'da (Romanya) ihtilal hareketleri başlamıştı. Buğdan Romanya ittihadı taraftarlarının vücuda getirdikleri ihtilal, Gasbodar Mişel Sporca tarafından bastırıldığı halde Eflak'taki ihtilalciler muvaffak olmuş ve gasbodar Biyesko'yu istifaya davet etmişlerdi. İhtilalin liderleri derhal toplanmışlar ve muvakkat bir hükümet kurarak, bir Kanun-ı Esasiyi de (anayasa) neşretmişlerdi. İhtilalcilerin mümeyyiz vasfı, Rus müdahalesini durdurmak ve eskisi gibi Osmanlı İmparatorluğu içinde kalmaktı. İhtilalcilerin bu muvaffakiyetleri Rusya tarafından ağır bir darbe olarak kabul edilmiş ve Çar, Macar ihtilalinde olduğu gibi, Memleketeyn'i (Romanya'nın tamamı) işgal etmişti. Rusya'nın bu haksız müdahalesi ve Memleketeyn'in işgali, Osmanlı İmparatorluğu ile Rusya çarlığı arasında müzakerelerin başlamasına sebep olmuş ve Balta limanı muahedesi ile, Rusya, işgal ettiği yerleri tahliye etmek mecburiyetinde kalmıştı.

Rusya, işgal ettiği toprakları tahliye etmekle beraber, Osmanlı İmparatorluğu'nu rahat bırakmamış; Bosna-Hersek ve Bulgaristan'da 1850 yılı ilkbaharında yeni isyanlar patlak vermişti. Güç hal ile bastırılan ihtilal hareketleri sonunda, buralarda, Osmanlı İmparatorluğu ıslahat yapmak ve umumi af çıkarmak taahhüdüne girmişti.

Bu isyanların bastırılması, Rus ve Macar mültecilerinin

Osmanlı İmparatorluğu tarafından, Rusya ve Avusturya-Macaristan İmparatorluklarınca talep edilmesine rağmen iade edilmemesi, Osmanlı İmparatorluğu'nun ordusunu tensik etmek ve modern hale getirmek hususunda Avrupa'dan getirttiği mütehassıslar Rusya'yı tedirgin etmişti.

Osmanlı İmparatorluğu'nun siyasetinin bu merkezde bulunduğu bu sırada Rus Çarı I. Nikola İstanbul'u almak, III. Napoleon ise, Katolikliğin Ortadoğu'da kaybolan itibarını iade ettirmek ve makâmât-ı mübareke üzerinde Katolikliği yeniden birinci derecede itibar sahibi yapmak için mücadele ediyorlardı. Kudüs'te üstünlük elde etmek, bu iki devletin siyasetlerinin de temelini teşkil ediyordu. Halbuki, İngiltere için, çok müşkil ve devamlı muharebelerle tesis edilmiş bir Akdeniz muvâzenesi siyaseti vardı. Ve Marmara kapılarının Ruslara açılması, bu muvâzeneye ciddi bir darbe vurmuş olacaktı.

Fransa'nın yanında İngiltere'nin siyaset sahnesine çıkması, *Akdeniz muvâzenesi* adını alan İngiliz bahrî hakimiyetinin temini gibi hayati bir mülâhaza yüzündendi.

KIRIM HARBİ'NİN İLANINA TEKAÜDÜM EDEN SİYASİ HADİSELER

1852 yılı Şubat ayını harbin çıkması haline getiren müddet içinde, tarih Rus, Fransız ve İngiliz siyasilerinin amansız çarpışmalarına sahne oldu. Diplomatların mücadelesi, İstanbul'daki Fransız sefiri general Opik'in Bâb-ı Ali'ye bir nota vermesi ile başladı. Fransız sefiri, bu notasında, Ortodoksların makâmât-ı mübarekede elde ettikleri haklardan şikayet ediyordu. Kendisine halef olan mösyö Lavalet, Fransa'nın bu notasını çok ciddi bir mesai ile takip etmiş ve nihayet, 9 Şubat 1852 tarihli fermanı elde etmeye muvaffak olmuştu. Bâb-ı Âlî, bu ferman ile, Katolik rahiplerinin Kudüs'te kaybettikleri itibarını iade ve tahkim etmiş, Latinlere evvelce hâiz oldukları imtiyazlardan daha geniş imtiyazlar vermişti.

Hazreti İsa'nın kabri, Kamâme kilisesi, Frank krallarının mezarları, Zetzmani mabedi hakkındaki Fransız talepleri Bâb-ı Âlî'nin verdiği imtiyazlar içinde idi.

Bundan ayrı olarak, Beytü'l-Lahm kilisesinin üç anahtarı da Latin rahiplerine teslim ve bu rahiplerin Hazreti Meryem'in kabrinde ayin icra etmelerine de müsaade olunuyordu.

Papa ile III. Napoleon ve Kudüs'te bulunan Katolik rahipleri, sefirin bu muvaffakiyetinden o kadar memnun olmuşlardı ki, mösyö Lavalet, Roma'da takdis edilmiş, Paris'te fevkalade şekilde karşılanmış ve nihayet, Kudüs şehrini ziyaret ettiği vakit, görülmemiş bir merasimle karşılanmıştı.

İngiliz kabinesi, Fransa'nın bu teşebbüslerine lâkayt kalmıştı; lâkin Petersburg hükümeti infiâlini gizleyememişti. İngiltere'nin İstanbul sefiri sir Stradford Rodklif, Londra'nın gösterdiği bu soğukkanlılığa rağmen, bazı gizli teşebbüslere girişmiş, Rus sefiri Gosbodin Domititof ise büyük bir sinirlilik ile hadisenin üzerine eğilmişti.

Rus ve İngiliz diplomatlarından, bilhassa İngiliz sefiri sir Stradford Rodklif, kırk yıldan beri ömrünü Şark'ta geçirmiş ve Şark meselelerinin en hürde teferruatına kadar mütehassısı olmuş, muktedir ve tecrübeli bir diplomattı.

Gerek sarayda, gerek Bâb-ı Alî nezdinde ve bilhassa Genç Osmanlılar nezdinde büyük bir mevkii olan İngiliz sefirine, bu itibarından dolayı *İngiliz sultanı* Unvanı verilmişti.

İngiliz sefirinin bu üstün tarafları ve Osmanlı İmparatorluğu'nda söz sahibi olan müesseselerdeki itibarı dolayısıyla, gerek Rus, gerekse Fransız sefirleri daima ikinci planda kalmışlar ve siyaset sahnesini adeta kendisine terketmişlerdi.

Bu sebeple, Çarlık Rusyası, teşebbüslerini yalnız siyaset sahnesinde yürütmekle kalmamış, İngilizlerin bu üstünlüğünü bertaraf etmek için muhtelif mıntıkalarda kuvvete başvurarak bilfiil harekete geçmişti. Karadağ bu harekat sahalarının en mühimidir.

KARADAĞ MESELESİ ve RUS SEFİRİ MENÇİKOF

Karadağ halkı, içtimai yapı bakımından, birtakım *kabile* diyebileceğimiz halk topluluklarından meydana gelmiştir. Her topluluk, *vladika* denilen ruhaniler, yani piskoposlar tarafından idare edilirlerdi. Rusya, Karadağ'ı kendi emellerine alet etmek için, işte bu vladikaları ele almış ve Niyegoşa hanedanından Petro'yu, Petersburg'ta dilediği gibi bir tahsil ve terbiye altına alarak, çarlığın bir bendesi haline sokmuştur. Petro'nun istediği şekle girdiğini gördükten sonra da onu Karadağ'a göndermişti. Petro, vladikalık mevkiine geçer geçmez, Rusya'dan aldığı emirle derhal ve vakit geçirmeksizin Karadağ ittihadına çalışmıştı. Petro'nun bu mücadelesi muvaffak olmuş ve zamanla diğer vladikalar nezdindeki nüfuz ve itibarı artmış, adeta bütün bu vladikaların tabii reisi olmuştu. Petro'nun ölümünden sonra yerine geçen ve aynı siyasi istikamette çalışan Danilo, Petro'ya halef olur olmaz, onun izinde yürümüş, kendisini siyasi ve cismani işlere daha rahat verebilmek ve Karadağ ittihadının bir istiklal ile neticelenmesini temin etmek için ruhaniliği, yani piskoposluğu terkederek Türkiye aleyhine silaha sarılmıştı. Tabii, Danilo'nun silaha sarılmasında, kendisine, en büyük destek Rusya olmuştur.

Danilo'nun silaha sarılarak devlet-i aliyye aleyhine isyana teşebbüs etmesi, Rusya'nın Bâb-ı Âlî üzerindeki tazyik vasıtalarından sadece bir tanesi idi. Karadağ'daki isyan hareketi her geçen gün genişliyor ve Osmanlı Devleti'nin başına yeni gâileler açıyordu. Bâb-ı Ali'nin Karadağ isyanını bastırmak için giriştiği her hareketin Rusya tarafından, kendisine müteveccih bir hareket telakki edileceğini ise hemen bütün Avrupa'da bilmeyen kimse yoktu.

Buna rağmen Bâb-ı Alî, İngiliz sefiri sir Stradford Rodcklif ile Fransız sefiri Lavalet'in de tasvibi ile, Karadağ'daki isyan hareketini tenkil için harekete geçti. Ömer Paşa kumandasında 30.000 kişilik bir orduyu acele Karadağ üzerine sevketti. Osmanlı ordusu ile Danilo'nun isyancı askerleri arasında çok ciddi çarpışmalar başladı. Ömer Paşa ordusunun büyük bir kısmı, isyan mıntıkasına, ferik amiral (koramiral) Kayserili Ahmed Paşa[2] kumandasındaki Akdeniz filosu ile denizden sevkedilmiş bulunuyordu.

Bu sebeple de, ordu yorgun değildi. Ömer Paşa kuvvetlerini nakleden filo tamamen yelkenli gemilerden mürekkep olmakla beraber, nakliye gemileri arasında, buharla müteharrik ticaret gemileri de mevcut idi.[3]

İsyan hareketi ile birlikte Bâb-ı Alî, İngiltere'den buharlı nakliye gemileri almakla beraber, İstanbul tersanesinde de hummalı bir faaliyete geçmiş ve ilk buharlı gemilerin omurgaları kızağa konmuştu. Hatta, bu gemilerin bir kısmı, isyan hareketinden evvel kızağa konmuş ve isyanla hemen aynı tarihlerde denize indirilerek Kayserili Ahmed Paşa'nın harp filosu emrine verilmişti.

Osmanlı Devleti, Rusya'nın tahrik ve teşviki ile Karadağ'da patlayan isyan hareketini tenkîle çalışırken, Rusya, bu sefer Besarabya hududu üzerinde de tahşîdâta başlamıştı.

Rusya, Osmanlı İmparatorluğu üzerindeki tazyiklerini bir isyan hareketi ve hudut boylarında, ayrıca askerî tahşîdât yapmak suretiyle artırırken, diğer taraftan, Rusya'nın İstanbul sefiri vasıtasıyla siyasi tazyike başlıyordu. Rus sefiri her gün Bâb-ı Alî'yi sıkıştırıyor ve Rus Akdeniz siyasetinin tahakkuku için tavizler koparmaya çalışıyordu. Bâb-ı Âlî nezdinde yapılan bu ağır tazyikler sonunda, Bâb-ı Âlî, bir ara Rusya'nın taleplerini yerine getirmek gibi bir siyasi hayatın içine girmişti. Sadrazam Mehmed Ali Paşa, daimi tazyikler sonunda 1852 yılı Mart ayında, Rus sefiri

---

[2] Sultan Abdülaziz'i hal'edenlerden biri. O zaman Bahriye nazırı idi.
[3] Buharlı gemi, o devre göre pek müthiş bir vasıta idi.

Dotitof'a, "gayet mahrem" kaydı ile bir vesika tevdi etmişti. Aylarca gizli kalan bu vesikanın mahiyeti öğrenilince, İngiliz ve Fransız sefirleri derhal harekete geçmişler ve bu vesikanın iptalini talep etmişlerdi. Rusya'ya mahrem olarak tevdi edilen vesika, Fransızlara, makâmât-ı mübareke hususunda Kudüs'te verilen imtiyazların feshedildiğini tazammun etmekte idi. Şubat 1852 tarihinde verilen bu fermanın ve imtiyazların feshi, Paris ve Londra hükümetlerince vahim bir hadise olarak telakki edilmişti. Bu sebeple, gerek Fransa, gerek İngiltere, Karadağ isyanını bastırmak hususunda Ömer Paşa kuvvetlerine gereken manevi desteği göstermişler ve sonunda Ömer Paşa Karadağ isyanını bastırmaya muvaffak olmuştu.

Karadağ isyanı bastırıldıktan sonra, Fransa'nın ısrarı ve Bâb-ı Âlî'yi tazyiki karşısında, hükümet, Kudüs'e bir tahkik heyetinin gönderilmesine rıza gösterdi. Bâb-ı Âlî bu hadisede iki kuvvet arasında kalmıştı. Bir taraftan Fransa ve İngiltere, diğer taraftan Rusya, Bâb-ı Âlî'ye tekliflerini adeta zorla kabul ettirmek istiyorlardı.

Rusya dayatıyor ve gizli olarak kendisine verilen hak ve imtiyazların ilan edilmesini Bâb-ı Âlî'den talep ediyordu.

O sıralarda Fransa'da bulunan Fransız sefiri Lavalet alelacele İstanbul'a dönerek Sadrazam Mehmed Ali Paşa ile görüşmüş ve bu mülakatta, Fransız sefiri, Sadrazamı iki yüzlülükle itham edecek kadar ileriye gitmişti.

Ayrıca, Fransız sefiri, Rusya'ya verilmiş olan makâmât-ı mübareke üzerindeki imtiyazlarla alakalı gizli imtiyazın derhal hükümsüz ilanını talep ediyor ve ağır tehditlere kalkışıyordu.

İngilizler gerçi Fransız tarafını tutuyorlardı ama, İngiliz sefiri sir Stradford Rodcklif, kendisini gayet müsterih addediyor ve İngilizlerin Akdeniz muvâzenesinde kendilerine rakip telakki ettikleri bu iki devletin, Fransa ile Rusya'nın mücadelesini yakından, fakat müdahale etmeden takip ediyordu.

İngiliz sefiri, kendisinin, yani İngiltere'nin henüz siyaset sahnesine ağırlığını koymak zamanının gelmediğini biliyor, fakat yapılmasını ısrarla istediği sadâret değişikliği için namzedini de peşinen tesbit etmek suretiyle ve gizlice saray nezdinde teşebbüslerine devam ediyordu.

1852 yılı bu hadiseler içinde geçmişti. Çarlık Rusyası, Osmanlı Devletini mahvetmek için yeni yeni planlar yapmakla meşgul oluyordu. Nihayet, 1853 yılı Ocak ayının 9. günü, Rus Çarı I. Nikola, Osmanlı İmparatorluğu hakkındaki düşüncelerini, müsait bulduğu Petersburg'taki İngiliz sefiri Hamilton Seymur'a açtı. Çar I. Nikola'nın, İngiliz sefiriyle yaptığı görüşmeler de böylece tevâlî etti.

Rus çarı I. Nikola, İngiliz sefiri sir Hamilton Seymur'a, *hasta adamın* ölümünün yaklaştığını söylüyor ve Türkiye'nin taksimini teklif ediyordu.

İngiliz sefiri, tabii bu mühim mülakatlardan ve çarın niyetinden günü gününe Londra'yı haberdar etmiş ve aldığı talimata göre, bu mülakatlara devam etmişti. Londra kabinesi, Rusya'nın niyetlerini gayet iyi bilmekle beraber, bu mülakatlardan ve çarın gevezeliğinden istifade etmek suretiyle,

Rus siyasetinin bütün teferruatını öğrenmek ve istikbalde takip edeceği siyaseti bu bilgiye göre bina etmek istemişti; zira mevzu-ı bahs olan şey, Rusya'nın, Osmanlı İmparatorluğu'nun taksimi hakkındaki fikirleri olmakla beraber, İngiltere'nin Akdeniz ve Hindistan ticaret yolu emniyeti idi.

Rusya'nın, Osmanlı İmparatorluğu'na karşı giriştiği bu hasmâne hareketler, emânât-ı mübareke meselesinin nezâketi, Rusya'nın Akdeniz'e inmek hususunda giriştiği mezbûhâne gayretler Fransa'yı da, İngiltere'yi de ister istemez birtakım ciddi ve zecrî tedbirler almaya mecbur etmişti. Bu tedbirler açıktı. Avrupa'nın büyük iki devleti harbe hazırlanmaya başlamıştı. Bu aleni harp hazırlıkları, Avusturya-Macaristan İmparatorluğunu da ister istemez bu vadiye sokmuş, o da askerî hazırlıklarını arttırmıştı. Avrupa, bütünü ile bir harbe hazırlanıyordu; bu hazırlıkların hedefi de Rusya idi. Fransa ve İngiltere'nin harp hazırlıklarına başlamış olmaları, ihtiyar dünyayı bir anda karıştırmıştı. Ortalıkta harp kokusu esmeye başlamıştı. Avrupa'nın yüksek siyasi mahfilleri, harbi kaçınılmaz bir vâkıa olarak kabul ediyorlardı. Bu mehâfilin harp hakkındaki düşüncelerine rağmen, aynı mahfiller harbi bertaraf etmek için de tedbirler düşünmüş, efkâr-ı umumiyeyi teskin edecek tedbirler almaya karar vermişlerdi.

Nitekim, ilk adımı Avusturya-Macaristan İmparatorluğu atmış ve Ömer Paşa'nın muvaffakiyetlerine muvâzi olarak, Rus sarayına ve Petersburg'daki Rus siyasilerine tazyik yapmaya başlamıştı.

Rusya kararlı idi, ne Avusturya-Macaristan İmparatorluğunun teşebbüsleri, ne İngiliz, Fransız harp hazırlıkları, Rusya'yı yolundan çevirmemişti. Osmanlı İmparatorluğu'nu Rusya harp ile tehdit etmiş ve Karadağ'da giriştiği harekatı durdurmasını talep etmişti. Bâb-ı Âlî bu harp tehdidi karşısında boyun eğmişti. Yapılan müzakereler sonunda (14 Şubat 1853), Osmanlı İmparatorluğu harekatı durdurmuş ve Karadağ hududunda bazı tashihat yapılarak, bu tehlike de böylece atlatılmıştı. Ve Batı, Türkleri, bütün hazırlıklarına rağmen Rusya önünde yine yalnız bırakmıştı.

Görülüyor ki, Osmanlı İmparatorluğu, bütün gücünü seferber ederek Rusya'nın Akdeniz'e çıkmasına mani olmasına rağmen, Batılı devletler tarafından herhangi bir müzâherete mazhar olamamış; isyan eden bir eyâletini tedip etmek üzere bulunduğu bir sırada Rusya'nın harp tehdidi ile karşılaşmış; fakat, Türk imparatorluğuna müzâheret göstermeyi –kendi menfaatleri bakımından elzem olmasına rağmen– salibin diğer mümessilleri Fransa ve İngiltere seslerini çıkarmamışlardı.

Osmanlı İmparatorluğu yalnız başına bırakılmıştı ve en kafi şekilde haklı olmasına rağmen, 14 şubat 1853 tarihinde Rusya'nın önünde baş eğmesine ve haysiyet-şiken bir anlaşma imzalanmasına mani olunamamıştı.

Gerçi, Osmanlı İmparatorluğu birtakım tavizlerle Rusya'nın harp tehdidini savuşturmuştu; fakat, Avrupa üzerindeki harp bulutlarının dağılmasını temin edememişti. Tehlike bütün haşmeti ile devam etmekte idi; zira makâmât-ı mübareke meselesi, Fransa ile Rusya arasında eski nezâketini muhafaza etmekte idi.

Bu meselenin nezâketini muhafaza etmesinin tek sebebi ise, Rusya'nın, her ne suretle olursa olsun bir harbe kararlı olması idi.

Rusya'nın bu kararının bilinmesine rağmen, İngiltere ve Fransa'nın Karadağ meselesine müdâhale etmemiş olmaları cidden gariptir. Eğer bu iki devlet, Rusya'nın, Osmanlı İmparatorluğu üzerine tevcih ettiği harp tehdidine karşı çıkmış ve Türkleri birtakım tavizler vermeye mecbur eden 14 Şubat 1853 anlaşmasını tanımamış olsalardı, Rusya, ileriye gitmek cesaretini gösteremeyecek ve bir Kırım Harbine yol açan makâmât-ı mübareke meselesinde de ısrar etmeyecekti.

Burada şunu söylemek yerinde olur ki, Rusya'nın Fransa'ya karşı bu kadar sert davranmasında, İstanbul'daki Fransız sefiri mösyö Lavalet'in beceriksizliklerinin ve hatalarının payı çoktur. Aşırı bir salip fikrinin müdâfii ve tatbikçisi olan mösyö Lavalet, Rusya'nın Osmanlı İmparatorluğu üzerindeki tazyiklerini görmezlikten gelmiş ve hem Osmanlı İmparatorluğu'nun haysiyet-şiken bir anlaşma yapmasına sebep olmuş, hem de Kırım Harbi'nin çıkmasında bu siyaseti ile mühim bir rol oynamıştır.

Mösyö Lavalet'in bu acemiliklerinin tevâlî etmesi üzerine Fransa, çok müşkül mevkide kalmış ve İstanbul'daki sefirini geri çekmek mecburiyetini hissetmişti. 1853 yılı Ocak ayında geriye çağırılan mösyö Lavalet'in yerine de, Fransa İstanbul'a, 1849 tarihinden beri Avusturya-Macaristan İmparatorluğu'nda Fransa'yı temsil eden Mösyö Dölafon'u tayin etmişti.

Fransa'nın İstanbul'da giriştiği bu siyasi teşebbüs, Lavalet'in değiştirilmesi, onun yerine Dölafon'un tayini, Rusya'yı da, Osmanlı İmparatorluğu'nda birtakım ciddi siyasi ataklar yapmaya mecbur bırakmıştı. Rusya'nın, Fransa'nın yeni hareketine cevabı aynı olmuş, onlar da İstanbul'daki sefirlerini değiştirerek, yerine çarın akrabası, Bahriye nâzırı olan Prens Mençikof'u tayin etmişlerdi.

YENİ RUS SEFİRİ PRENS MENÇİKOF İSTANBUL'DA

Rusya, Osmanlı İmparatorluğu'nda yeni bir siyasi atağa girmeye karar vermişti. Bu atak, sonu harp ile nihayetlenecek bir istikamet takip etmiş ve netice itibariyle bu harp kuvveden fiile çıkmış ve ilk defa olarak Osmanlı İmparatorluğu, Garp aleminin iki dev devleti olan İngiltere ve Fransa ile –salibin bütün muhalefetine rağmen– ittifak akdetmiş ve Rusya'yı mağlup etmişlerdi.

Rusya'nın yeni siyasetini takip etmeye memur fevkalade salahiyetli sefiri Prens Mençikof, 1853 yılının I Mart günü İstanbul'a muvâsalat etmişti. Çar I. Nikola'nın kendisine verdiği İstanbul sefâretine karşılık, Mençikof'un geride bıraktığı unvanları ve vazifeleri düşünülürse Rusya'nın, Osmanlı İmparatorluğu'nda takip etmeye kararlı olduğu yeni politikasının hedefi çok daha iyi bir şekilde anlaşılır.

Prens Mençikof, Çar I. Nikola'nın akrabası ve en yakın mahremlerinden birisi olarak aynı zamanda Bahriye nâzırı, Rus Baltık filosu kumandanı, Finlandiya umumi valisidir. Bir devlette bu kadar mühim üç vazifeyi aynı zamanda yüklenmiş bir insanın, sefâretle geldiği İstanbul'daki yeni vazifesi, her halde taltif edilmek manasına alınamaz. Bu memuriyetler de gösteriyor ki, Çar I. Nikola, İstanbul'a kendisinin itimat edebileceği bir adamı seçmekle, Osmanlı İmparatorluğu'nda takip etmeye kararlı siyasetini en güvendiği ellere tevdi etmeyi düşünmüş ve Prens Mençikof'u vâsi salahiyetlerle İstanbul'a göndermiştir.

Çar İstanbul'a, sadece Mençikof'u değil, onunla birlikte Rus ordusunun güzide iki generalini de sefâret heyetine katarak İstanbul'a göndermişti. Bunlardan birisi, Rus Besarabya ordusu erkân-ı harp reisi general Niko Bucenski, diğeri de Rus Karadeniz filosu erkân-ı harp reisi amiral Komilof'tu.

Mençikof'un İstanbul'a gelirken takip ettiği yol dahi manidardı; zira Rusya'nın yeni İstanbul sefiri, Osmanlı ordusunu önce teftiş etmiş, bu teftişi takiben, Rus Karadeniz filosunu da teftişten sonra İstanbul'a hareket etmişti. Sefirin bu hareketi, açıkça bir tehdit mahiyetinde idi. O, bu şekilde hareket etmekle, Osmanlı İmparatorluğu erkânına gözdağı vermek istemişti. Nitekim, Mençikof'un İstanbul'daki mesaisinin takip edeceği istikamet, kendisinin Rus ordu ve donanmasını teftiş etmesinin hakiki sebebinin bu olduğunu da ortaya koymuştur.

Rusya, Osmanlı İmparatorluğu ile kat'i olarak bir harbi tasarlamıştı. Onun içindir ki, yeni Rus sefirinin yanına kıymetli iki yüksek rütbeli kumandan katmıştı. Bu zatların İstanbul'daki bütün mesaileri, Osmanlı ordu ve donanması hakkında malumat toplamak, açıkçası casusluk yapmaktı.

Bu iki yüksek rütbeli kumandanın işlerini de, Osmanlı İmparatorluğu'nun teşekkül tarzı kolaylaştırmakta idi; zira İstanbul, Osmanlı İmparatorluğu'nun merkez-i hükümeti olmakla beraber, donanmanın da merkez üssü idi. Ayrıca İstanbul, Türk ordusunun en kuvvetli birliklerinin de bulunduğu yerdi. Rus sefâret heyetinin arasına, birisi amiral, diğeri general iki erkân-ı harbini sıkıştırmasının sebebi İstanbul'un bu hususiyeti idi. Bu iki zat vazifelerini rahatça yapabilir; Türk ordu ve donanmasını en hürde teferruatına kadar tedkik edebilirlerdi. Böylece, Prens Mençikof, bir taraftan siyasi teşebbüslerini yaparken, her biri birer mütehassıs heyetin başında bulunan General Bucenski ile Amiral Komilof, kendi sahalarında çalışarak, Osmanlı İmparatorluğu'nun ordu ve donanmasını tedkik etmişler ve seferi bir durumda iktisap edeceği harp kudreti hakkında lüzumundan fazla bir bilgi ile memleketlerine dönmüşlerdi.

Prens Mençikof, İstanbul'a ilk girdiği gün, Rusya'nın İstanbul sefiri, bir Prens gibi değil, Çar'ın bizzat kendisi imiş gibi hareket ederek, gayet küstahlık ve her türlü diplomatik kaideleri çiğnemek hafifliğini göstermişti.

Prens Mençikof, İstanbul'a vâsıl olduğunun hemen ertesi günü, yeni bir nezâketsizlik nümunesi vermiş ve Sadrazam Mehmed Ali

Paşa'yı, teşrifata aykırı olarak, gündelik elbisesi ile ziyaret etmişti. Bu prensin yaptığı ikinci siyasi gaf ise daha büyüktü; çünkü, teşrifata göre, onun ilk muhatabı, Osmanlı Devleti'nin Hariciye nâzırı idi ve kendisi Sadrazam Mehmed Ali Paşa'yı ziyarete giderken bu kaideyi ihmal etmiş ve Hariciye nâzırı Fuad Paşa'yı çiğnemek suretiyle sadrazam ile mülakat etmişti.

Rus sefâret heyeti siyasi, askerî ve bahrî sahalarda şayan-ı dikkat bir faaliyetle çalışmaya başlamıştı. Bu heyet, adeta açık bir şekilde casusluk yapmış ve Türk ordu ve donanması hakkında bilgi toplamıştı. Sefâret heyetinin bu şekildeki çalışması da gösteriyor ki, Prens Mençikof, İstanbul'a bir sefâret vazifesi yapmak için değil, Osmanlı İmparatorluğu'nu tehdit etmek ve askerî ve bahrî kudretini tesbit ettikten sonra memleketine avdet etmek ve mukadder olan harbe başlamak için gelmişti. Türk-Rus harbi, böylece kaçınılmaz bir vâkıa haline girmişti.

Rus sefâret heyetinin pervâsız çalışmaları, esasen tedirgin olan İngiliz ve Fransız sefâretlerini de aynı tempo ile çalışmaya mecbur etmişti. Avrupa'nın siyasi ufku, Mençikof'un İstanbul'daki çalışmalarına muvâzi olarak birdenbire ve beklenmedik şekilde karardı. Fransız hükümeti, bir harbi mukadder telakki ettiği için askerî tedbirler almaya başladı. 1853 yılı Mart'ının 20. günü, Fransız donanması Tulon üstünden hareket ederek Salamin'de toplandı ve gelişen hadiselere intizar etti.

Fransa'da ayrıca askerî hazırlıklar da birdenbire arttı; birçok birlikler Avusturya-Macaristan hududu civarında toplanmaya başladı. Fransa'nın aldığı askerî ve bahrî tedbirlere muvâzi olarak, İngiliz amiralliği de, Akdeniz'deki harp gemilerini vakit geçirmeden Malta adasında topladı.

İNGİLİZ-FRANSIZ İTTİFAKI ve KIRIM MUHAREBESİ

İNGİLTERE-FRANSA HARP HAZIRLIĞI

İngiltere huzursuzdu. İstanbul'daki İngiliz sefiri, Prens Mençikof'un Kırım Harbi'nin hakiki sebebi olan makâmât-ı mübareke meselesi üzerinde Bâb-ı Ali'ye yaptığı tazyikin altındaki hakiki sebebi, Rusya'nın bu yol ile Akdeniz'e inmek istediğini biliyor ve bütün hareketlerini yakından takip ediyordu. İngiltere, Rusya'dan resmen meselenin hallini talep etmiş; Mençikof'un İstanbul'daki faaliyetlerinin zararlı olduğunu bildirmiş ve Petersburg'un nazar-ı dikkatini çekmişti. Çar, İngiltere'nin bu teşebbüsü üzerine, Prens Mençikof'un İstanbul'daki mesaisi hakkında teminat vermek mecburiyetinde kalmıştı.

Can Yücel'in Stanley Lane Poole'dan kısaltarak Türkçe'ye çevirdiği, *'Lord Stradford'un Türkiye Hatıraları'* adlı eserinin 166. sayfasında bu hususta şunlar yazılıdır:

"Prens Mençikof'un gelişinde, İngiltere'yi ürkütecek pek birşey yok gibi görünmektedir. Rusya, prensin sadece Filistin meselesinin hoşnut edici bir hal çaresine bağlanabilmesi için direktifler aldığını, bunun dışında hiçbir gayesi ve sulhçü niyetlerden başka bir isteği olmadığını bildirmiştir."

Fakat, ne bu cevap, ne de Rusya'nın diğer mukni olmaktan uzak hareketleri İngiltere'yi tatmin etmemişti; zira Rusya'nın harp hazırlıkları elle tutulacak, gözle görülecek kadar artmıştı.

Prens Mençikof, havanın böylesine karardığı sıralarda dahi, Osmanlı İmparatorluğu'nu, kendi fikrine, Türkiye'de yaşayan Ortodokslar üzerindeki saltanat hakimiyetinin kaldırılmasına ve onların Çar'ın himayesine terkedilmesine imâle etmeye çalışıyor ve Fransa ve Türkiye ile Rusya arasındaki derin anlaşmazlığı daha da derinleştiriyordu.

Prens Mençikof, bu teklifi ile Osmanlı İmparatorluğu'nu adeta himayesine almak istiyordu. Tabii ki bu teklif kabul edilemezdi. Nitekim, prensin teklifi reddedildi. Rus sefirinin, bütün ağırlığı ile Bâb-ı Âlî'ye ve saraya yüklendiği bir sırada, İstanbul'daki İngiliz sefiri Sir Stradford Rodchliffe'in, daha evvelce de belirttiğimiz gibi çevirdiği birtakım manevralar sonunda, Sadrazam Mehmed Ali Paşa istifa etti ve yerine Mustafa Reşid Paşa tayin edildi. İngiltere arzusuna nâil olmuş, 1837 tarihinden beri bir nevi kendi adamı telakki ettiği ve kendi siyasetine tamamen uygun bir siyaset takip eden Mustafa Reşid Paşa'yı Sadrazam nasbettirmişti.

Mustafa Reşid Paşa'nın sadrazamlığını Prens Mençikof da arzu etmiş; hatta bu arzusunun, o sırada Fransız sefâreti ile Rus sefâreti arasında bir nevi mutavassıt rol oynayan İngiliz sefâreti tarafından telkin edildiği de rivayet edilmiştir.

Prens Mençikof, Mustafa Reşid Paşa ile anlaşabileceğini ümit etmişti. Prens Mençikof bu düşüncesinde yalnız değildi. Fransızlar da aynı şekilde düşünüyorlar, Tlers'in yakın dostu Mustafa Reşid Paşa'nın, emânât-ı mukaddese meselesini Fransa lehine bir hal yoluna sokabileceğine inanıyorlardı. Bu bakımdan, gerek İngiliz, gerekse Fransız sefirleri yeni sadrazama azami müzâhereti gösterdiler.

İngiliz, Fransız desteğini mutlak olarak temin eden Mustafa Reşid Paşa, Rus sefirinin emânât-ı mübareke meselesinin halli için Bâb-ı Ali'ye verdiği yazılı ve şifahi notaları müzakere etmek için 1853 yılı Mayıs ayının 20. günü, Bâb-ı Âlî'de fevkalade bir meclis toplanmaya karar verdi. Aynı günde toplanan meclis, devletin ileri gelen 43 ricâli ile frıüzakerelere başladı. Uzun müzakerelerden sonra, Mustafa Reşid Paşa'nın, İngiliz ve Fransız garantilerinden bahseden sözleri üzerine ve 42 rey ile Prens Mençikof'un taleplerinin reddine karar vermişti.

Hemen aynı gün Bâb-ı Alî'nin verdiği kararı öğrenen Prens Mençikof, İstanbul'da yapacak başkaca bir işi kalmadığını anlamış ve Kont Nelsrod'u, birkaç memur ile İstanbul'da bırakarak, 22 Mayıs 1853 tarihinde ve ansızın İstanbul'u terkederek Rusya'ya gitmişti.

Prens Mençikof'un bu ani gidişi, durumu bir anda daha da ağırlaştırdı. Rus sefirinin İstanbul'dan ayrıldığı gün, Malta'da toplanmış olan İngiliz donanması, aldığı bir emirle Fransız donanması ile birleşmek üzere Salamin sularına hareket etti.

Mençikof'un yerine İstanbul'da kalan Kont Nelsrod da, Ortodoks hakları üzerinde birkaç teşebbüs daha yaptı, netice alamadığı için o da, 31 Mayıs 1853 tarihinde İstanbul'dan ayrıldı.

Ancak, Kont Nelsrod, İstanbul'dan ayrılmadan evvel, Rusya'nın harp ültimatomunu da Bâb-ı Âlî'ye vermeyi ihmal etmedi.

Prens Mençikof'un ve maiyyetinin İstanbul'daki muvaffakiyetsizliği, Rusya'da adeta bir şok tesiri yaptı. Rus hükümet mehafilinde, Prens'in İstanbul'dan ayrıldığı haberinin alınması fevkalade bir heyecan meydana getirdi. Rus Çarı I. Nikola, bu muvaffakiyetsizlik haberini aldığı anda, "Sultan'ın beş parmağını suratımda hissettim." dedi[4]

Artık, Türkiye ile Rusya arasındaki harp mukadderdi. Nitekim, bir ay kadar bir müddet her iki taraf da harp hazırlıkları ile vakit geçirdi. Rusya ilk adımı attı ve 1853 yılı Temmuz ayının 3. günü, Rus ordusu Prut nehrini geçerek Boğdan eyaletine (Romanya'ya) girdi. Rus ordusunun Osmanlı İmparatorluğu'na tecavüzü Avrupa'nın ufkunu kararttı ve devletler süratle harbe hazırlandılar. Osmanlı ordusu da 1853 yılı Ekim ayının 23. günü, ilan edilen harp ile birlikte fiilen harbe başladı.

---

4 *Türk-Rus Harbi ve Kırım Seferi*, Fevzi Kurdoğlu s. 7.

İNGİLTERE ve FRANSA HARBE GİRİYOR

Rusya'nın Osmanlı İmparatorluğu'na harp ilan etmesini müteakip, Paris diplomasisi ve bilhassa İmparator 111. Napoleon kesif bir çalışma devresine girdiler; bizzat imparatorun yazdığı notalarının metnini, esasen aralarında tam bir görüş birliği bulunan İngiltere'nin Paris büyükelçisi kanalı ile İngiltere'ye gönderdikten sonra tasvip görmesi karşısında, Çar I. Nikola'ya tevdi edilmek üzere Petersburg'taki Fransız sefirine şifrelenmişti.

Bu durum karşısında Avusturya-Macaristan İmparatorluğu derhal harekete geçmiş ve Viyana'da devletlerarası bir konferans toplanmıştı. Bu konferansta, İngiltere, mutlak olarak Türkiye'nin tarafını tutuyordu; zira ananevi siyaseti, Rusya'nın Akdeniz'e inmesine karşı idi. Avusturya-Macaristan İmparatorluğu ise Rusya'yı destekliyor, fakat bir harbe yol açacak kadar ileriye gitmiyordu.

Denilebilir ki, Viyana konferansı, dört merkez arasında cereyan eden diplomatik bir oyundan başka birşey değildi. Müzakereler, her seferinde ortaya atılan yeni projelerin müzakeresi ile geçiyor ve hiçbir netice alınamıyordu. Avrupa'nın kaderi, İstanbul, Viyana, Paris ve Londra'ya kalmıştı. Son kararın nasıl çıkacağı, Londra'nın müzakerelerde takındığı tavırla ortaya çıkmıştı. Londra, kendi siyaseti bakımından gayet yumuşak ve ağır bir yol tutmuş; Osmanlı İmparatorluğu'nu destekliyordu. İstanbul'da Mustafa Reşid Paşa İngiliz sefiri Lord Stradford Rodckliff'in garantisine yaslanmış, onun sözünden adeta dışarı çıkmıyordu. Paris, sulhü kurtarmak istemekle beraber, taviz vermek ve ananevi Ortadoğu ve makâmât-ı mukaddese üzerindeki hukukundan vazgeçmek istemiyordu. Viyana ise, her üç merkez arasında mekik dokurcasına sulhü kurtarmaya ve İtalyan ittihadının önüne geçmeye gayret gösteriyordu.

Viyana müzakereleri sırasında ne Fransız M. Drouyn de Lhuys'un teklifi, ne Lord Clarendon'un tavsiyeleri, ne de

İngiltere'nin İstanbul sefiri Lord Stradford Rodckliff'in meseleyi suret-i halle bağlamak isteyen teklifleri bir netice vermemişti. Ancak, bu konferansta şu olmuştu ki, notada tâli birtakım değişiklikler yapılmış ve notanın Rusya'ya böylece bildirilmesine karar verilmişti. Çar, notayı bu son şekli ile aynen kabul edeceğini ve virgülüne dahi dokunmamasını istemişti.

Çarın, büyük devletlerin Viyana'daki mümessillerine nota hakkında mutâbakatını bildiren cevabı, 1853 yılı 9 Ağustos'unda bildirilmiş bulunuyordu.

Viyana konferansının kararı, aynı zamanda Osmanlı İmparatorluğu'na da bildirilmiş ve nokta-i nazarı sorulmuştu.

İstanbul, notadaki bazı hususların, devletin menfaatlerine ve manevi şahsiyetine aykırı olduğunu, bu hususlar tadil edildikleri takdirde notayı kabul edebileceğini bildirmişti.

Viyana konferansına katılmış bulunan devletler bu sefer Bâb-ı Âli'nin yapmak istediği tadilatı Rusya'ya bildirmişler ve bu tadilatın, notanın mana ve metodunu değiştirmediğini de ayrıca tasrih etmişlerdi; fakat, Çar ısrar etmiş ve notanın tek harfinin dahi değiştirilmesine karşı olduğunu ve bu şekilde bir tadilatı kabul edemeyeceğini, bahsedilen tadilatın ehemmiyetsiz olmadığını, bilakis Rusya için hayati ehemmiyeti hâiz olduğunu ve Mençikof'un taleplerinin tamamen reddedileceği hükmünün çıkarılacağını bildirmişti.

Osmanlı İmparatorluğu'nun, notada istediği tadilatın reddi karşısında, Rusya'nın hakiki niyetleri olduğu gibi ortaya çıkmıştı. Rusya, hâlâ Mençikof'un talepleri üzerinde ısrar etmiş olmakla, hakiki niyetlerini ortaya koymuş, bir harbi kaçınılmaz hale getirmişti. Hristiyan alemi, Ortodoks ve Katolik olarak bir daha karşı karşıya gelmişti. Böylece, Kırım Harbinde salîbiyyûn, karşılıklı olarak ve milli menfaatlerini göz önünde tutarak hasım duruma girmişlerdi. Talih Osmanlı İmparatorluğu'na bir defa daha gülmüş; fakat maalesef Osmanlı İmparatorluğu'nu idare eden devletlüler, bu fırsatı da, bundan evvelkiler ve bundan sonrakiler gibi kaçırmakta inat etmişlerdi.

Hudutlarda çarpışmalarla geçen 1853 yılını takip eden 1854 yılında, Rus başvekili olan Kont Nelsrod, avam kamarasında cereyan eden bir müzakereyi vesîle ittihaz etmiş ve Rusya'nın hakiki niyetlerini basına verdiği bir beyanatla ortaya atmış ve İngiltere'yi adeta itham etmişti. Bu beyanat üzerine Londra'da hava birden gerginleşti. Londra, Petersburg'a karşı çıkmıştı. Londra, Nelsrod'un bu beyanatı üzerine, Rusya ile İngiltere arasında cereyan eden gizli görüşmelerin ifşa edildiğini öne sürmüş ve bu gizli müzakerelerin zabıtlarını açıklamıştı.

Bu zabıtların neşri ile birlikte Avrupa, Rusya'nın hakiki niyetlerinin ne olduğunu öğrenmişti. Rusya, dünya hakimiyeti peşinde koşmaya kararlı bir siyasetin takipçisi idi. Bu siyaset ise, gerek Fransa'yı gerek İngiltere'yi, gerekse Avusturya-Macaristan İmparatorluğu'nu harekete geçirmeye, menfaatleri bakımından mecbur edecek kadar geniş ve ihatalı idi.

İngiltere'nin ifşa ettiği gizli zabıtlarla, Fransa, Rusya'nın Fransa hakkındaki hakiki niyetlerini de öğrenmişti. Paris, artık Rusya'nın Akdeniz ve Ortadoğu siyaseti ile makâmât-ı mukaddese hakkındaki fikirlerini en hürde teferruatına kadar öğrenmişti. Fransa için, bu durum karşısında yapılacak tek iş kalıyordu: İngiltere ile ittifak.

İNGİLİZ-FRANSIZ İTTİFAKI

İngiltere esasen bunu bekliyordu. İngiliz diplomasisi, gayet ince bir zeka oyunu ile Fransa ile birleşiyor, Avusturya-Macaristan İmparatorluğu'nun Rusya lehine vâki teşebbüslerini durduruyor ve Rusya'nın Akdeniz'e inmesine mani olacak en büyük adımı atıyordu.

Evet, Fransa ile İngiltere ittifak etmişlerdi ve Rusya ile harbe tutuşmaları mukadderdi.

İngiltere de, Fransa da Rusya'ya, Osmanlı İmparatorluğu'nun müttefikleri olarak harp açmaya karar vermişlerdi. Harp kararı takarrür edince, Beşike'de toplanmış bulunan İngiliz-Fransız donanmaları, ittifak gereğince Bâb-ı Alî tarafından İstanbul'a davet edilmişti. 1854 yılı Ekim ayının 22. günü, Çanakkale'de Kumkale tabyasını geçen birleşik donanma Marmara'ya girmişti. Filo süratle ilerlemiş, İstanbul'a gelmiş ve Beykoz'a demirlemişti.

İstanbul'a gelerek Beykoz önüne demirlemiş olan Fransız-İngiliz donanmaları, yelkenli ve buharla müteharrik 33 gemiden müteşekkildi. İngiliz filosuna amiral Dundasek kumanda ediyordu ve filoda, 3 tanesi buharla müteharrik harp gemisinin dışında kalan 14 harp gemisi yelkenle seyretmekte idi.

Fransız donanmasına ise Amiral Halen kumanda etmekte idi. Bu donanmada ise, buhar makineleri ile müteharrik 4 harp gemisine karşılık, yelkenle seyreden 12 harp gemisi mevcut idi.

Petersburg, beklemediği bu darbe karşısında derhal harekete geçmiş ve İstanbul'a gelerek Beykoz'a demirleyen müttefik donanmanın bu gelişini protesto etmişti.

Çar, bizzat Londra sefiri Baron Bornof'a verdiği bir emirle, İngiliz-Fransız donanmalarının İstanbul'a gelmesinin 1841 Londra Anlaşması'na muhalif olduğunu Londra'ya bildirmesini ve Londra kabinesinin nazar-ı dikkatinin celbedilmesini bildirmişti.

Avrupa'da bu hadiseler cereyan ederken, Bâb-ı Alî, adeta bütün bu hadiselere seyirci kalmıştı. İnsiyatif elinden çıkmıştı. Koskoca imparatorluk, hadiselerin seyrine terkedilmiş gibi idi. Nitekim, Türk donanmasının Sinop'ta aniden sıkıştırılıp tamamen imha edilmesi hadisesi de, Bâb-ı Alî'nin nasıl bir rehâvet içinde olduğunu göstermeye yeter bir delildir.

Maalesef, Türk donanması imha edilmiş ve bu donanmadan sadece birkaç kişi kurtulabilmişti. Kurtulanlar 3 yarbay, 1 binbaşı, 3 kolağası (kıdemli yüzbaşı), 20 yüzbaşı, 4 teğmen, 2 mühendis ve Dimyat korvetinin mürettebatından 186 kişi idi.

Devrine göre bir hayli kuvvetlice olan Osmanlı donanmasından geriye sadece bunlar kalmıştı ve bu işin büyük mesuliyeti, Bâb-ı Âlî ile Sadrazam Mustafa Reşid Paşa'ya aitti.

İngiliz-Fransız müşterek deniz kuvvetleri, buharla müteharrik vapurların yedeğinde 6 Aralık 1853 tarihinde Karadeniz'e çıktılar.

İngiltere-Fransa ve Osmanlı İmparatorluğu'nun, müşterek olarak Rusya'ya tevdi ettikleri bir nota ile, Karadeniz'de yakalanacak Rus gemilerinin, Memleketeyn (Romanya) tahliye edilinceye kadar derhal batırılacağını bildirmişlerdi. Bu ihtara ve resmen harbe başlamış bulunmalarına rağmen, Avusturya-Macaristan İmparatorluğu hâlâ sulh peşinde koşmakta ve Rusya'yı müttefiklerle harpten vazgeçirmeye çalışmakta idi.

Viyana kabinesi yeni birtakım şartlar ileriye sürmüştü. Hazırlanan yeni sulh şartları şu dört madde ile hülasa edilebilir.

1. Osmanlı Devleti'nin mülkî tamâmiyetinin devamı ve taht-ı emniyete alınması;

2. Memleketeyn'in (Romatanya'nın) tahliyesi;

3. 1841 tarihinde Fransa, Rusya, İngiltere ve Osmanlı İmparatorluğu arasında aktedilen anlaşmanın yenilenmesi (Londra anlaşması);

4. Osmanlı İmparatorluğu'nun idari istiklalinin tanınması.

Rus Çarı, teklif edilen bu anlaşmanın hiçbir maddesini kabul etmemiş, kendisine tevdi edilen İngiliz-Fransız notalarına karşı da şu sözlerle mukabele etmişti:

"Tehditler dolayısıyla ric'at edecek değilim. 1812'de olduğu gibi, 1854'te dahi muvaffak olacağıma eminim."

Rusya'nın verdiği bu cevap üzerine, İngiliz ve Fransız parlamentoları derhal toplanmış ve 27 Mart 1854 tarihinde Rusya ile harbe karar vermişlerdi.

İngiltere ve Fransa, harp kararı vermeden evvel aralarında bir ittifak akdetmek üzere yaptıkları müzakereler sonunda, şu beş maddelik ittifak muahedesini akdetmişlerdi. Anlaşma hülasaten şöyledir:

1. Fransa ve İngiltere, Rusya ile hal-i harpte olan Türkiye'ye her türlü bahrî ve berrî yardımda bulunmayı taahhüt ederler;

2. Müttefikler arası muvâfakat olmadan, Rusya ile ne sulh anlaşması, ne de mütareke görüşmelerinde bulunmamayı taahhüt ederler;

3. Sulhün akdinden en geç kırk gün içinde müttefik ordu ve donanması Osmanlı İmparatorluğu topraklarını terkedeceklerdir;

4. Harp harekatı sırasında taraflar birbirlerine hiçbir şekilde müşkilat göstermeyecekleri gibi, müttefik kumandanları, Osmanlı teb'asının her türlü hukukuna riayetkâr olacaklardır;

5. Bu muahedenin tasdikli nüshaları en geç altı hafta zarfında teâti edilecek ve anlaşma tarihi 12 Mart 1854 olarak yazılacak ve üç nüsha tanzim edilecektir.

Bu anlaşma ile Türkiye, İngiltere ve Fransa resmen Rusya'ya karşı bir ittifak akdetmişler ve müşterek düşman ile harbe karar vermişlerdi.

Harbin Fransa tarafından, Fransız menfaatlerine göre ve Fransızların direnmesi ile çıkmış olmasına rağmen, Fransa, harp içinde ananevi Rus dostluğu siyasetine dönmüş ve 12 Mart 1854 tarihli anlaşmanın hilafına hareket ederek, Rusya ile tek başına ve gizli müzakerelere girişmişti. 1855 yılı sonuna doğru, Fransız İmparatoru III. Napoleon, Rus başvekilinin damadı ile gizlice temas kurmuş ve tek taraflı bir sulhün imkanlarını aramıştı.

Fransa, tek taraflı siyaseti ile hem Osmanlı İmparatorluğu'na, hem de İngiltere'ye ihanet ediyordu. Fransa bu ihanetini, İngiltere'den çekindiği ve Akdeniz'de genişlemek sevdasında bulunduğu için yapmıştı; zira Akdeniz'de kuvvetli bir İngiltere'nin, Fransız genişleme siyasetine daima engel olduğunu biliyordu. Bu bakımdan, tarihî Rus siyasetine dönmeyi zaruri görmüştü. Fransa, Osmanlı İmparatorluğu'na yakınlık göstermiş olmakla bu harpte birşey kaybettiğine kâni değildi. Fransa, nasıl olsa taksim edilecek olan Osmanlı Devletinin mirasına konacaktı. Maksat bu mirastan en büyük payı almak ve Akdeniz ile Ortadoğu'daki menfaatlerini tahkim etmek, böylece İngiliz Akdeniz hakimiyetine son vermekti.

Bu diplomatik oyunlarda Osmanlı İmparatorluğu hesaba dahi katılmamıştı. Ne İngiltere, ne Fransa böyle bir meseleyi düşünmemişlerdi. Onlar kendi aralarında bir diplomatik harbe başlamışlardı.

İngiliz diplomasisi Fransa'nın tek taraflı hareketi sonunda kendisini adeta yalnız hissetti ve teklif edilen Paris konferansına (1856) rıza gösterdi.

Fransa, bu hareketi ile yanlış bir adım atıyordu. Paris muâhedesi, her ne kadar Osmanlı İmparatorluğu lehine bazı hükümler ihtiva etmişse de, bu anlaşmanın esasları hiçbir zaman tatbik edilmemiş ve Osmanlı İmparatorluğu, her seferinde olduğu gibi Rusya ile karşı karşıya bırakılmıştı.

Fransa'nın menfaatleri, Osmanlı İmparatorluğu ile dostluk ve ittifak çerçevesi içinde en iyi münasebetlerin sürdürülmesine vâbeste idi; zira gerek İngiltere'nin, gerek Rusya'nın genişlemek ve büyümek için giriştikleri mücadelenin yolu üzerinde Osmanlı İmparatorluğu vardı. Bu imparatorluk ile iyi münasebetler ve kuvvetli bir ittifak, hem Osmanlı İmparatorluğu, hem de Fransa için ihmali asla caiz olmayan bir siyaset idi; fakat ne Osmanlı İmparatorluğu'nda iktidarda bulunan Alî Paşa, ne III. Napoleon bu hususu düşünmemişler ve müstakil siyasetlerinde adeta ısrar etmişlerdi.

Fransa'nın takip ettiği bu siyasetin yanlışlığına temas eden Fransız tarihçisi Albert Vandal şöyle demektedir:

"Fransa, Bâb-ı Alî ile olan münasebetleri sayesinde, Osmanlı ordusunu düşmanlarının hücumlarına karşı kullanabilirdi. Türkiye'de ikamet eden Katoliklere temin edeceği haklar, kendisini Hristiyanlık aleminde yükseltirdi. Ticari münasebetleri ise, kendi menfaatlerini garanti altına alırdı. Bu hususları takdir eden I. Napoleon Bonapart, Sultan Selim[5] ile kurduğu iyi münasebetler sayesinde, Türk ordularını 1806'da hal-i harpte bulunduğu Ruslara karşı harekete geçirmiştir. Yarım asır sonra, III. Napoleon'un düşüşünü çabuklaştıran feci hadiseler meydana gelmeseydi, Almanya'ya karşı Fransa, yine Türkiye'nin, I. Fransuva'dan beri hiçbir taviz beklemeden yaptığı askerî yardımdan tekrar istifade edecekti. Umumiyet itibariyle, ikinci Fransa İmparatorluğunun, vaktiyle bir Vileneuve (Vilnov), bir Boneval'ın mülhem oldukları siyasete tevessül ederek, kardinal Fleury'in, (Filori) "Osmanlı Devletinin hudutlarının muhafaza keyfiyeti Fransız siyasetinin gayesidir" diye tavsif ettiği esaslara dönmek gayesini takip ettiği görülür. 1771'de Fransa kralı XV. Lui'nin kumandanlarından baron Tott, Elphiston'un (Elfıston) kumanda ettiği Yunan asi donanmasına karşı Çanakkale'yi müdafaa ederken aynı siyaseti takip ettiği gibi, 1807'de İstanbul'u tehdit için İngiliz donanması Çanakkale boğazını geçince, General Sebastiyani'nin, payitahtın müdafaası için hazırlıklara iştiraki de aynı siyasetin icabı idi. III. Napoleon'un Şark siyaseti İngiltere tarafından endişeyi mucip olduğundan, aralarında, Fransız Şark siyasetine uymak mecburiyeti ile, İstanbul'a karşı bir nüfuz mücadelesi başladı ve bu siyaset İngilizlerin 1854'te Kırım harbine iştirak etmelerine yol açtı."

İkinci imparatorluk esnasında Paris bu muvâzenenin merkez-i sıkletini teşkil ediyordu; fakat bu devir çok sürmedi. Sadrazam Âlî Paşa'nın, 1866 tarihinde Sultan Abdülaziz Flan'a takdim ettiği 3 Şaban 1284 tarihli yazısında;

"Paris muahedesinin imzası daha kurumadan, imparator Napoleon İtalya'da Avusturya nüfuzunu yok etmek maksadıyla takip edeceği siyasete Rusya'yı muhalif ve Avusturya'yı muîn bulmak için aktedilmiş muahededen fedakarlık etmeye ve bizim zararımızı ve Rusyalının menfaatini mucip olacak yollara gitmeye ve güya herhangi bir taahhütleri yokmuş gibi her işimize

---
5 III. sultan Selim.

müdahaleye, hususiyle Memleketeyn (Romanya) ve Sırbistan ile Suriye ve Girit meselelerinde daima bizi zarara sokacak bir siyaset takibine başladı. Bir de 'Her millet istediği hükümdar ve hükümeti intihap ve kabulde serbesttir. Hiçbir millete, istemediği bir başka millet veya hükümdar hükmedemez' demek suretiyle bir tezat siyasetine girmiş ve imparatorlukta bulunan diğer milletleri ve bilhassa hristiyanları tamamen devlet aleyhine tahrik etmiştir. III. Napoleon siyasetinden Fransa cumhuriyetine intikal eden siyaset işte bu merkezde idi."[6]

Fransa, işte bu siyasetin tatbikçisi olarak, Paris sulh anlaşmasına gitmişti. Paris sulh anlaşması için, o devrin İngiltere'sinin İstanbul sefiri sir Stradford Rodckliff, şu sözleri söylemekten kendisini alamamıştı:

"Böyle bir anlaşmanın altına imzamı koymaktansa, sağ kolumu koparırım daha iyi!"[7]

İngiltere tehlikeyi sezmişti. Bu sebeple de, bütün siyasi mekanizmasını harekete geçirmiş bulunuyordu. Bu kesif siyasi faaliyetin hangi istikamette cereyan ettiğini ve İngilizlerin Paris sulh antlaşması hakkındaki düşüncelerini anlamak bakımından, *İngiliz sultanı* Unvanını kazanmış bulunan İstanbul sefiri Stradford Rodckliff in, Lord Clarendon'a yolladığı şu mektuplara bakmak isabetli olur:

"3 Şubat 1856. Paris'e geleceğinize çok sevindim. Gayretlerinizin, sonu gelmese bile, elinizden geleni yapmış olma tesellisini sağlayacağı şüphesizdir. Fikirlerimizin, umumi efkârı ile birlik olduğunu görmek beni sevindirdi. Harp o günkü şartlar altında bir mecburiyetti ve devam ettirilmesi, aksi takdirde kaybedecek birçok avantajları sağlayabilirdi. Nikola'nın (Rus çarı) Rusya'sı dize gelmiş durumda. Rusya, yapısı bakımından, şimdilik budanmış olmasına rağmen, yeni filizler verebilme gücünü elinde tutuyor. Yakın bir gelecekte daha büyük bir hızla büyümek

---

6 *Maziye Bir Nazar*, Gazi Mahmud Muhtar Paşa, İstanbul 1341, s. 30.
7 *Lord Stradford'un Türkiye Hatıraları*, Can Yücel, Ankara, 1959, s. 263.

imkanı bulacağından hiç şüphemiz olmasın. İşte bu gelecek Rusya'ya karşı, gerekli tedbirlerin alınması düşüncesindeyim. Bunun için de Avrupa'daki ve Asya'daki imparatorlukların arasında tarafsız ve müstakil devlet veya eyaletlerin kurulmasından başka çare yoktur. Kırım'a gelince, Rusya'dan ayrılacak olursa, nasıl bir şekil bulabileceğini bilemiyorum. Donanmasız, müstahkem mevkilerden mahrum bırakılırsa ve Tuna serbest ticarete açıldığı ve bir nevi milletlerarası kontrol altına sokulduğu takdirde, bizlere ve müttefiklerimize faydalı olacağını söylemekle iktifa edeyim. Dinyester'in hudut seçilmesi için sizi hayli rahatsız ettim. Bence, müttefiklere ve Bâb-ı Alî'ye, ödenmesi gereken harp teminatı yerine bu şartı kabul ettirmek mümkün olabilir... Harp bu safhada kalsa bile, bence, vaktiyle Fransa'dan koparılan ganimetler sırasında kurulmuş olan Varşova dukalığının ihyasını, ayrıca üzerinde ne Türkiye'nin, ne de Rusya'nın fazla bir hak iddia etmemeleri gereken Kafkasya'nın istiklalini istemekle hayırlı bir iş yapmış olacaksınız. Âlî Paşa, antlaşmada yer alacak dört şartı elinden geldiği kadar belirsiz kılmaya çalışacaktır. Sultanın müstemlekeleri üzerindeki hakkı resmen tanındığı takdirde ise, Bâb-ı Alî büyük bir ihtimalle eski uyuşukluğuna dönecektir ve ıslahat fermanı boş bir kağıt parçası olmaktan ileri geçmeyecektir."[8]

Paris sulh anlaşması esnalarında, Osmanlı İmparatorluğu ile birlikte İngiltere'yi de tedirgin eden hususların bulunması, Fransa'nın, sulh anlaşması üzerindeki görüşlerinin, bu iki memlekete nazaran daha bâriz bir şekilde kabul edilmesinden doğmuştu. İngiltere, sulh şartları muvâcehesinde hakikaten tedirgin olmuştu. Bu bakımdan, sadrazam Âlî Paşa ile dostluğunu daha da takviye etmek lüzumunu duymuş ve sefir Lord Stradford Rodckliff bu vadide büyük gayretler sarfetmiştir. Bu gayretlerin başında, Mustafa Reşid Paşa'ya ilan ettirilen Gülhane Hatt-ı Hümayunundaki ilericilik ve şeklî Garplılık hareketinin, imparatorluğun her tabakası üzerindeki menfi tezahürlerini ortadan kaldırmak fikri

---

8 *Lord Stradford'un Türkiye Hatıraları*, Can Yücel, Ankara, 1959, s. 263-264.

hakim bulunuyordu. Bu maksatla Lord Stradford, Fransa'nın tutumuna temas eden görüşlerini Lord Clarendon'a gönderdiği 15 Şubat tarihli mektubu ile aksettirmiş olmakla birlikte, asıl maksadını, yani Osmanlı İmparatorluğu'ndaki ilericilik hareketinin nasıl muvaffak olabileceğini, İngiltere'nin, bu mevzuda yapabileceği şeylerin neler olduğunu sarâhaten gösteren 3 Haziran tarihli mektubu şâyân-ı dikkattir. Sefir, bu mektubunda, dış tesirlerden bahsetmekte ve ilericilik hareketlerinin, ancak İngiltere'nin yapacağı dış tesirle mihrakına oturtulabileceği izah edilmektedir. Lord Stradford Rodckliff şöyle demektedir:

"Lord J. Russel'in Viyana dönüşünde bana söylediklerini kelime kelime hatırlıyorum; ama ana fikir şu idi: Reâyâ için (gayr-i müslim için) nazarî bakımdan ne yapılabilirse hepsi yapıldı, iş bunların tatbik edilmesinde. Mesele, reâyânın haklarını korumakla da bitmiyor. İmparatorluğun umumi olarak yenilenmesi, daha insanca bir temel üzerine oturabilmesi de en az onun kadar önemli; ama, bu nasıl yapılabilir? Bütün mesele burada. Bir kere, eyalet ve valiliklerdeki makamların, devrin prensiplerine uygun hareket etmelerinin temin edilmesi, sonra da, gerek makamlara yollanacakların seçimi ve idaresi ile vazifeli merkez makamlarının inkılaplara elverişli tavır takınmaları önemli bir husus. Üçüncü şart olarak da, hükümet üzerinde sevkedici, devamlı bir dış tesirin varlığı. Bunun için, sadece İngiltere, devletler veya bütün Avrupa düşünülebilir. Ben, sadece İngiltere'nin tek başına harekete geçmesi uygun olacak fikrindeyim. Fransızların, umumi olarak menfaatlerimize aykırı dolaplar için bu durumu kötüye kullanacaklarını gözden kaçırmamalıyız. Avrupa'ya gelince, harp telaşı başladıktan sonra, hükümetler arasında tam bir anlayış havasının kurulmasını gerektiren böyle bir işte ne derece başarı kazanacağını pek bilemiyorum."[9]

İşte, İngiltere'nin Osmanlı İmparatorluğu hakkındaki siyasetinin temelini, Lord'un bu mektubundaki düşüncelerde aramak

---
9 s. 265: Lord Rodckliff, *Türkiye Hatıraları*, Can Yücel.

lazımdır. Sefir cenapları, reâyâ haklarından bahsederken, esâsen bunların temin(i için ulûm-ı) ictimaiyenin temel düsturları allak bullak edilmişti. İçtimaiyat ilminin icabı olan ve bir milletin yaşaması ve ayakta kalabilmesi için mutlaka şart olan milli müesseseler, kiliseden aktarılan düşüncelerin mahsulü olan kanunlarla temelinden yıkılmaya başlamıştı. Osmanlı Türkü'nün, Gülhane Hatt-ı Hümayunu ile Mustafa Reşid Paşa ve tâifesine isyanı ve yeni düsturları kabul etmemesi bu yüzdendi. Halk da, basiretli devlet adamları da haklı olarak endişe etmişler ve ayak diremişlerdi; zira devleti bekleyen tehlikeyi sezmişler, imparatorluğun mum gibi her gün biraz daha eridiğini ve bu erimenin mutlaka izmihlal ile son bulacağını anlamışlardı.

Her şeyden evvel halk da, aklı başında devlet adamları da, bu kanunların yabancı unsurlar tarafından tavsiye edildiğini ve bilhassa İngiltere'nin bu işteki mühim rolünü idrak etmişlerdi. Yukarıdaki mektuptaki ifadeye dikkat edilirse, sefir cenapları, halktan ve devlet ve milletini seven devlet adamlarından şikayet etmekte ve Mustafa Reşid Paşa vasıtasıyla telkin ve ilan ettirdikleri prensiplerin tahakkukunu behemehal temin ve hukuku ayakta tutmak maksadıyla da birtakım dış tesirlere ihtiyaç olduğunu bildirmektedir. Sefir cenaplarının düşünceleri bunlardı.

Bu düşünceler ise, Osmanlı İmparatorluğu'nu bir an evvel yıkmak demekti; zira müslüman bir milleti kilise kanunları ile idare etmenin mahzurlarını ve tevlit edeceği kötü neticeyi, bizim devletlülerden çok daha iyi bilmekte idi. Nihayet sefir cenapları, bu kanunların mutlaka tatbiki ile imparatorluğun bir an evvel yıkılmasının kendilerine sağlayacağı menfaatlerden de bahsetmek gibi bir siyasi hafifliğe de düşmüştür. Gerçi, kendi devri için gizli kalacak olan bu mektubun, zamanla tarih huzuruna çıkarılacağını hesap etmediği anlaşılmaktadır. Nihayet sefir, İngiltere'nin büyük menfaatleri bakımından tavsiye ettiği dış tesirin, İngiltere'den yapılmasının çok daha uygun olacağını belirtmiş olmakla, İngiliz siyasetinin Osmanlı İmparatorluğu hakkındaki görüşlerini ortaya koymuş; Gülhane Hatt-ı Hümayunu ile onu takip eden diğer Garplılaşma hususundaki hatt-ı hümayunların tamamen İngiltere'nin tesiri altında ısdâr ve ilan ettirdiğini de zımnen kabul etmiştir.

Nitekim, sefir cenapları, bu hususta bütün kuvvet ve kudretini kullanmış; Âlî Paşa ve saray üzerindeki geniş nüfuzundan faydalanarak, 1839 yılında ilan ettirilen hatt-ı hümayunun, mana ve şümulüne uygun olarak 21 Şubat 1856 yılında, bütün yenilik hareketlerini behemehal tatbik etmek niyet ve azminde olduğunu bildirdiği bir fermanı Padişah Abdülmecid'e imzalatmıştı.

Osmanlı İmparatorluğu mukadder âkıbetine sürükleniyordu. Eğer ciddi şekilde işe müdahale edilecek olmazsa, devlet en kısa zamanda yok olacaktı; fakat Allah, devlet-i aliyyenin bir müddet daha ayakta kalması imkanlarını bahşetmiş ve Sultan Abdülmecid ve kendisini yanlış yollara sevkeden devletlülerin attığı yanlış adımları durduracak bir padişah Osmanlı tahtına çıkmıştı. Bu padişah Sultan Abdülaziz Han'dı.

SULTAN ABDÜLAZİZ HAN'IN TAHT'A ÇIKIŞI

SULTAN ABDÜLAZİZ HAN TAHT'A ÇIKIYOR

Sultan Abdülaziz Han, 9 Şubat 1829 tarihinde Pertevniyal Kadın Efendi'den dünyaya geldiği vakit, Rus harbi devam etmekteydi. Babası Sultan Mahmud, Rus harbi dolayısıyla bulunduğu Rami çiftliğinde iken, aldığı haberden pek mütehassis olmuş ve şehzadeye Abdülaziz adının verilmesini irade etmişti.

Gürbüz ve sıhhatli bir çocuk olan Abdülaziz Efendi, Sultan Mahmud sarayında, kendisinden yedi yaş büyük olan biraderi Abdülmecid ile beraber, evvelki Osmanlı şehzadelerinden daha serbest bir terbiye ile yetiştirildi.

II. Mahmud, gezecek bir yaşa geldiği vakit, Abdülaziz Efendi'yi de, büyük biraderi ile birlikte vükelâ yalılarına, konaklarına götürmeye başladı.

1251 yılı Muharrem'inin 3. Salı günü (1835) eşref saatte, Kağıthane sahasında, Abdülmecid ve Abdülaziz Efendilerin sünnet düğünü yapıldı. Abdülaziz Efendi aynı yerde okumaya da başlamıştı. Bu münasebetle düşürülen tarihte, "Bed' etti ilme meyledip şehzâdemiz Abdülaziz" deniliyordu...

Abdülaziz'in doğduğu ve yetişmeye başladığı yıllarda, Osmanlı İmparatorluğu Garplılaşma hareketleri içinde idi. Küçük şehzade, babasının sarayında Avrupa eşyası, yeni kıyafetler ve bazı yeni usuller görmüş, bu arada insan resmi yapan ressamlar da tanımıştı. II. Mahmud, yerli ve yabancı ressamlara kendi portreleriyle, çocuklarının resimlerini yaptırıyordu.

Babası öldüğü vakit henüz 10 yaşında bulunan Abdülaziz Efendi büyük biraderinin veliahtı oldu, yeni hükümdarın tesbit ettiği tayinat listesinde veliahta da, Valide Sultan'a olduğu gibi, günde iki francala, bir fodla ve üç simit veriliyordu.

Abdülaziz Efendi, diğer Osmanlı veliahtlarından farklı olarak serbest bir şekilde büyüdü, ayrı saraylarda oturmaktan, İstanbul içinde gezintilerden men edilmedi.

Seneler sonra genç ve gürbüz bir delikanlı olan veliahtın Kurbağalıdere'de köşkü, arabaları, kayıkları ve bir de vapuru vardı. Abdülaziz Efendi, halk arasında dolaşmaktan hoşlanıyor ve bu tenezzühlerinde pehlivan yapısı, mahir süvariliği ve sevimli tavırları ile dikkati çekiyordu.

Genç şehzade, ağabeyinin devrinde tahsiline devam etti, resmen musikiye istidadı olduğu görülüyordu. Bilhassa Abdülmecid devrinde İstanbul'da başlayan alafranga hayata rağmen efendi'nin an'anelere bağlı kalan hayat tarzı, eski usulleri tercih eden bir tarafı vardı.

Alaturka musikiyi, Türk âdetlerini, pehlivan güreşlerini seviyor, veliaht dairesinde, Kurbağalıdere köşkünde cins hayvanlar yetiştirmekten büyük bir zevk alıyordu.

Abdülmecid, küçük biraderinin serbest hayatına müdahale etmedi. Hatta, Abdülaziz Efendi'yi, İstanbul'u ziyarete gelen grandük Nikola ile de görüştürmüştü. Bu suretle, veliahtını bir yabancı misafire ilk çıkaran ve tanıştıran hükümdar kendisi oluyordu.

Abdülaziz Efendi'nin grandük ile yaptığı mülakatta tercümanlık hizmetini Fuad Paşa görmüştü. Veliaht, Prense "Efendimizin sayesinde sizinle görüştüğüme memnun oldum. Gerek size, gerek efendimize teşekkürlerimi ifadeden acizim" demişti.

Bu mülakattan sonra Padişah, Fuad Paşa'ya birkaç defalar 'Biraderi nasıl buldun?' diye sormuş, Paşa da mütemadiyen 'Anlaşılacak kadar görüşülmedi' cevabını vermiştir.

"Fuad Paşa veliahtı meth veya zemmetmenin tehlikeli olacağını hissederek kat'i bir kanaat izharından çekiniyordu. Abdülmecid 'Ben biraderimden hoşnudum' deyince, Fuad Paşa da 'Efendimizi hoşnut etmeyip de ne yapacak?! O da bizim gibi bir bendenizdir; fakat, teb'a-i aliyyeniz defterlerinin en başındadır. İşte bizimle fark odur' demişti."[10]

İşte, Sultan Abdülaziz'in kaderini tayin eden ve feci bir son ile katledilmek suretiyle ölümüne yol açan hadiseler zinciri buradan başlamaktadır; fakat Sultan Abdülaziz'in öldürülmesinde asıl sebebi teşkil eden husus, onun an'anelere sadâkati, tam bir Türk terbiyesiyle yetişmiş olması ve şeklî Garplılıktan, nefret edercesine tiksinmesidir.

Osmanlı İmparatorluk tahtında; Abdülmecid'in vefatından sonra, cihan hakimiyetine doğru akıl almaz bir cesaretle girişen Türk oğlu Türk soyundan gelme, gayyur, müdebbir ve celâdetli bir padişah olan Sultan Abdülaziz oturuyordu. Sultan Abdülaziz'in, daha şehzadeliğinden itibaren kendisini sıkı bir kontrol altına aldığı açıkça belli olan İngiliz sefiri Lord Stradford, şehzadenin şahsiyetinde tebellür eden şeklî Garplılık aleyhindeki fikirlerinden dolayı ciddi endişelere düşmüştü. Bu bakımdan, İngiliz imparatorluğunun Akdeniz ve dünya hakimiyetine gölge düşüreceğinden emin bulunduğu genç şehzade için birtakım tedbirler almak lüzumunu hissetmişti. Bu tedbirlerin başında ise, bi'l-vasıta ve hiç şüphelendirmeden padişahı şehzadesi aleyhine tahrik etmek geliyordu.

Sefir, Şark'ta geçirdiği kırk yıllık meslek hayatında, bu işlerin nasıl yapıldığını gayet iyi öğrenmişti. Ve bilhassa şunu öğrenmişti ki, padişahları harekete getirebilecek tek şey, tahtlarının elden gideceği endişesi idi. İngiliz sefiri, İngilizlerin dünya hakimiyeti için giriştikleri büyük hamlenin elde ettikleri cidden ehemmiyetli mevkiin tehlikeye girmesine göz yumamazdı. Bu, İngiliz dünya

---

10 *Sultan Aziz, Hususi, Siyasi Hayatı, Devri ve Ölümü*, Haluk Y. Şehsuvaroğlu, İstanbul, s. 1-3.

hakimiyetinin sonu demekti; zira dünyanın en stratejik bir mevkiinde bulunan ve dünyanın en büyük su yollarına hakim olan Osmanlı İmparatorluğu'nun, Sultan Abdülaziz gibi bir padişahın elinde yeniden eski şevketli ve kudretli tarihine dönmesi, İngiliz dünya hakimiyetinin sönmesi demek olduğu, herkesten daha derin şekilde İngiliz sefiri tarafından biliniyordu.

Bu sebeple, Abdülaziz daha taht'a geçmeden onu ifna etmenin yollarını aramaya başlamıştı. Bu husustaki ilk ciddi tedbiri, şeklî Garplılığın aleyhinde olduğunu bildiği şehzadeyi, padişahı yenilik hareketlerinin devamına sıkı sıkıya bağlamaya mecbur edecek bir yola sokarak bertaraf etmek şeklinde düşündü.

Padişahla her görüşmesinde, Garplılık hare! etinin durdurulmasının devletin yıkılması demek olduğunu telkinden geri kalmadı ve bu telkinlerinde cidden muvaffak oldu.

Harpten (Kırım Harbi) sonraki yıllarda Bâb-ı Âlî'nin dolapları, hükümetinin kendini yalnız bırakışı ve tek taraflı yazarların hücumları ve böyle taviz bilmez bir insanın, çevresinde yaratması kaçınılmaz düşmanlık hâlesine rağmen, yine bu yıllarda, yüzyılın başlarında, kimsenin aklına bile gelmeyecek bir gelişmeye şahit oldu.

"Garp ile Şark'ın, şimdiye kadar görülmedik bir derecede birbirine yanaşması(yla), müslüman ile hristiyan, Türk ile Frenk arasındaki *setler yıkılmaya yüz tutmuştu*. Yıl başında, daha sonraki değişmelerin müjdecisi olan bir hadise ile karşılaştı. Abdülmecid, kendisine bir yılbaşı tebriki göndermiş ve ekselans ile Tarabya'da ilk karşılaştıkları günleri hatırlatmıştı. İki yıl önce bir müslüman paşaya hamam haç'ı nişanı verilmemiş miydi? 1856'da İstanbul'da çok daha yeni ve ehemmiyetli bir merasim daha oldu. Lord Stradford, kraliçenin (Viktorya) temsilcisi olarak Abdülmecid'e dizbağı nişanını sundu.[11] Büyükelçi, dizbağı nişanını yüksek temsilcisinin huzuru ile sultana *dizbağı lordu* payesini verdi. Boynuna nişan

---

11 İngiliz imparatorluğuna en büyük hizmetleri yapanlara verilen nadir bir nişandır.

takarken, acaba sultan bu heybetli büyükelçinin neler dediğini biliyor mu idi? *Taeniam hane gestato, imagine Sancti Georgii Martyris et Militis Christi insignitam, cujus aemultione acceensus per adversos simliprosperoque casus.* Tercümesi ise şu idi: "Bir Sultan, İsa yolunda şehit düşen bir askeri örnek tutmayı kabul ettikten sonra, İslâm taassubunun asla ortadan kalkmayacağını iddia biraz gülünç düşmüyor muydu?"

Büyükelçinin gösterdiği gayretlerin boşuna olmadığı, Şark ile Garb'ın yakınlaşması ve dolayısıyla Şark'ın Garp eli ile kurtarılması umutlarının temelsiz olmadığını gösteren daha başka işaretler de oldu. Mesela, şu sahneyi bir düşünün...

Büyükelçi, maiyyeti ile birlikte, başı açık, Beyoğlu'ndaki büyükelçilik binasının önünde bir akşam bekliyor. Aylardan Şubat; yıl 1856. Başının üzerinde, renkli ampullerle yazılmış "Victoria" ve "Abdülmecid" ibareleri duruyor. Derken, İngiliz mızraklı atlıları, Abdülmecid Han'ı karşılamak üzere dış kapıya doğru seğirtiyorlar. Ortalarında sultanın arabası olduğu halde, geriye döndüklerinde, sultan eşiğe basınca, İngiliz donanmasının bataryalarına bağlı bir elektrik teli ile harekete geçen toplar, kırk pâre selam atışına başlıyor.

Öbür yanda saray bandosu, "God queen" marşını çalıyordu. Türkiye tarihinde ilk defa bir sultan, bir hristiyan elçisinin misafiri oluyordu. Lady Stradford bir kostümlü balo vermektedir ve sultan, huzurları ile bu baloyu şereflendirmektedir. İngiliz, Fransız, Sardunya subaylarının resmî üniformaları; Ermeni, İranlı, Kürt, Yunan, Türk büyüklerinin zengin elbiseleri, pırıl pırıl giyimleri yanında sönük kalıyor.

BİR YANDA RUM PATRİĞİ, BİR YANDA ERMENİ BAŞPİSKOPOSU ve HAHAMBAŞI

Abdülmecid, merdivenlerden binbir gece masallarından bir sahneye benzeyen ışıl ışıl salona girerken, kendini Harun Reşid sansa haklı idi. Sultan, ilk balosundan son derece memnun kaldı ve büyükelçi Sultan'ı elinden tutup İngiliz subaylarının arasından kendisi için hazırlanmış koltuğa götürürken orada hazır bulunanlar, en büyük müslüman hükümdarının öteden beri etrafını çeviren çemberlerin kırıldığını ve hristiyan ile müslümanın müsavi şartlar altında karşılaştıklarını gördüler.

Bunun bir yapıcısı varsa, o da büyükelçi Lord Stradford idi.[12]

İngiliz sefirinin, böyle bir netice istihsal ettikten, Osmanlı İmparatorluğu'nun harsını, içtimai yapısını allak bullak edecek kanunların tedviri imkanlarını ele geçirdikten sonra, elbetteki Sultan Abdülaziz'in bunları bir çırpıda yok etmesine müsaade edemezdi; zira bu işin ardında, İngiliz imparatorluğunun hayati ehemmiyetteki meseleleri yatıyordu ve bu hayati meseleler üzerinde İngiliz diplomasisi çok titizdi.

Nitekim, İngiliz büyükelçisi sir Stradford, 4 Eylül 1858 yılında, Küraçao zırhlısı ile İstanbul'dan ayrılmadan önce, Padişah Abdülmecid'i son defa ziyarete gittiği vakit, Gülhane Hatt-ı Hümayunu ile onu takip eden inkılap hatt-ı hümayunlarının tatbikini ısrarla istemişti.

İngiliz sefiri sir Stradford Rodckliff, İstanbul'dan ayrılmadan evvel, onca zafer ve çektiği çileye sahne olan yerleri gezdi, dolaştı. Pera'daki sarayda[13] son defa olarak oturdu. Sultan ile nâzırlarının kendisini haşmet ve debdebe ile karşılayışları, uzun yıllar süren gayretlerin sonunda baskıdan, sıkıdan kurtardığı binlerce kişinin gösterdiği sevgi, hemen,hemen bütün ömrünün geçtiği bu bildik yerleri dolaşma bile, bir daha dönmemek üzere gidişin acısını silemedi.

Bu acıyı artıran sebeplerin başında, Osmanlı İmparatorluğu'nda inkılap yapılması için açtığı savaşın sona ermesi geliyordu. Yerine gelecek meslektaşının, başladığı bütün işleri altüst edeceğini pek

---
[12] *Lord Stradford'un Türkiye Hatıraları*, Can Yücel, İstanbul, 1959, s.269-270.
[13] Şimdiki İngiliz konsolosluğu.

iyi biliyordu. Karşılaştığı, gördüğü itibar, saygı, bu son vazifenin acıklı yanını adeta artırıyordu.

Tophane'den on çifte kayığa kurulup Haliç'i geçerken bunları düşünüyor olmalıydı?

"Vezir-i azam Âlî Paşa kendisini kapıda karşıladı. Fransız taraftarı olduğu herkesçe bilinmesine rağmen büyükelçiye, Osmanlı İmparatorluğu'na yaptığı hizmetlerden söz açtı, başarılarını uzun uzun övdü. İhtiyar Lord Stradford, henüz toprağı taze mezarında yatmakta olan dostu Reşid Paşa'yı kim bilir nasıl hasretle anmıştı?"[14]

Elbette Reşid Paşa'yı hasretle anacaktı. Onu elbette takdir edecekti; zira iblisçe bir planla içtimai bünyeyi tamamen ters döndürmeye muvaffak olduğu Osmanlı İmparatorluğu'nda ondan daha sağlam bir müttefik bulamamıştı. Elbette hasretle anacaktı. Sefir bunu samimi olarak düşünmekte haklı idi; zira Mustafa Reşid Paşa'nın şahsında, Osmanlı İmparatorluğu'nu kundaklayan bir dost değil, aynı zamanda bir mason birader de kaybetmişti.

Büyükelçi, Sultan Abdülmecid ile son yaptığı görüşmede "Padişahın saltanatına şan veren inkılaplardan söz açarak, kendi yokluğunda bunların ihmale uğramayacağına inanmak istediğini belirtti. Sultan'ın cevabı gayet kısa idi. Büyük Britanya ile kendi memleketi arasındaki bağların sağlamlaşmasında büyük emeği geçmiş olan elçiyi tekrar görmekten duyduğu memnuniyeti belirtmiş, inkılaplara devam edileceğini söylemişti."[15]

İngiliz büyükelçisi, böylece Mustafa Reşid Paşa ile başladığı hareketi devam ettirmiş oluyordu.

Müsterih olarak memleketine gitmekte artık beis yoktu. Ektiği tohum yeşermiş ve meyva vermeye başlamıştı.

Sultan Abdülmecid, işte sir Stradford'un bu telkinleri neticesinde devama karar verdiği inkdap hareketleri karşısında

---
14 *Lord Stradford'un Türkiye Hatıraları*, s. 272.
15 *Stradford'un Türkiye Hatıraları*, Can Yücel, s. 273.

şehzadesinin durumunu yakından tedkik ve takip etmek lüzumunu duymuştu. Artık şehzade Abdülaziz, sarayın daimi kontrolü altında idi. Bu kontrole rağmen Şehzade, tutumundan hiçbir şey değişmeksizin yaşayışına devam ediyor, halk arasında dolaşıyor, her tabaka halk ile görüşüyordu. Şehzadenin halk'a yakın durumu, esasen kitle tarafından beğenilmeyen inkılaplar muvacehesinde, Abdülaziz Efendi'nin itibarını artırıyor ve onun sevilmesinde büyük rol oynuyordu.

Abdülaziz'in her geçen gün halk nazarında itibarının artması, Sultan Abdülmecid'in endişelerini de artırıyor, bu endişelere vükelânın tahrikleri de inzimâm edince, Padişah, tahtından olmak fikri etrafında düşüncelere kapılıyordu. Padişahı üzen bir diğer mesele de, şehzadenin şekilci Garplılık hareketlerinin karşısında bulunması ve bu hususu her yerde rahatça söyleyebilmesi idi.

İtiraf etmek lazımdır ki, şehzade Abdülaziz Efendi'nin, ağabeyinin gözünden düşürülmesinde gerek İngiliz sefiri sir Stradford'un, gerekse devleti idare eden Bâb-ı Alî vükelâsının tesiri büyük olmuştu.

Padişah, artık her gün veliaht hakkında muntazaman bilgi alıyor, veliaht dairesine yerleştirilen adamları vasıtasıyla bu malumat tevâlî edip gidiyordu. Nihayet, padişah o hale gelmişti ki, şehzade Abdülaziz Efendi'yi, şehzade Murad Efendi lehine şehzadelikten uzaklaştırmayı dahi düşünmeye başlamıştı. İngiliz sefirinin İstanbul'dan ayrılmasından bir müddet evvel kuvveden fiile çıkarılmasına karar verilen bu saltanat sırası değişikliği üzerine, İngiliz sefirinin malumatına müracaat edilmiş ve kendisinden şu cevap alındıktan sonra bu değişiklikten vazgeçilmişti:

İngiliz sefiri mesele hakkında vakt-i istimzâcta (şöyle demişti): "Bu suretle hakları alınacak şehzadeleri artık mahpus tutamazsınız, onlar da serbest gezerler, bu hadise karşısında ise, içlerinden saltanat iddiasında bulunacaklar çıkabilir; bu doğru değildir. Bu devletin büyük bir kuvveti ise kendisine muârız bir saltanat iddiasının olmamasıdır."[16]

İngiliz sefirinin bu sözleridir ki, padişahı da, vükelâyı da, taht statüsünde yapmayı düşündükleri değişiklikten vazgeçirmiş ve nâçar şehzade Abdülaziz Efendi'nin şehzadeliğini kabule mecbur bırakmıştı.

Böyle bir mütalaa alınmış ve bu tasavvurdan vazgeçilmiş olmasına rağmen, Sultan Abdülmecid'in endişeleri yatışmamıştı. Bu endişesini vehim ve telaş haline sokan bazı hadiselerde oluyordu. Bir gün, Aziz Efendi Beylerbeyi karakolu önünden geçerken, karakola atiyye olarak bir çıkın göndermiş, karakol zâbiti çıkını serasker Rüşdü Paşa'ya götürmüş, serasker de doğruca Abdülmecid'e takdim etmişti. Sultan Abdülmecid'in buna fena canı sıkıldı ve veliahta "Askere öyle az vermek yakışmaz, vereceksen böyle ziyadece atiyye ver!" diye bir kese altın göndermişti.

Arkasından, Reşid Paşa'yı çağırıp, "Ne dersin, bizim birader askeri celbe kıyam etmiş" diyerek geçen vakayı anlattı ve Abdülaziz Efendi'yi Trablusgarp valisi tayin etmek istediğini söyleyerek Reşid Paşa'nın re'yini sordu. Hayrette kalan Reşid Paşa "Bu pek nazik bir meseledir, düşüneyim arzederim" diye huzurdan çıktı.

Hayli düşünüp taşındıktan sonra, padişaha "Efendimiz, burada sâdık kullarınız var. Efendi'yi enzâr-ı hümayununuz altında tutmak kulunuzca evlâ görünüyor!" dedi. Padişah da, "Evet, ben de düşündüm, onu Arabistan'a göndermek iyi olmayacak!" cevabı ile evvelki fikrinden vazgeçtiğini bildirdi.

Mesele bu suretle kapandıktan ve aradan bir hayli zaman geçtikten sonra dahi Abdülmecid endişelerinden kurtulamamıştı. Bir gün, Damat Mehmed Ali Paşa'nın sadâretinde ona düşüncesini açarak, "Paşa, ben (Aziz) Efendi'den sıkılır oldum!" demiş. Mehmed Ali Paşa da, "Efendimiz, baş-mabeyinci çevik ve çabuk bir bendenizdir, benim de bir mutemet adamım var, onlara tebdîl-i câme ettiririz, gece çiftlikten gelirken vururlar" cevabını vermişti.

---

16 *Sultan Aziz, Hususi, Siyasi Hayatı, Devri ve Ölümü*, H. Y. Şehsuvaroğlu, s. 15.

Bu cevap, kandan nefret eden Abdülmecid'i hayrete ve korkuya düşürmüş ve padişah, bundan sonra Mehmed Ali Paşa'dan soğuyarak kendisine emniyet edemez olmuştu.

Diğer taraftan, veliaht hakkındaki şüpheler devam ediyor ve en ufak, en tabii hareketlerine çeşitli manalar veriliyordu.

Veliaht, İstanbul'da yaptığı atlı gezintilerden başka, emrine tahsis edilmiş Sâik-i Şâdî vapuru ile boğazda, Marmara'da dolaşır, bazan uzaklara doğru gitmesi padişahı telaşlandırırdı. Veliahtı bu deniz gezintilerinden vazgeçirmek için Sultan Mecid, Sâik-i Şâdî vapuru süvarisi Ahmed Vesim Bey'e (sonradan kaptan paşa olacak ve Sultan Abdülaziz'in hal'inde Hüseyin Avni Paşa'ya "Ben olsaydım bu işi sana yaptırmazdım" diyebilecek kadar Abdülaziz Han'a bağlı bir vatan-perverdir).

Gemiyi karaya oturtursa birader korkar, bir daha bu seyahatlere kalkışmaz! diye haber göndermişti.

Mesleğinde pek mâhir olan Ahmed Vesim Bey'in, acemi bir kaptan gibi gemiyi karaya oturtmak izzet-i nefsine dokunmuş ve nezâketle bu hususun erbâbına havâlesini istirham eylemişti.[17]

Veliaht Abdülaziz Efendi işte böylesine bir şahsiyetti. Onun için mesele tekti ve bir başka şekil kabul etmediğini de, taht'a cülus ettiği vakit takip ettiği siyasetle ortaya koymuştu. Veliahtın kafasını yorduğu mesele, imparatorluğun her gün biraz daha tebellür eden inhitâtına mani olmak; bu inhitatı durdurmak için de cedd-i ızâmının takip ettiği yolu takip etmekti.

Bu yol ise kuvvet ve kudrete dayanıyordu. Veliaht, kuvvet ve kudret sahibi olmadıkça dünya siyasetinde Osmanlı İmparatorluğu'nun eski şevketli devirlerine dönmesinin mümkün olmadığını kabul etmişti. Ayrıca, Sultan Abdülaziz, daha şehzadeliğinden itibaren herkesin kafasına soktuğu, örf ve âdetlerine bağlılık hususundaki titizliği ile de nasıl bir padişah olacağını çoktan etrafındakilere ihsas etmiş bulunuyordu.

---

17 *Sultan Aziz, Hususi, Siyasi Hayatı ve Ölümü*, Haluk Y. Şehsuvaroğlu.

Ne Mustafa Reşid Paşa'nın veliahtı gammazlaması, ne Sadrazam Mehmed Ali Paşa'nın, çiftlikten dönerken beynine sıkılacak bir kurşunla kârının itinâm edilmesi için padişah nezdinde yaptıkları çıkışlar, onu Türk kalmak hususundaki kararından çevirmemişti. Şüphesiz Abdülaziz, saf bir insan değildi. Bilakis fevkalade zeki, uzak görüşlü, haysiyet sahibi, gayyur bir insandı ve onun damarlarında dünyanın en asil kanı olan Osmanoğullarının kanı dolaşıyordu. Bu kan devletlülerin gammazladıkları gibi, onu bir taht için kardeş katili yapmayacak kadar asildir. Abdülmecid Han, devletlülerin ısrarı ile İngiliz sefiri sir Stradford'a veliahdını değiştirmek, böylece bir bâdireden kurtulmak için müracaat ettiği vakit, bizzat bu sefir tarafından da teyit edileceği gibi "Bu devletin büyük bir kuvveti ise, kendisine muârız bir saltanat iddiasının olmamasıdır" sözü ile de kaziyye-i muhkeme haline geliyordu.

İngiliz sefiri bu sözleri sarfetmiş olmasına rağmen, kendilerine bağlı ve sırf bu yüzden dolayı da İngiliz Ali Bey diye bilinen, Murad Efendi'nin tarafını iltizam eden adamlarından birisi, İngilizlerce tehlike olarak teşhis edilmiş bulunan veliaht Abdülaziz Efendi aleyhine taht sırasını değiştirmek maksadıyla teşebbüslere devam ediyordu. Bu hususta Haluk Y. Şehsuvaroğlu *Sultan Aziz* adlı kitabının 17. sahifesinde şöyle demektedir:

"Hatta, bu esnada baş-mabeynci Ahmed Bey, hariciye teşrifatçısı Kamil Bey ile beraber saray bahçesinde gezerlerken, İngiliz Ali Bey dahi hazır olduğu halde bu maddeyi açıkça (saltanat sırasının değiştirilmesi maddesi) Kamil Bey kendisine nasihat yollu, 'Sen böyle lakırdı söyleme, bu söz şeriata dokunur bir maddedir, büyük ihtilafı davet eder; bu parasızlığa dahi benzemez, ne sen bana bunu söylemiş ol, ne de ben dinlemiş olayım' diyerek lakırdıyı kesti."[18]

Bütün şer kuvvetleri adeta birleşmişler, veliaht Aziz Efendi'nin taht'a çıkmasını önlemek için elbirliği yapmışlardı; zira Bâb-ı Âlî devletlüleri ile devletin en yüksek makamlarını işgal eden kumandanlar, devlet-i aliyye emrinde çalışmış olmakla birlikte, yabancı

---
18 *Sultan Abdülaziz*, Haluk Y. Şehsuvaroğlu, s. 17.

sefâretlerle münasebetler kurmaktan çekinmiyorlar ve bu münasebetleri ile de adeta iftihar ediyorlardı. Bunlardan bir tanesi de Serasker Rıza Paşa idi. Halk arasında Fransız taraftarlığı ile şöhret yapmış bu serasker paşa, Murad Efendi'ye yakınlığı ile tanınmıştı. Bu yakınlık, halk arasında o vakit dolaşan rivayetlere göre, taht sırasında değişiklik yapılması için Fransız sefâretine müracaat etmesine de yol açmıştı.

Rıza Paşa bu müracaatını, biraderi Rıfat Efendi'nin Üsküdar'daki evinde yapılan gizli birkaç toplantıya katılmış bulunan Fransız sefâreti baş-tercümanına yaptığı yine halk arasında söylenmekte idi.

Bu hususların rivayet olması, birçok bakımdan mümkün değildi; zira bu devletlülerin İngiliz, Fransız ve Rus elçilikleri ile temas kurdukları ve salibin Osmanlı İmparatorluğu'nu tasfiye etmek için giriştiği teşebbüse yardımcı oldukları hususu da artık bir gerçektir. Midhat Paşa da, nefyedileceğini anladığı vakit Fransız sefâretine ilticâ etmemiş mi idi?

RUS SEFİRİNİN ENTRİKALARI

Mustafa Reşid Paşa, sadârete geçmek için büyük bir ihtişamla İstanbul'a gelen Rus sefiri Prens Mençikof'a, kendisini sadrazam nasbettirdiği takdirde emânât-ı mübareke işinin Rusya lehine halledileceğini temin ederek iktidara gelmemiş mi idi?[19] Sonunda devleti pek elîm bir harbin içine sokmamış mı idi? Kırım Harbi sonunda, Paris konferansında, bilhassa 7-8. maddelerin kabulünde onun tesiri olmamış mı idi? Bütün bu hakikatler önünde, Rıza Paşa'nın, veliahtlık sırasında değişiklik yapmak için Fransız sefâreti baş-tercümanı ile bu sefârete müracaat etmesi niçin rivayet olsun?

Veliaht Abdülaziz Efendi bütün bu hususlara vâkıftı; zira, taht'a cülus ettikten sonra, bu devletlülerden hemen hiçbirisine ehemmiyetli mevki vermediği ve geri hizmetlerde kullandığı da bir vâkıadır.

Veliaht Abdülaziz Efendi, devletliilerin ve paşaların giriştikleri bu taht değişikliği teşebbüslerinden hemen günü gününe haberdardı. Sadrazam Mehmed Ali Paşa da, mütemadiyen Efendi'ye haberler göndererek bu endişelerini artırıyor ve siyasetinin, kendisini taht'a çıkarmak olduğu hususunda teminat vermekle beraber, Rıza Paşa aleyhinde telkinlerde bulunuyordu. Mehmed Ali Paşa, adeta veliaht hakkında Padişah'a söylediği suikasti unutturmak istiyor gibi idi.

Veliaht Aziz Efendi cidden telaşlanmıştı. Bilhassa, Serasker Rıza Paşa'nın Fransızlarla temasını hoş karşılamamış ve işi

---
19 Hariciye nâzırı Rıfat Paşa'nın neşredilmemiş notlarından.

tahkik etmek lüzumunu duymakla beraber, bir defa da bizzat Rıza Paşa'dan sordurmak istemişti. El altından, bir adamı ile Rıza Paşa'dan keyfiyeti sordurunca, telaşa düşen Rıza Paşa:

"Biraderleri nasıl efendi-zâdem ise, onlar dahi öyledir, ona nasıl hulûs ve sadâkatim varsa, kendilerine hulûs ve sadâkatim dahi ol mertebedir. Bu hatıra gelir şey değildir; fakat, mademki ilkaât ile zihinleri dolmuş, benim sözümü doğru diye dinlemesinler; lâkin, rica ederim, o ilkaâta dahi sahih nazarı ile bakmasınlar. İkisi ortası bir itikatta bulunarak bu maddeyi tahkik buyursunlar"[20] diye haber göndermişti.

Veliaht Aziz Efendi bu cevaptan da kâni olmamış ve şehzadeler muallimi Kemal Efendi'den durumu sormuş ve Kemal Efendi, suret-i kat'iyyede hiç kimsenin taht sırasında herhangi bir değişiklik yapmaya muktedir olmadığını, yakında da tahta câlis olacağını şehzadeye temin etmişti.

---

20 *Sultan Aziz*, Haluk Y. Şehsuvaroğlu, s. 19.

ABDÜLAZİZ DÖNEMİNDE MÜLKÎ, ASKERÎ, FİKRÎ ISLAHAT ve ATILIMLAR

ABDÜLAZİZ'İN TAHT'A CÜLUSU

İngiliz, Fransız sefâretlerinin gizliden gizliye yaptıkları teşebbüsler bir netice vermemiş ve Sultan Abdülmecid vefat ettikten sonra, 1861 yılında şehzade Aziz Efendi, Sultan Abdülaziz olarak taht'a cülus etmişti.

Osmanlı İmparatorluğu'nun kaderi değişmeye başlamıştı. Her tavrı, her hali ile ceddine benzeyen Sultan Abdülaziz, devleti kuvvetlendirmek, kuvvetli bir ordu yanında, kudretli bir donanma yapmak, böylece, devletin etrafında dolaşan tehlikeleri bertaraf ederek, Avrupa'nın *hasta adamı*nı iyileştirmek için ciddi teşebbüslere girişti.

SULTAN ABDÜLAZİZ ve TEKNİK İHTİLAL

Osmanlı Devleti hakikaten değişti. Kudretli bir donanma ve büyük bir ordu meydana getirdi. Sultan Abdülaziz Han'ın bu hususta gösterdiği himmet ve gayretle büyük vatanperverlik her türlü methin dışındadır; zira şehit sultanın taht'a geçtiği yıllar, Avrupa'da tekniğin büyük bir süratle değiştiği ve bu sahada ihtilal yaratıldığı yıllardır. Avrupa'nın yaptığı ihtilali dikkatle takip etmiş olan Sultan Abdülaziz, ihtilalin meydana getirdiği teknik ilerlemeyi aynen kabul etmekte tereddüt etmemiş ve devlete eski kudret ve şevketini iade ettirmek hususunda her fedakârlığı ihtiyâr etmişti

Sultan Abdülaziz, Kırım Harbinde kullanılan yelkenli harp gemilerinin, yerlerini, buharla müteharrik kalın saç teknelere terkettikleri bir devrede saltanata cülus etmişti.

İngiltere, Fransa, Rusya, Kırım Harbi'nin meydana getirdiği bu teknik yeniliği, imkanlarının azamisi nisbetinde tahakkuk safhasına çıkarmak gayreti içine girmişlerdi. Artık yelkenli gemiler tarihe karışıyordu. Denizcilikte yepyeni bir devir açılıyor ve Kırım Harbi'ni takip eden 25 sene içerisinde harp gemileri saçtan da vazgeçerek zırhlı teknelere inkılap ediyordu.

Bilindiği gibi, yelkenle müteharrik tekneler son derece ağır ve manevra kabiliyetinden mahrumdu. Bu, bir deniz kuvveti için başlı başına bir mahzur telakki edilmekte idi. Buhar kuvvetinin önce nakliye vapurlarına, Kırım Harbi sırasında da birkaç harp gemisine tatbik edilmesi müsbet netice vermiş ve bu harp ve nakliye gemilerinin üstün manevra kabiliyetleri ile süratleri, buharla müteharrik donanmalar inşasına devletleri adeta mecbur etmişti.

Avrupa ve dünya mücadelesinde başa güreşen İngiltere, Fransa ve Rusya, bu durum karşısında, vakit geçirmeden donanmalarını buharla müteharrik gemilerle yenileştirmeye başlamışlardı ve bunda da çok ileriye gitmişlerdi. Üç kıtaya yayılmış bulunan Osmanlı İmparatorluğu'nun başında bulunan Sultan Aziz İngiltere, Fransa ve Rusya'nın giriştikleri bu hamleyi pek yakından takip etmişti.

Sultan Abdülaziz, dünyanın hemen hemen en büyük imparatorluğu olan Osmanlı İmparatorluğu'nu muhafaza edebilmek ve devlete eski kudret ve şevketini iade ettirmek için bu mücadeleye girişmenin lüzumuna kafiyyen inanmış ve bu vadide çok büyük hamleler yapmıştı. Sultan Abdülaziz ayrıca, birliğini temin etmiş bulunan Almanya'nın kara ordusu bakımından giriştiği büyük hamleleri de takip etmekte idi. Sultan Abdülaziz, kudretli bir ordu ve donanma kurmaya karar vermişti. Bundan hiçbir suretle feragat etmesi bahis mevzuu olmamıştır; zira devr-i saltanatı içinde giriştiği hamlelerle meydana getirdiği kudretli ordu ve donanma ile, dünya hakimiyetinde Fransa ve Rusya'dan çok ileride bulunan,

İngiliz menfaatleri ile çatışmasına, dolayısıyla tahtından edilmesine ve öldürülmesine yol açan hadiselerle karşılaşmıştı.

Bizim tarihçilerimizin asla nazar-ı dikkate almak istemedikleri veya almadıkları nokta buradadır ve bu nokta Sultan Abdülaziz'in katline yol açan tek sebeptir; zira Sultan Abdülaziz Han, bu noktada İngiliz cihan hakimiyeti ile çatışmış, meydana getirdiği donanma ile İngiliz donanmasına denk bir kuvvet elde etmiş, yeniden kurduğu ve teşkilatlandırdığı 187 bin kişilik dünyanın en modern ordusu ile Rusya'yı da, Fransa'yı da, hatta tahtından indirip öldürülmemiş olsaydı, İngiltere'yi de dize getirmesi işten bile olmayacak bir kuvvet ve kudret iktisap etmişti. Ne çare ki, tıpkı ağabeyi Sultan Abdülmecid gibi, kendisinin de karşısına Bâb-ı Alî'nin devletlüleri dikilmiş; devlete de, Türklüğe de, Müslümanlığa da ihanet etmiş ve koskoca bir imparatorluğu izmihlale sürüklemişlerdi.

İngilizler, Sultan Abdülaziz'in her hareketini, tıpkı kendisi onların her hareketini takip ettiği gibi takip ediyorlar ve Sultanın şahsında dünya hakimiyetlerinin çöküşünü görür gibi oluyorlardı. Kudretli bir donanma ve orduya sahip, dünyanın bütün geçit yollarını ve kilit noktalarını elinde bulunduran bir Osmanlı İmparatorluğu, elbetteki İngilizlerin cihan hakimiyetine son verecek ve eski kudret ve kuvvetini elde edecekti. İngiltere ile birlikte bütün salîbiyyûn, Sultan Abdülaziz'in şahsında beliren bu büyük tehlike karşısında Osmanlı İmparatorluğu'na yüklenmek, onu tasfiye etmek yolunda tekrar birleştiler. Paris sulh anlaşmasında derpiş edilen ve Osmanlı İmparatorluğu'nun tamâmiyet-i mülkiyesini tekeffül eden maddeyi tatbik etmemelerinin sebebi işte budur.

DONANMA ve ORDU KURULUYOR

Şimdi, Sultan Abdüiaziz'in bu kudretli ordu ve donanmayı meydana getirmek için sarfettiği gayretlerin nasıl başladığını izaha mecburuz. Bu hususta, Ahmed Midhat Efendi *Üss-i İnkılab* adlı eserinde şöyle diyor:

"Kırım muharebesinde örselenmiş ve hırpalanmış olan ordu ve bahriyemizin tamamıyla ıslahı hususuna Abdülmecid Han devrinin sonlarında fevkalade bir ehemmiyet verilmişti. Bu cihetle, bu ıslahatın ve bilhassa silah tekniği ve askerî sahada meydana gelen değişikliklerin Sultan Abdülaziz Han devrine kaldığını arzetmiştik. Sultan Abdülaziz Han, askerliği sever ve her türlü harp silahlarına ziyadesiyle heves eden şecaatperver bir padişahtı. Cülus-ı hümayunlarını takiben en büyük gayret ve himmet-i şahanelerini askerlik sahasındaki terakkiyata hasrettiler. Önce memleketin her tarafından getirttiği askerlerle bir hassa alayı kurdular. Mahallî kıyafetleri içindeki bu hassa alayı, görülecek şeydi. Ordunun kıyafetini de değiştiren padişah, yeni ordu kıyafeti olarak pantolon, mintan ve festen ibaret bir kıyafeti kabul etmiş ve orduda kıyafet bahsinde bir tesânüt meydana getirmişti. Böylece ordu, o zamana kadar devam edegelen başıbozuk sıfatından kurtarılmıştır. Böylece, askere daha çevik ve çâlâk olmak bakımından pantolon, mintan, setre giydirilmiştir. Elbise değişikliğine, çevikliği ve çâlâklığı elde etmek için gitmenin zaruretine inanmış olan padişah, eski kıyafetlerle askerin hareket kabiliyetini kaybettiğini de bilmekte idi. Cennet-mekan Sultan Abdülaziz Han, ordudaki bu değişikliği Fransızların zuhaf alaylarının kıyafetlerini nazar-ı dikkate alarak yapmış bulunmakta idi. Sultan Abdülaziz Han, en büyük gayretlerini, ordunun silahlarının değiştirilmesinde gösterdiler. Bilindiği gibi, Osmanlı İmparatorluğu da, diğer devletler gibi, ordusunu önce çakmaklı kaval tüfeklerle teçhiz etmişti. Avrupa'da tüfeklerde yapılan değişiklik, yağmurlu ve karlı havalarda yanmayan çakmak ve fitillerden dolayı âtıl kalan askerlerin ellerine, yağmur kar dinlemeden her havada ateş edebilen tüfeklerin verilişi, zamanın en büyük icadı sayılsa yeridir; zira bu tüfekler hem eskilere göre daha uzun menzilli idi, hem de aldatmak bahsinde evvelkilerle mukayese edilemeyecek kadar mükemmel idi. İşte, yeni tüfeklerin keşfi Sultan Abdülaziz Han'ın taht'a cülusu sıralarına tesadüf etmişti. Sultan Abdülaziz derhal ordunun silahlarını bu yeni silahla değiştirmiş ve ordunun ateş gücünü artırmıştı. Silah tekniğinde keşfiyat bununla da kalmamış, kısa bir müddet sonra mil'li ve yivli şeş-haneler icat edilmişti. Şeşhanelerin icadından evvel, kaval tüfeklerin üç-dörtyüz adım gidebilen yuvarlak kurşunları, yeni tüfeklerle 2.000 adıma kadar sürüldüğü görülünce, iki ordu arasındaki muharebelerin en azından 1.500 adımdan yapılacağı nokta-i nazarı, askeri otoritelerin nazar-ı dikkatini celbetti."

Bu izahatı verdikten sonra anlaşılıyor ki, geçen Kırım Harbinde kullanılan tüfeklerin büyük ekseriyeti kapsüllü kavaldan ibaretti. Ayrıca, bir miktar kaval tüfek kullanılmış, bahse değmeyecek kadar da seşhane istimal edilmişti.

İşte asrın en mükemmel harp silahları bunlardı.

Sultan Abdülaziz Han, taht'a çıkar çıkmaz, derhal seşhane tüfeklerinin kullanılmasını irade etmiş, bunun için de Avrupa'dan silah satın alınmış, elde mevcut kaval tüfeklerin hemen hepsi tophane-i âmire dairesi emrinde bulunan fabrikalarda şeşhaneli tüfek haline sokulmuştu. Osmanlı ordusu bu tüfeklerle teçhiz edildiği sıralarda idi ki, kuyruktan tüfekler daha evvelce icat edilmişti; fakat bu tüfeklere daha çok tuhaf bir nazarla bakılmış ve harp kabiliyeti olacağı hatıra getirilmemiş ve ordularda kullanılmamıştı.

Bu tüfeklerin ilk defa olarak ordularda kullanılması 1864 Miladi yılında, yani 1283 yılında Avusturya ile Rusya devletlerinin açtıkları harpte görülmüştü. Rusya askerlerinin *iğneli* tabir edilen bu tüfeklerle dakikada 15 ilâ 20 mermi atabilmeleri ve bu sebeple, Avusturyalılara büyük zayiat verdirmeleri, dünyanın bütün askeri ve siyasi rüesâsının aklını adeta başından almıştı. Her yeni icatta olduğu gibi, Rusyalıların bu iğneli tüfeklerinin de işe yaramadığını iddia etmelerine rağmen, askerî mütehassıslar silahın değerini mecburen kabul ettiler. Böylece iğneli ve dakikada 15 ilâ 20 mermi atabilen tüfekleri ordularına soktular.

İşte, Abdülaziz Han Hazretleri'nin en büyük himmeti bu zaman görüldü; zira padişah, askerin teslihâtını her şeyin üstünde tuttu. Martini, Vinçestir Hanri ve diğer nev'ilerine tercih ederek beş-altıyüz bin kadarını sipariş ederek orduyu bu modern silahlarla teçhiz etti.

Harp silahlarındaki terakki(nin) sadece tüfeklere inhisar etmeyeceği pek tabii idi. Tabancalar ve toplar da o nisbette ıslah ve ikmal edilmişti. Önce ıslah ve ikmal edilmiş olan tabancalara, bu silahın mucidi olan Rovelver'in adı verilmişti.

Sultan Abdülaziz, piyade askeri için, muhtelif silah yerine süngülü tek silah verilmesini, o güne kadar kendilerini yalnız kılıç ile müdafaa eden subaylara birer tabanca verilmesini ve süvari birliklerine de kuburluk yerine tabanca verilmesini irade etmiş, böylece ordunun vurucu gücünü artırmıştı.

Vinçestir tipinde olan ve kısa filintalara benzeyen tüfekler süvari birlikleri için pek ziyade münasip olduğundan, bu birliklere ayrıca birer filinta verilmesini irade etmiş olan Sultan Abdülaziz Han, böylece ordunun vurucu kudretini dünyanın en üstün kudreti haline getirmiş oluyordu.

Toplara gelince, bu silah da, tüfekler gibi arkadan dolma şeklinde birçok modellere sahipti; fakat Almanyalı Krup'un icadı olan, devrine göre seri ateşli toplar Avrupa devletleri tarafından ordularına alınmış, böylece Osmanlı Padişahı da Almanya'ya verdiği büyük bir sipariş ile ordunun sahra bataryalarını kâmilen bu toplardan meydana getirmişti.

Bundan ayrı olarak Karadeniz, Çanakkale boğazları ile Kars, Erzurum ve Tuna'daki müstahkem mevkiler de Krup toplarının muhtelif çaptaki büyük topları ile donanmıştı.

Saltanat-ı seniyye-i Osmâniye, kara ordusunda yaptığı bu silah değişikliği ile zamanın icaplarına uymakta asla ihmal göstermemiş olduğu gibi, donanma bahsinde de fevkalade büyük gayret sarfetmişti.

KUDRETLİ DONANMA DOĞUYOR

Osmanlı Sultanı, harp gemilerinde pek yakın bir zaman içinde meydana gelen çok büyük ihtira'ları da ciddi bir şekilde takip etmişti. Harp gemilerinde görülen bu büyük tebeddülât da Sultan Abdülaziz Han devrine isabet etmiş ve hâkân-ı müşâru'n-ileyh donanma bahsinde dahi büyük hizmetlerini esirgememişlerdi.

Donanmalarda meydana gelen büyük tebeddülât, harp gemilerinin ahşap teknelerinden zırhlı teknelere ircâı şeklinde olmuştur. Devrin askerî mütehassısları, zırhlı harp gemilerinin küçük bir müsâdeme vukuunda, tonajlarının fazlalığı hasebiyle yalnız biraz fazla sarsılmak veyahut bir tarafı delinmekle kalmayarak, böyle bir müsâdemede derhal batacaklarını iddia etmişlerdi. Bu mütehassısları teyit eden bir de hadise cereyan etmişti. 1866 yılında Avusturya ile Prusya arasında meydana gelen harpte, Prusya'nın müttefiki olan İtalyanların Viktor Emanuel adlı zırhlı gemileri, Avusturya donanması ile harp ederken, büyük bir Avusturya kalyonunun hücumuna uğramış, kalyonun mahmuzu ile de derhal batmıştı; fakat bu hadise mütehassısların görüşünü tevsik etmiş olmasına rağmen devletleri, donanmalarını zırhlı gemilerle yeniden inşa etmekten alıkoymamış, bilakis onları daha da süratli bir tempo ile gemilerini değiştirmeye sevketmişti.

Zırhlı harp gemilerinin en büyük ve tesirli top mermilerine mukâvemet edebilmesi hususunda gözle görülen netice, o devir için şâyân-ı ehemmiyet idi; fakat sonradan icat edilen ve adına *torpil* denilen deniz lağımları, zırhlı gemilerin dar boğazlardan geçmelerine ve karaya sokulmalarına mani olmuştu. Nitekim, 1870-71 Alman-Fransız harbinde, Fransız zırhlı filosu, Almanya'nın Baltık limanlarına taarruz etmek istemiş; fakat Almanlar bu limanlara torpil döktükleri için yanaşamamıştı.

Devleti aliyye-i seniyye, donanmalarda meydana gelen bu tebeddülâtı değerlendirmiş ve ahşap teknelerden ibaret olan bu donanmayı, sipariş verdiği yirmibeş kadar zırhlı gemi ile yeniden ihyâ etmiş, böylece Osmanlı donanması, dünyanın sayılı ve birinci derecede harp kudreti olan bir kuvveti haline gelmişti. Bu hususta ne kadar teşekkür edilse azdır.

Ordu ve donanmanın en son silahlar ve zırhlı gemilerle techiz edilerek ateş kudretinin fevkalade yükseltilmesi; devletin şânına uygun bir kudret ve kuvvet haline getirilmesi ne kadar şâyân-ı takdir ise, bununla birlikte girişilen hamleler, Osmanlı İmparatorluğu için daha da büyük bir muvaffakiyettir; zira ateş gücünün yeni silahlarla artırılması yoluna giren bütün Avrupa düvel-i muazzaması, bu silahları kendi memleketlerinde yapmaktan aciz idiler; zira bu memleketlerde, bu silahları yapabilecek fabrikalar açılmamıştı. Ancak bunlardan pek azı, yeni silahları imal edebilecek fabrikalar açmaya teşebbüs etmişlerdi. İşte, bu işe teşebbüs eden devletler arasında Osmanlı İmparatorluğu da vardı. Sultan Abdülaziz Han saltanat-ı seniyyeye uygun bir siyaset takip etmiş, emsâlinde görüldüğü gibi, kendi şânına ve ihtiyacına cevap verecek nisbetten aşağı kalmamak üzere silah fabrikaları kurmaya ve mevcutları ıslaha muvaffak olmuştu.

Başlangıcı Sultan Mahmud devrine dayanan ve kemal derecesini Sultan Abdülmecid Han devrinde bulan tophane-i âmiremiz, pirinçten mamul top ve havan ve diğer silahların fabrikalarından birisi haline gelmişti; fakat Sultan Abdülaziz Han devrinde silah tekniğinde meydana gelen büyük ihtilal, bu fabrikaların şöhretlerini bir müddet için gölgelemişti; lâkin Sultan Abdülaziz Han'ın himmeti ile mezkur fabrikalar yeniden inşa edilmişçesine baştan başa tadil edilmiş ve zamanın fen ve tekniğine uygun olarak inşa edilmişlerdi. Bu fabrikaların eski halini bilenler, şayet şimdi gidip görürlerse, mümkün değil bu fabrikalar eski fabrikalardır diyemezler, hayrette kalırlar.

Bu fabrikalarda eski şeşhaneleri Şnayder tipine uygun olarak tahvil ve yeniden kuyruktan dolma tüfekler ikmalinden, en mükemmel Krupp toplarına varıncaya kadar her nevi yeni silah imal etmek için lüzumlu makine ve aletler sipariş edilmiş ve fabrikalara yerleştirilmişti. Bilhassa topçulukta, eski yuvarlak mermiler yerine, şimdiki mermiler gibi mermiler de imal edilmiş ve cidden akıllara durgunluk verecek olan makineler tamamen temin edilmişti.

Tophane-i âmireye bağlı bulunan bu fabrikalarda, büyük bir imparatorluğun ihtiyaçlarını tamamen karşılayabilecek imalatı hem de fazlasıyla kuvveden fiile çıkarılmıştı. Bu fabrikaların kuruluşunda tophâne-i âmire müşiri (mareşal) Halil Paşa merhumun hizmeti hiçbir zaman unutulmayacaktır.

Bilhassa, zırhlı gemi inşası için kurulmuş olan tezgahlar ve bu tezgahlarda inşa edilen gemilerin bütün ihtiyaçlarını karşılayacak olan fabrikalar, tüfek ve top imal eden fabrikalarla mukayese edil(e)meyecek kadar mükemmel ve kudretli idi. Bu fabrikalar ve gemi tezgahları Avrupa'da bile kaç devlete veyahut ehemmiyet ve cesâmetçe birer devlet demek olan büyük kumpanyalara (tröstleri veya kartelleri kastediyor) mahsus olabildiği halde, saltanat-ı seniyye-i Osmaniye, devletin teâlîsi için bu hususta da geri kalmamış ve her fedakârlığı ihtiyâr etmişti.

Binaenaleyh, tophane-i âmiremiz gibi, tersane-i âmirelerimiz de halen dünyada bahrî sanayide en ileri bulunan devletler tersaneleri ile boy ölçüşecek kadar mükemmeldir. Bu tersanelerde, en küçük gemilerden, en cesîm zırhlılara kadar her türlü sefâin inşa edilmekte idi. Tersanelerde mütehassıs olarak çalışanlar İngiltere ve Belçika'dan getirilmişler; fakat kısa bir müddet sonra tersane-i âmire tamamen Türk işçi ve mütehassısların ellerine terkedilmiştir. Böylece, bu işte Avrupa'dan asla geri kalmadığımızı da ortaya koymuştuk.

Tersane-i âmirenin gerek inşasında ve gerek tersanenin gemi inşası işinde sebkat etmiş hizmetleri ile bir aralık Bahriye Nezâretimde bulunmuş olan merhum Halil Paşa fevkalade temâyüz etmiş gayyur bir vezirdi.

İşte, Osmanlı İmparatorluğu Sultan Abdülaziz devrinde bu derece kudretli bir devlet olmuş; imparatorluğu korumak ve bu imparatorluğa eski kudret ve şevketini iade etmek için Abdülaziz Han merhum, bu derece büyük bir gayret sarfetmişti; fakat bu gayreti milletçe takdir edildiği halde, birtakım ciddi ihanetlere uğramış bulunan devlet, maalesef Sultan Abdülaziz Han'ın bu dirayetli ve vatanperver hareketlerinin şahsında idama mahkum edilmişti. Şimdi beynelmilel siyaset cambazları, Osmanlı İmparatorluğu'nun boynuna geçirecekleri kemendi yağlamaya başlamışlardı. Bu kement, yakın bir gelecekte de bu muhteşem imparatorluğun boynuna geçirilecek ve yağlı ip hain devletlülere çektirilecekti. Osmanlı İmparatorluğu'nun yağlı kemendini çekecek olan bu devletlüler ise, daha evvelce tesbit edilmiş, planlı bir şekilde ihanetleri üzerinde çalışılmaya başlamıştı. Bu devletlüler içinde milletin ve devletin ekmeği ile perverde olanlar, ikbal sahibi bulunanlar, paşalar, valiler, sadrazamlar, Harbiye nâzırları, Bahriye nâzırları, mektep müdürleri, siyasiler ve daha niceleri vardır.

Sultan Abdülaziz Han, devleti kuvvetlendirmek ve yükseltmek, böylece eski kuvvet ve şevketini iade etmek için giriştiğini yukarıda izah ettiğimiz müesseselerin en modern şekilde ihyâsından sonra, bu eserlerden meyvalar derlemeye başlamıştı.

Tersanelerimiz harıl harıl harp gemisi ve vapurlar inşa ederlerken, top ve tüfek fabrikaları da durmadan harp imalatı yaparak ordunun harp gücünü artırıyorlar, orduyu en modern silahlarla teçhiz ediyorlardı.

Sultan Abdülaziz, taht'a çıktığı 1861 yılında, tamamen ahşap ve birkaç tanesi buharla müteharrik kırık dökük bir donanma devralmış ve derhal donanmayı yenilemek ve kudretli bir armada meydana getirmek için sarfettiği gayretler sonunda cidden düvel-i muazzama için korkulu bir harp gücü meydana getirmişti.

1864 ilâ 1875 yılları arasında yeniden bir donanma meydana getirilmişti. Bu donanmanın kuvvet ve kudreti hakkında, Fevzi Kurdoğlu, *1877-1878 Türk-Rus Harbinde Deniz Hareketleri* adlı kitabında şu malumatı vermektedir:

"Aziziye fırkateyni 4.221 ton ve 900 beygir gücünde makinelerle teçhiz edilmiş küçüklü-büyüklü toplu, İngiltere'de 1281/1864 yılında inşa edilmiştir. MesYıdiye, 5.349 tonluk, 1292/1875 yılında İngiltere'de inşa edilmiş, ondört toplu Mahmudiye, bu gemi İngiltere'de inşa edilirken Rus harbi başlamış ve harpten sonra, gemi, alınmaktan sarf-ı nazar edilmişti. Osmâniye, 1864 yılında İngiltere'de inşa edilmiş 4.221 tonluk ve 900 beygir gücünde makinelerle teçhiz edilmiştir, onaltı topludur. Orhânive, İngiltere'de 1864 yılında inşa edilmiş, 4.221 tonluk ve 900 beygir gücü makinelerle teçhiz edilmiştir, onaltı topludur. Mahmûdiye, 1864 yılında İngiltere'de inşa edilmiş, 4.221 tonluk 900 beygir gücünde makinelerle teçhiz edilmiş, onaltı topludur. Nusretiye (sonraki adı Hamidiye), İstanbul tersanesinde 1868 yılında inşa edilmiş, 4.167 tonluk, oniki toplu ve 800 beygir gücünde makinelerle teçhiz edilmiştir. Âsâr-ı Tevfîk, Fransa'da 1868 yılında inşa edilmiş, 3.143 tonluk, sekiz toplu ve 750 beygir gücünde makinelerle teçhiz edilmiştir. Fevziye korveti, İstanbul tersanesinde inşa edilmiştir. Mukaddime-i Hayr, İstanbul tersanesinde 1872 yılında inşa edilmiş, 1.601 tonluk, dört toplu ve 500 beygir gücünde makinelerle teçhiz edilmiştir. Feth-i Bülend, İngiltere'de 1869 yılında inşa edilmiş, 1.601 tonluk, dört toplu ve 500 beygir gücünde makinelerle teçhiz edilmiştir. Avnullah, İngiltere'de 1868 yılında inşa edilmiş, 1.399 tonluk, dört toplu ve 400 beygir gücünde makinelerle teçhiz edilmiştir. Muîn-i Zafer, İngiltere'de 1868 yılında inşa edilmiştir ve Avnullah ile aynı sınıftandır. İclâliye, Triyeste'de 1870 yılında inşa edilmiş, 1.650 tonluk, beş toplu ve 300 beygir gücünde makinelerle teçhiz edilmiştir. Necm-i Şevket, aynı tarihte Fransa'da inşa edilmiştir ve İclâliye sınıfının aynıdır. Asâr-ı Şevket, 1864 yılında Fransa'da inşa edilmiştir, İclâliye sınıfına mensuptur. Hıfzu'r-Rahmân sınıfına mensuptur. Pertev-i Piyâle maiyyet vapuru, 1865 yılında İngiltere'de inşa edilmiştir. Rodos maiyyet vapuru, 1874 yılında tersanede inşa edilmiştir..."

Yukarıda adları geçen Pertev-i Piyale ile Rodos vapurlarından gayrisi korvet sınıfı harp gemileridir.

OSMANLI TUNA ZIRHLI FİLOSU

Seyfi ve Hizber dubaları 1875 yılında tersanede inşa edilmişlerdir; iki toplu, 512 tonluk, 100 beygir gücü makinelerle teçhiz edilmişlerdir.

Fethü'l-İslâm, Semender, İşkodra, Böğürtlen ve Prodgoriça 1864 yılında Fransa'da inşa edilmişlerdir, aynı sınıfa mensupturlar; ikişer toplu, 408 tonluk ve 80 beygir gücünde makinelerle teçhiz edilmişlerdir.

Gerek Tuna filosu, gerekse yukarıda ilk fasılda adları geçen harp gemileri zırhlı teknelerdir.

Buharla müteharrik Osmanlı filosu: Kosova 1858 yılında tersanede inşa edilmiş 3.538 tonluk ve 62 librelik, 34 ve 45 librelik 32'lik cem'an (toplam) 66 toplu ve 700 beygir gücünde, makinelerle mücehhez olup 66 topludur ve ahşap teknedir. İkincisi, İzmit tersanesinde 1857 yılında inşa edilmiştir. 3.380 tonluk, 600 beygir gücünde makinelerle müteharrik ahşap ve 62 topludur. Peyk-i Zafer, Sinop tersanesinde 1865 yılında inşa edilmiştir, 3.125 tonluk ahşap, 600 beygir gücü makinelerle mücehhez ve 62 topludur. Bu gemiler aynı zamanda yelkenle de teçhiz edilmişlerdir.

Ahşap fırkateyn uskurlu gemiler: Selimiye, 1865 yılında İstanbul tersanesinde inşa edilmiştir, 4.717 tonluk, 600 beygir gücünde makinelerle mücehhez, 54 topludur. Ertuğrul, İstanbul tersanesinde 1863 yılında inşa edilmiştir, 2.344 tonluk, 600 beygir gücünde makinelerle mücehhez, 40 topludur. Nasru'l-Azîz, Gemlik tersanesinde 1861 yılında inşa edilmiştir. 2.344 tonluk, 600 beygir gücünde makinelerle mücehhez, 40 topludur. Nasru'l-Azîz, Gemlik tersanesinde 1861 yılında inşa edilmiştir, 2.897 tonluk, 600 beygir gücünde makinelerle mücehhezdir ve 40 topludur. Hüdâvendigâr, İzmit tersanesinde 1860 yılında inşa edilmiştir. 2.897 tonluk, 600 beygir gücünde makinelerle teçhiz edilmiştir, 40 topludur. Muhbir-i Sürûr, İskenderiye tersanesinde 1850 yılında inşa edilmiştir, 1.477 tonluk, 450 beygir gücünde makinelerle teçhiz edilmiştir, 22 topludur.

Uskurlu ahşap korvetler: Lübnan, Mansura, Muzaffer, Sinop aynı sınıfa mensup gemilerdir, Lübnan 1864'te İstanbul, Mansura ve Muzaffer, 1863'te İzmit tersanesinde ve Sinop 1858 tarihinde İngiltere'de inşa edilmişlerdir, 800 tonlukturlar. Hepsinin makine gücü 150 beygir gücüdür, 37 librelik 12 adet top taşırlar. Bunlardan başka, yine İngiltere'de 1858 yılında inşa edilmiş 800 tonluk, 150 beygir gücünde makinelerle mücehhez, 37 librelik 12 toplu Edime, İzmir ve Bursa uskurlu korvetleri.

Uskurlu navi sınıfı gemiler: İskenderiye ile Zühal İstanbul, Merih, Utarit Gemlik tersanelerinde, Beyrut ve Seddü'l-Bahir İngiltere'de 1862 yılında inşa edilmişlerdir. Bunların hepsi 600 tonluk, 160 beygir gücünde makinelerle mücehhez ve 11/45 librelik 8 topla mücehhezdirler.

Uskuna ve dubalar: Seyyah ve Musul Gemlik tersanesinde 1865 yılında inşa edilmişlerdir. 220 tonluk ve 45 beygir gücü makinelerle teçhiz edilmiştir. 18 librelik dört topu vardır. İstanköy dubası, 1874 yılında İstanbul tersanesinde inşa edilmiştir, 203 tonluk, 50 beygir gücünde makinelerle müteharriktir, topsuzdur. Yalıköşkü, Aynalıkavak dubaları İstanbul tersanesinde 1869 yılında inşa edilmişlerdir. 195 tonluk ve 50 beygir gücünde makinelerle mücehhezdir; iki adet 8/4 librelik güverte topları vardır. Şevket-nümâ, Sünne, Varna, Akka dubaları, 1859 yılında İngiltere'de inşa edilmişlerdir. 200 tonluk, 60 beygir gücünde makinelerle mücehhez olup 4 librelik dörder topları vardır.

Vapurlar: Şiâr-ı Nusret 1869 yılında İngiltere'de inşa edilmiş olup 3.029 tonluk, 1.000 beygir gücünde makinelerle mücehhezdir. Mevrid-i Nusret aynı tarihte İngiltere'de inşa edilmiş 3.029 tonluk ve 1.000 beygir gücünde makinelerle mücehhezdir. Sultâniye 1869, İngiltere'de, 2.902 ton ve 800 beygir makine-Bâbil aynı tarih, İngiltere, 1.733 tonluk, 450 beygir gücünde makine-Medâr-ı Zafer, aynı tarih, İngiltere, 1.385 tonluk, 314 beygir gücü makine-Eser-i Nusret 1869, İngiltere, 1.385 tonluk, 314 beygir gücü makine-Izzeddin 1865, İngiltere, 1.075 tonluk, 300 beygir gücü makine-İsmail, Talia, Fevâid, Kandiye 1869, İngiltere, 1.075'şer tonluk, 3.000 beygir gücü makinelerle mücehhez-Tâif, 1871 yılında İstanbul tersanesinde. Asir aynı yılda Gemlik tersanesinde inşa edilmişlerdir. 1.609 tonluk ve 450 beygir gücü makinelerle mücehhezdirler-Hanya, 1871 İngiltere, 829 tonluk, 180 beygir gücü makine-Resmo, 1869 İngiltere, 778 tonluk, 270 beygir gücü makine-Arkadi, 1869, İstanbul tersanesi, 767 tonluk, 250 beygir gücü makine-Mukaddime-i Nusret, 1875, Gemlik tersanesi, 2.132 tonluk, 200 beygir gücü makine-Mukaddime-i Şeref, 1875, Gemlik tersanesi, aynı tonaj ve makine gücü-Peyk-i Meserret, aynı tarih, Sinop tersanesi, aynı makine gücü-Rehber-i Tevfîk, aynı tarih, Girit tersanesi, aynı tonaj ve makine gücü-Mecidiye, İstanbul tersanesi, 1.495 tonluk, 450 beygir gücü makine-Feyz-i Bahrî, EserCedîd, Tâir-i Bahrî, Peyk-i Şevket, Sür'at İstanbul tersanesinde inşa edilmişlerdir. Bunlardan başka, 40 ilâ 112 ton arasında değişen küçük gemiler vardır ki, Marmara, Ereğli Islahat, Rusçuk dışarıya mübâyaa edilmişler; Çatalca, İngiltere'de inşa edilmiş; Yenikapı, Cibali, Kabataş, Tophane İstanbul'da, Fındıklı, Kasımpaşa Gemlik tersanesinde, Rehber, Oltanıca İstanbul tersanesinde inşa edilmişlerdir.

Yukarıda saydığımız harp gemileri ve vapurlardan ayrı olarak, İdâre-i Aziziye adlı şirketin elinde de bir hayli ticaret gemisi bulunmakta idi. Bu ticaret filosu şu gemilerden ibaretti: 347 ton ilâ 1.134 ton arasında değişen tonajdaki gemiler şunlardır: Trabzon, Kayseriye, Medâr-ı Tevfîk, Şeref-resân, Selanik, Canik, Batum, Malakof, Vâsıta-i Ticâret, Nüzhetiye, Süreyyâ, Tâhir, Mudanya. Pürsüt, Lütfiye, İzmit, Kılıçali, Hayreddin, Heybeli, Hereke, Medâr-ı Fuâd, Kadıköy, Maltepe, Nümâyiş, Kartal, Musul, Kandilli, Pusen-dîde, Gemlik, Büyükada, Pendik, Mirgün.

İşte, Sultan Abdülaziz Han taht'a çıktıktan sonra, pek azını devraldığı, fakat hemen hepsini yeniden inşa ettirdiği Türk harp filosu ile ticaret-i bahriye filosu bu gemilerden terekküp etmekte idi.

Devrine göre fevkalade ehemmiyetli bir harp filosu demek olan Osmanlı donanması, nereden gelirse gelsin, her tecavüzü defedecek kudrette idi.

Osmanlı donanması, Sultan Abdülaziz Han tarafından böylece ıslah ve yeni baştan inşa edilirken, Avrupa'nın büyük devletleri de aynı süratle donanmalarını zırhlı gemilere çevirmek maksadıyla büyük çalışmalara girmişlerdi. Bilhassa, dünya hakimiyeti siyasetine girmiş ve bunda hemen hemen tamamen muvaffak olmuş olan İngiltere'de dahi donanmalar ahşap gemilerden zırhlı gemilere inkılap ettiği zaman (1860 ilâ 1868) bu donanmalarda ve hizmette 40-50 ahşap kalyon ve çektirme mevcut idi.

Donanmalardaki bu acayip durumu meydana getiren gemi inşaiyeciliği ve zırh ilavesi meselesi hakkında Fevzi Kurdoğlu, *1877-1878 Türk-Rus Harbinde Deniz Hareketleri* adlı eserinde şu malumatı vermektedir:

"Rus taretli gemileri kabul ettiler. İki taretli Amiral Çihaçof ile Amiral Greig inşa edildi (Eylül 1866). Diğer iki geminin daha tersanede inşasına başlandı. Amiral Lazarof ve Amiral Spiridof; fakat hükümet, taretleri icat eden mucit ile birlikte 7 Eylül 1870 tarihinde Finyester açıklarında batan Monark'ın akıbeti üzerine bu gemilerin inşasından vazgeçti. Zaten bu devir bir ihtira ve tecrübe devri idi. Yeni icatlar birbirini takip ediyordu. Biri ikmal edilmeden daha mükemmel bir nümune meydana getiriliyordu. İngiliz donanması bile bir nümune levhasına benziyordu. İlk zırhlı gemilerden beri her nevi zırhlı gemilerden birer tanesi filoda bulunuyordu. Bir İngiliz bahriye zabiti, İngiliz filosu için 'develer, katırlar, atlar ve fillerden mürekkep bir süvari kıtası gibi' diyordu."

İhtira devrinin harp gemilerindeki değişme sürati, çok büyük paralar sarfına mecbur kalan devletlerce, büyük fedakarlıklar mukabili önlenebildi. Mesela, Rusya zırhlı donanmasını inşaya başladığı tarihten beri –ki bu tarih, normal olarak hemen Kırım Harbinin akabindedir– her sene 23 milyon frank sarfediyordu. Demek oluyordu ki, Rusya 1858 ilâ 1868 yılları arasında 230 milyon frank harcamıştı. Bu para devrinin büyük parası idi. Rusya, bu para ile şu donanmayı meydana getirebilmişti. Şimdi burada Rus donanmasını verirken, Osmanlı İmparatorluğu donanması ile mukayese etmek faydalı olacaktır:

Osmanlı devletinin elinde mevcut birinci sınıf 3.075 ton ilâ 5.349 ton arasında değişen 7 zırhlıya mukabil, Rusya'nın 6 adet birinci sınıf zırhlısı; Osmanlı İmparatorluğu'nun 1,600 ilâ 2.000 ton arasında değişen 10 adet ikinci sınıf zırhlı harp gemisine mukabil, Rusya'da herhangi bir ikinci sınıf zırhlı kruvazör mevcut değildi. Osmanlı donanmasında ayrıca 5 adet firkateyn mevcut olmasına karşılık, Rus donanması bu gemilerden de mahrumdu. Osmanlı İmparatorluğu, ayrıca, Tuna nehrinde 7 parçadan ibaret bir zırhlı filoya daha sahipti. Buna mukabil, Rusya, daha çok sahillerini muhafaza kaygısı ile iki sahil muhafaza zırhlısı ile 12 monitöre sahipti. Bunların dışında, Rus donanması 8 adet sahil tarassut gambotu ile popofka tabir edilen, daire şeklinde iki zırhlıya sahipti. Osmanlı donanmasında 4 adet ahşap kalyon hâl-i hizmette idi. Rus donanmasında ise, bu ahşap gemilerden 5 tane mevcuttu. Rus donanmasında buharla müteharrik 22 küçük tonajdaki korvete mukabil, Osmanlı donanmasında, hepsi topla mücehhez 7 korvet, 6 navi ve 9 adet navi uşkuna mevcut idi.

Donanmaya yardımcı gemiler bakımından, Rus donanmasında 50 ilâ 160 ton arasında değişen 100 gambot ve 14 adet nakliye vapuru mevcuttu. Buna mukabil, Osmanlı donanmasında, hepsi yeni ve devrine göre süratli 43 vapur mevcuttu. Bundan ayrı olarak, bir harp takdirinde derhal donanma emrine verilebilecek olan İdâre-i Aziziye'nin elinde bulunan 32 vapuru da hesaba katmak lazımdır.

Görülüyor ki, Sultan Abdülaziz, çok kısa bir zaman zarfında Türk donanmasına ve silahlı kuvvetlerine fevkalade bir himmet göstermiş ve bu kuvvetleri yeni baştan inşa ederek dünyanın sayılı kuvveti haline getirmişti.

OSMANLI KARA ORDUSU

Sultan Abdülaziz Han'ın, donanma ile birlikte, devletin esas kuvvetini teşkil eden kara ordusuna gösterdiği alâka hususunda Ahmed Midhat Efendi, *Üss-i İnkılab* adlı eserinde şu malumatı vermektedir:

"Terakkiyât ve kemâlât-ı askeriye hususunda dakika fevt etmeyen Abdülaziz Han Hazretleri nizâmiye, redif, ihtiyat ve mustahfaz sınıflarına ayrılan asker-i şâhânenin mevcudu beşyüzbin derecesine vardırıldı."

Beşyüzbin kişilik bir ordu ve kudretli bir donanma.

İngiliz İmparatorluğu'nun da, Rus Çarı'nın da, Fransa İmparatorluğu'nun da uykularını kaçıran işte bu oldu.

İngiltere, Sultan Abdülaziz'in şahsında çok, hem de pek çok tehlikeli bir düşman görüyordu. Bu düşmanı bertaraf etmek lazımdı; fakat bu öyle kolay olmayacaktı; zira Sultan Abdülaziz Han, harpçi ve asker bir millet olan Türk'ün kalbinde tahtını kurmuş bulunuyordu. Onu hiçbir kuvvet yerinden edemezdi. Hele bir harp, ne İngiltere'nin, ne Rusya'nın o sıralarda, daha doğru tabir ile Sultan Abdülaziz Han tahtta iken düşünecekleri bir husus değildi. Şu halde, eski yola, salip hareketlere tekrar avdet etmek, şeklî Garplılığı terkeden hâkânın giriştiği yenilik ve İlmî terakkinin Osmanlı İmparatorluğu'nu daha çok kuvvetlendirmesine meydan vermeden harekete geçmek.

İngiltere, bu kararı verdikten sonra derhal tatbikatına geçmişti. 40 yıl Osmanlı İmparatorluğu'nda vazife gören Lord Stradford'un açtığı yoldan ve bıraktığı İngiliz dostlarından faydalanmak İngiltere için artık kaçınılmaz bir vâkıa haline gelmişti.

İngiltere, bu müttefikleri bulmakta asla müşkilat çekmemişti; zira İngiltere kurmayı başardığı dünya hakimiyeti ve hammaddeler siyaseti ile yücelttiği büyük imparatorluğunu devam ettirmeye azimli idi. Dolayısıyla bu imparatorluğu kurarken de birtakım büyük menfaatler dağıtmak, ticari münasebetler adı altında tavizler vermek politikası ile her memlekette kendisine hasbî yardımcılar, yani her memleket için *vatan haini* damgasına müstehak yardımcılar bulmuştu.

Osmanlı tarihi içinde, bugün hâlâ bilinmesi mutlak şart olan birtakım ciddi meseleler vardır. Bu meselelerin basında, vatanperver ile vatan hainlerini ayırt etmek gelmektedir. Maalesef, nesillere yanlış tedris ettirilen bir Türk tarihi ile karşı karşıyayız. Rahatça iddia edebiliriz ki, Türk-Osmanlı tarihi henüz yazılmamıştır; zira gerek memleketimizde, gerekse dünyada okutulan ve belletilen Osmanlı-Türk tarihi, Türk'e, İslâmiyet'e düşman, salip fikrinin körü körüne müntesipleri Avrupalı hristiyan müverrihlerce yazılmıştır. Türk müverrihleri, hele çağımıza kadar gelen son 150 yılın müverrihler, me'haz olarak daima Garp kaynaklarını almışlar ve bu kaynakların Türk'e düşman görüşlerini bir hakikat imiş gibi Türk nesillerinin kafalarına nakletmişlerdir. Türk müverrihlerinden kaç tanesini gösterebiliriz ki, Hammerden, Kritovolos'tan, Yorga'dan, Babinger'den, Alber Sorefden ve daha bilmem kimlerden istifade etmeden bir Türk tarihi yazabilmiştir. Hiçbirisi bu zahmeti ihtiyâr etmemiş ve Türk milletinin bekâsı bakımından şart olan bu yola girmeyi düşünmemiştir. İşte bu sebeple, milletimizi birinci derecede alâkadar eden "kimin bu millet ve devlete hizmet" veya "kimin bu devlet ve millete ihanet ettiği" noktasında tereddütler geçirmekteyiz. Parça pürçük ele geçen vesikalar aklın, idrakin dışında kalmamakla beraber, milli varlığımız hususunda titizlik gösteren birtakım *mücahit* adını verebileceğimiz vatanperverin bu vesikaları değerlendirmeleri sonunda, artık meseleler yavaş yavaş gün yüzüne çıkmaktadır. Böylece, yeni nesiller de, hakiki vatanperver ile *vatansız* diyebileceğimiz insanları ayırt etmek imkanlarını ele geçirmiş olmaktadırlar.

MÜLKÎ ISLAHAT

Sultan Abdülaziz Han, imparatorluğu eski kudret ve şevketine yükseltmek için çalışırken, bir yandan da, memleketin şiddetle muhtaç olduğu diğer meselelere de eğilmişti. Bu meselelerin başında *mülkî ıslahat* gelmekte idi. Sultan Abdülaziz Han, 1279/1862 yılında ilk olarak jandarma teşkilatını kurdurmuş ve bu iş için Fransa'dan mütehassıslar celbetmişti. Gerek ordu ve donanmanın tensik ve kuvvetlendirilmesi ve dünyada birinci derecede bir ordu ve donanma meydana getirilmesi, gerekse jandarma sınıfının teşkilinden sonra, 1280/1863 yılında mülkî sahada ilk ıslahat yapılmıştı. Bu ıslahat hakkında Ahmet Midhat Efendi, *Üss-i İnkılab* adlı eserinde şöyle demektedir:

"Sene-i mezkûreye gelinceye kadar, payitahttan (hükümet merkezi) eyaletlere yalnız vali, mutasarrıf, hakim, defterdar ve muhasebeci gibi rüesâ gönderilmekte idi. Vâkıa, defterdar ve muhasebecilerin maiyyeti memurları dahi yine daimi ve resmî memur olması, mali ıslahat iktizasından idiyse de; vali, mutasarrıf ve hakimlerin istihdam ettikleri küçük memurların hiçbirisi devletten resmen tayin edilmiş değillerdi ve bu insanlara vali, defterdar ve hakimlerin bir nevi uşağı denilmekte idi. İşte, maiyyet memurluklarına bu adamlar tayin ediliyorlardı. Mesela, şimdiki vali muavinleri veya müsteşarlar yerine valilerin kethüdası tayin edilir ve işleri onlar tedvîr ederlerdi. Bu usulün ise muhtelif mazarratları aşikardı. İşte Sultan Abdülaziz Han, bu usulü kaldırmış ve devleti vilayetlere taksim etmek suretiyle, eyaletleri kaldırmış ve gerek valilerin, gerekse memurların devlet tarafından resmî memur olarak tayinleri cihetine gidilmiştir."

Yukarıdaki izahattan da anlaşıldığına göre Osmanlı Türkiyesi'nde, 1863 yılında kabul edilen mülkî ıslahat hareketi ile eski idareye son verilmiş oluyordu. Bugün memleketimizde tatbik edilen mülkî taksimat ve vilayetlerin idare şekli de Sultan Abdülaziz Han devrinin getirdiği ıslahat programına dahil mevâddandır.

Ahmed Midhat Efendi, eserinin 102 ve 103. sahifelerinde, vilayetler teşkili hususunda ayrıca şunları yazmaktadır:

"İşte, 1280/1863 senesi içinde, mülkî hususat dahi nazar-ı ehemmiyete alındığı zaman, mevcut mülkî idarenin memleketimize faydalı olmadığı hususu tesbit ve teslim edilmişti. İşte bu sıralarda, eyâlât-ı şâhâne hudutları içinde şoseler yapmak ve fakir fukarayı barındırmak için eytam-haneler inşasına geçmek, tahsîl-i emvâl kanununu ıslah etmek ve yeni bir istikamet vermek ve hükümetçe her nevi işlerin mercii olmak üzere *merkez-i hükümet* namı ile bir hususi encümen teşkil eylemek yoluna gidilmiş ve bu hususlar ilk defa Niş vilayetinde tatbik edilmiştir. Niş vilayetinin başında bulunan Midhat Paşa, bu sebeple Dersaadet'e (İstanbul) celbedilmiş, kabinede girişilen ıslahat hareketleri muvâcehesinde Niş'teki ıslahat görüşülmüş, bu arada eyaletlerin adlarının vilavet olarak değiştirilmesine karar verilmiştir. Böylece, bu yeni vilayet şeklinin muvaffak olup olmaması keyfiyeti. Tuna vilayetine kalbedilmiş olan Niş eyaletinin hudutları içerisinde tecrübeye karar verilmiş ve bu karar tatbik edilmiştir. Böylece, yeni idare şeklinin muvaffakiyeti takdirinde aynı idare şeklinin diğer eyaletlerde dahi tatbiki cihetine gidilmesine karar verilmiştir. Bu maksatla, eski Silistre, Vidin, Niş ve Sofya eyaletleri birleştirilerek, 1281/1864 yılında Tuna vilayet-i çelilesi teşkil edilmiştir."

Görülüyor ki, Padişah Sultan Abdülaziz, devleti eski idare şeklinden de kurtarmak ve muâsır devlet teşkilat ve nizamını Osmanlı İmparatorluğu'nda da tatbik etmek kararını veriyor ve ilk tatbikatını da, yeni teşkil edilen Tuna vilayetinde yapıyordu.

Sultan Abdülaziz Han, Osmanlı İmparatorluğu'ndaki ıslahat hareketlerini sadece bir veya iki noktada bırakmamıştı. Sultan, vilayetler teşkili yoluna giderken polis teşkilatını da kurdurmuştu. Devletin ve milletin her türlü inzibâtî işleri ile meşgul olacak bu teşkilatı da gayet muntazam bir teşkilat olarak kurmuş ve adına *müfettiş* denilmiştir. Bu müfettişlere yardımcı olmak maksadıyla, eski usul terkedilmiş ve rey ile seçilen halk temsilcileri vazifeye başlamıştı. Sultan Abdülaziz, bu suretle, ilk defa olarak *rey* müessesesini de kurmuş ve halkın idareye iştirakini temin yolunda ilk ve ciddi adımını atmıştı. Bütün bu ıslahat hareketleri yapılırken, *ıslahat* kelimesinin ifade ettiği mana bütün şümulü ile göz önüne getirilmiş, bu cümleden olarak, yeniden teşkil edilen her vilayette, valilikler emrinde birer de matbaa kurulmasına karar verilmişti. Matbaaların kurulması bahsinde Ahmed Midhat Efendi, eserinin 104. sayfasında şunları yazmaktadır:

FİKRÎ HAREKET ve
VİLAYET MATBAALARI

"Halifece, terakkiyât-ı fikriyeye dahi yardım etmek üzere her vilayette birer matbaa açmak gibi, her biri hususi nizamnamelerle tesbit edilmiş ve burada tafsilatına girişilmesi tarihçemizin haricinde bulunan ıslahat birdenbire meydana gelmiştir."

Sultan Abdülaziz Han, Osmanlı İmparatorluğu'nun adeta fikrî, askerî ve içtimai mihrakı olmuş, bütün bu sahalarda en radikal usullerle memleketi ileriye götürecek, muâsır Avrupa seviyesine yükseltecek tedbirleri almıştı.

Zamanımızda pek küçümsenebilen, fakat kendi devrinde her birisi başlı başına birer inkılap hareketi ol(an bu gelişmeler), Batılı devletleri, bu arada bilhassa İngiltere'yi şiddetle alâkadar etmekte idi. Osmanlı İmparatorluğu'na verilen *hasta adam* sıfatının her geçen gün geride kaldığını müşâhede eden ve bu müşâhededen dolayı tevahhuş eden İngiltere, tesisine ve idamesine muvaffak olduğu dünya hakimiyeti siyasetinin tehlikeli bir şekilde sarsılmaya başladığını görüyordu.

Büyük fedakârlıklar pahasına teessüs ettirilen bu dünya hakimiyetinin, her geçen gün biraz daha kuvvetlenen ve her sahada en üst noktaya çıkmaya kararlı olan Sultan Abdülaziz'in idare ettiği Osmanlı İmparatorluğu tarafından tehdit edildiğini görmek, İngiltere'yi pek tedirgin ediyor; eğer müdahalede bulunmazsa, nihayet on yıl gibi kısa bir müddet sonunda, kurduğu dünya hakimiyetinin elinden gideceğini görüyordu. Küçücük bir adaya sığınmış, fakat dev adamlar ve siyasiler yetiştiren bu memleket, bu dev siyasilerinin elde ettikleri neticeleri tesadüfe bırakmak gibi bir akılsızlığı ihtivâr etmeyeceklerdi. İşte bu sebeple, İngiltere'nin bu dev siyasileri ve iktisatçıları kafa kafaya verdiler ve devlet-i aliyyeyi nasıl çökerteceklerinin müzâkeresini yaparak bir plan tesbit ettiler.

İngilizlerin yaptıkları plan –ileride de görüleceği gibi– gayet basitti. Asrın daha ilk çeyreğinde, Osmanlı İmparatorluğu içinde kuvvetli bir kadro ile faaliyete geçen İngilizler, 1860 yılına kadar, kırk yıl gibi uzun bir müddet İstanbul'da İngiltere'yi temsil eden sir Stradford Rodckliff'in temelini attığı ihanet şebekesini faaliyete geçirecekler ve Sultan Abdülaziz Han'ı katlettirip bütün endişelerinden kurtulacaklardı.

İNGİLTERE, MUSTAFA FAZIL PAŞA ve JÖN TÜRKLER

İngilizler için bütün kozlar açıktı. Mısır'da hidiv olan İsmail Paşa'nın kardeşi Prens Mustafa Fâzıl Paşa, gözü hidivlikte olan bir zattı. Hidiv olabilmek için her çareye tevessül etmekten asla çekinmeyen bu zat, Sultan Abdülaziz'e birkaç defa bu hususu ihsas etmiş, fakat Sultan Abdülaziz Han tarafından bir tarafa itilivermişti.

Sultan Abdülaziz Han tarafından bir tarafa itiliverilen bu adam, imparatorluğa ihanet eden şebekenin başı durumunda olmasına rağmen, kendisi de Rotchildlerin, daha doğru tabiriyle İngilizlere ve İngiliz menfaatlerine bağlı Rotchildlerin bir ajanı idi.

Bu adam, sûret-i haktan görünerek, güya hürriyet taraftarı imiş pozuna bürünerek Paris'e kaçan ve orada birer hürriyet havârisi rolüne giren Jön Türkler, vekilharcı Ermeni Sakakini Efendi marifetiyle beklerken, kendi parasını değil, İngilizlerin parasını harcıyordu. Tabii bu paranın büyük bir kısmını da kendi cebine rahatça indiriyordu.

Şimdi bu hürriyet havârilerini teker teker tedkik edelim ve devlet-i aliyyenin nasıl bir ihanet zinciri içinde ve kimlerin, hangi vatanperverlerin(!) elleri ile yok edildiğini ve bu zevâtın devlete nasıl ihanet ettiklerini anlatalım. Tabii, bu arada, Mısırlı Prens Mustafa Fâzıl Paşa'ya tekrar temas edecek ve bu adamın habâsetleri ve ihanetleri hakkında geniş malumat vereceğiz.

Ancak bu zevâtın fiilleri hakkında herhangi bir fikir ileri

sürmeden evvel şu hususu tebâriiz ettirelim ki; Türk milletinin vatanperver olarak tanıdığı, daha doğrusu öyle tanıtılan Midhat Paşa, Serasker Hüseyin Avni Paşa, mekâtib-i askeriye nazırı Süleyman Paşa, Bahriye nâzırı Kayserili Ahmed Paşa, şair Ziya (Ziya Paşa), vatan şairi Namık Kemal Bey, Ali Suavi. Agâh Efendi, a'yan reisi Ahmed Rıza Bey ve emsâli, bu memleketin kurtuluşuna değil; bilerek, isteyerek batışına yardım etmişlerdir.

Mustafa Reşid Paşa'nın açtığı yoldan yürüyen bu zevât, büyük ekseriyeti ile İngilizlerden yardım görmüş, İngilizlerin verdikleri paralarla Paris'te gazeteler çıkartmışlar ve rahat bir ömür sürmüşler, sonra da memlekete birer kahraman ve kurtarıcı vatanperver edâsı ile dönmüşlerdir.

Devletin başında bulunan devletlüler ile paşalar, adeta hristiyan Avrupa'yı kendi aralarında, menfaat esasına göre taksim etmişlerdi. Mesela, Mustafa Reşid Paşa İngiliz taraftarı ve körü körüne onun emrinde idi. Âlî Paşa keskin bir Fransız taraftarı idi. Fuad Paşa ise İngiliz taraftarı. Midhat Paşa hakkında söyleyecek söz yok; zira, bu zat kendisini tamamen İngilizlere ve İstanbul'daki elçisi sir Henry Elliot'a teslim etmişti. Hüseyin Avni Paşa ise çifte oynuyordu. O, hem Fransız, hem de İngiliz taraftarı idi. Ve bu zevâtın eline kudret geçtiği zaman da, şahsi görüşlerine ve bağlantılarına göre devleti idare etmekten hazer etmiyorlardı. Her ne ise, sırası geldikçe bunlar hakkındaki hükmümüzü açıklayacak ve devletin nasıl perişan ve zelil duruma düşürüldüğünü izah edeceğiz.

Şimdi, devletin batışında Mustafa Reşid Paşa'dan sonra en büyük rolü oynayan Midhat Paşa'nın hayatının ileride tekrar temas edeceğimiz bir kısmını tedkik edelim.

MİDHAT PAŞA

MİDHAT PAŞA (AHMED ŞEFİK) KİMDİR?

Midhat Paşa, 1824 Türk-Rus harbinden iki yıl evvel, 1822 yılında İstanbul'da doğmuştur. Kendisi, kadılıklarda bulunmuş Rusçuklu Hacı Ali Efendi-zâde Hacı Hafız Mehmed Eşref Efendi'nin oğludur. Asıl adı, kulağına ezân-ı Muhammedi ile duyurulan adı Ahmed Şefik'tir.

Midhat Paşa'nın hayatı hakkında Mehmet Zeki Pakalın, aynı isimdeki yani *Midhat Paşa* adlı eserinin 3 ve 4. şahifelerinde şu malumatı vermektedir:

"Midhat Paşa, küçük yaşta Kur'ân-ı ezberlediği için ismine Hâfız lakabı da inzimâm etmiş, Hâfız Ahmed Şefik olmuştu. Midhat mahlası, o zamanın âdeti veçhile, 1836'da çırâğ edildiği divan-ı hümayun kalemindeki âmiri tarafından verildi ve zamanla ismi unutularak mahlası ile şöhret buldu. İlk tahsilini yaptıktan sonra, girdiği kalemde bir taraftan yazıya çalışmakla beraber, diğer taraftan da Fatih camiindeki cami derslerine devam ederek, Arapça tahsiline başladı. Kethüda-zâde Arif Efendi ile Murad Molla şeyhi Hafız Mehmed Murad Efendi'den Fârisî okudu. Acem edebiyatı ile tevaggul eden arkadaşlarından bazıları ile meşhur Mirza Safâ'dan da Mahmud Paşa camiinde örfî kasâid okudu. Hatta, Mirza Safâ, gittiği Hicaz'dan tilmizlerine gönderdiği mektupta onun da adı yazılıdır. Manzumede isimleri geçenlerden Celal, *Ricâl-i Mühimme-i Siyasiye* müellifi, mabeyn başkatibi

Ali Fuad Bey'in babası Celal Bey'dir. Şeref; Kanlıcalı Şeref Efendi'dir. Midhat, Midhat Paşa'dır. Ali de, *Cerîde-i Havâdis* muharriri şair Ali'dir (Ali Paşa). Büyük Reşid Paşa'nın tavsiyesi ile, 35 yaşından sonra Fransızca'ya da çalıştı."

Midhat Paşa, *Tabsıra-i İbret* adlı hatıratının 12 ve 13. sahifelerinde, Mustafa Reşid Paşa'nın ısrarı ve teşviki ile öğrenmeye başladığı Fransızca'sı hakkında şu malumatı vermektedir:

"Devletimizin bulunduğu mevki ve maslahat iktizasınca, umûr-ı devlette bulunanların Fransız lisanını bilmeleri elzem ve hususiyle Bâb-ı Ali'de ve politika işlerinde bulunanlara göre şart-ı a'zam olup, fakat Midhat Efendi'nin sinn-i tahsilde (tahsil çağında) bulunduğu zamanlarda bu lüzum umûmun musaddıkı (tasdik ettiği) olmadığından ve tahsil ve tederrüs (öğrenmek) dahi müşkil bulunduğundan, biz-zarûr Fransızca tahsiline muvaffak olamayarak, kendisi otuzbeş yaşına gelinceye kadar o lisandan bir kelime bilmediği halde, Kırım meselesinden sonra muamelât-ı devlette görülen ve günden güne tezâyüt eden (artan) tecrübelere göre me'mûrîn-i devlet için mutlaka Fransız lisanına vukuf ve malumatın şiddet-i lüzumu taayyün etmiş olması ile, Midhat Efendi bunun üzerine cebr-i nefs ederek, meclis-i vâlâca memur olduğu umûr-ı tahririye ve sair mevâdd-ı tahkîkiye meşâgili arasında bu lisanı dahi mümkün mertebe ele getirmiş (öğrenmeye çalışmış) ve bu cihetle, Avrupa seyahati bu tahsilinin terakkisine dahi yardım etmiştir."

Midhat Paşa, divan-ı hümayun kalemindeki vazifesinden sonra (1836) daha da temayüz ederek, 1844 yılında, 2.500 kuruş aylıkla Şam'a tayin edildi. Buradaki vazifesi tahrirat katipliği muavinliği idi. Bu vazifeyi takiben divan katipliği ile Konya'ya tayin edilen Midhat, kısa bir müddet sonra Kastamonu'ya nakledildi. Beş yıl süren Anadolu'daki memuriyetinden sonra, 1849 yılında İstanbul'da sadâret mektûbî kaleminde vazifeye başladı. Kısa bir müddet sonra da mazbata halifesi oldu.

Midhat Paşa, meclis-i vâlâ mazbata odası baş halifesi iken

Şam, Halep ve mülhakâtında cereyan eden bir gümrük yolsuzluğu için tahkikat yapmak üzere oralara gönderildi. Sonradan sadrazam olan Kıbrıslı Mehmed Paşa'nın da ihmali görülen gümrük yolsuzluğu dolayısıyla hazırladığı rapor yüzünden Midhat Paşa ile Kıbrıslı Mehmed Paşa'nın arası açılmış ve Arabistan müşirliğinden sonra sadrazam olan Paşa'nın hışmına uğramıştı.

Tabii Midhat Paşa'nın bu muvaffakiyeti, Kıbrıslı Mehmed Paşa ile geçinemeyen Mustafa Reşid Paşa'nın ziyadesiyle hoşuna gitmişti.

Kıbrıslı Mehmed Paşa, Arabistan müşirliğinden sonra Bahriye nâzırlığına getirilmiş ve bunu takiben de, 1853 yılında sadrazamlığa tayin edilmişti. Mustafa Reşid Paşa'nın himayesinden mahrum kalan Midhat Paşa da, böylece, Kıbrıslı'nın hışmına uğrayarak Balkanlar'a eşkıya takibine memur edilmişti.

Midhat Paşa'nın Balkan dağlarındaki eşkıya takibi birkaç ay devam etti. Kıbrıslı Mehmed Paşa sadrazamlıktan azledildi ve yerine tekrar Mustafa Reşid Paşa sadrazam, Âlî Paşa da Hariciye nâzırı oldular. Midhat Paşa'nın hâmisi olan bu iki devletlü, ilk iş olarak Midhat Paşa'yı tekrar İstanbul'a getirdiler. Mustafa Reşit Paşa, hayatının son demlerini yaşıyordu. Bu arada, yerine, kendi politikasını hazmetmiş bir halef bırakmak istiyor ve Midhat Paşa üzerinde ısrarla duruyordu. Bu sebeple, kendisini her fırsatta methediyor, en mühim devlet işlerini ona havale ediyor, hususi sohbetlerinde bulunduruyordu. Bu arada, *İngiliz sultan* ünvanını iktisap etmiş olan İngiltere'nin İstanbul sefiri sir Stradford Rodckliff ile de tanıştırmıştı. İşte, Mustafa Reşid Paşa, İngilizlerin kucağına düşmüş ve onların telkinatı ile devletin başına sayısız mazarratlar getirmiştir. İleride de görüleceği gibi, kendisinin İngiliz sefiri ile kurduğu dostluk birçok İngiliz devlet adamı ile münasebet kurmasında büyük bir köprübaşı olmuş ve Midhat Paşa İngiliz siyasetinin Türkiye'deki adeta hakiki mümessili olmuştu.

Midhat Paşa, Mustafa Reşid ve Âlî Paşalar tarafından İstanbul'a getirildikten kısa bir müddet sonra, Sadrazam Reşid Paşa azledilmiş ve Mısır'a gitmişti. Bu sıralarda idi ki, Kırım Harbi de nihayetlenmiş ve Hariciye nâzırı Âlî Paşa sadrazamlığa getirilmiş, sulh müzakerelerinde bulunmak üzere de Paris'e gitmişti. Mustafa Reşid Paşa'dan boşalan sadârete tekrar Kıbrıslı Mehmed Paşa sadrazam kaymakamı –vekili, nâibi– olmuştu. Kindar bir adam olan Kıbrıslı Mehmed Paşa, yeni Sadrazam Âlî Paşa'nın Paris'e gitmesinden bilistifade, Midhat Paşa'yı taht-ı muhâkemeye almıştı. Midhat Paşa hatıratının 8 ve 11. sahifelerinde bu hususta şöyle yazmaktadır:

"Reşid Paşa sadâretten infisâlinden biraz sonra da, seyahat maksadiyle Mısır'a gitmiş ve yerine sadrazam olan Âlî Paşa dahi, mesele-i harbiye (Kırım Harbi) musâlahası işi için Avrupa'ya gidip sadâret kaymakamlığı ile o makama yine Kıbrıslı Mehmed Paşa gelmiş olduğundan, müşâru'n-ileyh, bu defaki memuriyetinde, Reşid Paşa ve Âlî Paşa ve Kamil Paşa'nın gaybûubetinden ve Midhat Efendi'nin aleyhinde bulunan bazı husemâsının (hasımlarının) ilkaâtından istifade ederek Efendi-yi müşâru'n-ileyhi Bâb-ı Âlî'den teb'ît etmek için fırsatını kollamaya başlamış ve kanun ve nizam hilâfına birtakım ahvâl ve harekât isnâdı ile resmî meclislerde bile teşhir yoluna gitmişti."

Kıbrıslı Mehmed Paşa, birtakım iltizam yolsuzluklarına karıştığını iddia ettiği Midhat Paşa'yı azlettiği gibi, mahkemeye de vermişti. Ancak, Midhat Paşa'ya isnat edilen hususat tahakkuk etmediği için kendisi berat etmiş ve tekrar eski memuriyetine iade edilmişti.

Midhat Paşa, eski vazifesi olan meclis-i vâlâ katipliğinde bulunurken Kuleli vakası zuhur etmişti. Genç Türk hareketi olarak tarihe geçen bu vakada, Midhat Paşa, mahkemenin sorgu hakimliğini yapmış ve istintak sırasında bir hayli cebir kullanmıştı. Bu hususta Abdurrahman Âdil Bey, Kuleli vakası hakkında *Hâdisât-ı Hukukiyye'de* (c. I, s. 208) Midhat Paşa'nın bu cebir ve tazyik hareketlerini şöyle anlatmaktadır:

"Erkân-ı cemiyet birer-ikişer tevkif olunup Kuleli'ye

sevkolundular, orada istintak ve muhakemeleri icra kılındı. Sonra Bâb-ı Âlî'de bir divan teşkil edildi. Bu divan cezaları tertip eyledi. Bu sebepledir ki, vakaya *Kuleli vakası* ıtlak olunur. Müstantıklardan biri, meclis-i vâlâ başkatibi Midhat Efendi (Midhat Paşa) idi. Midhat Paşa, erbâb-ı cürmü istintak ve isticvap eder(ken) oldukça tazyik etti. Asabi Çerkes Hüseyin Dâim Paşa, Midhat Paşa'ya hitaben, 'Sarı sakallı efendi! Sarı sakallı efendi!.. İşi uzatma! Biz yaptık!' deyu haykırdığı Ebuzziya Tevfık Bey'den menkuldür. Anlaşılan, Hüseyin Paşa, ırkına has olan cüret ve asabiyeti muhafaza etmiş bir adam imiş..."

Burada bir nebze durmak ve Kuleli vakasında Midhat Efendi'nin yüklendiği vazifeyi tahlil etmek icap etmektedir; zira devletin bunca büyük memuru, müstantıkı dururken, meclis-i vâlâ baş-katibi olan Midhat Efendi'ye, Padişah'ı alaşağı etmek, Garplılığı zorla memlekete sokmak isteyen kadroyu katletmek isteyen bir gizli teşkilatın sorgusunu yapmak vazifesinin verilmesi câlib-i dikkattir. Midhat Paşa'nın, herhangi bir hukuki bilgisi olmadığı nazar-ı dikkate alınırsa, kendisinin bu vazifeye niçin tayin edildiği, sonraki ef âlinden de anlaşılabilir.

Midhat Paşa, birtakım tedbirlerle, zamanından ve rütbesinden çok evvel yükseltilmek istenmiş, böylece kendisine, istikbalde hazırlanan yerine oturmak fırsatı verilmiştir.

Midhat Efendi, bu hadiseden sonra vazifesine devam etmiş ve Mustafa Reşid Paşa'nın ölümünden hemen sonra, 1858 yılında tedavi maksadıyla Avrupa'ya gitmiş ve 1861 yılına kadar orada kalmıştır. Osmanlı devletinde, Sultan Abdülmecid Han'ın son yılları ile Sultan Abdülaziz devrinde tedavi maksadının ihtiva ettiği mana gayet sarihti. Güya, tedavi maksadıyla Avrupa'ya giden bu zevât, sonradan devleti yıkacak olan fesat hareketinin tohumlarını atmışlar ve bilhassa Fransa'da, Paris'te diledikleri gibi devlet aleyhinde at oynatmışlardı. Midhat Paşa'nın bu seyahatidir ki, kendisiyle Mısırlı Prens Mustafa Fâzıl Paşa arasında sağlam bir bağlantıya yol açmıştı; çünkü, kısa bir müddet sonra İstanbul'dan ayrılacak olan zevât-ı kiram gidecekler; Paris, Londra ve Brüksel'de yerleşecekler, gazeteler çıkaracaklar, İngiliz ve Fransız devlet adamlarıyla sağlam dostluklar kuracaklar ve Ferah, fahur bir hayat sürecekler ve devleti, dışardaki faaliyetleri ile yıkmaya çalışacaklardı.

Midhat Paşa, Paris'teki tedavisini(!) ikmal ettikten sonra Sultan Abdülaziz'in taht'a çıkışı üzerine İstanbul'a avdet etmişti. İstanbul'a geldikten sonra, sadrazam bulunan Kıbrıslı Mehmed Paşa kendisini Niş valisi tayin etmiş ve vakit geçirmeden mahall-i memuriyetine gitmişti.

Midhat Paşa'nın Niş vilayetinde geçen memuriyet devresi pek nazar-ı dikkati celbedecek gibi değildi. Ancak, kendisinin en yakınları olan Alî ve Fuad Paşalar, Midhat Paşa'ya ziyadesiyle rağbet ediyorlar, onun mükemmel bir insan ve idare adamı olduğunda adeta ittifak ediyorlardı.

Bu sebeple, kendisinden istifade etmek maksadıyla, her vesile ile bahaneler icat ediyorlar ve kendisinden bahsettirmek imkanlarını daima araştırıyorlardı; fakat, hakikatte Fuad Paşa kendisini tutmuş olmasına rağmen, Alî Paşa asla tutmamış ve Midhat Paşa'dan daima nefret etmiştir. Bu nefretin meydana gelmesinde de, Alî Paşa ile Midhat Paşa arasında ayrı devletlere gösterilen sempati hakimdi; zira Alî Paşa cidden derin bir Fransız muhibbi, Midhat Paşa ise, tamamen İngilizlerin adamı idi. Bu hususta N. Şimşir, *Fransız Belgelerine Göre Midhat Paşa'nın Sonu* adlı eserinin 32-33. sahifesinde şunları yazmaktadır:

"Layard'ın[21] Suriye ziyareti de, Araplık hareketini doğrudan kışkırtamamışsa bile, bu memlekette İngiliz nüfuzunu artırma yolunda bir iz bırakmıştır."

Ziyaretin arkasından, Fransız ajanları, Suriye'deki İngiliz faaliyetlerini adım adım takip etmeye koyulmuşlardı. İngiliz sefiri İstanbul'a döndükten sonra, Beyrut'taki Fransız başkonsolosunun

---
21 İstanbul'daki İngiliz sefiri.

hükümetine sunduğu ilk uzun siyasi rapor 'İngiltere'nin Suriye'deki siyasi faaliyetleri' başlığını taşımaktadır.

Bir örneği Fransa'nın İstanbul büyükelçiliğinden de sunulan raporda, İngiliz ajanlarının Suriye'deki faaliyetlerini anlattıktan ve İngiltere'nin, bilhassa çeşitli imtiyazlar koparmak yolu ile buraya sızmaya, burada nüfuz kurmaya çalıştığı belirtildikten sonra, Midhat Paşa'nın tutumu konusuna geçirilerek söyle denilmektedir:

"Az veya çok, uzak bir gelecekte Bâb-ı Âlî'yi tehdit edecek bu ihtimal –İngiliz sızması– karşısında Midhat Paşa, bahis konusu imtiyaz teşebbüslerinin İngilizlerin eline geçmesinin doğuracağı tehlikeyi gizlemekte ve daha şimdiden, karşılarına Fransız unsurunu çıkararak bunları önlemek istemektedir."

Raporun bu kısmının karşısına, Fransa Dışişleri bakanı da Freycinet servislerine talimat verir şekilde, kurşun kalemle şu notu düşürmüştür: "Bu niyetler teşvik edilsin ve fiiliyatta kendilerini göstermeleri için gayret sarfedilsin."

"Başkonsolos raporuna söyle devam etmektedir:

"Şu halde, kendisiyle karşılıklı dostluk ve emniyet münasebetleri devam ettirdiğim bu vali, zannedildiği kadar da İngiliz değildir! Böyle bir itham, yalan değilse bile çok aşırıdır. Midhat Paşa, bana açıkça itiraf ettiği gibi, İngiltere'ye dayanmış ise, bunun için de bir sâik vardı ve bu sâik, memleketinin iyiliğinden başka birşey değildi. Bugün bizimle olacaktır; çünkü, çok iyi anlamaktadır ki, bizim Doğu'daki politikamızın gizli düşüncesi yoktur."

Fransız konsolosluğunun Midhat Paşa hakkındaki bu görüşüne, Fransız Hariciye Vekâleti de iştirak etmektedir. Nitekim, aynı eserin 37 ve 38. sahifelerinde, Fransız resmî görüşünün şu merkezde olduğu yazılıdır:

"Beyrut'taki iki Fransız konsolosu, Peretie ve Delaport, Midhat Paşa'ya emniyet ve takdir duyguları beslemiş olan kimselerdir. Bu ikisi de bu duygularını, muhtelif vesilelerle hükümetlerine iletmişlerdir; fakat Fransız Dışişleri Bakanlığı'nın ve İstanbul'daki

Fransız büyükelçiliğinin, konsolosların bu duygularını paylaştıkları söylenemez. Tersine, Fransa Dışişleri Bakanlığı, Midhat Paşa'ya, *İngilizlerin adamı* gözü ile bakmaya devam etmiştir."

Yukarıdaki resmî Fransız belgelerine göre de anlaşılmaktadır ki, Midhat Paşa, uzun zamandır İngilizlerin adamı olarak hareket etmekte idi; zira bahsi geçen vesikaların tarihi 1880 yılıdır. Halbuki, Midhat Paşa, Sultan Abdülaziz Han'ın iradesiyle, tecrübe edilmek ve muvaffak olduğu takdirde diğer vilayetlerde de tatbik edilmek üzere Vidin, Silistre ve Niş eyaletini bir araya getirmiş ve Tuna vilayeti adı altında yeni bir vilayet kurdurmuştu. Bu vilayetin kurulduğu tarih ise 1281/1864'ttir. Demek oluyor ki, Midhat Paşa, devlet kadrosu içindeki yükselişini ve göze girmesini birtakım gizli kuvvetlere medyundu. Bu kuvvetler ise, İngiltere'den idare edilmekte idi.

Tarihçilerimiz, gerek Tuna gerekse Şam vilayetlerindeki birçok yenilikleri ısrarla Midhat Paşa'ya izafe etmektedir. Bunun sebebini anlamak çok güçtür; zira Midhat Paşa, celalli ve itiraz kabul etmeyen, kendisinden çok daha mühim iki insan olan Âli ve Fuad Paşaların dahi önünde söz söylemeye cesaret edemedikleri, ağzından çıkan her sözü kanun mertebesinde bulunan bir Sultan Abdülaziz Han emretmedikçe herhangi bir şeyi yapmak cesaret ve cüretini gösterebilir miydi? Biz bunun mümkün olmadığını tarihteki birçok misalleri ile bilmekteyiz. Şu halde, Midhat Paşa etrafında, Sultan Abdülaziz Han'a rağmen kopartılmak istenen yaygara nedir? Midhat Paşa, tarihçilerimizin düşünmeden yazdıkları gibi, müdebbir ve büyük bir devlet adamı olmaktan çok uzaktır. Bu zat, ancak bir vilayet valisi olabilirdi ve bu işte de pek öyle büyük işler yapabilecek bir vali durumuna da yükselemezdi.

Nitekim, vezirlik pâyesine ulaştığı, sadrazam olduğu halde bu yerlerde tutunamamış ve çok kısa bir müddet sonra sadrazamlıktan iskât edilmiştir. Bu hususta *Hal'ler ve İclaslar*, sahife 363'te şöyle denilmektedir:

"Abdülaziz Han, onu sadaretle taltif eyledi. Huzur-ı şâhânede nasıl vaziyet alacağını bilmediği için, bu tavr u hareketi hoşa gitmediği için, ikibuçuk ay içinde sadâretten azledilmiştir. Müşâru'n-ileyh valiliklerde faal ve muktedir, vükelâlıkta görgüsü(nün) kısa olduğu, birçok defalar ikbâle ulaşıp azli ile belli olmaktadır."

Burada da görülmektedir ki, Midhat Paşa hakkında zamanımızın tarihçilerinin kendisinden ısrarla *büyük devlet adamı, büyük inkılapçı* diye bahsetmeleri, hadiselerin tekevvün şekline asla uymamaktadır. Şu husus rahatça iddia edilebilir ki, Midhat Paşa, devlet-i aliyyeye sadrazam olmak kabiliyet ve kiyâsetinden mahrum, sıradan bir vali mesâbesinde idi. Bu husustaki nokta-i nazara meşhur vakanüvis Abdurrahman Şeref Efendi de aynen iştirak etmekte ve *Tarih Musahabeleri* adlı eserinin 191. sayfasında şöyle demektedir:

"Ehemm'i mühimm'e tercih etmeyi ve hangilerinin kolaylıkla halledilebileceğini düşünemezdi. Nabız yoklamak ve uzak görüşlülük gibi, Osmanlı devleti ricâlinin muvaffakiyetlerine esas teşkil eden hassalardan tamamen mahrumdu. Uğradığı müşkilat ve ukûbelerin sebebi kendisinin bu durumudur."

Bu teşhis de göstermektedir ki, Midhat Paşa, daha çok siyasi birtakım menfaatlerin, adı etrafında kopmaya gayret ettikleri bir fırtınadan istifade ile büyük adamlık, büyük mücedditlik sıfatlarını almış bir devletlüdür.

Kendi adından istifade etmek isteyenler de İngilizlerdi. Bu zatın adı adeta efsaneleştirilmiş ve devletin bütün ilerilik hamleleri çok haksız bir iktisap olarak kendisine mal edilmiştir. Bu hususttan böyle olması dahi Midhat Paşa'yı birtakım şâibelerden kurtaramamaktadır; çünkü bilinmektedir ki, Osmanlı sultanlarının hepsi, dedikleri dedik ve sözleri birer kanundu. Hiçbir Vezirin, hiçbir Sadrazamın, hiçbir Ordu kumandanının veya devletin en mutena mevkiini işgal eden şeyhülislâmın dahi padişah irâdesine karşı gelmesi mümkün olamazdı. Kaldı ki, Midhat Paşa, memlekette girişilen ilerilik hareketlerinde, tek başına hareket serbestîsini muhafaza edecek ve Sultan Abdülaziz gibi bir padişah da buna göz yumacaktı. Hayır, böyle şeyin husulüne imkan yoktur. Midhat Paşa'nın diğer vezir-vüzerâdan üstünlüğü yoktur. Bilakis, nâkıs tarafları çoktu. Bu nâkıs taraflarına rağmen, Padişah ferman etmeden mektepler açacak, Padişah ferman etmeden kız talebeleri sanat mekteplerine gönderecek, teâvün sandıklarını kuracak öyle mi? Böyle şey olmaz. Böyle şey olmadığı için de, zaten Sultan Abdülaziz Han katledilmiş, devletin batırılmasına ramak kalmışken, Sultan Abdülhamid Han imdada yetişmiş ve korkunç bir ihanet şebekesinin elinden devleti kurtararak, 1876'dan 1908 yılına kadar yaşamasını temin etmiştir.

Bütün bunlardan ayrı olarak, Midhat Paşa içkiye müptela ve ağzına gevşek bir insandı da. Bu hususu, Sultan Abdülaziz'i tahtından indirip birlikte katlettiren, sonra kendisi de yüzbaşı Çerkes Hasan Efendi tarafından öldürülen Serasker Hüseyin Avni Paşa anlatmakta ve şöyle demektedir:

La Turki gazetesi müdürü sıfatıyla Fransa'dan getirilen Şarl Mismer mukavelesinin hitamı ve sadrazam Âlî Paşa'nın da ölümü dolayısıyla Paris'e avdetinden bir müddet sonra tedavi için Vişi'ye gitmiş ve bilahare Paris'e uğrayarak, ikâmetgâhında kendisiyle görüşmüş olan Hüseyin Avni Paşa'nın Sultan Abdülaziz'in hal'i tasavvurundan bahsederken *(Hatırat,* s. 225) Midhat Paşa için şu sözleri söylediğini kaydeder:

"Maahâzâ, Midhat Paşa, işaret ettiği ve hâl-i sekrinde muhâfaza-i ketumiyet edemediği için, müşâru'n-ileyhe tamamıyla itimat edemiyordu."

İşte Midhat Paşa bu idi; yani içkiye fazlasıyla, müptela ve içtiği vakitler de ağzına pek gevşek bir insandı. Diplomasinin affedemediği tek husus ise, herkesin bildiği gibi, gevşek ağızlılıktır; zira içkiye müptela ve ağzı gevşek bir insanın diplomat ve büyük devlet adamı olması asla tasavvur edilemez; çünkü böyle bir insana devlet sırrı teslim edilemez, teslim edildiği vakit de, ihanetine –bilerek veya bilmeyerek– intizar etmek icap eder.

İşte, böylesine bir devlet adamı durumunda olan Midhat

Paşa'nın *büyüklük* vasfının nereden geldiğini anlamak cidden güçtür. Öyle anlaşılıyor ki, Osmanlı Devleti'nin mutlaka dağıtılması esas siyaseti olan İngiliz diplomasisi, gizli servislerini, durumundan, Midhat Paşa etrafında bir müsbet havanın esmesine gayret sarfetmek üzere harekete geçirmiş ve bu servislerin gayretleri sonunda da, tamamen bir İngiliz taraftarı olan Midhat Paşa – hâlâ devam eden– bir büyüklük sıfatının içine sokulmuştur.

Bilinmektedir ki, Midhat Paşa'nın yeniden ihdâs edilen ve bir tecrübe vilayeti haline getirilen Tuna vilayetine vali nasbi, sadece Âlî Paşa'nın kendisini zararlı fikirlerinden caydırmak ve teşkilatlanmış bulunan anayasacıları başsız bırakmak isteğinden ileri gelmiştir. Bu hususta "Ayhan" imzasıyla *Sultan Abdülaziz* adlı bir eser yazmış olan Arif Oruç Bey, eserinin 139 ve müteakip sahifelerinde, Âlî ve Fuad Paşalar arasında, huzurdan çıktıktan sonra geçen bir görüşmeyi şöyle anlatmaktadır:

"Sultan Mecid müstebit fakat, nazik, hatır-şinas bir padişahtı. Abdülaziz, mütekebbir ve hod-pesent, hoyrat bir zattı. Memleketi lüzumsuz gururu ve kadın sözü ile uçuruma sürüklüyordu! Gerçi, orduya ve donanmaya himmet ve hizmetleri vardı. Osmanlı donanmasını dünyanın ikinci derece bahrî bir kuvveti haline çıkarmıştı."

Bahis, şair Ziya[22] ve Nâmık Kemal ile Şinasi'ye intikal etmişti. Alî Paşa gibi, Fuad Paşa da Şinasi ile Ziya'dan hoşlanmıyordu; ikisi de, bir vakitler kendilerinin rağmına, Reşid Paşa'nın yetiştirmek istediği adamlar idi. Nâmık Kemal, nisbeten toy sayılabilirdi. Alî Paşa dedi ki: 'Kemâl ile Ziya'nın Avrupa'ya firarları fena olmadı'. Fuad Paşa yerinden doğrularak, 'Gerçek mi? Fena oldu...' diye başını iki tarafa salladı.

Halbuki, bu iki zat, idare edilmiş olsaydı, hiç olmazsa birer memuriyetle göz önünde tutulabilirlerdi. Âlî Paşa'nın tazyikleri buna sebeb(iyet) vermişti; lâkin, Âlî Paşa'yı muâhaze etmek de istemiyordu. Paris'teki sefâretten aldığı raporlar, pek de hoş

---
22 Ziya Paşa.

meâlde değillerdi. Âlî Paşa gülerek dedi ki: '–Beyhude endişe ediyorsunuz. Bunlara ne yapabilirdik? Kanun-i Esasi isterler. Bütün zorları bizimle idi. Bizi iktidardan uzaklaştırmaktan gayri emelleri yoktur. Noksanlarını da itiraf etmezler'. '–Hele Midhat Paşa'yı şûrâ-yı devlet reisi yaptık. Müfrit zümreyi istifade emeliyle etrafına topladı, bu da doğru mu idi?' '–Şüphesiz değildi. Onu inkâra hâcet yok. Midhat Paşa'dan az istifade edilmedi. Midhat Paşa bir defa prensip sahibidir. O cihetten takdir edilmek gerektir; ama, gayesi makul mudur? Memâlik-i Osmaniye'de takibi ve tatbiki mümkün müdür? İşte bu nokta münakaşaya değer. Bence, Midhat Paşa makul bir hatt-ı hareket takip etmektedir'.

Âlî Paşa gülmüştü. Cevap verdi:

–Şimdilik muhaldir. Evvela esaslı ıslahat ile efkârı araştırmak münasip olurdu. Bir de Kanun-i Esasi ilanı, meclis-i mebusan teşkili anâsır içinde kargaşa tevlîd eder zannındayım. Halk cahildir. Gayr-i müslim unsurların hakimiyet elde etmesi mahzurdan sâlim değildir.

–Bu fer'î ve binaenaleyh tâlî meseledir. Esas, inkılap lüzumuna kâni olmaktır.

–Müsaade buyur birader-i azizim! Eğer Midhat Paşa'yı padişaha medh ü senâ ederek, me'mûren Tuna'ya göndermeseydim, şu Balkan milletleri arasında devamlı ihtilal hareketleri belirdiği esnada, merkez-i hükümette inkılap hareketlerinde bulunması nazar-ı dikkati celbetmez miydi?

–Belki de müfîd olurdu.

–Fransa göz önündedir. Kaç kanlı inkılap geçirdi. Akıbet neye müncer oldu? El-yevm III. Napoleon Hazretleri, üç kanlı cumhuriyet inkılâbı üzerine taht kurmuştur.

–Midhat Paşa, Tuna'ya me'mûren gönderilmesinin padişah üzerindeki tesirinizle olduğunu biliyorlar mı?

–Asla... Onu Abdülaziz Han sûret-i husûsiyede huzuruna kabul buyurdu ve 'Bu işin hakkından sen gelebilirsin. Biraz sonra dahi şûrâ-yı devletteki vazifene dönersin' dedi. Paşa dahi İstanbul'dan memnuniyetle ayrılıp gitti.

Yukarıdaki izahat arasında, gerek Âlî, gerek Fuad Paşaların düvel-i muazzamadan ikisine olan yakınlıkları açıkça belli olmaktadır. Âlî Paşa, Fransız politikasının Bâb-ı Âlî nezdinde giriştiği, Kanun-i Esasi aleyhtarı siyasetinin adeta tatbikçisi durumundadır. Fuad Paşa ise, Osmanlı İmparatorluğu'nu parçalamak maksadıyla İngiltere'nin giriştiği ve reâyâya geniş haklar verilmesini derpîş eden *meşrutiyet* fikrinin mürevvici durumundadır. Midhat Paşa'yı tutmasının esas sebebi de budur; yani Fuad Paşa'nın meşrutiyetçi olduğu bir gerçektir.

Midhat Paşa'nın İngiliz siyasetinin adeta esiri durumuna getirilmesinde gerçi Mustafa Reşid Paşa en büyük rolü oynamış, onda İngiliz muhipliği fikrinin uyanmasında büyük destek olmuştur; fakat kuvvetle tahmin edilebilir ki, Midhat Paşa, İngilizlere tamamen bağlanma yoluna, Tuna vilayetinde bulunduğu sıralarda girmiştir.

Midhat Paşa'nın Tuna vilayetinde bulunduğu yıl olan 1864 yılı ve onu takip eden yıl, İngiliz siyasilerinin, Balkanlar'a, nüfuz etmek isteyen ve Bulgaristan üzerinde çok yıkıcı tahriklere girişmiş bulunan Rus nüfuz siyasetlerine karşı en şiddetli bir mücadeleye girdikleri tarihtir. Bu tarihte, Balkanlarda müteaddit İngiliz konsoloslukları açılmış, adeta her vilayet ve sancakta birer konsolos veya muavininden başka, yerli halktan çok sayıda ajan kullanılmış ve su gibi İngiliz lirası akıtılmıştır. İngiltere'nin kurduğu bu iptidai teşkilat, çok kısa bir müddet sonra, yani 1870 yılından sonra, Balkan komitacılığının türemesine ve teşkilatlanmasına yol açmıştır. İngilizler, kendilerinin kurdukları bu teşkilatı, fevkalade bir şekilde ve hiç kimseye sezdirmeden kullanmışlardı. Bu teşkilatın tam bir organizasyon ile ortaya çıkmasında ise, Türk tarihindeki meş'um rolleri ile *Balkan Türklüğü* kasabı unvanına rahatça hak kazanmış olan İngiliz Noel Bukston kardeşler ve Londra'daki *Balkan komitesi* merkezi büyük rol almışlardı.

RUSLARIN, MİDHAT PAŞA'YA
SUİKAST TEŞEBBÜSLERİ

Midhat Paşa'nın, Tuna vilayetindeki valiliği sırasında İngilizlere olan yakınlığı Rusların dikkatini çekmiş ve kendisini bertaraf etmek maksadıyla iki defa suikast tertip edilmiş; fakat, her ikisi de muvaffak olamamıştı. Midhat Paşa, bu suikastlar hakkında *Tabsıra-i İbret* adlı eserinin 58 ve 59. sahifelerinde şunları yazmaktadır:

"Rusların ve muhtemelen Sırplıların asıl arzuları, Midhat Paşa'nın Tuna'dan kaldırılması olduğu halde, bu husus gerçekleşmemiştir. Bükreş'te faaliyet gösteren İslav komitesi tarafından ve ayrıca Sırbistan Prensi Mihal'in de arzusu ile, Midhat Paşa'nın ortadan kaldırılmasına teşebbüs edilmişti. Bu iş için Bükreş'ten gönderilmiş iki şahıs, bu suikastı bizzat icraya cesaret edememişlerdi. Midhat Paşa her gün ıslahhaneye gittiği için, bunlar, ıslahhanede, Nemçeli (Avusturyalı) diye anılan fakat ismi hatırda kalmayan bir şahsı suikast için kiralamışlardı. Bir gün Midhat Paşa ıslahhaneye giderken, bir çalılığın arkasına saklanmış bulunan bu Nemçeli, Midhat Paşa önüne geldiği vakit tabancası ile ateş etmek için ayağa fırlamış; fakat heyecandan tabancası yere düşmüş, suikast de böylece akâmete uğramıştı. Suikastçı yakalanamamış ve doğruca Avusturya konsolosluğuna giderek sığınmış ve tabancayı da konsolos efendiye teslim etmişti. Suikast ile alâkalı olarak konsolos efendi uzun bir rapor tanzim etmiş ve Midhat Paşa'ya vermişti. Bu hadiseden sonra, tahminen otuz beş yaşlarında, Yuvan adında bir Sırplı, Midhat Paşa'nın seyisliğine tâlip olmuş ise de, bu işe alınmamış; kendisi işe alınmayışını hristiyan oluşuna hamlettiğinden müslüman olmuş, tekrar müracaat etmiş ve bu işe girmek hususunda ısrar etmişti. Yeni adı ile Ömer'in bu ısrarı nazar-ı dikkati celbetmiş ve peşine hafiyeler takılarak durumu tedkik ettirilmişti. Bu işe memur hafiyeden birisi bir gün, kendisinin kaldığı bir Bulgar evinde, Sırpça bir mektup yazdığını ve üzerine Yuvan'ın, nâm-ı diğeri Ömer'in çoban sopasını verdiği adam yolda Plevne civarında yakalanmış, sopası alınmış ve içinden iki sahifelik bir mektup çıkmıştır. Bu mektup, Sırp Prensi Mihal Bey'e yazılmıştı. Mektupta, Midhat Paşa'nın yanına giremediğini, müslüman olduğu halde işe kabul edilmediğini bildiren Yuvan, Midhat Paşa'yı tabancayla öldürmekten başka bir çaresi kalmadığını bildirmekte idi. Ancak, suikastçı, Midhat Paşa'nın yanında bulunan Arnavut muhafızlardan çekindiğini de mektubunda belirtmiştir. Mahkemeye verilen bu şahsın, Sırp Prensi adına Midhat Paşa'yı katletmeye azmettiği tebeyyün ettiği için idam cezasına çarptırılmış; fakat Midhat Paşa bu cezasını müebbet kürek cezasına tahvil ile, İstanbul'a gönderilmiştir. Bu şahsın kurtarılması için Rusya'nın İstanbul sefiri General İgnatiyef çok çalışmış ise de, bu mesaisi netice vermemiş ve suikastçı, kürek cezasını çekmek üzere Diyarbakır'a gönderilmiştir."

Midhat Paşa'ya, Tuna valisi iken gösterilen bu alâkanın sebebi üzerinde durmak istemiyoruz; zira Midhat Paşa'nın Tuna vilayetindeki hususi ve resmî hayatı hakkında kayda değer vesikalar henüz neşredilmiş değildir. Daha doğrusu, arşiv tedkik edilip, bu hususta bir fikre varmak mümkündür.

Ancak biz, Midhat Paşa'nın, Osmanlı İmparatorluğu'ndaki meşrutiyet ve Kanun-i Esasi fikrinin şiddetle taraftarı olduğunu, hatta bundan da ileriye gittiğini ve bir devlet kurmak fikri etrafında kendisini hazırlayan İngiliz siyasetine de bu yüzden bağlandığını söylemek isteriz. Nitekim, vereceğimiz birkaç vesika ile, kendisinin, Abdülhamid devrinde, bir Arap devleti kurmak üzere bazı tedbirler aldığını anlatmaya çalışacağız.

Midhat Paşa, öyle söylendiği ve iddia edildiği gibi bir *büyük adam* da değildir. Devlet idaresinden, hele sadrazamlığın icap ettirdiği geniş görüş ve müsâmahadan, uzak görüşten de mahrum; hatta, birtakım hareketleri ile adeta zorla kendisine ihanet damgasını vurmak isteyen bir insandır.

TÜRK-RUS HARBİNİN MES'ULÜ MİDHAT PAŞA'DIR

Osmanlı İmparatorluğu'nun başına büyük gâileler açmış bulunan 1877-78 Türk-Rus harbinin tek müsebbibi ve mesulü Midhat Paşa'dır; zira İngiltere, bir taraftan Osmanlı İmparatorluğu'nu çökertmek isterken, diğer taraftan, Osmanlı İmparatorluğu'nun yerine geçecek bir Rusya'ya asla tahammül edemiyordu. Bu bakımdan, tarihlerimizde *Tersane konferansı* diye anılan bu konferansta, Midhat Paşa'nın tutumu cidden çok tuhaftır. Hatta, tuhaf da değil, tamamen devletin aleyhindedir. Midhat Paşa'nın, Tersane konferansındaki davranışı ile devletin başına açılan beliyyenin tek mes'ulü ve müsebbibi olduğunu şu vesika ortaya koymaktadır:

Ali Kemâl Bey'in, *Sabah* gazetesinin 3 Mart 1338/1922 tarihli ve 11596 sayılı nüshasında yazdığı ve "Midhat Paşa için" başlığını taşıyan yazıda şöyle denmektedir:

"Sâlisen (üçüncüsü), maamâfih, bî-tarafâne muhâkeme edecek olursak, Midhat Paşa merhumun haricî siyasetinde bariz bir kusurunu buluruz ki, o da, 93 seferinin (1877-78) zuhurundan evvel cereyan eden müzakerelerde, bilhassa Tersane konferansının içtimâi sırasında ittihâz ettiği hatt-ı harekettir. O zaman, bu büyüklükte bir hükümet adamı tedbirli ve düşünceli olmak, Avrupa devletleri siyaseti ile Bosna-Hersek ve Bulgaristan gibi muhtelif meselelere dair bir hal çaresi bulmak, her halde Rusya ile muharebenin önünü atarak, Moskof sefiri general îgnatiyef'in tuzağına tutulmamak... hâsılı, Osmanlı devletini bu hatayı irtikaptan menetmek için gelen İngiltere murahhası Lord Salisböri ile anlaşmak ve ona göre hareket etmek lazımdı. O büyük sadrazamlık kudretine rağmen bu kiyâseti gösteremedi. Haricî ve dahilî felaketimizin başlangıcı da, bu yüzden meydana gelen o meş'um Rusya seferi oldu."

Ali Kemâl Bey, bu mütalaada bulunduktan sonra, Midhat Paşa için şu hükme varmaktadır:

"İşte, böyle bir büyüklüğü(!) o koca vezir ibrâz edemedi (gösteremedi). Daima olduğu gibi, sözü yine ayağa düşürdü. Tersane konferansı lehimizde toplanmıştı, aleyhimizde neticelendi. Avrupa devletleri ortadan sıyrıldı, Rusya ile başbaşa kaldık. O seyyie ile de başımıza gelmedik musibetler kalmadı."

Midhat Paşa'nın *büyük adamlık* vasfı ve *büyük vezirlik* pâyelerinin nasıl bir şişirme vasıf olduğu hususunda da, vakanüvis Abdurrahman Şeref Efendi'den naklen Mehmed Zeki Pakalın, *Midhat Paşa* adlı eserinin 77. sahifesinde şöyle yazmaktadır:

"Ammâ, Avrupa'yı ve Avrupa nazarında devlet-i aliyyenin vaziyetini bilmediği gibi ve esaslı bir inkılabın başına geçip de onu selâmet noktasına götürmek için lazım gelen mümtaz evsâfa tamamıyla mâlik değildi."

İşte, Midhat Paşa'nın devlet adamlığı bu kadardı ve bundan bir santim ileriye geçecek kabiliyeti de yoktu.

Kaldı ki, Midhat Paşa'nın devlet adamlığı vasfını uzun yıllar boyu tarih kitabına, tahrif ederek geçirenler, gerçekleri bu milletin çocuklarına neden öğretmediklerinin herhalde muhâsebesini bir gün vicdanlarında yapmak mecburiyetinde kalacaklardır.

Bu yüksek(!) ve ulu(!) devlet adamının yaptığı büyük ve şânına layık işlerden bir tanesi de, devleti büyük borçlar altına atmak olmuştu. Osmanlı İmparatorlarına yüklenmek istenen ve bunda da büyük mikyasta muvaffak olan müverrih ve münevverlerimizin yazdıkları, devleti borçlandırdıkları ve bu yüzden de Avrupa devletlerinin sadece bu sebeple devleti yıktıkları, devletin beş parasız kaldığı yolundaki söz ve yazılarının hakikatle hiçbir alakası yoktur. Osmanoğulları bu devlete hakikaten büyük bir vicdan huzuru ile hizmet etmişler, Türk milletini tarihin en büyük imparatorluğu haline getirmişler, dünyanın bilinen üç kıtasında ferman-fermâ olmuşlar ve devletin ne haysiyetine, ne şerefine, ne de malına el uzatmışlardır. Ancak, nereden idare edildiğini yukarıdan beri izah etmeye çalıştığımız bu menfi ve sadece devleti değil, Türk milletini de yıkmayı hedef ittihaz eden siyasetin devamı olarak, Osmanoğulları müstahak olmadıkları bir sıfatla tavsif edilmişler ve devlete asıl ihanet edenler de baş tâcı edilmişlerdi. Midhat Paşa, işte böyle yanlış tanıtılan ve hâlâ bunda ısrar edilen ve baş tâcı yapılan bir devletlüdür. Şimdi bu zât ile, Sultan Abdülaziz'in hal ve katlinde methaldâr bulunan devletlülerin devleti nasıl bir borcun altına soktuğuna dair bir vesikayı tedkik edelim.

DEVLETİ BORÇLANDIRANLAR DEVLETLÜ PAŞALARDIR

Ali Fuad Bey, *Servet-i Fünun* mecmuasının 1547-73 sayılı nüshasında bu hususta şunları yazmaktadır:

"Yek-diğerini takiben sadâret mevkiine gelmiş ve her biri ayrı ayrı meslekten yetişmiş Mahmud Nedim, Midhat, Şirvanî-zade Rüşdü ve Hüseyin Avni Paşalar başlarında Alî ve Fuad Paşalar gibi siyaset-i devleti idareye kâdir zevât bulundukça, istihdam oldukları hizmetlerde muvaffakiyet göstermişlerse de, doğrudan doğruya mevki-i iktidara geçince bunların yerlerini tutamadılar. Devletin haricî ve dahilî siyasetini layıkıyla idare edemediler. Devletin mali idaresini de fena bir halde idare ettiler. Zaman-ı sadâretlerinde akdolunan istikrazlar, Galata taraflarından (yani sarraflardan) müteferrik surette yapılan iç istikrazlar ile devleti *yüz milyon* liraya yakın borç altına soktular. Bâ-husus, birbirleriyle uğraşmaktan devlet menfaatini düşünmeye vakit bulamadılar."

İşte devlet, bu kabiliyetsiz ve uzağı görmekten mahrum, adlarına siyasi dehâ vasfı da eklenerek tanıtılan insanlar tarafından idare edilmeye mahkum edilmiş ve İngiltere'nin Osmanlı İmparatorluğu siyaseti muvaffak olmuştur. Ancak, İngiltere için hedef, sadece devleti fena idare ettirmek değil, devlete hizmet edecek bütün Osmanoğullarını bertaraf etmekti; zira bilinmektedir ki, İngiliz politikasının Türkler için tayin ve tesbit ettiği siyaset budur. Nitekim, 1914-18 harbinden sonra, 1839 yılından beri devam eden bu siyaset son noktasına gelmiş ve Osmanlı hanedanı tasfiye edilmiştir. İngiltere, ancak bu saltanatın tasfiyesinden sonradır ki, rahat bir nefes aldığını zannetmiş; fakat hadiseler İngiltere'nin bu siyasetinde yanıldığını çok geçmeden, daha 1936 yılında, Filistin hadiseleri muvâcehesinde göstermiştir.

Her ne hal ise, biz yakın tarihe değil, kendi mevzumuza geçelim. Evet, İngiliz siyaseti, Osmanoğullarının her ne suretle olursa olsun tasfiyesini âmirdi. Bu siyaset yavaş, fakat emin adımlarla ilerliyor(du; ancak bir) Osmanoğlu, İngiliz siyasetinin muvaffakiyetine set çekiyordu. Bu Osmanoğlu, yukarıdan beri izah etmeye çalıştığımız Sultan Abdülaziz Han idi. Onun mevcudiyeti İngilizleri sinirlendiriyor ve hukuk ve insanlık dışı tedbirler almaya sevkediyordu. Bu tedbirlerin ne olduğu ise, Sultan Abdülaziz'in hal'i ve dört gün sonra da Fer'iye kasrında katli ile ortaya çıkmaktadır.

ABDÜLAZİZ'İN HAL'I ÖNCESİNDEKİ HADİSELER ve JÖN TÜRKLER

SULTAN ABDÜLAZİZ'İN HAL'İNE ve KATLİNE TEKADDÜM EDEN HADİSELER ZİNCİRİ

1868 yılında başlayan Sultan Abdülaziz aleyhtarı faaliyetin sıklet merkezini, Midhat Paşa ile, sonradan Avrupa'ya kaçarak, Mısırlı Prens Mustafa Fâzıl Paşa ile temas kuran ve paşanın cebinde bulunan, İngiliz politikasının gizli adamı Baron Rodchild'in altınları ile bir devleti yok eden zevât arasındaki müzakereler, Topkapı dışında bulunan Midhat Paşa'nın yeni yaptığı evi teşkil ediyordu. Bu zevâtın (sonradan Jön Türk olacak zevât) Avrupa'ya firar fikri bu evde münakaşa edilmiş, tatbik mevkiine konmuş ve böylece, bir imparatorluğun kaderi, ahşap bir evde kararlaştırılmıştır.

Bu hususta, "Ayhan" imzasıyla tarihî eserler neşreden Arif Oruç Bey'in *Sultan Abdülaziz* adlı eserinin 99. sahifesindeki malumatı aynen aşağıya alıyorum:

Topkapı haricindeki bu ev, bir seneden beri şûrâ-yı devlet reisi olan sâbık Tuna valisi Midhat Paşa'nın yeni yaptırdığı bina idi. Kapıyı açan, Midhat Paşa'nın sâdık adamı Arif Ağa idi. Briçka ile gelen de, Sadrazam Âlî Paşa'nın, birkaç zaman evvel Erzurum vali muavinliğine tayin ettirdiği şair Nâmık Kemâl Bey'den başkası değildi. Nâmık Kemâl Bey yavaşça:

-Kimler var içeride?

—Hemen teşrif buyurun. Efendilerimizin cümlesi içerdeler.

—Şinasi Efendi Hazretleri teşrif buyurdular mı?

—Efendi hazretleri akşamdan gelmişlerdi. Paşamızla taâm ettiler. Ba'de (sonradan) Ziya Bey geldiler. Paşa, müsta'celen mâbeyn'e gittiler; üç saat kadar vardır.

—Çok şey, acaba esbâbı hakkında malumat almak kâbil oldu mu?

—Ne mümkün. Hünkârın tezkeresi üzerine durmayıp, araba ile âzim oldular.

—Çok şey, fena haber, fâl-i hayrdır inşâallah...

Ve odadan içeri girdi...

Ayhan'ın kitabında uzunca bir yer işgal eden bu bahsi burada kısaltarak, hatta kısaltarak da değil, aynı manaya sâdık kalarak vermeye çalışacağım:

"Nâmık Kemâl odaya girdiği vakit, içeride marîz yüzü ile *Tasvîr-i Efkâr* gazetesinin kurucusu Şinasi Efendi, Mustafa Reşid Paşa'nın çok takdir ettiği ve kendisini mâbeyn-i hümâyuna yerleştirdiği Ziya (Ziya Paşa), Suavi ve *Tasvîr-i Efkâr* sahibi Ebüzziyâ-zâde Tevfik Efendiler vardı.

Nâmık Kemâl'in cebinde ise, Fransız postası ile gelen yabancı basına ait gazeteler vardı. Nâmık Kemâl Bey, bu gazeteleri, arkadaşları ile kanun-i esasiyi görüşmek için getirmişti; zira gazetelerde Sardunya devletinin yeni anayasası vardı.

İşte, sonradan devletin başına Jön Türk beliyyesini ikâme edecek olan zevâtın toplantıları böyle başlamıştı. Bu zevât, Midhat Paşa'nın Topkapı dışındaki bu yeni evinde, devletin dibine koyacakları ilk dinamiti hazırlamışlar; sonra da, firar ettikleri Avrupa'da, yabancı devletlerin parasıyla, Osmanlı İmparatorluğu'nun mahvına sebep olan çalışmalarına girişmişlerdi.

Bu zevât, o gün, aralarında devletin birçok meselelerini müzakere etmişlerdi. Müzakerelerinin merkez-i sıkleti ise, devletin idare şekli ve devlete verilecek yeni şekildi. Hemen hepsinin kafasında, inkılaplar geçiren Avrupa'nın yeni statüsü vardı. Mesela, Suavi, bu toplantıda, aynı kitaba göre şöyle konuşuyordu:

"Memleketimizde bir inkılap elzemdir. Memleket gidiyor. Padişah'a söz geçirmek ne mümkün. Saray kadınların elindedir. Halk bî-ilaçtır. Hâzinede akça yoktur. Şevketlüye söz dinletmek müşkil. Dünya inkılaplar geçiriyor. Milletler intibâh'a geldi. Dün memâlik-i Osmaniye'nin bir parçası olan Yunanistan'ın, bir ay evvel *amme hakimiyeti idaresini* tatbik ettiğini göz önünde tutalım. Yunanlılar alelade bir meşrutiyetle bile iktifâ etmediler. Biz buna dahi razıyız. Sarayı biraz sıkıştıralım, bir Osmanlı âlî meclisi teşekkül etsin; fakat, Âlî Paşa bunu bile çok görüyor. 'Bize ıslahat kafidir' diyor."

Şinasi Efendi ise, daha da ileriye gitmiş ve:

"Âlî, Fuad'a nisbetle daha müstebittir. Fuad muktedir bir zattır. Bu hususu bizzat tecrübe ettim. *Cerîde-i Askeriye*'nin tesisinde, bana nasıl tevâzu ile müracaat ettiğini hepiniz bilirsiniz. Fuad Paşa ilericilik taraftarı, Âlî Paşa mütereddit. Daha doğrusu, sarayın nüfuzunu kırarak eline almak istemektedir."

Fakat bunların hepsinden baskın olan da, muhakkak ki Nâmık Kemâl Bey'dir. Nâmık Kemâl Bey:

"Islahat, tanzimat, bütün bunlar Abdülaziz'in kavlinde kalan maddeler. Şu devlete bundan sonra kimsenin emniyet ve itimadı kalmadı. Nasıl kalsın ki, her gün bir türlü hareket-i müstebidâne ile vatan telvis edilmektedir. Sultan, güllük gülistanlık olan bu vatanı bir mezarlığa çevirdi. Binlerce şehidin kanı saçılan vatanın her köşesi, önüne gelene satılıyor. Bu vatana sahip olan millet midir, yoksa şahıs mıdır?"[23]

Dikkat edilirse, Nâmık Kemâl'in ağzından çıkan bu sözler, bu tarihten yarım asır evvel başlamış olan ve bu tarihten sonra da devletin mahvedileceği güne kadar söylenegelen sözlerden asla farklı

---

23 Bütün inkılapçıların ağzındaki sakız daima bu oldu.

değildir. Ve bu sözlere mesnet olan fikirlerin maalesef merkezi de Avrupa olmuştur. Avrupa devletleri, önce kendilerinin ortaya attığı, fakat sonraları mal bulmuş Mağribî gibi, bizim ihtilalcilerin sarıldıkları bu tezi, bu tarihten sonra rahatça kullanacaklar ve ıslahat, meşrutiyet, hürriyet fikirleri etrafında devlete yaptıkları baskılarla koskoca Al-i Osman imparatorluğunu paramparça edeceklerdi.

Nâmık Kemâl'in ağır bir dille itham ettiği Sultan Abdülaziz Han, asla ve kat'â bu sözlere muhatap olacak insan değildir. Sultan Abdülaziz'in taht'a çıktığı bir sırada sarfedilen bu sözler, İngiliz siyasetinin Türkiye'de yeşeren ve filiz veren dünya politikasının ilk meyvelerinden başka birşey değildi; zira bu sözlerin sarfedildiği sıralarda devlet-i aliyye, dünyanın en kudretli iki-üç devletinden bir tanesi idi. Donanması ile, askerî kudreti ile ve hiçbir Avrupa devletinden asla aşağı olmamak üzere meydana getirdiği sınai tesisleri ve fabrikaları ile bu devlet, dünya siyasetine yeniden istikamet verecek bir kudret iktisap etmişti.

Vatanı satanlar, Osmanoğulları değil, bizzat bu sözleri ile milletin tamamını tezyif ve hakaretlere boğan, Osmanoğullarına düşman dünya siyasilerinin paraları ile sonradan Avrupa'da devlet ve Türk milleti aleyhine gazete, risale ve emsâli muzır faaliyetlerde bulunanlar olmuştur. Onların bu faaliyetleridir ki, koskoca, bir imparatorluğun batışında tek âmil olmuş, muhtelif milletlerden meydana gelmiş olan Osmanlı İmparatorluğu, meşrutiyet fikri etrafında kopartılan yaygaralarla batırılmıştır.

Âlî Paşa, yaslandığı Fransız siyaseti ile, İngilizlerin Osmanlı İmparatorluğu'nda oynamak istedikleri oyunları bozmaya çalışıyor, fakat kendisi de bir taraftan Fransız siyasetine taviz veriyordu. Bu bakımdan, eline kudret geçtiği her anda, Âlî Paşa, daima bu ihtilalcilerle yakından meşgul olmuş ve zararlı faaliyetlere imkan nisbetinde mani olmak istemiştir.

Âlî Paşa'nın, sadrazam bulunduğu sıralarda, titizlikle takibine gayret gösterdiği iç siyaseti, hep ve daima Mustafa Reşid Paşa'nın yetiştirdiği ve memlekete zararlı olduklarını bildiği bu insanlarla meşgul olmak, onlara fırsat vermemek esasına dayanıyordu. Bu bakımdan, Âlî Paşa, Mustafa Reşid Paşa'nın yetiştirmeleri olan Şinasi'ye de, Ziya Paşa'ya da aman vermiyor, onları kin ve garezle takip ediyordu.

Bu sıralarda, yani 1868 yılında ise, Midhat Paşa, Genç Türkiye gizli cemiyetinin reisi bulunuyordu. Midhat Paşa, Türkiye'deki Genç Türkiye cemiyetinin reisliğine, bir yıl kadar evvel ve Fuad Paşa'nın azlinden sonra, Mısır valisi İsmail Paşa'nın, Padişah nezdinde yaptığı teşebbüsler sonunda, Osmanlı İmparatorluğu hudutları dışına sürdürdüğü ve Paris'te yerleşmiş olan Mısırlı Prens Mustafa Fâzıl Paşa tarafından getirilmişti.

İşte, Prens Mustafa Fâzıl Paşa Paris'e gidip yerleşince, orada Genç Türkiye Cemiyetini tesis etmiş ve devlet aleyhine faaliyetlere geçmişti.

Midhat Paşa ise, merkezi Paris'te bulunan bu cemiyetin Osmanlı İmparatorluğu içindeki teşkilatının başı idi ve cemiyetin en mümtaz elemanları da Nâmık Kemâl, Ziya Paşa, Şinasi, Ebüzziyâ Tevfik ve Âgâh Efendilerdi.

Midhat Paşa, bundan on yıl evvel, Mustafa Reşid Paşa'nın tavsiyesiyle ve hastalık bahane ederek gittiği Avrupa'da çok şeyler öğrenmişti. 1857 tarihinde yaptığı bu seyahatinde Midhat Paşa, hem lisan öğrenmiş, hem de Fransa, Belçika, Avusturya ve Almanya'yı gezmiş, siyaset aleminden dostlar edinmişti. Bu bakımdan, cemiyetin faaliyetlerinde cidden iyi bir rol almış ve istediği neticeyi de elde etmişti.

Midhat Paşa, ıslahat taraftarı da değildi. O kafi bir inkılap istiyordu. Aklı sıra, ilan ettireceği Kanun-i Esasi ile memleketin, kendisine, kendi fikrine göre, daha ileriye gideceğini düşünüyordu; fakat, memleketi daha ileriye götüreceğine dair İngiliz ajanlarının ve siyasilerinin kulağına doldurdukları sözler gerçeğe uygun değildi; zira devlet, dünya devletleri arasında kuvvet ve kudreti ile her gün biraz daha siyasi hadiselere tesir ediyor ve sözünü geçiriyordu. Bu durumda, bir devleti Midhat Paşa, bir vali kafasıyla nasıl daha da ileriye götürebilecekti? Yukarıda, kendisinin ancak bir vilayeti idareye yetecek kadar zeka sahibi olduğuna dair verdiğimiz vesikalardan sonra, Midhat Paşa'nın bir devleti idareye kifayet etmeyeceği gerçeği de ortaya çıkmaktadır.

Burada düşünülmesi mutlak lazım gelen mesele şudur: Midhat Paşa, İngilizlerin dünya hakimiyeti siyasetinde bir satranç taşı idi ve İngilizlerin kendisine vazettikleri şeyler inkılaplardan, ıslahatlardan daha mühim şeylerdi.

İngilizlerin Midhat Paşa'ya telkin ettikleri şey, devlet fikri idi ve Midhat Paşa bu devlet fikri etrafında kendisini adam-akıllı hazırlamış bulunuyordu. Bu hususta biraz ileride vesikaları ile daha geniş malumat vereceğiz.

Türkiye'de alttan alta başlayan Jön Türk hareketinin elebaşları "Devlet, millet, hürriyet, teşkilat-ı esâsiye!" diye avaz avaz bağırmakla da iktifâ etmediler ve planlandığı şekilde harekete geçtiler. Bu teşebbüslerden birisi, Mısırlı Prens Mustafa Fâzıl Paşa'nın, memleketin istikbali ile alâkalı olarak Sultan Abdülaziz'e yazdığı mektuptu. İşte bu mektubu ellibin nüsha olarak tab ettiler ve gizlice halka dağıttılar. Bunu takiben, taht sırasında Mahmud Nedim Paşa'nın yapmak istediği değişiklikle alâkalı olarak Ziya Paşa'nın yazdığı *Verâset-i Saltanat-ı Seniyye* adlı risale basıldı ve gerek İstanbul'da, gerekse ecnebi postalar bulunan vilayetlerde büyük mikyasta dağıtıldı. Ziya Paşa bu risalesinde, saltanat-ı seniyye üzerinde herhangi bir değişiklik yapılmamasına karşı çıkıyor ve Yusuf İzzeddin Efendi lehine vâki olacak bir taht değişikliğinin, memleketi sonu meçhul bir bâdireye sevkedeceğini ileriye sürerek, tahtın Murad Efendi'de olması lazım geldiğini kaydediyor ve sıradan ağır ithamlarda bulunuyordu.

JÖN TÜRKLER ve FAALİYETLERİ

Jön Türkler, ciddi olarak faaliyete geçmiş bulunuyorlardı. Bu hususta, Haluk Y. Şehsuvaroğlu, *Sultan Aziz, Hususi, Siyasi*

Hayatı, Devri ve *Ölümü* adlı eserinin 47. ve müteakip sahifelerinde şöyle demektedir:

"Devlet idaresi hakkında Sultan Mecid'in son zamanlarında bazı münevverler arasında başgösteren hoşnutsuzluk Abdülaziz devrinde de devam etti. İşlerin kötü gidişi karşısında, *Jön Türk* ismi alan muhalif ve gizli bir parti, Bâb-ı Âlî'nin dahilî ve haricî siyaseti aleyhine çalışmaya başladı."

Şemsi Paşa-zâde Haşan Bey'e göre, Yeni Osmanlılar denilen cemiyet, nizamnameye bağlı ve bir teşkilata müstenit değildi. Şinasi'den başlayarak, bazı gençler, Bâb-ı Âlî'nin o zamanki siyasetine, daha doğrusu devletin haricî siyaset namı ile gösterdiği acz ve meskenete muârızdılar.

Bu gençler, Şinasi'nin kurduğu ve sonradan tilmizi Nâmık Kemâl Bey'e devrettiği *Tasvîr-i Efkâr* matbaasında toplanırlar, hükümeti tenkit yollu fikir teâtisinde bulunurlardı.

Şemsi Paşazade Hasan Bey'in, yukarıda temas ettiği ve Jön Türklerin bir nizamnameye ve teşkilata sahip olmadıkları hususundaki sözleri üzerinde durmak isteriz; zira nizamnamesiz ve teşkilatsız çalışmanın mümkün olmayacağı, herkes tarafından teslim edilecek bir hakikattir. Bu hale göre, Jön Türkler teşkilatsız, başsız nasıl çalışmışlar ve kısa bir müddet sonra nasıl muvaffak olarak, Sultan Abdülaziz Han'ı tahtından indirterek katline sebep olmuşlardı? Teşkilatsız bir insan kalabalığının böyle birşey yapması mümkün değildir. Şu halde, bu zevât, mutlaka bir başka teşkilata, bir başka yere bağlı idiler. Bu yer neresi idi? İleride de göstereceğimiz gibi, bu teşkilat, İstanbul'daki İngiliz sefâreti; Avrupa'da ise, Rodchild ailesinin altınlarını cebine indiren Mısırlı Prens Mustafa Fâzıl Paşa'nın ikâmetgâhı idi.

Çünkü, bu zevât-ı kirâm, devlet aleyhine işledikleri habâsetten sonra, kanunun pençesinden kurtulmak için her vakit Avrupa'ya kaçmışlar ve orada bu hain Mustafa Fâzıl Paşa'dan yardım ve himâye görmüşlerdir. Mustafa Fâzıl Paşa ise, bir gün belki kardeşi İsmail Paşa'nın yerine Mısır hidivliğine gelirim düşüncesi içinde bocalarken, İngilizlerin ağzına çaldıkları bir parmak bal sonunda ve bu hülyâya dalarak Mısır valiliğini tahayyül etmek suretiyle bağlandığı İngiliz cihan hakimiyeti uşaklığına devam ediyor ve metbû'u devlete ihanet ediyordu. Evet, Mısırlı Prens Mustafa Fâzıl Paşa, İngilizlerin bir ajanından başka hiçbir şey değildi ve kendisi bu ajanlıkta devam ederken, birtakım gâfil insanları da süslü kelimelerle kandırabiliyor ve devlete ihanete sevkedebiliyordu.

ABDÜLAZİZ HAN'IN İLERİLİK HAMLESİ

Bütün bu hareketlere rağmen, Sultan Abdülaziz, devleti kuvvetlendirmek gayretlerinden katiyyen bıkmıyor ve her geçen gün devlete birtakım yenilikler getiriyordu. Bu yenilikler arasında, hayvan ıslahı için nümune çiftlikler, şûrâ-yı devlet teşkili gibi müesseseler de yer alıyordu. Ahmed Midhat Efendi, *Üss-i İnkılab* adlı eserinin 105 ve 107. sahifelerinde bu hususta şu malumatı vermektedir.

"Ve heyet-i nâfianın semereli çalışması ile, memleketin her tarafına şoseler açılıyor, ahaliden toplanan paralarla, yine ziraat erbâbının işlerini kolaylaştırmak ve kendilerini birtakım murâbahacı ve tefecilerin ellerinden kurtararak, lazım olduğu vakit bir banka gibi para alabilecekleri *menâfı-i umumiye sandıkları* açılıyor, ziraatın modern hale getirilmesi için nümune çiftlikleri kuruluyordu. Bu çiftliklerde, halkın istifadesine sunulan ve üzerinde halkın rahatça çalışıp öğrenmeleri için de ziraat makineleri alınıyor ve devlet çiftliklerinde halkın istifadesine arzediliyordu. Bundan ayrı olarak, Sofya'da, beşer yüz yetimi istiâp edecek büyük ıslahhaneler açılmıştı. Bunlarda, bu yetimlere, her türlü sanayi makineleri üzerinde dersler veriliyor, böylece, devletin yeniden ihyâ edilen sanayiine de hizmet ediliyordu. Velhâsıl, devrin terakkisi neyi icap ettirmiş ise hepsi yapılmış ve Sofya'daki ve diğer yerlerdeki tecrübeler üzerine, Sultan Abdülaziz Han tarafından memâlik-i Osmâniye'nin her tarafında bu emsâl müesseselerin açılması için fermanlar çıkarılmıştı.."

Ahmed Midhat Efendi, yine aynı eserin 107. sahifesinde,

şûrâ-yı devlet için de şunları yazıyor:

"Maahâzâ, vilâyet-i şâhânenin yenilikler karşısında gösterdiği intizam ve terakkiye mukâbil, saltanat-ı seniyyenin pâyitahtında dahi, bütün vilayetlere merkez olabilecek bir yeni intizam ihtiyacı meydana gelmişti. Bâb-ı vâlâ-i meşihat, maliye, defterhane-i hâkânî gibi, vilayetlerde doğrudan doğruya bağlı ve alâkalı olan dairelerin muâmelâtı arasında bir âhenk meydana getirmek ve devletin işlerini aksatmamak maksadıyla yeni nizamlar konmuş ve devletin işlerinin mükemmel surette işlemesi temin edilmişti. Bâb-ı Alî, bilhassa böyle bir ıslahattan sonra devletin bütün mühim işlerinin görülüp karara varılacağı bir teşkilatın kurulması lüzumuna inanmış ve bir şûrâ-yı devlet tesisi cihetine gidilmiştir. Şûrâ-yı devlette işlerin mükemmel şekilde yürütülmesi için, Osmanlı İmparatorluğu dahilinde bulunan bütün vilayetlerden, mahall'i iyi bilen murahhasların celbi ve şûrâ-yı devlete aza tayinleri kararlaştırılmıştır. Şûrâ-yı devlette, mülkiye, nâfia, tanzimat ve muhâkemâtubeleri mevcuttu. Bu şubeler, kendi vazifeleri dahilinde meseleleri karara bağlıyorlar, eğer mühim mesâil çıkarsa, bu mühim meselelerin de halline ve bir karara bağlanmasına umumi heyetçe karar veriyorlardı. İşte bu teşkilatın adına *şûrâ-yı devlet* denmiş ve bu heyetin içinde bulunan Midhat Paşa'ya da şûrâ-yı devletin riyâseti ihsan buyurulmuştu. Böylece, eskiden beri faaliyette bulunan meclis-i vâlâ'ya lüzum kalmamış ve bu teşkilat lağvedilmişti."

İşte, Midhat Paşa ve diğerlerinin yıkmaya çalıştıkları ve dolayısıyla, kendi şahsında devleti yıkmak için her çareye tevessül ettikleri Padişah Sultan Abdülaziz Han bu idi ve devleti eski kudret ve kuvvetine ircâ etmek için böylesine bir çalışma devresi içinde idi.

Sultan Abdülaziz Han, saltanatta bulunduğu devre içinde memleket hayrına yalnız bu ve buna benzer işlerle de meşgul olmamış, o, memleketi bir baştan bir başa demiryolları ile de tezyin etmeye karar vermiş ve bu kararını da tatbik sahasına çıkarmıştı. Düşünmek lazımdır ki, Avrupa'da bugün büyük devletler arasında bulunan dünün birçok devletinin hudutları içerisinde demiryolu henüz mevcut değilken, Sultan Abdülaziz Han, Osmanlı İmparatorluğu'nda demiryolları inşasına başlamıştır. Jön Türkler heyetinin devirmek istedikleri padişah işte bu gayyur, ileriyi gören Sultan Abdülaziz Han idi.

Fakat, kader ağlarını örmüştü. Osmanlı İmparatorluğu mutlaka yıkılacak, İngilizlerin dünya hakimiyetine set çekmesi artık bir gün meselesi haline gelen kudretine, Akdeniz ve Ortadoğu ile Afrika'nın içlerine kadar yayılmış olan Osmanlı İmparatorluğu, gerek İngilizler için, gerekse hristiyan âlemi için korkulu bir devlet durumundan çıkarılacaktı.

Eğer, kısa bir devre içinde Sultan Abdülaziz tahtından indirilemezse, Türklerin önüne hiçbir kuvvet geçemezdi; zira, Türk ordusunu donatan silahlar bizzat devlet tarafından yapılıyordu. Donanma İstanbul, İzmit, Gemlik, Sinop tersanelerinde inşa ediliyor, dünyanın en büyük şayak fabrikası olan İzmit çuha-hane fabrikası, ordunun ihtiyacını karşıladıktan başka, halkın ihtiyaçlarına da cevap veriyordu. Diğer fabrikalar ve atölyeler de, her türlü ihtiyacı karşılayacak duruma girmiş bulunuyordu. Devletin, dışarıdan aldığı hiçbir şey kalmamıştı. Herşey Osmanlı devleti içinde yapılıyor ve devletin ve halkın istifadesine arzediliyordu.

Bu gidişe bir dur demek lazım gelmişti. İngilizler buna karar vermişlerdi ve Jön Türkleri, Midhat Paşa ve Mısırlı Prens Mustafa Fâzıl Paşa marifetiyle rahatça kullanmışlardı.

Sultan Abdülaziz Han, mahkemelerin istiklali üzerinde de ısrarla durmuş ve bunların da ıslahı cihetine gitmişti. Ahmed Midhat Efendi merhum, *Üss-i İnkılab* adlı eserinin 108. sahifesinde bu hususta şöyle demektedir:

"Umûr-ı adliyede aslî maksadın tamâmen hâsıl olması için, mahkemelerin tam bir istiklal içinde olmalarına karar verilmiş ve bir irâde-i seniyye ile bu husus da temin edilmiştir."

DEVLETİN DEMİRYOLU SİYASETİ

Ahmed Midhat Efendi, bir sahife sonra da, memlekette demiryolları ve Tuna işletmesi hakkında şu malumatı vermektedir:

"Rumeli'nde, daha devr-i Abdülmecid Han zamanında verilen karar üzerine, Köstence'den Boğazköyü'ne kadar şimendifer hattı temdît olunduğu gibi, Rusçuk'a bir şimendifer temdidini deruhte etmiş olan kumpanya dahi işini ikmal etmiş ve sonradan İstanbul'dan ve Dedeağaç'tan Edirne tarikiyle Sofya'ya ve Selanik'ten Mitroviçe ve Yenipazar'a doğru bir şimendifer kolu uzatılması Hirş namlı –Osmanlı demiryollarını yapan Alman bankeri yahudidir– bir müteahhidin teşkil ettiği kumpanya ile kararlaştırılmıştır.

Bu kumpanya ile yapılan anlaşmanın, ileride *seyyiat* fıkrasında izah edileceği veçhile, devleti birçok zararlara sokması üzerine, Anadolu tarafı için arzu edilen şimendiferler bahis mevzuu kumpanyaya ihale edilmiş ve İzmir demiryollarından maadâ İstanbul'da, Haydarpaşa'dan Anadolu'ya doğru temdidine karar verilen hat, İzmit'e kadar, doğrudan doğruya devlet hesabına inşa olunmuştur.

"Nâfia umûruna verilen ehemmiyet yalnız bu şimendiferlerden ibaret olmayıp, Tuna nehrinde vapur işlettirilmek üzere teşkil olunan idare, kısa zamanda inkişaf etmiş ve Bağdat vilâyet-i celîlesinde teşkil edilen bir idare dahi, Fırat nehrinde ve Umman denizinde (Hint denizi) seyrüsefere epeyce himmet göstermiştir.

Memâlik-i şahanede nâfia umûrundan madut olarak, en muntazam bir kumpanya varsa, o da devr-i Abdülmecid'den kalma *şirket-i hayriye kumpanyası* olur. Sultan Abdülaziz Han devrinde imtiyazı temdit edilmiş ve Boğaziçi'nin mürâselâtını (gidip gelme hususunu) temin edecek bir hale getirilmiştir.

Midhat Paşa ve rüfekâsının tahtından indirip katlettirdikleri Sultan Abdülaziz Han işte bu insandı. Sultan Abdülaziz'in devleti yükseltmek, muâsır Avrupa devletlerinin birçoğundan çok daha ileride, kudretli bir devlet haline getirmek için giriştiği bu faaliyetler serisine daha birçoklarını ilave edeceğiz; zira *büyük devlet adamı* pozisyonuna sokulan Midhat Paşa ve emsâlinin devlete karşı işledikleri ihanetin derecesini ancak bu suretle ortaya koymak, *büyük vatanperver, hürriyet kahramanı* palavraları arkasına sığındırılan ve maalesef hâlâ bu propaganda zırhı arkasında müdafaa ve muhafaza edilen bu insan ile rüfekâsının içyüzünü Türk milletine anlatmak mümkün olacaktır.

DEVLET-İ ALİYYE'DE TELGRAF ŞEBEKESİ

Ahmed Midhat Efendi merhum, aynı eserin 111. sahifesinde, Sultan Abdülaziz'in memlekete yaptığı işlerden bahseden kısımda şu malumatı vermektedir:

"Umûr-ı nâfiadan olarak, en ziyade terakki eden bir idare dahi telgraf idaresi olup, bu mucizevî keşfe olan şiddetli ihtiyaç dünyanın her tarafında kendisini hissettirmişti. Dünyanın diğer devletleri gibi, Osmanlı İmparatorluğu'nda da telgrafın değeri derhal idrak edilmiş ve layık olduğu ehemmiyet verilmiştir. Sultan Abdülmecid merhumun son devirlerinde bazı eyâlet-i şâhâneye telgraf hatları çekilmiş olduğu gibi, Abdülaziz Han devrinde de memâlik-i mahrûsenin hemen her tarafına telgraf hatları çekilmiş ve telgrafhaneler inşa edilmiştir."

Ahmed Midhat Efendi, bundan sonra, eserinde orman meselesine temas ederek şöyle demektedir:

"Ormanlar, Sultan Abdülaziz Han devrinde, rastgelenlerin baltasına hedef olduğu için, bu tahribatın önüne geçmek ve ormanları korumak maksadıyla yeni bir kanun çıkarılmış; bu kanuna göre koruyucular ve *müfettiş* tabir edilen memurlar istihdam edilmiş, ormanlar böylece korunmuş ve ağaç kesimi devletin kafi kontrolü altına girmiştir.

Ahmed Midhat Efendi, kurulmuş bulunan bankacılık ve

verilen bazı imtiyazların kötüye kullanılması hususunda ise şöyle yazmaktadır:

"Memlekette ziraatı, ticareti ve sanatı korumak ve geliştirmek maksadıyla birtakım bankalara imtiyazlar verilmiş ise de, memleketimiz henüz bu gibi işlerin acemisi olduğundan, bunlar hep ecnebilerin eline geçerek, kendi menâfi-i mahsûsaları uğrunda, kendilerine müracaat edenleri dahi batırabilecek bir muamele tatbik ettikleri görülmüştür. Ayrıca, nâfıa umurundan olmak üzere, İstanbul'da tramvay ve Galata'da tünel inşası gibi işler de yapılmıştır."

Bütün bu hamleler niçindi? Sultan Abdülaziz Han niçin didiniyor ve devleti yükseltmek, eski kudretine ircâ etmek istiyordu. O, Fransa'yı ve İngiltere'yi görmüş, devletin bir himmet ile süratle aynı seviyeye çıkabileceğini anlamış ve bu seviyeye çıkabilmek için de hiçbir fedakârlıktan çekinmemiştir; fakat ne garip ve elîm bir tecellidir ki, kim oldukları, nasıl yetiştikleri, hatta hangi ırka mensup oldukları dahi gerçek olarak bilinmeyen bir sürü düzenbaz, bir alay ihtilalci ve babasının tabiriyle "Bir anıracak eşek" olarak vasıflandırılan Hüseyin Avni Paşa gibi bir kadın ve ırz düşmanı, haris, kindar bir seraskerin de dahil bulunduğu bir ihanet şebekesi Sultan Abdülaziz'i tahtından indirecek ve katledeceklerdi. Aslında, işlenen büyük günah, ne Sultan Abdülaziz'e, ne de ondan sonra gelen Sultan Abdülhamid Han'a karşı değildi; bu günah, millete karşı işlenmiş, milletin terakki ve yükselmesine set çekilmişti.

AHMED MİDHAT EFENDİ ve İHTİLALCİLER

Sultan Abdülaziz Han'ın büyük bir gayret ile memleketi ileriye götürmek için arka arkaya irâde-i seniyyeler ısdâr ettiği bir sırada, Osmanlı İmparatorluğu'nu parçalamak için girişilen faaliyetler cidden feci idi. Bu hususta, Ahmed Midhat Efendi merhumun, aynı eserinin 123. sahifesinde, Midhat Paşa, Ziya Paşa, Nâmık Kemâl, Âgâh Efendi, Suavi ve emsâli için koyduğu hüküm şudur:

"Mevki alamamış, binâenaleyh, tâlihine küskün olan ve her zaman sakîm kanaatleri ile zihinleri bulandıran zevzeklerin zevzekleri (bu tabir kitapta aynen yazılıdır) dahi karışarak, hele *hukuk* ve *hürriyet* lafızlarının, lafızca iştikâk ve manaca mahiyetlerinden bile haberdar olmadıkları halde, bazı kimselerin nice yanlış konuşmalar ile zihinleri bulandırmaya kalkmaları vâki olmuştur."

Evet kendi devirlerinde yaşamış, Sultan Abdülaziz'i sevmediği de herkesçe bilinen Ahmed Midhat Efendi'nin, bu zevât hakkındaki hükmü, bu zevâtın nasıl insanlar olduğunu göstermeye kifayet edecek bir ehemmiyet taşıması bakımından dikkate değer bir vesika mâhiyetindedir.

Kaldı ki, Midhat Paşa'nın Tuna vilayetindeki icraatını, kendisinin dirâyet ve kabiliyetine bağlayanlar, Sultan Abdülaziz Han'ın Tuna vilayetindeki gelişmeler için ısdâr ettiği irâde-i seniyyeleri bilmezlikten gelmişlerdir. Halbuki, Tuna vilayetindeki bütün gelişmeler, Sultan Abdülaziz Han tarafından dikkatle takip edilmiştir. Bu hususta, Ahmed Midhat Efendi merhum, aynı eserinin 142. sahifesinde şu malumatı vermektedir:

"Memâlik-i mahrûsenin (Osmanlı imparatorluğu'nun) giriştiği ıslahat hareketlerini dikkatle ve nefretle takip eden Rusya devletini kahredercesine üzmekte bulunmasıyla Midhat Paşa'nın Tuna'dan azil ve teb'îd için Dersaadet'teki sefiri General İgnatiyef vasıtasıyla ve olanca ağırlığı ile teşebbüse geçmiş ise de, o zamanlar tahakküm ve Abdülaziz Han Hazretleri ise Tuna vilâyet-i çelilesi icraatını ehemmiyetle ve hususi bir itina ile takip ettiğinden, vâli-i müşâru'n-ileyhi oradan azlettirememiştir."

Görülüyor ki, Sultan Abdülaziz Han, Tuna vilayetindeki hamleleri en dikkatli bir şekilde takip etmekte idi. Yapılacak işler hakkında en hürde teferruata kadar irâde-i seniyyelerle ve emirlerle müdahale etmekteydi.

Bundan da anlaşılıyor ki, Midhat Paşa, bir kerâmetin mümessili değildi. Bütün bu hadiseler de gösteriyor ki, Midhat Paşa'nın adı etrafında koparılan yaygara, muayyen maksatlar taşımaktadır. Mesela, bu yaygaralardan bir tanesi de, Midhat Paşa'nın Bağdat valiliğine tayin edilmesiyle alâkalıdır. Bağdat vilayetinde ıslahat hareketlerine girişmeye karar vermiş bulunan Sultan Abdülaziz Han, Sadrazam Âlî Paşa'ya, Midhat Paşa'yı oraya tayin etmenin faydalı olup olmayacağını sormuş ve müsbet cevap alınca bu tayini gerçekleştirmiştir. İddia edildiği gibi, Midhat Paşa Bağdat vilayetine sürgün gitmemiştir. Bu hususta Nizamettin Nazif Tepedelenlioğlu, *Sultan II. Abdülhamid Han ve Osmanlı imparatorluğunda Komiteciler* adlı eserinin 286. sahifesinde şunları yazmaktadır:

"Bir kere Midhat Paşa, Âlî Paşa tarafından Bağdat'a sürülmemiştir; Bağdat'a vali tayin edilmiştir. Ve gayet geniş yetkilerle tayin edilmiştir. Tıpkı Tuna'ya gönderildiği gibi gönderilmiştir; yani kemâl-i şan ve şerefle... Çünkü, Âlî Paşa, bu zatta, siyasi devlet adamı meziyetlerini bulmuyordu, ama onda gayet iyi bir idare adamı hüviyeti görüyordu. Zaten, bugün hadiselerin ışığında herkesin ulaştığı şaşmaz gerçek de budur. Midhat Paşa tam o devrin aradığı vali tipi idi."

İşte Midhat Paşa budur. Ne bir fazla, ne bir eksik. Nizamettin

Nazif, eserinin aynı ve müteakip sahifelerinde, paşa hakkında şu hükme varmaktadır:

"Dedik ya... Midhat Paşa, devletin idare mekanizmasında ciden hayırlı hizmetler görmüş olan ve görebilen değerde bir insandı; fakat, dünya ölçüsünde bir siyasi, bir diplomat olan büyük Âlî Paşa onun notunu vermişti. Midhat Paşa Hazretleri politika için yaratılmamışlardı. Bu yüzden, daima siyasi işlerde yaya kaldılar ve istidatlı oldukları sahalarda gayret gösterdikleri zaman ne derece başarılı oldularsa, istidatlı olmadıkları politika ve diplomasi sahalarında da o derece yaya kaldılar. Midhat Paşa, bir yeni devlet kuracak adam değildi."

Büyük devlet adamının hakiki hüviyeti bu idi; fakat devletin başına Avrupa devletleri tarafından örülmek istenen çorap, devlet-i aliyyenin parçalanmasını âmirdi.

Âlî Paşa'nın, Osmanlı İmparatorluğu'nun sonradan başına bela kesilecek olan bu takımın mason olduğunu tesbit etmesi cidden pek büyük bir muvaffakiyetti. Bu zevât-ı kiramın, hangi kanallarla Osmanlı İmparatorluğu'nu çöküntüye ve mahva sürüklediklerini anlatmak bakımından çok mühim bir masonik vesikayı burada vermek isterim.

Bu vesika, Avrupa devletlerini saltanat-ı seniyyeyi, nasıl her imkândan faydalanarak ve her şeylerini seferber ederek mahva mahkum ettiklerini göstermek bakımından mühimdir. Vesikanın tercümesi aynen şöyledir:

"A.L.G.D.A.D.L.U.

"Kardeşlik, müsavat, adalet. Fransa ve müstemlekelerine ait *meclis-i âlî* ile Fransa'nın büyük şart kurulu adına ve onun himâye ve müzâhereti ile, Atina'da kâin 17-29 Nisan 1890 E. V. Ven. de la R. L. S. S. S. T. C. Fr. or de Paris. Türkler tarafından kendilerine revâ görülen şiddetli ve sert muâmeleden dolayı Girit'teki bedbaht kardeşlerimizin, istimdât için yükselen sesleri, yine Türk tazyiki altında maruz kaldıkları cebr ü şiddet, hunharlık, denâet ve alçaklık, insanın bu topraklar üzerindeki en mukaddes haklarını pervâsızca çiğnemesi, bütün dünya masonlarının kalplerini mahzun ve merhamet duygularını pek derin bir surette tahrik etmiş bulunmaktadır. Buna mukâbil, bizim birâderler, Türkler tarafından bedbaht Giritlilere her an icra edilen zulm ü i'tisâfa daha uzun müddet alâkasız kalmayacaklarından, alenen toplantıya davet edilerek ilişki kararı almış bulunmaktadırlar. Yunanistan masonları tarafından ittihâz olunan bu kararı localarınıza ait mahfillerde ve birâderlerle beraber ciddi olarak nazar-ı itibara almanızı ve bütün nüfuzunuzu kullanarak biçare Giritlilere revâ görülen zulüm ve esaret boyunduruğunun bertaraf edilmesi cihetine gidilmesini rica ederiz. Bütün dünya masonları adına giriştiğimiz bu insaniyetperverâne teşebbüsümüze hiçbir masonun bigâne kalmayacağından peşinen emin bulunmaktayız. Gâyeye vâsıl olmak için, bu teklifimize ait tevessül edilecek çareyi, bu husustaki tecrübelerinize müstenit tenvir ve telkinâtınızın bir an evvel, lütfen tarafımıza tebliğ buyurulmasını rica ederiz. Mesela, halkın bize son derece yardımı olacak ve mason teşkilatınıza bağlı gazeteler tarafından, menfur ve vahşiyâne cinayetlere sahne olan bahtsız Girit adası ile, bu zulüm ve işkencelere diiçar olmuş, her an kendilerine îkâ edilen bu cânîyâne zulümler hakkında geniş malumat vermeye âmâde, zavallı Giritliler lehine neşriyat yapılarak dünya efkâr-ı umumiyesini tenvir etmelerini bilhassa rica ederiz. Bu davetimizin, mağdurların kurtarılması için müsmir neticeler vereceğine ve bütün masonik kuvvetlerinin bu âdilâne davaya iştirak ederek, kendilerine düşen vecâibi ifa edeceklerine emniyet ve itimadımız vardır. Takdimi, vesâire, vesâire..."

Fransız masonlarının bu vesikasına diyecek herhangi bir sözümüz yok. Sadece, bu vesikayı, mazlum Türk milletini hunhar, canavar olarak gösteren ve mason teşkilatına dahil olarak Devleti de, Türklüğü de, dini de perişan eden bu vatan haini insanların, nasıl bir ihanet çukuruna düştüklerini anlatmak için buraya koymuş bulunmaktayız.

Ve maalesef, günümüzde hâlâ faaliyette bulunan masonik teşekküllerin, hepsi birer mason olan Genç Osmanlılar ve sonraki adları ile Jön Türklerin büyük vatanperverler olduklarını iddia etmeleri karşısında, kendilerine de aynı vatan ihanetini çok görmeyeceğimizi söylemek isteriz.

İşte Midhat Paşa da, diğerleri de bu insanlardı ve Türk İmparatorluğu'nu yıkmak için böylesine beynelmilel teşkilatların âza fişlerinde isimleri yazılmaktan hususi bir zevk duyuyorlardı.

İstihdaf eden siyasi niyetleri, Osmanlı İmparatorluğu'nda Midhat Paşa dahil birçok yardımcı bulmuş ve devletin parçalanması ancak bu iştirakten sonra mümkün olmuştu. Midhat Paşa'nın başında bulunduğu ve esas merkezi Paris'te bulunan Genç Türk veya Yeni Osmanlılar hareketine karışmış olanların hepsi bu iştirak maddesiyle malumdurlar. Bu zevâtın hepsi, devleti parçalamak için adeta yarış etmişlerdir. Bu hususta, cidden çok kıymetli bir tedkik mahsulü olan Nizamettin Nazif Tepedelenlioğlu'nun yukarıda adı geçen kitabındaki şu malumatı vermekle iktifa edeceğiz:

"Önce şu noktayı belirtelim. Bu hareket, hiç de sanıldığı kadar önemli bir siyasi mana ifade etmez. Yeni Osmanlılar denen kurul, ismi cismi yok bir *zümrüd-i ankâ* idi. Bir başka tabirle de ne deve idi, ne kuş."

Bir rivayete bakılırsa, Genç Osmanlıların kökü için I. Abdülmecid Han'ın son günlerine kadar gerilemek icap ediyor; fakat bu devrede herhalde bir siyasi gizli kurul denemeyecek kadar basit ve hatta çocukça bir özenti olsa gerektir. Genç Osmanlıları, daha ziyade Abdülaziz'in ilk saltanatı yıllarında bir parça derli toplu aramak doğru olur. Devletin kulağına da, ancak Âlî Paşa'nın İstanbul'da Rum mason localarına karşı cephe aldığı sırada çarpar. 1860 Girit ihtilalinin de düpedüz Etniki Eterya komplosu olduğunu keşfeden Âlî Paşa, bir taraftan Fener kilisesine dikkatli bir sürek avı açmıştı. İşte bu sırada, bazı Türk gençlerinin de Rum masonlarla düşüp kalktıklarını haber almıştı. Bunun üzerine fena halde kuşkulanmış ve haykırmıştı:

—Biz Girit'te ve Yemen'de ihtilal bastırmaya çalışırken, gençlerimiz İstanbul'da ihtilal mi hazırlıyorlar?

Ve yatıştırılan o ihtilalden sonra, 1867 Girit belası bir daha nüksedince, şiir hevesi, edebiyat merakı, güzel sanat heyecanı falan dinlememişti. Rum masonlarla temas eden gençlere ve artık adı sık sık duyulmakta olan Genç Osmanlılara karşı pek sert bir tavır almıştı.

Alî Paşa'nın Genç Osmanlılar teşkilatına karşı şiddetle cephe almasının sebebi gayet açıktır. Bu cephe alışın gerçek manası, İngiliz-Fransız rekâbetidir. Bilindiği gibi, mason üstâd-ı a'zamlarından Kemâlettin Apak'ın neşrettiği ve yalnız masonlara satılmış olan *Mason Tarihi* adlı kitabında belirttiği gibi, Osmanlı İmparatorluğu'nun ilk masonu Mustafa Reşid Paşa idi ve kendisi masonluğa, hem sefir, hem de Hariciye vekili olarak Londra'da bulunduğu iki senelik müddet içinde intisap etmişti. Londra'dan memlekete avdet edip de sadrazam olunca, gerek Midhat Paşa, gerekse Ziya Paşa ile hususi surette meşgul olmuş, onları da mason locasına almıştı. Genç Osmanlıların mason Rumlarla temasları buradan başlamaktadır. Mason locaları ise, İskoç mason büyük locasına bağlıdırlar. Böylece, İngiliz siyasileri, dünya mason localarını istedikleri gibi idare etmekte ve siyasetlerini her memlekette, bu localar vasıtasıyla yürütmektedir. Bu hususu gayet iyi bildiği anlaşılan Âlî Paşa da, Fransız dostu ve taraftarı olarak, birer İngiliz ajanı durumunda gördüğü Genç Osmanlılar Teşkilatı'na karşı amansızca bir mücadele açmış ve dolayısıyla, İngiliz siyasetinin karşısına, Osmanlı İmparatorluğu'nda Fransız siyasetini dikmiştir.

İHTİLALCİLER ve MASON LOCALARI

Mason Locaları'nın, Osmanlı İmparatorluğu'nun batışında nasıl bir hırs ve kinle rol oynadıkları ise her türlü izahtan varestedir.

Osmanlı İmparatorluğu'nda İngiliz-Fransız siyaseti böylece

çetin bir mücadelenin içine girmişti; fakat sonraki hadiseler, İngiliz dünya hakimiyeti siyasetinin, Osmanlı İmparatorluğu'nda ağır bastığını göstermiş ve Fransızlar da, Ruslar da bu siyasetin önünde dize gelmiş, Osmanlı İmparatorluğu da parçalanmıştı. İngiliz siyaseti istikametinde büyük bir gaflet içinde çalışan ve günümüzde *büyük vatanperverler*(!) sıfatına layık görülen bu zevât hakkında N. N. Tepedelenlioğlu, bahsi geçen kitabının 288. sahifesinde de şunları kaydetmektedir.

"İşte bu merhalede, kalbur üstü gençlerden dördünü ele alalım: Nâmık Kemâl, Suavi, Ziya Paşa ve Âgâh Efendi. Abdülaziz'in kanlı macerası esnasında, artık genç denilecek tarafları kalmamış olduğunu evvelce bildirmiş olduğum bu dört tarihî çehrenin, kültür bakımından bir hayli yaya olduklarını da söylemiştim. Evet... Güzel sanat ve fikir tarihimizin, pek üstün değerde birer şahsiyeti olduklarını bugün artık klasik bir bilgi haline sokmuş bulunduğumuz bu dört Genç Osmanlı lideri, hiç de büyük kültür adamları değillerdi. Hatta, Abdülaziz'i devirmiş olan serasker çetesinin dört paşasından daha sağlam bilgilere bile sahip değillerdir. Elbette, 'Hiçbir değeri yoktu!' demek iste(me)diğim **Nâmık Kemâl** **Bey,** bir ilkokuldan dahi diploma almış değildi. Bütün öğrendiklerini, dedesinin memurlukla ömrünün geçtiği yerlerde hususi hocalardan öğrenmişti. 1867 yılı Mayıs'ında, Rum masonlarla temas edenlerin Âlî Paşa tarafından şiddetle takip edildikleri sırada, Avrupa'ya kaçıncaya kadar biraz Arapça ve Farsça biliyordu; fakat, hiçbir Avrupa dilinde behresi yoktu. Nâmık Kemâl, 27. yaşında Paris'e gitmiş ve Avrupa'da üç yıl kalmıştır. Bu üç yılın bir kısmı Londra'da geçmiş, bir müddet de İsviçre'de oturmuştur. Bu zaman zarfında, çok fâsılalı olarak neşrettiği *Hürriyet* gazetesinin, Osmanlı İmparatorluğu'nda büyük bir siyasi tesir yapmış olduğu iddia edilemez; çünkü böyle olsaydı, Nâmık Kemâl'in tekrar memlekete dönmesine Abdülaziz asla müsaade etmezdi. Nâmık Kemâl Bey, Viyana'daki Osmanlı büyükelçisinin delâletiyle Padişah'ın şefaatini elde etmiş ve *lütfedilen* bir *af*tan istifade etmekte tereddüt etmemiştir. Bu ne biçim ihtilalciliktir? İstanbul'a döndükten sonra, Nâmık Kemâl, bazı gazetelere, bu arada *İbret* gazetesine yazılar yazar. Şüphe yok ki, eli kalem tutan bir gençtir; fakat, kalem onu geçindir(e)mez. Nâmık Kemâl, devletten hizmet arar ve yekten Gelibolu'ya mutasarrıf tayin edilir fakat başaramaz. Vazifesini bırakıp İstanbul'a döner. Çok iyi, şöhretli bir aileden gelişi, hele babasının, merhum müneccim-başı Mustafa Âsim Bey olması ve ana tarafından dedesi Abdüllatif Paşa'nın, çok iyi hâtıralar bırakmış bir yüksek idare memuru oluşu, bu tayinde büyük rol oynamıştır. Otuz-kırk yıl sonra, bir başka siyasi çetecilik harekete geçince Nâmık Kemâl'e yapılan lütuf unutulacak. Büyük vatansever Gelibolu'ya sürülmüştü ve vazifesini başaramadığı için İstanbul'a dönüşü de bir başka türlü şişirilecektir. **Ziya Paşa** da kendi kendini yetiştirmiş bir vatandaşımız. Ne hayata atıldığı vakit, ne de, bir hayli maceralarla yoğrulmuş olan ömrünün olgunluk sayılabilecek son devri, bir millete yeni istikamet gösterecek bir kudret ifade etmiştir... Ne bir siyasi lider olmuştur, ne de bir önder, bir mübeşşir!.. Bu da, görgüsü kıt bir muhitten geliyor. Peder efendi, Galata gümrük katibidir. Göbek adı Abdülhamid olan mahdum bey de, nihayet Beyazıt rüşdiyesinde (ortaokul) okutulmuştur. Midhat Paşa'dan 3 yaş küçüktür. O 1822'de doğmuştur. Bu, 1825'te ve 1842 yılında, 7 yaşında iken geçim kaygusu onu da tıpkı Midhat Paşa gibi bir Bâb-ı Âli kalemine bağlamıştır ve eline üç-beş kuruş geçince içkiye ve hovardalığa başlamıştır; yani yaşayış bakımından genç Midhat'ın tam zıddıdır. (Burada üstad zuhûle düşmüştür; zira Midhat Paşa, sayılı ayyaşlardan birisidir ve Hüseyin Avni Paşa, bu yüzden kendisine emniyet edemediğini de hatıratında yazmaktadır). Fakat, bu halin o devre göre de pek ayıplanacak bir tarafı yoktur. Genç Ziya, Midhat gibi, kadı olmak sevdasında değildi ki... Onun hedefi şair olmaktır ve o devir, dünyanın her tarafında şiirin içki ile dudak dudağa yaşadığı devirdir. Şair rind olacak, kalender olacaktır. Meyhanede bitirdiğine tekkede başlayacaktır. Bâb-ı Âli'de, sadrazamlık özel kaleminde o kadar çırak vardı ki, bunlardan birinin devamsız oluşu kimsenin dikkatini çekmez... Abdülhamid Ziya Efendi zeki bir gençtir. Bunun farkına varmakta gecikmez ve çoğu zaman postu Rum meyhanelerine serer. Rakıyı mürekkebe tercih eder. Rakı içmek dururken mürekkep yalanır mı? Ve o kadar süratle rakıya alışır, o kadar kısa zamanda o kadar içer ki, alkol onu harap eder. Genç yaşta alkolik olacak, sıhhati bozulacaktır ve hayatının büyük bir kısmını hastalıklarla geçirdikten sonra, günün birinde verem olacak ve kan kusarak ölecektir. XIX. yüzyılın ortalarında, hemen hepsinin patronları da, garsonları da Rum olan Selâtin meyhaneleri ile sadâret kalemleri arasında gele gide onüç yıl geçirdikten sonra, 1855'te, Ziya Efendi'nin talihi açılıyor; hiç ummadığı bir anda müsait bir rüzgar esiyor, onu kaptığı gibi padişah sarayına iletiyor. Otuzuncu yaşında Ziya Efendi, I. Abdülhamid'in üçüncü katipliğine kayrılıyor. Kayıran, gene Büyük Mustafa Reşid Paşa'dır. Tıpkı Midhat gibi, onu da elinden tutuyor ve ber-mutat *Fransızca öğrenmeye teşvik* ediyor. Fransızca öğrenmek güzel şey... Herhangi bir dil gibi Fransız dilini de öğrenmek güzel şeydir; fakat yalnız Fransızca öğrenmekten ne çıkar? Hiçbir kültürü olmadan, sadece dil öğrenmiş bir insanın, faytonlarda arabacıların yanına ilişip Frenklere İstanbul'u dolaştıran eski seyyah rehberinden ne farkı olur? Olmaması icap ederdi; fakat, tanzimatçıların giriştikleri *geniş ıslahat* işlerinde kullanılabilecek insan o kadar azdı ki, biraz mürekkep yalamış olanlar, eğer çat pat Fransızca da konuşabiliyorlarsa herşey olabiliyorlardı."

Tanzimatın büyük başlarından birisi de işte bu Ziya Efendi idi; yani devletin temeline ilk Frenk dinamitini koyan ve ateşleyen Büyük Mustafa Reşid Paşa'nın, tıpkı Midhat Paşa gibi yetiştirdiği adam; yani İngilizlere sempatisi olan, İngilizlere kendilerini teslim edebilecek insanlar olarak tescil edilen büyük(!) devletlüler serisinden birisi de işte bu adamdı. Ve bu adamlar, İngiliz patentli bir ihanet çemberinin içine sokulacaklar ve devlet-i aliyyeyi mahv u perişan etmekle de kalmayacaklar, Türk milletini de, içtimai müesseselerinin dibine yerleştirdikleri dinamitlerle şirâzesinden çıkaracaklardı.

Türk milletinin bugün çektiği ıstırapların mesnedi ve kökü işte budur; yani, bu adamların bilerek giriştikleri ihanet zincirinden bize kadar gelen *alafrangalık, Frenklik* âdetleri ve kilise kültürüdür. Şimdi, üstad Nizamettin Nazif Tepedelenlioğlu'na tekrar dönelim:

"Mustafa Reşid Paşa ve onun ekolünden yetişmiş olan Keçeci-zâde Fuad Pâşa gibi tanzimat ileri gelenleri, müslüman gençleri dil öğrenmeye teşvik etmekle elbetteki iyi bir harekette bulunmuşlardı. Saray ile Bâb-ı Âlî'nin Avrupalılarla temasına asırlardan beri hep yabancı unsurlar vâsıta olmuştu. Devletin en mahrem sırları, devlete hiç de sâdık olmayan hristiyan tercümanlarına servet kaynağı olmuştu. Bunlar, daima yabancı elçiliklere casusluk etmişlerdi. Mustafa Reşid Paşa bu felaketli hâle bir son vermek istemişti."

Mustafa Reşid Paşa, gayr-i müslim anâsırın Osmanlı'ya ihanet ettiğini tesbit ve buna bir çare aramayı nasıl düşünmüşse, aynı şekilde, gayr-i müslim unsurlara vermeyi kabul ve ilan ettiği hürriyet ve müsâvât sonunda devletin içine düşeceği durumu düşünememiş miydi? Düşünmesi iktizâ etmez miydi? Elbette düşünmesi iktiza ederdi; fakat bunu yapmamış, mason localarından ve İngiliz siyasetinden aldığı ilhamlarla, daha o devirde imparatorluğu yere sermeyi denemiş, fakat muvaffak olamamıştı. Onun muvaffakiyeti ölümünden sonra olacak ve günümüzde dahi bunun ıstırabını milletçe çekecektik.

N. N. Tepedelenlioğlu, kitabının 291. sahifesinde, Ziya Paşa için şunları yazmaktadır:

"Abdülhamid Ziya Efendi, bu teşebbüsten önce hayata atılmış bulunanlardan olduğu için, hem derme-çatma dil öğrenmiş, hem de lövanten muhitlere karışarak *pek başıbozuk bir Avrupalı* oluvermişti. *Frenkleşmişti.* Selâtin meyhanelerine devam ederek ulaştığı saray katipliği yüzünden, Rum ve lövanten dostları onu *insani muhitlerin* cemiyet hayatına da soktular. Derecesi biraz yüksek salonlarda madamlarla, klüplerde sarraflarla teması artınca, ruhunu korkunç bir aşağılık kompleksi sardı. Açık fikirli ve asri bir Avrupalı olmak sevdâsıyla, eline ne geçtiyse, anlar anlamaz okudu; bir taraftan da para sıkıntısı çekiyordu. Çabuk, kolay ve çok para kazanmak için politikanın iyi bir vâsıta olabileceğine kendisini inandıranlar oldu. 1848'de, Avrupa'nın her tarafını bir ihtilal kasırgası sardığı günlerde, Ziya Efendi 23 yaşında idi; ama hiç de o kasırganın farkında olmamıştı; zira henüz gözü açılmamıştı; fakat 1860'ta bir başka ihtilal kasırgası başlayınca gözü açıldı. Garibaldi'nin İtalya'daki maceraları, Yunanlı komitecilerin Girit'teki ayaklanışları, bu klasik tahsilden mahrum, *dörtte bir münevverin*, alkol ile durmadan kamçılanan muhayyilesinde yeni ufuklar açtı. Zaten İtalyan gemiciler İstanbul meyhanelerine çoktan Karbonari tohumlarını serpmiş bulunuyorlardı."

Dikkat edilirse, Ziya Paşa, bir şairden çok bir ihtilalci ve ayyaş bir adamdı. Bu memlekette, yeni bir istikamet verecek olanlar bunlardı işte ve ayrıca Ziya Paşa, çok fazla paraya muhtaç bir insan olarak, Frenk sarrafları ile ve Frenk muhitleri ile ziyâdesiyle meşgul idi; yani bunun açıkçası, Ziya Paşa, muhtaç olduğu parayı bu muhitlerden temin ediyor demektir. Nasıl temin ederdi, ne karşılığı temin ederdi, burası meçhul; fakat İstanbul'daki Frenk muhitlerinin birer casusluk merkezi ve bunlarda yaşayan her gayr-i müslimin birer Avrupa devletinin casusları olduğunu düşünürsek, Ziya Paşa'nın bu muhitlerden kendisine lazım olan parayı nasıl temin ettiğini kolaylıkla anlayabiliriz.

Ziya Paşa, hakikaten çok paraya muhtaçtı ve bu parayı bulmak için çareler aramak zorunda idi.

Nizamettin Nazif Beyefendi, kitabının 296. sahifesinde, bu zat için şunları yazmaktadır:

"Nâmık Kemâl'i ayartıp, Yeni Osmanlılar adlı Karbonari vant'ına sokan da bu Ziya Efendi'dir. Halbuki, bu Ziya Efendi'den istifade etmek için devlet ona neler yapmaz? Bütün bilgi mayası Sultan Mahmud devri rüşdiyesine dayanan Ziya Efendi'yi Âli

Paşa, Abdülaziz Han'ın tavsiyesiyle zaptiye müsteşarlığına tayin eder. Sonra Atina'ya elçi göndermeyi düşünür; fakat bunların ikisi de emniyet işleridir.

Sadrazam, bir hayli genişleterek açıkladığımız sebeplerden ötürü onu zaptiyelerden uzaklaştırır ve tabii Atina elçiliğine asla göndermez. Kendisini avutmak, gönlünü almak için bir mirimiran rütbesi verirler. Artık, adının sonundaki *bey* yerine bir *paşalık* kondurulacaktır ve yeni paşayı Kıbrıs'a mutasarrıf tayin ederler.

Sonradan, bütün bu tayinler, nakiller hep yanlış yorumlanacaktır. Devletin başında bulunanları saran tereddütlerin nasıl bir sebebe dayandığı araştırılmayacak veya bu sebebin gizlenmesine çalışılacaktır. Hele, Abdülhamid Ziya'nın Avrupa'ya firarı, yaşadığımız günlere kadar bir *vatan kahramanlığı* sayılacak, en yaldızlı hürriyet ambalajlarına sarılarak nesillere yutturulacaktır. Hiç kimse çıkıp da diyemeyecektir ki:

"Âlî Paşa, kökü yabancı memleketlerde olan gizli teşkilatların şerrinden memleketi korumaya çalışırken (kökü memleket dışında olan iki teşkilatın üyesi) Ziya Paşa, yakalanmaktan korkmuş ve kaçmıştır."

Midhat Paşa'nın memlekette yapmayı tasarladığı işler için Genç veya Yeni Osmanlılar tabir edilen gizli cemiyette teşrik-i mesâi ettiği insanlardan sadece bir tanesi olan Ziya Paşa işte bu adamdır. Midhat Paşa'nın bu adamlarla yaptığı ise, artık inkar edil(e)meyecek kadar gün ışığına çıkmıştır.

Midhat Paşa'nın yaptığı, devleti yıkmaktan başka birşey değildir ve maalesef bunda da muvaffak olmuştur. Devlet yıkılmış, İslâmiyet zarar görmüş, Türk milleti bîkes bırakılmıştır ve nihayet, Türk devleti küçücük bir vatan parçasına inhisar etmiş, içtimai bünyesi ise perişan edilmiştir.

Midhat Paşa'nın etrafındaki kadro anlaşılmadıkça Midhat Paşa'nın anlaşılması asla mümkün değildir. Onun için, Genç Osmanlıları tanıtmakta cidden fayda vardır.

ALİ SUAVİ EFENDİ

Şimdi de, tarihimize Çırağan Sarayı baskını ile giren birinden, yani Ali Suavi'den bahsedelim. Midhat Paşa ve etrafındaki yârânın kimler olduğunu ne işler çevirdiklerini, nasıl yaşadıklarını, Avrupa'ya nasıl kaçtıklarını; nihayet, devleti kaç paraya sattıklarını açıklayalım.

Ali Suavi, 1838 yılında doğmuştur. Falih Rıfkı Atay, *Baş Veren Bir İnkılapçı* adlı kitabında, Ali Suavi hakkında şu malumatı vermektedir:

"1878'de, kırk yaşında fikri ve davası uğruna başını veren Ali Suavi de, bundan yetmiş beş yıl önceki Genç Osmanlılar devrinin adamıdır" (s. 6)

"Ali Suavi, Çankırı'nın Çay köyünden İstanbul'a gelerek kağıt mühreciliği[24] yapan Hüseyin Efendi'nin oğludur. Aksaray'da doğmuştur" (s. 7)

"Hicrî 1255-(Miladi) 1839'da İstanbul Cerrahpaşa mahallesinde doğmuştur. Cedleri Viranşehir toprağından ve ulemâdan idi. Babası kağıtçı Hüseyin Ağa esnaftandır. İstanbul'da şehirli bir kadınla evlendi. Okumayı ve âmâl-i erbaayı karısından öğrenmiştir" (s. 13)

Ali Suavi Bey, baş veren inkılapçı, böylece dünyaya gelmiş ve devletin başına bela olmuştur.

N. N. Tepedelenlioğlu, *Sultan II. Abdülhamid ve Osmanlı imparatorluğunda Komiteciler* adlı kitabının 279. sahifesinde, Ali

---

24 Mühre: Kağıt ve emsâli şeyleri cilalayan yuvarlak bir alet.

Suavi hakkında şöyle yazmaktadır:

"Ali Suavi, Nâmık Kemâl'den iki yaş büyük ve Ziya Paşadan onüç yaş küçüktü. Avrupa'ya kaçmasından önce, İstanbul'da *Muhbir* gazetesini çıkardığı zaman henüz yirmi sekiz yaşında idi ve bal gibi softa idi" dedikten sonra şöyle devam etmektedir:

"Çok zeki idi Ali... Ve çalışkandı da. Buna asla şüphe yoktur. Eline ne geçerse okurdu. Kırkambar gibi bir çocuktu. Bundan ötürüdür ki, 1856'da rüşdiye mekteplerine öğretmen olmak için Maarif Nezâreti'nde bir müsâbaka açılınca, on sekiz yaşına yeni basmış olan Ali Efendi aliyyü'l-a'lâ derecede muvaffak oldu. Ve açık fikirli, kibar bir adam olan Maarif nâzırı Sami Paşa'nın dikkatini çekti. Paşa, kendisini şahsen tebrik etti, himayesine aldı ve Bursa rüşdiyesine öğretmen yaptırdı. Herkesle kavga etti. Mektepte nizam bırakmadı. Halkın şikayeti üzerine azledildi. Sami Paşa imdadına yetişmeseydi işsiz ve aç kalacaktı. Sami Paşa ona konağında, selamlıkta bir yer verdi. Bir müddet baktı. Girit valiliğine tayin edilmesinden az önce de, Filibe rüşdiyesine öğretmen olarak gönderdi ve ikiyüz altın ihsan etmeyi de unutmadı" (s. 279)

Filibe'nin müslüman ahalisi Ali Suavi'yi kısa zamanda çok sevmiş ve ona dört elle sarılmıştır; çünkü, Ali Suavi tam *Kitâbu's-Sülûk*'e uygun bir tarzda hareket etmiş, hepsinin nabızlarına göre şerbet vermesini bilmiştir.

Genç öğretmen, bu sevgiyi büyük ölçüde paraya tahvil etmek sevdâsına tutuldu. Ne kozmopolit bir Balkan şehri olduğunu bundan önceki kısımlarda uzun uzadıya izaha çalıştığımız Filibe'de, müslümanlar pek dağınık yaşıyorlardı. Halbuki, her hristiyan topluluğun böyle bir teşkilata bağlanıp başına geçmek istedi ve hristiyan cemaat teşkilatlarını incelerken, bunlardan herbirisinin nasıl bir gizli politika in'i olduğunu keşfetti ve Mısır'da Firavun mezarlarım araştıran arkeologlar nasıl esrarengiz hastalıklara tutuluyorlarsa, o da, bu cemaatlerin esrarengiz hastalıklarına tutuldu. Bir müslüman cemaati kurmaya çalışırken, Bizans terbiyesi almış Rus'un, Bulgar kilisesine aşılamış olduğu komitecilik zehirini aldı.

Köy camilerinde, vaaz bahanesiyle garip propagandalara kalkıştı ve Filibe'de konferanslar vermeye başladı. Açıkgöz bir adam olan mutasarrıf Atâ Bey kuşkulanmakta gecikmedi tabii.. Ali Suavi Efendi'yi azledip Filibe'den uzaklaştırdı.

İşte Ali Suavi de bu adamdı. Bu adam, ihtilalci Yeni Osmanlılar cemiyetine, *Muhbir* gazetesi vesilesiyle girmiştir. Ve bu adam, ondan sonra, Anadolu'yu bir baştan bir başa gezmiş ve padişah aleyhinde durmadan dinlenmeden çalışmış durmuştu.

Bu seyahatlerini Falih Rıfkı Atay, *Baş Veren Bir İnkılapçı* adlı küçük eserinin 18. sahifesinde şöyle anlatmaktadır:

"Anadolu dolaşmalarında, Ali Suavi ile dostluk eden kaymakamlar, valiler, mutasarrıflar; azılı düşmanlarından duymadıkları tenkit ve itirazları onun yumuşak ağzından işitmişlerdi. Yine, Ali Suavi'nin açtığı bir âşar meselesini tahkik etmek için Filibe'ye gelen Edirne valisi Rüşdü Paşa, Filibe mollası Celâleddin Efendi'ye demiş ki: "Filibe kaymakamı Atâ Bey'in Suavi Efendi hakkında yazdığı inhâ cebimdedir. Bunda, Suavi Efendi'nin peygamberden küçük, fakat evliyadan büyük tutulduğunu görüyorum. Tuhaf şey... Sonra ne oldu ki aralarına böyle bozukluk girdi."

Ali Suavi diyor ki: "Şurası hoştur, herhangi bir memur ile bozuşursam, ne o bana, ne ben ona kin beslemezdik. Eskiden tanışmış olduklarımla, hâla bugünkü günde içimizde düşmanlık olmayıp birbirimizi severiz."

Bu büyük lafları eden ve herkesle dostluktan bahseden adam; sadece devletin ve Türk milletinin dostu olamamış, İngiliz parası ile beslenmiş, İngilizlerin adamı Mustafa Fâzıl Paşa ile haşır neşir olmuş ve İngiliz siyasetini dumûra uğratan Sultan Abdülhamid Han'ı tahtından indirmek ve yerine mahlu padişah Murad Efendi'yi geçirmek için Çırağan Sarayını basacak ve Beşiktaş muhafızı Haşan Paşa'nın bastonu ile kafası parçalanıp oracıkta yığılıp kalacaktır.

İşte bu adamın; devlet ve millet dostu olmadığı, devlet ve

millete ihanet ettiği sâbit olan Mustafa Fâzıl Paşa ile dostluğunun nasıl başladığını Falih Rıfkı Atay, aynı kitabın 19. sahifesinde ve kendi ağzından şöyle anlatmaktadır:

"Ali Suavi, otuz yıl içindeki, hatta son zamanlardaki ıslahat yapılarından çoğunun temeli(nin) *kumdan ibaret* olduğu fikrindedir. *Maddi kanunlar* esası üzerine maddi nizamlar konmadıkça devletimiz için bekâ tasavvur edemezdim. İşte bu fikirle Rumeli'ye seyahat etmekte iken, öteden beride bir Mustafa Fâzıl Paşa ismi duymaya başladım. Bizzat padişaha, 'Eğer ıslahat yapmazsanız Osmanlı padişahlarının sonuncusu olursunuz!' demiş. Bu Fâzıl Paşa, *hakîmâne davranmak* özrü ile saman altından su yürütmeye çalışanlardan olmayıp fedakâr, cesur ve devlet mevkiine muhtaç olmayan bir zat imiş diye işittim. Kulak dolgunluğu beni kendisine âşık etti."

Yukarıda bahsi geçen mektup, Mustafa Fâzıl Paşa'nın Sultan Abdülaziz Han'a gönderdiği bir uzunca mektuptur ki, kendisinin Osmanlı İmparatorluğu'ndan uzaklaştırılmasında bu mektup asla rol oynamamıştır. Mustafa Fâzıl Paşa, kardeşi Mısır hidivi ile iyi geçinen Sultan Abdülaziz Han'a, bu dostluktan ve bir gün Mısır hidivi olmak hülyâlarının yıkılmasından dolayı düşman olmuş ve Paris'e yerleşerek, devlet ve millet aleyhindeki faaliyetlerine başlamıştı.

Ali Suavi Efendi'nin kendi ifadesine göre, Mustafa Fâzıl Paşa'nın adı o kadar yaygın imiş ki, Rumeli'de hemen herkes bundan bahsedermiş. Bu da gösteriyor ki, bir İngiliz ajanı durumunda olan Mustafa Fâzıl Paşa'yı, İngilizler kesif bir faaliyet içinde bulundukları Rumeli'nde diledikleri gibi halk'a tanıtmışlar ve adeta bir efsane adamı haline getirmişlerdi. Ali Suavi Efendi'nin kendisine gıyâbında âşık oluşu da herhalde bundan ileri gelmiştir; zira bir mason ve Genç Osmanlılarla aynı fikir yapısında bulunan bu adamın nazarında, Sultan Abdülaziz Han, devletin yıkılmasına çalışmakta ve memlekette hiçbir ıslahat teşebbüsünde bulunmamaktadır.

Ne gariptir ki, devleti asrının en kudretli devletleri arasına sokabilen, beş yıl gibi kısa bir müddet içinde imparatorlukta 1.500 kilometre demiryolu hattını işletmeye açabilen, fabrikaları ile, tersaneleri ile, yolları ile ve Osmanlı İmparatorluğunu bir baştan bir başa donatan telgraf hatları ile yepyeni bir devlet meydana getiren Sultan Abdülaziz Han, devleti yıkmak için çalışacak öyle mi? Ve sonra, birkaç zıpçıktı çıkacak, bu kudretli ve vatanperver sultana hücum edecek ve kendileri birer hürriyet, millet, devlet kahramanı olacak. Böyle şey olmaz. Dünya imparatorluğu siyasetine giren ve bu siyaseti kendi bakımından her ne şekilde olurca olsun tahakkuk ettirmek isteyen bir devletin parası ile yiyecekler, içecekler, her türlü habâseti işleyecek, sonra da bu adamlar, üste, devletin de yıkılmasını tesiri etmek için ne mümkünse yapacaklar ve sonunda, devleti yükseltmek isteyen Osmanoğlu hain, bunlar da vatanperver olacak? Geçin efendim, geçin... Böyle safsata olmaz.

Bu adamlara vatanperver diyenlere, Sultan Abdülaziz devrinin nasıl bir devir olduğunu tedkik etmelerini dilemek bizce en doğru harekettir; zira bu devir, tekniğin, fabrikasyon sisteminin henüz emeklediği bir devirdir ve Sultan Abdülaziz Han, bu devr'e bütün gücü ile girmiş ve muvaffak olmuş, devletin itibarını kurtarmış bir pâdişâh-ı âlî-şândır.

İşte bu Ali Suavi Efendi de; böylesine şişirilmiş, devlet ve millete hizmet bahsinde Sultan Abdülaziz Han ile yer değiştirtilmiş ve vatanperver olarak tanıtılmış satılmışlardan birisidir; hem de Osmanlı İmparatorluğu'nu yeşil masa başında parçalatan İngilizlere. Şimdi, Ali Suavi Efendi'nin, Mustafa Fâzıl Paşa ile nasıl ve ne şekilde münasebet kurduğunu, Falih Rıfkı Atay'ın aynı kitabının 19 ve 20. sahifelerinden aldığımız şu malumatla anlatalım:

"Memleketten kovulan(!) Mustafa Fâzıl Paşa, Paris'te iken Ali Suavi, İstanbul'da, Şehzade camiinde ders okutmaya başladı. Bir gün, Filip isminde bir Ermeni, bildiklerinden biri vasıtasıyla yanına geliyor. *Muhbir* adında bir gazete çıkaracağından bahsederek, Ali Suavi'nin de yazmasını istiyor. "Ben, gazetesine vâsıtalık eden

Tevfik Efendi'ye (Ebüzziyâ Tevfik) yazdırmasını, aralıkta benim de bazı şeyler vereceğimi söyledim. Filip gazeteyi çıkardı. Tevfik Efendi'yi de muharrir tayin etti. Birinci nüshasını tamamıyla ben yazdım. Sonraları da makaleler verdim. Bu işe parmak sokmaktan maksadım, vatanımız gazetelerinin köhne inanışlarını ve eski manasız methiye usullerini bozmaktı. Hem o lisanı bozdum, hem de memleketimize hürriyeti soktum. Hatta, o vakit meclis-i vâlâ azasından Ziya Bey'in yanında bazı büyükler, *Muhbir* gazetesi edep yolundan çıkıyor' dediklerinde, Ziya Bey(in), 'Memleketimizde sağırlık duvarına *Takvîm-i Vekâyi* bir çivi iliştirdi; sonra *Cerîde-i Havâdis* o çiviye bir çekiç, daha sonra *Tercümân-ı Ahvâl* başka bir çekiç, nihayet *Tasvîr-i Efkâr* da bir çekiç vurdu. Şimdi bir Suavi çıktı, eline koca bir tokmak alıp çiviye öyle bir vurdu ki, sonuna kadar duvara girdi. Bu asır o duvarı delecek, kulakları açacaktır. Bunu mukadder bilmeli. Deliği kapatırız zannetmeyin, hürriyet memlekete girecektir!' demiş olduğu o zaman işitilmiştir."

Ali Suavi'nin, memleket aleyhindeki faaliyetleri de işte böylece başlamış oldu. Ali Suavi, *İbret* gazetesine yazı yazmaya başladığı vakit 26 yaşında idi ve bu adam, bu 26 yaş ve geldiği muhit ile devlete yol gösterecek ve devletin başına vatanperver kesilecekti. Sadece vatanperver olmakla da kalmayacak, ihanetin beratını hareketleri ile tasdik edecekti. Falih Rıfkı Atay, aynı kitabın 25. sahifesinde şöyle yazar:

"Bir aralık, *Muhbir* gazetesinin sahibi Filib, *Nord* gazetesinde Mustafa Fâzıl Paşa'nın 'kâtib-i sır' imzası ile çıkmış olan Jön Türk reisliği beyannamesini Türkçe'ye tercüme ettirerek gazetesine koymuş."

Evet, böyle yapmış ve Osmanlı İmparatorluğu dışında neşredilen bir ihtilal beyannamesini ve bu ihtilal hareketinin reisini memlekete böyle basın yolu ile sokmuştu. Temaslar artmıştı. Her geçen gün, Ali Suavi'yi biraz daha Mustafa Fâzıl Paşa'ya yaklaştırıyor ve devletin başına örmeyi düşündükleri ve harekete getirdikleri mefsedet ve ihanet fikrini birlikte paylaşacakları istikamete itiyordu.

Tabii, Sultan Abdülaziz Han da uyumuyordu. Ali Suavi'nin faaliyetleri adım adım takip ediliyordu. Bu faaliyetlerine devam ettiği bir günde tevkif edilmiş ve Kastamonu'ya sürgün edilmiştir. Bu hususu, bizzat kendisi, Falih Rıfkı Atay'ın aynı kitabında, 26. sahifede şöyle anlatmaktadır:

"Belgrad tarihi ve Millet Meclisi makalesi, sonra Girit cemiyetinin ehemmiyeti ve gece gündüz birleşmekte olduğum küçük-büyüklerle geçen siyasi bahislerin gürültüsü Bâb-ı Âlî'yi uyandırdı. Tâ ki, bir akşam ezan vakti, Edhem Efendi namında bir teftiş memuru gelip, 'Seni zaptiye şubesi muavini Mustafa Paşa bekliyor!' dedi. Derhal kalktım; beni zaptiye kapısına getirdi, bir güzel odaya koydu, iki teftiş memuru da gelip yanıma oturdular. Anladım ki tevkif oldum. O gece orada yattım. Sabahısı, zaptiye müşiri Hekim Ali Paşa, yanına çağırıp zaptiye müsteşarı ve muavini Mustafa Paşa hazır oldukları halde sigara içtik. Ruh bahsi açıldı. Nihayet Müşir Paşa dedi ki: 'Sizi muvakkaten seyahate gönderecekler. Hasbe'l-icap birşeydir. Kat'iyyen ilişik etmeyiniz.' 'Kim gönderiyor, nereye gideceğim? Sebebi nedir?' diye sual ettimse de, 'Hasbe'l-icap'tan başka bir açık cevap vermedi. Müşir kalktı gitti. O gece orada kaldık. Gece müfettiş (...) Bey vasıtasıyla bana bir havadis geldi ki, memur ve ahaliden yüzelli kadar kimse birikip zaptiye kapısına gelerek beni hükümetten isteyecekmiş. Hükümet vermezse zorla almaya ittifak etmişler. Haberi getiren zâta, böyle hareket edilmemesini tembih ettim. Vâkıa, tembihe de ihtiyaç kalmadı, sabah oluverdi. Beni bir alay zaptiye debdebesiyle İzmir vapuruna getirdiler. Hasbe'l-icap yanımıza takılan mülazim Hüseyin Ağa ile İzmir'e çıktık. Hasbe'l-icap Kastamonu'ya gittik. Vardığımızda memur, vali Hamdi Paşa'ya zaptiye müşirinin mektubunu verdi. Bu mektup, 'Ali Suavi Efendi bu kere hasbe'l-icap Kastamonu cânibine îzâm olundu'dan ibaretti.

Vali Hamdi Paşa, Kastamonu'da Ali Suavi'ye dostça davrandı. İstanbul'daki tanıdıkları ile yazışabildiği için sürgünde pek de sıkılmadı. Orada talebesine *Mir'ât* okuttu. Kastamonu'da kaldığı iki ay içinde, devlet nizamlarına, servet ve kuvvetine dair Türkçe bir kitap yazdı."

On satır aşağıda ve 27. sahifede ise şöyle der Falih Rıfkı:

Sürgün hatıraları arasında der ki: "O vakte kadar Mısırlı Mustafa Fâzıl Paşa ile bir münasebetim yokken, Kastamonu'ya biri çıkıp geldi. Bu adam, Fâzıl Paşa tarafından 90 Osmanlı lirası getirip, paşanın beni Paris'te istediğini tebliğ etti."

Yine aynı eserin aynı sahifesinde ve dört satır altında şunlar yazılıdır:

"Bir perşembe günü idi; Mustafa Fâzıl Paşa'nın ikinci bir adamı çıkageldi. Beni alıp gizlice İstanbul'a götürmeye memur olduğunu, oradan paşanın vekilleri Paris'e yollayacaklarını beyan etti. Elime de bir mektup verdi, içinde der ki: - Geçende size 90 lirayı Mustafa Fâzıl Paşa gönderdi. Paris'te sizin gelmenizi bekler. Maksadı size Avrupa'da bir gazete yazdırmaktır. İstanbul'da hurufat da satın aldı. Harfler sizden evvel Paris'e varır. Hakkınızda hürmetle beraber, refah ile maişetinizi taahhüt eder. Avrupa gibi serbest bir yerde, mezâlim aleyhine şiddetli eserler yazmak millete büyük hizmettir. Zahmetiniz, İstanbul'a Beyoğlu'na kadar gelmektir. Orada sizi bir adam görecektir. Ona teslim olunuz."

Ve Ali Suavi devam ediyor:

"Mektubu okuyunca getirene, 'Haydi sen bu handa otur, yarın saat dörtte şu hamama gel, soyun konuşuruz' dedim. Gitsem mi, gitmesem mi düşüncesine daldım. Gitmeyi gönlüm hiç istemezdi. Halbuki, iki sebep beni gitmeye cebrederdi. Birinci sebep, Mustafa Fâzıl Paşa'nın *Hünkâra Mektup* diye neşrettiği risaleyi alıp okudukça, âleme karşı ihtirassızlığını ilan eden bu zâtı, elden gelen hizmetle kuvvetlendirmek hedefi idi. İkinci sebep, Bâb-ı Âlî, Fâzıl Paşa'nın beni Paris'e kaçırmak üzere adam gönderdiğini haber almış, o adamı ve evimdeki evrakımı tutturmak üzere memur gönderecek diye İstanbul'dan mektupla aldığım havadis idi."

ALİ SUAVİ
FİRAR EDİYOR

Hey gidi koca devlet-i aliyye, kimler tarafından, ne ciğeri bir para etmez adamlar tarafından parçalandı ve mahvedildi. Midhat Paşa'nın dayandığı adamlar, işte bu adamlardı. Aslında ise, mesele çok başka idi; zira adamların hiçbirisi, ne bir devlet, hatta ne de bir vilayet idare edebilecek kabiliyette değillerdi. Onlar, bir büyük politikanın önüne katılmış, kalemlerini ve vicdanlarını bu siyasete satmış bedbahtlardı.

İşte, Ali Suavi de, kendi ifadesine göre, İngiliz ajanı Mustafa Fâzıl Paşa'ya hizmet etmek, devleti batırmak için çıkaracağı gazeteyi idare etmek için Paris'e kaçmış ve orada da, diğer yerlerde de bu sefil Mustafa Fâzıl Paşa'nın İngilizlerden alıp verdiği para ile hayatını sürdürmüştü.

Falih Rıfkı Atay, aynı kitabının 30. sahifesinde şöyle demektedir:

"1284 yılı Muharrem'inin 14. Cumartesi günü gecesi idi. Yola düştük. Beşiktaş'a çıktık. Sürücü beygirleri ile Fâzıl Paşa'nın vekili Avusturyalı mösyö Doç'un evine indik. Paşa'nın beni Paris'te beklediğini, ne kadar para istersem vermeye hazır olduğunu söyledi. Mösyö Doç, o günlerde nezâret altında olduğundan, beni bir başkasının evine misafir verdi. 18 Muharrem sabahı, bir sandal ile Mesajeri kumpanyasının Marsilya vapuruna bindim."

Ali Suavi, anlaşılan hafıza noksanlığına da müptelâdır; zira, Kastamonu'da, Mustafa Fâzıl Paşa'nın adamının ve kendisinin yakalanacağına dair bilgi aldığını söylediği mektubunun sonrası, Paşa'nın adamı olan ve tevkif edilmesi için arandığı iddia edilen mösyö Doç'un nasıl olur da evine iner?! ... Nedret altında olduğu bilinen bir insanın evine inmek, onunla görüşmek, bizzat zaptiyeleri üzerine çekmek değildir de nedir? O takdirde de derhal tevkif edilecek veya yeni bir sürgüne, yahut da hapse tıkılacaktı; ama o, bütün bunları bilmezlikten gelmiş ve mösyö Doç'un evine inmiştir. Niçin? Niçin mi? Gayet basit; çünkü ne kendisinin, ne de mösyö Doç'un tevkif edilecekleri veya göz hapsinde oldukları haberi doğru değildir. Ali Suavi, bal gibi ihanet olan seyahatine çıkmak için bir mücbir sebep aramış ve tevkif edileceği mâzeretini bu ihanetine kalkan etmek istemiştir. Mesele bundan ibarettir. Ali Suavi, bir anda büyük adam olmak, servet ü sâmân içinde yüzmek, bol bol şarap içmek ve kadınlı erkekli âlemler yapmak, sözünü koskoca imparatorlukta dinlenen ve hürmet edilen bir ses haline getirmek hırsına kapılmıştır. Onların bu hırslarını da Mustafa Fâzıl Paşa, daha doğrusu İngilizler daima tahrik etmişler ve para bakımından da bütün bu sefilleri beslemişlerdir. Koskoca bir imparatorluğun bu kadar ucuza satıldığı, tarihte ne görülmüş, ne de işitilmiştir.

Şimdi tekrar devam edelim:

Vapur Mesina limanına girdiği vakit, güverteden etrafı seyrederken, Ali Suavi iki fesli görür. Dikkatle baktım. Birini tanıdım, meclis-i vâlâ azasından Ziya Bey, (şair Ziya Paşa), o da beni tanıyıp karaya doğru işaret etti. Sandal da sahile doğruldu.

Vapurda arada sırada bana aşinalık eden bir Ermeni çocuğu yanıma gelip, 'Tanır mısınız? Ziya Beyefendi!' dedi. Bir-iki kurcaladım, anlaşıldı ki Fâzıl Paşa gazeteye mürettip istemiş. Bu çocuğu bulmuşlar, ismi Agop. Yolcular Mesina'ya kadar başka vapur ile gelmişler. Ziya Bey'in yanındaki fesli zat da tercüme odası hulefâsından ve *Tasvîr-i Efkâr* gazetesi muharriri Kemâl Bey (Nâmık Kemâl).

Beylerin kaçışlarının sebebini sordum. İstanbul'da kalmadıklarına esef ettim. Ziya Bey dedi ki:

"-Bilirsin ki, evim hürriyet ve hak taraflısına açıktı. Âlî nazarında suçlu gibi idim. Fâzıl Paşa mektubunun Türkçe tercümesi benden bilindi. Kıbrıs mutasarrıflığına tayin irâdesi çıktı. Sadrazam daha ne yapar bilmezdim. Avrupa'ya bir seyahat de istedim. Fâzıl Paşa hayli vakittir beni ister. Maişetimi taahhüt eder. Bir kere onu görüp efkârını anlamak istedim. Eğer hesaba gelirse, bir serbest memlekette oturup zalim idare aleyhine paçaları sıvarız."

Kemâl Bey:

"-Sen Kastamonu'ya gittikten sonra beni de *Tasvir'e* yazmaktan menettiler. Erzurum vali muavinliği verdiler. Paris'te Fâzıl Paşa, seninle birlikte gazeteye yazı yazmak üzere beni de ister. Doğrusu, Ziya Bey'i de savuşmaya teşvik ettim. Öyle değil mi beyefendi?"

Marsilya'dan trenle 1284 Muharrem'inde Perşembe sabahı Paris şehrine girdik. Doğruca Malharbe bulvarında Fâzıl Paşa'nın evine indik. Çıktı, memnun oldu.

"Benim servetim size de kafidir, aman çalışalım; artık ne olacaksa olsun, elbette birşey yapalım."

Bu adamlar sadece vatan haini değil, aynı zamanda korkunç birer şarlatan ve yalancı.

Ali Suavi Efendi'ye bakın. Mesina'da Ziya Paşa'yı gördüğü vakit, güya memleketten kaçışına esef etmiş. Ya kendisi ne yapmıştı? Kaçmamış mı idi? Mesina'da bulunuşunun başka sebebi mi vardı? Paris'e gitmek, oradan, Mustafa Fâzıl Paşa ile birlikte tesis edecekleri ve sermayesi İngiliz altını olan gazetenin neşriyatını idare etmek değil miydi? Bu neşriyat, Mustafa Fâzıl Paşa'nın da söylediği gibi, "artık ne olacaksa olsun" da dediği gibi, memleket aleyhine tecelli etmeyecek miydi? Zavallı memleket, ne nankörler beslemiş, ne hainlere analık etmişsin?

Şu Mustafa Fâzıl Paşa'ya bakınız, ne diyor: "Benim servetim size de yeter." Bu katmerli haine bakınız. Devlete asi bir paşanın sulbünden gelmiş, doğuşundan beri devlete asi ve hain bu adama bakınız. "Servetim size de yeter." Hangi servet? Kendi serveti mi, yoksa Rodchildlerin serveti mi?

İşte bu servet ile Ali Suavi'si de, Nâmık Kemâl'i de, Agâh Efendi'si de, Ziya Paşa'sı da, onların başında bulunan Midhat Paşa'sı da, Hüseyin Avni'si de, Süleyman Paşa'sı da, Kayserili'si de... hepsi de, devletin temelden yıkılması için çalışacaklar, bu para ile bir başka devletin hizmetinde vazife görecekler, sonra da bir ulu sultanın kanına girecekler ve adi birer katil olarak mimleneceklerdi.

Ya şu Ziya Paşa'ya ne denir? İstanbul'da lövanten meclislerinde, mason localarında ve sarraflarda kurduğu münasebetler sonunda eline geçen paraya karşılık devlete ihaneti yetmiyormuş gibi, bu defa da Mustafa Fâzıl Paşa'nın davetine bir işbirlikçi gibi gidiyor ve bu gidişini bir yalana istinat ettiriyordu. "Bir Avrupa seyahati edeyim dedim" diyor; sonra da "Hesaba gelirse burada kolları sıvayalım." Bu paşa, İstanbul'daki hayatı ile yakînen tanıdığımız paşadır ve hayatı Selâtin meyhanelerinde bol para yemekle geçen bir ayyaştır. Onun kaydettiği hesap, İstanbul'dakinden daha fazla gelir temin edecek bir hayattır. Yani paşa, İstanbul'da lövanten meclislerinde yaptığı ihanetin bedelini fazlasıyla aldığı halde, sefil hayatına yetiştirememiş ve ihanetini mezada çıkartmıştı. Ve Mustafa Fâzıl Paşa İstanbul'dakinden daha fazlasını verince de kalkmış soluğu Paris'te almıştı.

PRENS MUSTAFA PAŞA KİMDİR?

Acaba, bu Mısırlı Mustafa Fâzıl Paşa kimdi? Nasıl bir adamdı? Genç Osmanlılar tarihinde kaydedildiğine göre, bu zat İstanbul'da kendisine istediği mevkii ve değeri vermeyen saraya ve Bâb-ı Âlî'ye kızarak, *hürriyet taraftarı* diye şöhret yapmış olan gençleri etrafına toplamıştır.

Bu hüküm zannımızca tamamen yanlıştır; zira Mustafa Fâzıl Paşa, *hürriyetçi* adı altında hâlâ gevelenen isimlerin sahiplerinden çok evvel, İngilizlerin Mısır siyasetine yarayacağına inandıkları ve muhafaza (ettikleri) ve besledikleri bir adamdır. Binâenaleyh, Genç Osmanlılar diye anılan takımın iddiası asla vârit değildir. Bir defa, Mustafa Fâzıl Paşa, Mısır hidivi İsmail Paşa'nın kardeşidir ve İngilizlerin telkini altında kalarak, Mısır hidivliğine geçmek istemektedir. Sebep de gayet basittir. İsmail Paşa, Fransız siyasetine kur yapmaktadır ve Sultan Abdülaziz'i iknâ ederek istiklal ilan etmek, daha doğru tabiriyle bir saltanat sülalesi meydana getirmek istemektedir. Buna imkan mı vardı? Herşeyden evvel bu hususu İngilizler tasvip etmezlerdi; çünkü, böyle bir saltanat sülalesinin meydana çıkması, kendilerinin dünya siyasetinde oynamak istedikleri rolü baltalardı; zira İngilizler, dünya hakimiyetine giden yolların belli başlılarından olan Kahire ve Port Said'i, ileride bir merkez yapacak ve dünya hakimiyetine gidecek son ve kat'i yol olan Osmanlı İmparatorluğu'nu bu sayede yıkabilecekti. Onun içindir ki, Mustafa Fâzıl Paşa'ya el atmış, onu Paris'e celbetmişti. Orada da, en yakın dost olarak Rodchilld ailesini yanında bulmuştu. Emşel Rodchilld, Mustafa Fâzıl Paşa'nın, karargâhını kurduğu şehir olan Paris'te en yakın dostu idi.

Emşel Rodchilld ise, Londra'daki Nathan Rodchilld'e bağlı idi. O ne derse o olurdu; yani, Londra ne derse o olurdu.

Nitekim, İsmail Paşa sıkışıp da Süveyş kanalındaki hisselerini satmak üzere Fransa ile anlaştığı günün ertesi günü, bu Nathan Rodchilld'dir ki, İngiliz devletine borç vermiş ve İngiliz sefiri, İsmail Paşa'ya biraz daha fark vermek suretiyle Süveyş hisselerinin İsmail Paşa'dakilerini satın almıştı. İşte İngilizler, Fransız muhibbi olduğunu bildikleri hidiv İsmail Paşa'ya karşılık, kardeşi Mustafa Fâzıl Paşa'yı tutmakta idiler. Önceleri bu niyetle kullandıkları Mustafa Fâzıl Paşa, sonraları, Osmanlı İmparatorluğu'nda kullanılmış ve devlete hakikaten öldürücü darbeyi vurmuştu.

Bizim büyük vatanperverler, işte bu adamın yanına gitmişler ve kendilerine yeni ve ihanetlerle dolu bir hayat seçmişlerdi.

Bu zevâtın hiçbirisi, devletin içtimai bünyesinin farkında değillerdi. Memlekete getirmek istedikleri *hürriyet* kelimesinin ardındaki gerçek manayı anlamaktan aciz idiler.

Bu adamlar öylesine bir ihanet gayyâ kuyusunun içine girmişlerdi ki, tarih bunu asla affetmeyecek ve haklarındaki hüküm, hakiki Türk tarihi yazıldıktan sonra behemehal değişecektir.

Bu adamların nasıl birer İngiliz taraftarı olduklarını ve İngiltere'de nasıl çalıştıklarını göstermesi bakımından, gayet enteresan bir vesikayı, Cemal Kutay'ın *Türkiye İstiklal ve Hürriyet Mücadeleleri Tarihi'nin* dokuzuncu ciltinin giriş kısmı, 8. sayfasındaki şu mektubu ele alalım: Mektup, 4 Mayıs 1876 tarihinde, İngiltere başvekili Benjamen Disraelli tarafından, İstanbul'daki İngiliz sefiri sir Henry Layard'a gönderilmiştir. Mektupta deniyor ki:

"İstanbul'da büyük hadiselerin cereyanının bekleneceğini bildiren raporunuzu dikkatle okudum. Osmanlı devletinin, tarihî intikal mahiyetinde kararlar arefesinde olduğu mevzuunda sizinle hem-fikirim. Bu tarihî imparatorluk ya âcil ve zecrî tedbirlerle, kaybolan hayâtiyet ve yaşama organlarına tatminkâr yaşama çareleri bulacak veya mukadder inkırazına sürüklenecektir. Bugünkü idareye karşı mücadele edenlerin fikrî faaliyetine Londra sahne olduğundan, istediklerini de kısmen öğrenmiş bulunuyoruz."

Biraz aşağıda, mektup, şöyle devam ediyor:

"Türk meşrutiyetçilerinin, gerek şahsiyet, gerek fikir olarak bendeki intibâları çok müsbettir; fakat —maalesef— hemen ilave edeyim ki, Osmanlılarda yerleşmiş olan müfrit an'ane-perestlik, hürriyetlerin aşamayacağı mânia olarak meydana çıkacak ve bu grup, hanedan arasından istediği müstebidi kolaylıkla bulacaktır."

İngiltere başvekili Disraelli'nin İstanbul'dan gönderdiği mektubunda "tarihî intikaf'den bahseden cümlesi mânidardır; zira bu *tarihî intikal* sözünün edildiği sene, bu mektupta *müstebit* olarak vasıflandırılan Osmanlı sultanı, Sultan Abdülaziz Han, tahtından indirilmiş ve katledilmiştir.

Mektuptaki *tarihî intikal* sözünün hakiki manası işte budur. İngiliz başvekili, mektubunda, bizim birer *hürriyet kahramanı* olarak alkışladığımız bu insanların fikrî faaliyetlerinin Londra'da cereyan ettiğinden bahsetmekte ve bu zevât-ı kiramın fikirlerinin ne olduğunu bildiğini de söylemektedir. Bunun manasını anlamak için ne bir kâhin, ne de bir gâipten haber alma kudretine ihtiyaç yoktur. Mektuptan anlaşılan mana açıktır. İngiltere, Osmanlı İmparatorluğu'nun kudre-tinden, bu kudrete ilâveten stratejik ehemmiyetinden ürkmekte idi ve Osmanlı İmparatorluğu, İngiltere'nin dünya hakimiyetine set çekebilecek devletlerin başında idi. Osmanlı İmparatorluğu kudretli bir ordunun sahibi idi. Bu mektubun yazıldığı yıl, Osmanlı devleti kudretli ve İngiltere'yi düşündüren bir donanmanın da sahibi bulunuyordu. Osmanlı İmparatorluğu, yine bu mektubun yazıldığı yıl, fabrikaları, tersaneleri ve bütün teknik sahadaki yenilikleri ile modern bir devlet olmuştu. Disraelli'yi düşündüren noktalar bunlardı ve Osmanlı İmparatorluğu'nu, mukadder telakki ettiği âkıbetine sürüklemek için işte bu yarı cahil insanlara, Londra'nın kapılarını da, devletinin kasalarını da açmış ve Londra'nın fikriyâtını bu adamların kafasına yerleştirmişti.

Mektuptaki sıfata bakınız. Osmanlı İmparatorları *müstebit* diyor. Hangi istibdat? Devlete baş kaldıran, devleti yıkmak için devletin düşmanları ile el-birliği yapan meşrutiyetçileri, bu ihanetlerine rağmen devlet içinde barındıran, en mümtaz vazifeleri veren ve onları, sürdükleri yerlerde dahi iâşe ve ibâte eden Osmanlı İmparatorları mı müstebit? Eğer istibdat bu ise, bu istibdada kucak açacak birçok insanın mevcut olduğunu kabule mecburuz. Acaba, İngiltere başvekili Disraelli, kendi memleketinde, devleti yıkmak, rejimi ortadan kaldırmak için İngiltere'nin düşmanları ile el-birliği yapacak insanlar çıksaydı, *müstebit* sıfatını şuursuzca taktığı Osmanlı Sultanları kadar müsâmaha gösterebilecek miydi? İngiliz tarihi, bunun aksini isbat eden binlerce vesikaya yer vermektedir. Demek oluyor ki, asıl istibdat orada idi; fakat bu kelime Disraelli'nin ağzında sakız olacak ve devlet-i aliyye'yi yıkmak için, Londra'da karargâh kurmuş meşrutiyetçilere şırınga misâli zerkedilecekti.

İşte, Ziya Paşa'sı da, hainlerin haini Mustafa Fâzıl Paşa'sı da, Agâh Efendi'si de, Nâmık Kemâl'i de, Ali Suavi'si de böyle insanlardı. Ya Midhat Paşa? Ya Hüseyin Avni Paşa? Ya mekâtib-i askeriye nâzırı Süleyman Paşa? Evet, bu kadro, devlete ihanet etmek için elbirliği yapmıştı ve bu ihanetlerinde de muvaffak olmuşlardı.

HÜSEYİN AVNİ PAŞA ve SULTAN AZİZ'İN MÜSRİFLİĞİ İDDİASI

HÜSEYİN AVNİ PAŞA'NIN İHANETİ

Bilindiği gibi, Midhat Paşa, Hüseyin Avni Paşa, Süleyman Paşa, Bahriye nâzırı Kayserili Ahmed Paşa, Şirvâni-zâde Rüşdü Paşa'nın sadrazam bulunduğu devrede, bu ilk resmî iktidar çetesi, Sultan Abdülaziz Han'ı hal ve katle teşebbüs etmişler ve bu teşebbüsleri de muvaffak olmuştu. Şimdi, bu hususta, elde mevcut delillerle hal[1] ve suikastın nasıl yapıldığını bu işlerde kimlerin rol aldığını tedkik edelim.

Sultan Abdülaziz'in hal ve katlinde en büyük kuvvet olarak kullanılan Serasker Hüseyin Avni, 1842 yılında mülazım (teğmen) olduktan sonra süratle ilerlemiş, Kırım Harbine girmiş; Ömer Paşa' nın maiyyetinde bulunmuş; 1857 yılında harbiye mektebi nâzırlığına tayin edilmiştir. Sonraları daha da yükselmiş ve hassa müşiri olmuştu. İşte, Hüseyin Avni Paşa, hassa müşiri iken, hareme getirilen bir Çerkes kızını görmüş ve o anda aklı başından gitmişti. Kadınlara düşkünlüğü herkesçe bilinen bu Ispartalı paşa, adının Şems-i Cihan olduğunu sonradan öğrendiği bu genç ve çok güzel Çerkes kızını ele geçirme kararı vermişti. Hassa müşiri Hüseyin Avni Paşa'nın bu niyeti her türlü âdâp, erkân ve terbiyenin dışında idi; fakat haris, kadınlara fevkalade düşkün olan bu paşa, bundan evvel de harem dairesi ile münasebet kurmuş ve Arz-ı Niyaz kalfa ile haşır neşir olmuştu. Saray içinde *hazinedar kalfa* olarak bilinen ve gerek Valide Sultan, gerekse Sultan

Abdülaziz Han üzerinde nüfuzu olduğu söylenen bu kadın, bir taraftan Hüseyin Avni Paşa ile münasebetini devam ettirirken, diğer taraftan, Sultan Abdülaziz'i hal edecek serasker çetesine de dahil olmuştu. Nitekim, Sultan Abdülaziz'in katlinde en mühim rollerden birisini bu kadının oynadığını ileride göreceğiz.

Rahmetli Arif Oruç Bey, Ayhan müstear adı ile yazdığı *Sultan Abdülaziz Nasıl Hal' Edildi, Nasıl İntihar Etti?* adlı eserinde bu hususta şunları yazmaktadır:

"Hüseyin Avni Paşa, Şems-i Cihan'ı elinden kaçırdığına çok müteessirdi. Hassa müşiri olduğu için dilber Çerkes kızının valide kapısından saraya girdiğini gözleriyle görmüştü. Hüseyin Avni Paşa, ne de olsa taze civan kadınlara pek düşkündü, bayılırdı" (s. 18)

İşte, Hüseyin Avni Paşa'nın, Sultan Abdülaziz'e husûmetini nefret derecesine vardıran ikinci sebep bu idi. Arif Oruç, kitabının 19. sahifesinde şöyle devam eder:

"Dinç hassa müşiri, bu kadına, mâlik olmak için her fedakârlığa katlanmayı göze alacak kadar çarpılmıştı."

Fakat, hassa müşiri ümit ediyordu; zira Sultan Abdülaziz Han, iki gün sonra Mısır seyahatine çıkacak, kendisi burada kalacaktı. Nasıl olsa bir kolayını bulur; müstefreşesi hazinedar kalfa vasıtasıyla Şems-i Cihan ile münasebet kurabilirdi.

Saray içinde hazinedar kalfanın adını hiç kimse ağzına alamazdı. Ona sadece *kadın kalfa* derlerdi.

Hazinedar kalfa, II. Mahmud'un hemşiresi Esmâ Sultan'ın gözdelerindendi. Esmâ Sultan sarayından çırağ edildikten sonra, Sultan Mahmud'un ikballerinden Tiryal Kadın tarafından Abdülaziz Han'ın validesine tavsiye edilmiş, veliaht şehzade Abdülaziz Efendi'nin Dolmabahçe Sarayındaki dairesine yerleşmişti.

Hüseyin Avni Paşa ile hazinedar kalfanın, saray bahçesinde nasıl karşılaştıklarını Arif Oruç Bey merhum, eserinin 21. sahifesinde şöyle nakletmektedir:

"Hüseyin Avni Paşa, hassa müşirliğini elde ettikten sonra, sarayda eski âşinâsına tesadüf etmiş, memnuniyetinden ne edeceğini şaşırmıştı. Akşam, Beşiktaş sarayının uyuşturucu kokulu çiçekleri arasında dolaşan Hüseyin Avni Paşa, karşısına çıkan dolgun vücutlu hazinedarı görmüştü. Padişah sarayında, bahçede de olsa, gözler daima yere bakmaya alışıktı. Hüseyin Avni Paşa, sol elinin ayasını iri kılıcının kabzasına bastırarak, gözlerini aşağıya indirmişti. Yanına gelen hazinedar, 'O arslanım... Hele şükür, sizleri görmek müyesser oldu!' diye latife edip gülümseyerek karşısında durmuştu. Hüseyin Avni Paşa, eski dil-dâdesini, titreyen sesinden tanımıştı. Ne de olsa, birkaç sene evvel bir gurup vaktinde, Silahtarağa'da, sandalını musırrâne takip ederek muvaffak olduğu dilber kadın, hala terâvetini muhafaza ediyordu. Sultan Abdülaziz'in gözde ve sâhib-i nüfuz hazinedarı, değme kızlara tercih edilemeyecek kadar güzeldi. Âh! Onunla az mı başbaşa heyecanlı geceler geçirmişlerdi. Avni Paşa, ilerideki sarayın pencerelerinden görülmek korkusu ile, 'Beni mahvedersin, dikkat et!' diye mırıldandı. Olgun hazinedar, yumuşak ellerini paşanın geniş omuzlarına yaslayıp bastırarak, 'Saray benim irâdeme tâbidir gülüm!' dedi. Ve Hüseyin Avni Paşa, eski âşinâsı ile, böylece, bir akşam üzeri tekrar münasebetini tazelemiş, sonra da güzel hazinedarın tavassutu ile karînlerden Hâfız Mehmed Bey'le sıkı fıkı olmuştu."

Hüseyin Avni Paşa, artık serasker kaymakamı olmuştu ve hazinedar kalfa ile münasebetlerini daha da ilerletmişti. Paşa, metresiyle, Arz-ı Niyaz'ın süt ninesinin Karagümrük'teki evinde buluşurlardı. Yine böyle bir buluşma gününde, kadın, paşanın serasker kaymakamlığını tebrik etmişti. Arif Oruç, kitabının 35. sahifesinde bunu şöyle anlatır:

-Sahih, serasker kaymakamlığını tebrik ederim. İnşâallah serasker olmak dahi müyesser olur.

Paşa da cevap vermişti:

-Sen dilersen canım.

Hazinedar kalfa dilemiş ve Hüseyin Avni Paşa da serasker olmuştu.

Hüseyin Avni Paşa, Şems-i Cihan'ı unutamıyordu ve tıpkı, hazinedar kalfayı kafese koyduğu gibi, harem dairesine giren bu cariyeyi de, Dolmabahçe Sarayı'nın önündeki kayıkla gezintiler yaparak ele geçirmek istemiş; fakat iş anlaşılmış ve Valide Sultan'ın kulağına kadar da gitmişti.

O andan itibaren, Valide Sultan, Hüseyin Avni Paşa'dan nefret etmiş ve daima onun aleyhinde bulunmuştur; fakat Arz-ı Niyaz kalfa, paşa ile olan münasebetini devam ettirmiş ve yükselmesi için ne yapmak lazımsa yapmış; bu arada, Sultan Abdülaziz'in hal'i için en büyük yardımcılarından birisi olmuştu.

Hüseyin Avni Paşa'nın şansı açılmıştı. Bu talihin açılması için de fırsat zuhur etmişti.

Sultan Abdülaziz Han, Mısır'a yaptığı seyahatinde, Mısır askerlerinin talimlerini beğenmiş ve orduya tatbikine karar vermişti. Bu sebeple de, Fuad Paşa'yı huzuruna çağırtmıştı. Bu davete, Fuad Paşa, serasker kaymakamı Hüseyin Avni Paşa'yı da birlikte götürmüştü; zira irâde öyle çıkmıştı.

Serasker, Çerkes cariye meselesinden kuşkulu olduğu için, cidden büyük bir endişe içerisinde idi. Fuad Paşa önde, Avni Paşa arkada huzura girmişler; Padişah, Fuad Paşa'ya oturmasını irâde etmişti. Fuad Paşa ve serasker kaymakamı Padişah'ın tam karşısına gelen pembe ipek yüzlü koltuklara şöylece ilişivermişlerdi.

Arif Oruç Bey merhum, *Sultan Abdülaziz* adlı eserinin 53. sahifesinde bu hadiseyi şöyle anlatmaktadır:

"Sultan Abdülaziz, 'Fuad!' dedi; Mısır'daki askerî talimler mahzûziyet-i seniyyemizi mucip olmuştur. Akşamdan beri düşünüyorum, bunda ne Said'in ve ne dahi İsmail'in kerâmeti vardır. (Said dediği, İsmail Paşa'dan evvel Mısır valisi olan zattır). Mahzâ, bu makûle işlerin efkâr-ı şâhânemizin bir tecellîsi olduğu şüphe götürmez bir hakikattir. İstanbul'daki teb'a kullarımın dahi, bu misillü nümâyişlerden mahrum kalmaları nice olur? Sizde gayret ve hamiyetten zerre yok mudur?"

-Fuad Paşa, telaşla Hüseyin Avni Paşa'ya bakmıştı. Hüseyin Avni Paşa, aynı zamanda askerin tensîki işlerinde mütehassıs idi. Padişah, muntazam bir resm-i geçide özeniyordu. Bunu da Mısır'da görmüş, takdir etmişti. Fuad Paşa dedi ki:

"-İrâde-i cihân-bânî şeref-ta'alluk buyurulursa, Hüseyin Avni Paşa kulları bu vazife ile tavzif buyurulsun."

İki saatten beri endişe içinde bunalarak soğuk terler döken Avni Paşa, geniş bir nefes almıştı. Artık kurtulmuş demekti. Padişaha gammazlık etmemişlerdi yahut Abdülaziz söylenenlere ehemmiyet vermemişti. Kim bilir, belki de hazinedarın parmağı karışmıştı bu işe... Serasker kaymakamı tamamen ferahlamıştı. Gözleri yerde, Padişah'ın yüzüne bakmadan konuşmuştu; 'Şevketlü pâdişâhım! İrâde buyurulursa, hemen Mısırlı askerine fâik bir geçit resmi tanzimine çalışırım' dedi.

Abdülaziz memnun olmuştu. Yerinden doğrularak sedir üzerinde bağdaş (kur)muştu; 'Uhdesinden geleceğine ilme'l-yakîn kâniim. Fuad kulumuz, seni dâim bana senâ eder durur. Bir görelim nasıl edersin?' dedi.

Reşid Paşa, nasıl Âlî ve Fuad Paşaları yetiştirmiş ise, Fuad Paşa'nın da Hüseyin Avni Paşa'ya hüsn-i nazarı vardı. Zamanın icabâtından olarak, vükelâ, taraftar yetiştirmek suretiyle, aleyhlerindeki rekâbetin önüne geçmeye çalışıyorlardı. Fuad Paşa'nın maksadı, serasker kaymakamını yakın zamanda serasker görmekti. Hatta, Âlî Paşa'yı da Hüseyin Avni Paşa lehine imâle etmişti. "Mehâbetlü hünkârım!" dedi; "Hüseyin Avni Paşa kulunuz, velî-nimetine sadâkatle iktidâr ve vukûf-ı askeriyesini ispat sadedindeki teşvîk-i hümâyunlarından mülhem olmak üzere elbette ki, irâde-i cihan-bânîye muntazırdır."

İşte, sonradan Sultan Abdülaziz'in hal'ini ve katlini temin edecek başlardan biri olarak Hüseyin Avni Paşa, böylece Fuad

Paşa'nın delâlet ve tavsiyesiyle seraskerlik kapısını açıyordu.

Padişah, Fuad Paşa'ya iltifat etmişti ve istediği her insanı methederek padişahın gözüne sokmak mahâretini tebrik etmişti.

Hüseyin Avni Paşa da fırsatı kaçırmamıştı. İngiltere'ye sipariş edilmiş ve memlekete yeni gelmiş olan yedibin şeşhaneden bahsetmiş, Padişah da bu silahların gelişinden memnun olmuş ve derhal askere dağıtılmasını irâde etmişti.

Sultan Abdülaziz Han, memleketin teâlîsi için aklına her geleni en kafi şekilde irâde ediyor ve derhal tatbikini istiyordu.

Sultan Abdülaziz Han, yapılacak resm-i geçitten faydalanmak ve ordunun kudretini göstermek için, yabancı sefirleri de Veliefendi'de yapılacak geçit merasimine davet etmişti. Bu arada birçok eğlenceler de tertip edilmiş, horoz, koç dövüşleri ve pehlivan güreşleri de bu eğlencelerde yer almıştı. Bu hususa temas etmekliğimizin tek sebebi, yapılacak pehlivan güreşlerinde, sonradan Sultan Abdülaziz'i katleden Pehlivan Mustafa adlı adamın da bu müsabakalarda yer aldığını izah etmek içindir. Evet bu güreşlere, Padişah, veliaht şehzade Murad Efendi'nin köşk bekçisi ve sâdık adamı Mustafa Pehlivan'ı da istemişti. Kuvvetli ve iyi bir pehlivan olan Mustafa Pehlivan'ın güreşinden hünkâr çok memnun oluyordu.

Nihayet, resm-i geçidin yapılacağı gün gelmiş çatmış, Veliefendi çayırı müstesna günlerinden birisini yaşamıştı. Hüseyin Avni Paşa, kendisine seraskerlik yolunu açacak bu geçit resmine fevkalade ehemmiyet vermiş, en hürde teferruatına kadar bütün hazırlıklarla bizzat kendisi meşgul olmuştu. Şimdi hünkârın gelmesine intizâr ediyor, bindiği beyaz atın üstünde gururla dolaşıyordu. Veliefendi çayırında o gün yapılan güreşlerle alâkalı kısmı, rahmetli Arif Oruç'un kitabından alalım. Üstat, kitabının 59. sayfasında diyor ki:

"Fuad Paşa'nın mâbeyn-i hümâyundan haber saldığı Mustafa Pehlivan vaktinden evvel Veliefendi'ye gelmişti. Pehlivanın üzeri sırma, dallı işlemeli ipek bohçadaki kisbetini kırmızı yanaklı ayvazı taşıyordu. Mustafa Pehlivan'la, Kızanlıktı diye şöhret bulmaya başlayan bir pehlivan güreşecekti. Ortaya ve desteye düzinelerle pehlivanlar ayrılmıştı. Güneş sekiz-on mızrak boyu yükselmişti. Ne emîrü'l-mü'minîn Abdülaziz Han ve ne de vükelâ-i fıhâmı meydanda görünmüyorlardı. Bu teahhurdan Hüseyin Avni Paşa memnun oluyordu. Halk da sabırsızlanıyor, üzerini rüzgârdan savrulan toz bulutu bürüyen Veliefendi yoluna bakanlar, yerlerinde duramayarak ayak üzeri tepiniyorlardı. Meydanın alt başından birdenbire, 'Pâdişâhım, şevketinle, devletinle bin yaşa!..' âvâzeleri işitilmeye başlamıştı. Sultan Aziz, tekerlekleri yaldızlı gerdûnesine kurulmuştu. Karşısında, Fuad Paşa ile şeyhülislâm efendi el bağlamış oturuyorlardı. Sırmalı apoletli gürbüz hassa süvarileri, padişahın arabasının önünde ve arkasında ilerliyorlardı. Hüseyin Avni Paşa, atını mahmuzlayarak âlây-i vâlâ ile gelen hünkâr arabasına doğru ilerlemişti. Herşeyi hazırladığı için mağrûrâne tebessüm ediyordu. Arkadan vükelâ arabaları da geliyordu. Askerî muzika nağmeleri, halk tarafından çaldırılan davul zuma gümbürtülerine karışıyordu. Aşağıda istirahatta olan asker nizama alınmıştı. Ecnebi sefirler geldikten sonra, askerî resm-i geçide başlanacaktı. Padişahın arabası, göz süzüp tebessüm eden dilber kadınların önünden geçerek, ileride atlas etekleri yeşeren otâğ-ı hümâyun önünde durmuştu. Genç enderun efendileri ile Fuad Paşa ve şeyhülislâm efendi Abdülaziz'in çadırı önünde el bağlamışlar, ayak üzeri duruyorlardı. İngiliz, Rus, Fransız ve Nemçe (Avusturya) elçileri de gelmişlerdi. Bir atlas çadır içinde başbaşa görüşüyorlardı. Celâlli padişah, mâbeynci Cemil Bey ile sefirlerin hatırlarını sordurmayı ihmal etmemişti. Serasker kaymakamı Hüseyin Avni Paşa, çadır dışında irâde bekliyordu, Öteden halk sabırsızlık gösteriyordu. İrâdenin taallukundan sonra, aşağıdan yeni İngiliz şeşhaneleri ile meydana giren taburlar, Padişah'ın önünden geçmeye başlarlardı. Abdülaziz Han'ın neşesine diyecek yoktu." Fuad Paşa'ya dedi ki:

–İsmail (Mısır hidivi İsmail Paşa) olsa da, arslanlarımı bir görse, onun fellahlarına benzerler mi bir kere?

Fuad Paşa bu muvaffakiyetten memnun olmuştu. Abdülaziz, Hüseyin Avni Paşa'ya pek ziyade iltifat ediyordu. Süvarilerle topçular hünkârın takdirini celbetmişti. İrâde etti: "Bugünden itibaren bahr-i Sefid (Karadeniz) boğazı ağır toplarla tahkim edilsin. Kal'a-yı şâhânemizin tarsînine bezl-i gayret olunsun." Şeyhülislâm efendi, "Şevket-i İslâm, merâhim-i vâyede[25] teâlî eylesin!" diye semâya el açmıştı. Fuad Paşa, "Hüseyin Avni Paşa kulunuz, uhdesinden gelirler elbet!" diye, fırsattan bi'l-istifade serasker kaymakamını padişaha tekrar hatırlatmıştı. Hüseyin Avni Paşa, çadır dışında vaziyet almış bekliyordu. Abdülaziz, "Avni! İrâdemizi işittin mi?" diye seslendi. Serasker kaymakamı ta'zimle içeriye girmişti. Hünkâr, boğazlar hakkındaki fermanını tekrar tekit ediyordu."

İşte, Sultan Abdülaziz Han bu insandı; fakat etrafındaki vükelâ, kendisini öldürmeyi kafasına koymuş bir çeteciyi, gaflet içerisinde olarak daima kendisine methediyor ve onu yükseltmek için ne mümkünse yapıyorlardı.

Bu ihanet çemberi de her geçen gün biraz daha daralarak, Sultan Abdülaziz'i de, dünyanın en saf ve muhteşem sülalesini de, koskoca bir imparatorluğu da, bu imparatorluğun şahsında İslâm'ı da mahva doğru sürüklemek istidadında bulunuyordu.

Bu ihanet çetesinin, devirmeyi kafalarına koydukları ve bir yabancı devlet hesabına bilerek veya bilmeyerek çalıştıkları artık gün ışığına çıkmış bulunan bu vükelâ ve askerlerden meydana gelen insanların niyetleri hakkında, Nizamettin Nazif Tepedelenlioğlu'nun *Sultan II. Abdülhamid ve Osmanlı İmparatorluğunda Komiteciler* adlı eserinin 304. sayfasında şu malumat vardır:

Osmanlı İmparatorluğu'nun bir bakıma otuzikinci, bir bakıma da otuzyedinci sultanı olan Mahmud oğlu Abdülaziz Han, acaba serasker çetesinin dört elebaşısından ve Yeni Osmanlılar vantının dört dâhisinden çok mu geri, talihsiz ve bilgisiz bir insandı?

25 Acımaklar, merhametler.

Serasker çetesi gibi bir çete kurup baskın yaparak mı tahta çıkmıştı? Halkın sevgisinden mi mahrumdu?

Biliyoruz ki, Abdülaziz, memlekette kurulu nizama uygun olarak ve sırası geldiği zaman tahta çıkmıştı. Taht'a çıkışından önce halkın sevgisini kazanmıştır ve tahttan entrika ile düşürülünce halk uzun zaman onu hasretle anmıştır.

Saltanat günleri daima hatırlanmış ve milli gurur, Abdülaziz'in zamanında ancak bir defa, o da serasker çetesinin iktidarda bulunduğu günlerde, *Selanik vakası* yüzünden incinmiştir.

Gene biliyoruz ki, halk geleneği, her yerde olduğu gibi, bizde de bir tarihî devri, ancak sevilen hükümdarların ve şeflerin adına mal eder. Bir Sultan Osman devri, Yıldırım Han devri gibi, Yavuz Sultan Selim devri, Sultan Mahmud devri gibi..." demekte ve şöyle devam etmektedir:

Sultan Abdülaziz, Sultan Mahmud'un büyük reform havası içinde çocukluğu geçmiş ve ağabeyi Sultan Abdülmecid Han'ın Avrupalılaşma havası içinde delikanlılık günlerini yaşamış, yetişmiş ilk tanzimat şehzadesi idi.

Son derece terbiyeli bir zattı. Sonradan aleyhinde yalana inanmayanlar kötü propagandaların tesirinde kalmayanlar bilirler ki, küçük yaştan Fransızca, Arapça, Farsça öğrenme başlamıştı. Vücudunu sporla sağlamlaştırdığı kadar, ruhunu da güzel sanatlarla inceltmişti. Yalnız başa güreşen bir pehlivan değildi; mükemmel bir müzisyendi de... Ney üfler, besteler yapar, resimden anlardı. İyi bir hattattı. Zamanının ediplerinden daha temiz bir Türkçe ile ve çok daha berrak bir üslupla yazdığı da muhakkaktı. İnanmayanlar Beyazıt'taki resmî kitap saraylarımızda o devrin gazete koleksiyonlarındaki 'Yeni Osmanlılar' makalelerini de, Topkapı müzesindeki vitrinlerde bulabilecekleri bir-iki Abdülaziz mektubunu da gidip gözden geçirebilirler.

Eğer bugün milletlerarası çapta bir güreş sanatına sahip bulunuyorsak, bunun kökü Abdülaziz'dedir. Eğer o, pek eski geleneklerimize bir yeni hız vermemiş olsaydı, biz birçok eski milli kıyafetlerimiz gibi güreşi de çoktan unutmuş olacaktık.

Abdülaziz Han'ı kötülemeye çalışmış olanlar, cidden dalâlet içine düşmüş olan bir muhite hitap ettikleri için muvaffak olabilmişlerdir. Abdülaziz'i horoz dövüştürmekle, deve güreştirmekle, boğalara, koçlara, savaşçı horozlara madalyalı nişan vermekle itham etmiş olanlar, bugün karşımıza çıkıp, 'Bu adam deli değil midir? Bakınız hayvanlara madalya veriyor, pehlivanlarla güreşe kalkıyor' deselerdi, hiç şüphe yok, hepimiz elbirliği eder, o kem dilli, kem gözlü adamları karşımızdan kovardık. Bugün biliyoruz ki, dünyanın her tarafında devlet reislerinin temsilî vazifelerinden biri de, hayvan sergilerini resmen açmak ve jüriler tarafından seçilen en iyi horozlara, tazılara, koçlara, şahinlere ve boğalara şampiyonluk beratları, para ikramiyeleri ve nişanlar vermektir.

Halkı ve hele köylüleri iyi, sıhhatli ve güzel hayvan yetiştirmeye teşvik etmek ne bir siyasi suçtur, ne de deliliktir.

Avrupa usulünde iyi meç, sabre kullanan ve Osmanlı geleneğine uygun bir tarzda kılıç-kalkan oyununda, kama ve bıçak kullanmakta mahârete eren, ok ve mızrak atan, güreşen, çeşitli sporlara meraklı, müzisyen, bestekâr, hattat ve eli kalem tutan bir Abdülaziz'i beğenmeyenlerin yaşadıkları yıllarda acaba Avrupa'daki krallar ve imparatorlar çok daha sağlam ayakkabılar mı idi?

Değildi şüphesiz...

Abdülaziz'in, Avrupa seyahatinde birçok potlar kırdığı iddiası da, ancak gizli hıyanetler açısından mütalaaya değerli âdilikler, bayağılıklardır. Güya, Türk hükümdarı üniformasını giymeyi, oturmayı, kalkmayı bilmiyormuş. Güya, kadınlara aç gözlü bir zampara gibi bakıyormuş... Güya, Keçecizâde Fuad Paşa'yı başında takke, sırtında hırka, çedik pabuçlarla ve entari ile kabul etmiş de, müşâru'n-ileyh, padişaha protokol icaplarını hatırlatmışmış. Vesâire... vesâire...

Bütün bunlar, sadece Karbonari propagandasının uydurmalarıdır.

Sultan Abdülaziz Han nazik, çelebi bir padişahtı; fakat etrafındaki ihanet çemberi, Osmanlı İmparatorluğu'nu bir defa yıkmaya kararlı idi. Neticeyi, ne Sultan Abdülaziz'in büyük dirayeti, efendiliği ve kültürü, ne de celâdet ve vatanperverliği değiştiremeyecekti; zira, Osmanlı İmparatorluğu etrafında dolanan ihanet çemberi, yabancı birtakım müttefikler bulmuş, devlete mütemadiyen yüklenmekte idi. Bu ihanet içinde, yerli devletlülere yardımcı teşekkül ve müesseseler ise, salibin el uzattığı beynelmilel siyonizm ve siyonizme bağlı masonluk teşkilatı idi. Bu müesseseleri de, İngiltere pekâlâ ve gayet rahatlıkla eline geçirmiş, dilediği gibi kullanmakta idi.

Yapılan propagandanın temelini; Sultan Abdülaziz'in *tanzimat-ı hayriye* adı verilen, aslında Osmanlı İmparatorluğu için *tanzimat-ı şerriye* olarak vasıflandırılması daha doğru olan Avrupalılaşma hareketlerine karşı açtığı mücadele sonunda, Osmanlı Türkünün örf ve âdetlerine bağlılığının Avrupa için tevlît ettiği tehlike teşkil etmekte idi. İngiltere, Osmanlı İmparatorluğu'nu Avrupalılaştırmak, Avrupa'nın tatbik ettiği kilise kanunlarını kabul ettirmek ve şeklî Avrupalılığı yaygın hale getirmek için gayret sarfeder, büyük paralar sarfı ile memleket içinde ve dışında birçok haini beklerken, kendi memleketinde, hatta imparatorluğun her tarafında, bugün olduğu gibi dün de, en katı muhafazakârlık mefkuresine sâdık kalmış ve ancak bu sayede kudretli bir devlet olabilmişti. İşte, Abdülaziz'in imparatorluk hudutları içerisinde tatbik ettiği siyaseti bu idi ve padişahın bu siyaseti, maalesef İngiltere tarafından beğenilmiyor, kendi maksat ve gayesine aykırı bulunuyordu.

İngiltere, bir cihan imparatorluğu siyasetinin tatbikçisi olduğu müddetçe, Osmanlı İmparatorluğu'na ve Ortadoğu'ya, bilhassa büyük bir alâka göstermiştir. Bunun için de, bu mıntıkada kudretli bir Türk İmparatorluğu'nun mevcudiyetini arzu etmemiş ve bu imparatorluğu yıkmak için elinden ne gelmişse yapmaktan geri durmamıştır.

İngilizlerin veya İngiliz taraftarlarının, bugün dahi tarih kitaplarımızdan söküp atamadığımız, her Allah'ın günü kendilerine en ağır şekilde hücum edilen, tarih kitaplarımızı dolduran iftiraların belli başlıları arasında, sarayın yani Osmanlı sultanlarının israfları, devleti bu israflarla batırdıkları iddiaları çok mühim bir yer tutmaktadır. Ancak, şu kadarını söylemeliyiz ki, Osmanlı İmparatorları asla müsrif değillerdi ve Osmanlı İmparatorlarının hiçbirisi devlete, millete ve tarihine en küçük bir leke sürdürmediği gibi, bu şeref ve haysiyet-i milliye ile birlikte devleti, azgın Hristiyanlık ve Masonluk tazyikleri önünde müdafaa etmişler, ona toz kondurmamışlardır. Bir Sultan Abdülaziz Han, bir Sultan Abdülhamid Han, bir Mehmed Reşad Han ve nihayet bir Vahidüddin Han, daima bu yıkıcı faaliyetlerin, gemi azıya alan bu Frenk müesseselerinin gelişmesine ve devleti tahrip etmesine mani olmak için azami gayret sarfetmişlerdir. Bir Sultan Murad, eğer Osmanlı İmparatorları arasında silik bir isim olarak kalmış ise, bunu kendisinin doktoru Kapoleone'nin teşvik ve ısrarı ile girdiği Bari mason locasındaki azalık sıfatına bağlamak en doğru yoldur. Dikkat edilirse, serasker çetesinin de, meşrutiyetçilerin de üzerine toz kondurmadıkları tek padişah Sultan Murad'dır; fakat buna karşılık, hakikati bilenler nezdinde, en az söz edilen padişah ise, yine işte bu Sultan V. Murad Han'dır. Nitekim, kendisi de hatasını anlamış olmasına rağmen, bu teşkilattan çıkamamış ve Osmanlı devleti nezdindeki İran sefirinin huzurunda tahlif merasimi yapıldıktan sonra ihraz ettiği 19 derecelik masonik sıfatını da, her şeyini de fedâ edecek bir buhranın içine düşmüştür. Sultan Murad fâciasının hakiki cephesi budur ve İngilizlerin adamı Mısırlı Prens Mustafa Fâzıl Paşa'nın yârânı arasında bulunan Genç Osmanlıların bu talihsiz padişah için giriştikleri hareketlerin sebebi de böylece anlaşılmaktadır. Ancak, bu yârânın ve serasker çetesinin giriştikleri hareket muvaffak olamamış ve kısa bir saltanat devresinden sonra Osmanlı tahtına Sultan Abdülhamid Han geçmişti.

SULTAN ABDÜLAZİZ
HAN MÜSRİF DEĞİLDİ

İngiliz altınları ile Osmanlı imparatorlarını en azgın müsrifler olarak tarih kitaplarına sokan bu ihtilal çetesinin ve ihtilalci devletlülerin iddialarına karşı, Nizameddin Nazif Tepedelenlioğlu, aynı kitabının 307. sahifesinde bakınız ne diyor:

"Abdülaziz Han müsrif mi idi?... Tahttan indirilmesinden sonra yapılan propagandalara inanmak lazım gelirse; Abdülaziz Han memleketi, yemiş, bitirmiş, eline ne geçmiş ise har vurup harman savurmuştur. Hele, ölümünden sonra Avrupa gazetelerinde görülen bazı yazılara inanmak lazım gelirse, bütün saltanat devrini kadın koleksiyonu yapmakla geçirmiştir."

Bu iddiaların kaynaklarının yalanlar olduğunu bugün biliyoruz. Abdülaziz'in taht'a çıktığı gün, Osmanlı devletinin dış borçları 375 milyon franktı; yani aşağı yukarı 14 milyon Osmanlı altını. On beş yıl hükümdarlıktan sonra, tahttan indirildiği gün, devletin dış borçları ise dört milyar frank, yani yüz eli milyon Osmanlı altını kadardı. Bundan, Abdülmecid devrine ait on dört milyonu indirdinizmi geriye 136 milyon lira kalır.

Toplu bir halde göze büyük görünen bu parayı onbeş yıla taksim edersek, yıla ne düşer? Dokuz milyon lira.

İşte, Abdülaziz'den sorulacak onbeş yılda yüzotuzaltı milyon borç hesabı bundan ibarettir ki, Abdülaziz devrini tarafsız ve insaflı bir surette incelediniz mi, israf iddiasını derhal bir kenara bırakır ve hayretle sorarsınız:

-Bu kadar az para ile nasıl olur da hem devletin açığı kapatılabilmiş, hem de bu kadar büyük ve masraflı içler başarılabilmiş?

Evet... Çünkü, talihsiz Sultan Abdülaziz Han devrinde hiç de az iş başarılabilmiş değildir.

1.) Ordu, bu devirde kuvvetli bir ordu halini almıştır. Sultan Mahmud'un çekirdeğini attığı modern ordu, Kırım Harbi esnasında, yani Abdülmecid devrinde en geniş kadroya ulaştığı günlerde ellibin kişiden ibaretti. Abdülaziz'in tahttan indirildiği gün, nizamiye kuvveti, yani derhal ateş hattına gidecek genç ve talim görmüş muvazzaf ordu mevcudu yüzseksen bin kişi idi. Serasker çetesinin Çerkes Hasan hadisesinden arta kalanları, bir müddet sonra memleketin başına 93 muharebesini (1877-78) açtıkları zaman, vatanı bu kuvvetler müdafaa edecek ve hârikalar yaratacaktır. Yaya, atlı ve topçu silahlarının Rus ordusundan daha iyi olduğu anlaşılacaktır. Nizâmiyeden başka, redif kuvvetler de tıklım tıklım dolu depolardan kolaylıkla giydirilecek ve yabancı ateşe militerler, kış harbi esnasında Türk ordusunun erlerine ve subaylarına verilmiş olan kaputları raporlarında hep methedeceklerdir. *Aziziye* adı verilen bu kukuletalı askerî kaputlar, sonra, dünya orduları tarafından da kabul edilecek ve yaşadığımız günlerde kızların ve delikanlıların çok beğendikleri bir spor paltosu halini alacaktır.

2.) Abdülaziz'in ağabeyisinden devr aldığı donanma ile V. Murad'a devrettiği donanma arasında dağlar kadar fark vardır.

1860 yılında, Osmanlı donanmasının saff-ı harp gemileri altı tane yelkenli ahşap kalyondan ibaretti. Abdülaziz'in onbeş yıl sonra miras bıraktığı donanmanın ise, son sistem buharlı zırhlılarının sayısı *onbir* idi. Bugün cümle âlem biliyor ki, Abdülaziz devrinde, Türk donanması dünya ikinciliğine yükselmişti. Bu talihsiz hünkâr, iddia edildiği gibi delice bir lükse kapılarak yabancı tezgâhlara durmadan gemi ısmarlamakla kalmamıştı. Haliç'e dünyanın en mükemmel tersanesini de kondurmuştu.

İngiltere'nin meşhur Armstrong Wilkers tersanesi ile bir ayarda bir tersane.

Bu işlerde eniştesinin, yani ablası Âdile Sultan'ın zevci Hemşinli Mehmed Ali Paşa'nın hizmetleri de görülmemiş değildi; fakat hiçbir denizcilik tahsil ve tecrübesi olmayan bu amatör kaptan-ı deryanın öldüğü 1888 yılından sonra da, donanmaya verilen hız da gösteriyor ki, keramet onda değil, bizzat Abdülaziz'de idi.[26]

3.) Demiryolları,

Türkiye'de ilk demiryolları da Abdülaziz devrinde yapılmıştır, İstanbul-Edirne (283 km.), Dedeağaç-Edirne (150 km.), Edirne-Belova (243 km.), Tırnova-Yanbolu (105 km.), Selanik-Mitroviçe (362 km.), İzmir-Akça (155 km.), Paradiso-Buca (3 km.), Gaziemir-Seydiköy (2 km.) hatları ki, 1.300 km. tutarındadır. 1870 ile 1875 yılları arasında tam beş yılda başarılmıştır.

Yani, demiryolu programına başlanınca, ortalama olarak yılda ikiyüzaltmış km. tamamlanmış ve işletmeye açılmıştır. Bunlarda, yabancı sermayeye verilmiş olan imtiyazların da tesiri olmakla beraber, devlet taahhütlerinin önemi meydandadır.

4.) Saraylar,

Evet, bu arada saraylar da yapılmıştır. Beylerbeyi ve Çırağan Sarayları Abdülaziz devrinin yâdigârlarıdır...

Acaba yapılışları isabetli olmamış mı idi? Bugün Boğaz'ın Anadolu yakasına bakarken, hangimiz Beylerbeyi Sarayını beğenmiyoruz? Ve Rumeli kıyısındaki Çırağan harabesini gördüğümüz zaman hangimizin içi cızz etmiyor?

Hiç de büyük bir saray olmayan Beylerbeyi, bugün az mı işimize yarıyor? Abdülaziz, Çırağan'ı yaptırmamış olsaydı, acaba İttihatçılar 908 meşrutiyetinin a'yan ve mebusan meclislerini hangi binaya yerleştireceklerdi?

"Hoş... Sonradan, şimdi bizim bir orta çap liseyi sıkıştıramadığımız Fındıklı Konağı'na başlarını sokmaya da katlandılar ama, bir milletin en üstün şerefli müessesesi olan meclisine Fındıklı mı

26 Bu tersane, bu muazzam endüstri Abdülhamid devrinde de kıymetini muhafaza etmiştir, İttihat ve Terakki devresinde tersaneye tek çivi çakılmamış ve I. Dünya Harbi mütarekesi esnasında Damat Ferid hükümetleri tarafından bir yabancı tâcire dörtyüz bin lira gibi sefil bir paraya satılmıştır. O tâcir, aldığı tesisleri İtalya'da, Ansaldo'ya, milyonlar alarak devretmiştir. Şimdi İtalyanlar, bizim eski âletlerimizi kullanarak bize gemi yapmaktadırlar. (N. N. Tepedelenlioğlu)

yaraşırdı, yoksa Çırağan mı? Ve bugün, uzaktan Çırağan harabesine bakarken, onu dünyanın en ihtişamlı kasrı olarak bina ettirmiş olana mı, yoksa kundaklayıp tutuşturarak yaktıranlara, bu hale sokanlara mı lânet okuyalım?..."

Osmanlı İmparatorluğu'nun son ihtişamlı devrini, en âdi ve ihanetlerle dolu devresini Türk milletinin gözüne yanlış aksettirenlere, kafalara yanlış sokanlara, nesilleri, tarihine küfretmeye zorlayanlara lanet etmemek elde değil ve bir haşmetli imparatorluk, dünya siyaseti tahtından böylesine bir rezillik içinde yapılan propaganda ile indirilmiş, Türk tarihinin haysiyet ve şerefine nakîsa getirilmek istenmiştir. Bu gâfiller, bu hâinler ve İngiliz parasıyla beslenenler, bir gün hakikatlerin ortaya çıkabileceğini düşünememişler, ve bütün bir milletin kendilerine lânet edeceğini hatırlarına getirememişlerdir.

N. N. Tepedelenlioğlu, aynı eserinin 310. sayfasında şöyle devam eder:

"Hakikat şudur ki, devlet, ister padişah devleti olsun, ister halk devleti olsun mutlaka bir saltanat payı ister. Ne Fransız ihtilalcileri Paris saraylarını yadırgamalardır, ne de Rus ihtilalcileri Kremlin'i!."

Sultan Mahmud'un hayatı Bağdâdî duvarlı ahşap köşklerde geçmiştir. Abdülmecid Dolmabahçe'yi yaptırmaya mecburdu. Abdülaziz'in yaptırdığı binaları da tarih asla kafasına kakamaz. Osmanlı sultanlarının çoğu, o rutubetli Topkapı Sarayına kapandıklarından ötürü hep veremden ölmüşlerdir. I. Abdülhamid veremdi, III. Selim veremdi, Abdülmecid de veremden ölmüştür.

5.) İmparatorlukta, uzun bir durgunluktan sonra yeniden imar hareketlerinin başladığı devir de bu devirdir. Midhat Paşa'nın Niş'te başlayan ilk vilayet tecrübesi, o Vidinli, Sofyalı, Silistreli, Nişli koskoca Tuna vilayetinde girişilen büyük asrîleşme tecrübesinin yüksek yatırımları hep bu devirde yapılmıştır. İlk rıhtımlar bu devirden kalmadır. Birçok yerlerde karakollar, mektepler, hastaneler bu devirde yapılmıştır. Abdülaziz'in taht'a çıktığı gün, Osmanlı Türk padişahlığının yıllık geliri –nazari olarak– on beş milyon altındı. Buna, *Mısır hâzinesi* denen gelir de dahildi. Girit'te, Bosna'da ve Hersek'te, Karadağ'da, Arap illerinde isyanların birbirini takip ettiği ve devamlı surette askerî hareketler yapıldığı günlerde, bu kadar para ile Ege denizi adaları, Balkanlar, Anadolu, Suriye, Irak, Filistin, Lübnan, Tunus, Trablusgarp, Kıbrıs, Girit... ile Yemen'i, Asîr'i, Hicaz'ı, Necid'i, Kuveyt'i dahil bütün Cezîretül-Arab'ı idare etmeye imkan var mı idi? Elbette istikrâza başvuracaktı. Ve yatırımlar gayet isabetli yapılmıştır. Mesela, Tuna vilayetinde yapılan işler kısa zamanda büyük bir iktisadi gelişme meydana getirmişti. Bu bölgenin geliri beş yılda dört misli artmıştı; fakat Rusya'nın ve Avusturya'nın tahrikleri ile patlayan ihtilal, bu gelişmeden istifadeye imkan bırakmamıştı.

Sonra Abdülaziz bir bakıma, imparatorluğun bazı kısımlarını da adeta yeniden zaptetmişti. Asîr ve Yemen, onun devrinde yeniden birer Türk vilayeti olmuşlardı. Bütün bunlar, hep para ile başarılabilen pahalı işlerdi. Her bakımdan bomboş olan bir memleketi, her bakımdan cihazlamak, bağlarını çoktan kopармış toprakları tekrar anavatana bağlamak ve bütün bunları yaparken, memleketin denizde ve karada kuvvetli olmasını sağlamak, Asya, Afrika ve Avrupa'daki toprakları Avrupa kıtasının yarısını kapayacak kadar engin, bugünkü Türkiye'nin sekiz misli büyüklükte olan otuz milyonluk bir ülkede, kaç milyonun toplanabildiği bilinmeyen onbeş milyon altınlık nazari bir bütçe ile bu işler başarılabilir mi idi?

Elbette istikraz yapılacaktı. Ve kabul etmek icap eder ki, hiç de çok para istikraz edilmiş değildir. Faizleri dahil, yıllık ortalama nihayet otuz milyon altın.

Ve aynı eserin 312. sahifesinde, N. N. Tepedelenlioğlu, devletin batışını şu sebebe istinat ettirmektedir:

"Hayır; ne Abdülaziz bir müsrifti, ne de devri bir israf sahnesi olmuştur. Abdülaziz, sadece, III. Napoleon'un serseri politikası yüzünden bozulan bir dünya nizamının kahrına uğramıştır. O kadar... Ve V. Murad'ın hususi bankeri Hristaki ile hususi tabibi İtalyan Kapoleone için çok kâr getirici bir iktisadi-siyasi spekülasyon olduğunu da asla unutmadan belirteceğim ki, serasker çetesi komplosu, Osmanlı devletini Mondros'a kadar düşüren başlıca sebeptir. Ve Âlî, Mehmed Ali ve Mahmud Nedim Paşaları ile birlikte bir tüm olarak mütalaa edilmesi tarihî bir zaruret olan Abdülaziz Han, ne derece milli bir politika sembolü ise, üç köylü paşa ile bir Kadıoğlu Paşa'dan, sarhoş bir V. Murad ile haris anasından, Sicilya ordusundan kovulma bir askerî tabip ile bir Volici Beyoğlu sarrafından ve birkaç Karbonari özentisinden mürekkep olan karşı cephe, o derece kozmopolit bir meyil arzetmektedir."

Evet, işte kadro bu idi ve kadro Sultan Abdülaziz'i hal ve katletmek için durmadan tertipler düşünmekte idi.

Ancak, şurasını ısrarla tebârüz ettirmek isteriz ki, Sultan V. Murad Han, bu komplonun içine girmemiş, o sadece bir gaflet, belki de imparator olmak hevesiyle girdiği mason teşkilatına kurban olmuş, amcasının katlinde bir gûnâ methaldâr bulunmamış bir Osmanoğlu idi. Esâsen Sultan Murad, taht'a çıktıktan sonra, birdenbire Serasker Hüseyin Avni, Midhat ve diğer paşalara cephe almış, amcasının katline büyük bir ihtimalle şahit olmuş, ondan sonra da asabi krizler geçirmeye başlamıştır.

Sultan Abdülaziz'in, daha şehzadeliğinden itibaren en yakın adamlarından birisi olan kaptan Vesim Bey, sonradan paşa olmuş ve Bahriye nâzırlığına kadar da yükselmiş, gayyur ve Abdülaziz'i çok seven bir vezirdi. İşte bu zat, Pendik'teki konağında iken top seslerini duymuş ve bunlara bir mana veremediği için derhal İstanbul'a giderek meseleyi öğrenmişti. Hacı Vesim Paşa, haberi aldıktan sonra, derhal Serasker Hüseyin Avni Paşa'yı bulmuş ve kendisine, "Ne yaptınız, buna nasıl cesaret edebildiniz? Eğer ben burada olsaydım, siz bu işi yapamazdınız!" demişti.

Hacı Vesim Paşa'nın bu sözleri Sultan Murad'a duyurulmuş olmasına rağmen, padişahın Hacı Vesim Paşa'ya herhangi bir şey yapmaması da gösteriyor ki, Sultan Murad bu ihanet zincirine bağlı paşaların memleketi nereye sürüklemekte olduklarını anlamış ve bu işe girdiğine pişman olmuştur.

PEHLİVAN MUSTAFA ve ÂLÎ-FUAD PAŞALARIN GAFLETİ

SULTAN ABDÜLAZİZ HAN'IN KATLİNDE KULLANILAN PEHLİVAN MUSTAFA İLK DEFA SAHNEYE ÇIKIYOR

İnsanların hayatlarında birtakım hadiseler vardır ki, insanoğlu bu hadiselere asla mani olamamakta ve çizilen kaderine doğru süratle yol almaktadır. Sultan Abdülaziz'in hayatında da böyle birçok hadise cereyan etmiş; fakat bu hadiselerin en ehemmiyetlisi, sonradan bizzat katili olacak olan Pehlivan Mustafa'nın kinine hedef olduğu Veliefendi çayırındaki o büyük ve pek muhteşem askerî geçit resminden sonra meydana gelmişti. Ve böylece, bir Osmanoğlu, kaderinin elinde sürüklenip gitmiştir. Bu gidiş ise, sadece o Osmanoğlu'nun sonu olmamış, devletin de, İslâm'ın da yıkılmasını intâc etmiştir.

Her ne hal ise, fakat şurası anlaşılmıştır ki, Osmanlı İmparatorluğu'na kastedenler, vezirler, sadrazamlar, paşalar, ordu kumandanları vesâire... devleti batırmak için bütün gayretlerini kullanmakta idiler. Yukarıda bahsettiğimiz, Sultan Abdülaziz Han'ın Veliefendi sahrasındaki geçit alayında yapılmasını istediği merasim ve bu merasimden evvel ve sonra tertip ettiği spor eğlencelerinde, Fuad Paşa, devleti sona erdireceklerden birisi olan serasker kaymakamı Hüseyin Avni Paşa'yı methetmekle meşguldü ve onun seraskerliğini garantilemeye çalışıyordu.

Merasim başlamış ve büyük bir ihtişam içinde devam etmiş, bitmişti. Şimdi sıra güreşlere gelmişti. Sultan Abdülaziz heyecanından adeta yerinde duramıyordu.

Meydanda şehzade Murad Efendi'nin bahçıvanı Mustafa Pehlivan ile Kızanlıklı sert bir güreşe tutuşmuşlardı. Pehlivan güreşlerinde bu Mustafa Pehlivan'ın sırtını yere getiren olmamıştı; fakat Kızanlıklı da yabana atılır bir pehlivan değildi. Bir aralık Kızanlıklı, Mustafa Pehlivan'ı altına almıştı. Abdülaziz Han heyecandan kendisini zaptedemiyordu. Pehlivanların üzerine doğru gidiyordu. Koca hünkâr, Mustafa'nın sırtını yere getiremediği için Kızanlıklı'ya hırslanıyor, açık düşürmesi için Kızanlıklı'ya oyun veriyordu. Mustafa Pehlivan, Kızanlıklı'nın altında inliyor, fakat yerinden kıpırdamıyordu. Padişah adamakıllı hırslanmış, bağırıyordu.

-Kündeye al bre herif!

Sonra da, bütün vükelânın, sefirlerin gözleri önünde, koca hünkâr meydana seğirtmiş ve Pehlivan Mustafa'yı bir anda kündeye alarak yerden kaldırmış ve tepesi üstü yere çakıvermişti.

Padişahın güreşe müdahalesi o kadar ani olmuştu ki, ne Kızanlıklı, ne de Mustafa Pehlivan bir şeyler anlayamamışlardı; fakat Mustafa Pehlivan, sırtı yere getirilemeyen pehlivan açık düşmüş, yenilmiş ve pehlivanlık şerefi son bulmuştu.

Mustafa Pehlivan yenikti; fakat kendisini yenen padişah olduğu için sesini çıkaramamış, ama sebepsiz ve nizamsız bir şekilde kendisini yenen padişaha da diş bilemeye başlamıştı.

İşte, Mustafa Pehlivan denen adam bu idi. Bu adam sonraları, Türk tarihinde bir dönüm noktasının meydana gelmesinde rol oynayacak, ihanet şebekesi koca sultanı katletmek için, bu cahil pehlivanın gururunu okşayarak, bu hadiseyi kendisine hatırlatacaklar ve Sultan Abdülaziz'in katlinde bu ahmak ve cahil adama en büyük rolü verecekler ve bir imparatorluğu, böylesine cahil bir adamın kanlı elleri ile batıracaklardı.

Ve bu işte en büyük rolü yine Hüseyin Avni Paşa oynayacaktı.

HÜSEYİN AVNİ PAŞA İKBAL YOLUNDA

Devir süratle ilerliyordu. Sarayda her sözü dinlenen esrarengiz kadın kalfa Arz-ı Niyaz, sevgilisi, serasker kaymakamı Hüseyin Avni Paşa'yı yükseltmek için herşeyi yapıyor, her tedbire başvuruyordu; fakat padişah, henüz bir karar veremiyordu.

Padişah, Veliefendi çayırındaki merasimden sonra Kağıthane kasrına gitmişti. Orada biraz istirahat edecekti. İşte bu sırada da, annesi Valide Sultan; Abdülaziz Han'a, Hüseyin Avni Paşa'nın Şems-i Cihan'a karşı gösterdiği alâkadan bahsetmiş ve Sultan Abdülaziz Han birdenbire celâllenmiş ve irâde etmişti:

-Yıkılsın Âsitâne'mden (İstanbul'un bir adı), bir dahi yüzünü görmek istemem!...

Ve bu ihtilalci paşa, derhal teb'ît edilmiş, İstanbul'dan sürülmüştü. Hüseyin Avni Paşa, hatta ailesi efrâdı ile bile görüşemeden İzzeddin vapuruna asker muhâfazasında bindirilmiş ve Yenişehir ve Tırhala kumandanlığına sürülmüştü.

Bu hadisenin üzerinden dört sene geçmişti. Sadrazam Kâmil Paşa bir gün huzûr-ı hümâyuna davet edilmiş, mühr-i has alınmış ve azledilmişti. Yeni sadrazam artık Fuad Paşa idi. Hariciye Nezâreti'ni de Alî Paşa almıştı. Esâsen Mustafa Reşid Paşa'nın yetiştirmesi olan bu iki paşadan birisi sadrazam olduğu vakit diğeri Hariciye Nezâreti'ni yüklenirdi. Böylece, devlete istedikleri siyaseti tatbik ederlerdi. Bu sefer de öyle olmuştu. Fuad Paşa sadrazam olmuş Alî Paşa da Hariciye nâzırı.

Aslında ise, Sultan Abdülaziz Han, Alî Paşa'dan katiyen hoşlanmazdı. Onun Fransız siyasetine uygun bir siyaset takibini de hoş karşılamazdı. Bundan başka bir sebep daha vardı ki, o da Alî Paşa'nın zaman zaman padişahın fermanlarına karşı gelmek istemesi idi.

1283/1866 yılında vuku bulan bu değişiklik üzerine, Fuad Paşa kendi yerini sağlamlamak, etrafında diğer paşaların çevirmek isteyecekleri dolapları önlemek maksadıyla, kendisinden evvelkilerin de müracaat ettiği usule müracaat etmiş; dört yıl evvel, Yenişehir ve Tırhala kumandanlığı ile İstanbul'dan sürülen Hüseyin Avni Paşa'yı seraskerliğe getirmeyi kafasına koymuştu. Ancak, hünkârın bu husustaki fikrini bildiği için de, münasip bir zaman kollamaya başlamıştı; lâkin Fuad Paşa, Hüseyin Avni Paşa'nın sürgün sebebini, çok sonra kızlar-ağası ile ikinci mâbeynci Mehmed Bey'den öğrendiği vakit de *lâhavle* çekmekten kendisini alamamıştı.

ÂLÎ ve FUAD PAŞALARIN GAFLETİ

Kader ağlarını örmüş, Osmanlı İmparatorluğu'nu sona yaklaştırıyordu. Eğer bir hadise olmasaydı, Hüseyin Avni Paşa'nın İstanbul'a bir daha gelmesi asla mümkün olamazdı. Bu hadise, beynelmilel siyasetin, Osmanlı İmparatorluğu'nu tasfiyeye kararlı devletlerin, Girit'te giriştikleri yeni bir isyan hareketi ile ortaya çıkmıştı. İstanbul'a gelen haberler herhalde iyi değildi. Fuad Paşa, kendisine gelen raporlardan ve aldığı haberlerden, Girit'te Yunan eşkıyasının tekrar ayaklanmak üzere olduğunu öğrenmişti. Bunun için de tedbir almak lazımdı. Gayet tabii olarak aklına ilk gelen isim Hüseyin Avni Paşa olmuştu. Fuad Paşa, isyan hareketini ancak Hüseyin Avni Paşa'nın başarabileceğine dair olan kanaatini Hariciye nâzırı Âlî Paşa'ya da açmış ve muvafık cevap almıştı. Hüseyin Avni Paşa'nın Girit'e gönderilmesi için iki paşa, yani sadrazam ile Hariciye nâzırı arasındaki bir görüşmeyi ve neticelerini rahmetli Arif Oruç Bey, "Ayhan" imzasıyla neşrettiği *Sultan Abdülaziz Nasıl Hal' Edildi, Nasıl İntihar Etti?* adlı eserinin 70 ve 71. sayfalarında şöyle anlatmaktadır:

"Hüseyin Avni Paşa, dört seneden beri nâ-hakyere menfâya gitmeyip de İstanbul'da ordusunun başında bulunmuş olsaydı, bugün az-çok muntazam bir ordu olabilirdi. Fuad Paşa bu mütalaasını Âlî Paşa'ya açmıştı. Âlî Paşa, "Evet, icabına bakmak lazımdır" cevabını vermişti. Nasıl ve ne suretle icabına bakılabilirdi? Bir defa Abdülaziz, bir aydan beri Fuad Paşa'yı dinlemez olmuştu. Alî Paşa nihayet Hariciye nâzırı idi. Valide Sultan ikna edilebilseydi, mâni bir dereceye kadar izâle edilmiş olacaktı. Halbuki, Serasker Rıza Paşa, Valide Sultan'ın her dediğini yapıyordu. Hüseyin Avni Paşa'ya Valide Sultan'ın şefaatini dilemek, Rıza Paşa'yı azlettirip yerine Avni Paşa'yı getireceğiz demek kalıyordu. Buna imkan var mı idi?

Arif Oruç merhum, biraz aşağıda mevzuu şöyle anlatmaktadır:

Mısır valisi İsmail Paşa'nın Girit'ten İstanbul'a getirdiği askerlerin ahvâlinden alınan raporlar mühimdi, Sadrazam Fuad Paşa, bu raporları dikkatle okurken, konağına Alî Paşa gelmişti. Âlî Paşa son vaziyetlerden endişeli idi. Fuad Paşa telgrafları gösterdi; "İsmail Paşa, Girit hareketleri dolayısıyla Aziziye vapuru ile onaltı tabur asker getirdi" dedi. "Bugün de huzura kabul edildiği mesmu oldu."

Alî Paşa, çenesi üstünde hafifçe kıvırcıklanan sakallarını hilalleyip gülmüştü. "Malum ya birader tabii maksadı başkadır" dedi.

-Alî Paşa karındaşım, korkarım bu adamın matlûbu bu sefer is'âf olunur.

-Ona şüphe mi var a devletlüm?

-Tedâbîr-i mânia ittihâzını imkân dâiresinde görmez misin?

-Tutalım biz mâni olmaya çalıştık. Hünkârın arzusunun önüne geçilir mi? Zaten ben de beht ve hayret içindeyim. Ne edeceğiz şaşırdım. Bu eyyamda söz götürmez oldu. Der-akap gazaba gelir. Varalım, birlikte teşebbüs edelim; ama ne fayda me'mûl olmak gerek? 'Mademki Padişah'ım, mülk ve irâde benimdir. Ne cür'etle rızây-ı hümâyunum hilâfına telkînâtta bulunursunuz?' diye söylenecek değil mi?

-Gerçektir, 'Var yıkıl, azlettim seni!' dahi diyebilir.

-Pek vârittir; çünkü millete karşı değil, nefs-i hümâyuna mesuliyetle mukayyediz. Taraftarımız yoktur. Serasker Rıza Paşa, kendi havasındadır. Bahriye nâzırı, efendimizin arzularını yerine getirmekle meşguldür.

—Ya bir ahsen çare?

—Kuvvetli bir muhit edinmekle kâbil olur.

—Mesela, Alî Paşa, bu ne suretle mümkün olur?

Alî Paşa, zümrüt işlemeli enfiye kutusunun kenarlarını fiskeleyerek bir tutam enfiye alıp çekti ve gözlerini açarak mırıldandı:

—Midhat Paşa'yı İstanbul'a alalım derim. Hür fikirli, dûr-endiş bir zattır. Yolsuzluklara mukâbele zımnında iyi bir yoldaş olur.

—Muvâfıktır, Padişah'ın kendisine teveccühü dahi vardır.

Fuad Paşa, sesini biraz daha yavaşlatıp, 'Birâder-i azizim! dedi; Hüseyin Avni Paşa'yı İstanbul'a celbetmek mümkün olur mu dersin? Seraskerliğe elyaktır. Acizâne mahremim ve bir müdebbir kumandandır.'

Âlî Paşa, gözlerini açmıştı; 'Ooo... İşte bu çok müşkil!' dedi; Malûm-ı vezîrâneleridir ki, şevketlü, Hüseyin Avni isminin anılmasını istemez, ondan nefret eder.'

—Bir sırasını getirip, harem-i saraydan nüfuz ile istihsâl-i merâma çalışmak dahi fayda vermez mi acaba?

—Bu mümkündür, ama, kimi elde edebiliriz? Valide Sultan böyle şeye yanaşmak istemez. Rıza Paşa'nın hâmisidir. Baş-mâbeynci Âlî Bey bir münasebetini getirebilir mi bilmem? Doğrusu, kulunuz, cesaret edemem bu işe. Valide ağası Cevheri bu işte kullanmak pek kâbildir.

İşte Osmanlı İmparatorluğunu idare edenler, böylesine bir gaflet içinde idiler...

Onlar, kendilerine yaranacak adam ve etraflarında kendilerine ikbal imkanlarını daima açık tutacak adamlar ararlarken, bu adamların nasıl insanlar olduklarını hiçbir zaman nazar-ı dikkate almamışlar ve devletin en yüksek kademelerine, bilhassa ordunun başına, Mustafa Fâzıl Paşa'nın ihanet şebekesine dâhil zevâtı adeta zorla getirmişler ve devletin batmasında, bilmeyerek korkunç bir rol oynamışlardı.

Âlî Paşa gibi müdebbir, Fuad Paşa gibi âkil bir adamın düştükleri bu dalâlet, cidden üzücüdür.

Ve maalesef, bu iki paşanın teşebbüsleri, bir başkasının da yardımı ile muvaffak olmuş ve Hüseyin Avni Paşa önce seraskerliğe, sonra da sadrazamlığa getirilmiş ve devletin âkıbeti, bu ihanet halkasının başında bulunan paşaya emanet edilmiştir.

Bu işte, yani Hüseyin Avni Paşa'nın seraskerlik makamına da, sadrazamlık makamına da geçişinde, Âlî ve Fuad Paşalara en çok yardım eden insan da, maalesef bir eksik-etek olmuştu. Bu eksik-etek kadın kişi, Hüseyin Paşa'nın yatağına giren baş kadın kalfa Arz-ı Niyaz'dan başkası değildir.

Nihayet, Fuad ve Âlî Paşaların, bu arada kendilerine en büyük yardımcı olan Arz-ı Niyaz kalfanın da padişah üzerine tevcih ettikleri teşebbüslerden sonra, Sultan Abdülaziz Han, için için yanan Girit isyanını bastırmak için Hüseyin Avni Paşa'nın Girit'e tayinine muvâfakat etmişti.

Mehmet Zeki Pakalın, *Hüseyin Avni Paşa* adlı eserinin 17. sayfasında bu hususta şu malumatı vermektedir:

"Âlî Paşa ile birlikte giden heyet meyânında bulunan Şarl Mismer, Fuad Paşa'nın tavsiyesini yerine getirdi. Âlî Paşa ile görüştüğü sırada, serdar Ömer Paşa'nın yerine Hüseyin Avni Paşa'nın Girit'e alınmasını söyleyerek celbini temin eyledi."

Hüseyin Avni Paşa'nın yakın dostu olan bu Şarl Mismer, İstanbul'da o vakitlerde neşredilen Fransızca *La Turquie* gazetesinin müdürü bulunuyordu ve düpedüz, İstanbul'daki her gayr-i müslim ve ecnebi gibi casusluk yapıyordu.

Demek oluyor ki, Hüseyin Avni Paşa'nın Girit'e nakli, paşaların da yardımı ile bir yabancı, bir Fransız tarafından hallediliyordu.

Hüseyin Avni Paşa Girit'te birbuçuk yıl kalmış ve 1868 yılında da, Girit'te kurduğu iyi idarenin mükâfatı olarak seraskerliğe tayin edilmişti.

Lâkin, bu makamda çok kalamamış, seraskerliği sırasında yaptığı sebepsiz masraflar ve bilhassa âdet haline getirdiği saray kadınlarına sarkıntılık sebebiyle, memleketi olan İsparta'ya sürülmüştü.

Bu hususta İbnü'l-Emin Mahmud Kemâl İnal, "Sultan Abdülaziz'e dair" başlıklı yazısında şu malumatı vermektedir:

"Hüseyin Avni Paşa'nın nefyine birkaç sebep gösteriliyor. Müşâru'n-ileyh serasker ve Mahmud Nedim Paşa Bahriye nâzırı iken iki daire-i askeriye muamelatından dolayı beynlerinde tahaddüs eden bürûdet, bilahare munkalib-i adâvet oldu. Hüseyin Avni Paşa, serasker iken, selamlık resminde araba ile seyre çıkan harem-i hümayun mensûbâtmdan bazılarına harf-endazlıkta bulunduğu istima[1] olunması ile Valide Sultan, Sadrazam Âli Paşa'ya bast-ı şekvâ ve Hüseyin Avni Paşa'ya bi'l-vâsıta tenbîhât-ı müessire icra etmişti."

Devletin başına büyük bâdireler açan, bir muhteşem imparatorluğu mahva sürükleyen adam böylesine âdi bir ırz düşmanı idi ve haddini bilmeden, azgın zamparalar gibi, selamlık resminde saray kadınlarının bindikleri arabaları ısrarla takip etmek gibi bir cürette de bulunuyordu.

Türkiye'ye hürriyet, parlamento ve meşrutiyet idaresini getirip, bu devleti paramparça edecek temelleri atanlar işte böylesine birtakım ne idüğü belirsiz ve ahlâken tereddi etmiş kimselerdi. Onların hedefi hürriyet değil, Osmanoğlu saltanatı ve bizzat Türk milleti idi.

Hüseyin Avni Paşa'yı, sadrazamlığı sırasında seraskerlikten azlettirip memleketine nefyeden Mahmud Nedim Paşa, bu hususta en salahiyetle söz söyleyecek bir insan sıfatıyla *Üss-i İnkılab*'a yazdığı, matbu olmayan reddiyesinde şunları yazmaktadır:

"Hüseyin Avni Paşa'nın nizâmiye hazinesince daire-i hümayun mefruşatından beşbin kise ihtilâs ettiğini Esad Paşa'nın mâbeyn-i hümâyuna bildirmesi ve sahilhanesi civarında müteveffa Darbhor Reşid Paşa familyasına ait araziyi gasp eylediğine dair verese cânibinden padişaha takdim olunan arzuhal üzerine, Hüseyin Avni Paşa'nın yazdığı tezke-rede, şedîdü'l-meâl sözler istimal eylemesi(nin) sebeb-i teb'îd olduğu..." (Mehmet Zeki Pakalın, *Hüseyin Avni Paşa* adlı eseri, s. 22).

Meşrutiyet-i idareden dem vuran bu serasker paşa demek oluyor ki, sadece bir ırz düşmanı değil, aynı zamanda ihtilâs yapan, devletin kuvvetlenmesi için orduya sarfı icap eden parayı cebine indiren bir muhtelis de olduğu anlaşılmaktadır. Paşa, sadece ihtilâs ile de kalmıyor, aynı zamanda, mevkiinden faydalanarak vatandaş arazisi de gasbediyordu.

Tabii. Hüseyin Avni Paşa'nın azli, Sultan Abdülaziz'i tahtından indirerek Osmanlı İmparatorluğu'nu, halli asla mümkün olmayacak bâdirelerin ve bilhassa muhtelif milletlerden meydana gelmiş bulunan devlette gayr-i müslim unsurun huzursuzluğunu tevlîd ederek parçalamak gayesini güden büyük devletlerin işine gelmemişti. Bunlar, bir taraftan Hüseyin Avni Paşa hakkında saray nezdinde bi'l-vâsıta teşebbüslerde bulunurlarken, bir taraftan da ordu arasında bir nifak tohumu ekmeye çalışıyorlardı. Bu tahriklerin ordu safları arasında nasıl bir infiâle sebep olduğunu, Ziya Paşa, Nâmık Kemâl, Âgâh Efendi ve Suavi ile birlikte hareket edenlerden birisi olarak Ebüzziyâ Tevfik Bey, "Yeni Osmanlılar tarihi"nde *(Yeni Tasvîr-i Efkâr,* 19 Mart 1910), Hüseyin Avni Paşa'nın nefyi hadisesinden bahsederken şöyle anlatmaktadır.

"Hüseyin Avni Paşa gibi, teşkilat-ı askeriyyede gösterdiği mahâret-i fevkaladesi ile Osmanlı ordusunu hâl-i mükemmeliyete îsâl eden bir büyük askerin nefyi, halkın ve yetiştirmiş olduğu ümerâ-yı askeriyyenin nihayet mertebede hiddetini mucip olmuştu."

Ebüzziyâ Tevfik Bey'in böyle söylemesine, yani "Hüseyin Avni Paşa'nın nefyi halk ve asker arasında hoşnutsuzluk ve hiddet yarattı" demesine rağmen, hakikat hiç de kendisinin naklettiği gibi değildir; zira eğer Osmanlı İmparatorluğu'nun kuvvetlenmesi, donanmasının dünyanın ikinci donanması haline gelmesi, memleketin her tarafında umran(i) ve ileri hamlelerin atılması birtakım tesadüfler veyahut idare başındaki paşalar vasıtasıyla olsaydı, Sultan Abdülaziz'in hal'ine ve hal- linden dört gün sonra katline teşebbüs edilmezdi.

Şimdi, artık hakikat anlaşılmıştır ve Ebüzziyâ Tevfik Bey'in dediği gibi, halk hiddet duymamış; bilakis, Sultan Abdülaziz'in hal'i ve katli hadisesi, bu paşalar çetesine karşı umumi nefreti uyandırmış ve halk da, paşalar çetesini hiçbir vakit affetmemiştir.

Hele, ırz ve namus bahsinde çok hassas olan Türk milleti, Hüseyin Avni Paşa gibi bir ırz düşmanının nefyinden infiâl değil, ancak memnuniyet duyar. Nitekim, bu hususu, Mahmud Celâleddin Paşa da teyit etmekte ve Hüseyin Avni Paşa'yı ırz düşmanlığından dolayı terzil etmektedir. Mehmet Zeki Pakalın, *Hüseyin Avni Paşa* adlı eserinin 26. sahifesinde, bu hususu, Mahmud Celâleddin Paşa'ya atfen şöyle nakletmektedir:

"Hüseyin Avni Paşa, evvelâ Fuad Paşa'ya hulûl ederek, ânın seraskerlik inzimâmı ile ikinci defa sadârete geldiğinde, hassa müşirliği uhdesinde olmak üzere serasker kaymakamlığını tahsil etmişken, şehevât-ı nefsâniyyeye münhemik bir şahıs halfü'l-izâr (sıyrık, edepsiz) ve hukuk-ı millete riayeti bilmez sefih-i rûzigâr olmakla, harem-i saray-ı padişah ile muhill-i ırz u namus-ı saltanat bazı muâmelât-ı rezîleye giriştiği..."

Böylece, bir adamın bir serasker olsa da, Türk milleti nazarındaki mevkiinin ne olabileceği ise münakaşa dahi edilemez. Kaldı ki, bu serasker, aynı zamanda kumarbazdı da. Bu hususta, Mehmet Zeki Pakalın, aynı eserin 39. sahifesinde, "Ispartalılar, kumarın ve tavlanın Hüseyin Avni Paşa ile İsparta'ya girdiğini söylerler" demektedir.

Hüseyin Avni Paşa, İsparta'da onbir ay menfî kalmış; Mahmud Nedim Paşa azledilerek yerine Midhat Paşa sadrazam olunca affedilmiştir.

İşte, Hüseyin Avni Paşa'nın, Sultan Abdülaziz'e olan husûmetinin bir cephesi de budur. Tabii, azgın zamparalığına ve saray-ı hümâyuna dahi göz dikmesine fırsat vermeyen ve kendisini nefy ederek ikbalden eden bir padişaha diş bilemesi ve onu, esâsen memleket dışında edindiği dostlarının da teşvikleri ile tahtından alaşağı etmesi sebepleri kendiliğinden ortaya çıkar.

Osmanlı İmparatorluğu'nda bu çekişmeler devam ederken, Avrupa devletleri, Osmanlı İmparatorluğu'nu yere vurmak için durmadan, dinlenmeden gayret sarfetmekte idiler. Gariptir, Sultan Abdülaziz, Hüseyin Avni Paşa'nın kendisine husûmet beslediğini düşünmemiş ve onu sadrazam yapmış ve bu vazifede de 15 ay kaldıktan sonra, 1875 tarihinde, yani Sultan Abdülaziz'in hal'inden takriben bir yıl evvel azledilmişti.

HÜSEYİN AVNİ PAŞA AVRUPA'DA

Hüseyin Avni Paşa, sadâretten azledildikten sonra, tedavi bahanesiyle Avrupa'ya gitmiş ve orada bilhassa Paris ve Londra'da devlet ricâli ile çok dostâne ve mahrem münasebetler kurmuştu.

Mehmet Zeki Pakalın, *Hüseyin Avni Paşa* adlı eserinin 58. sahifesinde (şöyle demektedir):

"İnfisâlinden beş gün sonra Aydın valiliğine tayin edildi. Rahatsızlığından bahisle, Avrupa kaplıcalarına gitmek üzere istifa etti. Seyahatini Paris ve Londra'ya kadar uzattı. Fransa ve İngiltere vükelâsı ile münasebet peydâ etti. Rus politikasına olan temâyülünden dolayı, İngilizlerce, Sultan Abdülaziz hakkında hoşnutsuzluk hâsıl olmuş olduğunu görerek, nâzırlar ve bazı büyüklerle yaptığı mükâlemelerde, onlara, endişelerini artıracak sözler söylemek suretiyle, Padişah'ın hal'i yolunda bir teşebbüs vukuu halinde, o taraftan bir itiraz vukua gelmeyecek surette manevi müzâheretlerini temin etti."

Bu husus, Hüseyin Avni Paşa'nın kimler hesabına ve nasıl çalıştığını göstermek bakımından üzerinde durulmaya değer bir ehemmiyet taşımaktadır. Evet, bu paşa da, diğer paşalar da, Midhat Paşa da ve diğer devletlüler de maalesef, hristiyanlığın, beynelmilel siyonizmin, masonluğun ve bütün bunlardan daha mühim olarak, İngiliz cihan hakimiyeti siyasetinin birer maşası, birer ajanı, birer casusu durumunda idiler ve devleti batırmak için, devletin dış düşmanları ile elele çalışmışlardır.

Bu ne demektir? Bu nasıl serasker ve bu adam nasıl sadrazamdır ki, Osmanlı-Türk İmparatorluğu'nu batırmak için bütün imkanlarını seferber etmiş bir İngiliz devletinin, İngiliz cihan imparatorluğunun devlet erkânı ve bazı büyükleri ile, devletinin aleyhinde müzakerelerde bulunuyor ve onlarla, metbû'u olduğu padişahı hal' etmek için planlar hazırlayabiliyordu?!

Hüseyin Avni Paşa'nın bu yaptığı, şüphesiz, *ihanet* diye vasıflandırılan hareketlerin en ednâsıdır ve maalesef bu adam, bütün bunlara rağmen, yine haricin desteği ve çevirilen birtakım dolaplarla serasker olacak ve Sultan Abdülaziz'i hal ve katl edecekti.

Mehmet Zeki Pakalın, aynı eserin 59. sahifesinde, "Avrupa'da gördüğü hürmet(in) İstanbul'da duyulması üzerine avdeti ta'cil ve kendisi Konya valiliğine tayin edilmiş ise de, kullandığı vasıtaların... yardımı ile Konya'ya gitmekten kurtulup İstanbul'da kalmaya muvaffak oldu." (demektedir)

Demek, Hüseyin Avni Paşa'nın Avrupa'da gördüğü itibar büyükmüş. Hayret, bu nasıl itibardır? Zavallı devlet, sinesinde nice hainleri, nice casusları ve nice şarlatanları barındırmış ve bunları günümüze kadar birer kahraman olarak sırtında taşıyıp getirmiş.

Eğer, *casusluk* "itibar görmek" manasına alınırsa, işte bu Hüseyin Avni Paşa da, Avrupa'da hakikaten büyük itibar görmüş ve devletini yıkmak planları hazırlamıştır.

Sonra, yukarıdaki paragrafta ifade edilen *kullandığı vâsıtalardan* ne murad edildiğini anlamak için fazla gayret sarfetmeye hiç de lüzum yok(tur).

Zira, kullandığı vâsıtalar meydandadır. Bunlardan birisi, bir müstefreşe olan Arz-ı Niyaz kalfa, diğeri de, İstanbul'daki İngiliz sefiri Layard'dır. Evet, Hüseyin Avni Paşa bu iki vâsıtayı kullanmış ve Konya valiliğine gitmeden İstanbul'da kalabilmiş ve hemen arkasından, Hersek isyanı dolayısıyla acz içinde kalmış olan Esad Paşa'nın aczini izhar etmesi üzerine, kabinenin takviyesi icap edince, yine bu vâsıtalar marifetiyle, son darbeyi vuracağı, imparatorluğu batıracağı makama, seraskerlik makamına geçmiştir.

1875 yılında getirildiği seraskerlik makamında, artık bu İngiliz sultanı paşa, Sultan Abdülaziz'in hal'ine ve katline kadar kalacak ve talihsiz Sultan Abdülaziz'i katlettikten sonra, maktul padişahın kayınbiraderi yüzbaşı Çerkes Hasan Efendi tarafından iki kurşunla yere serilecek ve ihanetinin cezasını böyle çekecekti.

Şimdi şu kadroya bir bakınız: Midhat Paşa, Serasker Hüseyin Avni Paşa, mekâtib-i askeriye nâzırı Süleyman Paşa, Bahriye nâzırı Kayserili Ahmed Paşa, Ziya Paşa, Nâmık Kemâl, Ali Suavi, Âgâh Efendi; bütün Genç Osmanlılar teşkilatı, İngiliz elçisi sir Henry Elliot, Rus sefiri general İgnatiyef; Osmanlı İmparatorluğu'nun her tarafına yerden bitme mantarlar gibi yerleşen İngiliz, Fransız konsoloslukları ve konsolos efendiler, İstanbul'daki lövanten Frenk bozuntuları, bunlara yardakçılık eden sefil dönmeler; İstanbul'daki Fransız sefiri Fournier, İstanbul'da her türlü rahatı ellerinde olan ve devletin servetine sahip bulunan Rum, Ermeni ve Yahudiler... bütün bunlar, elbirliği ile bir imparatorluğu mahva teşebbüs edenlerdir ve maalesef bu teşebbüslerinde de muvaffak olmuşlardır.

Zira, bunların muvaffak olmaları esbâbı, İngiltere ve Fransa ile Rusya tarafından ihzâr edilmişti. İngiltere; Rusya ve Fransa ile rekâbeti tahrik etmek suretiyle bu iki devlete tefevvuk etmiş ve Sultan Abdülaziz'in tahtından indirilmesinde ve katledilmesinde en büyük rolü oynamıştır. İngiltere, bunu, bir cihan imparatorluğunun temellerini sağlam noktalara istinat ettirmek için yaparken, Fransa ile Rusya da bu harekete ayak uydurmaya çalışmışlar; fakat İngiltere'yi, dünya imparatorluğu tahtından aşağı indirememişlerdi. Bilakis bu devlet, her ikisini de rahatça saf dışı etmiş ve Osmanlı Devleti'ni yıkmaya muvaffak olmuştu.

MİDHAT PAŞA ve İNGİLİZ SEFİRİ ELLİOT

İHANET KADROSUNUN BAŞI MİDHAT PAŞA

Midhat Paşa, bu listede en ehemmiyetli rolü oynayan insandır. Bilindiği gibi, Avrupa'ya yaptığı bir seyahatte derme çatma Fransızca öğrenmiş ve bu arada İngilizlerin, Mısır hidivliği için her ihtimale karşı ellerinde bulundurdukları Mustafa Fâzıl Paşa ile dostluğunu kurmuş ve Genç Os-manlılar teşkilatının Osmanlı İmparatorluğu hudutları içindeki başı olmuştu. O andan itibaren de Midhat Paşa, İngiliz âmâline hizmet etmeye başlamıştı.

Midhat Paşa dahil, diğer Jön Türklerin hepsi de, *tanzimat-ı şerriye* denmesi iktizâ eden 1839 hattının yaratıcısı Mustafa Reşid Paşa'nın yetiştirmeleridir. Bunların, kadro olarak memlekete yaptıkları zarar tasavvur edilemeyecek kadar büyüktür ve Türk milletine bir koskoca imparatorluğa mal olmuştur.

Bu kadronun, İngilizlerin temin ettiği para ile devlet ve millet aleyhine Avrupa'da çıkardıkları gazeteler, Midhat Paşa'nın da mutlak tasvibinden geçmiş; devlet ve millet aleyhine en geniş neşriyatı yapmışlardır. Bu gazetelerden bir tanesi olan ve 1870 yılında Cenevre'de intişâr eden *İnkılab* gazetesi, sadece millet ve devlete değil, padişaha da en ağır hücumlarda bulunmaktan fâriğ olmamıştı. Bu gazete, yazdığı bir makalede aynen şunları söylüyordu:

"Bir hükümetin mahvı zamanı gelince, Cenâb-ı Hak evvelâ reisinin aklını alır. Onun için pâdişâh-ı zamân çıldırdı; işi gücü pehlivan güreştirmek, zuhuri kolu (orta oyunu) oynatmak, koç ve horoz dövüştürmek. Cedd-i al'âsının sandukasına astığı Osmanlı nişanını –ki mükafat ve iftihar nişanı olacaktır– dövüşen koçların ve zuhuri kolu maskaralarının boynuna, boynuzuna takmak, zavallı deli hainler elinde zulüm ve fesat âleti olmuş, hilâfeti sâkıt ve hal'i vâciptir."

Hâlâ padişah Abdülaziz okuyor, milletin selametini düşünüyor diye, efendiliğinde bir kâzip şöhret kazandığından, bu inkılabın bi'l-cümle teferruatını cülusunda icra edeceğini halk ümit ederdi. Meğer, okuduğu tarih değil masal kitapları imiş. Düşündüğü dahi, oynatıp durduğu zuhuri kolu fasılları imiş. Ve birâder-i merhûmunun bağışladığı çiftliğe sık sık gitmesi, padişahlığından nişan takmak için dövüşen horoz yetiştirmek için imiş. Bu kaziyyeler, üç ambarlı gemi başına tasvir olunan aslan gibi taht-ı âlî-bahtına kuruluşunda malum oldu.

"Cülusunda yirmi milyon lira borcu olan bir devletin vârisi olduğunu lisân-ı teessüfle beyan etmişken, padişahlığı daha on seneye varmamış ve zamanında Kırım muharebesi gibi bir gâile zuhur etmemişken, devletin borcunu yüz milyona iblâğ etti. Aferin himmetine." (Haluk Y. Şehsuvaroğlu, *Sultan Aziz, Hususi, Siyasi Hayatı ve Ölümü*, s. 5-9)

Bu câhilce sözlerin, Türk milletine, büyük ve dâhi adamlar olarak tanıtılan ve hâlâ tanıtılmakta bulunulan birtakım cahil-cühelâ tarafından nasıl sarfedileceği, münakaşa mevzuu dahi yapılamaz; zira bu zevât, dünyanın Kırım Harbinden sonra nasıl bir baş döndürücü süratle ilme, tekniğe doğru koştuğunu, her türlü harp vâsıtalarının nasıl bir korkunç süratle her gün model değiştirdiğini göremeyecek kadar kör ve gâfil idiler.

Ve bu gaflet içindeki adamların, dışarıda, el-birliği ettikleri devlet ve millet düşmanlarının telkinleri ve paraları ile neşrettikleri bu ihanet vesikaları, devlet hudutları içinde ve ikbalde bulunan Midhat Paşa tarafından yurda sokuluyor, bundan da kendisine ikbal ve saltanat yolları arıyordu.

Midhat Paşa, Sultan Abdülaziz devrinde sadece bir vali olarak hizmet ederken, bu talihsiz padişahın devr-i saltanatı ile birlikte başlayan dış tahrikler sonunda, devlet etrafındaki tehlike halkası her gün biraz daha daralmış ve 1872 yılından sonra bu halka her an sıkılacak bir hale gelmiştir. Halka sıkıldığı takdirde ise, devlet, telâfisi imkansız bâdirelere sürüklenecek noktaya çıkabilirdi. Bu halkanın sıkılması için daha dört sene beklemek ve ondan sonra İngiliz siyasilerinin verecekleri işaret üzerine halkayı sıkmak yoluna gidecek kadro da hazırlanmıştı.

Bu kadro, yukarıdan beri isimlerini verdiğimiz paşalardan ve beylerden meydana gelmekte idi ve kadroyu memleket dahilinde Midhat Paşa idare ediyordu. Midhat Paşa'yı ise, İstanbul'daki İngiliz sefiri sir Henry Elliot idare etmekte idi. Bu hususta en değerli vesika, bizzat İngiltere'nin İstanbul elçisi olan bu zat tarafından Londra'da *Nineteenth Century (Naynti Sençri,* XIX. Asır) adı altında neşrettiği risaledir ki, bu risaleyi, yine Londra'da çöreklenmiş, devleti bırakmak için, İngilizlerden aldıkları para ile Genç Osmanlıların neşrettikleri *Hürriyet* gazetesinin 3, 4, 5 ve 6. sayılarında bulmak mümkündür. Şimdi sözü bu risaleye bırakalım ve hükmü yine Türk umumi efkârı versin:

"1875 Miladi yılında, Türkiye'de meşrûtî bir hükümet kurulması hususunda meydana gelen hareketin tarihi, layıkı ile herkesin malumu olmamış ve bugüne kadar gizli kalabilmiştir. Mezkur hareket her veçhile şâyân-ı dikkat bir vakadır ve birbirini takiben türlü kaza ve belaya uğramasa idi, devlet-i aliyyenin idare tarzı başka bir şekil alarak, Türkler terakki yoluna girebilirlerdi. Osmanlı Devleti'nin ıslahı ve muhafazası uğrunda Midhat Paşa'nın gösterdiği gayretin semeresiz kalmasından dolayı İngiltere'nin ne derece mesul olduğunu teessüfle hatırlatmak kolay değildir."

İngiliz sefiri sir Henry Elliot hayıflanmaktadır; zira o, neticesinin bu şekilde tezâhür edeceğini ve Sultan Murad'ın, tahta cülûs ettikten sonra, bizzat İngiliz sefirinin tertip ettiğinde asla şüphe olmayan Sultan Abdülaziz'in katline şahit olur olmaz asabi krizler geçireceğini düşünmemişti. Ve bu sefir düşünmemişti ki, Sultan Murad'dan boş kalacak taht'a, dünyanın tanıdığı en büyük siyasilerden ve *dâhi* sıfatına layık olabilecek Sultan Abdülhamid Han merhum geçecek ve İngiltere'nin *dünya hakimiyeti siyaseti*, o ulu hâkân yaşadıkça pek ciddi tehlikeler geçirecekti.

Sefir cenapları teessüfünü bizim istinat ettirdiğimiz tez'e bina etmiş ve şöyle yazmıştı:

"İngiltere devletinin Şark'ta haiz olduğu mevki ve itibar 1875 senesinde, ondan evvelki gibi olmayıp, Türklerin bize olan emniyet ve itimatları şüphe ve tereddüde tahavvül ettiğinden beri, sözümüzün hüküm ve tesiri ikinci derece bir hükümet derekesine inmişti."

İşte İngiltere'nin bam teline basmışız ve talihsiz Sultan Abdülaziz böylece İngiltere'nin en can alacak damarına basarken de, memleket içindeki hainlerin, İngilizlerle birlikte çalışanların mevcudiyetine ehemmiyet vermemiştir. Netice olarak da, kendi hayatına hâtime verdiği gibi, devleti de büyük bir bâdirenin içine atmıştır. Sultan Abdülaziz'in takip ettiği siyasetle İngiltere'nin ikinci devlet durumuna düşürülmesi tezi de böylece bu devletin harekete geçmesine tesir etmiş ve felaketli komplo meydana gelmiş, Sultan Abdülaziz tahtından ve canından edilmişti.

Sefir, bu husustaki sözlerine aynı broşürde şöyle devam etmektedir.

"Midhat Paşa ile taraftarları, İngiltere halkının manevi muâvenetine mazhar olacaklarından emin olmasa idiler, hükümet, idare şeklini tebdil etmek gibi müşkilat ve muhâtara ile muhât bir işi üzerine almaya kolaylıkla cesaret edemezlerdi. (Bakınız hele, ne diyor sefir cenapları; İngiltere halkının manevi himayesi!.. Hayır efendim, hayır... Bu sadece İngiliz hükümetinin, manevi değil, maddi yardımıdır ve bu yardım Mustafa Fâzıl Paşa eli ile yapılmaktadır.) Vâkıa, İngiliz halkı meselenin aslına vâkıf olsa idi, ıslahat taraftarlarının ümit ettiği ve beklediği yardımı onlardan hiçbir vakit esirgemezdi; fakat ne çare ki, o vakit, Türkler aleyhinde sebepsiz kin ve husûmet besleyen zevât tarafından yeni yapılan kanun-ı esasinin suni ve yalnız kağıt üzerinde kalmaya mahkum bir Kanun-ı Esasi olduğu, Midhat Paşa'nın bu Kanun-ı Esasiyi kendi şahsi menfaati için yaptığı, paşanın hain ve hilebaz bir adam olduğu ve buna benzer daha birçok iftiralar işâa edilerek, İngiliz halkının fikri ifsat ve ıdlâl edilmişti. Böyle sebepsiz yere Türkler aleyhinde suizannı olan zevâtın Türklere îrâs ettikleri zarar, yalnız İngiliz halkının fikrini ifsat ederek onları Türklere yardımdan men etmekle kalmamış; ıslahat taraftarlarının, bunca zahmet ve müşkilat ile elde etmiş oldukları meclis-i mebusanla devamlı olarak alay etmek suretiyle, mezkur meclisin lağvına gitmesi için Sultan Abdülhamid'i cesaretlendirmişlerdi. Binaenaleyh, hükümet-i mutlaka gibi, zararları herkesce bilinen bir usulün zulüm pençesinden hemen kurtulmak üzere olan Türkleri, bu muvaffakiyetlerinden mahrum bırakmak suretiyle, Midhat Paşa'nın ve diğer ıslahat taraftarlarının sürgüne gitmelerine sebep olmuşlardır."

Sefir cenapları, burada, İngiltere iç siyasetindeki ivicacları belirtmek istemiş, fakat muvaffak olamamıştır; zira İngiltere'de iç siyaset, hiçbir vakit bu devletin dünya hakimiyeti siyasetine set çekebilecek bir mâhiyet almamıştır ve alması da asla mümkün değildir. Şimdi tekrar sefir Elliot'u dinleyelim:

"1867 senesinde Türkiye'ye vardığım zaman, Midhat Paşa Tuna valisi idi, fakat bir yıl sonra memuriyeti değiştirilerek Rusçuk'u terketti. Bu esnada, Osmanlı hükümeti, Âlî ve Fuad Paşalar gibi gayet muktedir iki zâtın idaresinde idi. Bu iki paşa, birlikte hareket ederek Sultan Abdülaziz üzerinde kuvvetli bir nüfuz kazanmaya çalışmışlar ise de, Âlî ve Fuad Paşalar, kendilerine rakip olacak ve Abdülaziz'in bu arzusunu kuvveden fiile çıkarmaya vâsıta olabilecek kimselerin meydana çıkmalarına fırsat vermemişler ve elde etmiş bulundukları kuvvet ve nüfuzu ömürlerinin sonuna kadar devam ettirebilmişlerdi. 1871'de Âlî Paşa'nın vefatı haberini alır almaz —ondan az bir müddet evvel Fuad Paşa da vefat etmişti— Abdülaziz fevkalade memnun olmuş, 'İşte şimdi serbest kaldım!' demiş."

Zavallı sefir cenapları, hâk-i pâyine yüz sürmek için nasıl nöbet tuttuğunu unutur göründüğü Sultan Abdülaziz Han, bu paşaların rüyalarına girecek kadar celâdetli ve kudretli bir hükümdardı ve devletin idare şekli de, kendisinin bu kuvvet ve kudretine adeta bir sonsuzluk vermekte idi. Ne Âlî, ne Fuad Paşalar, Sultan Abdülaziz'in arzusu hilâfına çıkabilmişler, ne de Sultan Abdülaziz, kendilerinden kurtulmak gayretleri içinde bulunmamıştır. Tamamen İngiliz görüşüne ve siyasetine uygun bir lisanla yazılmış bulunan bu risale, cidden tedkike değer bir vesikadır. Şimdi, sefir cenaplarını tekrar dinleyelim.

"Mahmud Nedim, tamamen Abdülaziz'in istediği gibi bir adam olduğundan, kendisinin intihabı ve sadrazam yapılması padişah için bir muvaffakiyetti, fakat Mahmud Nedim'in maksat ve gayesi devlet ve milletin hayır ve menfaatini düşünmek değildi. Bilakis Paşa, iktidarda kalmak için efendisinin her dediğine peki demek itiyadında olduğu için, herhangi bir fikrine muhalefet etmemeye ve verdiği bütün emirleri harfiyyen yerine getirmeye gayret ederdi. Bu bakımdan da, Sultan Abdülaziz'in fevkalade teveccühünü kazanmıştı. Bundan ayrı olarak, Sultan Abdülaziz'e yakınlığı olanların talep ettikleri paraları derhal tediye etmek suretiyle, onlar nezdinde de mevkiini sağlamlaştırmaya gayret gösteriyordu."

İstanbul'daki İngiliz sefîr-i kebîri sir Henry Elliot'un burada bir başka cepheden anlatmaya çalıştığı Sadrazam Mahmud Nedim Paşa, aslında hiç de anlatıldığı gibi değildir. Mahmud Nedim Paşa, Avrupa muvâzenesinde, Rusya ile birlikte hareket etmenin zaruretlerine inanmış, İngiltere'nin devlet-i aliyye aleyhine giriştiği komploları yakînen bilen bir insan olarak Rus siyasetine yanaşmıştı. Rusya'nın, yeni Osmanlı siyaseti karşısında duyduğu memnuniyet, gösterdiği yakınlık, İngiltere'yi derhal harekete geçirmiş ve sir Henry Elliot'un yukarıdaki şikayetine, yani İngiltere'nin İstanbul'da ikinci devlet olduğu hususundaki kanaatin İngiliz sefirinde de, İngiliz hâriciyesinde de yerleşmesine yol açmıştı. İşte, İngiltere'nin İstanbul sefirinin Mahmud Nedim Paşa'ya *Nedimof* adını takması, takip ettiği bu siyaset yüzündendir ve maalesef, cidden akıllı ve dûr-endiş bir sadrazam olan Mahmud Nedim Paşa'nın hâlâ da bu sıfat ile anılmasında birinci derecede rol almıştır. Ve bu sefir cenapları, Sultan Abdülaziz'i hal' edip katleden paşalar ve kumandanlar kadrosunun birinci derecede drijanı olmuştur. Bu iş için de bu zat, İngiliz bütçesinden yedi milyon altını sere serpe sağa sola dağıtmıştır. Bu hususta Nizameddin Nazif Tepedelenlioğlu, *Sultan II. Abdülharnid Han* adlı kitabının 337. sahifesinde aynen şunları yazmaktadır:

"Sir Henry Elliot'un Abdülaziz Türkiyesi'ni tenkit etmeye yeltendiği iş-bu 1875 yılında, İngiltere bütçesinin bu faslından tam yedi milyon İngiliz altını gelir sağlamış bulunuyordu. Muhterem büyükelçinin İstanbul'da şahane bir hayat sürmek ve *hürriyet taraftarları* adını taktığı kendi taraftarlarını geçindirmek için, bir yandan gizli Karbonari vantlarına, bir yandan da *ileri fikirli* dediği bazı softalara el altından dağıtmak için kullandığı pek dolgun tahsisat işte böyle bir bütçeden veriliyordu."

İşte, İstanbul'daki İngiliz sefiri cenapları, böylesine bir para ile bir devletin canına kasdetmek için, memlekette paşasından ordu kumandanına, askerî mektepler nâzırından softasına kadar çeşitli insanları satın alabiliyordu. Şimdi, üstad Nizameddin Nazif'i yine dinleyelim, bakınız ne diyor:

"Abdülaziz'in şahsı ile devri hakkında yapılmış olan diğer bütün ithamlar da —bir daha söyleyelim— hep bu kabildendir. Sanki bu asrın Avrupalı, medeni ve büyük denen devletleri pek sağlam ayakkabı imişler de yalnız Osmanlı Devleti bozuk düzen imiş! Yazık ki, Osmanlı tarihini Avrupa devletleri ile paralel bir surette mukâyeseli olarak tedkik eden ve yazan biri çıkmamıştır. Bu yorucu, fakat pek lüzumlu iş başarıldığı gün birçok kıymetler yer değiştirmeye mahkum olacaklardır."

Ne gariptir ki, *müstebit* dedikleri Abdülaziz devrindeki hürriyet dozuna bile bu memlekette imparatorluğun batacağı güne kadar bir daha rastlanmayacaktır. 1816'da *yoktur* denen *hürriyet*, asıl ondan sonra yok olacaktır. Hakikat şudur ki, Musa Paşa ile Kabakçı Mustafa'nın III. Selim'i devirişi, Rus ve İngiliz tahriki idi. Alemdar Paşa'nın IV. Mustafa Han'ı devirişi, Fransa elçisi Sebastiyani'nin tahriki eseridir.

Midhat Paşa ve serasker çetesinin Abdülaziz Han'ı devirişi de düpedüz İngiliz tahriki ile olmuş bir iştir.

Bir siyasi darbe:

O günün ve o günü takip eden yılların bütün hadiseleri açıkça isbat etmektedir ki, Abdülaziz'in tahttan indirilmesi, asla Osmanlı iç politikasının bir lüzumu, zaruri bir icabı değildir. Bu, İngiltere tarafından hazırlanmış ve tediye edilmiş bir siyasi darbedir ki, doğurduğu hadiselerin hiçbiri Osmanlı devletinin lehinde olmamış ve Osmanlı'nın ne kadar düşmanı varsa hepsi bundan faydalanmıştır.

Serasker çetesinin siyasi darbesinde İngiltere'nin bir rolü olduğunu isbat değil, saklamaya imkan yoktur. Bu, o devirde Fransız parlamentosunun resmî zabıtlarına bile girmiş bir hadisedir. Zaten, hadisenin asıl kahramanı, yani İngiltere'nin İstanbul'daki büyükelçisi, bizzat rolünü açıkça yazmış ve tarihe maletmiştir.

Şimdi, ekselans Henry Elliot'un kendi kaleminden çıkmış olan hatıratına tekrar dönelim. Bakınız, sir Henry Elliot ne diyor:

"Osmanlı Devleti'nin birçok ıslahata muhtaç olduğunu öğrenip anlayacak kadar uzun bir müddet Türkiye'de bulunduğum için, padişah ile nâzırlarını kontrol edecek bir *meclis* kurulmadıkça ıslahat gibi şeylerden bir fayda çıkmayacağını biliyordum. Midhat Paşa'nın bazı teşebbüslere giriştiğini haber aldığım zaman son derece sevindim ve kendisini elimden geldiği kadar teşvik ve tahrik ettim."

MİDHAT-ELLİOT İKİLİSİ

Şimdi, bu kitabın başından itibaren iç yüzünü ortaya koyarak isbatına çalıştığımız İngiliz siyasetinin, cihan hakimiyetine dayanan fikrinden mülhem olan, Osmanlı İmparatorluğu'nu yıkmak ve yok etmek siyaseti hakkında Nizameddin Nazif Tepedelenlioğlu'nun aynı eserinin 339. sahifesinden şu malumatı aktaralım:

"1871'den sonra, yani *hürriyet ve reform taraftarları* dediği *Yeni Osmanlılara* reis olduktan sonra, artık Midhat Paşa'nın hiçbir hareketi İngiltere büyükelçisinin meçhulü değildir. Belki de birlikte çalışmaktadırlar; çünkü Yeni Osmanlılarla olan alâkasını bu elçi hiçbir zaman saklamamıştır. Midhat Paşa'nın, Abdülhamid devrinde mahkum edilmesinden sonra, İngiltere'de yayımladığı meşhur makalesinden[27] şu cümleyi aynen alıyorum: Midhat Paşa'nın kara surlarına yakın olan çiftliğine çekilip gözden kaybolunca, hürriyet ve reform taraftarları ile birlik te planlarını yapmaya koyuldu. 1875 yılı Kasım ayının ilk günlerinde, hürriyet ve reform taraftarlarından biri (bu adamın adını vermiyor) bana Midhat Paşa'nın maksadının ne olduğunu bildirdi. Asıl maksat bir meşrutiyetçi hükümet kurmaktı."

Elçi, herhalde öteden beri haber alma şeklinde kullandığı bu hürriyet ve reform taraftarı vâsıtası ile Midhat Paşa'dan bir randevu alıyor, yahut hazırladığı planı bir defa da elçi ile birlikte gözden geçirmek için Midhat Paşa elçiden bir randevu istiyor. Kasım ayının ikinci haftasında buluşuyorlar.

Bu gizli temas İngiliz bandırasının himayesinde yapılıyor; yani ziyaret edilen Midhat Paşa değil, elçi Elliot'tur.

Sahne, İngiliz sefaretinde, ekselans Henry Elliot'un bürosu.

Midhat Paşa söze başlıyor:

—Her vilayet acınacak bir haldedir. Rejimin değişmesinden başka çare görmüyorum.

---

27 Sefir Elliot'un "XIX. asır" adlı makalesi.

Ve, çiftlik toplantılarında hazırlanan *yeni rejim* projelerini birer birer Elliot'a izah ediyor.

Elliot, zaten bunları bilmektedir. Kim bilir kaç toplantıda, kaç münakaşada, kaç *Yeni Osmanlı*'nın ortaya attığı fikir hep onun ilhamı, hep onun telkini olmuştur.

Hiç sesini çıkarmadan, paşanın uzun izahatını sabırla dinledikten sonra soruyor:

–Padişahlık makamı hakkında ne düşünüyorsunuz?

–Bu makama ait yetkilerin çok daraltılması lazımdır. Padişah'ın kuvvet ve kudreti tahdit edilmelidir.

Elçi, bu cevabı alınca kabına sığamıyor... Rahat bir nefes alıyor; çünkü yıllardan beri süren gayretlerinin tek sebebi, ulaşmak istediği asıl hedef budur:

"Padişah'ın kuvvet ve kudretinin tahdidi."

İngiliz sefiri, devletinin cihan hakimiyeti siyaseti noktasından elzem telakki ettiği bu nokta-i nazarını böylece Midhat Paşa'ya aktarmış ve onun vâsıtası ile Sultan Abdülaziz'in kuvvet ve kudretini sıfıra indirmeye çalışmıştır. Bu kuvvet ve kudretin padişahın elinden alınması ise, sadece devletin yok olması manasına alınmalıdır; zira Osmanlı Devleti, yukarıdan beri yeri geldikçe işaret ettiğimiz bir kuvvet ve kudret iktisap etmiş ise, bu kuvvet ve kudretin elde edilmesinde, Osmanlı İmparatorluğu'nun muâsır Avrupa ve dünya devletleri seviyesine çıkmasında, sadece ve yalnız Sultan Abdülaziz Han rol almış, bu yükselişte onun şahsi fikri hakim olmuştur. İngiltere'nin, bu kuvvet ve kudreti, devletlü paşalarla kırması mümkün olmayınca, asıl darbeyi vurmak zamanı gelmiş ve padişahın kuvvet ve kudretinin elinden alınması fikri devletlülere telkin edilmiştir.

İngiltere'yi ürküten, işte, Osmanlı padişahlarının bu üstünlükleri ve kimseyi dinlemeyen irâde ve karakterleri idi; çünkü bu karakter ve irâde üstünlüğü, çok kısa bir müddet zarfında Osmanlı İmparatorluğu'nu, devrin en ileri devletlerinden, en kudretli imparatorluklarından birisi haline getirmiş bulunuyordu. Osmanlı-Türk donanması dünyanın ikinci filosu idi ve İngiliz donanması ile at-başı durumda bulunuyordu. Türk ordusu, dünyanın en kudretli kara ordusu olmuştu. Ve Türk ordusu da, Türk donanması da dışarıdan hiçbir şey almadan, dışarıya hiçbir sipariş vermeden, kendi fabrikaları ve kendi teknik imkanları ile bütün noksanlarını ikmal edebilecek duruma girmekle de kalmamış, bu teknik imkanlarla her şeyini Osmanlı İmparatorluğu'nda imal edecek duruma da girmişti. İngiltere, elbetteki bir Rusya, bir Fransa'nın kendi cihan hakimiyeti siyasetine karşı çıkan politikaları yanında, dünyanın en stratejik bir noktasında bulunan böylesine kuvvetlenmiş, imparatorluğun birçok topraklarını kuvvet ve kudreti ile adeta yeniden fethetmiş bir padişahın, Sultan Abdülaziz Han'ın idare ettiği bir Osmanlı İmparatorluğu'nu gönül rızası ile kabul edemezdi. Ve eğer İngiltere, devletin içinde birtakım ihanet edebilecek devletlü ve paşalar takımını bulmasa idi, ne Sultan Abdülaziz'i tahtından indirtip öldürtebilir, ne de devlet-i aliyye çökerdi; fakat İngiltere'nin cihan hakimiyeti siyaseti, dünyanın birçok noktalarında ele geçirdiği hammadde kaynakları ve giriştiği ticari münasebetler sonunda kurduğu imparatorluk, Osmanlı İmparatorluğu'nun bekâsına veya kendisine rest çekebilecek bir duruma yükselmesine müsaade edemezdi. Nitekim, buna müsaade etmediği hadiselerle teyit edilmiş ve koskoca bir imparatorluk İngiliz altınları ve hain devletlülerle yıkılmıştır.

Şimdi, yine Nizameddin Nazif Tepedelenlioğlu'nun aynı eserinin 341. sahifesinden şu kısmı alalım:

"Onun (Sultan Abdülaziz'in) irâdesi sıfıra indirildiği gün, Osmanlı Devleti paramparça olacaktır.

"Ama, umumi olarak bütün imparatorluğu ve özel olarak da müslüman-Osmanlılığı tutan makamı kudretsizliğe mahkum ederken, elçi cenapları da, Midhat Paşa Hazretleri de, bütün hristiyan toplulukların ruhani reislerine, adeta birer hükümdar dedirtecek derecede cismani salâhiyetler bahşetmek kararındadırlar.[28] Midhat Paşa bu ciheti elçiye *bilhassa* ve *ısrarla* temin eder. Sonra şu bilgiyi verir: -Mevcut farkların önünü almak için başlıca şart, nâzırlar heyetini ve hele Maliye nâzırını bir meclise karşı sorumlu kılmak olabilir kanaatindeyiz. Aynı meclis kontrolü valiler üzerinde de tesirli olacağı için, bütün vilayetlerin iyi idare edilmesi tabii mümkün olacaktır. Peki bu meclis nasıl kurulacaktı? Midhat Paşa'ya göre, *hükümranlık* salâhiyetini padişahtan nez' edecek olan bu *millet* meclisi; *ırk, din, mezhep* farkına asla bakmaksızın, bütün ahali bir tutularak yapılacak seçimlerle kurulacaktır. Bu ciheti sefir'e vaadediyor."

Böyle bir vaad, ilk bakışta *insani* ve *medeni* bir hareket gibi görünür; fakat o günlerin şartlarına vurulunca anlayışsızlığın, ihtiyatsızlığın, dar görüşlülüğün en kötü ifadesi olduğu derhal belirir.

Zira,

1. Meclisler daima bilgili insanların ve teşkilatlı grupların tesiri altında kalır;

2. Meclisler daima ekseriyetin fikrini ve arzusunu kanunlaştırır.

Halbuki, Osmanlı Devleti'nde, 1876 yılında,

1. Bilgili vatandaşların çoğu hristiyanlardı;

2. Teşkilatlı zümreler ve gruplar hep hristiyandı;

3. Nüfus ekseriyeti de hep hristiyanlarda idi.

Pek garip görülür, ama, 1876 Türkiyesi'ni, tam demokratik usullerle seçilmiş bir meclisin kontrolü altına sokmak demek, düpedüz, imparatorluğu bir plebisit ile, hristiyan Osmanlıların devamlı kontrolü altına sokmak demek olacaktı.

Ve Midhat Paşa Hazretleri ile Yeni Osmanlılar denilen bir avuç münevver, İngiltere büyükelçisi sir Henry Elliot'un irşadları ve her türlü maddi yardımları ile, işte böyle haince hazırlanmış bir uçurumun kenarına ulaşmış bulunuyordu.

---

28 Bir Fener patriğinin ziyaretini resmen iade etmiş olan ilk ve tek Osmanlı Sadrazamı Midhat Paşa'dır. (NN. T.)

Maalesef, bu devletlülerin de, paşaların da düşünmek istemedikleri şey, devletin bekâsının hangi temellere istinat ettirilebileceği hususu idi. Aslında bütün bunları biliyorlardı fakat, İngiliz altınlarının sarı rengi ve bir bakıma da cehâletleri, onları attıkları adımda ısrarla direnmeye mecbur etmiş ve devlet-i aliyye batırılmıştır. Aslında batırılan devlet-i aliyye değil, Türk milleti idi.

Şimdi, tekrar İngiltere'nin İstanbul'daki büyükelçisi sir Henry Elliot'un hatıratına dönelim. Bakınız, bu elçi cenapları neler, ne cevherler yumurtluyor:

"Bu yeni usul tahtında her türlü memuriyet, küçük veya büyük tefrik edilmeksizin, harem-i şâhâne veya mâbeyn-i hümâyun vasıtası ile satın alınıyordu."

İNGİLİZ SEFİRİNİN SAYGISIZLIĞI

"Devlet memuriyetlerinin tebdilinde bile saray *haşaratına* hediye vermek âdet hükmüne girmiş olduğundan, valiler, mutasarrıflar, defterdarlar bir vilayetten veya sancaktan bir diğerine nakledildikleri vakit, bu rüşveti vermek ve mansıbı satın almak mecburiyetini duyarlardı. Zaten bunların ekserisi *alçak* ve *muhtekir* takımından olduğu için, verdikleri rüşveti katbekat kazanmak için halkın mal ve mülkünü zulüm ve cebir ile yağmaya girişirlerdi. Böylece Osmanlı vilayetlerinin perişan ve harap olmasına sebebiyet verirlerdi."

Şimdi şurada, sefir cenaplarının hatıratındaki bazı kelimeler üzerinde duralım. Sefir cenapları, Saray mensûbînini *haşarât* olarak vasıflandırmaktadır ki, bu sıfat Osmanlı saray erkânı veya mensûbîni için –her ne suretle olursa olsun– asla söylenemez; zira, Osmanlı İmparatorluğu sarayı İngiliz sarayından da, Fransız saraylarından da, Rus ve Habsburg saraylarından da çok, ama çok daha haysiyetli, hatta mukâyese edilemeyecek kadar şerefli ve namuslu saraylardı. Fransız saraylarının bir Katerin dö Medici'sini, bir Jozefin'ini Osmanlı Saraylarında bulmak asla mümkün değildir. Nihayet, Fransa'daki rüşveti, Osmanlı saraylarında da, Osmanlı Devleti idaresinde de bulmak mümkün değildir. Kezâ, Türk Osmanlı sarayına terbiyesizce saldıran, bu hakikaten her türlü haysiyet ve şereften mahrum sefir cenaplarının temsil ettiği İngiliz sarayındaki bir kraliçe Elizabet'i, bir kraliçe Viktorya'yı veyahut tamamen morfinman olan bir VII. Edvard'ı bulmak mümkün değildir. Binaenaleyh, bir devlet nezdinde bir başka devleti temsîlen vazife görmüş olan bir sefirin, herşeyden evvel mensup olduğu milletin içtimai durumunu düşünmesi, kalemini ona göre oynatması ve kelimeleri buna göre beyaz kağıda geçirmesi iktizâ etmektedir. Bundan ayrı olarak, bir sefir, her ne sebeple olursa olsun, herşeyden evvel bir sefirdir, siyasi kariyeri olan bir insandır ve lisanına veya fikirlerine çok dikkat etmesi iktizâ eden bir mevkiin de sahibidir. Öyle, terbiyesizce, bir milletin en mukaddes bildiği mefhumlara veya müesseselere rastgele ve tamamen garezine olduğu gün gibi âşikâr olan bir lisanla hitap etmesi, sadece kendi terbiyesinin hudutlarının ne kadar dar olduğunu izaha yeter bir keyfiyettir.

Şimdi, gelelim, bu adamın terbiyesizliğini bir tarafa bırakalım ve Nizameddin Nazif Tepedelenlioğlu'nun eserinden 336 ve 337. sahifelerdeki şu kısımlara bir göz atalım:

"Memleketin herhangi bir tarafında maaşların zamanında verilmeyişi Aziz Han'ın uykusunu kaçırmakta idi. Devlet haysiyetine de, kendi haysiyetine de pek düşkün olan Sultan Abdülaziz, devlet hizmetlerinin geçer akçe ile zamanında ödenmesine çok önem veren bir hükümdardı."

Para...

İşte, saltanattan uzaklaştırılmasından sonra, yaşadığımız bu günlere kadar ona isnat olunan *para sevgisi*nin asıl sebebi.

Büyüyen ordunun, çok kabaran deniz ve kara subay kadrolarının, devlet dairelerinin, donanmanın, girişilen birçok imar ve asrileşme hareketlerinin devlet hâzinesine yüklediği zorluklar yanında saray masrafları ne idi ki?

Devede kulak...

İngiltere büyükelçisi, o gün huzura çıkınca söylediği sözlerin tam metnini kendi kalemi ile tarihe devretmiş bulunuyor, işte...

Sultanın hiddet ve gazabını üzerime çekeceğimi bilmiyordum; fakat, tehlikeyi göze aldım, 'Her Avrupalı devletin başına gelen şey bugün de Osmanlı Devleti'nin başına gelmiştir. Kanunlar ve nizamlar zamanla eskileşiyor, günün ihtiyaçlarını karşılayamıyor. Avrupa devletleri, ahali tarafından öne sürülen fikirlere itibar etmesini bildiler. Şimdi de, Osmanlı Devleti ahalisi, eski kanunların, nizamların bugünkü şartlara uygun olmadığına inanmaya başlamışlardır. Teb'a-i şâhânenizin bu kanaatına itibar etmek çok yerinde bir hareket olacaktır' dedim.

Padişah, hiç değişmeyen o vakarlı ve temkinli edası ile, 'Mesela' dedi; 'ne yapmalıdır?' Bir gayret daha göstererek teklifimi tamamladım:

—Ahali kendi işlerini idare edenlerin murâkabe edilmesini istemektedir.

Abdülaziz gene sakin sakin sordu:

—Böyle bir murâkabe nasıl bir maksat güder?

Son cevabım şu oldu;

—Böyle bir murâkabe, umumi hizmetleri çevirenlerin her istediklerini her zaman diledikleri gibi yapmalarına meydan bırakmaz.

Muhâveremiz burada bitti; zira Sultan Murad nezâketi ile beni uğurladı. Bugün, o sözlerime fazla önem verilmiş olduğunu iddia edecek değilim.

İngiltere büyükelçisi sir Henry Elliot'un, gene kendi halemi ile iddia ettiğine göre, hünkâr nezdinde bu teşebbüsü yaptığı sırada, Osmanlı Devleti şu kötü şartlar içindedir:

1. Memleket süratle harap ve helak olmaktadır;
2. Rüşvet, ihtikâr ve irtikap görülmemiş bir dereceye varmıştır;

3. Devlet memurları ve ahali yiyecek ve ilaç bulamazken, padişahın zevk ü safâsı için milyonlarca lira harcamaktadır;

4. Valiler, mutasarrıflar ve memurlar, makamlarım para ile satın aldıkları için, gittikleri yerlerde ahalinin malına mülküne el koyup satmaktadırlar ..."

Bugün biliyoruz ki, bu iddianın elle tutulur tarafı yoktur. Hele, devlet memurluklarının *para ile satın alınması* tamamıyla yalandır. Evet... O tarihte, yani Abdülaziz'in Türkiye'de Sultan ve Elliot'un da İngiltere büyükelçisi olduğu günlerde, devlet memurluklarının para ile satıldıkları memleketler vardı; fakat bilhassa Avrupa devletleri arasında, bu çok kötü hastalığa tutulmuş olanların başında İngiltere gelmekte idi. 1876 Avrupası'nın o ihtişamlı kraliçe Viktorya İngilteresi'nde bir tapu memurluğu veya köy muhtarlığı değil, bölük ve tabur kumandanlıkları, albaylıklar, her silahın her dereceden general rütbeleri, hatta mareşallikler, hatta asâlet unvanları, hepsi para ile alınıp satılmakta idi.

Bir İngiliz elçisinin, bu çeşit hareketleri yolsuzluk sayması da bir hayli gariptir.

Evet... O tarihte bu gibi işlerin pek revaçta olduğu bir yer varsa o da İngiltere idi. Makam satmak ve satın almak İngiltere'de gayet tabii görülüyordu. Gelenekler diyarında en kötü geleneklerden biri de bu idi. Elçi hazretlerinin, gayet laubali bir şekilde yüksekten atarak yolsuzluk ve kepâzelik addettiği şeylerin, İngiltere'de devlet bütçesinde bile yeri vardı. Satılacak yüksek memurluklarla kumandanlıkları, asâlet unvanlarını, rütbeleri, nişanları kraliçe Viktorya Hazretlerimin Maliye nâzırı cenapları pek masum bir gelir faslı addetmekte idi. Elçi Elliot'un rezâlet diye vasıflandırdığı şeyleri, gizlemek şöyle dursun, bütçe lâyihası içinde resmen parlamentoya sunuyordu.

Avam kamarasının muhterem üyeleri de açıkça rey vererek bunu tasvip ediyorlardı.

MİDHAT PAŞA İÇİN ELLİOT NE DİYOR?

Şimdi, bu terbiyesiz, her türlü nezâket kâidelerinden ve normal diplomatik lisandan mahrum İngiliz elçisinin kaleminden çıkan hatıratına tekrar avdet edelim. İngiltere'nin İstanbul büyükelçisi sir Henry Elliot diyor ki:

"Midhat Paşa Rusçuk'tan ayrıldıktan sonra, dâr-ı şûrâ riyâsetine tayin olundu ise de, o vakit sadârette bulunan Alî Paşa, günden güne artan Midhat Paşa'nın nüfuzunu görünce, bundan endişe duydu ve Midhat Paşa'yı Bağdat'a gönderdi ve tâ Âlî Paşa'nın vefatına kadar Midhat Paşa Bağdat valiliğinde kaldı ve orasını ıslah etti."

Sefir cenapları burada da yanılmaktadır; zira Âlî Paşa, Midhat Paşa'yı Bağdat vilayetine, dediği gibi, kendisinden ürkmesinden değil, kökü dışarıda olan ve Mustafa Fâzıl Paşa delâletiyle İngiliz siyasetine dayanan bir ihanetin içinde bulunduğundan dolayı göndermiştir; zira Âlî Paşa, Fransız taraftarı siyasetine aykırı olarak, Midhat Paşa'nın İstanbul'daki Genç Osmanlılar teşkilatını idare ettiğini biliyordu. Ve Âlî Paşa şunu da biliyordu ki, Midhat Paşa'yı da, Genç Osmanlıları da İstanbul'daki İngiliz sefiri rahatça kullanıyordu. Devletin başında birtakım gâileler bulunduğu, Girit, Balkan ayaklanmaları gibi hadiseler cereyan ederken, devletin merkezinde bir ihtilal teşkilatının bulunmasını mahzurlu ve devletin bekâsı için tehlikeli bulduğu için, Midhat Paşa'yı Bağdat vilayetine tayin etmiş; böylece bu fesat ve ihtilal teşkilatını dağıtmıştı.

Midhat Paşa'nın nasıl bir ihtilalci olduğunu, devleti batırmak maksadıyla ve İngiliz altınları ile kurulan Genç Osmanlılar teşkilatının başında bulunduğunu, rahmetli Arif Oruç Bey, *Sultan Abdülaziz Nasıl Hal' Edildi, Nasıl İntihar Etti?* adlı eserinin 114 ve 115. sayfasında şöyle anlatır:

"Midhat Paşa, Abdülaziz'in yeni tevcihini cemiyet erkânına hikaye ettiği zaman, hepsi hayret etmişlerdi. Ziya Bey (Ziya Paşa) acı acı gülmüştü. 'Paşam! dedi... 'Âlî'nin sadmesine uğradınız.' Birer tarafa dağıtılmamızın mebdeidir (başlangıcıdır) bu tarih!.."

—Allah Allah, hiç ihtimal vermem. Abdülaziz Han zerrece renk vermedi.

—Senelerce mâbeynde kitâbet vazifesi yaptım. Ne hîle ve desiseler görmüşlerdenim.

—Tutalım öyle olsun. Vatana hizmet değil mi? Duyurulacak ki, cemiyet işleri geri kalır. Kattiyyen müteessif olmamak lazımdır. Elbette bir gün bu samimiyete nâil olmak mevcuttur.

Nâmık Kemâl Bey söze karıştı:

—Bu şekâvet yine Moskof tahrikidir. Encâmı hayrola. Ardınca, 1856 boğazlar muâhedesinin ihlâli meselesi patlak vermeseydi bâri.

—Muhtemeldir mîrim. Moskof parmağı olduğu senelerce evvelden beri bellidir. Evvelki memuriyetlerimizde Sırp prensi Mihal'in, nâçize karşı Yuvan adlı komiteci ile tertip ettiği suikast henüz hatırlardadır. Rus sefiri General İgnatiyef, Padişah'a tesir ederek Yuvan'ı Diyaribekr'e nefy ile iktifa etmemiş miydi?

—Evet... Evet... diye tasdik ettiler. Midhat Paşa devam etti:

—Maksadımız elbet bir gün muvaffak olacaktır. Fransa bugün ne haldedir 1789-1830 ve nihayet 1848 inkılapları neticesi ne oldu? Bu saat Fransa'da imparator bulunan 111. Napoleon, er-geç sükût edecektir. Fransızlar *hakimiyet-i âmme* usul-i idaresine müstenit bir idare istiyorlar. Cumhuriyet, ârâ-yı umumiye, milli meclis hakimiyeti, matbuat serbestliği ve toplanma hürriyeti; bunların hepsinden vazgeçtik, yalnız kanun ve bir milli meclis talebindeyiz. Tedricen her müşkil hallolunur.

Ey benim mirim. Kemâl, Şinasi Beyler... Almanya, Prusya ve Avusturya'da bile hâlen krallığa ve imparatorluğa dokunulmaksızın millete verilmiş hukuk yok mu? Ârâ-yı umumiye, müsâvât-ı hukuk, matbuat serbestliği ve toplanma hürriyeti yok mu? Henüz bir ay evvel, Sardunya krallığı geniş bir ârâ-yı umumiye kabul etmedi mi?

Almanya'yı düşünelim; Avusturya gâlip geldiği halde bir nevi askerî meşrutiyet tesisi zorunda kalmadı mı? Alman milleti ittihadı, ârâ-yı umumiye ve askerlik hizmetleri meselelerini milletin lehine kabul etti. Hükümet memurları Rayştag ve Lantag meclislerinin murâkabesi altındadır. Biz de böyle istiyoruz, idare-yi murâkabe.

Çar II. Aleksandr'ın tahtı dahi sallanmaktadır. Çar ıslahat yaptı. Mal ve mülk sahiplerinin elinde helak olan köylülerin biraz gözleri açıldı.

Ruslar adliyelerini ıslah ettiler. Gerçi, Âlî Paşa dahi ahkâm-ı adliye fermânı ile Osmanlı hakimlerine bir imtiyaz temin etti. Adlî kuvvet Bâb-ı Âlî'den tamamen ayrıldı. Bu dahi bir muvaffakiyettir.

Midhat Paşa konuşmasına tekrar devam ediyor ve diyor ki:

"Benim mîr-i mükerremlerim! Yunanistan bundan beş sene evvel, yani Hicri tarihiyle 1280'de (1863) ikinci inkılabı yaparak, tam meşrutî usule intikal etti. Romanya, iki ay evvel şahsi hükümetten sıyrıldı, kurtuldu. Sırbistan, niyâbetle idaresine rağmen, *millet hakimiyeti* esasını takip eden idareye kavuştu. Mütekâmil bir kânun-ı esâsi ile Skopçina'sını ictimâa davet etti. Dünya ileri gidiyor. Biz gittikçe geriliyoruz. İşte bu itibarladır ki, çok fedakârlıkların iktihâmı zarureti karşısındayız."

OSMANLININ NE OLDUĞUNU BİLMİYORLARDI

Bu adamlar, yani Midhat Paşa ve tevâbii ihtilal şebekesi, teb'ası olmak şerefi lütfen kendilerine bahşedilmiş bulunan devlet-i aliyyenin nasıl bir devlet olduğunu asla düşünememişlerdir. Eğer bu zevât, devletin nasıl bir anâsır-ı muhtelifeden meydana geldiğini ve bu anâsırın, yani imparatorluğu teşkil eden insanların ekseriyetinin gayr-i müslim olduklarını bir an düşünmek cesaretini kendilerinde bulmuş olsaydılar, işledikleri cinayetin, devlete ve Türklüğe karşı işledikleri ihanetin ağırlığı altında ezilirler, yok olurlardı; fakat bu zevâtın hiçbirisi bu hususu düşünmemiş; onlar, İngiliz sefirlerinin veya İngiliz siyasilerinin kendilerine telkin ettikleri fikirleri birer cankurtaran simidi gibi kabullenmişler ve Avrupa'nın içine girdiği usul-i idareyi Osmanlı İmparatorluğu'nda ve bu anâsır-ı muhtelifenin ekseriyeti teşkil ettiği devlet-i aliyyede tatbike kalkmışlardır. Bunlar, cahil ve zavallı birtakım insanlardan başka birşey değillerdir ve devlete ve Türk milletine karşı işledikleri ihâneti de cehalet perdesi altında irtikap etmişlerdir.

Onlar, herşeyden evvel, Osmanlı İmparatorluğu'nun iç bünyesinin tarihî gelişmesini bilmek mevkiinde bulunuyorlardı; fakat maalesef bu tarihî gelişmeyi asla tedkik etmemişler, hatta bu hususu düşünmemişler ve ceffe'l-kalem imparatorluğu mahva sürükleyecek birtakım desiselerin ve telkinlerin zebûnu olmuşlardır.

Artık bilinmektedir ki, Osmanlı İmparatorluğu'nu kuranlar, bu cesim devleti kurulduğu andan itibaren müesseseleşmiş birtakım muhteşem kâideler üzerine bina etmiştir. Bu muhteşem kâidelerin birincisi mutlak hürriyet, adalet, hukuk, müsavat ve din ve mezhep serbestliğidir.

Osmanlı İmparatorluğu, Avrupa'nın devlet-i aliyye içindeki gayr-i müslim unsurlara karşı tahriklere başladığı âna kadar, bünye itibarıyla dünyanın en kudretli devleti idi. Hatta, devlet-i aliyye, öylesine birtakım kâideler vaz'etmiş ve bu kâideleri öylesine büyük bir dikkat ve titizlikle takip etmiştir ki, Osmanlı Devleti'nin bu müesseselerini tedkik edenler hayranlıklarını gizleyememektedirler.

Mesela, devlet gayr-i müslim ibadethanelerinin tamirlerini, bakımını birçok ahvalde bizzat deruhte etmiş, mektepler açmalarında bu gayr-i müslim unsura yardımcı olmuş, onları paraca desteklemiştir.

Devlet içinde, muhtelif unsurlar için ikâmet mahalleri tesbit edilmiş, hatta her gayr-i müslim unsur için bir kıyafet tesbit edilmiştir. Bu bir içtimai meseledir ki, bugünün kanunları ile bu hususları temin etmek asla mümkün değildir.

Nihayet, şu hususu bilhassa belirtmek isterim ki, Osmanlı İmparatorluğu'nun devlet tarzı ile içtimai nokta-i nazarı tedkik edildiği vakit, günümüzde ulaşılmasına büyük gayret sarfedilen ve ulaşılması asla mümkün olmayan bir netice istihsal edilebilmiş ve dünya tarihinde bu hususi durumu ile tek kalmış bir devlet-i âlî-şândır. Bu usul-i idare, bugün tahakkuku için kurulmuş olan ve dünya devleti nazariyesine istinat eden, her devletin rahat ve huzur içinde yaşaması prensibine dayanan *birleşmiş milletler* idealidir. Evet bu hususu dikkatle tedkik etmelerini, bilhassa tarih ilmi ile uğraşanlara tavsiye etmek milli bir vazifedir.

Ulahından Çingenesine, müslümanından hristiyanına, mecusisinden dinsizine kadar, hemen hemen o devrin bilinen bütün milletlerini sinesinde barındıran ve bu unsurları, asla fark gözetmeden ve birbirlerinden tefrik etmeden idare edebilen bir Osmanlı idaresi, iş-bu XX. asrın ulaşmak için büyük gayretler sarfettiği ve ulaşamadığı bir idare sistemidir.

İşte, bu cahil ve İngiliz altınlarına esir olmuş bulunan paşalar, beyler, devletlüler bundan bî-haberdirler. Ve ne gariptir ki, Avrupa'yı bir sara nöbeti gibi sarmış bulunan muhtelif fikir cereyanlarının da esiri olmuşlardır. Midhat Paşa'nın yukarıda sarfettiğini gördüğümüz sözleri içinde bahsettiği *mal ve mülk sahiplerinin* mallarını hedef alan sözleri ile, mahva terkedilen köylülerden bahseden satırları bilhassa câlib-i dikkattir. Öyle anlaşılıyor ki Midhat Paşa, Avrupa'da yeni yeni başlamış olan sosyalist hareketleri de benimsemiş ve bu fikirlerini Osmanlı İmparatorluğu'nda tatbik mevkiine koymak gayreti içinde bulunmuştur. Böylece de, bir *Simavna kadısı* olmak istemiştir.

İster öyle isterse başka türlü olsun, şurası muhakkak ki, Midhat Paşa da, etrafındaki paşalar, beyler ve devletlüler de, devlete bilerek ihanet etmiş durumdadırlar ve batan bir imparatorluğun vebalini de birlikte yüklenerek öbür dünyaya göç etmişlerdir.

GAYR-İ MÜSLİM İKTİDARI

İnkar edilemez ki, Midhat Paşa'nın, gayr-i müslim unsurlar da dahil olduğu halde, Osmanlı İmparatorluğu'na getirmek istediği meclis, kendi ifadesinde belirttiği gibi, hiçbir zaman bir *milli meclis* olamayacak ve ekseriyeti gayr-i müslim unsurlardan meydana gelecek bir meclis teşekkül edecekti. Bu takdirde de devlet, meclisin açılması ile birlikte dağılacak ve o mecliste ekseriyeti ellerinde bulunduran gayr-i Türk unsurlar birleşecek ve Osmanlı İmparatorluğu'na daha o zaman son verilecekti. Nitekim, Sultan Abdülhamid Han, kudretli zekası ve devlet adamlığı önsezisi ile bu tehlikeyi, meclisi açtırdığı ilk günden beri hissetmiş, fakat bu ihanetin ne dereceye kadar götürüleceğini tesbit etmek için devamına müsaade etmiş, lâkin en titiz murâkabesini bu meclisten eksiltmemişim. Nitekim, 1876 tarihinde açılan birinci meşrutiyet meclisi, 1878 tarihinde feshedilmiş ve devlet-i aliyye dış tesirlerin tahrik ettiği bu muzır meclisten kurtulmuş, Osmanlı İmparatorluğu'nun çökmesi, 1918 yılına kadar geciktirilmiştir.

Şimdi, İngiliz sefiri Elliof'un hatırasına tekrar göz atalım ve onu dinleyelim:

"Meclis-i mebusan teşkili hususundaki tasavvurunun muvaffakiyetle kuvveden fiile çıkarılması için İngiltere devletinin yardım ve muâvenetinin ne kadar kıymetli olacağını tekrar tekrar beyan edince, Midhat Paşa'ya, bu usulün kabulü için yapılacak teşebbüslerde, benim gibi, Kanun-ı Esasi ile hareket eden memleketlerde hükümdarların kuvvet ve salahiyetlerinin tahdidine taraftar olanların, bu sistemden bekledikleri büyük faydaları kabul ve tasdik eden ve her İngiliz'in de kendisine yardımcı olacağını söyledim ve istediği garantiyi, yani İngiltere devletinin müzâhereti garantisini hiç tereddüt etmeden verdim."

Ne garip tecellidir Yâ-Rabbi. Bu devletlü paşaya bakınız. Osmanlı İmparatorluğu'nu batırmak için nasıl ve kimlerden garanti talep ediyor? Osmanlı Devleti'nin bir valisi, İngiliz devletinden garanti talep ediyor ve bu garantiyi, o devletin sefiri hiç tereddüt etmeden veriyor. Midhat Paşa'nın ihaneti için bundan daha müdellel delil bulunabilir mi?

Biraz makul düşünmek mevkiindeyiz. Herşeyden evvel, Midhat Paşa hadisesini günümüze tatbik etmekliğimiz icap etmektedir. Bir Türkiye cumhuriyeti valisi düşününüz; bu vali, devletin temel nizamını değiştirmek için ihtilalci bir cemiyet kurmuştur ve bu cemiyetin masrafları, dışarıdan, bir yabancı devletten gelmektedir. Bu ihtilalci teşkilatı kuran vali de, Türkiye'deki herhangi bir devletin elçisiyle temas halindedir ve bu temaslarında tek konuşulan mevzu, devlet idare sisteminin değiştirilmesi mevzuudur. Bu vali işte bu yabancı devletin elçisinden, idareyi değiştirmek için yardım talebinde bulunmakta, garanti istemektedir; o sefir de, bu garantiyi hiç tereddüt etmeden verebilmekte ve bunu kemâl-i iftiharla ilan etmektedir. Düşününüz bir kere, bu vali, eğer bugün devletin içinde olsa ve böyle bir teşebbüse geçse ne yaparız? Bu adama *hain* denilmez de ne denir? Bu adamın, devlet, yakasına yapışıp da bunun hesabını sormaz mı? Bu adam, devletin koyduğu şer'î kanunları huzuruna çıkarılmaz mı? Ve adam hain damgası ile damgalanıp en ağır şekilde tecziyesi cihetine gidilmez mi?

Elbette gidilir ve bu adamın canına okunur. Bu adamın canına okunmakla da kalınmaz, kökü kurutulur.

Lâkin, gelin görün ki, bu durumda bulunan ve devletinin temelini dinamitlemek isteyen bir hain durumunda bulunan Midhat Paşa, hiç de vatan haini sayılmaz ve günümüzde, her yıl hürriyet kahramanı sıfatıyla kendisini tebcil için merasimler tertip edilir ve hainliği bir tarafa itilmek suretiyle, kahraman, hürriyet mücahidi ilan edilir.

SIR HENRY ELLIOT ve İNGİLİZ OYUNLARI

HRİSTİYANLARIN GÜYA İMHASI PLANI

İngiltere sefîr-i kebîri sir Henry Elliot, bir taraftan Genç Osmanlılar teşkilatı ile ve onun başı olan Midhat Paşa ile devletin şekl-i idaresini değiştirmek için bu ihtilalci teşkilat vasıtasıyla ve hem de İstanbul'daki tatlı-su Lrenkleriyle devlet ve millet aleyhinde yıkıcı bir propagandaya başlamıştı. Bu propaganda, ulemâ sınıfının silahlandığı ve Osmanlı İmparatorluğu'nda bulunan hristiyan unsuru imha edeceği şeklinde yapılıyordu. İngiliz sefiri, bu propaganda ile, bütün hristiyan Avrupa'yı harekete geçirmek istiyor, Berlin anlaşmasının devleti parçalamak için iblisçe düşündüğü ve maddeleştirdiği ıslahat maddesiyle bu devletlerin, Osmanlı İmparatorluğu üzerindeki baskısını artırmak, böylece Sultan Abdülaziz Han'ı hal' etmek imkanlarını bir an önce eline geçirmek istiyordu. Şimdi, kendi makalesinden, bu bahisle alâkalı olan düşünce ve tasavvurlarını okuyalım. Bu sefir cenapları diyor ki:

"Aradan geçen üç ay zarfında (Sultan Abdülaziz Han ile yaptığı ve diplomatik nezâket kâidelerinin çok dışında olan, ıslahat ve meşrutiyet idaresinin kurulması talebinde bulunduğu mülakatı kastediyor) halk arasındaki korku ve helecan mütemadiyen artıyor ve yakın bir zamanda karışıklık çıkacağına dair emâreler görülüyordu. O sırada, İstanbul'da bulunan binlerce softanın silahlanmakta olduğundan dolayı meydana gelen bu helecan, sonraları, bunların hristiyanları kılıçtan geçirecekleri şeklinde ortalığa yayılmış ve bilhassa İstanbul dışındaki hristiyanlar arasında korkulu günler yaşanmasına sebep olmuştur."

Bakınız sefir cenaplarına, ihtilal şebekesi ile münasebetleri yetmiyormuş gibi, bir de İstanbul'da hristiyanların kılıçtan geçir(il)ecekleri şâyialarını çıkarttırıyor ve memleketin rahat ve huzurunu, kendi menfaati istikametinde bozuyor, imparatorluğu huzursuz hale getiriyordu.

Fakat, Henry Elliot'un asıl hedefi, ilk hedefi Mahmud Nedim Paşa idi; zira Mahmud Nedim Paşa sadrazam kaldıkça, arzuladığı hareket olmayacak ve uzun yıllar üzerinde çalışılan İngiliz siyaseti iflas edecekti. Mahmud Nedim Paşa, hakikaten iyi bir siyasi taktik ile, Rusya'ya yanaşarak, İngiltere ile Rusya'nın ve Fransa'nın arasını açmak istiyordu. Bu siyasetinde muvaffak olmuştu da.

Zira, İstanbul'daki İngiliz sefiri sir Henry Elliot'un mevkii, yani en nüfuzlu elçi sıfatı, artık Rus elçisi General İgnatiyef'in eline geçmişti. İşte, İngiliz sefiri bunu hazmedemiyor, şahsına karşı gösterilen itimatsızlığın, İngiltere'nin dünya hakimiyeti mücadelesine birinci derecede tesir eden bir vâkıa olduğunu düşündükçe adeta deliye dönüyordu. İleride kendi makalesinden bentler aldıkça bu husus daha da vuzûha çıkacak ve okuyucu, gerek sefir cenaplarının, gerek kendisine yardakçılık eden, sözde meşrutiyetçilerin içyüzünü daha iyi anlayacaktır.

İngiliz sefiri Elliot'un Mahmud Nedim Paşa aleyhindeki tenvîrâtı ve fiilî hareketi, neticede semere vermişti. Şimdi bu semereyi nasıl elde ettiğini yine kendi makalesinden nakledelim:

"1876 senesinde birbirini takip eden hadiselerden ilki, Mayıs ayının 10. günü meydana geldi. Bu tarihte, üç-dört binden fazla talebe-i ulûm bir araya gelerek nümâyişe başladılar. Bu sırada, araba ile Bâb-ı Seraskerî'ye (Beyazıt'taki Harbiye Nezâreti binası, şimdiki üniversite merkez binası) gitmekte olan Yusuf Efendi'yi[29] çevirdiler ve saraya giderek Mahmud Nedim Paşa ile şeyhülislâmın

---
29 Yusuf İzzeddin Efendi (şehzade).

azledilmesini padişahtan talep etmesini ihtar ettiler. Abdülaziz, bu talebi reddetmeye cesaret edemeyerek(!), meşrutiyetçilere mensup bir zâtı şeyhülislâm nasbettiyse de, beklendiği gibi sadrazamlığa Midhat Paşa'yı değil, Mehmed Rüşdü Paşa'yı (Şirvanî-zâde) nasbetti. Mehmed Rüşdü Paşa, gerçi herkesin beğendiği, takdir ettiği bir muhterem pîr-i fanî idiyse de, kuvvet ve kudreti, böyle buhranlı bir devrede devleti idareye yetecek kadar değildi; fakat kendisi sadrazam olunca, şûrâ-yı devlet reisinin vükelâ heyetine (kabineye) girmesi için yaptığı teklifin kabulü üzerine Midhat Paşa'nın da heyet-i vükelâya girmesini temin etmişti; zira Midhat Paşa, devlet idaresi ve takip edilecek siyaset noktasından herkesten daha kuvvetli olduğu için, sözünü dinletebilecek bir mevkiye yükselmiş oluyordu. Bu sebeple, Midhat Paşa'nın heyet-i vükelâya girmesi herkesin memnuniyetini mucip olmuş ise de, bu hal uzun müddet devam etmemişti."

İngiliz sefiri, her neye mal olursa olsun hedefe varmak istiyordu. Bolca dağıttığı anlaşılan İngiliz liraları ile üç-dört bin fodlayı kıyama kaldırabilmiş ve asla arzu etmediği, hatta nefret ettiği Sadrazam Mahmud Nedim Paşa ile birlikte şeyhülislâmı da azlettirmişti; fakat bu azilden beklediği neticeyi elde edememişti. O, Mahmud Nedim Paşa'dan boşalacak sadrazamlığa Midhat Paşa'nın getirileceğine muhakkak nazarıyla bakarken, Padişah Sultan Abdülaziz Han, Şirvânî-zâde Mehmed Rüşdü Paşa'yı sadârete getirivermişti. Bundan da anlaşılıyor ki Padişah, Osmanlı İmparatorluğu'nda oynanmak istenen oyunun farkında idi ve buna müsamaha etmeyeceği de gayet tabii idi.

Sultan Abdülaziz Han'ın aldığı ve tatbik ettiği bu karar, İngiliz sefirinde adeta bir şok tesiri yapmış oluyordu; fakat sefir cenapları, bir noktada teselli buluyor ve Midhat Paşa'nın, şûrâ-yı devlet reisi sıfatıyla vükelâ heyetine girmesini büyük bir memnuniyetle karşılıyordu.

Sultan Abdülaziz Han, Midhat Paşa'nın da kabineye girmesinden sonra, öyle anlaşılıyor ki, heyet-i vükelânın bütün hareketlerini çok yakından takip etmiş ve aman vermemiştir; zira sefirin de yukarıdaki bentte dediği gibi, Midhat Paşa'nın da içinde bulunduğu vükelâ heyeti fazla dayanamamış ve bu hale bir son verilmişti. Sefir, bu hususta, makalesinde şöyle demektedir:

"Abdülaziz çok kısa bir müddet zarfında her türlü ıslahata ve tebeddülata (değişikliğe) karşı koyacağını belli ederek, devletin en mühim makamlarını bundan evvel olduğu gibi terakki ve ıslahat düşmanı olan birtakım alçak adamlar ite doldurdu."

Bakın bir defa, şu sefir cenaplarına bakınız. Osmanlı Türk Devleti'nin en yüksek makamlarını işgal eden ve bütün kusurları (tabii kendisine göre) memleket-severlik olan, kendisine ve parasına mukâvemet eden namuslu adamlar olmak olan insanlara *alçaklar* diyebilecek kadar terbiyeden mahrum, siyasi ahlâkın behresine sahip olmayan bu sefire bakınız ve devlete, nasıl bir hınç ve gayz içinde saldırdığını görünüz. Eğer, bir gün tarih tam gerçekleri ortaya koyar da bir hüküm vermekliğimiz umumileşirse, asıl alçakların kendisi ve İngiliz altınlarına esir olan devletlüler, yani Genç Osmanlılar teşkilatı olduğu bütün vuzuhu ile ortaya çıkacaktır. O vakit de, şimdi başımızda zorla baş tâcı ettirilen bu insanların alınlarına hıyânet damgası vurularak tarihe geçecekler ve millet hain ile vatanperveri rahatça ayırt edebilecektir.

İNGİLİZ SEFİRİ İÇİN ISLAHAT NEDİR?

İngiliz sefirinin *ıslahattan* neyi kasdettiğini anlamak herhalde güç değildir. Gerek ifadesinden, gerek galiz kelimelerden de anlaşılır ki, İngiliz sefiri sir Henry Elliot, Sultan Abdülaziz'in giriştiği ve muvaffak olduğu hamlelere tahammül edemiyordu; zira muvaffak olmuş bulunan bu hamleler sonunda devlet, dünyanın sayılı kudretleri arasına girmiş, imparatorluk tekrar siyasi sahada söz sahibi olmuştu. İşte İngiliz sefirinin takip ettiği İngiliz siyasetine set çeken bu siyasettir ki, onu deliye çevirmiş, en ağır elfâzı kullanarak, vatanperver insanları kötüleme yoluna girmiştir; zira bu vatanperver insanlar devletin en mühim mevkilerinde bulundukları müddetçe, İngiltere'nin Osmanlı siyasetinin Midhat Paşa ve takımı ile yürütülemeyeceğine kâni olması, İngiliz sefirini çileden çıkarmaya sevkeden başlıca âmillerden birisi olmuştur. Bundan ayrı olarak, Sultan Abdülaziz gibi, Osmanlı İmparatorluğu'nu bir nevi dağınıklıktan kurtararak tekrar ve en az üç asır evvelki gibi, İstanbul'un kuvvet ve kudretine râm etmesi, isyan durması, böylece İngiliz dünya hakimiyeti siyasetine en ağır bir darbe vurması ve bu siyasetin akâmete mahkum edilmesi gibi bir netice istihsalinde mühim rol oynaması elbetteki sefir cenaplarını her türlü ahlak kâideleri dışına çıkaracak kadar müessir bir unsurdu.

İngiliz sefirinin anladığı ıslahat, kendi devletinin dünya siyasetine engel olmayacak insanlardan meydana gelecek bir devlet kadrosu meydana getirmek ve devletin kuvvet ve kudretini dumura uğratacak kararlar aldırmaktı.

Bu sebeple de, Sultan Abdülaziz hayatta durdukça İngiliz siyasetinin tahakkukuna imkan görmemiş ve son darbeyi vurmak için, bu hadiseler zincirinden azami şekilde faydalanmıştır. Nitekim, biraz aşağıda, makalesinden alacağımız bent de bunu açıkça ortaya koyacaktır. Şimdi, bu sefirin makalesine avdet edelim. Sefir diyor ki:

"Abdülaziz'in bu hareketi, (yani kabinenin aldığı ve devlet aleyhinde olduğu için de bizzat padişah tarafından reddedilen kararlarından sonra kabinenin sukûtu hadisesi), kendisinin hal'ini intâc edeceğinden o kadar emindim ki, Mayıs'ın 26. günü bu hususu bir raporla hükümetime de bildirmiştim."

Sefirin burada tasrih ettiği tarihe bakınız. Mayıs 26 ve Sultan Abdülaziz Han, 1876 yılı Mayıs ayının 29. gününü 30. güne bağlayan gece hal' edilmiştir. Çok garip bir kehânet. Halbuki, bu sefirin kehânetlerinin herhangi birisinin tuttuğu da görülmemiştir. Bu kehânetlerinden birisi, yukarıda gördüğümüz Mahmud Nedim Paşa'nın azlini temin ettikten sonra, Midhat Paşa'nın sadârete getirileceğine dair olanı idi; fakat tutmamıştı. Ama bu sefer, düşündüğü olmuş, Sultan Abdülaziz Han hal' edilmiş ve katledileceği Fer'iye kasrına götürülmüştü. Şimdi, Henry Elliot'un Londra'ya gönderdiği ve Sultan Abdülaziz'in hal'i ile alâkalı raporunu tedkik edelim.

"Kanun-ı Esasi ve Meclis-i Mebusan lafı herkesin ağzındadır. İstanbul halkının en zekisi ve en malumatlısı olan softaları(!) müslümanların ve hristiyanların yardım ve muâvenetlerini kazandırdıklarından haberdar olup devlet teşkilatı ve millet idaresinin, büyük faydaları takdir edilen Meclis-i Mebusan usulüne dönülmedikçe rahat durmayacaklardır. Abdülaziz, bunların taleplerini reddettiği için de hal'i çaresiz görülüyor."

Uzunca olan bu raporu bent bent vermek suretiyle, aynı zamanda tahlili cihetine gideceğiz. Sefir cenapları, bu raporunda açıkça ilan ediyor ki; İstanbul'un en zeki insanları olan softalar müslümanların ve hristiyanların yardımını temin etmişlerdir. Demek oluyor ki, Henry Elliot, İngiliz siyasetinin muvaffakiyeti için, kendisine gönderilen altınların mühimce bir kısmını, *softa* tabir ettiği ulemâya aktarmış ve hristiyanlar ile bunlar arasında bir anlaşma temin etmiştir; zira sarâhaten müslümanlarla hristiyanlar arasında bir anlaşmadan bahsetmektedir ve Osmanlı İmparatorluğu'nun o günkü içtimai bünyesi içinde böyle bir hadisenin meydana gelmesi biraz zor bir keyfiyettir. Sefir kozunu açık oynamış, İngiliz altınları ile birçok kapıları açmış, hal[1] keyfiyetini bütün teferruatıyla temin etmiş ve ondan sonra da Londra'ya bu mahut raporunu kendisinden emin olarak yazmış göndermiştir. Sir Henry Elliot devam ediyor:

"Her sınıf halkın re'yi ile hükümeti idare etmek, Kur'ân-ı Azîmü'ş-şân ahkâmından olduğu için, hem bu hususu, hem de halkın din, can ve malı üzerinde padişahın tahdit edilmeyen kuvvet ve kudretinin şer'î ahkâma aykırı olduğunu isbat etmek için Kur'ân-ı Azîmü'ş-şândan alınmış ayetler, tefsir edilerek halka dağıtılmıştır.

Demek oluyor ki, sefir cenapları, Sultan Abdülaziz'in hal'i ile, İngiliz dünya hakimiyeti siyaseti yolu üzerindeki Osmanlı İmparatorluğu'nu bertaraf etmek için, mukaddes Kur'ân-ı Kerim'i de habis emellerine vâsıta kılmıştır.

Eski muhabbet, sevgi ve itaatin yerinde, şimdi her türlü halk arasında kayıkçısından hamalına kadar her zümre halkta, bu husus ısrarla talep edilmekte idi. Ve halk fikrini söylemektedir.

İNGİLİZ AMİRALİ İSTANBUL'DA

Demek oluyor ki, sefirin mihrakına oturttuğu propaganda tesirini göstermiş oluyordu; fakat sefir cenapları burada da yanılmış, kendisinden nefret ediliyor dediği Sultan Abdülaziz Han'ı, halk, dediğinin tam aksi olarak, büyük bir muhabbet ve sevgi ile bağrına basıyordu. İngiliz sefirinin bütün bir millet dediği kalabalık, serasker, Bahriye nâzırı, askerî mektepler nâzırı ile Midhat Paşa ve şürekâsı idi; fakat, hal' komplosu gayet iyi bir şekilde hazırlanmıştı. Sefir cenapları, bu hususu bildiği için de, Londra'ya, Sultan Abdülaziz'in hal' edileceği raporunu göndermişti. Ancak, burada bir noktaya temas etmek isteriz. Hal' keyfiyeti tahakkuk safhasına çıkarılırken, hiçbir hususu ihmal edilmemiş, Nizamettin Nazif Tepedelenlioğlu'nun dediği gibi, serasker çetesi, kendilerine yardımcı yabancılar, hem de kuvvetli ve kudretli yabancılar bulmuştu. Nizamettin Nazif Tepedelenlioğlu, *Sultan II. Abdülhamid ve Osmanlı İmparatorluğunda Komiteciler* adlı eserinin 331. sayfasında, bu hususta şu malumatı vermektedir:

Şimdi bir başka noktaya gelelim:

Fransız filosu Selanik'ten uzaklaşmakla beraber[30] Adalar denizinden ayrılmamıştı. Bu sırada, İtalyan amirali Deviri de, Girit ve Beyrut'ta bulunan gemilerini toplamış ve kuvvetli bir filo ile İzmir körfezine girmiş bulunuyordu.

---

30 Selanik'te, bir Bulgar kızını, ihtidâ ettiği ve evlenmek üzere olduğu bir sırada zorla kaçırmak isteyen Alman ve Fransız konsoloslarının halk tarafından öldürülmesi hadisesi.

Bu filo, yolda, seyir halinde bir başka büyük filoya tesadüf etmiş ve iki filo birbirini selamlamıştı. Bu ikinci filo, amiral James Drummond kumandasındaki İngiliz Akdeniz filosu idi.

Amiral Deviri'nin amiral forsunu taşıyan Venezia zırhlısından başka, İzmir'e şu İtalyan harp gemileri girmişlerdi:

Balestro ve Mazirali firkateynleri, başta Mesajero olmak üzere altı top-çeker.

İngiliz amirali James Drummond'un filosu ise şu gemilerden mürekkepti:

Antelon zırhlısı (amiral gemisi);

Herkail zırhlı firkateyni (9.000 tonluk);

Pallas zırhlısı;

Devastotion firkateyni;

İnvincible firkateyni;

Rescont firkateyni.

Ayrıca, asker yüklü bir korvet ve yedi top-çeker.

Amiral James Drummond, filosunu, Akdeniz boğazında,[31] Beşike limanında bırakmış ve kendisi amiral gemisiyle İstanbul'a gelip Büyükdere önüne demirlemişti. Amirale, filonun kurmay heyeti tam kadrosu ile refâkat etmişti.

Acaba, bu İngiliz filosuna neden asker yüklü bir korvet de katılmıştı.

Gariptir ki, amiral Deviri'nin İzmir'deki filosunda da Bersaglieri bölükleri bulunuyordu.

Acaba neden?

Bu sırada, Osmanlı donanmasının bazı gemileri de birer ikişer İstanbul limanından ayrılmakta idi. Bahriye Nezâreti emrinde hizmet gören İngilizlerden bu gemilerde vazifeli olanlar ise hep izinli çıkıyorlar ve İstanbul'da kalıyorlardı. Adalar denizine, Ak, Kara ve Kızıl denizlere, Umman'a ve Basra körfezine yaslanmış

---

31 Çanakkale boğazı.

bir koca imparatorluğun ötesine berisine İstanbul'dan harp gemisi gönderilmesi tabii gibi görülebilirdi; fakat top-çeker, korvet, fırkateyn, her çeşitten her gemi yola düzülürken, kadrosundaki İngiliz uzmana izin verilmesi, tesadüf de olsa bir hayli garipti... Bu *izinli*lerin, gemilerden ayrılıp karaya ayak basınca, tersane civarından da ayrılmadıkları dikkati çekecek bir nokta idi.

Acaba neden izin alıyorlardı bu İngilizler? Maalesef, o günlerde serasker çetesine aleyhtar olanların farkına varamadıkları ve bundan ötürü de merak edemedikleri bu izin işi pek önemli idi.

Ve bazı harp gemilerinin Haliç'ten, limandan, Marmara'dan ayrılıp Çanakkale'ye yollanmaları da aynı sebepten ileri gelmekte idi.

Bu gemiler, payitaht sularından kasten uzaklaştırılmakta idi.

Ve bu İngiliz uzmanlar da, sırf İstanbul'da kalmak için izin alıyorlardı. Daha doğrusu, kendilerine *izinli oldukları* bildiriliyordu.

Gemileri uzaklaştıran nâzır, amiral Kayserili idi. Uzmanları izin bahanesiyle seyahatten alıkoyan da amiral Hobart Paşa idi ve bu iki kafadar, Kasımpaşa ile Tarabya ve Büyükdere arasında mekik dokuyorlardı. Nezâket ziyareti bahanesiyle günde iki-üç defa İngiliz amirali James Drummond'un yanına gidiyorlardı. Halbuki, İstanbul'a resmen gelmiş bulunan İngiliz amirali, protokol ziyaretlerinden hiçbirisini yapmıyordu. Önce padişah tarafından kabul edilmek arzusunda olduğunu ileri sürmüştü; fakat, İngiliz sefâreti bu arzuyu Osmanlı hâriciyesine ve mabeyne bildirmek için hiç acele etmiyordu; çünkü İngiliz donanmasının Beşike limanında bulunuşu da, amiral James'in Boğaziçi'ne gelişi de pek gizli sebeplere dayanıyordu ve bu sebepleri en iyi bilenlerin başında da İngiliz elçisi bulunuyordu.

İstanbul'dan uzaklaştırılan gemiler –(ki bunlar) süvarileri Abdülaziz'e çok sâdık olan gemilerdi– uzaklaştırılıyorlardı. Uzmanlar ise, el altında bulundurulmak için İstanbul'da alakonuluyorlardı.

Haşmetlü Kraliçe Viktorya Hazretleri'ni uzun yıllardan beri Osmanlı Sarayı nezdinde temsil etmekte bulunan ekselans sir Henry Elliot, serasker çetesinin hazırladığı darbede tam manasıyla suç ortağı idi. Serasker çetesi, ancak onun müzâheretini temin ettikten sonra harekete geçmeye karar verebilmiştir.

1871'deki Fransız yenilgisinden sonra, Abdülaziz'in Mahmud Nedim Paşa vasıtasıyla gütmeye başladığı oportünist politikadan çok kuşkulanan İngiltere, önce Abdülaziz'i yola getirmeye karar vermişti. Bunun için de Elliot, elindeki bütün imkanları uzun zaman İstanbul'da kalarak edindiği bütün gizli bilgileri kullanmıştı. Su katılmamış Osmanlıların Abdülaziz'i çok tuttuklarını bildiği için, *Avrupalılaşmak* hülyasına kapılmış olanları desteklemiş ve genç muharrirlerden, şairlerden, Avrupa'da okumuş bazı subaylardan istifade etmeye çalışmıştı. Midhat Paşa onu, o da Midhat Paşa'yı aramış buluşmuşlardı. Birer birer avladığı *idealist* gençlerin zaman zaman yazdıkları şiirler, yazılar, üzerinde müessir olmuş, birkaç ay çıkıp batan birçok *gazeteleri* çok sıkı temasları olmuştur. Sonra, sıkıyı gördükçe korkup Avrupa'ya kaçan bu gençlerden fazla bir şey ümit edilemeyeceğini anlamış; padişahı ürküterek, istediği yola sürmek istemişti. İstanbul'daki softalar arasında gizli gizli çalışanlardan birisi, Rusya büyükelçisi general İgnatiyef ise, İkincisi de sir Elliot idi.

ULEMA TAHRİK EDİLİYOR

İngilizler bir koldan tekkelere de el atmış bulunuyorlardı.

Bir gün Elliot, kendini bir hayli kuvvetli hissetti, bir halk hareketi olarak başaramadığı, bir silahlı darbe olmasını istemediği büyük siyasi değişikliği tek başına elde etmeyi düşündü. Arabasına atladığı gibi Dolmabahçe'ye gidip sultanın huzuruna çıktı ve damdan düşer gibi, "Majeste!" dedi; "Müttefikiniz İngiltere'nin bugünkü hükümeti, geleneklere saygılı olmakla beraber, asrın icap ettirdiği her yeniliği, her sahada derhal benimsemektedir. Silahlı kuvvet olarak pek benimsediğimizi!) büyük Osmanlı Devleti'nin, lüzumlu ıslahatı süratle başardığı takdirde, devletler arasında bir kat daha üstün bir siyasi itibar edineceği muhakkaktır ve tabii devletin mali itibarı da birdenbire yükselecektir."

Böylece, İngiltere'nin İstanbul sefiri, hal' işini en son kerteye bırakmış oluyordu. Gerçi Sultan Abdülaziz Han ile yaptığı bu görüşme, herhangi bir tesir meydana getirmemişti; ama Sultan Abdülaziz Han, bu iblis sefire karşı daha tedbirli olmanın lüzumuna da inanmıştı. Nitekim, bundan sonra sir Henry Elliot daha sıkı bir şekilde tedkike tâbi tutulmuştu. Tutulmuştu, ama, iş işten geçmiş, sefir cenapları yukarıda da işaret ettiğimiz gibi, hal' için bütün tedbirlerini almıştı.

Sefir cenapları, son derece gizli olarak veliaht Murad Efendi ile de temasa geçmişti. Tabii bu temas, kurduğu ihtilal teşkilatı ile vuku buluyor ve kendisine muntazam olarak malumat veriliyordu. Şimdi, Londra'ya gönderdiği raporu tekrar gözden geçirelim:

"Vâkıa, Abdülaziz, kardeşinin çocuklarını kapayıp hapis altına almış ise de, hürriyet taraftarlarının ileri gelenleri Murad Efendi ile temas kurmaya muvaffak olmuş ve tahta câlis olduğu vakit, hükümet-i şahsiye yerine meşrutî bir hükümet usulünü kabul edeceğine dair Murad'dan vaat almışlardı."

İngiliz sefiri sir Henry Elliot, böylece kancayı şehzade Murad Efendi'ye de atmış ve kendisinden, hal'in gerçekleşmesi halinde, tahta çıkar çıkmaz meşrutiyet idaresinin kurulması için kafi teminat almıştı.

Murad Efendi'den Meşrutiyet bahsinde alınan teminatın manası açıktır. Bu teminat, Osmanlı İmparatorluğu'nun içtimai bünyesindeki muhtelif gayr-i müslim ve gayr-i Türk unsurların hakimiyetini kabul ettirmek, böylece, İngiltere'nin dünya hakimiyetine set çeken bir devlet olarak Osmanlı İmparatorluğu'nu zaafa uğratmak ve yolu üzerinden uzaklaştırmak demekti.

İngiliz sefiri, Murad Efendi'yi istediği istikamette yürüyecek bir padişah yapmak için bir hayli entrikalı yola başvurmuş, direkt olarak İngiliz ajanlarını değil, Genç Osmanlılar teşkilatıyla şehzade Murad Efendi'nin en yakınlarından birisi olarak daima yanında bulunan Dr. Kapoleone'yi kullanmıştı. Bu adamı kullanırken de Murad Efendi'nin mason olmasını temin etmiş, böylece, direkt olarak, saltanata geçmesi artık mukadder olan bir Osmanlı padişahını, halîfe-i rû-yı zemîn efendimizi, mason localarının başı İskoç mason locasından emir alacak bir duruma düşürmüştü. Bu Dr. Ka-poleone hakkında Nizamettin Nazif Tepedelenlioğlu, kitabının 346. ve müteakip sayfalarında şu malumatı vermektedir:

DR. KAPOLEONE, MASON ŞEHZADE ve MUSTAFA FÂZIL PAŞA

Dr. KAPOLEONE DENEN AJAN

"Kapoleone, Napoli'de doğmuş bir katolik Arnavut'tu. Arnavutluk'un Osmanlılar tarafından zaptı esnasında, bir kısmı güneye kaçıp Mora yarımadasına sığınan, bir kısmı da Zanta, Korent gibi İyonyen adalarına Sicilya'ya, Korsika'ya ve İtalyan yarımadasının ötesine berisine yerleşen göçmen bir ailedendir."

Bu zatın, Sicilya krallığı donanmasına yüzbaşı olarak girdiğini ve aynı zamanda tıp tahsili de yaptığını bildiren yazar, sonradan bir rezâlete adı karıştığı için Sicilya donanmasından kovulduğunu ve 1836 yılında Osmanlı İmparatorluğu'na sığındığını bildirmektedir. Bundan sonra, işte bu doktor hakkında Mehmed Ali Paşa'nın isyanı sırasında donanmadan alınıp kara ordusuna verildiğini yazan muharrir, bu muharebeler sırasında Kapoleon'un, elçilik, kaptan-ı deryâlık ve tophane müşirliği yapmış olan Damat Halil Paşa'nın mahremiyetine girdiğini ilave etmektedir. Muharrir bundan sonra da şu malumatı veriyor:

"İşte, o günden bu 1876 yılına gelinceye kadar, aşağı yukarı 38 yıl bu adam İstanbul Sarayı'nın kapılarından girip çıkmıştır. Sultan Mahmud'dan sonra, Sultan Abdülmecid de devamlı surette tıbben şifa ve devâ beklediği için Kapoleon'un yıldızı sönmemiştir."

Muharrir, Kapoleon'un, birliğini yeni kurmaya çalışan kont Kavur'un casusu olarak vazife gördüğünü, İstanbul'dan Kavur'a haberler uçurduğunu bildiriyor ve ilk Karbonari teşkilatının bu sıralarda, yani, şehzade Murad Efendi'nin 14 yaşında olduğu sırada kurulduğunu ilave ediyor ve diyor ki:

-Ve edindiği ilk dostlar iki Musevi ve Rum doktor ile bazı Beyoğlu sarraflarıdır; fakat çok geçmeden Ziya Paşa bu Karbonari zehirini tadacak ve pek kısa zamanda pek tiryakisi olacaktı. 1855 yılında Abdülmecid'in saray katipleri arasına katılan Ziya Paşa'nın, en geç 1858 yılında Kapoleon grubuna katıldığı söylenebilir. Napolili doktorun onunla ilk tanıştırdığı arkadaş sarraf Hristaki olmuştur. Müslüman Osmanlılarla karışık Karbonari hareketinin üç kişilik ilk çekirdeği işte bu tanışma ile başlar:

1. Kapoleone,

2. Hristaki;

3. Ziya (Paşa).

Kapoleone, şehzade Murad Efendi'nin tabibi, Hristaki, şehzade Murad ile anası kadın efendinin sarrafı; Ziya (Paşa) da, şehzade Murad'ın veliahtlık hakları üzerinde titreyecek ve tâlihini ona bağlayacak gizli politikacı.

Şimdi anlaşılıyor ki, Ziya Paşa, Avrupa'ya kaçtığı sıralarda dahi en âdi gizli işlerin içinde bulunan azılı bir ajandı. Önceleri İtalya birliğinin menfaatlerine, sonraları da İngiliz menfaatlerine bağlı bir ajan. Ve bu adamın Murad Efendi üzerindeki nüfuzu da bilinen gerçeklerden. Şimdi iş daha vâzıh olarak meydana çıkmaktadır; yani Osmanlı İmparatorluğu, sarayı ile, Osmanlı hanedanı ile Batılı devletler tarafından tam bir muhasara altına alınmıştır ve son darbeyi vurmak için, Osmanlı Sarayını da, Osmanlı sülalesini de yok etmek için en uygun fırsatı beklemektedirler.

Bu darbeyi de, Sultan Abdülaziz'e vurduktan sonra, tahtın sahibi kılacakları şehzade Murad Efendi vasıtasıyla vurduracaklardı. İşte, şehzade Murad Efendi'nin hastalığının asıl sebebi budur ve şehzade efendi, içine düştüğü batağı bütün çirkinliği ile müşâhede ettikten sonradır ki, devamlı sinir krizleri geçirmiş bulunmaktadır.

MASON BİR ŞEHZADE

Şimdi, Nizamettin Nazif Tepedelenlioğlu üstadımızın aynı eserinde, şehzade Murad Efendi'nin masonluğu hakkında yaptığı cidden mühim araştırmayı, tek kelime ilave etmeden nakledelim:

"Murad Efendi, tabii masondu da; fakat öteden beri iddia edildiği gibi, Sultan Abdülaziz Han'ın Avrupa seyahati esnasında İngiltere'de, veliaht prensi Edvard'ın tavsiyesi, propagandası veya *ricası* ile mason olmuş değildi. Osmanlı veliahtı Murad Efendi, 1867'de Paris sergisini ziyarete gitmezden çok önce, Abdülaziz taht'a çıkmadan, mason biraderler arasına karışmış bulunuyordu; çünkü, babasının son saltanat yılında, yani 1861'de bir numaralı Karbonari vantına girmiş bulunuyordu ve tabii Karbonari olunca mason da oluvermişti.

Bilinen şudur:

Her Karbonari mutlaka masondur; fakat, her mason Karbonari değildir.

V. Murad Han'ın biyografisini yapanların hepsi, Avrupa seyahati esnasında bütün saraylarda pek beğenildiğinden bahsederler... Devlet adamlarından itibar gördüğünü söylerler. Hakkında sitayişkâr yazılar yazıldığını bildirirler. Ama bunun asıl sebebinin ne olduğunu araştırmazlar. Biz söyleyelim: Mason oluşu.

Osmanlı veliahtı ile İngiltere veliahtı arasında, şimşek çakar gibi bir anda kurulan dostluğun sihirli mıknatısı da budur: Masonluk...

1867'de, otuz yıldan fazla bir müddetten beri saltanat sürmekte olan Kraliçe Viktorya'nın oğlu ve veliahtı, Gal Prensi Edward, İskoç ritinden (tarikatından) olan masonların en üst kademesinde idi ve tahtın masonlukla olan münasebetinde birleştirici nokta idi. İngiltere tâcı Anglikan kilisesinin başı olduğu gibi, İskoç localarının da *maşrik-ı a'zamı*dır. İtalyan Karbonarileri, gerçi, merkezi Floransa'da olan bir milli İtalyan *maşrik-ı a'zamı*na bağlı iseler de, bu müessese çeşitli kanallardan İngiltere *Couvent* ile daima

ilgilidir ve asıl tariki *İskoç'tur*. Zaten masonluk İtalya'ya İngiltere'-
den gelmiştir.

"XVIII. yüzyılın sonlarına doğru, Fransa'da büyük ihtilal başlamadan evvel, Floransa'da İngiliz orta elçisi olarak bulunan Dük of Midlesseks, İtalyan masonluğunun ilk kurucusu ve piridir. Bu dük, İskoç ritindendi. Bundan ötürü, bu tarîk(at), İtalya'ya yerleşmiştir. Bütün İtalyan Karbonarileri de bu tarîke mensup olmuşlardır. Dr. Kapoleone bu tarikten olduğu için veliaht Murad Efendi de, Londra'ya gittiği zaman, bu İskoç rit'ine mensup bulunuyordu. Edward ile Murad arasında birdenbire alevlenen dostluk işte bundandır. Yoksa, sofrada iyi çatal bıçak kullanmasından, yahut piyano çalmasından ötürü değil. Eğer, Abdülaziz kafilesi içinde bulunanlardan, Avrupa saraylarında ve siyasi mahfillerinde gösterilen itibar derecesinin mihengi, şahsi terbiye, zarafet ve Avrupa muaşeretine uygunluk olsaydı, veliaht Murad değil, şehzade Abdülhamid o turnenin yıldızı olurdu; çünkü hatıralar ve vesikalar isbat ediyor ki, Şehzade Abdülhamid Efendi bu bakımdan ağabeyisi Murad'ı çok gerilerde bırakmıştı; fakat, Abdülhamid'in o yıllarda hiçbir gizli *siyasi tarakta bezi yoktu*. İngiliz sarayında Murad Efendi *günün gizli müttefiki* ve istikbalin *her İngiliz'in sözünü dinler* hükümdarı olarak benimsenmiş ve ağırlanmıştı. Ropıa için bir Karbonari olan Murad Efendi, Londra için de İskoç ritinden bir sâdık birâder idi. Taht'a çıktığı gün, Bukingham sarayının bir odasına nakledilmiş gibi olacaktı... İstanbul'daki İngiliz elçisi sir Henry Elliot'un Yeni Osmanlılarla yıllar boyu al takke ver külah eylemesi de sırf bundan ötürü değil miydi?"

İşte görülüyor ki, İngiltere, kendi siyasi oyunlarını oynamak için Osmanlı İmparatorluğu'nda rahatça birtakım adamlar bulabilmiş ve bu adamların gözlerini de, ceplerini de İngiliz altını ile doldurduktan sonra, İngiliz devleti için azîm bir tehlike teşkil edecek olan Osmanlı İmparatorluğu'nu bu adamların elinde bir oyuncak haline getirmiş, hürriyet, meşrutiyet terâneleri arasında, muhtelif unsurlardan meydana gelmiş olan devleti de, Türklüğü de, adı

Türk olan bu adamlara rezil ettirmiş ve parçalatmıştı.

Maalesef, bu adamların ilkaâtına bir de Osmanlı şehzadesi kapılmış ve devleti, her bakımdan ihyâ etmiş olan, imparatorluğu dünyanın sayılı kudretleri arasına sokmuş bulunan amcası Sultan Abdülaziz Han'ı tahtından al-aşağı ettirmiş ve katline istemeyerek, bilmeyerek hizmet etmişti.

Devletin başındaki kıskaç mütemadiyen sıkıştırılıyor ve bir an önce neticeye ulaşmak için her gayret sarfediliyordu. Devletin batırılması için bütün imkanlar, iktisadi, mali kaynaklar, kuvvet nümâyişleri ve akla gelebilecek her şey kullanılıyordu. Ortada bu işleri rahatça idare edebilen bir de adam vardı ki, bu adamı, okuyucu, kitabımızın daha başlangıcından itibaren tanımaktadır; bu zat, Mısır hidivi İsmail Paşa'nın kardeşi Mısırlı Prens Mustafa Fâzıl Paşa idi. Şimdi Osmanlı İmparatorluğu'nun nasıl bir ahtapot kolları gibi İngiltere tarafından ihâta edildiğini ve bu adamın, günümüzde dahi hâlâ en büyük hadiselerin başlıca müsebbiplerinden bulunan bazı isimlerin maşası olarak kullanıldığını yine üstat Nizamettin Nazif Bey'in kitabından aynen takip edelim.

BEYNELMİLEL SERMAYE-
MUSTAFA FÂZIL PAŞA İŞBİRLİĞİ

"Hiç şüphe yok ki, Mustafa Fâzıl Paşa, Midhat Paşa ile mukâyese edilemeyecek kadar realist bir adamdı. Dörtlerin, yedilerin Avrupa maceralarına para ile yardım ederken de asla tongaya basmış değildi. Hesap edilemez derecede çok parası ve geliri olduğu muhakkaktı. Ama hesabını bilen bir adam olduğu da muhakkaktır. Namık Kemâl'e, Ziya Paşa'ya, Ali Suavi'ye, şuna buna bağladığı maaşları kendi cebinden ödemiyordu. Osmanlı ülkelerinde herhangi bir siyasi değişiklikten menfaat uman büyük banker muhitlerle siyasi, geniş temasları vardı. 1867'de Paris'te *bir büyük şirket kurmak istediğine dair* çıkan şâyialar ve bir-iki Fransızca gazetede görülen haberler yalan değildi. Gerçi bu haberleri neşrettiren Rusya idi. Mustafa Fâzıl Paşa'nın kendi imzası ile bir tekzip göndermiş olduğu *Nord* gazetesi ise düpedüz Moskof parası ile kurulmuştu; fakat, Girit ihtilallerinde ve sonradan Otluk Bulgar ihtilalinde Osmanlı Devleti aleyhinde birçok tahrikler yapmış olan Fransızca Moskof organında Paşa'nın neşrettiği tekzip daha ziyade bir tavzihi andırıyordu; çünkü paşa mesela, *"Oppenheim* kumpanyası ile hiçbir alışverişi olmadığını" iddia edememişti ve her nedense, ondan sonra Paris'i de, Paris'te koruduğu, himâye ettiği yeni fikirlileri de (efkâr-ı cedîde ashâbı) bırakmış, Abdülaziz'e sığınıp af dileyerek İstanbul'a dönmüştü."

Nasıl bir müessese idi bu Oppenheim kumpanyası?

Bu, o devir Avrupa'sının üç-beş kudretli firmasından birisi idi. XVIII. yüzyılın ilk yarısından beri (1730), Batı Avrupa'da tanınıyordu. Asıl merkezi Hanover şehrinde idi. Görünürde sarraflıkla uğraşırdı. Hakikatte ise, küçük Alman prensliklerinden asker toplayıp büyük devletlere kiralamakta idi. Fransa, Rusya, İsveç, Prusya ve İngiltere'ye gönderilen bu kiralık askerlerin efendileri olan küçük Alman prensleri de ortak edilmişlerdi.

Sonradan dünya ölçüsünde büyük bir para imparatorluğu kuracak olan Rodchldlerin ilki, dede Mayer Amşel de bu müesseseden yetişmişti. 1760 yılında az tahsilli, anasız, babasız bir yetim iken, Oppenheim'in yanında bir ayak hizmeti bulmuştu... 1869'da, Fâzıl Paşa'nın adı Oppenheim firmasına karıştırıldığı günlerde, artık Rodchildler, eski efendilerini çok gerilerde bırakmış bulunuyorlardı. Ama, aradan geçen birbuçuk asra yakın zaman, Oppenheim firmasına da bir zarar vermiş değildi. O da dünyanın her tarafında eskisinden bin kat fazla gelişmişti. 1853-56 yılları arasında Kırım Harbi için yapılan ilk dolgun istikrazlarda baş rolü Rodchild firması görmüştü. Sonradan Galata ve Beyoğlu sarraflarının Osmanlı Devletine pek yüksek faizlerle buldukları altınların birçoğu ise, Oppenheim gruplarından tedarik edilmişti. (Bu büyük mali müessese o tarihten elliüç yıl sonra, meşhur Vasil Zaharof ile Ortadoğu'da işbirliği yapacaktır; yani, 1867 yılında Mısırlı Mustafa Fâzıl Paşa'yı kullanmak istemiş olanlar, I. Dünya Harbi mütârekesinde Zaharof'u onun yerine kullanacaklardır. San Remo konferansının Anadolu'da ve Osmanlı İmparatorluğu'nun eski topraklarında çeşitli grubunun da rolü vardı, vasıta Zaharof tu). Ruslar bu iki büyük firmanın birbirleriyle hangi işlerde dost, hangi işlerde rakip, hatta düşman olduklarını biliyorlardı. Mustafa Fâzıl Paşa'nın Oppenheim ile anlaşma yapmasından Rodchildlerin kuşkulanacaklarını tahmin etmişlerdi. Maksatları da bu idi; çünkü o tarihte Rodhild firması İngiliz sarayının en büyük müttefiki idi. Rodchildlerin gözünden düşmekle İngiltere'nin gözünden düşmek arasında hiçbir fark olamazdı. Ve Fâzıl Paşa'nın adını bir Oppenheim işine karıştırınca, gerçekten de hedeflerine ulaştılar. Fâzıl Paşa darbeyi hissederek kıvrandı durdu. Tekzipler neşrettirdi. El altından İngiltere'ye teminat verdi, ama Rus planı muvaffak oldu. Kapoleon grubunun Paşa'dan sıtkı sıyrıldı.

Zavallı Sultan V. Murad Han, nasıl birtakım vatan ve memleket düşmanlarının ellerinde oyuncak olduğunu, nasıl ve niçin mason edildiğini çok sonra, iş işten geçtikten sonra anlamış, fakat geriye dönüş mümkün olamamıştı. Sultan Abdülhamid Han Hazretlerini, Sultan Murad'ı Çırağan Sarayı'na hapsettirmekle itham edenler, Türk tarihini, devri ile mukâyese etmeye kendilerini mecbur hissedecekleri zamana kadar zavallılıklarını devam ettirecekler ve tarihin kaydettiği pek nâdir zekalardan, pek nâdir devlet adamlarından birisi olan Sultan Abdülhamid Han'ı da, onun şahsında Türk milletini de tezyif etmeye ve vatan hainlerini bu büyük millete kahraman, kurtarıcı diye tanıtmaya devam edeceklerdir.

Şimdi, tekrar, bütün bu hadiseleri hazırlayan ve tezgâhlayan İngiltere'nin İstanbul sefîr-i kebîri sir Henry Elliot'un kaleminden çıkan makalesine dönelim. Bu zatın, Sultan Abdülaziz Han hakkında yazdığı satırlar cidden çok mühimdir ve taşıdığı ifade bakımından her Türk vatandaşının ibretle okuması iktizâ eden bir mâhiyet taşımaktadır. Sefir diyor ki:

"Yukarıda belirttiğim ve Londra'ya gönderdiğim raporumun yazılmasından bir hafta sonra Abdülaziz'in hal'i icra edildi. Bunun yapılması için doğrudan doğruya ön-ayak olanlar, Midhat Paşa ile Serasker Hüseyin Avni Paşa idi. Mehmed Rüşdü Paşa'nın meseleyi başından beri bilip bilmediği hususunda ciddi bir malumatım yok. Zannıma göre, hal' keyfiyetinden üç gün evvel, vatanın kurtuluşu için bir meclis-i mebusan tesisi(nin) elzem olduğuna ve bu hususun gerçekleşmesi için de Abdülaziz'in hakinin lüzumuna Rüşdü Paşa ikna edilmiş ise de, Abdülaziz'in hal'i işini yapmak hususunda her türlü tehlikeyi göze alanlar, Midhat Paşa ile Hüseyin Avni Paşalardı. Bu paşaların göze aldıkları tehlike öyle basit değildi. Hal' keyfiyeti muvaffak olamadığı takdirde, paşaların cezası en azından kılıçtı; fakat, Midhat ve Hüseyin Avni Paşalar, planlarını öylesine bir mahâretle tertip etmişler ve kuvveden fiile çıkarmışlardı ki, bu planın tatbik safhasına çıkması, tam Türklerin mertliğine uygun şekilde cereyan etmişti."

Sefir cenaplarının hadise hakkındaki hükmü işte bu. Ve, bu sefir cenapları, bir habâset ve ihanet hareketini, tam Türk mertliği olarak vasıflandırabiliyor. Bu husus cidden pek üzücü. Sefir cenapları, ancak Türklük'le pek az münasebeti olan insanları satın alabileceğini ve bahsettiği bu zatların bir kısmının yahudi dönmesi olduğunu unutuyor ve Sultan Abdülaziz'in hak edilmesi hadisesini kuvveden fille çıkaranların hareketlerini Türk mertliğine yakıştırabiliyor. Düpedüz bir ihanet olan hak keyfiyetinin ne Türklerle, ne de Türklük'le herhangi bir alâkası yoktur ve Türklüğü bu iftiradan tenzih ederiz.

Şuraya kadar yazdığımız hadiseler, ortaya koyduğumuz vesikalar, paşalar ihanet zincirinin ucunun kimin veya kimlerin elinde olduğunu açıkça anlatır kanaatindeyiz. Şimdi, bir imparatorluğun inhilâline sebep olan ve gayyur, müdebbir ve celâdetli bir Osmanoğlu'nun katli ile nihayet bulan hak gününe tekaddüm eden en son safhayı tedkik edelim.

İHANETİN SON SAFHASI: HAL'

Sultan Abdülaziz Han'ı tahttan hal' etme hazırlıkları artık son safhasına gelmiş dayanmıştı. Ancak, Padişah da birtakım şeyleri herhalde sezmişti; zira tam bugünler içinde sadârette bir değişiklik yapmayı düşünmüş ve Mehmet Rüşdü Paşa'nın yerine tekrar Mahmud Nedim Paşa'yı getirmeyi, seraskerliğe de Derviş Paşa'yı tayin etmeyi kararlaştırmıştı. Bu maksatla, Mahmud Nedim Paşa'yı huzuruna celbetmiş ve kendisine fikrini söylemiş, mühr-i hümâyunu teslim edeceğini tebliğ etmişti; fakat Mahmud Nedim Paşa, itiraz etmiş, bu makamı ancak şartlı olarak kabulleneceğini de açıkça belirtmişti. Mahmud Nedim Paşa'nın teklifi sarihti. Sadâreti, ancak, Midhat Mehmed Rüşdü ve Hüseyin Avni Paşaların İstanbul'dan sürülmeleri takdirinde alacaktı. Padişah düşünmeyi münasip görmüş ve mesele, yani sadâret değişikliği bir-iki gün gecikmişti.

Hüseyin Avni Paşa, Padişah'ın bu kararını derhal haber almıştı. Paşa, haberi, metresi olan baş-hazinedar Arz-ı Niyaz kalfadan öğrenmiş, derhal Midhat ve Süleyman Paşalarla Bahriye nâzırı Kayserili Ahmed Paşa'yı durumdan haberdar etmişti.

Hüseyin Avni Paşa, bizzat Redif Paşa ile görüşmüş, durumu izah ettikten sonra da mekâtib-i askeriye nâzırı Süleyman Paşa'ya gitmişti; durumu bir kere de onunla müzâkere etmişti. Süleyman Paşa, Serasker Hüseyin Avni Paşa arzu ettikten, daha doğrusu emir verdikten sonra her şeyi yapmaya hazırdı. Tabii hemen muvâfakat cevabı verdi ve böylece hal' kararı normal zamanından evvele alındı.

Durum, ihanet çetesi için cidden çok nâzik bir safhaya girmişti. Hüseyin Avni Paşa'nın yaptığı bu temaslar bir-iki kere daha tevâlî etmiş ve nihayet, son kararın verilmesi için 26 Mayıs 1876 tarihinde, Serasker Hüseyin Avni Paşa'nın Paşalimanı'ndaki yalısında buluşmak kararı verilmişti.

Hal' keyfiyeti böyle nâzik bir duruma girmiş olmasına rağmen, Hüseyin Avni Paşa, dil-dâdesi, yani metresi Arz-ı Niyaz kalfadan da bir türlü uzaklaşamıyor, onu ileride, padişahın katledilmesinde birinci derecede yardımcı olarak daima el altında tutmak için onunla meşgul oluyordu. Nitekim, Mahmud Nedim Paşa'nın Padişah Sultan Abdülaziz Han tarafından kabulü meselesini kendisine derhal ulaştıran Arz-ı Niyaz kalfa ile aynı geceyi beraberce geçirmekten kendisini alamamıştı. Paşa, çok düşünceli olmasına rağmen, bu şuh ve hakikaten güzel saray kalfası ile geçireceği gecenin hayali içinde, saray erkânının, bu arada padişahın oğlu şehzade Yusuf İzzeddin Efendi'nin kendi hakkında neler düşündüğünü de anlamak istiyordu. Nitekim, gecenin bir kısmını paşa Arz-ı Niyaz kalfadan, şehzadenin kendisi hakkında neler düşündüğünü soran ve tevâlî eden suallerle geçirmiş ve kendisini tatmin etmek istemişti.

Arz-ı Niyaz kalfa, paşayı, şehzadenin kendisi hakkında kötü sözler söylemediği hususunda ikna etmiş, fakat paşa hakkında şehzadeden herhangi bir methedici söz de duymadığını söylemişti.

Hüseyin Avni Paşa, Arz-ı Niyaz kalfanın bu sözlerini duyunca, "Bak sen... Demek ne söylerse susardı. Sükut ikrardan gelir. Zâhir, şehzade dahi bizden hoşlanmazmış da bizim haberimiz yokmuş..." diye mırıldanmış.

Sonra da, "Mahmud Nedim Paşa mâbeyn kupası ile mi gitti, yoksa kendi arabası ile mi? Bunu bilmez misin?" diye de bir sual daha sormuştu.

Arz-ı Niyaz kalfa, süt annesinin evinin bir odasında, yer yatağını yaparken sorulan bu suale (şöyle cevap verdi):

—Ben ne bilirim. Soracağını bilseydim ardından gözlerdim. Gerçi bir arabaya bindi, ama, kimin arabasına bilemiyorum. Cevher Ağa bunu benden çok iyi bilir, bir defa istersen sorayım.

—Yok be canım, maksadım başka da... Eğer, ıstabl-ı âmireden araba çekmişse muhakkak yarına sadrazam olur, yok... kendi arabasıyla gitmişse, canı cehenneme!..

İşte Hüseyin Avni Paşa bu idi.

Hüseyin Avni Paşa'nın o günler içindeki faaliyetini Cemal Kutay, *Türkiye İstiklal ve Hürriyet Mücadeleleri Tarihi*'nde (c. IX, s. 5093) şöyle nakleder:

"Arz-ı Niyaz kalfa gülüyordu. Her zaman cesur olan seraskere bu gece birşeyler olmuştu. Ehemmiyet verilmeyecek şeyleri inceden inceye araştırıp soruşturuyordu. Avni Paşa, Bursa'da kaldığı müddetçe yeni huylar peydahlamıştı. Öyle olmasaydı, böyle densiz sorgu suallerde bulunur mu idi?"

Hüseyin Avni Paşa, oturduğu yerde, sabahı yapacağı işleri düşünüyordu. Doğruca Bâb-ı Seraskeriye gidecek (seraskerlik dairesi), oradan meşihata uğrayacaktı. Şeyhülislâm Hayrullah Efendi vükelâ gibi değildi. Süleymaniye'deki meşihat binasına erken gelip geç çıkardı. Şeyhülislâmla fetva işini görüşecekti. Midhat Paşa, fetvanın fetva emrinin Kara Halil Efendi tarafından hazırlandığını söylemişti. Fetva-nâmeyi gözleriyle görerek, şeyhülislâma hal'in çarşamba gününe kararlaştığını tebliğ edecekti. Hayrullah Efendi seraskerden fena ürküyordu. İyi adamdı. Az menfaat-perestti; ama, millet ve memleket işlerinde hamiyyet ve gayretle çalışmak istediğini gösteriyordu. Hayrullah Efendi'yi ziyaretten sonra, Süleyman Paşa'yı celbedip son vaziyeti anlatmak vardı. Ona göre tertibat almak icap ederdi. Başkalarına emniyet edip açıklamayacağından, sabahki anlaşmalarda hep Süleyman Paşa'yı öteye beriye koşturmayı düşünüyordu.

Mekâtib-i askeriye nâzırı, dediğini bi-hakkın yapabilirse, ferik olduğunun günü idi. Yoksa sittin sene daha mekteb-i harbiyede livâlıkla (tuğgeneral) kalıp pineklerdi. Serasker, saatini bir daha koynundan çıkarmıştı. Hesaplı bakmıştı. Eh... Artık sabaha üç-dört saat kalmıştı. Şafaktan evvel hazinedarın evinden kimseye görünmeden ayrılmak vardı.

Evet ve bu adam, son ihanetini, hem de canına yetecek ihanetini böyle bir hava içinde ve böylesine rezilce bir geceden sonra kotarmış, sonunda kendi başını da bu yola koymuştu.

Serasker Hüseyin Avni Paşa, düşündüğü gibi yaptı. Şafakla beraber müstefreşesinin koynundan çıktı ve gitti. Meşihat dairesindeki hazırlıklarla ve fetva-nâme ile meşgul olduktan, şeyhülislâm Hayrullah Efendi'yi bir defa daha adeta tehdit ettikten sonra doğruca mekâtib-i askeriye nâzırını seraskerlik dairesine davet etmişti.

Serasker, mekâtib-i askeriye nâzırına itimat etmekle beraber yine de ihtiyatı elden bırakmıyordu. Hal'in nasıl yapılacağı hususunda fikir teâtisinde bulunduktan sonra, Midhat Paşa ile Bahriye nâzırı Kayserili Ahmed Paşa'nın da kendileri ile beraber bulunduğunu, Sadrazam Rüşdü Paşa ile şeyhülislâm Hayrullah Efendi'nin de yakında kendilerine iltihak edeceklerini bildirdi.

Serasker, bu işte fazla vükelânın bulunmasının mahzurlarını da belirtmiş ve Süleyman Paşa'nın bazı kumandanlarla gizlice görüşmesinde fayda bulunduğunu bildirmişti.

Paşa, seraskerin yanından çıktıktan sonra, derhal, kendisine verilen vazifeyi yerine getirmek maksadıyla harekete geçmiş ve ihtilal ve hal' işiyle meşgul olan Midhat, Kayserili Ahmed ve Hüseyin Avni Paşaların aralarında yaptıkları görüşmelere muvâzi olarak, o da, tâliye taburları kumandanları ile ve İstanbul merkez kumandanı bulunan Mustafa Seyfi Paşa ile gayet gizli bir şekilde müzâkereler yapmakta ve bu insanları hal'e kazanmak gayretleri içinde idi.

27 Mayıs Cumartesi günü, mekâtib-i askeriyenin imtihan gününe rastlamış bulunuyordu.

Bu hazırlıklar hususunda, sonradan Yıldız mahkemesinde muhâkeme edilen, Sultan Abdülaziz Han'ın hal'i sırasında mekâtib-i askeriye nâzırı bulunan Süleyman Paşa, 1326 (1910) yılında oğlu Sami Bey tarafından neşredilen *Hiss-i İnkılab* adlı eserinde şu malumatı vermektedir:

"Osmanlı Devleti Sultan Abdülaziz'in taht'a çıktığı ilk günlerden beri birçok sadmelere ve tahribata maruz bulunuyordu. Devletin bütün tekâlifini İslâm unsuru karşılamakta idi ve devletin şevket ü ikbâli günden güne düşmekte idi. Bunun sebebi ise, devletin şer'î hükümlerle idaresi idi. Devlet, kendisinden başka kimseye ehemmiyet vermeyen, kendisini beğenmiş bir padişahın idaresinde bulunuyordu. Bu sebeple, devlet memuriyetlerine tayin edilenlerin, en büyüğünden en küçüğüne kadar hemen hepsi, iptidai veya rüşdiye mekteplerinde okutulan, basit malumat sahibi ve cahil idiler." (s. 1)

Bize ıstırap veren bu halden Avrupalılar haberdar değillerdi; çünkü bizim durumumuzu öğrenecekleri herhangi bir istihbaratları yoktu?... İstanbul'da bulunan Avrupalılar, yine bir Avrupa şehri olan Beyoğlu'nda ikâmet ederler ve birbirleriyle veyahut mezhepdaşları olan Rum ve Ermenilerle görüşürler; müslüman ve Türk takımı ile görüşmezler, evlerine gitmezlerdi. (s. 5)

Süleyman Paşa'nın burada kullandığı ifadeler pek tezat haldedir; zira, bir sürü cahil adam dediği devlet ricâli arasında Âlî ve Fuad Paşalar da vardı. Kaldı ki, bu paşaların vefatından sonra, bizzat kendisinin de dahil bulunduğu ihtilal hareketi, işte bu cahil dediği paşalar ve devlet adamları ile yapılmadı mı? Şu halde, eğer memleket cahil adamların elinde ise, Sultan Abdülaziz Han'ı hal' edip katleden serasker çetesi, şüphe yok ki, devleti idare edenlerden daha da cahil insanlardı. Süleyman Paşa'nın hal' keyfiyeti için ileriye sürdüğü esbâb-ı mucibe pek garip ve pek mesnetsizdir. Bir insanın kendisini de cahiller zümresine dahil etmesi ise pek gariptir.

Sonra, Süleyman Paşa bir noktada daha aldanmaktadır ki,

bu husus cidden pek gariptir. Süleyman Paşa, ya hakikaten pek cahildir yahut vazife gördüğü memleketini tanımamakta ve bilmemektedir; zira ileride görüleceği gibi, Avrupalıların bizim iç durumumuzdan haberleri yok derken, serasker çetesinin hangi menbalardan beslendiğini ve nasıl bir ihanet içinde olduklarını gizlemektedir. Biz, Süleyman Paşa'nın, düşünce ve müdafaasının aksine, Avrupalıların Osmanlı İmparatorluğu'nda pek geniş bir istihbarat teşkilatları olduğunu bilmekteyiz. Bu hususta verdiğimiz ve ileride vereceğimiz deliller, mekâtib-i askeriye nâzırı Süleyman Paşa'yı tamamen yalanlamaktadır. Süleyman Paşa, büyük bir saflıkla bu hususu iddia ederken, Osmanlı İmparatorluğu'nun merkez-i hükümeti olan İstanbul'daki gayr-i müslim unsurlarla birlikte bu şehirde icra-yı faaliyet eden ecnebi postalarından da bî-haber görünmek istemektedir. Şu halde, Paşa neyi ve nasıl müdafaa ettiğinin farkında değildir. Bu durumda olan bir Paşa'nın Osmanlı ordularının müşir pâyesini nasıl ihraz ettiğini düşünmek herhalde yersiz bir hareket olmayacaktır.

Süleyman Paşa, Sultan Abdülaziz'in hal'i ve katlini bakınız nasıl birtakım sebeplere bina etmektedir. Paşa diyor ki:

"Bu sırada Edirne faciaları arttı, re's-i kârda bulunan Mahmud Nedim Paşa'nın, Edirne meselesini ve facialarını, Hersek felaketinden daha beter bir hale sokacağı düşüncesi bütün halkın kafasında yer etti. Talebe-i ulûm kendisini istifa ettirerek millet işlerinin düzeltilmesi arzularını gösterdiler." (s. 6)

Süleyman Paşa, burada tekrar hataya düşmektedir; zira bundan evvelki kısımlarda belirttiğimiz ve bizzat İngiliz sefiri sir Henry Elliot'un neşrettiği makalesinden aldığımız satırlar, Süleyman Paşa'nın, bir başka noktaya bağlamak istediği ulemâ takımının ve talebe-i ulûmun ayaklanması keyfiyetini gizli kapaklı kendisine mâl etmektedir. İstanbul'da bir İngiliz sefirinin en karışık entrikaları çevirdiğinden ve bizzat kendisinin de dahil bulunduğu serasker takımının, bu elçinin elinde bir oyuncak olduğunu farkedemeyen bir insanın kaleminden çıkan şu sözler cidden pek gariptir.

Süleyman Paşa, hatıratında şöyle devam eder:

Vükelânın iktidar zaafı anlaşıldı, içlerinden dikkatli ve hamiyyetli olanlar mevcut durum karşısında bir iş beceremeyeceklerini anladılar. Halkta ıstırap ve helecan arttı. Her gün koyun sürüsü gibi, Mahmud Nedim Paşa ile hariciye memurlarının zevki ve keyfi uğruna mezbahaya çekilen askerler, bu buhranlı devrede ecdâd-ı ızâmlarının eser ve hareketlerini hatırladılar.

O esnada serâsker olan Hüseyin Avni Paşa da, kendisini rahatsız eden hissiyatını, dâr-ı şûrâ-yı askeri (yüksek askerî şûrâ) reisi olan Redif Paşa'ya açtı. Böylece, her ikisi, memleketin geleceği hakkındaki endişelerini ortaya koyarak bir hal çaresi bulmak üzere müzâkerelere başladılar.

Redif Paşa ile Hüseyin Avni Paşa'nın bu müzâkerelerinden sonra, Redif Paşa, eskiden beri kendisine itimat ettiği ve yakın münasebetleri bulunan mekâtib-i askeriye nâzırı Süleyman Paşa'ya durumu nakletti. Süleyman Paşa, Bosna-Hersek harekatından itibaren bunları düşünmüş, fakat rütbesinin küçüklüğü dolayısıyla düşüncelerini hiç kimseye açmamıştı. Redif Paşa'nın durumu kendisine nakletmesinden sonra Süleyman Paşa, "Serasker paşa hazretleri arzu ettiği takdirde, bu hususun (hal' keyfiyetinin) pek kolaylıkla yapılması mümkündür. Hal' keyfiyeti iki tabur askerle yapılabilir; zira halk artık Sultan Abdülaziz'in keyfi idâresinden bıkmıştır. Bu düşünce halk arasında umumi bir mâhiyet almıştır." cevabını verdi.

Redif Paşa ile mekâtib-i askeriye nâzırı Süleyman Paşa arasındaki bu görüşmeler bir-iki defa daha yapıldı ve nihayet, bir cuma günü Redif Paşa ile Süleyman Paşa Serasker Hüseyin Avni Paşa'nın yalısına giderek durumu bir kere de birlikte müzakere ettiler.

Süleyman Paşa hal' keyfiyetinin bundan sonraki safhasını hatıratının 7. sayfasında şöyle nakleder:

"Redif Paşa, Süleyman Paşa'nın kendisine söylediği sözleri

Hüseyin Avni Paşa'ya naklettikten sonra, serasker pek memnun oldu ve gözleri yaşlı bekleyen Midhat Paşa'ya durumu arzetmeye karar verdi. Ayrıca, Bahriye nâzırı Kayserili Ahmed Paşa Hazretleri'ne de anlatarak, her ikisini de bu ittifakın içine dahil etti."

Bu serasker çetesi, derhal kollarını sıvayarak hazırlıklara başladılar. Süleyman Paşa, elindeki harbiye talebeleriyle bu büyük işi başarmanın imkansızlığını anlayınca, birtakım müttefikler elde etmek yoluna girdi. Yine, Süleyman Paşa'nın hatıratında bahsettiği gibi, Redif Paşa, serasker paşa ile yaptıkları ilk toplantıdan yirmi gün sonra, kendisi Taşkışla'nın önünden geçerken orada beşinci tâli taburu binbaşılarından İzzet Efendi'ye tesadüf etmiş ve kendisinin hislerini tahrik ederek onu da bu ittifakın içine almıştı. Binbaşı İzzet Efendi, taburu ile paşanın emrinde olduğunu arzedince de, paşa bu işin bir tabur askerle yapılamayacağı endişesini izhar etmiş ve daha başka yardımcılar temin etmesi iktizâ ettiğini de kendisine bildirmişti. Binbaşı İzzet Efendi bu işe girebilecek kadar gayyur olduklarını söylediği hassa dördüncü tabur binbaşısı Osman Ağa ile, hassa birinci alay ikinci tabur binbaşısı Ethem Bey'in de bu işe peki dediklerini Süleyman Paşa'ya nakletti.

Binbaşı İzzet Efendi ile Süleyman Paşa'nın, Taşkışla yanında vâki bu görüşmesinden birkaç gün sonra da İstanbul merkez kumandanı tuğgeneral (mirlivâ) Mustafa Seyfi Paşa, Süleyman Paşa'yı evinde ziyaret etti ve söz arasında, kendisinin de bu ittifaka dahil edilmesini talep etti.

Hal' meselesi böylece birtakım şartlara ve ittifaklara bağlandıktan sonra, bir cumartesi günü Hüseyin Avni Paşa, mekteb-i harbiyeyi ziyaret ederek talebeyi teftiş etti ve bu arada Süleyman Paşa, yaptığı birtakım ıslahattan dolayı serasker tarafından şiddetle muâhaze edildi.

Bilhassa, harbiye mektebinin Fransa'daki Sensir askeri akademisi gibi iki yıla indirilmiş olması Hüseyin Avni Paşa'yı pek sinirlendirmiş ve bu hususta mekâtib-i askeriye nâzırına bir hayli çıkışmıştı. Bu görüşmelerin bir yerinde, Süleyman Paşa'nın hatıratında belirttiğine göre, aralarında şöyle bir muhâvere cereyan etmişti:

Bunun üzerine Hüseyin Avni Paşa, "Be canım, 96 senesine kadar (1296) bakalım ömr-i devlet bâki kalacak mı? Yine paşanın[32] sadârete geleceği sözü kuvvetleniyor. Memleket Rusya'nın tahakküm ve istilasında kalacaktır, bundan şüphe etme. Sultan Abdülaziz, Rusya meclûbu siyaseti ile memleketi mahva sürüklemektedir. Bu husus bütün gözlerin önündedir. Sen de bir taraftan 96 senesinde mektepten talebe mezun edeceğini söyleyip duruyorsun!" deyince, Süleyman Paşa fena halde sinirlendi, lâkin hırsını yenmesini bildi, cevaben "Sizin ağzınızdan böyle sözlerin çıkmasından dolayı teessüflerimi arzederim. Devlet'in Rusya'ya peşkeş çekileceği hususundaki sözlerinizin tevlit edeceği vehâmeti, gerek devletin kuvveti, gerekse durumun müsaadesi önlemeye kifâyet eder. Siz emrederseniz, bahsettiğiniz bu vahim neticeyi bertaraf edebiliriz."

–Ne yapabilirsin, elden ne gelir?

–İspanya kraliçesini vaktiyle asker hal' etmedi mi?

–İşte ben demin de söyledim; lâkin, sizi ikna edemiyorum. Biz Avrupalılarla mukayese edilemeyiz, işte sizin hatanız da buradan geliyor.

–Ben bu düşüncede değilim ve zannederim ki bu husustaki noksan malumat ve görüş bana ait değildir.

–A canım, ahlak bozuktur, taburlardaki zabitlerin çoğu, bizzat kendisinin yetiştirdiği zabitlerdir. Bunlarla o iş (hal' keyfiyeti) yapılır mı?

–Bendeniz aynı kanaatte değilim. Bana kalırsa, memleketteki ahlak bozukluğu yalnız devlet ricâli ve vükelâ arasındadır. Halk, devletin kurtuluşu ve saadeti noktasında müttefiktir. Hatta sizin, kendisine bağlı dediğiniz zabitler de memleketin kurtuluşunu en az bizim kadar istemektedirler. Şayet içlerinde bunu arzu etmeyenler varsa, onları bertaraf etmek daima mümkündür. Hem de iki-üç binbaşı ile bunu yapabiliriz. Hak meselesi öyle büyütülecek

---

32 Mahmud Nedim Paşa.

bir mesele de değildir.

—Şimdi bahsettiğin o tabur binbaşıları, askerlerine kendilerini sevdirinceye kadar da çok vakit geçer.

—Ben size mektep zabitlerinden taburlara binbaşılar verelim demiyorum. Taburu ile bu işe hizmet edecek binbaşılardan bahsediyorum.

—Kimlerdir bu binbaşılar?

—İsimlerini şimdi söylemekte mazurum; lâkin, bu işi yapacak binbaşıların mevcudiyeti hakkında size teminat verebilirim.

Hüseyin Avni Paşa ile mekâtib-i askeriye nâzırı Süleyman Paşa arasında cereyan eden bu görüşme de gösteriyor ki, aynı serasker çetesi içinde olmalarına rağmen, paşalar birbirlerine de itimat edemiyorlardı. Burada, bilhassa bir noktaya temas etmek icap etmektedir. Bu nokta, Hüseyin Avni Paşa'nın, Türkleri Avrupalılardan çok geri ve mukâyese edilemeyecek kadar iptidai bir halk olarak tavsif eden sözleridir.

Bu çete reisinin, İngiliz devlet adamları ile Osmanlı İmparatorluğu tahtında yapmak istediği değişiklik için Londra'da müzâkereler yapan İngiliz ajanı paşanın ihanet derecesini bu sözlerinden de rahatça tesbit etmek mümkündür. Bu sözleri kendisinin sarf etmediği iddiası da vârit olamaz; zira bu sözleri söylediğinin en büyük şahidi, bizzat kendisi ile, bu görüşmeyi yaptığı bir başka serasker çetesi erkânı olan mekâtib-i askeriye nâzırı Süleyman Paşa'dır.

Şimdi çetenin bir başka rüknüne, Şeyhülislâm Hayrullah Efendi ile Mekâtib-i Askeriye Nâzırı Süleyman Paşa arasındaki görüşmeye geçelim. Süleyman Paşa *Hiss-i İnkılab* adlı eserinin 14. sayfasında bu hususta şunları yazmaktadır:

"Serasker Hüseyin Avni Paşa ile yaptığımız bu görüşmeden bir gün evvel, yani cuma günü, Süleyman Paşa ile Şeyhülislâm Hayrullah Efendi arasında aşağıdaki garip görüşme cereyan etmiştir. Şöyle ki:

Süleyman Paşa, maarifin halk arasında istenen raddeye getirilmesini büyük bir tehâlükle arzu etmekte idi Vâkıa, kendisi askerî rüşdiyeyi memlekette irfanın yayılması için ıslah etmişti fakat İslâm milletinin maarifçe ilerlemesi, bu arada ulemânın da en son ilimlerle teçhiz edilmesi icap ettiği noktasında da Süleyman Paşa ısrar etmişti.

Paşa, bu düşüncelerle, Hayrullah Efendi ile görüşmek arzusunu izhar etmiş ve pek yakın dostu olan dâr-ı şûrâ başkatibi Said Efendi'nin perşembe günü tavassutunu rica etmişti.

"Ertesi günü, Sultan Abdülaziz'in son cuma selamlığı idi. Mutat merasim Ortaköy cami-i şerifinde icra kılınmıştı. Salâdan sonra Süleyman Paşa, Said Efendi ile buluşarak Hayrullah Efendi'nin yalısına gittiler. Gariptir, ne Süleyman Paşa Hayrullah Efendi'yi, ne de Şeyhülislâm efendi paşayı tanımıyorlardı.

Süleyman Paşa, Said Efendi ile birlikte oda kapısından içeriye girer girmez, müşâru'n-ileyh yerinden kalkarak "Buyurun beyefendi, vallah sizsiniz!" sözleriyle ve pek garibime giden bir hitap tarzı ile karşılamıştı. Said Efendi, Süleyman Paşa'yı, mekâtib-i askeriye nâzırı olarak tanıtmıştı. Oturdular, Hayrullah Efendi hazretleri düşünmeden, "Ben pek az rüya görürüm, pek de hatırımda kalması, o kadar ehemmiyet de vermem lâkin, bu gece gördüğüm rüya pek garip ve câlib-i dikkat. Bâ-husus, rüyada gördüğüm zat, aynen sizsiniz, onun için hayret ettim" diyerek rüyayı nakletti, dedi ki:

"Güya ben Ravza-i Rasûlüllah'ı ziyaret arzusu ile Yenbu sahiline çıkmışım. Ve Medine'ye yakın bir yere gelmişim lâkin, zihn ü fikrimi bir hayret istila ederek her türlü tedbiri bırakmışım. Hayretler içinde ve sersem bir vaziyette bir köşede kalmışım. Ben böyle kendimden geçmiş bir vaziyette orada dururken yanımda bir zat, 'Burada ne duruyorsun? Kalk sana Ravza-i Mutahhare-i Fahru'l-Enbiyâ'yı ziyaret ettireyim' diyerek geldi ve beni tutarak kaldırdı. Yanımdaki adam, böylece bana Hazreti Fahr-i Kainat Efendimiz'in merkad-i şeriflerini gösterdiği gibi, Medine-i

Münevvere'de bulunan diğer ashâbın da merkadlerini ziyaret ettirdi. Rüyamda bana delil olan zat, işte şimdi şu karşımda oturan paşa hazretleri idi" dedi. Sonra Süleyman Paşa'nın yüzüne dikkatle bakarak, 'Vallah billah sizdiniz, bıyıkları ile, yüzü ile sizdiniz!' diyerek tekrar etti..."

Süleyman Paşa'nın hatıratında bu rüyadan bahsedildiğine göre, rüya Hayrullah Efendi tarafından kendisine nakledilmiştir lâkin, şu işe bakınız ki Süleyman Paşa da, Hayrullah Efendi de, hal' meselesinde kendilerini bir bakıma temize çıkarmak maksadıyla böyle bir rüya dalaveresi uydurmak suretiyle, devrin pek dindar olan halkını da lehlerine çevirmek imkanlarını araştırmış olmaktadırlar ve böylece, Hayrullah Efendi ile Süleyman Paşa arasında da en samimi münasebetler kurulmuş oluyordu.

Hal' keyfiyeti tamamlanmıştı. Her şey tamamdı. Hal' kuvvetleri kumandanlığı da dâr-ı şûrâ-yı reisi Redif Paşa'nın uhdesine verilmişti (*Hiss-i İnkılab*, s. 19). Hal' günü olarak da çarşamba günü tesbit edilmişti. Alınan kararlar, Serasker Hüseyin Avni Paşa tarafından Midhat Paşa ve Şeyhülislâm Hayrullah Efendi'ye bildirilmiş; fakat Hayrullah Efendi, çarşamba gününün uğursuzluğunu ileri sürerek hal' işinin salı gününe alınmasını teklif etmiş, böylece çarşamba günü olarak tesbit edilmiş bulunan hal' kararı salı gününe alınmıştı.

Süleyman Paşa hal' hazırlıklarının en ince teferruatına kadar icrası işini üzerine almış ve bu hususta da her türlü hazırlığa girişmişti. Süleyman Paşa, Hayrullah Efendi'nin itirazı ile hal' gününün salıya alındığını bilmediği için, pazartesi günü Taşkışla'dan, hatta beşinci tâli taburu binbaşısı İzzet Efendi'yi çağırtmıştı.

Kendisine çarşamba günü için hazırlanmasını ve Taşkışla ile Sahilhane karakolunda vazifeli olup da bu işe hayır diyebilecek olan subayların isimlerinin listesini kendisinden talep etmişti. Taşkışla'daki taburların cephanesi olmadığını da ayrıca öğrenmişti. Bunun üzerine, derhal harbiye mektebi dahiliye nâzırı Miralay Ahmed Hıfzı Bey'i çağırtarak, topçu kolağası Refik Efendi'nin derhal Çobançeşme'ye gönderilmesini ve cephane ikmali yapmak üzere cephane alınmasını emretmişti.

Süleyman Paşa bu emirleri verirken, seraskerlik dairesinden bir çavuş gelerek, kendisini serasker paşanın çağırdığını söylemiş ve Süleyman Paşa da doğruca serasker kapısına giderek paşa ile görüşmüş, orada kararın değiştirildiğini ve hal' işinin salı günü saat beşte yapılacağını öğrenmişti. Serasker Hüseyin Paşa, ayrıca kendisine, durumu Midhat Paşa'ya arzetmesi, onun da Şehzade Murad Efendi ile muhâbere imkanı olduğu için, şehzadeye arzetmesi hususunda tedbir düşünmesinin kendisine bildirilmesini emretmişti.

Süleyman Paşa, vakit geçirmeden seraskerin emrini Midhat Paşa'ya tebliğ etmiş, Midhat Paşa da karara itiraz ederek "Şeyhülislâm efendi bana bu yolda herhangi bir haber vermedi. Serasker paşa, behemehal bir bölük süvari ile efendi dairesinden Murad Efendi'yi alarak serasker dairesine götürmüştür. Murad Efendi ile ben muhâbere etmiyorum. Bu muhâbereyi Ziya Bey temin ediyor, kendisi buradadır çağırayım da haber versin!" dedikten sonra, Ziya Bey'i çağırmak maksadıyla odadan ayrılmış ve bir diğer odada bekleyen Ziya Bey'i alarak Süleyman Paşa'nın yanına getirmişti. Süleyman Paşa, serasker paşanın emrini Ziya Bey'e tebliğ ettikten sonra Ziya Bey, "Murad Efendi, zannederim bu şekli kabul etmeyecektir. Maamafih, ben kendisiyle doğrudan doğruya temas sağlamıyorum. Bu temas işini Kapoleon yapıyor. Kapoleon'u çağırtalım ve efendi hazretlerine haber salalım" demişti.

Süleyman Paşa, Midhat Paşa'nın konağından süratle ayrılmış ve keyfiyeti Serasker Hüseyin Avni Paşa'ya arzetmek için serasker dairesine gitmişti. İki kafadar paşa bu hususu görüşürlerken saraydan bir kapı çavuşu gelerek, serasker paşayı Sultan Abdülaziz Han'ın çağırdığı irâdesini tebliğ etmişti.

Saraydan vâki bu davet Hüseyin Avni Paşa'da da, Süleyman Paşa'da da, hal' meselesinin duyulduğu zannını tevlit etmiş ve büyük bir heyecana hatta paniğe kapılmışlardı. Süleyman Paşa, tahaddüs eden bu durum üzerine ve Hüseyin Avni Paşa'nın hal'in salı günü yapılması hususundaki ısrarını Midhat Paşa'ya söylemek maksadıyla tekrar Midhat Paşa'nın konağına gitmiş ve durumu kendisine bildirmişti fakat, Midhat Paşa kararında ısrar etmiş ve şehzade Murad Efendi'nin saraydan asker marifetiyle alınmasında ısrar edince, odada bulunan Kapoleon kendi nokta-i nazarı olarak Midhat Paşa'nın sözlerini kabul etmemiş ve Sultan Murad Hazretlerinin öylece çıkıp hod-be-hod Serasker Kapısı'na gidemeyeceğini ve gitmek istese bile, Sultan Abdülaziz'in buna mani olmak istemesi takdirinde yine de asker almak icap edeceğini beyan ederek, "Sizin düşündüğünüz gibi, saraydan çıkıp taht'a cülûs etmesi Avrupa nazarında şahıslarını pek küçük düşürecektir. Ayrıca, efendi hazretleri, 'Ben bir kere saraydan alındıktan sonra artık bir daha içeriye girmem' diyorlar. Bu hususu da mütalaa ediniz" dedi. (*Hiss-i İnkılab*, s. 23)

Süleyman Paşa, Kapoleon'un bu sözleri üzerine ısrar etmek mecburiyetinde kalmış ve kendisine ve orada bulunanlara şunları söylemişti:

"Benim Sultan Aziz'in şahsına hiçbir garezim yoktur. Belki ben kendilerinden iltifat ve lütuf da gördüm. Murad Efendi Hazretlerinden şahsî bir menfaat talep etmediğim gibi, böyle bir menfaat de beklemiyorum. Bu işe milletin menfaatlerini korumak ve içinde bulunduğu tehlikeyi bertaraf etmek için girdik. Kendileri de millet efrâdındandırlar, biz bu kadar fedakârlık gösteriyoruz, bu kısmını da onlar deruhte buyursunlar" dedi. (*Hiss-i İnkilab*, s. 23)

Süleyman Paşa ile Kapoleon arasındaki bu konuşmalardan sonra hazır bulunanlar, herhangi bir karara varamamışlar ve hep birlikte Bâb-ı Seraskerî'ye gitmişlerdi.

Tabii, serasker olarak Hüseyin Avni Paşa elbette bu imtihanlarla meşgul olacaktı. Nitekim, o da bu imtihanları vesîle yapmak harbiye mektebine gitmiş ve mekâtib-i askeriye nâzırı Süleyman Paşa ile hal' meselesini bir defa daha ve bütün teferruatıyla gözden geçirmişti.

Hüseyin Avni Paşa, herkese itimat edilemeyeceği hususu üzerinde ısrarla durmuş ve bazı zabitlere itimat edilemeyeceği hususunu, isim zikrederek Süleyman Paşa'ya anlatmaya çalışmıştı.

Süleyman Paşa ise, itimatsızlık diye birşeyin bahis mevzuu olmadığını, kendilerine vazife verilen her alâkalının fevkalade ketum insanlar olduğunu ileri sürmüş ve seraskeri tatmin etmişti.

Ancak, bütün bu teminata rağmen, Süleyman Paşa, Murad Efendi'ye itimat meselesinin caiz olup olmadığını ileri sürmüş ve paşaya sormuştu:

"Paşam! demişti; Şehzade Murad Efendi'nin meşrutiyeti ilan edeceğine dair bazı şüpheler vardır. Hal' keyfiyeti yapılmadan evvel kendilerinden bu hususta imzalı bir kağıt almak daha uygun olmaz mı?"

Hüseyin Avni Paşa, bu hususu düşünmemişti, Ne Midhat, ne de Kayserili ile yaptıkları görüşmelerde, vardıkları kararlarda bu hususu hiçbirisi aklına getirmemişti fakat, ne olursa olsun, Veliaht Murad Efendi'ye istediklerini yaptırabilirlerdi. Bu bakımdan endişe edilecek bir husus yoktu. Hüseyin Avni Paşa'nın nokta-i nazarı bu idi ve bunu da Süleyman Paşa'ya açıkça söylemişti. Söylemişti ama, Süleyman Paşa fikrinde ısrar etmiş, hatta aralarında çetin bir mücadele de olmuştu... Neticede, her iki paşa, bu hususu tekrar görüşmek üzere münakaşalarını yarıda bırakmışlardı.

Hüseyin Avni Paşa, her ne suretle olursa olsun Sultan Abdülaziz'in hal'ini gerçekleştirmek istiyordu. Aldığı talimatın bu olduğu, İngiltere'nin İstanbul sefîr-i kebîri sir Henry Elliot'un hatıratında açıkça belli olmaktadır. Paşanın hedefi Sultan Abdülaziz Han'dı. Bunun için de, durmadan dinlenmeden çalışıyordu. Hemen her gün, Bahriye Nâzırı Kayserili Ahmed Paşa ve Midhat Paşa ile görüşüyordu. Midhat Paşa da diğer taraftan, vükelâ arasında temaslarını devam ettiriyor ve hal' işini bir an evvel tahakkuk safhasına çıkartmak istiyordu. Bu maksatla Midhat Paşa, sadâret dairesine gidiyor ve sadrazam ile görüşmelerde bulunuyordu. Serasker Hüseyin Avni Paşa da bu toplantılara ikindi vakti katılıyor ve üçü bir arada hal' meselesini müzâkere ediyorlardı.

İhtilal şebekesi tam bir çete gizliliği içinde çalışıyordu. Şeyhülislâm Hayrullah Efendi ise, paşalar takımı ile itiyat haline getirdiği, paşaların bindiği vapurla seyahatte temas kuruyor, vapurun yan kamarasında işi tezgahlıyorlardı.

Vapurun yan kamarasının intihâbında hususi bir maksat vardı. Bu maksat da, yandan çarklı olan vapurun çark gürültüsünden paşaların bu yan kamarada görüştüklerinin dışarıdan duyulmaması keyfiyeti idi ve paşalar bu yan kamarada rahatça bir devleti nasıl yıkacaklarının muhâsebesini yapmışlardı.

Mizansen tamamlanmıştı. Paşalar, İngiliz sefirinin birinci plandaki emirlerine uyarak her müşkülü halletmişler, bütün tedbirlerini almışlardı. Midhat Paşa, bu işin başını çekecek ve padişah Sultan Abdülaziz Han'a bir ıslahat lâyihası verecekti. Nedense sonradan bundan vazgeçilmiş ve bu lâyiha Pertevniyal Valide Sultan'a verilmişti. Bu lâyiha Valide Sultan'a takdim edildikten sonra, Midhat Paşa meclis odasına geçmişti. Orada otururken, yanına Hüseyin Avni Paşa gelmiş ve Midhat Paşa'ya, hal' için lüzumlu bütün askerin temin edildiğini, herşeyin tamam olduğunu söylemişti. Söylemişti, ama, Midhat Paşa, hal' işinde asker kullanılmasına taraftar olmadığı için, bu hususun göz önüne alınmasını ve asker kullanılmasını arzu etmediğini Hüseyin Avni Paşa'ya söylemişti.

Hal' işinde ordu ve donanmanın da vazife alması hususundaki teklife, Midhat Paşa'nın fikrinin, sonradan yapılan müzâkerelerde değiştiğini göstermektedir.

Nitekim, Midhat Paşa sonradan, hakkında Sultan Abdülaziz'i hal' ve katiden dava açılıp da İzmir'de ifadesi alındığı vakit, "hal' keyfiyetine herkesin intizarda bulunduğunu, bu hususta vükelâ ve ulemânın da ittifak halinde bulunduklarını, fakat buna rağmen meseleyi, tehlikesi bakımından umumileştirmeden halletmenin daha muvafık olduğunun düşünüldüğünü ve bu iş için asker ve donanmanın kullanıldığını, Avni, Kayserili Ahmed ve

Redif Paşaların da askerî hazırlıklarla meşgul olduklarını, vükelâ ve ulemâdan da Rüşdü Paşa ile kendisinin ve Şeyhülislâm Hayrullah Efendi'nin kafi geleceğine" karar verdiklerini söylemiştir.

Midhat Paşa bu beyanında, tamamen hilâf-ı hakikat bir görüşü müdafaa etmektedir; zira artık bilinmektedir ki Sultan Abdülaziz Han, halkın arzu etmediği ve kendisini istemediği için değil, sırf İngiltere'nin büyük cihan siyasetine engel olacağını bilen İngiliz diplomasisi tarafından hal' edilmiş ve birtakım adamlara katlettirilmiştir.

Midhat Paşa böylece, tarihe de yalan geçecek bir ifadede bulunmuş, geleceğin, herşeyi olduğu gibi ortaya çıkaracak kadar ehemmiyetli bir zaman faktörüne istinat edebileceğini düşünememiştir ve Midhat Paşa zannetmiştir ki, Sultan Abdülaziz'in hal'i ve katli hadisesi böylece kendi düşünceleri istikâmetinde tarihe intikal edecek ve meydana gelecek yeni nesiller, sadece bu yalan ve yanlış ifadelerle amel edecekler, hüküm vereceklerdi.

Bu adamın, İngiliz elçiliği ile dostâne olmaktan çok ileri münasebetleri gariptir ki, daha kendi sağlığında ortaya çıkmış ve devlet ve millete ettiği kötülük –noksan da olsa– tarihe intikal etmiştir.

Şimdi, tekrar İngiltere'nin İstanbul'daki sefîr-i kebîri sir Henry Elliot'a dönelim ve mahut makalesinden şu kısmı alalım:

"Mayıs'ın 29. gecesi, Serasker Paşa'nın yalısında geçirilmişti. Gece yarısından iki saat sonra, gayet karanlık ve yağmurlu bir havada, Midhat ve Hüseyin Avni yanlarında yalnız bir uşak olduğu halde, bir küçük kayığa binerek İstanbul'a geçmişler ve daha evvelce hazır olmasını istedikleri arabaların bulunduğu yere gitmişlerdi. Ancak, oralarda arabaları bulamamışlardı. Şiddetli bir yağmur yağıyordu ve paşalar her an teşhis edilmek tehlikesi karşısında bulunuyorlardı. Bu durum, hem yapmayı tasarladıkları işi, hem de görüldükleri takdirde kendilerini büyük bir tehlike altına atıyordu. Bereket versin ki, yanlış yere girmiş olan arabaları yanlarındaki uşak bulmuş ve getirmişti. Böylece tehlikeyi atlatmışlar ve teşebbüsün akâmete uğramadan tatbikine muvaffak olmuşlardı. İki paşa arabalara binmişler birisi, yani Midhat Paşa, Bâb-ı Serakerî'ye, Hüseyin Avni Paşa da Dolmabahçe'deki kışlaya gittiler. Hüseyin Avni Paşa serasker olduğu için bir alay askeri kışladan çıkarıp sarayın etrafını kuşatmakta müşkilat çekmemişti. Bu hareketi yaparken herhangi bir aksilik olmadı ve asker sarayı tamamen kuşattıktan sonra saray kapısına vurarak kızlar-ağasını çağırttı ve Abdülaziz'e giderek kendisinin haps olduğunu bildirmesini emretti. Abdülaziz'in başlangıçta niyeti mukâvemet idiyse de, Hüseyin Avni yanına çıkıp her türlü mukâbele ve mukâvemetin faydasız olduğunu anlatınca başka çare olmadığını görerek teslim oldu. Bunun üzerine, evvelce karar verildiği gibi, bir top endaht edilerek, Abdülaziz'in hal'inin yapıldığını ve malılu[4] padişahın taht-ı nezârete alındığını ilan etti. Böylece Midhat Paşa hal'den haberdar edilmiş oldu. Midhat Paşa'nın asker üzerinde herhangi bir nüfuzu olmadığından, gece yarısı şiddetli yağmur altında tek başına Bâb-ı Seraskerî'ye gitmiş olması ciddi olarak şüpheyi celbedecek bir hadise idi. Midhat Paşa'nın durumu hakikaten çok berbattı. Elinde tek kurtuluş imkanı şahsi nüfuzu idi. Paşa "Harbiye nâzırının izni ile geldim. Askeri dışarıya çıkarınız!" diyerek paşayı ikna edinceye kadar az sıkıntı çekmemişti. Bâb-ı Seraskerî meydanına dizilen askere, paşa, ortalarına girerek bir nutuk vermiş ve alınan tedbire dair geniş tafsilat vermişti. Bu tafsilata askerden hiçbirisi karşı gelmemiş ve sesini çıkarmamıştı. Bunun üzerine, askerler Midhat Paşa'ya itaat ettiler. Hemen Murad Efendi'ye haberciler gönderilmiş ve Bâb-ı Seraskerî'ye getirilmişti. O sıralarda orda toplanan halkın da huzûru ile Murad Efendi Osmanlı tahtına cülûs ettirilmişti."

İngiliz sefiri sir Henry Elliot'un bu laubali ifadesinden de anlaşılacağı gibi, Sultan Abdülaziz Han'ın hal'inde Midhat Paşa birinci derecede rol almış, Hüseyin Avni Paşa padişahı hal' ederken, o da Bâb-ı Seraskerî'deki askeri başına toplamış ve tabii kendi görüşüne göre padişahın karşılaştığı durum münasip lisanda anlatılmıştı.

Şimdi, bu hal' keyfiyetinin nasıl cereyan ettiğini bir başka kaynaktan, üstad İbnü'l-Emin Mahmud Kemâl İnal'dan nakledelim.

Ancak, şurasını bir kere daha tebârüz ettirelim ki, bu hal' keyfiyetinin kuvveden fiile çıkarılmasında başlıca rolü alan Hüseyin Avni Paşa ve şahsiyeti hakkında biraz malumat verelim.

İbnü'l-Emin Mahmud Kemâl İnal, *Osmanlı Devrinde Son Sadrazamlar* adlı eserinin 4. cüz, 483. sayfasında diyor ki:

"Hüseyin Avni Paşa, İsparta mülhakâtından Şarkî Karaağaç kazasına merbut Avşar nâhiyesinin Gelendos (Gelendost) köyünde Odabaşı-zâdelerden Ahmed Efendi'nin oğludur. 1820'de (1236 H.) o köyde doğmuştur."

Şimdi, içtimai ilimlerin ışığı altında Hüseyin Avni Paşa'nın, nasıl olur da böyle bir mevkiye ve rütbeye nâil olur ve bu hal'i yapabilir diye düşünmeyiniz; zira bu ilmin icapları yerine getirilebilmiş olsaydı, Hüseyin Avni Paşa ancak bir seyis olabilirdi. Esâsen, giriştiği hal' meselesinin devletin aleyhinde büyük bâdirelere yol açtığı düşünülürse, işgal ettiği mevkii de, ihraz ettiği rütbeyi de hazmedemediği anlaşılmaktadır.

Zira, bu adamın da, Midhat Paşa'nın da müracaat ettikleri usuller, asla tasvip edilir şeylerden değildir. Bir plan dahilinde yapılmış olan hal' meselesi, her hükümet darbesi veya ihtilalde olduğu gibi paraya dayanmış ve bu parayı, bu iki adam rahatça bulabilmişlerdi; fakat, hedef padişahtan önce Sadrazam Mahmud Nedim Paşa olmuştu. Önce onu alaşağı etmişlerdi ve bu iki adam parayı, Rum olan ve Murad Efendi'nin sarraflığını yapan Hristaki Efendi'den temin etmişler ve padişahı seven halkı ifsat etmek için ilmiye sınıfına dağıtmışlardı. Bu hususta İbnü'l-Emin, aynı eserinin 505. sahifesinde şu malumatı vermektedir:

"Mahmud Nedim Paşa'nın terceme-i hâlinde tafsîlen yazıldığı üzere, onu sadâretten ve Hasan Fehmi Efendi'yi meşîhattan düşürmek için İstanbul'da bir heyecan çıkarmanın çaresine bakılması zımnında Murad Efendi'nin sarrafı Hristaki, Midhat Paşa delâletiyle medârise hafıyyen (gizlice) akçe dağıtıp talebe-i ulûm ayaklandırılmış."

Görülüyor ki, Sultan Abdülaziz'in hal'i için önce padişahı inandığı ve halkı da tuttuğu kadrodan mahrum etmek yoluna gitmişler ve bunda da muvaffak olmuşlardı. Talebe-i ulûmun aldığı para ile bunlar ayaklanınca da, Padişah Bâb-ı Âlîde değişiklik yapmak lüzumunu duymuş fakat, maalesef bu değişiklik hal'ine ve katledilmesine sebep olmuştu.

Hüseyin Avni Paşa, Bâb-ı Âlî'deki değişiklikle, 1876 yılı Nisan ayının 26. Çarşamba günü seraskerlik makamına getirildi.

Hüseyin Avni Paşa'nın tekrar seraskerliğe gelişi, kendisi için de, hal' işinde methaldar olanlar için de fevkalade bir ehemmiyet taşımakta idi zira, ordu elde olmadıkça hal' işinin tahakkuku mümkün olamazdı.[33] Nitekim, Hüseyin Avni Paşa'nın gerek Almanya'ya, gerekse İngiltere ve Fransa'ya sipariş edilen silahlardan rüşvet aldığına ve bu silah siparişini yapanlarla bir nevi ortaklık kurduğuna dair dolaşan rivayetleri de teyit edecek birtakım deliller mevcuttur. Artık bilinmektedir ki, bu adam aynı zamanda bir silah komisyoncusu idi. Nitekim, serasker olduğu gün, kendisini ilk tebrik edenlerin başında, bir telgrafla Azaryan Efendi gelmekte idi. İbnü'l-Emin üstadımız, aynı eserinin 506. sayfasında, bu hususta Mahmud Nedim Paşa'ya atfen şunları yazıyor:

"Paşa'nın (Hüseyin Avni'nin) kardeş gibi sevdiği ve lahm u şahm ve kıyafette aynı ve irtikapta âleti ve Krup ve Amerika fabrikalarına ısmarlanan tüfenk ve topların müteahhidi olan Azaryan'ın dahi müjde gönderdiğini ve mahsûsen vapur istîcâr ve isrâ eylediği ve mir-i mahut (Hafız Mehmed Bey), Avni Paşa'nın acele yetişip yine sadrazam olmasına çalışmış ise de zât-ı şâhânenin, Mütercim Rüşdü Paşa'yı sadârete nasp eylediğini" yazıyor.

Devletin büyük fedakârlıklar karşılığı sipariş ettiği ve vatanı

---

33 Ordu kuvvetinde daha mühim bir unsur daha vardı ki, o da para idi. İngilizler bunun da kolayını bulmuşlar, Hüseyin Avni Paşa'ya para da temin etmişlerdi.

müdafaa yolunda kullanmaya kararlı bulunduğu silahlardan bu adam iki türlü istifade etmesini bilmiş, hem komisyon almış, irtikapta bulunmuştur, hem de o silahlarla, yani devletin muhafazasına tahsis edilmesi icap eden silahlarla bir pâdişâh-ı âlem-penâhı hal' ve katletmiştir.

Üstad İbnü'l-Emin Mahmud Kemâl İnal'ın, aynı eserinde, 483. sayfanın dipnotunda bahsettiği gibi:

"Me'hazlardan birisi olan resmî *Cerîde-i Askeriyye*'nin 27 Cumâde'l-Ûlâ 1293 tarihli ve 909 numaralı nüshasına dercedilen tercüme-i hâlinde böyle deniliyor. Halbuki, Âtıf Bey *Hatırat*'ta, İsparta'da eşek si...-oğlu demekle maruf bir herifin oğlu olduğunu rahatça isbat etmiş ve hakikaten eşeksi... biri olduğunu bütün cibilliyeti ile ortaya koymuştur."

Ve bu adam, İngiliz parası ve eşek s...-oğlu serasker sıfatıyla bir imparatorluğun kaderinde rol oynamış, bir koskoca imparatorluğun yıkılmasına âmil olmuştur.

Yine, İbnü'l-Emin Mahmud Kemâl İnal, aynı eserinin 507. sayfasında da Hüseyin Avni Paşa için (şöyle yazmaktadır):

"Tıynetindeki hubus (kötülük) ve redâetin ilcaât-ı tahliyesinden olarak, kin ve buğzdan tecerrüt ve af ve mürüvvet gibi hasâis-i fâdıla (iyi hassalar) iletezeyyün edemediğinden, padişahtan intikam almayı zihnine yerleştirdi. Padişahı hal' ve izâle etmek için fırsat zuhurunu dört gözle bekledi."

Evet, bu fırsatı bekledi. Hatta, bekledi de denemez, bu fırsatı İngiliz siyaseti ve İngiliz parasıyla ve irtikap ettirdikleri esliha paraları ile ve İngiliz dostları ile kuvveden fiile çıkardı ve devleti batırdı.

Seraskerlik makamına gelişini Cevdet Paşa da tenkit etmekte ve *Tezâkir-i Cevdet*'te (cüz: 16, s. 38) şöyle demektedir:

"Sultan Abdülaziz, kendisini asıl fesat başı olan Avni Paşa'ya teslim etmiş oldu."

Hüseyin Avni Paşa'nın seraskerliğe getirilmesi cidden hazindir fakat, kabul etmek lazımdır ki, bir ihanet çemberinin içine alınmış bulunan Sultan Abdülaziz, çevresinde cereyan etmekte olan hadiseleri bilememiş ve bu hadiseleri kendisine bildirmekle vazifeli eşhas da –maalesef– ihanet çemberinin halkalarından olmuşlardı. Ser-karîn başta olmak üzere, kadın ve erkek saray mensuplarının mühim bir kısmı bu fesat ve ihanet şebekesinin içinde idiler. Padişah, bizzat harem dairesinde bile daimi olarak gözaltına alınmış bulunuyordu. Arz-ı Niyaz (veya Arzu Niyaz) kalfa ile birlikte ikinci hazinedar ve birkaç harem ağası bu vazife ile tavzif edilmişlerdi. Bu durumda, elbette Sultan Abdülaziz hal' ve katledilebilirdi. Eğer, padişahın etrafında millet ve memleketini düşünen insanlar olsaydı, şüphe yok ki, Sultan Abdülaziz hal' edilemez ve buna teşebbüs edenler boylarının ölçüsünü alırlardı fakat, arzettiğimiz gibi, kader bu talihsiz padişaha da, Osmanoğullarına da fena bir oyun hazırlıyordu ve maalesef, bu oyunda en büyük rolü, ne oldukları belirsiz bir ayak takımı adamlara ifa ettiriyordu.

Bu adamlardan birisi olan Midhat Paşa, *Mir'ât-ı Hayret*'te bu hususu adeta tarihe tescil ediyordu. Midhat Paşa diyor ki:

"Hüseyin Avni Paşa, daha evvel, Mahmud Nedim Paşa'nın tesiriyle haksız ve sebepsiz nefv ve tahkir olunmasına ve sonradan Sultan Abdülaziz tarafından celp ve taltif olunarak mecburiyet(!) tahtında mükerreren seraskerlik ve sadrazamlık memuriyetlerinde bulunduktan sonra, ikinci defa yine Mahmud (Nedim) Paşa'nın bir sözü ile nefy ü tağrip suretiyle Bursa valiliğine gönderilip, hatta o sırada hasta ve yatakta olduğu ve gitmesinin mümkün mertebe kesb-i sıhhat ve kudret edinceye kadar birkaç gün geri bırakılması ricasında bulunduğu halde, müsaade olunmayarak cebren çıkarılmasından ve vükelâ-yı şâire gibi bunun da orta oyunlarında resmî bir taklidi yapılıp tezyif ve tafdih edilmesinden dolayı münkesir olarak vs.."

Demek ki, Hüseyin Avni Paşa hasta bulunduğu bir sırada, İngiliz siyasetine aykırı bir siyaset takip eden Mahmud Nedim Paşa'nın tavsiyesiyle Bursa'ya vali tayin edilmesine sinirlenmiş ve bu sinir kendisinde, devleti yıkmak fikrinin temeli olmuş. "Bir devlet idare etmek gibi fevkalade zor bir işi en mükemmel şekilde yapıyordu" denilen ve etrafında kıyametlerin koparıldığı Midhat Paşa, bakınız nasıl bir sebebe istinat ederek, Hüseyin Avni Paşa'nın Sultan Abdülaziz Han'ı hal' ve katle teşebbüsünü ileriye sürebiliyor. Bu adam, devlet adamı olmak meziyetlerinin, bu ifadesi ile hiçbir kademesine sahip olmadığını bizzat kendisi itiraf etmektedir. Bu nasıl zihniyettir ve bu nasıl bir mantıktır? Vah zavallı Osmanlı devleti, vah zavallı memleket ve millet. Seni idare eden insanlara bak da dövün, başını taştan taşa vur!..

Ve bu adam, aynı zamanda birkaç yüzlü de. Şu vesikaya bakınız: İbnü'l-Emin Mahmud Kemâl İnal, aynı eserinin 509. sayfasında diyor ki:

"Midhat Paşa'nın –Yıldız evrakı arasında– gördüğüm istintak-nâmelerinden birinde, Avni ve Kayserili Ahmed Paşaların, Mahmud Nedim Paşa'yı öldürmek niyetinde bulunduklarından ve Çerkes Hasan tarafından birinin kati, diğerinin cerh olunduğundan bahsederken, 'Bunların ikisi de fena âdemler olduklarından, mücâzât-ı maneviyelerini gördüklerini Rüşdü Paşa'ya söylemişimdir' diyor.

Şu Paşa'ya bakınız ve Hüseyin Avni Paşa'nın Midhat Paşa hakkında Şarl Mismer'e Paris seyahatinde söylediklerini dikkate alınız. Hüseyin Avni Paşa Paris'te, Şarl Mismer'e Midhat Paşa için: "Bu adama emniyet edilemez zira, sarhoşun birisidir ve içtiği vakit ağzından çıkan söze bakmaz, herşeyi ortaya döker" demişti.

Yukarıdaki kısımda Midhat Paşa'nın Yıldız'daki ifadesinde söylediği sözlerle de Avni ve Ahmed Paşalar için kullandığı tabirlere bakınız. Bir devleti ancak böylesine adamlarla yıkabileceklerine inanmış olan İngilizlere hak vermemek mümkün değildir ve Midhat Paşa, ayrıca tehlikeyi gördüğü vakit müşterek hareket ettikleri arkadaşlarını terkedecek kadar da karakter zaafı göstermektedir. Sonra bu adam büyük adam, bu adam vatanperver adam, bu adam hürriyet taraftarı öyle mi? Hayır, tarih, mukâyeseli tarih bir gün yazıldığı vakit bu adam için de, diğerleri için de, Genç Osmanlılar Cemiyeti'ne dahil olanlar için de tek hüküm verecektir: Vatan ihaneti! Bu adamların yaptıkları asla bundan başka birşey değildir.

İbnü'l-Emin'in bahsi geçen kitabının yine 509. sayfasında, Atıf Bey'e atfen deniliyor ki:

"Avni ve Midhat Paşaların hal'den maksadı, padişahtan bazı mertebe gördükleri tekdîrâtın cibillet-i asliyelerinde merkûz olan hıyânet ve habâset iktizâsından olduğu üzere öcünü almaktan ve ba'dehû kemâl-i emn ile atıp tutmaktan ibaret olduğu şüphesizdir. Avni Paşa'nın maksadı, menfaat-i şahsiyesi olup din ü devlet değildir. Halk ve asker duymayarak avene-i havenesi ile bu tertipleri görüp ilelebet seraskerlikte kalmak ve belki hâsıl eylediği asabiyet-i askeriyyesi ile menâfi-i devlete külliyen müstevli olmak tamâma düşüp nâil-i emel olmuş ve âkıbet veliyy-i nimetinin şehâdetini görmekle de istihsâl-i emn ü rahat eylemiş ise de, onsekiz güne varmadan dünyada kalamamıştır."

Atıf Bey, *Hatıra*larında gayet açık şekilde, Hüseyin Avni Paşa ile Midhat Paşa'yı teşhis etmiş ve bu hükmünü tarihe mal etmiştir. Ancak, bundan sonra vereceğimiz ve Sultan Abdülaziz'in hal'i ve katli ile alâkalı hadiselerde bizzat o hadiselerin içinde yaşamış olanların hemen hiçbirisi, bu paşalar çetesinin hakiki yüzünü ortaya koyamamış ve İngiliz sefiri sir Henry Elliot kadar dûrbîn olamamışlardır.

Ancak bu zevât, tarihe büyük bir hizmette bulunmuşlar, bu ihanet şebekesini tarihe *katil* olarak tescil etmeye yetecek delilleri bırakmışlardır. Aslında ise bizim de üzerinde durduğumuz husus budur ve Sultan Abdülaziz'in, İngiliz cihan hakimiyetine set çekecek kadar kudretli bir padişah olmasından dolayı, bizzat İngilizlerin, İstanbul'daki sefirleri marifetiyle ve Hüseyin Avni Paşa ile Midhat Paşa'nın Avrupa seyahatlerinde İngiliz devlet adamları ile kurdukları pek samimi dostluk sonunda halledilerek katledilmiş olduğunu ortaya koymaktır.

Hüseyin Avni Paşa, devlet içinde serasker olarak, evvelce sadrazamlık yapmış bir devletlü olarak öylesine bir kuvvet ve kudret sahibi idi ki, ordunun ümerâsı, yani paşalar, onun adeta birer gölgesi hükmünde idiler. Bu bakımdan, İbnü'l-Emin Bey'in aynı eserinden şu kısmı nakletmekle iktifa edeceğiz.

Üstat, eserinin yine 509. sayfasında diyor ki;

"Cevdet Paşa –telakki ettiği irade üzerine– takdim eylediği 7 Zilkade 1319 tarihli arîzada, "...Kuvve-i askeriye, Avni Paşa yedinde idi. Kapudân-ı deryâ Kayserili Ahmed Paşa dahi ânın bir gölgesi hükmünde olmakla kuvve-i bahriye dahi ânın elinde gibiydi. Binâenaleyh, Rüşdü ve Midhat Paşaları aradan çıkarıp da kendisi diktatör olmak sevdâsında bulunduğu mervî olup etvâr u mişvârından dahi istidlâl olunabilirdi. Ve zâten korkunç ve bedhuy şahıs idi" diyor.

Demek oluyor ki, bu adam her tarafı ile, her hareketi ile, her davranışı ile ve tam manasıyla sadist bir insandı. Adeta kan gözlerini bürümüş cinayet işlemeye müheyyâ bir duruma girmişti.

Hüseyin Avni Paşa'nın bu tarz-ı hareketini, basit bir aileden gelmek suretiyle iktisap eylediği ve asla tahayyül edemediği bir mansıba çıkmış olmasında aramak lazımdır zira Hüseyin Avni Paşa'nın bu hareketi ve cânîyâne ve muvaffak olmuş olan teşebbüsü, halk dilinde söylenen "Çingeneye beylik vermişler, önce babasını kesmiş" sözüne tamamen tetâbuk etmektedir.

Bir eşek si...-oğlu herifin oğlu olduğunu her hareketiyle tarihe mâl eden bu devletlüye, tarih de, Türk milleti de herhalde rahmet okumayacak, ona layık olduğu *katil* sıfatını verecektir.

Yukarıda da işaret ettiğimiz gibi, Sultan Abdülaziz'in, etrafındaki ihanet çemberinin farkına varmaması asla yadırganamaz, zira Sultan'ın bütün etrafı tam manasıyla bir ihanet şebekesi tarafından muhâsara ve adeta tecrit edilmiştir. Bu hususta Sultan Abdülhamid Han(ın), kurenâsından Vesim Bey'e not ettirip yazdırdığı rivayet edilen hatıralarında, İbnü'l-Emin üstadımızın aynı eserinin

510. sayfasından alarak aşağıya aldığımız satırlarda diyor ki:

"Sultan Abdülaziz merhumun bu kadar ifsâdâttan haberleri olmaması câ-yı istiğrap değildir; çünkü merhumun etrafını, birtakım cemiyet-i fesâdiye azalarından bulunan bendegânın ekserisi, cemiyet-i mezkûra efrâdından bulunmuş olduğundan ve bu sırada merhuma hitâben cemiyet-i fesâdiye tarafından tertip edilerek Mustafa Fâzıl Paşa'nın imzasıyla neşredilen bir risalede, 'Saray kapusundan hakikat giremez' denildiği dahi bu hususu isbat eder ve hâkân-ı merhumun, hakikate vâkıf olmak istemiş olsa dahi muvaffak olamayacağını irâe eder (gösterir)."

İngiliz siyasileri ve bilhassa sir Henry Elliot, hakikaten mükemmel denecek kadar kusursuz bir ihanet şebekesini Padişah Sultan Abdülaziz Han'ın tâ harîmine kadar sokabilmiş ve ancak bu sayede Padişah'ın hal'ine muvaffak olmuştur.

Fakat buna rağmen yukarıda da işaret ettiğimiz gibi, padişaha bağlı harp gemileri, İngiliz sefirinden ve o sırada İstanbul'da misafireten bulunduğunu iddia eden İngiliz amirali Cunningham'dan talimat alan Kayserili Ahmed Paşa'nın emriyle İstanbul'dan uzaklaştırılmıştı. Bu hareketin tek manası vardı: İngilizler, hal' hadisesi muvaffak olamadığı takdirde, esâsen daha evvel Çanakkale'ye gelmiş ve Beşike'de demirlemiş bulunan İngiliz donanmasını derhal harekete geçirecek ve devleti tehdit ederek, hal' işini belki de bizzat kendileri yaparak, veliaht Murad Efendi'yi saltanat tahtına oturtacaklardı; zira gerek Hüseyin Avni Paşa, gerekse Midhat ve Kayserili Bahriye nâzırı Ahmed Paşalar tarafından İstanbul'da yaptırılan hazırlıklara rağmen, halk ve ordu ve bilhassa donanma efrâdı ve kumandanlar tarafından pek çok sevilen mahlu Sultan Abdülaziz'e karşı girişilecek hareketin böylesine süratle ve hiçbir mukâvemete uğramadan başarılacağı düşünülememişti. Onun içindir ki, Amiral Cunnigham kumandasındaki İngiliz donanması Çanakkale'de, Beşike'de demirlemiş, kendisi de sancak gemisiyle İstanbul'a gelerek Büyükdere'de demir atmıştı.

Bu da gösteriyor ki, İngiliz sefiri sir Henri Elliot ile mutlaka bir karara varılması, akla en yakın gelen bir tedbire başvurulmuş oluyor ve iki kuvvetli donanma, Osmanlı limanlarını, yanlarında asker yüklü gemiler olduğu halde ziyaret ederlerken, Padişah'a bağlı harp gemilerimiz İstanbul'dan uzaklaştırılmış ve bu gemilerde vazife gören mütehassıs İngiliz deniz zâbitleri de, İstanbul'dan ayrılan gemilerinden izinli bırakılmışlar ve bu subaylar izinlerini, tersanede geçirmişlerdir.

Gerek İzmir'deki İtalyan donanmasının, gerekse Çanakkale'de, Beşike koyunda demirli bulunan İngiliz donanması ve İstanbul'a gelerek lenger-endâz olmuş bulunan İngiliz amiral gemisinin Osmanlı limanlarındaki mevcudiyetinin hikmet-i vücûdu bundan başka birşeye hamledilemezler; yani işin açıkçası İngiltere, neye mal olursa olsun, kendi cihan hakimiyeti siyasetine set çeken kudretli bir devlet durumuna yükselmiş bulunan Osmanlı İmparatorluğu'nu bu seviyeye çıkartmaya muvaffak olan Sultan Abdülaziz'i hal' etmeye kararlı idi. Bu hak, altınları ile satın aldıkları Midhat, Hüseyin Avni, Redif, Kayserili Ahmed ve Süleyman Paşalarla muvaffakiyete ulaşamadığı takdirde, işe bizzat kendileri müdahale edecekler ve hal' işini kuvveden fiile çıkaracaklardı. Yoksa İngiliz donanmasının Çanakkale'de, bu donanmanın amiralinin İstanbul'da ve bir İtalyan donanmasının, tam hal' işi kuvveden fiile çıkarken Osmanlı limanlarını, hem de en mühim ve stratejik iki limanını ziyaret etmesi nedendir? Bunu bir başka türlü tefsire meselenin ciddiyeti asla müsait değildir. Demek oluyor ki, bu devletlüler, padişahın çok sevildiğini biliyorlardı ve her ihtimale karşı, muvaffak olmazlarsa bu işi efendilerine yaptıracak kadar da ihanetlerine devama kararlı idiler ve sonra bu zevât meşrutiyetçi, bu adamlar kahraman, bu ihanet çetesi vatanperver ve devleti kudretli bir devlet olarak dünya siyaset sahnesine yükseltebilen Sultan Abdülaziz müsrif, hürriyet düşmanı, devlet ve millet haini öyle mi? Hayır, hayır, kahramanlık, vatanperverlik öylesine adamların asla hakkı değildir. Olsa olsa bu adamlar sadece vatan hainidirler ve vatan hainliklerini de Sultan Abdülaziz'i hak ve katletmekle tarihe tescil ettirmişlerdir.

Zira, bu adamlar hal' keyfiyeti ile sadece bu ulu Sultanı hal' ve katletmiş değillerdir. Bu ihanet şebekesi, Sultan Abdülaziz Han'ın şahsında devleti de idama ve parçalamaya mahkum etmişlerdi. Çünkü bu hal' keyfiyetinden hemen sonra bu devletlüler Osmanlı İmparatorluğu'nun karşısına öyle bir Rus beliyyesi dikmişlerdi ki, bu beliyye 93 harbi dediğimiz 1877-78 harbidir ve Osmanlı İmparatorluğu bu harp ile herşeyini kaybetmiştir.

Sırası gelince, Midhat Paşa'nın, Redif Paşa'nın bu azim felaket içinde oynadıkları oyunu ve işledikleri ihaneti tedkik edeceğiz.

Sultan Abdülaziz'in etrafı, hemen tamamen bir ihanet şebekesi ile çevrilmiş bulunmasına rağmen, Mahmud Nedim Paşa, Hüseyin Avni ve takımının birtakım işler çevirdiğinden haberdar olmuş ve hem Abdülaziz'in oğlu Şehzade Yusuf İzzeddin Efendi'ye, hem de Valide Pertevniyal Sultan'a durumu ihbar etmişti fakat, Valide Sultan bu hususu, padişah oğlu üzülür düşüncesiyle Sultan Abdülaziz'e nakletmekten tevakki etmiş, böylece bu felaket hem padişahın, hem de devletin başına üşüşmüştü.

İbnü'l-Emin Mahmud Kemâl İnal, aynı eserinin 511. sayfasında bu hususta şu malumatı vermektedir:

"Hüseyin Avni Paşa'nın, meclis-i vükelâya memur edilerek Bursa'dan İstanbul'a celbi üzerine, henüz makâm-ı sadârette bulunan Mahmud Nedim Paşa'nın, Valide Sultan'a 'Efendimiz, beni Hüseyin Avni Paşa ile ihâfe etmek (korkutmak) istiyor fakat, en büyük hasmı olduğu için ondan kendileri korksunlar zira, iş işten geçiyor. Âkıbet-i hal pek vahim görünüyor' diye haber göndermesi ile Valide Sultan'ın 'Arslanıma böyle lakırdı söylenir mi?' cevabını verdiği mervîdir (rivayet edilir)."

Hadiselerin süratle inkişâfı, sadâreti terkettiği gün kendisini Valide Sultan'a durumu bir daha söylemek vazifesi ile mükellef telakki eden Mahmud Nedim Paşa'nın bu ikazının doğruluğunu ve Mahmud Nedim Paşa'nın Valide Sultan'a "Oğlunuza suikast me'muldür zira, ortalıkta havâdis pek çok, hasebi's-sadâkat arzederim" dediğini ve ihanet şebekesinin saraydaki en nüfuzlu unsuru olan baş-mâbeynci Hâfız Mehmed Bey'in de uygunsuzluğundan bahsettiğini, Atıf Bey'e atfen, İbnü'l-Emin üstâdımız, eserinin 512. sayfasında zikretmektedir. Üstat aynı sahifede de, anlaşılan Valide Sultan'ın da birtakım şeyler duymuş olmalı ki, padişaha başvurmuş ve durumu arzetmiş olduğunu ileri sürüyor ve bu hususta söyle diyor:

"Valide, tebeddül-i vükelânın dördüncü günü padişaha bazı şeyler ima etmiş ki, geç vakit baş-mâbeynci hareme çağırılıp, Murad Efendi ile şâir şehzadelerin hemen sayfiyelerinden saraya gelmelerinin, gündüzleri bir mahall'e gittikçe mâbeyne ihbâr etmelerinin ve geceleri kasırda beytûtet etmelerinin (uyumak) kendilerine tebliği emrolundu. Padişah da Yıldız'dan Beşiktaş sarayına döndü."

Ve üstat ilave ediyor:

"Hâfız Mehmed Bey'in baş-mâbeyncisi(nin), keyfiyeti Atıf Bey'e anlatarak, 'Efendimizi böyle şeylerle niçin rahatsız etmeli?' diye bir söz söylemesi ne kadar gariptir?"

Bu da gösteriyor ki, ihanet şebekesi, katil şebeke suyu başından kesmiş ve baş-mâbeynci Hâfız Mehmed Bey vasıtasıyla işlerini yürütür olmuştu. Bu adamın, Âtıf Bey'e söylediği söz de gösteriyor ki, Padişah'ın kendisine Şehzadeler hakkında verdiği emri beğenmemiş ve herşeyden evvel, sûret-i haktan görünmek için sanki hal' keyfiyetinden ve hazırlıklardan hiç haberi yokmuş gibi davranmış ve Sultan Abdülaziz'i rahatsız etmemek fiilinin arkasında gerçek niyetini ortaya koymuştu.

Midhat ve Hüseyin Avni'nin, padişahı hal' etmek maksadıyla ilmiye sınıfını ayaklandırdıklarına ve güya bu hareketin, bütün Osmanlı halkının hareketi olduğuna herkesi inandırmak için gayret sarfettiklerine yukarıda da işaret etmiştik. Şimdi bu ayaklanmalarla alâkalı olarak cennet-mekân Sultan Abdülhamid Han'ın,

İbnü'l-Emin Bey'in *Son Sadrazamlar* adlı eserinde bahsedilen muhtırasından aldığımız şu malumatı verelim:

Sultan Abdülhamid –yukarıda bahsolunan– muhtırada 'birtakım cahil ve hâcegân (hocalar) beyninde kadr ü haysiyeti mefkûd (yok olan) asker kaçkını, yobaz makûlesi, birer mecidiyeye tutularak Agâh Efendi (*Tercümân-ı Ahvâl* gazetesini neşreden Çapan-zâde Agâh Efendi'dir) namındaki leîm gibi birçok mürşitlerin riyâseti altında Yıldız sarayı pîşe-gâhına (yakınına) tecemmu ile Mahmud Nedim Paşa ile şeyhülislâm Haşan Fehmi Efendi'nin azillerini talep eylediklerini beyan eylediği' sırada şu sözleri söylüyor:

"Haşerât-ı merkûme, İstanbul'un ekseri mevâkiinde (mevkilerinde) ve cevâmf (camiler) meydanlarında dahi birtakım mitingler teşkili ile efkâr-ı ahaliye tuym-i fesat ve mepanete ilkâ ve cümleyi Sultan Abdülaziz'den ve sâdıklarından tenfîre çalışmışlardı. İş-bu âsar-ı mefsedete mukâbele lazım gelirken, bunların nümâyişlerine kapılarak ve ürkerek mefsedet planlarını ve haşerât arbedesini, milletin arzu ve niyâtı telakki eyleyerek, kendi nefsine ve tâc u tahtına sâdık olan zevâtı azl ile yerlerine birtakım hain ve müfsitleri tayin eyledi. Cemiyet-i mezkûrenin hedefi, maksûdu dahi bundan ibaret idi" demektedir.

Sultan Abdülhamid Han teşhisini tam koymuş bulunmaktadır. Evet, paşaların tek hedefleri bu idi. Bu idi ama, Sultan Abdülaziz Han, öylesine bir ihanet çemberinin içine alınmıştı ki, etrafında cereyan eden hadiseleri doğru görmesine imkan verilmiyordu. Anneleri Valide Sultan da, oğlu Padişah'ı tedirgin etmemek maksadıyla, kendisine söylenen sözlere ehemmiyet vermekle beraber, bu ikazları Padişah'a nakletmemiş ve maalesef, bu düşünce, Sultan Abdülaziz'in hal' ve ölümüne, İmparatorluğun da mahvına sebep olmuş hadiselerin veya ihmallerin içinde mütalaa edilmiştir.

İhanet şebekesi, Sultan Abdülaziz'i hal' etmek için bütün tertibatlarını almışlardı. Yukarıda da yazdığımız gibi, padişaha bağlı gemiler kumandanları, gemileri ile birer birer ve içindeki İngiliz mütehassısları izinli bırakılarak İstanbul dışında vazifelere gönderilirlerken, Hüseyin Avni Paşa, Serasker sıfatıyla, hal' işini yapacak askerî birlikleri Arabistan'dan İstanbul'a celbetmekte idi. Nitekim ileride de görüleceği gibi, Sultan Abdülaziz Han, bu askerin gemilerde ve sarayın tam karşısında durmasından şüphelenecek, gemilerin boşaltılmasını talep edecek fakat, Hüseyin Avni Paşa tarafından bu teklif bir bahane ile reddedilecek ve padişah hal' edilecektir.

Arabistan'dan celbedilen askerler hakkında İbnü'l-Emin Bey, *Son Sadrazamlar* adlı eserinde (cüz: 4, s. 516) şu malumatı vermektedir:

"Şam ordusundan celbedilen askerin kışlalara yerleştirilmeyip sarayın önünde bekletilmesi –nasılsa padişahın merakını mûcip olarak– sebebini anlamak için seraskerin celbini emrettiğinden bahseden Sultan Abdülhamid, Hüseyin Bey namında bir yâveri defaatla göndermişler ise de, Hüseyin Avni dahi bundan şüphelenerek 'Yarın gelirim' deyü saraya gitmemiş ve Hüsnü Bey her ne kadar huzura çıkıp müfsid-i müşâru'n-ileyhin adem-i itaatini ve kelâmlarını harfiyen nakletmek istemiş ise de, merhumun kurenâsından Hâfız Mehmed Bey, zâten cemiyyet-i fesâdiye efrâdından bulunduğundan, gerek mezkur askerin münâsebetsiz bir zamanda saray önünde vücûdunu ve gerek Hüseyin Avni Paşa'nın, davet-i hümâyuna adem-i icâbetini 'Askeri Selimiye kışlasına yerleştiriyor. Yarın sabah gelüp hâk-i pâ-yı şâhânenize yüz sürecektir' deyü ehemmiyetsiz göstererek ve merhumu teskin ve temin ve uyutuncaya kadar iğfâl eyleyerek, Hüseyin Avni'nin ve rüfekâsının hıyânet ve cinâyetini setre muvaffak olmuştur diyor."

Âtıf Bey de, "Arabistan ordusundan celp olunan asâkir-i şâhâne bugün vapurla gelerek, henüz kışlalara nakl olunmadığını efendimiz merak ile, seraskerin celbini irâde buyurmaları üzerine, ser-kurenâ, Bâb-ı Seraskerî'ye yâver-i mahsus göndermişse de Avni 'Akşama doğru gelürüm' demiş ve zât-ı şâhâne dahi ba'de't-ta'âm (yemekten sonra) 'Serasker gecikti, bu asker ne olacak?

Geldiği vakit anla da hareme haber gönder!' deyu ser-kurenâya emir verip harem dairesini teşrif buyurmuşlar imiş. Biz sonra hazine-i hassadan geldik. Serasker gelmeyince akşamla yatsu arasında baş-mâbeynci, yâverlerden Hüsnü Bey'i tekrar gönderüp yâver, Avni'yi yalısında bulmuş ve tebliğ-i merâm etmiş ise de serasker 'Şimdi işim var, yarın gelürüm' diyerek unf ü şiddet ile cevap verince, Hüsnü Bey gelüp hali ser-kurenâya söylemiş. Ser-kurenâ, bu şiddeti, seraskerin sarhoşluğuna hami ile işi geçiştirmiştir; fakat bu vakayı mîr-i muhterem, tarafımıza hiç ihbâr etmeyüp keyfiyeti, hal' günü saraya gelür iken yâver-i mâmâ-ileyhten istima eyledik. Ertesi günü sabahleyin mâbeyn-i hümâyuna gelmek hazırlığında iken toplar atılmaya başlayınca, alâmet-i hayr olmadığı anlaşılarak Dolmabahçe sarayına gelindi" diyor.

Plan hakikaten en ince teferruatına kadar hesaplanmış ve o esasa göre de tatbik edilmiştir. Artık, Sultan Abdülaziz'in son dakikaları gelmişti.

Bu, sadece Sultan Abdülaziz Han'ın son dakikaları değildi. Yapılan hareket, girişilen baskın, imparatorluğun kaderini de değiştirmiş, birbirlerini takip eyleyecek felaketler zinciri sonunda, koskoca Al-i Osman devletinin de sonu olmuştu.

Hüseyin Avni Paşa, serasker olarak, bütün ordu zâbitânı ve ümerâ arasında kurduğu şiddetli tedhiş ve nüfuzu sayesinde birçoklarını bu işe imâle etmişti. Bunlar arasında birçok paşalar da mevcuttu. Kendisine Sultan Abdülaziz'in hal'i hususunda yardım eden bu paşalar hakkında İbnü'l-Emin Mahmud Kemal İnal Bey, aynı eserinin 529. sayfasında Âtıf Bey'in *Hatıra* adlı notlarına atfen şunları yazmaktadır:

"...Avni Paşa, hal' maddesini bu defa gereği gibi kurmuş ve Midhat Paşa'nın zaten böyle mefaside hâhişini bilirmiş. Bu kere, birbirini temin ile ızhâr-ı mâ-fi'z-zaınîr edüp, maslahata karar verdikten sonra sadrazama ve müftüye (şeyhülislâm) giderek kararı tebliğ edince, güya sadrazam muhalefet edeyim demiş ise de, berikiler ihâfe sureti gösterip razı etmiştir. Hîn-i icrada (yani hal' yapılırken) bazı zâbitân-ı askerînin celbi lazım geldiğinden Avni Paşa, Kayserili Ahmed, Redif ve Süleyman Paşaları ve sair bazı pezevenklikten yetiştirdikleri kimseleri sahil-hanesine çağırup padişahın muradının) mülkü ve hâzineyi tahrip ve memleketi düşmana teslim etmekten ibaret olduğunu söyleyerek ikna etmiş" diyor.

İşte bir baskın hareketi ki, temeli yalan ve riyâya dayanmış ve maalesef her baskın hareketinde olduğu gibi, devletin temeline dinamitler yerleştirilirken, daima bu yola gidilmiş ve milletin fikri çekilmek istenmiştir. Asıl işin garibi, devleti bir pula satacak kadar âdi, nankör ve mürtekip olan, hatta devletin silah siparişlerinde dahi irtikâba tevessül etmiş bulunan Hüseyin Avni Paşa'nın, Padişah'ı "memleketi ve hâzineyi tahrip ve satmak" maddesiyle itham etmiş olmasıdır.

Bu ihanet şebekesi, hal'in tam manasıyla halk tarafından benimsenmesi için, ayrıca Türk halkının şiddetle nefret ettiği Moskofluğu da işe karıştırmış ve güya Moskof'un İstanbul'u işgal edeceği haberlerini işâe etmişti. İbnü'l-Emin Bey, aynı eserinin 530. sayfasında, yine Âtıf Bey'e atfen diyor ki:

"Mahallelerde münâdîlerin bazısı 'Sultan Abdülaziz vefat edüp Sultan Murad cülûs etti!' deyü bağırmışlar. Murad, ezhân-ı ahaliyi tağlîttir."

Hal'in, askeri ve halkı iğfal edecek tarzda ilan ettirildiği, –herşeyi duyan, herşeyi tedkik eden– Sultan Abdülhamid'in ifâdâtı ile de teeyyüt ediyor. Merhum, muhtıralarının birinde diyor ki:

"Hal'den yirmi-otuz saat mukaddem, Moskof'ların İstanbul'u istila edeceğini işâa ederek ve şehrin ve ateş zuhurunda sarayla Padişah'ın sanki muhafazası zımnında –su-i niyetle– saraya gelenler üzerine ateş etmelerini emreyleyerek, Sultaniye vapuru ile vürûd etmiş olan Şamlı birkaç tabur askeri saray pişgâhına çıkarup karayı bu askerlerle kuşatmışlar ve esnâ-yı hal'de gerek askere, gerek ahaliye evvela 'Sultan Abdülaziz vefat eyledi' deyü ilan ve muahharan hakikat-i hali izhar ile cümleyi iğfal eylemişlerdi.

"Esnâ-yı hal'de sarayı ihâta eden taburlar binbaşılarından İzzet Bey şevket-meâb efendimizin (Abdülhamid'in) daireleri pişgâhında askere hitâben 'Sizi ve bizi ve memleketimizi Sultan Aziz Moskoflara teslim etmek istiyordu. Sultan Murad, sizi ve memleketi kurtardı. Sultan Aziz yerine padişah oldu, onu muhafaza ediniz. Sultan Aziz'i kaçırmayınız!' yollu hezeyanlarda bulundu."

İbnü'l-Emin Mahmud Kemal İnal Bey, bu sözlere kendi nokta-i nazarını şöyle ilave etmiştir:

"Hal'i bu şekilde ilan etmek, siyaset ve hikmet-i hükümet icâbâtından sır denilirse cevap verilir ki: Halkın efkârını tağlît ve teşviş etmek, siyaset ve hikmet değil adeta ihanettir. Hükümetin vazifesi, halka her şeyin doğrusunu söylemek, halkı doğru yola sevketmek, zihinleri karıştırıp dedikodulara ve bu yüzden zuhur edecek fenalıklara meydan vermemektir. Yaptığı şeyin doğru olduğuna itimat ve efkâr-ı umumiyeye istinat edemeyen hükümetler, hileyi helal addederler ve fâsidü'l-fikr oldukları için doğru yolda yürüyemezler, dolambaçlı, karışık yollara saparlar."

Bu ifade de gösteriyor ki, Hüseyin Avni Paşa ile diğer paşalar takımı devlete, millete ve padişaha kasdetmişler ve ihanetlerini tarihe tescil ettirmişlerdir.

Fakat asıl dikkate şâyân olan husus, bu paşalar takımının milleti aldatmak için her çareye, hatta kendi ihanetlerini bir kat daha beter edebilecek bir tedbire başvurmuş olmalarıdır. Bu insanların ihanetlerinin hududunu anlamak için, Osmanoğulları sülalesine *vatan satmak* isnadını yapmalarını düşünmek yeter bir kıstastır zira, Osmanoğulları kanını taşıyanların, hatta Türkiye'den çıkarıldıktan sonra bile yapılan pek parlak teklifler karşısında ve en kötü hayat şartlarına rağmen, Türk milletine ihanete itibar etmediklerini düşünürsek, bu paşalar takımının nasıl bir fikir zavallılığı içerisinde rezil müfteriler olarak bocaladıklarını daha kolay anlayabiliriz.

Zira, bir kâidedir ki, her insan, kendinin malul olduğu his ve dertlerle herkesi malul addetmek istidadındadır ve herkesi bu gözle görmektedir.

Burada, paşaların hal' işini sağlama bağlamak hususunda ileri sürdükleri iddia da göstermektedir ki, Osmanlı İmparatorluğu hudutları dâhilinde İngiltere ile Rusya çetin bir mücadele içinde idiler. Ancak böyle bir mücadelenin mevcut olmasıdır ki, İngiliz sefirinin sâdık birer bendeleri olan bu paşaları, İngiliz siyasetinin menfaatleri istikametinde bir propagandaya mecbur etmiş ve milleti, Sultan Abdülaziz Han aleyhinde, devlet ve milleti Moskoflara satmak gibi aklın, havsalanın alamayacağı bir tertibin, iğfal fırtınasının içine sürüklemek istemişlerdir.

Tabii bu propaganda da, diğerleri gibi, İngiliz sefiri sir Henry Elliot'un kendilerine takdim eylediği İngiliz altınları ile mümkün olabilmiş, çirkin ve rezil sıfatlarından da ileri bir haysiyetsizlikle, Sultan Abdülaziz'i ihanet çukurunun içine atmak istemişlerdir.

Fakat, tarihin değişmez hükmü, hal' hadisenin üzerinden pek çok zaman geçmeden, hal'e iştirak etmiş ve bir ulu padişahı katletmiş olan bu insanların yüzlerindeki nikâbı yırtmış ve bu adamlar tarihe gerçek yüzleri ile intikal etmişlerdir. Bu paşaların gerçek tarihî yüzleri ise, *devlet ve millete ihanet, bir padişahı katletmek* şeklinde ortaya çıkmış ve tarihe böylece geçmeye mahkum edilmiştir. Ve mahkumiyetleri ile tescil edilmişlerdir.

Hakikat-i halde, paşalar Sultan Abdülaziz'e ihanet izâfe ederlerken, halkın ve askerin mahlu padişahı ne kadar sevdiğini biliyorlardı ve bunu bildikleri için de, hal' işinde kendilerine vazife verdikleri askerlere, şehit padişahın vefat ettiğini söylemişler, hal' işini ikmâl ettikten sonra da utanmadan, sıkılmadan, tarihin kendileri hakkında vereceği hükme aldırmadan aynı askerlere işin doğrusunu söylemek suretiyle kendi yalancılıklarını bizzat kendileri ortaya koymak mecburiyetinde kalmışlardır.

Nitekim, hal' işinde alacağı rütbenin feriklik olacağına dair

Hüseyin Avni'nin kendisine tebşîrâtta bulunduğu ve en büyük yardımı temin ettiği askeri mektepler nâzırı Süleyman Paşa bu hususu teyit etmekte ve İbnü'l-Emin Bey'in aynı eserinde, 532. sayfada, kendisine atfen üstad şöyle demektedir:

"*Mir'ât-ı Hakikatte* beyan olunduğu gibi, meselenin (hal'in) şuyû ve intişârında padişahın itap ve şiddetine uğrayacaklarım ve asayişin defaten bozulması ve payitahtla ahali arasında muhalif fırkaların (yani kendilerine karşı gelecek olan halkın ve padişahı seven paşaların) zuhuru ile ecnebilerin müdâhalelerini davet edecek müsâdemeler (Ecnebi müdâhaleleri ne demektir, şu paşaların ihanetlerine bakınız. Demek oluyor ki, İngiliz amiralinin Beşike'de beklettiği İngiliz askeri ile yüklü vapurların İngiliz donanması ile İstanbul'a geleceklerini ve kendilerine karşı girişilecek mukâbil harekatla bu ecnebi askerlerinin kendi saflarında bulunacağını açıkça söyleyebiliyorlar ve bu adamlar hürriyet, vatan, millet kahramanları olabiliyorlar) vukua gelecek mesâibe giriftâr olacakları korkusu ile erkân-ı müttefika (yani paşalar çetesi, hal'i yapan çete) işin bî-gâneler arasına düşmemesini ve fikirlerine muvâfık olmayanlara teraşşuh etmemesini pek ziyade iltizam eylemişler idi" dedikten sonra, kendi fikri olarak üstat, "Artık umum milletin hal'den haberdar olduğu hakkındaki iddianın doğruluğuna nasıl hüküm olunur?" diyor ve Süleyman Paşa hakkında da, kendisine atfen "Bütün ahalinin değil, hal'de kullanılan askerin bile hakikate vâkıf olmadığını söyleyen Süleyman Paşa'dır. O paşa diyor ki: 'Asâkir-i berriyenin (kara askerinin) sarayın kara cihetini ihâtasından takriben bir çeyrek sonra sefâin-i emîriye (harp gemileri) dahi sandallar indirerek bahren (denizden) muhasaraya ibtidâr eylediler; lâkin, onların efrâd-ı askeriyyesi ve asker zâbitânı Sultan Abdülaziz'i vefat etmiş bilürler idi. Yalnız kumandanları Ârif Paşa'nın bir dereceye kadar malumatı lâhik idi' demektedir."

Sultan Abdülaziz Han'ı hal'edenler, sadece padişahın vefatını değil, bir kısım askere, İstanbul halkının padişah aleyhine ayaklandığını ve kendisini korumak maksadıyla harekete geçtikleri şâyiasını da yaymışlar ve askeri ancak böylece sarayı muhâsaraya sevketmişlerdir.

Bu hususta, İbnü'l-Emin Bey, aynı eserinin 532. sayfasında, Damat Nuri Paşa'nın Yıldız evrâkı arasındaki ifadesine istinâden şöyle diyor:

"Sultan Abdülaziz'in hal' gecesi, Dolmabahçe Sarayı'nın etrafına getirilmiş olan askere, gece yarısı kışlalarından kaldırıldığı sırada 'Padişah'ın hal'i için hocalar ayaklanmış, muhafaza olunacaklardır' denilmiş ve hal'den kat'â malumat verilmemiş olduğu halde, hal' edilmesi, askere pek ziyade sû-i tesir ettiğinden, 'Eğer hal' edileceğine malumatımız olsaydı gitmezdik' diyerek, asker beyninde birçok güfit ü gû olunduğu mesmu olması üzerine, vükelâ beyninde gâyet mahremâne müzâkere olunarak, hal'de bulunan asker, derhal taşraya gönderilüp, yeniden celbolunan askerlere Rüşdü Paşa'nın emir ve işareti ile, Sultan Abdülaziz'in zuhur eden doksanbeşbin lira nakdî mevcudundan kırkbeşbin lirası dağıtılmış..."

Şu ifadeden ve vesikadan da anlaşılıyor ki, ihtilalci zorba paşalar grubu, hal' için kullandıkları askere, İstanbul halkının ayaklandığını bildirmişler, sonra da padişahın vefat ettiğini ve yerine Sultan Murad Han'ın geçtiğini bildirmişlerdir. Fakat asker, meselenin aslını haber alınca hoşnutsuzluk başlamış ve sadrazamın emri ve işareti ile başka yerlerden celbedilen askere, padişahtan gasbettikleri doksanbeşbin altının kırkbeşbinini tevzi etmişler ve böylece hal' keyfiyetini başarabilmişlerdir yani, paşaların devlete biçtikleri fiyat işte bu kırkbeşbin altın oluyordu.

Demek oluyor ki, asker de, halk da devletin kudretini iâde etmiş olan Sultan Abdülaziz'e tamamen bağlı idi ve paşalar, bugün tarihlerimizde okutulan yalanı, ancak böyle para ile elde tuttukları askerlere dayanarak uydurmuşlar ve kendilerini –akılları sıra– temize çıkarabileceklerini düşünmüşlerdir fakat, hakikatler nasıl daima ortaya çıkmış ve yalan yok olmuş ise, bu işte de aynen öyle olmuş ve elde kalmış vesikalarla, Hüseyin Avni takımının yalanı ve ihaneti ortaya çıkmıştır.

Üstat, aynı eserinin 533. sayfasında da bu maddeye temas ediyor ve Damat Mahmud Celâleddin Paşa'nın ifadesine atfen ve *Mir'ât-ı Hakikat* adlı hatıralarına dayanarak şunları naklediyor:

"Cesur, fedakâr re'y ehli bîr yâr-ı sâdıkı bulunup da padişahı askerin yanına götürse ve bu halde tesaddî edenlerin garazkârlıklarını anlatsa idi, *âlem birbirine girüp, iğfâlât-ı faside ile sevkolunan askerin süngüleri tersine dönmek ve mürettib-i fesat olanları tepelemek ağleb-i melhûzât idi;* fakat kurenâ ve saray hizmetindeki askerî ümerâ, *ale'l-umum rüşvet ve sirkat ile cem -i mâl'a mütemâyil birtakım erâzil (reziller) olup, içlerinde Hâfız Mehmed Bey gibi. Hüseyin Avni Paşa meclûbu hainlerin* de bulunması, garazkârın cüretlerini tezyit ve teşebbüslerini teshil eyledi."

Şimdi, Sultan Abdülaziz'in hal'i vakasına nereden bakarsak bakalım, padişahın da, devletin de bir büyük ihanete kurban gittiği hakikatini görürüz.

Fakat, Sultan Abdülaziz'i hal' ve katleden çetenin içinde bulunan Sadrazam Rüşdü Paşa'ya söylenen şu sözler, hal' meselesinin nasıl bir mesele olduğunu sarâhatle ortaya koymakta ve tarihe böylece mâl olmaktadır. İbnü'l-Emin Bey, aynı eserinin 535. sayfasında, Yusuf Kâmil Paşa'nın, Sadrazam'a söylediği şu sözleri nakletmektedir:

"Yusuf Kâmil Paşa'nın –hal' ü iclâsı, saraya gelmekte olduğu sırada işidüp– Sadrazam Rüşdü Paşa'yı salonda, kalabalık içinde ne suretle tevbîh eylediği terceme-i hâlinde yazılmıştı. Salona muttasıl odaya gittiklerinde, Kâmil Paşa, 'Buna yıllardan beri unutulmuş olan bir fiil-i meş'ûmu tecdit ettiniz. Menâfi-i şahsiyenizi muhâfaza etmek için devlet ve milletin menâfiini ayaklar altına aldınız.' Bu yüzden, dâhilde ve hâriçte birçok fenalık zuhur edeceğini hatıra getirmediniz. *Allah cezasını versin!*"

Bu hükme ilave edilecek tek kelime yoktur ve Yusuf Kâmil Paşa'nın vardığı hüküm gerçektir. Zira bu hal' keyfiyetinden sonra, Yusuf Kâmil Paşa'nın açıkça söylediği fenalıklar arka arkaya zuhur etmiş ve devlet, böylece kendisine de, Türk milletine de hazırlanan son'a doğru süratle sürüklenmiştir.

Ancak, yukarıdan beri vermeye çalıştığımız tarihî vesikaların ışığında, Sultan Abdülaziz Han'ın niçin ve neden katledildiği hakikati de kendiliğinden ortaya çıkmış bulunmaktadır. Bu vesikalara göre, ne asker, ne halk, ne de birkaç paşa dışında Sultan Abdülaziz'in hal'ine taraftar hiç kimse yoktur. Binaenaleyh, Sultan Abdülaziz meselesi bitmemiştir ve tekrar taht'a çıkmasını önlemek için tedbir almak lazımdır. Bu tedbir ne olabilirdi? Elbetteki, hal'in şartları içinde kati zira, İngiltere'nin arzusu ve emri ile yaptırdığı ve esbâb-ı mûcibesi İngiliz cihan hakimiyeti siyaseti olan bu hal' keyfiyetinden sonra, artık İngilizler işi tesadüflere terkedemezlerdi. Osmanlı İmparatorluğu'nda cereyan etmiş olan hal' keyfiyetini tabii seyrine terketmek demek, o güne kadar girişilmiş olan ve neticeye ulaşan hareketi temelinden yıkmak demekti. Bu nokta-i nazar İngilizler için kendi bakımlarından kendi siyasetleri istikametinden doğru idi. Onun içindir ki, Sultan Abdülaziz'in katline teşebbüs etmişler mi idi, etmemişler mi idi hususu münâkaşa edilemez. Bu hususu tevsik edici herhangi bir vesika olmamakla beraber, hal' keyfiyetinden İngilizlerin elde etmeyi düşündükleri, dünya siyaseti menfaatlerini göz önüne getirirsek, Sultan Abdülaziz'in katlinde de parmakları olduğuna ciddi şekilde inanmak icap etmektedir.

Paşalar ise, iş-bu raddeye geldikten sonra hem içine girdikleri ihanetleri sebebiyle, hem de Sultan Abdülaziz'in tekrar taht'a çıkarılmasının kendileri için tazammun edecek manayı idrak ettiklerinden katli yoluna gittikleri bir gerçektir zira, bir Sultan Abdülaziz Han'ın tekrar taht'a çıkması demek, kendisini hal' eden paşaların behemehal ortadan kaldırılması demektir. İşte mahlu padişahın katledilmesinin ikinci sebebi de, paşaların bu can ve mal korkusudur.

Şimdi yukarıda işaret ettiğimiz Yusuf Kâmil Paşa'nın, Rüşdü Paşa'ya söylediği şiddetli sözler ve ithamları karşında Rüşdü Paşa'nın verdiği cevabı görelim. İbnü'l-Emin, aynı eserinin aynı sayfasında bu hususta şu malumatı vermektedir:

"Rüşdü Paşa (Yusuf Kâmil Paşa'nın yukarıda işaret ettiğimiz sözleri üzerine cevaben) Aman efendim, inâyet buyurunuz. Ehemm ve elzem olan hal' yalnız benim ve vükelânın ittifâkımızla değil, umum milletin ve ulemânın ittihadları ile ve taraf-ı meşihattan verilen fetvây-ı şerife hükmüne tevfikan icra edildi." Kâmil Paşa ise bu cevaba şu sözlerle mukâbele etmiştir:

"Bu garazkârâne muâmeleye milletten bir ferdin malumatı ve rızası munzam değildir. Hal'e sebep olanlar, birkaç menfaat-perest ve kindar hain ile onlara tâbi olan hazeleden ibarettir. Farzedelim ki, padişahın bazı yolsuzluğu ve israfı vardı. Sizler de, devlet ve milletin hâmi-i menâfii olduğunuzu işâe ediyordunuz içinizden biri, menfaatini feda ile 'Tuttuğunuz meslek, devlet ve millet hakkında muzırdır. Bu mesleği terkediniz' diye hâlisâne ihtar eyledi de padişah kabul etmedi mi?" tarzında mukabele etti.

Bütün bunlar da gösteriyor ki devlet bir büyük ihanete uğramıştı ve bir Osmanoğlu katledilmişti. Sultan Abdülaziz Han merhum, esâsen katledileceğine dair birtakım şüpheler içinde idi. Bu hususu Sultan Murad'a da bildirmiş ve hayatının emniyet altına alınmasını ısrarla istemişti. İbnü'l-Emin Bey, *Son Sadrazamlar* adlı eserinin 540. sayfasında bu hususa işaret ediyor ve merhum padişahın Sultan Murad'a yazdığı tezkereyi veriyor ve bu malumatı şöyle veriyor:

Merhumun, Topkapı Sarayı'ndan Sultan Murad'a yazdığı birinci tezkerede, hayatının teminini talep eylediği, ikinci tezkerede de, Topkapı Sarayı'nda tahsis olunan daireden şikayetle, "Allah ve Rasul aşkına beni buradan halâs eyle; zira canımdan emin değilim. Ni'ye mâlik isem cümlesi sana helâl olsun. Bundan böyle, her ne verilir ise âna kanaat edeceğim." Ve Sultan Murad da fevkalade müteessir, amcasına teminat sadedinde bir tezkere ile merhum padişaha cevap verir:

"Böyle ahval üzerine münâsip olmayan mülâhazât ile efkâr-ı âliyenizi itâp ve tahdiş buyurmamanızı rica ederim zira, maâzallâhu teâlâ zâtınızın değil, hânedânınızdan birisi hakkında zerrece bir zarar vukuunu tasavvur bile Allah hakkı için kimsenin hatırına gelmemiştir. Kendinizi, evlâd u hânedânınızla cemii hatardan masun bilmenizi kemâl-i ehemmiyetle beyân ederim."

Padişah teminat vermiş, fakat bu teminat, ileride de görüleceği gibi hain, gaddar ve hod-bin Hüseyin Avni'nin üzerinde herhangi bir tesir yaratmamış ve kati vakası meydana gelmiştir. Mahlu Padişah'ın Topkapı'dan bir başka yere nakli hususundaki müracaattan sonra, Sultan Abdülaziz Han, nihayet cuma günü sabahı saat 7'de Topkapı Sarayı'ndan alınmış ve Fer'iye Sarayı'na nakledilmişti.

Fer'iye sarayı ise, yalnız onun değil, rahmetlinin şahsında Osmanlı tarihinin de sonu olmuştu.

Nihayet, o meş'um 4 Haziran 1876 tarihi gelmiş dayanmıştı ve bu tarihte, Sultan Abdülaziz Han şehit edilmişti.

Şehit merhumu tahtından ve canından edenler; mahlu' sultanın sakallarını düzeltmek için ısrarla istediği bir makasla, kollarının damarlarını açtığını ve ölümünün intihar olduğunu söyleyegelmişlerdir. Bu husustaki müstenidât, sadece pâdişâh-ı âlem-penalvı hal' edenler tarafından ileri sürülen ve söylenen sözlerdir fakat, vaka aşağıda da görüleceği gibi tamamen bir suikaste dayanmaktadır. Şimdi sırası ile bu hususta İbnü'l-Emin Mahmud Kemal İnal Bey'in *Son Sadrazamlar* adlı eserinden (548 ve müteakip sayfalar) aldığımız su malumatı gözden geçirelim:

"Damat Nuri Paşa, 22 Haziran 1297 tarihli mufassal arîzasında. Sultan Murad, ta'âm ederken yanına girdiğimde, 'Paşa, vefatı sahih mi?' deyip sıhhatini arzedince, kendisine fenalık gelerek yemekten kalktı' yine o tarihli diğer arîzasında, Sultan Abdülaziz'in makasla kendini itlâf eylediğini Hüseyin Avni Paşa'dan işiterek arzeylediğimde, Sultan Murad, 'Eyvâh, gitti ammâ şimdi bunu halk benden bilür' dedi ve 19 Cumâde'l-Ûlâ 1298 tarihli istintak-nâmede 'Sultan Murad ta'âm buyuruyorlardı. Bendeleri de, karşularında bulunduğum halde Seyyid Bey –kurenâdan– gülerek, kemâl-i şetâretle gelip 'Sultan İbrahim'in türbesine gömülecek zat —Allah sizlere ömürler versin— vefat ettü'demesi ile, Sultan Murad'ın elinden çatalı düşüp 'Aman bu ne haldir, git şunu anla!' diyerek düşüp bayıldı. Ben de dışaruya çıktım. Merdiven başına geldim. Aşağıda bir âdem koşaraktan beni bulmak üzere çıkar iken tesadüf olundukta, 'Aman, Sultan Aziz yaralandı, Fer'iye'den hekim istiyorlar' dedi. Bendeniz de derhal Marko Paşa'nın bulunup götürülmesi emrini verdim. Sonra Sultan Murad'ın huzuruna çıktım. Seyyid Bey, Sultan Murad'ın belini oğuşturmak ile meşgul idi. Sultan Murad bana bakarak, 'Paşa, tahkik ettin mi, nasıl haldir?' dediğinde, henüz tahkik edemeyüp, ancak ufak bir yara almış olduğunu istima ederek Marko Paşa'nın götürülmesini tembih etmiş olduğumu arzeylediğimde, 'Aman durma, kendin git. Allah aşkına olsun, tedavisine dikkat olunsun. Aman birşey olmasın, umum millet bunu benden bilürler' dediği sırada, Seyyid Bey, tesliyet makamında 'Olursa olsun, bu mahzâ efendimizin bahtiyarlığı âsârıdır. Umum millet dahi bunu efendimizin bahtiyarlığına hamlederler' dedi.

Vükelânın ekseri karakolhane bahçesinde oturmakta idiler. Bendeniz irâde mucibince vuku-ı hâli Avni Paşa'dan sual ettiğimde, 'Allah kendülerine ömür versün. Sultan Aziz vefat etti. Vefatı dahi, makas ile kollarının damarlarını kesmiş. Umum etıbbâyı ve sefaret tabiplerini ısmarladık. Hemen muayenesini icra ettirüp kaldıracağız. Nereye defnolunacağına dair irâdeye muntazırız' dedi. Bu sırada, sûret-i cebriyede getirilmiş olan tabip Ömer Paşa(nın) muayeneye gitmekten istinkâf etmesi üzerine, Hüseyin Avni Paşa, alâ-melei'n-nâs mûmâ-ileyhinin rütbesini reddeyledi ve hâk-i pâ-yı şâhâneye arzolunmasını dahi bendenize ifade etti. Merhumu muayene eden Marko Paşa, fiil-i cürmün kendi tarafından îkâ olunduğunda tereddüt(!) göstermesi üzerine, heyet-i vükelâ, Marko Paşa'ya hitâben, *"Bunda tereddüde asla mahal yoktur. Daha hekimler de geleceklerdir. Bir güzelce muayene raporu yaptırdık. İmza edenler etsin!"* demiştir.

Bu vesikaya bizim ilave edecek herhangi bir sözümüz yoktur. Ancak, gerek heyet-i vükelânın, gerek Hüseyin Avni Paşa'nın tarz-ı hareketleri, Marko Paşa'nın tereddütleri, bize de, tarihe de çok şeyler anlatmaktadır. Şimdi tekrar devam edelim:

"...Sultan Murad, heyetin –Rüşdü Paşa, Midhat Paşa, Avni Paşa, Damat Mahmud Paşa, Kayserili Ahmed Paşa ile şeyhülislam Hayrullah Efendi– mütegallibâne muâmelesinden bîzâr olup terk-i saltanat edeceğini tefevvüh eylediği vükelâca işitilmesi üzerine, âtide zuhur edecek fezâhattan nefislerini kurtarmak için, Sultan Abdülaziz'in şehadetini ve nisbetiye davetini tertip eyledikleri muhakkaktır."

Nuri Paşa, bundan sonra, tarihe cidden çok kıymetli bir vesika ikâme etmekte ve Sultan Abdülaziz'in şehit edildiğini anlatmaktadır.

Şimdi burada, İbnü'l-Emin Bey'in şu ifadesine bakınız:

"Sultan Murad'ın en ileri gelen mensuplarından meşhur Şefkati Bey, Abdülhak Hâmid merhuma, o da bana mükerreren nakletmiştir ki, Sultan Aziz'in hal'inden sonra ifnâsını Hüseyin Avni Paşa teklif edince, Sultan Murad telaşa düşüp 'Ben kâtil olamam!' diyerek teklifi şiddetle reddetti. Avni Paşa, 'O halde yine onun iclâsı lazım gelir, dehşetli fenalıklar zuhur eder' tarzında tehdit ve ifadede bulunması üzerine, Sultan Murad, 'Beni iclâs ederken re'yimi sordunuz mu ki, onun ifnâsında benden müsaade istiyorsunuz?!' dedi. Kemâl-i teessürle odadan çıktı. Hüseyin Avni Paşa bu cevabı irâde hükmünde telakki ve katle tasaddî etti."

Mahmud Celâleddin Paşa, muhakeme sırasında, Sultan Abdülhamid Han'a takdim ettiği varakada diyor ki:

"Hüseyin Avni, Mısırlı Mustafa Fâzıl Paşa'ya, 'Ben andan ahz-ı sâr etmedikçe Allah canımı almasın!' demiş idi."

Hüseyin Avni, Sultan Abdülaziz'i mutlaka katletmek istiyor ve buna bazı gizli yollardan da teşebbüse geçmiş bulunuyordu. Daha evvelce yapılan bu teşebbüslerden birisi de şudur:

"Hâkân-ı merhumun kilerci-başısı Said Bey'i ele alarak, şerbet içine zehir katılmakla Sultan Abdülaziz'i tesmîme (zehirlemeye) karar vermiş ve eczacı-başı Fâik Paşa'yı *mahsûsen* Londra'ya gönderüp kokusuz ve gâyet müessir bir zehir celbetmiş olduğu halde, merhumun, içtiği şerbetleri evvelce kurenâsına tattırmak gibi itiyatları bu hareketi dahi icraya mâni olmuş idüğü –Yusuf Paşa'nın– Maliye nâzırı Hüseyin Avni'den işittiği teşebbüs de kâtilâne teşebbüsâttandır. Kâmil Paşa merhum Sultan Abdülaziz'in, Hüseyin Avni tarafından şehit edildiğine vâkıf olduğunu müeyyittir ki, Hüseyin Avni'nin, Çerkes Hasan tarafından katlolunduğunu işitince, *Beşşirüi-kâtil bi'l-katl*[34] hadisini okumuştur" *(Son Sadrazamlar,* s. 550) denmektedir.

Üstat, aynı eserin 551 sayfasında da;

"Son fıkrayı babam Mehmed Emin Paşa, Yusuf Kâmil Paşa'dan –bizzat işiterek– şu suretle naklederdi:

"Sultan Abdülaziz'in ziyâını haber alınca, Paşa, meclisinde bulunanlara hitâben, 'Hüseyin Avni hınzırına söyleyiniz, *Beşşirü'I-kâtil bi'l-katl* sırrı karîben zuhur edecektir' (dedi)" demektedir.

Üstat, biraz aşağıda da şunu yazmaktadır:

Hâfız Mehmed Bey de, *Hakâyıku'l-Beyan'da* diyor ki:

"Vaka-i elîmeden birkaç gün sonra –sadr-ı esbak –Kâmil Paşa merhumun cennet-mekân efendimiz için ye's ü matem etmekte oldukları mesmû'um olarak, merhum-i müşaru'n-ileyhin cez' ü feza'ına iştirak etmek üzere yalısına gidilmiş ve bir sedliyon üzerinde kımıldanmaya vakti olmadığı halde, 'Hâin-i bed-girdâr, başımıza ne belâ getirdi. Ayağından başına kadar Osmanlı Padişah'ı olarak Cenab-ı Yezdân-ı bî-Zevâl'in yaratmış olduğu bir vücûd-ı nâdirü'l-mevcûdun ziya-ı ebedîsine sebep oldu' diyerek ağlaya ağlaya Hüseyin Avni Paşa'ya lânet-hân olmuş ve âcizlerini meşy ü hareketten dûr bir meyyit haline getirmiştir."

---

34 "Öldüren'i (katili) öldürülmekle müjdeleyiniz!"

Aynı eserin 553. sayfasında üstat şu malumatı da veriyor:

Memduh Paşa "Serasker Hüseyin Avni Paşa, beklemediği bir muameleden muğber oldu ki sâfiyet ve metânet-i ahlâkına kâni ve servetinden mütemeddi olduğu Mısırlı Prens Halim Paşa'ya, 'Padişahın hayatına hâtime verecek bir fıda-i tedârükü mümkin olmaz mı?' teklifine 'Dünya halkını bana *katil* gözü ile baktırmak mı istiyorsunuz?' cevabını verdiğini Halim Paşa'dan duymuştum."

İbnü'l-Emin Mahmud Kemal Bey, eserinin 554. sayfasında pek mühim bir vesika daha veriyor ki, bu vesikada adı geçen Fahri Bey, şehit padişahın katli sırasında –verdiği ifadede– şu sözleri söylediğini nakletmektedir:

"Ben, Sultan Aziz merhum, kendisini öldürdü diyemem. Öldürmedi de diyemem. Ben zaten Mustafalarla, Mehmed Ağa'nın oraya gelişini pek beğenmemiş idim" demektedir.

Bu ifadenin birinci fıkrasından mana çıkarmak müşkil ise de, ikinci fıkradan, bahsettiği şahısların katide kullanılmak üzere Fer'iye'ye getirildiklerini anlatıyor.

O şahıslardan, yani kâtillerden Yozgat sancağından Karahisarlı Karadeli oğlu Pehlivan Mustafa Çavuş sorgusunda şu ifadeyi vermişti:

"Mahmud Paşa (Damat) bizi mâbeynde misafir odasına celp ile, bize yüzer lira maaş verileceğinin sebebini anlattıktan sonra şöyle talimat verdi: 'Sultan Abdülaziz'i boğazından kesmek olmaz. Kimsenin anlayamayacağı suretle yapılmalıdır. Kollarının damarlarını kesüp bitirmelidir, iptidâ sol kolunun damarlarını kes!' Çavuş Mustafa beyaz çakı ile kollarının damarlarını kesti. Canı çıkmadan savuştuk"demektedir.

"O gece Fer'iye karakolhanesinde kaldık. Sabahleyin Fahri Bey gelüp bizi içerü götürdü. Abdülaziz'in dairesi nerdibânında[35] benim elime beyaz saplı bir çakı verüp 'Bununla işi uydur!' dedi. Odaya girdiğimizde derhal Fahri Bey, Abdülaziz'in arkasından

---

35 Merdiven.

kucaklayıp kollarını tuttu. Cezayirli Mustafa dahi ayaklarına oturdu. Ben de çakı ile –Mahmud Paşa'nın dediği gibi– damarlarını kestim. Vehleten, "Ne yapıyorsunuz?' gibi söylemek istedi ise de, kendisine fenalık geldiğinden hiçbir muamelede bulunamadı."

Ve diğer istintak-nâmesinde de, "Mahmud Paşa talimat verdikten bir saat sonra da, Nuri Paşa (Damat), odasında yalnız olarak çağırdup, gittiğimde 'Seni, Mustafa ve Mehmed ile beraber yüzer lira maaşla Sultan Abdülaziz'in hizmetine me'mûren göndereceğiz. Oraya memuriyetiniz Abdülaziz'in itlâfı içindür. Sol kolundan urup kan damarlarını keser ise çabuk ölür. Kimse anlamaz. Zabitiniz Cezayirli Mustafa'nın malumatı vardır. Bir sırasını düşürüp şu işi bir an evvel bitirin. Siz de kurtulursunuz, biz de kurtuluruz!' dedi. Muahharen, refiklerimle beraber çağırdığında 'Güzel hizmet edin!' diye tenbihat icra etti" diyor.

Boyabatlı Elmacı oğlu Hacı Mehmed de istintak-nâmesinde; "Pazar günü sabahleyin Çavuş (Mustafa) ve refikimiz Cezayirli Mustafa ile beraber olduğumuz halde Fahri Bey bizi karakolhaneden alıp Fer'iye sarayının içine götürdü. Sultan Aziz'in odasına girdik. Fahri Bey arkasından kollarını tutup ben ve Mustafa ayaklarını tuttuk. Çavuş Mustafa, beyaz çakı ile kollarının damarlarını kesti. Canı çıkmadan savuştuk" demektedir.

Harem ağası Reyhan Ağa da; "Odaya girenler, Cezayirli Mustafa, diğer Mustafa, Mehmed Ağa, Fahri Bey, asker Ali Bey, Necib, haremağası Râkım ve bendenizden ibarettir. Diğer haremağası Nazif, aşağı katta idi. Odanın iç tarafından o iki asker zâbiti (Ali ve Necib) kılıçlarını çekmiş oldukları halde, birisi içeru girmek ister ise urmak üzere beklemekte idiler. Merhumun arkasından dahi Fahri Bey tutmakta idi. Mehmed Ağa ile Cezayirli Mustafa dizlerinden ve şâir mahallerinden tutmakta oldukları halde diğer Mustafa Çavuş dahi, Avrupa'dan gelen beyaz saplı, ufak nişter gibi çakı ile kesmekte olduğunu gördüm. Sultan Aziz 'Aman Allah!' diye bağırmakta idi. Camlar kapalı idi. Kapunun haricinde, sofada dahi iki nefer asker beklemekte idi. Bir damarını kestiler. Kan(ın) kapuya kadar fışkırdığını gördüm. Bu işler on-onbeş dakika kadar bir müddet içinde oldu. Andan sonra bir perde yırttılar, sarmak içün. Ba'dehû, Valide Sultan ve ikinci hazinedar ve sair kalabalık koştular. Her taraftan feryâd u figan başladı" demektedir.

Bu suretle katledilen Sultan Abdülaziz Han merhum, vakit geçirilmeden Hüseyin Avni Paşa'nın emri ile derhal karakolhaneye kaldırılmış ve orada kahve ocağına yerleştirilmiştir.

Hüseyin Avni Paşa'nın, bir sultân-ı âlem-penâh olan zâtın şahsında gösterdiği bu muvâzenesizlik ve edepsizlik de gösteriyor ki, kendisi İngilizlerin tahrik ve teşviki ile bu işi yapmış olmasına rağmen, kin ve gayzını yenememiş, sağlığında yapamadığı, esasen yapamayacağı bir işi, padişahın na'şına yapmak gibi alçaklığın en ednâsına tenezzül etmiştir.

Mehmed Zeki Pakalın'ın *Hüseyin Avni Paşa* adlı eserinde belirttiği gibi de babasının, kendisi hakkında sarfettiği şu sözü gerçekleştirmiştir. Babası bir gün kahveye çıkmış, arkadaşları, Hüseyin Avni Paşa'nın serasker kaymakamlığını tebrik etmişler ve "Mâşallah senin sıpa büyüdü merkep oldu" demişler. Eşek si... Ahmed Ağa bu sitemli söz üzerine gülmüş ve "Evet, bizim sıpa büyüdü, bir büyük eşek oldu" demiş ve ilave etmiş: "Şimdi bizim eşek bir anırırsa, görürsünüz anırtısını yedi düvel duyacak."

İşte, böylece, Hüseyin Avni anırmış, hem öylesine bir anırmış ki, onun sesini yalnız yedi düvel değil, yedi cihan duymuştur ve bu anırtı cihan durdukça devam edecektir.

Hüseyin Avni maktul padişahın na'şını karakolhaneye naklettikten sonra da kinini yenememiş, içindeki bütün pisliğini ortaya dökmüştür. Bu hususta, İbnü'l-Emin Mahmud Kemal İnal Bey, *Son Sadrazamlar* adlı eserinin 544. sayfasında, "Merhumun şehzadelerinden diğer bir zat *Hatıra* hakkında –bana dikte ederek– Âtıf Bey'e yazdırdığı varakada, *intihar* isnâdını redd ile diyor ki:

"Hal' tebliğ olunarak saraydan çıkacağı sırada pederim, bir

müddet tevakkuf ile müdafaaya tevessül edilmesini düşünmüş ve 'Ne suretle ve kimler tarafından hal' edildiğinin hakikatini anlayıncaya kadar müdafaa ederim; fakat, memlekette bir felaket zuhuruna ve birçok kan dökülmesine sebep olmaktan korkarım' deyip Topkapı Sarayı'na azimet etmiştir" dedikten (sonra) "Fer'iyede itlâfına nasıl tasaddî olduğu bence muhakkaktır" diyor. Ve merhumun şehit edildiği mahalde bırakılmayıp, ailesinin elinden cebren alınarak karakolhaneye nakledilmesini, doktorlara tekmil vücudunun değil, yalnız kollarının gösterilmesini ve cesedi gasledenlerin, kalbin üstüne doğru ince âlet-i ceriha ile açılmış bir yara mevcut ve kan müterâkim (birikmiş) olduğuna dair ifadâtta bulunduklarını şehadete delil addediyor. Ve aynı eserde İbnü'l-Emin Bey, Abdurrahman Şeref Efendi'den naklen şu malumatı veriyor:

"Fakat, bazı zevâtın ifadeleri ile, Abdurrahman Şeref Efendi'nin naklettiği aşağıdaki fıkra –şehzadenin iddiası gibi– cesedin tamamen muayene ettirilmediğini teyit ediyor:

"Celp olunan etibbâ, karakolda na'şı bi'l-etrâf muayene etmek istediklerinde, kılınana dayanmış olduğu halde kapıda duran Hüseyin Avni Paşa mâni olmuş ve 'Bu cenaze, Ahmed Ağa, Mehmed Ağa değildir, bir padişahtır. Onun her tarafını açtırıp size gösteremem!' demiştir. Seraskerin aldığı vaz-ı tehditkârâne üzerine etibbâ sathîce muayene ile iktifa eylemişlerdir."

Yukarıdan beri izahına çalıştığımız, Osmanlı İmparatorluğu'nu parçalamak, böylece kendi dünya siyasetinde mâni telakki ettiği bu büyük devleti, Rusya'nın Akdeniz'e, dolayısıyla İngiltere'nin hayati ehemmiyeti hâiz telakki ettiği bu denize inmesine mâni olmak için, arada İngiltere'ye muhtaç bir Türkiye haline indirmek için sarfettiği büyük gayretler ve entrikalar Hüseyin Avni Paşa ve takımının bu cinayeti ile kuvveden fiile çıkmış bulunuyordu. Sultan Abdülaziz Han'ın vefatı İngiltere'ye rahat bir nefes aldırmıştı. Artık kendisinin cihan hakimiyetine set çekebilecek bir Osmanlı Devleti mevcut değildi zira, teknik süratle ilerliyor, her yeni gün, bir evvelki ile mukayese edilemeyecek kadar ileride bulunuyordu ama, bu husus da İngiltere'yi tatmin etmemişti. İngiltere, İmparatorluğun hala kudretli bir devlet olduğunu görüyordu. Devlet'in bu kuvvet ve kudretini yıkmak için de beynelmilel siyasette türlü çıkışlarla Türklüğün başına yeni yeni ve yıpratıcı gâileler açıyordu. Girit, Bosna-Hersek, Moldavya, Bulgar ayaklanmaları, Sırbistan devletinin Osmanlı İmparatorluğu'na açtığı harp hep bu sebeplerle meydana geliyordu.

Nihayet, devlete son darbeyi Tersane Konferansı vuruyor ve 1293 Türk-Rus harbi patlıyordu.

Buraya temas etmeden evvel, hadiseleri sırasıyla gözden geçirelim.

İngiliz cihan hakimiyeti siyasetine kurban edilen Sultan Abdülaziz ve Osmanlı İmparatorluğu, henüz kuvvet ve kudretini kaybetmiş değildi. Bu kuvvet ve kudreti, memlekette yine beynelmilel siyasetin meydana getirdiği iç ayaklanmalar da yıpratacak güçten mahrumdu çünkü, devletin elindeki imkanlar, beynelmilel siyasetin Osmanlı İmparatorluğu toprakları içinde giriştiği bu kâbil bütün hareketleri tedip etmeye muktedirdi ve bu hususu da ispat etmişti. Binaenaleyh, Batılı devletlerin ve bilhassa İngiltere'nin elinde kuvvetli bir koz olarak değerlendirilen Girit ihtilafı, Avusturya-Macaristan İmparatorluğu'nun siyasetinde ehemmiyetli bir yer tutan Bosna-Hersek ve nihayet Moskofluğun hayat sahası ilan ettiği Balkanlar'la, Fransa'nın bir-iki asırdır sızdığı Arz-ı Mev'ûd toprakları ile Lübnan ve havâlisinde cereyan eden hadiseler dahi bu devleti yıkmaya kâfi sebepler değildi. Devlet'in elinde kuvvetli bir donanma ile kudretli bir kara ordusu vardı. Bu kuvveti yok etmek Batılı devletlerin ve bu arada İngiltere ile Rusya'nın başlıca hedefi idi. Fakat bütün bunlara rağmen Rusya, Sultan Abdülaziz'in kurduğu bu donanma ve ordu ile mücadele etmek cesaretini kendisinde bulamıyordu, ayrıca Rus çarı I. Nikola bu ordu ve donanma ile kat'iyyen harp etmek istemiyordu zira, yukarıda da işaret ettiğimiz gibi, Karadeniz'deki Türk donanması, Rus donanmasından her bakımdan üstündü. Türk donanmasındaki zırhlı gemi adedi Rus donanmasına nisbetle büyük bir kudret ifade ediyordu. Türk ordusu ise, dünyanın en iyi teçhiz edilmiş, en iyi talim görmüş ordusu idi ve ihtiyatları ile birlikte, bazı kaynaklara göre 500, bazı kaynaklara göre de 600 bin civarında idi. İşte Rusya'yı da, Rus çarını da Türklerle bir yeni harbe sürüklenmekten meneden sebep bu idi.

Fakat İngiltere, Rusya'yı ürküten bu orduyu mutlaka ezmek, icap ederse bu orduyu mahvetmek ve dolayısıyla cihan hakimiyetine giden yollar üzerindeki Osmanlı İmparatorluğu'nu, İngiliz siyasetinin kıvraklığı ile kuvvet ve kudretten mahrum etmek, ayakta tutmak gayesini güden bir siyaseti tatbik etmek yoluna girdi ve bunda da maalesef muvaffak oldu.

İngiltere bu siyasetini, Sultan Murad'ın aklî muvâzenesinin bozulmasından sonra taht'a çıkan Sultan Abdülhamid Han merhumun saltanatının daha ilk günlerinde tezgâhladı ve tatbike başladı

Osmanlı İmparatorluğu'nda artık meşrutî bir idare kurulmuştu. İngiltere, Sultan Abdülaziz'in hal'i ve katli ile istediği neticeyi almış ve o güne kadar birer sâdık Osmanlı teb'ası olan gayr-i müslimlere, istiklallerini almak hususunda rahatça çalışabilecekleri bir meşrûtî meclisin Osmanlı İmparatorluğu'nda kurulmasını sağlamıştı.

Sultan Abdülhamid Han'ın Osmanlı tahtına çıktığı gün olan 31 Ağustos 1876'da, devlet, İngilizlerin ve Rusların tahriki ile isyan etmiş olan Sırbistan ile harp halinde idi ve Osmanlı orduları her tarafta çok çetin savaşlar vermekte idiler.

Sırp prensi Milan Obrenoviç, devleti ciddi şekilde tehdit etmekte idi ve Ruslar kendisine azami yardımı yapıyorlardı zira, Osmanlı ordusunun Rusya ile bir harbe kapışmadan önce hırpalanmasını, müstakbel bir Türk-Rus harbi için elzem telakki ediyordu çünkü Rusya, ordusunu henüz tensik edememişti ve silah ve malzeme bakımından Türk-Osmanlı ordusundan daha zayıftı.

Bir dâhili harp ile, kendi aleyhine olan durumu lehine çevirmek elbetteki Rus erkân-ı harbiyesi için şiddetle arzu edilen bir hususutu. Bu maksatla Türkistan'a karşı Rusya'nın giriştiği istila harbinde, *Taşkent kasabı* unvanını alan, tarihin tanıdığı gaddar kâtillerden General Çemayef'i, Sırp Prensi Milan Obrenoviç'in emrine vermiş ve bu sapık prens de kendisini ordularına başkumandan nasbetmişti.

Türklere karşı korkunç bir kinin sahibi olan bu sadist general, Taşkent'e girdiği vakit hemen kâmilen eline geçen Türkleri katletmiş ve Taşkent'e adeta şehirdeki Türkler tamamen imha edildikten sonra girmiş ve rahat bir nefes alabilmişti. İşte Sırbistan isyanını bu general idare edecekti. Ve bu general, onbeş gün içinde İstanbul önlerine dayanacağına dair de gerek Çar'a gerekse Sırp Prensi Milan Obrenoviç'e teminat vermişti.

Lâkin bu sadist generalin evdeki hesabı asla tutmamıştı.

General Çemayef'in Sırp ordusu başkumandanlığına tayin edildiği haberi İstanbul'a gelir gelmez, Sadrazam Rüşdü Paşa, derhal Rus sefiri General İgnatiyef'i çağırmış ve durumu sormuştu. General de, haberi teyit etmiş ve bu tayinin Rusya ile Osmanlı İmparatorluğu arasındaki münasebetlere tesir etmeyeceğini ileri sürmüştü.

Sonra, general elçi teminat vermişti. Elçi, "General Çernayef'in Sırp üniforması giymesi hususunda Rusya tarafından kendisine herhangi bir emir verilmemiştir" demişti.

Rüşdü Paşa ile Rus sefiri general Ignatiyef arasında geçen bu konuşmadan bir hafta sonra da Sırp prensi Milan Obrenoviç, devletle adeta küstahça alay etmek ister gibi, Bâb-ı Ali'ye şu haberi göndermişti. Bu hususta, Nizamettin Nazif Tepedelenlioğlu *Sultan II. Abdülhamid ve Osmanlı İmparatorluğunda Komiteciler* adlı eserinin 394. sayfasında şu malumatı vermektedir:

Bir hafta sonra da, Belgrad'dan İstanbul'a gelen bir resmî murahhas, Rüşdü ve Midhat Paşaları çıldırtacak (üstadın bu nokta-i nazarına iştirak edemiyoruz) derecede küstahça bir tebliğde bulundu. 'Prens Milan, Sırbistan hudutlarına bitişik Osmanlı topraklarındaki isyanları bastırmaya karar verdi' ve haberci, sadrazama aynen şu sözleri söyledi:

"Prens hazretlerinin arzusu, Sırp ordusunu imparatorluğun ve prensliğin müşterek menfaatleri uğrunda kullanmaktır. Sırp ordusundaki subaylar ve askerler, isyan halinde bulunan Osmanlı ahalisi ile aynı ırktan ve dinden oldukları için, gittikleri yerlerde kucaklanarak karşılanacakları muhakkaktır. Bundan ötürüdür ki, imparatorluğun ve prensliğin menfaatleri adına prens hazretleri bu arzularını tatbike karar vermiş bulunmaktadırlar."

Bunun kısaca ve Türkçesi şu idi:

"Prens Milan, Bosna ile Hersek'i ve Bulgarların yaşadıkları Balkan bölgesini Sırbistan'a ilhak etmek azmindedir."

İki gün sonra Karadağ prensi de, tecâvüz emellerini daha açık bir dille bildirdi. Gönderdiği mesajdan bir cümle verelim:

"Gittikçe artarak memleketimi tehdit eden hadiseler ve benden yardım aramakta haklı olan topraklar üzerinde bir netice vermeden sürüp giden muhârebeler beni süratle kesin bir karar vermeye zorlamaktadır."

Bu iki teşebbüsün anlaşılmayacak bir tarafı yoktu. Sırp Prensi harp arıyor ve Karadağ Prensi de kendisini ayartmak için yapılan gizli temasları reddettiğini açıkça bildirerek Prens Milan'ın yolunu tercih ediyordu.

Milan, Temmuz'un 1. günü, karargâhını Aleksinaç'ta kurdu ve 2 Temmuz sabahı general Çemayef, Niş yanından Osmanlı hududunu geçti.

Rusya'nın da, İngiltere'nin de arzusu olmuş, iki prens, Osmanlı İmparatorluğu'na meydan okumuş ve Osmanlı topraklarının derinlemesinde harekata başlamışlardı... Bu harp, elbetteki Osmanlı ordusunu yıkamazdı ama, itiraf etmek lazımdır ki biraz yorardı. Esâsen bu iki devletin de aradığı bu idi. Yani İngiltere de Rusya da Osmanlı ordusunun hırpalanmasını ve yıpranmasını kendilerinin takip ettikleri birbirine zıt siyaset yüzünden istiyorlardı.

Devletin buna cevabı çok sert olmuştu. General Çernayef kuvvetlerinin Osmanlı topraklarına girdiği haberi gelir gelmez Hüseyin Avni'nin seraskerlik makamına oturan Abdülkerim Nâdir Paşa ordunun başına geçmişti. Emri altında Ahmed Eyüb Paşa, Osman Paşa ve Hâfız Paşa gibi gayyur ve tecrübeli, tecrübeli olduğu nisbette de devlete ve millete bağlı cesur ve gayyur kumandanlar vardı.

Nizamettin Nazif Tepedelenlioğlu, aynı eserinin 395. sayfasında, Türk ordusunun ileri harekatını şöyle anlatmaktadır:

Osmanlı ordusu, Çernayef'in dört kola ayırdığı Sırp ordusuna dört koldan yıldırım gibi bindirdi. Osman Paşa, general Lesjan'ın komutasındaki Sırp kuvvetlerini bozup Zagrep'i zaptetti. Batıda, aşağı Drina'da general Ranko Aıııpiliç'in emrindeki tümenler de Diyelina'ya yaptıkları taarruzda muvaffak olamadılar, püskürtüldüler. General Zah, Yavor savaşında yenildi ve yaralandı. Tez kaçtı, canını zor kurtardı. Osmanlı sınırına dalışından on gün sonra, Sırp ordusu tersyüz etmiş, tekrar inine girmişti. On bir yıl önce Taşkent'te kazandığı kolay zaferle şımarmış olan Çernayef yıldırımla vurulmuşa döndü

Sırplarda moral kalmadı. *Taşkent kahramanı*(!) Çernayef'in 15 günde İstanbul kapılarına ulaşacağını sanarak gönüllü yazılmış olan saf-dil domuz çobanları kaçmaya başladılar. Manevi kuvvetlerini yükseltmek için Milan, Rusya'dan yardımcı kuvvetler geleceğini ilan etti fakat gele gele sekizyüz kişi geldi. Bunların çoğu Çernayef ile birlikte Taşkent'i yağma etmiş olanlardı. O vurgunun tadı damaklarında kaldığı için, şimdi de İstanbul'u yağmaya koşmuşlardı.

Bunun üzerine Prens Milan taarruzdan vazgeçti. Morava vadisini müdafaaya karar verdi.

Sırbistan prensliğini aşağı yukarı müsavi iki parçaya ayıran bu vadi, doğrudan taarruza geçecek bir orduyu yani Osmanlı ordusunu Belgrad'a ulaştıracak en kestirme ve tabii yoldu. Prens Milan'ın umumi karargâhını kurduğu Aleksinaç müstahkem mevkii bu tabii yolun korunma sisteminde en önemli nokta idi. Biraz ötesinde de, en sert hücumlara dayanabileceği iddia edilen müthiş Deligrat istihkâmları vardı.

Fakat bu mânialar Osmanlı başkumandanını yıldırmadı. Emrindeki kuvvetlerin askerlik bilgisine ve cesaretine güvenen serasker, 28 Temmuz'da bir gece hücumuna karar verdi. Ahmed Eyüb Paşa kumandasındaki kuvvetler, bir Sırp hudut kasabası olan Gramada üzerine yürüdü. Öncülere kumanda eden Hâfız Paşa, altı saat süren bir savaştan sonra düşmanı bütün mevkilerinden tarayıp attı. Bir gün sonra da Süleyman Paşa (Sultan Abdülaziz'i hal' edenlerden askerî mektepler nâzırı), elindeki kuvvetlerle bir diğer noktadan Sırp hududuna dalıyordu.

Ahmed Eyüb Paşa kuvvetleri ile birleşen Süleyman Paşa, 31 Temmuz günü Timok nehrinin sağ kıyısını Sırplardan temizledi. Üç gün sonra da, bu bölgenin en müstahkem yeri olan Çinayzavaç zaptedildi.

Bundan sonra, Osmanlı ordusu harp harekatına devam etmiş ve Sırbistan'daki kuvvetler son bir-iki önemli başarıya ulaşmışlardı. Eyüb Paşa'nın 20 ve 21 Ağustos günlerinde giriştiği askerî harekat 24 Ağustos'ta biraz duraklar gibi olduktan sonra birdenbire süratlenmiş, 29 Ağustos'ta general Çernayef'i kötü bir duruma sokmuştu ve Ali Sâib Paşa kumandasındaki kuvvetlerimiz, 30 Ağustos günü *Taşkent kasabının* burnuna gülerek arkasından bağırmış ve Morava nehrini iki koldan geçmişti. Bu Sırbistan harbinin yarısını kazanmak demekti. Çok mühim bir haberdi ve bu pek mühim haber Osmanlı karargâhından önce, Peşte'den çekilen telgraflarla dünyaya yayıldı. Ve 31 Ağustos sabahı Abdülhamid Han taht'a çıkarken bu zafer İstanbul'da öğrenildi.

Türk ordusu, kolay ve zâyiatsız denilebilecek bir zafer

kazanmıştı. Çemayef ezilmiş, Sırp ordusu, her an işi bitirilecek bir vaziyete sokulmuştu. İşte böyle bir günde de, Sultan Abdülhamid Han devletin kaderine el koymuş bulunuyordu. Şimdi Osmanlı devleti için yeni bir ümit ışığı parlamıştı ve Sultan Abdülhamid Han bu ışığın ilk parıltısını da taht'a çıktığı ilk gün göstermiş, Sırbistan harekatı dolayısıyla Sadrazam ile aralarında fevkalade mühim bir görüşme geçmişti.

Bu hususta N. N. Tepedelenlioğlu, aynı eserin 409. sayfasında şu malumatı vermektedir:

Mutat tebriklerden sonra, Sultan II. Abdülhamid Han ile Sadrazam Rüşdü Paşa arasında geçen ilk ciddi muhâvere şudur:

Sultan:

—Sırbistan işini müzâkere yoluna dökmek için bir siyasi zemin bulunamaz mı?

Rüşdü Paşa:

—Hükümet buna lüzum hissetmiyor. Vazifesini tamamlamak üzere bulunan orduyu durdurmak büyük hata olur.

Abdülhamid:

—Şu halde kuvvetlerimizin asıl hedefi Belgrad demek... Belgrad'a kadar gidebilecek misiniz paşa hazretleri?.

Rüşdü Paşa:

—Sâye-i şâhânenizde emelimiz budur. Bu müjdeyi de efendimize verebileceğime emniyetim tamdır.

Abdülhamid:

—Kuvvetlerimizin Sırbistan kuvvetlerine üstün olduğuna şüphem yok fakat, bir daha soruyorum Paşa hazretleri, Belgrad'a kadar gidebilecek misiniz?...

Rüşdü Paşa:

—İngiltere'de tam bir tasvip ile karşılanmış bulunuyoruz. Rusya tarafından da ne siyasi, ne de askerî bir müdâhale de vârit görülmüyor. Avusturya elçisi ile yaptığım en son diplomatik temaslarda,

Viyana kabinesinin Sırplara indirilecek bir darbeyi tasvip etmekte olduğuna bir daha inanmış bulunuyorum.

Abdülhamid:

-Rüfekânız da aynı kanaatte midirler?

Rüşdü Paşa:

-Efendimizin bu hususta zerre kadar tereddüt buyurmamalarını hâssaten rica ederim.

Abdülhamid:

-Midhat Paşa hakkında da aynı teminatı verebilir misiniz?

Rüşdü Paşa:

-Kendimden şüphe ederim, Midhat Paşa Hazretlerinden asla şüphe edemem.

Abdülhamid:

-Şu halde, kendileri de tıpkı sizin gibi, Sırbistan işi için bir uzlaşma çaresi aramak arzusunda bulunuyorlar... Böyle olunca da, Morava'daki başarılarımızı Belgrad'a dayanarak tamamlamak icap ediyor. Acaba Belgrad'a kadar gidebilecek misiniz Paşa hazretleri?...

Abdülhamid, bu ilk muhâvereden sonra, Rüşdü Paşa'nın diplomatik kavrayışları hakkında notunu vermekte tereddüt etmedi: Bu sadrazam paşa hazretleri, Avrupa umumi politikası hakkında pek yaya idiler...

Genç padişahın, *çok tecrübeli bir devlet adamı* şöhreti ile karşısına dikilen paşaya, "Belgrad'a gidebilecek misiniz?" diye sormaktan kastı başka idi. O, 'Belgrad'ın bir defa daha silah kuvvetiyle zaptedilmesine büyük Avrupa devletleri müsaade ediyorlar mı?" demek istemişti. Ve bunu sorarken de, gönüllü Rus subayları ile Sırp askerlerinin cesetlerine basa basa bir Osmanlı ordusunun Belgrad'a girmesine büyük Avrupa devletlerinin asla müsaade etmeyeceklerine yüzde yüz inanmakta idi.

Bir gün sonra, Padişah'ın aynı sorularına Midhat Paşa muhatap oluyordu. Devrin milletlerarası büyük şöhret sahibi *büyük devlet adamı* da, bu basit dış politika imtihanında sadrazamdan daha parlak bir not alamadı. Hemen hemen aynı suallere hemen hemen aynı cevapları verdi. Yalnız bu fırsattan istifade ederek, genç padişaha, aklı sıra bir ders de vermeye kalkıştı. Nasihat kılıklı bir ders.

Gözlüğünü düzeltip püskülünü sallayarak, "Efendim!" dedi; "Kanun-ı Esasi de bir an önce ilan edilirse, düvel-i Avrupa Belgrad'a girdiğimiz gün Sırbistan prensliğinin daha sağlam kayıtlarla devlete bağlanmasını da terviç edecektir. Şimdi enzâr-ı âlem üzerimize dikildi, her pâyitahtı düşündüren hep bizim kanun-ı esasi işi... Şunu hayırlısı ile ortaya attığımız anda cemiyetimizin kolaylıkla halledilemeyecek hiçbir meselesi kalmaz!."

Abdülhamid, ona hayretle bakakalmıştı. Bu derece şöhretli bir adamın bu derece saf-dil ve hayal-perest olabileceğine o kadar hayret etmişti ki, adeta ürkmüştü...

Evet ürkmüştü... Dünya ahvâlinden bu derece bî-haber bir insana koskoca bir devleti nasıl teslim edebilir diye...

Zira, taht'a çıktığı an, üzerinden geçen bu kırksekiz saat içinde korkunç bir hissin tazyiki altında bulunuyordu.

Hadiselerin seyri Midhat Paşa'yı sadâret makâmına sürüklüyor gibiydi. Mührünü bu adama nasıl verecekti?"

Sultan Abdülhamid Han, teşrîk-i mesâi edeceği bu iki şöhretli paşanın ne mal olduğunu anlamıştı. Anlamıştı ve hayretler içerisinde kalmıştı zira, bu iki adam da Avrupa siyasetinin " s " sine bile vâkıf değillerdi ve bu iki adam bir imparatorluğun kaderine el koymak iddiasında idiler.

Sultan Abdülhamid Han kararlı idi. Ordusunun Belgrad'a girmesini mutlaka önleyecekti zira, böyle bir işgalin imparatorluğun başına nasıl birtakım felaketler getireceğini gayet rahat görebilmişti. Bir Belgrad için, Osmanlı İmparatorluğu'nun kâtili olmak istemiyordu ve bu kararını da tatbik etmişti zira, Sırbistan Osmanlı İmparatorluğu'na bağlı yarı müstakil bir prenslik değil, tamamen müstakil bir prenslikti. Bu bakımdan, Abdülkerim Nâdir Paşa'nın kumanda ettiği Türk ordularının bir hamlede Belgrad'a girmelerini ve Sırbistan'ı ezmelerini Avrupa, yani Hristiyanlık âlemi asla kabul etmeyecekti.

Sultan Abdülhamid Han, Rüşdü ve Midhat Paşalarla bu görüşmeyi yaptıktan çok kısa bir müddet sonra bu paşalar, Türk ordusunun, Sırp ordusuna karşı, Sultan'ın kafasındaki düşüncelerden bî-haber olarak Abdülkerim Nâdir Paşa'ya verdikleri bir emir ile büyük taarruza geçmesini bildirmişler ve Eyüb Paşa'nın fevkalade müsait bir durumda bulunduğu bu vaziyetten istifade etmişlerdi. Eyüb Paşa'nın Taşkent kasabı Çernayef'e indirdiği darbe pek şiddetli olmuştu. Bu ikinci darbe ile beraber Eyüb Paşa, Çernayef'in karargâhına dayanmış ve 3 Eylül günü bu işi bitirivermişti.

Sırp ordusu tamamen ezilmiş, yıldırım gibi çarpan Türk ordusu önünde, gönüllü Rus zabitleri Morava suyunun kenarında son nefeslerini vermişlerdi, Çernayef ise, bütün silahlarım terkederek ancak canını kurtarabilmişti.

Fakat, günlük işler hakkında Padişah'a malumat veren Sadrazam Rüşdü Paşa, Abdülkerim Nâdir Paşa'ya verilen taarruz emrini de söyleyince Padişah'ın kan beynine çıkmış, yüzü sararmış ve Sadrazam Rüşdü Paşa'ya şu emri vermişti:

-Ordularımızın ileri harekatını derhal durdurunuz. Bu irâdemi vakit geçirmeden Abdülkerim Nâdir Paşa'ya da, dâru'l-harpte bulunan diğer paşalara da hemen tebliğ ediniz!

Ve Rüşdü Paşa'ya sırtını çevirmiş, mülâkâtın bittiğini anlatmak istemişti.

Hadiselerin seyri Midhat Paşa'yı sadâret makâmına sürüklüyor gibiydi. Mührünü bu adama nasıl verecekti?

Sultan Abdülhamid Han, teşrîk-i mesâi edeceği bu iki şöhretli paşanın ne mal olduğunu anlamıştı. Anlamıştı ve hayretler içerisinde kalmıştı; zira, bu iki adam da Avrupa, siyasetinin "s"sine bile vâkıf değillerdi ve bu iki adam, bir imparatorluğun kaderine el koymak iddiasında idiler.

Sultan Abdülhamid Han kararlı idi. Ordusunun Belgrad'a girmesini mutlaka önleyecekti, zira böyle bir işgalin imparatorluğun başına nasıl birtakım felaketler getireceğini gayet rahat görebilmişti. Bir Belgrad için, Osmanlı İmparatorluğu'nun kâtili olmak istemiyordu ve bu kararını da tatbik etmişti zira, Sırbistan, Osmanlı İmparatorluğu'na bağlı yarı müstakil bir prenslik değil, tamamen müstakil bir prenslikti. Bu bakımdan, Abdülkerim Nâdir Paşa'nın kumanda ettiği Türk ordularının bir hamlede Belgrad'a girmelerini ve Sırbistan'ı ezmelerini Avrupa, yani Hristiyanlık âlemi asla kabul etmeyecekti.

Sultan Abdülhamid Han, Rüşdü ve Midhat Paşalarla bu görüşmeyi yaptıktan çok kısa bir müddet sonra bu paşalar, Türk ordusunun, Sırp ordusuna karşı, Sultan'ın kafasındaki düşüncelerden bî-haber olarak Abdülkerim Nâdir Paşa'ya verdikleri bir emir ile büyük taarruza geçmesini bildirmişler ve Eyüb Paşa'nın fevkalade müsait bir durumda bulunduğu bu vaziyetten istifade etmişlerdi. Eyüb Paşa'nın Taşkent kasabı Çernayef'e indirdiği darbe pek şiddetli olmuştu. Bu ikinci darbe ile beraber Eyüb Paşa, Çernayef'in karargâhına dayanmış ve 3 Eylül günü bu işi bitirivermişti.

Sırp ordusu tamamen ezilmiş, yıldırım gibi çarpan Türk ordusu önünde, gönüllü Rus zabitleri Morava suyunun kenarında son nefeslerini vermişlerdi. Çernayef ise, bütün silahlarını terkederek ancak canını kurtarabilmişti.

Fakat, günlük işler hakkında Padişah'a malumat veren Sadrazam Rüşdü Paşa, Abdülkerim Nâdir Paşa'ya verilen taarruz emrini de söyleyince padişahın kan beynine çıkmış, yüzü sararmış ve Sadrazam Rüşdü Paşa'ya şu emri vermişti:

-Ordularımızın ileri harekâtını derhal durdurunuz. Bu irâdemi vakit geçirmeden Abdülkerim Nâdir Paşa'ya da, dâru'l-harpte bulunan diğer paşalara da hemen tebliğ ediniz!

Ve Rüşdü Paşa'ya sırtını çevirmiş, mülâkâtın bittiğini anlatmak istemişti.

Rüşdü Paşa itiraz edecek gibi olmuş fakat, Sultan Abdülhamid'in sırtını döndüğünü görünce, irâdeyi tebliğ etmek üzere huzurdan çıkmıştı.

İstanbul'da sarayda bu işler hazırlanırken, ordusu darmadağın edilmiş olan Prens Milan, Belgrad'daki bütün yabancı mümessilleri huzuruna davet ederek, onlara, perişan bir şekilde sığındığı Paraçil kasabasında şu sözleri söylemişti:

–Sırbistan'a garanti vermiş olan devletlerin arzusuna uyarak prenslik hükümeti, Bâb-ı Alî ile iyi münasebetlerin tekrar kurulmasını temin için büyük devletlerin aracı olmasını diler. (N. N. Tepedelenlioğlu, *aynı eser*, s. 415)

Demek ki Sultan Abdülhamid Han, neticeyi daha evvel tayin etmiş, görmüş ve Sadrazam Rüşdü Paşa'ya, ordunun ileri harekatını durdurması hususunda emir vermişti. O biliyordu ki Avrupa, Osmanlı ordusunun Sırbistan'ı yerle bir etmesine, Belgrad'ın zaptına müsaade etmeyecekti. Belgrad'ı zaptedip de masada terketmek suretiyle devletin itibarını düşürmektense, oraya girmemek daha muvâfık olurdu. İşte, Sultan Abdülhamid, bunun için bu emri vermiş ve derhal, vakit geçirilmeden ordunun ileri harekatının durdurulmasını emretmişti.

Sırp Prensi Milan'ın Avrupa devletleri temsilcilerine yaptığı teşebbüslerden sonra, bu devletlerin nasıl hareket ettiklerini ve Sultan Ahdülhamid Han'ın ne kadar haklı olduğunu, N. N. Tepedelenlioğlu'nun aynı eserinin 416. sayfasından aldığımız şu kısım daha açık bir şekilde izah eder:

"Demek ki, Abdülhamid Han hadiseye tekaddüm etmişti. Ya etmemiş olsaydı? O zaman, Sırbistan'ı korumak isteyen büyük devletlerin ilk arzusu askerî hareketlerin durdurulması olacaktı. Yani, genç padişahın kendi irâdesiyle yapılan iş, tepeden inme bir emirle yapılmış olacaktı. Şimdi bütün siyasi kozlar Osmanlı kabinesinin eline geçmiş bulunuyordu, çünkü Osmanlı devleti prensin

'Aman!' demesinden önce kendiliğinden harbi durdurmakla, Sırbistan'ı yok etmek niyetinde olmadığını açıkça isbat etmişti. Böyle bir devletin iyi niyetinden kimin şüpheye hakkı olurdu? Bundan ötürü, devletler gayet yumuşak bir dille aracılığa giriştiler. Eğer Abdülhamid'in irâdesi Abdülkerim Nâdir Paşa'nın hazırladığı o korkunç katliamı önlemeseydi kim bilir devletler ne şiddetli bir saldırışla işe girişeceklerdi?

Fakat komiteci paşalar, dünya politikasındaki gafletlerini bir defa daha göze vurdular.

"İşte, hemen tedkike bağlayıp bir anlaşmayı kolaylaştırmak ve hızlandırmak çaresini arayacakları yerde, hoyrat ve nobran bir tavır takındılar. Önce güya temkinli görünmek istediler, devletlerin teşebbüslerine süratle verdikleri cevap ile işin şirâzesini bir daha bozdular. Bu cevap, Sırbistan prensliğinin teminat altında bulunan haklarından çoğunu giderir mahiyette idi. İşte bir kısmı:

Madde 1. Sırbistan prensliği tahtına oturacak şahıs, zât-ı şâhâneye bağlılığını bildirmek üzere Osmanlı payitahtına gelecektir;

Madde 2. 1867 fermânı ile, mülkiyeti ve hükümranlığı Osmanlı hükümetinde kalmak üzere Sırbistan prensine yalnız muhâfazası tevdi edilmiş olan dört kale, eskisi gibi tekrar Osmanlı ordusu tarafından işgal olunacaktır. Bu hususta, 1853 tarihli protokole harfiyen riâyet edilecektir;

Madde 3. Sırbistan prensliklerindeki milis (gönüllü) kuvvetleri kaldırılmıştır. Prenslik hudutları içinde emniyeti korumak için bulundurulacak kuvvetler onbin kişiyi ve iki batarya topu aşmayacaktır.

Gerisine göz gezdirmeye lüzum yok... Bu üç madde, komiteci paşalar kabinesinin hangi hülyâ denizlerinde kulaç atmakta olduklarını anlatmaya yeter. İlk madde ile Sırbistan prensi, Osmanlı İmparatorluğu'nun yüksek rütbeli bir memuru halini almaya ve bunu zımnen ilana zorlanıyor... İkinci madde ile, prenslik toprakları tekrar sıkı bir askerî kontrole sokulmak isteniyor...

Yani, Abdülhamid'in Belgrad kalesine zorla konmasını önlediği Osmanlı bayrağını prensin kendi eli ile çekmesi isteniyor... Üçüncü madde ise, prensi asker toplamak hakkından mahrum ediyordu. Hele prensin ordusunda iki bataryadan fazla top bulunmasına müsaade etmemek, Sırbistan'ı eli kolu bağlı olarak tekrar Bâb-ı Alî'ye teslim etmek demekti. Zira Osmanlıya karşı Sırbistan'ın edinebileceği tek silah toptu.

Böyle bir zafer diktesi, ancak III. Murad Han devrinde bir Sırp kralına dikte edilebilirdi. Komiteci paşalar, Brankoviç prenslerinin Osmanlı saraylarında istifraş edildikleri devirlerde yaşadıklarını mı sanıyorlardı ne?

Türk ordusunun Sırbistan üzerine yüklenişi ile birlikte, bu prensliğin târumâr olması keyfiyeti, bütün Avrupa'yı, yani düvel-i muazzamayı ciddi şekilde endişelendirmişti. Zira Sultan Abdülhamid Han'ın, amcası şehit Sultan Abdülaziz Han'dan devraldığı ordunun harp gücü bütün açıklığı ile ortaya çıkmıştı. Bu bir ordu değil sanki bir fırtına idi ve bu noktada, İngiltere'nin de Rusya'nın da gözleri faltaşı gibi açılmış, Osmanlı Türkü'nün eski kuvvet ve kudretini iktisap ettiği hakikati karşısında bu iki devlet dehşete düşmüşlerdi.

Sırbistan tecrübesi göstermiştir ki, Osmanlı ordusu hakikaten Avrupa'nın korktuğu kadar kuvvetlenmiş, önünde zor durulur bir ordu haline gelmişti. Mahlu[1] ve şehit Sultan Abdülaziz'in şahsında günün modası haline getirilmiş bulunan *israfların*, hakikate tetâbuk etmediği işte Sırbistan seferi ile meydana çıkmıştı.

Londra'daki İngiliz siyasileri de Petrograd'daki Rus prens ve generalleri ve yüksek askerî şahsiyetleri de, bu ümit edilmeyen netice karşısında şaşkına dönmüşlerdi. Her iki devletin ve bilhassa İngiliz siyasilerinin gözü önüne, Sırbistan galibiyetinden sonra, kurmak istedikleri dünya hakimiyeti siyasetlerinin mum gibi eridiği gelmekteydi zira, dünyanın en kritik bir noktasında olan ve dünyanın bütün ticaret yollarını eli altında bulunduran bir Osmanlı İmparatorluğu'nun böylesine kudretli bir orduya malik olması, İngilizlerin büyük fedâkârlıklar sonunda mihrakına oturtmaya çalıştıkları dünya hakimiyeti siyasetinin iflasa mahkum olduğunu ortaya koymuştu. İngiltere; Hindistan müstemlekesinin, küçük İngiliz adalarına servet akıtan bu müstemlekenin, Osmanlı İmparatorluğunun bu kudreti karşısında sisli ufuklar ardında kaybolmak üzere olduğunu görmüştü. İşte bunu gördüğü için de, İngiliz diplomasisi, o ince ve çok köklü siyaseti ile harekete geçmiş, Sultan Abdülaziz'i hal' ettirmiş, katlettirmişti. Ama iş bununla bitmiyordu. Kendisine güvendiği Sultan V. Murad Han, bir rivayete göre bizzat şahidi olduğu, fakat katledildiğini bildiği amcası şehit Sultan Abdülaziz Han'ın şehâdetinden sonra sinir krizleri geçirmiş ve aklî muvâzenesi bozulmuştu. Artık, İngiltere, kendisine güvenilir bir sultandan mahrumdu zira, daimi sinir krizleri geçiren Murad Han'ın, bu hali ile saltanat tahtında kalması mümkün değildi ve İngiltere uzun mücadelelerden sonra elde ettiği bu müsbet neticenin bir hayalden ibaret olduğunu görünce de adeta şoke olmuştu. İmparatorluk ve İngiliz adalarının istikbâli tehlikeye giriyordu. Elbette buna bir tedbir almak lazımdı. Nitekim, İngiltere bu tedbiri almakta da gecikmemişti. Tedbir basitti: İngiltere, Osmanlı İmparatorluğu ile Rusya'yı yeni bir harbe sürüklemek için ortalığı bulandırmaya başlamıştı. Böylece, bir taşla iki kuş vurmuş olacaktı zira, Rusya şehit hükümdarın meydana getirdiği kudretli orduyu ve donanmayı gördükten sonra bizzat Rusya'nın tehlikede olduğuna karar vermiş ve bütün kuvvet ve kudreti ile kendisini silahlandırmaya vermişti. Bu maksatla Fransa'dan büyük istikrazlar yapmış ve bu paraları tamamen silahlanmaya ve yepyeni bir donanma kurmaya hasretmişti.

İngiltere, işte Rusya ile Osmanlı İmparatorluğu arasında çıkacak bir harp ile, bu Rus kuvvetini de ciddi bir şekilde yoracak ve belki de Osmanlı ordusu önünde bu Rus ordusu yenilecekti. Onun için, derhal tedbir almak lazım gelmişti. İngiltere'nin parmağı olduğu muhakkak bulunan Midhat Paşa'nın sadrazam nasbi da böylece vukubulmuştu zira; İngiltere, Rusya ile harbi, Sultan

Abdülaziz'i tahtından indirip katlettirdiği Osmanlı ricâlinin iş-başında bulunduğu bir sırada çıkartmak istemiş, Rusya yenildiği takdirde de işbaşında bulunacak kendi adamlarına, istediği şekilde ve yüzde yüz kendi menfaatleri istikametinde bir yeni anlaşma yapmayı düşünmüştü.

Lord Salisböry'nin İstanbul'da aktedilen ve adına Tersane Konferansı denilen bu konferansta Osmanlı İmparatorluğu lehine hareketinin bizce tek sebebi işte budur. İngiltere, bu şekilde hareket etmiş olmakla, yeni sultanın gönlünü yapmış olacak ve çıkması kaçınılmaz olan Türk-Rus harbi sonunda, Osmanlı İmparatorluğu'nun galebesi takdirinde, bu dostluk tezâhürünü ileriye sürerek istediği anlaşmayı yapabilecekti.

İngiltere, bütün bu planları tezgâhlamış ve rayına oturtmuştu. Bizim tarihlerimizin *büyük devlet adamı* vasfını rahatça verdikleri, cahil ve dünya siyaseti görüşünden mahrum, sadece kendilerine verilen emirleri yerine getirmek durumunda bulunan bu paşalar çetesinin arta kalanları da, İngiltere'nin tezgâhladığı bu siyasetin birer maniveleası durumunda idiler. Yani açıkçası, İstanbul'daki İngiliz sefiri sir Henry Elliot'un emir ve direktifleriyle devletin başını yeniden derde sokmak için birbirleriyle yarış ediyorlardı. Nitekim Rüşdü Paşa'nın, Abdülkerim Nâdir ve diğer paşaların Sırbistan'da kazandıkları muzafferiyetten sonra, bu küçük prensliğe verdikleri ve genç padişah Sultan Abdülhamid Han'ın hiçbir vakit terviç etmediği, lâkin devletin içinde bulunduğu nâzik durumu göz önüne getirerek bir emr-i vâki olarak tasdik ettiği Sırbistan'a verilen anlaşma taslağı Avrupa'yı harekete getirmeye de kâfi geldi.

Paşalar, artık kendi başlarına buyruk hale gelmişlerdi. Sırbistan'a teklif edilen sulh şartları, büyük Avrupa devletlerine de iletilmiş ve Sultan Abdülhamid Han bu hususu ancak üç gün sonra, o da bir tesadüf neticesinde öğrenmişti. Bu hususta N. N. Tepedelenlioğlu, aynı eserinin 417. sayfasında şu malumatı vermektedir:

Abdülhamid, Bâb-ı Âlî'nin büyük devletlere verdiği bu

muhtırayı üç gün sonra, ayın 17'sinde hususi tabibinden öğrenmişti. Doktor Mavroyeni'ye, Avusturya-Macaristan büyükelçiliği baş-tercümanı söylemişti. 'Bu şartlar çok ağır...' demiş ve ilave etmişti:

–İmparator, Çar tarafından yapılan bazı sert teklifleri ısrarla reddederden, Bâb-ı Âlî, inadına Moskof'u kışkırtıyor.

Ve zeki Mavroyeni, baş-tercümandan bu tekliflerin ne olduğunu öğrenmişti.

Çar, Avusturya İmparatoruna bir mesaj göndermiş, Bosna-Hersek ile Bulgar bölgesinin Rus ve Avusturya kuvvetleri tarafından askerî kontrol altına alınmasını istemişti.

Bu teklife göre, Rus ve Avusturya ordularından ayrılacak kuvvetler, müşterek plana göre Osmanlı topraklarına dalacaklardı. Bosna ile Hersek Avusturya tarafından ve Bulgar bölgesi de Rusya tarafından işgal edilecekti...

Avusturya bu teklifi reddetmişti. Görülüyor ki, Rusya, tek başına Osmanlı İmparatorluğu ile bir harbi göze alamıyordu. Hele, Sırbistan seferinden sonra böyle bir harbi düşünmesi mevzu-i bahs bile olamazdı. Nitekim, Avusturya-Macaristan İmparatorluğu'na yaptığı teklif de bunu göstermektedir.

Sultan Abdülhamid Han, bu haberi aldıktan sonra, paşaların kendisine malumat vermelerini boşuna bekledi. Nihayet, 20 Eylül 1876 tarihinde ve bir gece Midhat Paşa ile Rüşdü Paşa'yı sarayda akşam yemeğine çağırdı. Padişah kendileri ile ciddi şekilde konuşmak azminde idi, zira bahis mevzuu olan hatalar devlete, yani Osmanlı İmparatorluğu'na pek pahalıya mal olacak cinstendi. İşin asla beklemeye tahammülü yoktu.

N. N. Tepedelenlioğlu üstadımız, aynı eserinin 418. sayfasında, bu akşam yemeğini şöyle anlatmaktadır:

Ve dünyayı gül pembe gösteren sözlerini uzun uzun dinledikten sonra birdenbire damdan düşer gibi sordu:

–Viyana'dan, Petersburg'tan bir haber var mı?

Rüşdü Paşa:

-'Hiç efendimiz...' dedi. 'Ama hiçbir haber yok. Ses çıkaramıyorlar. Muhtıramızın bütün şartlarını Sırbistan'ın kabul edeceği muhakkaktır.'

Abdülhamid Han, köyünden yeni gelmiş bir kalaycı çırağı saflığına bürünerek sordu:

-Bâb-ı Âlî tarafından bir muhtıra mı verildi paşa hazretleri?

Bunun üzerine iki paşa, birinin yarıda bıraktığım diğeri tamamlayarak durumu –adeta lütfen– hikaye ettiler. Sultan gene alttan aldı:

-Çok cesûrâne hareket edilmiş...

Ve sustu. Paşaların biraz daha konuşup açılmalarını bekledi; fakat, ne Midhat Paşa'dan, ne Rüşdü Paşa'dan başkaca hiçbir bilgi edinmek mümkün olmayacağını sezince, cepheden hücuma geçti:

-Bahsettiğiniz muhtıranın verilmesinden sonra, Avrupa'daki tesirlerini araştırmamak bence büyük hatadır. Hiç olmazsa üç büyük merkezin gizli tepkileri araştırılmalı idi... Moskof'ların, Viyana ve Londra'nın ne düşündüklerini bilmeden nasıl rahat edebiliriz? Elçilerimizden hiçbir haber gelmedi mi?

Paşalar boş avlanmışlardı. 'Hangimiz cevap vereceğiz?' gibilerden bir an göz göze geldiler. Tereddüdü kısa süren Midhat Paşa oldu:

-Bahsi geçen merkezlerdeki tepkiler hakkında bilgi edinmek güç değil, elçilere bildirilir ve cevap alınır. Mühim olan şudur ki... Viyana'dan ve Petersburg'tan hemen bir karşılık gelmemiştir.

-Bunu neye hamlediyorsunuz?

-Efendimiz, bunun tek manası olabilir... ki hakikat de budur: Rusya da, Avusturya da bu meselede kararlı değillerdir.

Abdülhamid Han, peçetesini bırakarak hemen masadan kalktı:

-Ne fena... Ne fena...

Bu, ziyaretin sona ermesi demekti. Paşalar da ayağa kalktılar.

Midhat Paşa, tatlılara sıra gelmeden sona eren yemeği tatlıya bağlamak istiyormuş gibi, "Hele Londra'dan aldığımız haberler fevkalade..." dedi. "Sefiriniz saray ve hükümet muhitleri ile olan temaslarından memnun olduğunu bildiriyor. Sonra, borsada lehimizde bir hava belirmekte olduğu seziliyormuş..."

Ve bu kadarla kesti. Abdülhamid Han, üst tarafını sadrazamın tamamlayacağını umarak bir dakika sustu. Rüşdü Paşa'ya baktı fakat, paşadan tek kelime çıkmayınca, ziyafet salonundan ağır ağır çıktı. Geniş pencereleri denize bakan taraçalı salona yollandı. Paşalar da kendisini takip etmişlerdi. Bir koltuğa oturup tam karşısındaki kanepeyi onlara işaret ettikten sonra gözlerini Midhat Paşa'ya dikti:

—Evet efendim... Devam ediniz... Sizi dinliyorum efendim...

Büyük devlet adamı, daha çok şeyler biliyormuş da zamanı gelmediği için söylemiyormuş gibi bir edâ ile ve gâyet hafif bir sesle mırıldandı:

—Arzedebileceğim bundan ibâret efendimiz.

Abdülhamid Han, bu cevaba hayret ettiğini hissettirmekten çekinmedi:

—Londra borsasındaki hava değişikliğini dahi takip eden bir sefirin İngiltere'deki muhalefet hakkında bilgi edinmemiş olmasına şaşılır...

Paşalar sustular.

—Değil mi efendim?

Bu kesin sual elbette cevapsız bırakılamazdı fakat paşalar, birdenbire büyük bir tereddütle frenlenmiş gibi idiler. İkisinden de yine bir ses çıkmadı ama, Padişah'ın bu 'Değil mi, efendim'i kendi kendine söylemiş olduğunu sanmışlarda onun için susuyorlarmış gibi bir tavır takınmasını bildiler.

Abdülhamid bu kurnazlığı da göğüsledi:

—Gladstone da susuyor mu imiş efendim?

Bunun üzerine Rüşdü Paşa, çâresiz, muhâtap olmayı kabul etti:

-Sefir paşadan bu hususta yeni bir haber alınmadı efendimiz. Yalnız, Gladstone ile arkadaşlarına umumi efkârca itibar edilmediği öteden beri malum. Muhâlefet lehinde bir değişiklik olmayınca üzerinde durmamak sefir paşanın eski itiyadıdır.

Abdülhamid, 'Çok fena bir itiyat...' dedi ve gülmekten kendini alamadı. Sonra paşaları düşürdüğü zor durumdan yine kendisi kurtardı:

-Şu halde, Londra'da bütün mesele Lord Derby'den görülecek iltifatın derecesinde... Acaba İngiltere Hariciye nâzırının müzâheretine güvenebilecek miydi?

Paşalar rahat bir nefes aldılar çünkü, ikisi de İngiltere dış politikasından açık bonolar almakta olduklarına inanmakta idiler. Rüşdü Paşa göğsünü gere gere cevap verdi:

-İtimadım ber-kemâldir efendimiz... İngiliz elçisi ile pek sıkı temâsımız devam ediyor.

Midhat Paşa da hemen ilave etti:

-Sir Henry Elliot, durumu azami derecede istismar edebileceğimize inanmaktadır. İngiltere gibi temkinli bir devletin büyükelçisi elbette üstün seciyeli bir insandır. Böyle bir inanışı bize ihsâs edebilmesi, ancak Lord Derby'den bu yolda bir talimat alması ile mümkündür. İngiltere'ye her hâlükârda itimat caizdir efendimiz.

Sultan Abdülhamid Han ile bu iki çeteci paşanın yaptıkları bu görüşme çok mühimdir zira, her iki paşa da İngiliz sefiriyle olan çok sıkı münasebetlerini inkâr etmedikleri gibi, gözlerini ve kulaklarını sadece Londra'ya çevirdiklerini ve dolayısıyla İngiliz siyasetinin dümen suyunda ve emrinde olduklarını bizzat itiraf etmiş olmaktadırlar.

Ve hele, *büyük devlet adamı*(!) Midhat Paşa'nın sözleri... Bir insanın kendi devletine ihanet için bundan daha mükemmel bir delil bulmak herhalde çok müşkildir. Demek ki, İngiltere'nin

İstanbul elçisi "Durumdan azami derecede istifade edebilir ve bunu istismar edebilirsiniz" diyor da, bu büyük zat da buna peki diyebiliyor. "Peki ya Petersburg ne diyecek? Ya Paris veya Viyana ne diyecek?" diye düşünemiyor mu? Hayır düşünmez, düşünmez de değil, düşünemez zira, kendisini İngiltere'nin İstanbul sefîr-i kebîri sir Henry Elliot'a bağlamıştır ve bu büyük adam, işte bu sefirin her dediğini yapmaya mecburdur. Midhat Paşa için de, Sadrazam Rüşdü Paşa için de ne Petersburg'un ve Viyana'nın, ne de Paris'in değeri yoktur. Onlar ne derlerse desinler, bu iki merkez ne düşünürlerde düşünsünler, bu hususlar paşaları asla alâkadar etmez. Onlar için Londra'nın söyledikleri veya söyleyecekleri mühimdir ve hareketlerini buna göre ayarlamaya da mecburdurlar zira, her ikisinin de sırtında bir cinayetin ağır yükü bulunmaktadır ve şöhretlerini de, habâsetlerini de, ihanet ve cinayetlerini de bu merkeze, yani Londra'ya bağlamışlardır.

Şimdi, bu iki paşanın, Türk İmparatorluğu'nu, İngiliz sefirinin bir sözü ile nasıl bir felakete attıkları çok daha vâzıh olarak anlaşılmaktadır. Bu paşaların birbiri ardınca işledikleri ve bilerek işledikleri hatalar devlete, millete ve İslâmiyet'e karşı giriştikleri ihanet zincirinin ikinci halkası olmuştur. Birinci halka, şehit edilen Sultan Abdülaziz olmuştu. Fakat Londra bununla istediği neticeyi alamamış ve ikinci halkayı da bu iki adamına ve onların yararına hazırlatmıştı. İkinci halka, Sırbistan'a verilen ve birer sureti de büyük merkezlere iletilen sulh şartları idi. Bu şartlar ki, Devlet'in başını derde sokacak, İmparatorluğu hayâtiyetinin bitmesine müncer olacak bir harbe sürükleyecek ve 1293/1877-78 dediğimiz Türk-Rus Harbi'nin çıkmasında âmil olacak ve bu paşalar, Devleti bir oldu bitti ile bu felaketli harbin içine atacaklar, sonra da koskoca bir İmparatorluğun tasfiyesi demek olan mağlubiyetimiz meydana gelecekti.

Ve bu paşalar çetesi, hala tarihlerimizde kahraman, büyük devlet adamı, hürriyet kahramanı, meşrûtî idarenin müessisleri ve şâir gibi birtakım şatafatlı sıfatlarla anılacak ve alenen Türk milleti tahkir edilecektir.

Bâb-ı Âlî'nin Sırbistan'a verdiği ve birer suretlerini de büyük merkezlere tevdi eylediği sulh şartları derhal tesirini göstermiş ve ilk reaksiyon çok sert olmuştu. Bütün büyük merkezler, aynen Sultan Abdülhamid Han'ın tahmin ettikleri gibi, Osmanlı tekliflerini çok ağır bulmuşlardı ve Sultan Abdülhamid Han ile devleti idare eden büyük devletlüler arasında geçen konuşmadan birkaç gün sonra, İngiltere'nin İstanbul sefîr-i kebîri sir Henry Elliot, Bâb-ı Âlî'ye gelivermiş ve Sadrazam Rüşdü Paşa'ya mülâkî olmuştu.

Bu hususta, N. Nazif Tepedelenlioğlu, aynı eserinin 421. sayfasında şu malumatı vermektedir:

Ve bu bekleyiş hiç de uzun sürmedi. Tam altı gün sonra, 25 Eylül 1876 sabahı, İngiltere devletinin İstanbul büyükelçisi Henry Elliot cenapları Bâb-ı Âlî'ye damladılar...

Pek hayırlı bir haber uman sadrazam paşa hazretlerine, harikulade bir İngiliz kağıdından yapılmış büyücek bir zarfı uzattı.

-Altes... Dün gece geç saatlerde ekselans Lord Derby'den aldığım mesajı takdim etmekle şeref duyarım.

Elliot, yıllardan beri artık itiyat halini almış bulunan laubaliliği ile taban tabana zıt bir ciddiyetle söylediği bu merasimli sözle, Rüşdü Paşa'nın yüreğini hoplattı. Hoplatacak kadar da vardı zira, bu zarftan çıkan mesaj şudur:

Hariciye nâzırı Lord Derby'den büyükelçi sir Henry Elliot'a;

Türkiye'nin, bildirilen sulh esasları kabul edilemez. Aşağıdaki şartları, bir anlaşma zemini olarak teklif etmenizi rica ederim:

1. Sırbistan ve Karadağ statükolarına mutlak surette riâyet edilecektir.

2. Bâb-ı Alî, Bosna ve Hersek için birer mahalli ve idari muhtâriyet sistemi kurulmasını taahhüt edecek ve bu taahhüdünü altı devletle birlikte imzalayacağı bir protokolde belirtecektir. Bu idari muhtâriyet sistemi, Bosna ve Hersek ahalisine kendilerini idare eden memurları kontrol etmek hakkını verecek ve idare

makamlarının kötü hareketlerini önleyecek bir garanti olacaktır. Bu taahhütler bu iki bölgede yeni emâretler kurulacağına asla delâlet etmez.

3. İdare adamlarının kötü hareketlerine karşı, aynı garantiler Bulgaristan'a da verilecektir. Bu garantilerin teferruatı ileride düşünülüp karara bağlanacaktır.

4. Derhal resmî ve sarih bir mütâreke aktedilecektir.

Bu, güvenilen dağlara kar yağması demekti. Osmanlı gemisinin bütün yelkenlerini İngiliz rüzgârı ile şişirmiş bir siyasi kaptana bundan büyük darbe olamazdı.

Dış politikada en kuvvetli müzâheretler umduğu devletten gelen bu sille sadrazamı sarstı. Rüşdü Paşa, duyduğu hayal kırıklığını açıkça ihsâs etmiş olmalı ki, Elliot yanından ayrılırken "artık bu Rüşdü Paşa'dan İngiltere'nin ciddi bir dostluk bekleyemeyeceğini" anladığını söyler.

İşte, yeni İngiliz siyasetinin inceliği bu noktada bir defa daha kendisini ortaya koymuş ve bütün veçheleri ile tebellür etmişti. Rüşdü Paşa, İngiltere için arzu edilir bir sadrazam olmaktan çok uzakta idi. İngiltere bu zâtı, şehit Sultan Abdülaziz'in sadrazamı olarak tutmuş, diğer paşalarla kurulan ihtilal çetesinde ona, sadrazam olarak değer vermiş, iş bittikten sonra da işte böylesine bir hata ile işbaşından uzaklaştırılması esbâbını meydana getirmişti. İngiltere'nin İstanbul'da görmeyi arzu ettiği sadrazam da böylece su yüzüne çıkmıştı. Yani Rüşdü Paşa'nın Sırbistan meselesindeki hayali tutumu, dünya siyasetine vukufsuzluğu, bir İngiliz ajanı olduğu artık sâbit olmuş olan Midhat Paşa'ya sadrazamlık yolunu açmış oluyordu. Midhat Paşa'nın sadrazamlığı ise, devlete bir Tersane konferansı azîm hatasını meydana getirecek ve anûd bir direnişle devleti, Türkiye ile, Sırp misalinden sonra asla harp etmek istemeyen Rusya arasında, onu felaketlerle nihayetlenecek bir harbe sokacak ve böylece de İngiliz siyasilerine ve İngiliz elçisine verdiği sözü yerine getirmiş olacaktı. Yani İmparatorluğu parçalamak sözünü böylece kuvveden fiile çıkaracaktı.

İngiliz Hariciye nâzırı Lord Derby'den gelen bu ağır teklifin Rüşdü Paşa üzerindeki tesiri ne kadar büyük olmuş ise, Midhat Paşa üzerindeki tesiri de o kadar aksi istikamette tezâhür etmişti. Paşa memnundu, zira sadrazamlık kapısının anahtarı şüphe edilmeyecek şekilde kendisinin eline geçmişti.

Fakat Midhat Paşa hemen harekete geçmedi. O son kozunu da oynamak ve nihayet, devleti içinden çıkılamaz bir uçurumun içine atmak için, Rüşdü Paşa'yı da diğer paşaları da, Sırbistan'a teklif edilen sulh şartlarının kabulünde ısrar etmeleri için direnmeye davet etti ve muvaffak oldu. Fakat, Padişah Sultan Abdülhamid Han'dan da çekindiği için daha ileriye gidemiyordu. Paşalar, kendilerini haklı çıkarmak istercesine de, mahlu' ve şehit Abdülaziz Han devrinde yaptıkları bir usule müracaat ettiler. El altından dağıttıkları paralarla ilmiye sınıfını harekete getirdiler ve bu takımın yürüyüşünü temin eylediler. Sekiz gün devam eden bu yürüyüşler sırasında ağızlarındaki sakız, "ordunun neden ileri harekata devam etmediği ve Sırbistan'ın işinin bitirilemediği" idi.

Paşalar, bir taraftan bu nümâyişleri yaptırırlarken, bir taraftan da İngiliz hâriciyesine verecekleri cevabı hazırladılar ve Lord Derby'den gelen mesaj ile birlikte genç sultana arzettiler.

Rüşdü Paşa ile Midhat Paşa'nın eseri olan bu cevap, Osmanlı kabinesinin nokta-i nazarında ısrarından başka birşey değildi. Ancak bu cevap biraz daha dolambaçlı yoldan hazırlanmıştı fakat netice aynı idi. Sultan Abdülhamid Han gelen yazıyı da, verilen cevabı da okuduktan sonra, karşılaştığı ve çığırından çıkmış bulunan emr-i vâki karşısında, hazırlanan mukâbil tezkereyi imza etmeye mecbur kaldı.

Paşaların İngiltere'ye verdikleri cevabi notada ileriye sürdükleri ve bir cankurtaran simidi gibi sarıldıkları tez, yakında Kanun-i Esasi'nin ilan edileceği, Osmanlı teb'ası arasındaki farkların altı ay sonra yapılacak seçim ile kurulacak a'yan ve mebusan meclislerinde kaldırılacağı noktasına teksif edilmişti. Zavallı paşalar bilmiyorlar, görmüyorlardı ki, Kanun-i Esasi'nin ilanı ile birlikte kurulacak meclis, bir Türk meclisi olmayacak, bu meclis gayr-i müslim unsurun büyük ekseriyet teşkil edeceği bir *ekalliyet meclisi* olacaktı. Ve devlet, bu meclisin alacağı kararlarla mahvedilip yok edilecekti.

İşte bu nokta-i nazarla hazırlanmış cevap verildikten sonra da paşalar, ilmiye sınıfını ayaklandırmak suretiyle elde ettikleri rlichan hakkını kullandılar ve "Halkın tazyikine dayanamadık" esbâb-ı mûcibesi ile Abdülkerim Nâdir Paşa'ya, ileri harekata devam emrini verdiler.

İleri harekat emri ile birlikte de devletlere, talep edilen altı haftalık mütâreke yerine altı aylık mütâreke teklifini yaptılar. Bu hususta, N. N. Tepedelenlioğlu, aynı eserinin 424. sahifesinde şu malumatı vermektedir:

Ve devletler de Rusya'ya müzâheret ederek, hep birlikte bu altı aylık mütâreke teklifini reddedince, Abdülkerim Nâdir Paşa'nın bütün frenlerini kopardılar. Paşa da, son derece sert bir savaşa başladı. 19-20 ve 21 Kasım günlerinde kanlı çarpışmalar 10 bin can'a mal oldu. Osmanlı kuvvetleri Çernayef'in karargâhı olan Cunis'e dayandı.

"Bir haftalık bir duraklamadan sonra da, Cunis'e karşı o meşhur umumi taarruz başladı. Osmanlı alayları, Kinyazevaç'ı savunan General Hırdavoç ile, Cunis'i savunan General Çernayef üzerine aynı zamanda yüklendiler.

Kinyaşevaç yandı.

General Çernayef, Deligrat istihkâmlarına dayanmak istedi fakat, çevirilmekten korktu, kaçtı.

Morava ovasının bütün anahtarları Abdülkerim Nâdir Paşa'nın eline geçmişti. Çevirilen Alokşinaç da teslim oldu. Rusya'dan gelmiş olan gönüllülerle Sırp ordusu kadrosundaki bütün Rus subayları yok edildi. Artık Türk ordusunun, merasim yürüyüşü ile Belgrad'a girmesine bir engel kalmamıştı.

Yahut... devletlü paşalar böyle sanıyorlardı ama, Abdülhamid hiç de böyle bir kanaatte değildi. Zira, taht'a çıkışı üzerinden geçen iki ay içinde dar kadrolu, fakat kuvvetli bir casus şebekesi kurabilmişti. Spridon Mavroyeni bu şebekenin ruhu idi. Haberler onda toplanıyor ve doktor her sabah elini Sultan'ın nabzına atarken, dünyanın siyasi nabzını da bildiriyordu.

Sonradan pek genişleyecek ve dünya ölçüsünde büyük bir gizli kuvvet halini alacak olan bu şebekenin İstanbul'dan sonraki büyük merkezi Viyana'da çalışıyordu. Ve çok garip görülecek ama, hakikat budur ki, İstanbul'daki en verimli kol Fener Patrikhanesi idi.

Daha da garibini söyleyelim.

Spridon Mavroyeni, Rusya büyük elçiliğinde de bir *haber* kaynağı edinebilmişti. General kont Ignatiyef'in birinci müsteşarı mösyö dö Nelikof'la pek sıkı fıkı ahbaplık kurmuştu. Bu sayede Saray, Petrograd'daki elçisi Kabuli Paşa'dan edinemediği haberlerin hepsini zamanında öğreniyordu. Bundan ötürüdür ki Abdülhamid, paşaları gene münasip bir dille ihtiyatlı hareket etmeye teşvik etti fakat, dinleyen kim? Paşalar rüya alemlerinde uçmakta idiler. Bir Cunis zaferi ile sanki dünyaları fethetmişlermiş gibi korkunç bir gurur bataklığına saplanmışlardı. Hem harbin genişlemesinden çok çekinen büyük devletlere karşı, hem de içeride saltanat makamına karşı bu zaferi azami surette istismar etmek sevdasına kapılmışlardı.

Haftalardan beri devamlı surette toplanan Kanun-i Esasi komisyonunda üyelere kendi fikirlerini hep tatlılıkla kabul ettirmeye çalışan Midhat Paşa, birdenbire sinirli bir edâ takınmış, sert ve hakim konuşmaya başlamıştı fakat, bu hava uzun sürmedi. Petrograd Bâb-ı Âlî'ye ültimatomu dayayınca işler değişti.

Devletler, Sırp ve Karadağ prensliklerinin statükolarını muhafaza etmeyi anlaşma zemini olarak kabul ettikleri cihetle, Osmanlı kuvvetleri tarafından şu anda devam ettirilen askerî hareketler, beyhûde yere kan dökülmesine sebep olmaktadır. Son günlerde katliamlar insanlık duyguları ile uzlaştırılamayacak bir dereceyi bulduğundan, ihtişamlı hükümdarım İmparator (çar), teklif etmiş olduğu kısa süreli mütârekenin geciktirilmesine daha fazla müsâmaha edemeyecektir. Bundan ötürü ben, aşağıda imzası olan Rusya büyükelçisi, majeste Çar adına Bâb-ı Ali'ye şu ciheti bildirmeye memur edildim:

İşbu notanın tebliği üzerinden geçecek iki kere yirmidört saat zarfında, Bâb-ı Alî, bütün cephelerdeki kumandanlarına askerî hareketleri durdurmalarını emretmez ve derhal 6-8 haftalık bir mütâreke kabul etmezse, büyükelçilik bütün kadrosu ile birlikte İstanbul'u terkedecektir. İgnatiyef.

Ne yazık ki, gençliğine ve tecrübesizliğine rağmen büyük bir dirâyetle hadiseleri sezen, itidal ve ihtiyatla hareket edilmesini tavsiye eden bir Abdülhamid'e tepeden bakan paşalar, tecrübeli(!) ve bilgili(!) devlet adamları diye tanınan paşalar, bu ültimatomu alınca ancak üç saat cevapsız bırakabildiler.

Elliot'a koşup fikir danışıncaya kadar...

Sonra derhal, kırksekiz saatin geçmesini beklemeden, iki aylık mütârekeyi kabul ettiklerini Rus elçisine bildirdiler.

Dikkat edilirse Rusya, büyük menfaatler beklediği Balkanlar ve Orta Balkanlar işine böylesine sert bir şekilde müdâhale eden Osmanlı ordusu karşısında tek başına dikilmekten daima büyük bir dikkat ve itina ile kaçınmış, bundan evvel olduğu gibi, mesela bir 1828-29 harbinde olduğu gibi, düvel-i muazzamayı ve tavsiyelerini hesaba katmadan harekete geçmek cesaretini işbu Sırp harbinde göstermemişti zira, Osmanlı ordusunun kuvvet ve kudretini bilfiil müşahede etmiş ve Rus siyasileri de, Rus Çarı da bu kudretten ürkmüştü. Hakikat şudur ki Rusya, Osmanlı İmparatorluğu işbu Sırp ve Karadağ seferini yaparken, ordu bakımından da, donanma bakımından da Osmanlı ordusunun çok, ama çok gerisinde idi. Ve Rus elçisinin ültimatomu önünde yelkenleri suya inen paşalar bu hususun da asla farkında değillerdi. Bir ihtimalle belki bir nisbet dahilinde devletin kuvvetinin farkına varabilirler, ancak daha fazla direnmek için kendilerinde kuvvet bulamadıkları gibi, İngiliz sefiri sir Henry Elliot'un, İngiliz siyasetine uygun tavsiyelerini dinlemek mecburiyetinde olduklarından, böyle bir harekete de geçememişlerdi. fakat ne olursa olsun, bu ihanet çetesi devlete ihanetlerine devamda kararlı idiler zira, sir Henry Elliot hâlâ İstanbul'da idi ve bu zat, İngiliz menfaatlarını herşeyin üstünde tutmakta idi.

Osmanlı İmparatorluğu'nu idare eden paşalar çetesinin Rus teklifine peki demesinden sonra ordunun ileri harekatı durdurulmuş ve genç padişah II. Sultan Abdülhamid Han Rüşdü Paşa'yı azlederek, 13 Aralık 1876 tarihinde Midhat Paşa'yı sadârete getirmişti.

Dikkat edilirse, Midhat Paşa'nın sadârete getirilişinden hemen sonra, 23 Aralık 1876 tarihinde de Tersane konferansı ilk resmî toplantısı için Kasımpaşa'da tersanede ictimalarına başlamıştı.

Bu iki tarih arasındaki yakınlık çok şâyân-ı dikkattir. Midhat Paşa 13 Aralık'ta sadrazam, Tersane konferansı da 23 Aralık 1876'da. Ve işbu Tersane konferansı, ikili oynanan bir konferans olarak tarihimize geçmiş ve devletin de, İslâm'ın da, İmparatorluğun da, Âl-i Osman hânedânınını da sondan bir evvelki başlangıcı olmuştu.

Çünkü, eldeki mevcut vesikalara göre, Midhat Paşa insanı, istese de istemese de bir ihanet kokusu aramaya mecbur eden bir havanın içerisinde bulunmuş ve devletin Rusya ile bir harbe girmesine ve bu harpte paşalar arası çatışmalar sonunda da o kudretli ordunun çökmesine sebep olmuştur.

Avusturya-Macaristan başvekili kont Andraşı'nın hazırladığı esaslar üzerinde Balkanlar'da bir ıslahat yapmak ve hristiyan teb'aya yeni birtakım haklar koparmak maksadıyla İstanbul'da İngiltere, Fransa, Almanya, Avusturya-Macaristan ve İtalya sefir ve murahhasları 23 Aralık 1876-20 Ocak 1877 tarihleri arasında toplandılar. *Tersane Konferansı* olarak bilinen bu toplantıya Osmanlı Hariciye nâzırı Safvet Paşa riyâset ediyordu.

Tek taraflı olmasına rağmen birçok hususta mühim vesâik ihtiva eden, Midhat Paşa'nın oğlu Ali Haydar Midhat'ın *Hatıralarım* adlı eserinden, konferans ile alâkalı bazı kısımları buraya aynen geçirmeyi uygun buldum. Mezkur hatıratın 15. sahifesinde ve "İstanbul Konferansı"[36] başlığı altındaki kısım aynen şöyledir:

"Büyük devletlerin teklifi ile İstanbul'da toplanan konferans, bizim lehimizde(!) bir içtimâ olmayıp, Rusya'nın teşviki ile meydana gelmiş bir mesele olduğundan, vereceği kararlar pek mühimdi. Me'mûl olduğu veçhile, kanun-ı esasinin ilanı, konferansın maksadına nâil olmuş ve padişah ile Midhat Paşa'nın hüsn-i niyetleri, müslim ve gayr-i müslim, umum teb'ayı memnun ederek, Avrupa'da bulunan bazı dost devletlerin dahi, hüsn-i nazarını celp ettiğinden, herkeste yeniden bir arzu-yı terakki hâsıl olmuş ve milletin, hubb-ı vatan şevki ile efkârı uyanmıştı. Hatta bir aralık, devam eden Sırbistan muharebesinde bulunmak ve muhâfaza-i vatan uğrunda hizmet kabul etmek için, arzuları ile nizam askerliğini kabul eden müslümanlardan, on taburdan ziyade muntazam asker hâsıl olup muhârebeye sevkedildiği gibi, hristiyanlardan da bu hizmet-i vataniyye'ye iştirak etmek üzere, İstanbul'daki Rum milleti beyinlerinde bir tabur teşekkül etmiş ve bunlara, taraf-ı devletten, *ay-yıldız ile salip alametini hâvi bir sancak*[37] verilerek, Sırphlara karşı muharebeye gönderilmiş olduğundan, bu tabur efradının, meydan-ı harpte İslâm arkadaşları ile beraber, muhâfaza-i vatan için kan dökerek gösterdikleri gayret ve şecâat, hristiyanların İslâm ile ittihad edemeyeceklerini iddia edenlere cevap ve *sancaklarında dahi salip ile ay-yıldızı içtimâî mümkün olamayacağını* zannedenlere, bir faslu'l-hitâp olmuştu."

Yukarıda, Ali Haydar Midhat'ın hatıratı içindeki Türk bayrağına konan salip maddesine lütfen dikkat ediniz. Bu nasıl iştir ve bu paşalar nasıl olur da hâlâ vatanperverlikten, hamiyetten, milliyetten bahsedebilirler?! Kendi gayelerinin tahakkuku için,

---

36 Tersane konferansının bir adı da *İstanbul Konferansı*dır.
37 Türk bayrağına Midhat Paşa'nın koydurduğu haç.

Osmanlı toprakları içinde bulunan reâyânın haklarını güya garanti altına aldıklarını iddia eden bu paşalar çetesi, aslında yaptıkları bu hareketle memleketi batırdıklarının ve şühedâ kanı ile renk almış şanlı bayrağımızın şerefini kirlettiklerinin ve bu hareketi de, sadece Avrupalı dostlarını memnun etmek için ihtiyâr ettiklerinin farkında değiller mi idiler? Elbetteki farkında idiler ve işin asıl garip ve garip olduğu kadar da feci tarafı işte budur.

Tarih kitaplarımızın, büyük devlet adamları sıfatını verdikleri paşalar, işte bu kadar gaflet, dalâlet ve hatta ihânet içinde idiler. Onların bu ihanetidir ki, devleti bir baştan bir başa saran hadiselerin gelişmesinde başlıca sebep olmuş, Rusya ile başlayan 93 harbi ile de bu ihanet son raddesine erdirilmiş ve devletin batışı imkan dahiline sokulmuştur.

Şimdi, Ali Haydar Midhat'ın hatıratına bıraktığımız yerden tekrar başlayalım:

Konferans, 1876 senesi Kanun-i Evvel'inde (Aralık) Bahriye Nezâreti'nde vâki divanhanede içtimâ ederek, Avusturya devleti tarafından kont Ziçi ile baron dö Kalis, Fransa devleti tarafından kont Şodrti ile kont Burgon, Almanya devleti tarafından baron Verter, İngiltere devleti tarafından Lord Salisböri ile sir Henry Elliot, Rusya devleti tarafından General İgnatiyef ve Türkiye devleti tarafından da Edhem ve Safvet Paşalardan mürekkep murahhaslardan ibaret idi.

Konferansın müzâkerâtına arzolunmak üzere, evvelce Rusya devleti tarafından tertip ve ihzâr olunmuş tekliflerin en esaslı maddeleri, Bulgaristan'ın otonomi ile bir hükümet-i mahsûsa heyeti haline konularak, Sırbistan'ın vali ile idaresi ve Bulgarlardan milis askeri tanzimi ve İslâm askerlerinin kalelere çekilmesi ve ehl-i İslâm elinden silahlarının alınması gibi, Rumeli'nin bir kıt'a-yı azîmesi (büyük bir parçası) üzerinde devletin hükümetini mahvedecek ve bir milyondan fazla ahali-yi müslimeyi yıkıp perişan edecek şeyler olması ile, bunların kâbil-i icra olmadığı, devletler tarafından konferansa memur olan murahhaslar indinde dahi tebeyyün ettiğinden, onların himmet ve ikdâmı (çalışması) ile, vâki tekliflerin birtakım maddeleri tadil ve otonomi lafzı bir hükümet-i mümtâze tabiri ile tefsir ve tevil edilerek, bununla beraber Bulgaristan hükümetinin tanzimatına bilfiil nezâret etmek üzere, ecnebi devletler tarafından bir muhtelit komisyon teşkil olunması ve tayin edilecek valilerin büyük devletlerle muharebeden sonra intihap edilmesi gibi şartlar dahi ilave edilmiş ise de, bizim murahhaslar Osmanlı mülkünün her tarafında din ve mezhepçe, cinsiyet ve milliyetçe bir fark yoktur, muhtelif kavimler varken, içlerinde yalnız Bulgurlara böyle bir imtiyaz verilecek olursa, diğerleri de, haklı olarak, bu davaya kıyam ederek, Bulgaristan'ın imtiyazlarını talep edecekler ve nihayet, Osmanlı Devleti başka başka hükümetlere bölünecek ve devlet parçalanacak ve yıkılacaktır.

Halbuki, devlet-i aliyye, teb'anın ihtilafından ve memleketin usul-i idaresinden meydana gelecek şikayetlere nihayet vermek ve muhtelif teb'anın tek millet şekline dönmesi için eski usul olan hükümet-i mutlaka terkedilerek meşrûtî hükümet esasını koymuş ve bu esas üzerinde yapılan kanun, konferansın içtimâinin birinci günü ilan olunarak, millete yeni talimat verilmiş olduğundan, Hristiyanlık için aranılan hüsn-i hal ve idareye dahi bu Kanun-i Esasi kâfi ve kâfil olması ile, devlet-i aliyye bunun haricinde Bulgarlara, diğerlerinden farklı bir imtiyaz verildiği takdirde, memleketin bile bile mahv ve yok olması sebeplerini hazırlayacak böyle bir teklife muvâfakat edemeyeceğini konferansa arzetmişti.

Safvet Paşa'nın dirâyetle idare ettiği konferans, böylece bir çıkmaza girmekle beraber, yine de birtakım ciddi emâreler, Avrupa devletlerinin ısrar etmeyeceklerini göstermekte idi. Nitekim, konferansın sonunda Rusya taleplerinin hemen hemen hepsinden vazgeçmiş ve bütün bu taleplerini geriye alarak, Nikşik kasabasının Karadağ'a bırakılması gibi basit bir teklif üzerinde durmuştu. Bu hususta Kadir Mısıroğlu, *Moskof Mezalimi* adlı eserinin 194. sahifesinde şu malumatı vermektedir:

Avrupa devletleri, 21 Mart 1877'de, Londra'da toplanarak,

Tersane konferansının tekliflerini hafifleten yeni bir protokol imzaladılar. Bunda, Balkanlar'daki birkaç eyaletin hristiyan sâkinleri için yapılacak ıslahata mukâbil, Osmanlı Devleti'nin Rusya'ya karşı toprak bütünlüğü garanti ediliyordu fakat, her hâlükârda harp isteyen, ikbal hırsı ile gözü dönmüş Bâb-ı Âlî erkânı bu teklifi de akılsızca reddettiler. Bunun üzerine, bir Türk-Rus Harbini kendisi için mevsimsiz telakki eden Çar II. Aleksandr, talebini daha da azaltarak *"Nikşik* kazasının Karadağ'a bırakılması halinde harbi önleyebileceğini bildirdi. Maksadı, Rusya'daki harp taraftarlarına laf olsun diye bir taviz alındığı söylenerek onları teskin edebilmekti. Tabiatı ile, böyle bir harbe girerse, kazanacağından emin bulunmuyordu çünkü, Türk ordusunun 1853 Kırım Harbindeki başarıları henüz hatırında idi. Nikşik kazası, içinde hiçbir Türk ve müslüman yaşamayan, ehemmiyetsiz ve fakir bir yerdi. Yine, Osmanlı Devleti'ne bağlı olan Karadağ'a böyle ehemmiyetsiz bir kazayı vermemek için göze alınan harp –kazanılsa bile– Osmanlı Devleti'ne hiçbir şey kazandıramazdı. Maddi ve manevi birçok fedâkârlığa mukâbil olsa, yine eski durum muhâfaza edilmiş olurdu fakat, ya kaybedilirse? Evet, ya kaybedilirse? İşte, bu ikbal hırsı ile gözü dönmüş paşalar bunu hatır ve hayallerine getirmediler ve milli tarihimizin en büyük felaketlerinden birine sebep oldular. Gerçekten bu harbin insan ve arazi kaybının korkunç tablosu önünde ürpermemek cidden elden gelmez. Sultan Abdülhamid'in, ileride nakledilmiş olan dâhiyâne siyaseti ile bu kayıpların nisbeten telâfisi temin edilememiş olsa idi, Ayastefanos (Yeşilköy) muahedesi, devletimizin mutlak surette inkırazına yol açmış olacaktı.

Yukarıda da işaret ettiğimiz gibi Rusya, Türk devleti ile bir harbi asla arzulamıyordu zira, henüz askerî hazırlıklarını ikmal edemediği gibi, Rus ordusu, her bakımdan Osmanlı Türk ordusundan geride idi. Cennet-mekân, şehit Sultan Abdülaziz Han, öylesine bir ordu kurmuştu ki, Rusya bu ordudan ürküyor, bu ordu ile bir harbi sûret-i kat'iyyetle arzulamıyordu. Bu bir gerçekti ve bu gerçeği Rus Çar'ı II. Aleksandr Sırbistan misalinde açıkça görmüş, milli kahramanları ve büyük ümitlerle Sırbistan'a gönderdikleri Taşkent kasabı General Çernayef'in, Abdülkerim Nâdir Paşa'nın satırından nasıl kaçarak kurtulduğunu da hatırasında taptaze muhafaza etmekte idi. Böyle bir ordu ile harp etmek istemezdi tabii ve sırf bu yüzden dolayı da harpten kaçınmak için ne mümkün ise yapmıştı. Rus Çar'ı II. Aleksandr, ayrıca İngiltere'den de ürküyordu zira, Osmanlı sadâret makamında, İngiltere'nin ajanı durumunda olan bir paşa vardı. Ve İngiltere, dünya cihan hakimiyetini tehlikeye sokacak herhangi bir harbe müsaade etmeyecekti. Çar bu hususu çok iyi biliyordu fakat, Çar'ın da, Midhat Paşa'nın yârânı paşaların da görmedikleri, göremedikleri bir husus vardı ki, bu husus, açıktan açığa bizzat Midhat Paşa'nın yaptığı harp tahrikçiliği ve bu tahrikçiliğin hakiki sebebi idi. Nitekim sadâret makamına geçtiği andan itibaren, en koyu bir harp taraftarı olarak durumunu ortaya koymuş olan Midhat Paşa'nın şahsında İngiltere, Türk-Rus Harbi'nin taraftarı olmuştur zira, Rusya nasıl Abdülkerim Nâdir Paşa ordusunun harp kudretini görmüş ve bu harp makinasından ürkmüş ise, İngiltere de bu harp makinasının dehşetinden ürkmüş ve bu makinayı, her ne pahasına olursa olsun tahrip etmeyi kafasına koymuştu. Çünkü böyle kudretli bir Türk ordusunun, kendisine cihan hakimiyetini temin etmiş olan Hindistan yolu üzerinde bulunmasının, Süveyş kanalını elinde bulundurmasının tehlikeleri açıktı. Bu, doğrudan doğruya İngiltere'nin cihan hakimiyetini tahdit edecek bir husustu. İngiltere harbi bu bakımdan istemiş, Midhat Paşa, Tersane Konferansında sırf bu niyetle ve maksatla daimi surette harp kundakçılığı yapmış ve uzlaşmaz bir devlet adamı olarak tarihe intikal etmiştir.

Midhat Paşa, gerek Sırp ve Karadağ Harbinde, gerekse Türk-Rus Harbinde, dizginleri elinde bulunduran insan sıfatı ile, devleti, emr-i vâkilerle karşı karşıya bırakmış ve İngiltere'nin çekindiği, ürktüğü Osmanlı deniz ve kara ordusunu, sonu felaketle neticelenecek bir harbe sokmuştu. İngiltere, Tersane Konferansında da, Londra konferansında da daima, her zaman olduğu gibi, çift oynamış ve kazanmıştı. Lord Salisböry'nin Tersane Konferansı ve Midhat Paşa'nın bu konferansta takındığı menfî ve uzlaşmaz tavrı sonunda söylediği, "Biz buraya Türk'e dost olarak geldik fakat, Türk heyetinin uzlaşmaz tutumu karşısında düşman olarak ayrılıyoruz" sözü hem doğru, hem de yalandı. Zira Salisböry, Tersane Konferansına dost olarak gelmemiştir. O, İngiliz siyasetinin icabı dost olarak görünmüş fakat, Midhat Paşa'nın anûdâne ısrarını ve konferansı tehlikeye sokacak direnişini temin etmişti. Kendisi "Dost olarak geldim!" derken yalan söylemiş, düşmanlığını saklamıştır. Midhat Paşa hakkında söylediği söz ise, gerçeğe uygunluğu bakımından mühimdir. Ancak, gerisini söylemediği, içyüzünü açıklamadığı için de, Tersane Konferansı için takip edilen İngiliz siyasetinde bir açık kapı bırakmış ve suçu Türk murahhas heyetine yüklemiştir.

Böylece, İngiliz cihan hakimiyeti siyasetinin bir icabı olan *Türk-Rus Harbi*, kaçınılmaz bir vâkıa olarak her iki devletin önüne dikilmiştir, İngiltere bir taşla iki kuş vurmuştur. Türkiye'yi kendisine muti bir jandarma devlet durumuna düşüreyim derken, Rusya'yı da bir hayli hırpalamış ve böylece, cihan hakimiyeti siyasetini istediği, dilediği şekilde mihrakına oturtmuştu.

Midhat Paşa'nın şiddetle tahrik ettiği bu Türk-Rus Harbi hakkında, oğlu Ali Haydar Midhat'ın *Hatıralarım* adlı eserinin 18. sahifesinde şu malumat vardır:

"Düvel-i muazzama murahhasları tarafından konferansın en son kararını hâvi bir ültimatom tertip olunarak, bir hafta zarfında Bâb-ı Âlî'den cevap istemişler ve şayet, Bâb-ı Âlî bu zamanı geçirecek olursa, düvel-i muazzama murahhasları İstanbul'u terkedeceklerini bildirmişlerdi. Bunun üzerine, bu irâde-i seniyye, Midhat Paşa'nın riyâseti altında, vükelâdan, ulemâdan, müslim ve gayr-i müslim, memleketçe tanınan 237 kişiden mürekkep azîm bir meclis tertip olunarak, ültimatomun kabul veya reddi mezkur meclise havâle edilmişti. Midhat Paşa, bî-tarâfâne bir nutuk ile konferansın kararını meclise anlatarak, reddi halinde muhârebeyi intâc edeceğini ve muhârebenin ne gibi felaketlerin sâiki olduğunu dermiyân ettiği gibi, konferansın da ağır teklifini ve netâyicini vâzıh bir surette beyan etmişti. Bu sözler üzerine, cereyan eden şiddetli bir münâkaşadan sonra, birkaç aza müstesnâ, ekseriyet, ültimatomun reddini kabul etmişti. Hatta, mecliste o derece şiddetli fikirler hâsıl olmuştu ki, her taraftan, 'Düşmanımız ne kadar kavî olursa olsun, varımızı yoğumuzu fedâ ederek, meydân-ı muhârebede namusumuz ile ölürüz!' âvâzeleri ile Midhat Paşa'nın nutkuna mukâbele etmişlerdi."

Ali Haydar Midhat, hatıratında, babasını açıkça *harp aleyhtarı* olarak gösteremiyor ve birtakım hadiselerle, yani bu toplantıya iştirak eden zevâtın harbi istedikleri yolundaki sözleri ile babasını temize çıkarmaya çalışıyor ki, bu asla doğru değildir zira, Sırp seferinin bir müddet durduğu sırada, ilmiye sınıfını nasıl para karşılığı tahrik etti ise, aynı Midhat Paşa bu toplantıya tekaddüm eden günlerde de bu kitleyi harekete getirmiş ve harp lehinde hamâsî sözler sarfettirerek, kendisinin harp lehindeki tutumunu aklı sıra halk'a da tasdik ettirmek suretiyle, genç padişahı bir emr-i vâki karşısında bırakmıştı. Midhat Paşa'nın tutumu hakkında ve Ali Haydar Midhat'ı tamamen tekzip eden ve Tersane Konferansı'na katılmış olan Fransız murahhası kont dö Şodordi'nin vermiş bulunduğu bir rapor hakkında, N. N. Tepedelenlioğlu'nun eserinde, 433. sahifede şu malumat vardır:

Fransız delegelerinden Kont dö Şodordi'nin 10 Ocak 1877 tarihli (Haliç Konferansının açılışından tam 18 gün sonra) bir raporunda aynen aşağıya aldığımız şu satırlara rastlamaktayız:

"Osmanlı devlet adamları yabancı devletlerin bütün tekliflerine karşı dehşetli bir çekingenlik içindedirler. Son yıl içinde, bilhassa İstanbul ahalisinde bir *ihtilal zevki* belirmiştir. Abdülaziz'in tahttan indirilmesinden iki-üç ay öncesine kadar politika ile hemen hemen hiç ilgisi olmayan bu halkı bir avuç adam ve Midhat kışkırtmışlardı. Maksatları bir umumi efkâra dayandıklarını hissettirmekti fakat, bilhassa medrese talebeleri ve softa adı verilen tabaka nümâyiş yapmaya o kadar alıştılar ki, şimdi Midhat aynı oyunu kendi hasımlarının başarmasından ürkmektedir. Denebilir ki, terbiyeli bir sokak oyunu olarak başlayan nümâyişler, artık 'her an için tehlikeli' bir felaket halini almıştır. Eskiden İstanbul'da herkes kendi işi ile uğraşırdı. Şimdi herkes, işini gücünü bırakmış, devleti idare edenler, artık yalnız bu kalabalığa kendilerini beğendirmekten başka birşey düşünmemektedirler."

Bu raporda, Safvet Paşa tarafından Kanun-i Esasi hakkında konferansta söylenen sözler *çocukluk* ve *çocukça oyun* olarak vasıflandırmaktadır. Tabii bu sözler Midhat Paşa'yadır; çünkü, müellif o...

Osmanlı murahhaslarına ne teklif edildi ise hep şu cevap alındı:

—Kanun-i Esasi elimizi ayağımızı bağladı. Seçimler yapılıp da meclisler toplanmadan bu konuya temas edemeyiz. Mesela Karadağ meseleleri konuşulurken söz alıp şu teklifi yaptım:

Karadağ ile sulh yapılması için ufacık bir fedâkârlık yapmak icap ediyor. Son mücâdeleler esnasında zaptettikleri bir-iki köyü onlara bırakmalı!

Görülüyor ki, Midhat Paşa'nın oğlunun, babasını müdafaa eder yollu hatıratı, tamamen hilâf-ı hakikattir. Bu husus, Fransız delegesinin raporunda gayet açık olarak görülmekten başka, bu raporda, Fransız delegesi, Midhat Paşa'yı, memlekette halkı ayaklandırmak gibi, hiç de müsbet bir yol olmayan sakîm iç siyasetinden dolayı da itham etmektedir.

Ve yine bu raporun son kısmında söylendiği gibi, Karadağlıların işgali altındaki bir-iki köy terkedilse idi bu harp çıkmayacaktı ve devlet ve millet hacil bir duruma düşürülmeyeceği gibi, İmparatorluk da çok kısa bir zaman sonra yıkılıp gitmeyecekti.

Kadir Mısıroğlu'nun Yılmaz Öztuna'dan naklen *Moskof Mezalimi* adlı eserinde bahsettiği Nikşik kazası, Fransız murahhasının bahsettiği yerdir ki, bu hususta herkes ittifak etmektedir. İşte, Midhat Paşa, bilhassa vermemek için ısrar ettiği bu toprak parçası yüzünden, devletin başını, aldığı talimat gereğince derde sokmuş ve koskoca İmparatorluğun mahvına sebep olmuştur.

Ve Midhat Paşa, Tersane Konferansını bir çıkmaza soktuktan sonra, Londra'daki Osmanlı sefîr-i kebîri Muzurus Paşa'ya, Fransızca yazılı olarak gönderdiği mahrem bir telgraf ile, İngiliz Hariciye nâzırı nezdinde istimzaçta bulunmasını talep etmektedir.

Ali Haydar Midhat, *Hatıralarım* adlı eserinin 18. sahifesinde ve "Hiçbir yerde neşredilmedi" kaydı ile neşrettiği telgraf aynen şudur:

Konferans in'ikat halinde iken Midhat Paşa, İngiltere Hariciye nâzırı Lord Derby'ye tebliğ olunmak üzere, Londra sefirimiz Muzurus Paşa'ya, mahrem olarak ve Fransızca, şimdiye kadar hiçbir yerde neşredilmemiş olan şu telgrafı çekmişti:

Londra sefiri Muzurus Paşa'ya mahrem telgraf;

"Birkaç günden beri içimizde, beklenmediği surette Rusya ile doğrudan doğruya bir yakınlık vücuda getirmek fikri ve maksadı uyanmıştır. Bu fikri besleyenler, gerek vükelâ-yı devlet yanında, gerek efkâr-ı umûmiye karşısında propaganda yapmaktan tevakki ederlerse de, bazı hodbin ve za'ifü'l-fikr olanlar üzerinde tesir-i nüfuz etmesinden hâli kalmazlar. Bu gibilere inanmak lazım gelse, hiçbir zaman, ne üç eyaletin muhtariyetini, ne de zannedildiği gibi bunların idari ve siyasi ıslahatını talep etmek isteyecektir. Yalnız zuhuru melhuz olan harp tehlikesine karşı, kendi ulüvv-i cenâbına mürâcaat edilecek olursa, Türkiye'nin istiklal ve bütünlüğünü, hükm-i hükümrânîsi altında tutmasına bir diyeceği olmayacaktır. Şark'taki Hristiyanlık meselesinde, düvel-i muazzamanın gösterdiği müşkilâtı göstermeyecektir. Ve şâyet Bâb-ı Alî, Paris muahedesinin 5. maddesinin istifadesinden vazgeçerse –ki bu madde düvel-i muazzamanın, şimdiye kadar, padişah ile teb'ası arasında cereyan eden vakalara müdâhalelerine mani olamamıştır– Rusya, Türkiye İmparatorluğu hakkında teveccüh besleyeceğinden, hariçten gelecek her türlü müdâhaleye bir mâni de teşkil edecektir. Değil Mençikof tarafından talep olunan Ortodoksların himayesi,

Rusya'nın bizden isteyeceği birşey var ise, o da, bize komşu bir devlet sıfatı ile, doğrudan doğruya menfaattar olduğu asayişimizin tekerrürü için yardım ve nasihat etmekten ibaret olacaktır. Hayallerinde bu gibi tasavvurâta yer vermiş olanların, memleketlerini ne vahim âkıbetlere sevketmekte olduklarının farkına varmamış olmalarına imkan yoktur. Herhalde hükümet, başka ahvâlde, bu gibi tasavvurlara zerre kadar ehemmiyet vermezse de müdâhale halinde bulunduğumuz şu sırada, bu müşkil ve içinden çıkılmaz yol içinde, bir çare-i selamet bulmak için, bu gibi müessif fikir ve kanaatler meydan alabilir. Bir taraftan, müttefiksiz bir harp tehdidi karşısında bulunurken, diğer taraftan da devletin istiklal ve mevcudiyetini tehlikeye ilkâ edecek muzır birtakım teklîfât karşısında ısrar edildiğini görüyoruz. Buna ilave olarak, efkâr-ı umumiyenin galeyânı muvâcehesindeyiz. Öyle görüyorum ki, son dakikada, vükelâ-yi devlet, maruz kaldıkları müşkilat karşısında, can çekişmekte olan vatanperverliklerinden nasihat almaya mecbur kalmış olmasınlar. O zaman zuhur edecek harp hali, memleketin mahvını mucip olabilir. Bununla beraber, hazırlanmakta olan birtakım teklîfât ile, Türkiye'yi bir Rusya eyâleti görmekten ise, bu ümitsiz yola tevessül etmeyi herhalde tercih edeceklerdir. Vukuu muhtemel bu vekâyii size son derece mahremâne arzediyorum. Öyle zannediyorum ki, bu ahvalden Lord Derby'yi malumattar etmeliyiz. Kendisinden istirhâmımız bizi, her taraftan tehdit eden tehlikelere karşı yalnız bırakmamasıdır. Fikrimce, bu tehlikeleri önlemek kâbildir. Eğer, bizden istedikleri ıslahatı temin için, adem-i merkeziyet prensibi üzerinde ve halkın kontrolü altında, bir idare-i meşrutiyetin tesisi ise, Lord Derby ile yapacağımız mülâkattan ed(in)eceğiniz intibâları serîan bildirmenizi rica ederim."

Midhat

Midhat Paşa'nın oğlu tarafından yazılan hatıratında, hiçbir tarafta neşredilmemiş olduğundan bahsedilen bu vesika da gösteriyor ki, Midhat Paşa bazı endişeler içindedir ve bu endişelerin izâlesi için de, İngiltere Hariciye nâzırı Lord Derby'den yardım talep etmektedir. Midhat Paşa'nın talep ettiği yardım ise, kendisine ve siyasetine karşı, Osmanlı Devlet ricâlinin, Rusya'nın yaptığı tekliflere müsbet cevap vermek ve devleti bir bâdireden kurtarmak hususundaki gayretlerini bertaraf etmek merkezinde toplanmaktadır. Midhat Paşa bu telgrafında ayrıca, Osmanlı ricâlini, Rusya'nın tekliflerinin kabulü lehinde olduklarından dolayı da muâhaze etmekte ve kendilerini, Türkiye'yi bir Rus eyâleti menzilesine indirmek isteyen insanlar olarak vasıflandırmak suretiyle, İngiliz Hariciye nâzırına şikayet etmektedir.

Yani Midhat Paşa açıkça, takip ettiği İngiliz siyasetinin yapılacak müdâhalelerle devamını temin etmek maksadıyla, Lord Derby tarafından Osmanlı hükümetine lüzumlu demarşı yapmasını tavsiye etmektedir. Hatta, buna *tavsiye* demek dahi caiz değildir. Midhat Paşa düpedüz, İngiliz Hariciye nâzırının Osmanlı devletine müdâhalesini talep etmektedir.

Ve Midhat Paşa, Rusya ile girişilecek böyle bir anlaşma ile İngiliz siyasetinin Türkiye'de iflas edeceğini de ima yollu İngiliz Hariciye nâzırına ihsâs etmektedir.

Midhat Paşa'nın Londra'daki Osmanlı sefîr-i kebîri Muzurus Paşa eli ile İngiliz Hariciye nâzırı Lord Derby'ye gönderdiği telgrafa gelen cevap, oğlu tarafından neşredilmemiş olduğundan, metnini vermek mümkün olamamaktadır ancak, kendisinin mâbeyn baş-katibi, sâbık sadrazam Küçük Said Paşa'ya yazdığı tezkerede bazı cümleler vardır ki, nazar-ı dikkati çekmektedir. Midhat Paşa bu tezkiresinde diyor ki:

"Mösyö Tiers'in ihtârâtı gibi, şu haller içinde, bir şey yapmak, yani Avrupa'ya karşı yapacağımız şeylerin fiiliyâtını göstermek için çalışmaklığımızın lüzumunu hayırhah dostlarımız bize ihtar ediyor ve hatta, bugün Muzurus Paşa'dan gelen bir telgrafname hükmünce, Lord Derby konferansın (Tersane konferansının) dağılmasını eser-i muvaffakiyet addederek devlet-i aliyyeyi tebrik ederek... ilh..."

Demek oluyor ki, Midhat Paşa, İngiliz Hariciye nâzırı Lord Derby'ye pek mahrem, hem de Fransızca olarak gönderdiği ve devleti bir nevi ispiyon eden müracaat telgrafından bahsetmek lüzumunu hissetmemektedir. Eğer Midhat Paşa, mahremâne ve Fransızca gönderdiği bu telgraftan mâbeyn'e bahsetmek lüzumunu duysa idi, mâbeyn baş-katibi Küçük Said Paşa'ya yazdığı tezkirede bundan bahseder ve "müracaatımız üzerine" tabirini kullanırdı. Halbuki Midhat Paşa, istimzaçtan bahsetmemiş, sadece Muzurus Paşa'dan aldığı bir telgraftan bahsederek, Fransa reis-i cumhuru Tiers gibi, İngiliz Hariciye nâzırı Lord Derby'nin de Avrupa'ya karşı yapmaklığımız lüzumlu ıslahatı tasvip ettiğinden ve ayrıca, Osmanlı devletinin mahvına sebep olan Tersane Konferansının dağılmasından dolayı kendi şahsı üzerine tevcih edilmiş olan kifâyetsiz ve kiyâsetsiz sıfatlarından kurtulmak için, bu zâtın da aynen kendisi gibi düşündüğünden ve bu konferansın dağılmış olmasından dolayı kabineyi tebrik ettiğinden bahsetmektedir.

Bu da göstermektedir ki İngiltere, yukarıda da işaret ettiğimiz gibi, Tersane konferansında takip ettiği ikiyüzlü siyaset ile devleti çok müşkil bir duruma düşürmüş, Midhat Paşa'yı da bu konferansı akâmete uğratmak hususunda adeta tavzif etmiştir. Midhat Paşa ise, bu vazifeyi büyük bir ehliyet ile yapmış, konferans dağılmış, netice alınamamış ve Osmanlı İmparatorluğu, Rusya ile sonu felaketlerle neticelenen 1293 harbine girmiştir.

Burada bir hususa daha işaret etmek yerinde olur ki, konferansa İngiltere devleti adına iştirak eden Salisböry'nin söylediği "Konferansa Osmanlı Devleti'nin dostu olarak oturduk, düşmanı olarak ayrılıyoruz" sözü ile, İngiliz Hariciye nâzırı Lord Derby'nin, Tersane Konferansının akâmete uğramasından dolayı Midhat Paşa ve arkadaşları paşalar çetesini tebrik eden sözleri arasındaki mübâyenet câlib-i dikkattir.

Hakikaten Salisböry de, Lord Derby de konferansın akâmete uğramasını, İngiliz siyasetinin müstakbel menfaatleri bakımından ısrarla istemekte idiler ve Midhat Paşa'nın anlaşılmaz siyasetçiliği karşısında, konferanstaki İngiliz delegesinin, konferansın muvaffakiyetle neticelenmesi hususunda gösterdiği gayretler gayr-ı samimidir. Hatta Salisböry, konferansın akâmete uğramasından sonra, "Biz, İngiltere olarak, Osmanlı Devletini, Osmanlı Devletinden daha çok müdafaa etmek durumunda kaldık fakat, Osmanlı murahhaslarına laf anlatmak mümkün olmadı" demekle hakikati ifade etmiş ve İngiliz siyasetinin ikiyüzlülüğünü mükemmel şekilde serdedebilmiştir.

Ve Midhat Paşa durmadan, dinlenmeden, temcit pilavı gibi –yukarıda da yazdığımız gibi– Osmanlı İmparatorluğu'nda meşrutiyeti tesis ve ilan etmekle her şeyin halledileceğine inanıyordu ancak, şu var ki Midhat Paşa'nın Kanun-i Esasi talebi dahi, İngiliz siyasetinin, cihan hakimiyeti nokta-i nazarından mütalaa, edilmesi icap etmektedir. Zira Osmanlı İmparatorluğu'nda ilan edilecek bir meşrûtî idare ile devlet, reâyânın, yani gayr-i müslimlerin büyük bir yekun tutacakları meclisin teşekkülüne imkan verecek ve devlet böylece, Avrupa devletlerinin birer oyuncağı haline gelmiş olan bu gayr-i müslimlerle dağıttırılacaktı. İngiltere böylece, kudretli Osmanlı ordusu ile karşılaşmaktan kurtulmuş olacaktı fakat, İngiliz siyasileri, Osmanlı İmparatorluğu'nda hem meşrûtî idareyi kurdurmak, hem de Osmanlı-Rus Harbi'ni tahrik etmek gibi çifte bir siyaset takip ettiler. Bu siyaset ile –yukarıda da bahsettiğimiz gibi– bir taşla iki kuş vurdular. Elbetteki öyle bir harpte taraflar birtakım kayıplara uğrayacaklar ve zayıflayacaklardı. Tarafların her ikisi de, İngiliz cihan hakimiyeti siyaseti için tehlike teşkil etmekte idiler. Osmanlının mutlak gâlibiyeti, İngiltere için ne kadar tehlikeli ise, İngiltere ile cihan hakimiyeti siyasetinde rekâbet eden Rusya'nın da galebesi, bu devlet için o kadar tehlikeli idi.

Osmanlı İmparatorluğu üzerindeki İngiliz siyaseti, böylece tebellür ettikten sonra, netice üzerinde cidden müessir olan Midhat Paşa'nın ilk sadârete geldiği 20 Aralık 1876 tarihinden hemen sonra kanun-i esasiyi hazırlatmış ve Kanun-i Esasi'nin hazırlanmasında, sonradan koyu bir Türk düşmanı olarak ortaya çıkan Taşnaksutyun cemiyeti azalarından ve ileri gelenlerinden Odyan Efendi, Midhat Paşa'nın en büyük yardımcısı olmuştu. Midhat Paşa'nın hazırlayıp neşrettiği bu kanun-i esasi böylece, Türk düşmanı bir Ermeni ve bir İngiliz taraftarı *yahudi* dönmesi[38] insan tarafından hazırlanmış oluyordu ancak, Padişah Sultan Abdülhamid Han, Kanun-i Esasi metnini ciddi bir surette tedkik etmiş, Osmanlı devletinde gayr-i müslimler de dahil, verilen bu hürriyetin kötüye kullanılabileceğini görmüş ve bu kanuna 113. maddeyi ilave ettirmişti.

Midhat Paşa taraftarlarının, Padişah'ı ihanetle suçlamaya çalıştıkları ve meclisin kapanması için eline fırsat geçsin diye koyduğunu ileri sürdükleri madde, sadece devletin gayr-i müslimler elinde yıkılmasına mâni olmak hususunda bir tedbirden ibaretti ve Sultan Abdülhamid Han, bu tedbiri almak için tarihî haklara ve sebeplere istinat etmekte idi. Cennetmekan sultan, paşaların elinde devletin ne hale geldiğini gördükten, Sırp ve 1877-78 Türk-Rus Harbini de denedikten sonra, paşaların devlete ihanet etmekte olduklarına kanaat getirmiş ve önleyici tedbir olarak ve Osmanlı İmparatorluğu'nun kendi devr-i saltanatında parçalanmaması için, bahsi geçen 113. maddeye istinat etmek lüzumunu duymuştur ki, bu madde cidden çok büyük bir ehemmiyet taşımaktadır. Sultan Abdülhamid Han'ın koydurduğu 113. madde şu idi:

"Devletin emniyetini ihlal ettikleri idâre-i zâbıtanın tahkîkât-ı mevsûkası üzerine sâbit olanları memâlik-i mahrûse-i şâhâneden ihraç ve teb'ît etmek, münhasıran zât-ı hazret-i pâdişâhînin yed-i iktidârındadır."

Evet, madde bu idi ve Sultan Abdülhamid Han, meşrutiyet idaresinin getireceği geniş hürriyet havasından faydalanmak isteyecek devlet düşmanlarını derhal hudut haricine çıkarmak ve teb'ît etmek hakkını eline geçirmiş bulunuyordu.

---

38 Z. Danışman, *Osmanlı Tarihi*, c. XIII.

Bir padişah için, devletin devamından başka bir endişe olamayacağı göz önüne getirilir ve devletin teşekkül tarzı nazar-ı dikkate alınırsa, padişahın bundan daha başka nasıl hareket etmesi beklenebilirdi?!

Nitekim, Sultan Abdülhamid Han, devletin başına bir Rus Harbi felaketini açan Midhat Paşa'yı, 44 günlük bir sadâret müddetinden sonra azletmiş ve devlete karşı işlediği suçtan dolayı teb'ît ederek, hemen İzzeddin vapuru ile nefy etmişti.

Midhat Paşa, soluğu Londra'da almış ve orada kendi efendilerinin en aziz misafiri addedilmişti. Londra'da ikâmet ettiği müddet zarfında en yakın dostları, sonradan İngiltere krallığına VII. Edvard olarak geçen Prens of Wells ve İngiliz siyasetini ellerinde bulunduran Muhafazakâr Parti ileri gelenleri ile hükümet erkânı idi.

Midhat Paşa Avrupa'da menkûp iken, sosyalistlerle de münâsebet kurmuş ve onların toplantılarına katılmış, hatta konferanslar vermişti. Bu hususta, oğlu Ali Haydar Midhat'ın *Hatıralarım* adlı kitabının 30. sahifesinde geniş tafsilat vardır.

Midhat Paşa ve arkadaşlarının inkıtâa uğrattıkları Tersane Konferansından sonra, Londra protokolü ile de tahfif edilen şartları Rusya reddedince, Osmanlı İmparatorluğu ile harbin kaçınılmaz olduğunu kabul etmiş ve Türk-Rus harbi, o meş'um ve felaketli harp başlamıştır.

Fakat, ordu kumandanları arasındaki anlaşmazlık, orduyu çok müşkil durumda bırakmış, serdâr-ı ekrem Abdülkerim Nâdir Paşa'nın, Rus ordusunun Tuna'yı geçmesine karşı gösterdiği atâlet ve hareketsizlik, Sırbistan ve Karadağ seferindeki şöhretine ve askerlik şânına leke düşürmüş ve sebebi bir türlü anlaşılamamıştır. Bu sebeple de başkumandanlıktan azledilmişti.

Abdülkerim Nâdir Paşa'dan boşalan başkumandanlığa da, değerli olmasına rağmen genç ve tecrübesiz olan Mehmed Ali Paşa tayin edilmiştir.

Paşalar arası rekâbetin Türk-Rus Harbinin kaybındaki payı asla inkâr edilemez. Bu hususta, Kadir Mısıroğlu tarafından neşredilmiş olan *Moskof Mezâlimi* adlı eserin 197. sahifesinde şu malumat verilmektedir:

"Mehmed Ali Paşa, değerli bir kumandan olmasına rağmen, oldukça gençti. Emrinde, kendisinden yaşlı ve tecrübeli kumandanlar vardı. Bu yüzden, daha ilk anda kumandanlar arasında onu muvaffakiyetsizliğe uğratmak için huzursuzluk ve menfî gayretler ortaya çıkmaya başladı. Bu harbin kaybına birinci derece müessir olan rekabetlerin bütün vesikaları ortadadır."

Türk-Rus Harbini kaybetmiş olmaklığımıza rağmen, Rus Çar'ı Aleksandr böyle bir harbi terviç etmemiş ve son âna kadar, Türk ordusunun kudreti onu harbe başlamaktan alıkoymuştur. Ancak, Osmanlı İmparatorluğu'ndaki paşalar sultasının, sulhü her ne pahasına olursa olsun yıkmak ve devleti bâdirelere sürüklemek hususundaki kararları, nihayet Çar II. Aleksandr'ı harekete getirmiş ve büyük devletlere müracaat etmeye ve harbin kaçınılmaz olduğunu bildirmeye mecbur etmiştir.

Türk-Rus Harbi'nin hangi sebeplere ve şartlara bina edildiğini tedkik eden emekli tümgeneral İ. Halil Sedes, *1877-1878 Osmanlı-Rus ve Romen Savaşı* adlı eserinin birinci ve müteakip sahifelerinde şu malumatı vermektedir:

Çar Aleksandr, 24 Nisan tarihli beyannamesinde, savaşı bütün Avrupa devletlerinin de tasvip ettiklerini söylemiş ve bu kanaatte olduğunu belirtmiştir. Halbuki İngiltere, Londra protokolünde, sulhün devamı müddetince Rusya'nın dileklerine yardımcı kalacağını ve eğer sulh bozulur ve iç savaşa dökülürse, *hareketinde serbest davranacağını resmen tebliğ* eylemişti.

İngiltere'nin serbestî-i hareket hakkında ileri sürdüğü bu kayıt, göz önüne alınmaya değer olmakla beraber, bunun Osmanlı İmparatorluğu ile birlikte savaşa gireceği ihtimali vârit olamazdı.

Londra protokolünü imzalayan öteki Avrupa hükümetlerinden

Almanya, Fransa ve İtalya, savaş yerlerinden uzak oldukları gibi, Rusya'ya karşı durmak için de bir sebep ve menfaatleri yoktu.

Geriye kalan Avusturya-Macaristan İmparatorluğu'na gelince; bu hükümetin, takip edeceği politika ve vereceği kararın pek büyük ehemmiyeti vardı.

Balkan yarımadasında, savaş halinde Rus ordularına yardım edecek, Bosna-Hersek ve Bulgar İslav ve hristiyan halkı vardı. Bunlar, esâsen Osmanlı İmparatorluğu'na karşı ayaklandırılmıştı. Balkan yarımadasının bir kısmında da Karadağ ve Sırplar oturuyordular.

Karadağlılarla savaş sürüyordu. Sırplılarla henüz sulh yeni düğümlenmiş idi ise de, bunların da tekrar savaşa girişmeleri muhtemel görünüyordu.

Bu yüzden, Balkan yarımadasında çıkacak savaş hareketlerini kolaylaştıracak ehemmiyetli sebepler ve yardımcılar vardı. Buna karşı, Rusya'dan doğrudan doğruya Balkanlar'a giden bütün yolların, oranın işleri ile pek yakından alâkadar olan Avusturya ile hem-sınır bulunan Romanya'dan geçmeleri mahzuru vardı.

"Bu cihetle, Avusturya ile anlaşmadan Balkanlar'daki savaş hareketlerinin muvaffakiyetle neticelendirilmesine imkan yoktu çünkü, haritada sâde bir tedkik bile, Balkan yarımadasında cenuba doğru ilerleyecek Rus ordularının yanlarını, daha sonra da gerilerini, Avusturyalıların Karpat dağları ile Karadeniz arasındaki dar bir sahada ne kadar kolaylıkla tehdit ve hatta kesebileceklerini ortaya koyar.

Bilinen bir şeydir ki, Bosna-Hersek kıtası iki yanı Avusturya ile hem-sınır ve üç köşe olup, ahalisi de, Avusturya tâbiiyetinde bulunan Slav halkı ile hem-unsur idi. İhtilalin başlangıcından beri, Avusturya Slavları, eşkıyaya fiilî yardımda bulunmuş ve hatta, bir zamanlar Avusturya tebasından Lyobobratiç, avenesiyle âsilere komutanlık etmişti. Avusturyalıların Balkanlar'da çıkan vakalara bu derece alâka göstermeleri, gayr-ı resmî şekilde olmakla beraber, buna, fiilen de karışmış olmaları bittabii bir emel altında idi.

Bu yüzden, Rus diplomatları, savaş halinde şu söylediğimiz vaziyet ve hali göz önünde tutarak, ordunun ileri hareketlerini emniyet altında bulundurabilecek çareleri elde etmeye çalışmıştır çünkü, 1854 Kırım Savaşı'nda Silistre muhâsarasının yarım kalmış olmasına bir sebep de, o vakit, Avusturyalıların aldıkları düşmanca vaziyet olmuştu. Bu misal de Ruslara, Avusturyalıların izni olmadıkça, Balkan yarımadasında zorla iş görebilmek imkanı olmayacağını pek açık bir surette anlatmıştı.

Hele, Osmanlı donanmasının Karadeniz'de hâkim oluşu, Avusturyalılarla uzlaşma keyfiyetini bütün bütüne şart kılmış oluyordu.

Siyasi görüşmelerin savaştan vazgeçilemeyecek bir biçim aldığı görülünce, 27. I. 1877 tarihinde, Viyana'da Avusturyalılarla bir anlaşma imza olundu. Bunun hükümlerince, Avusturyalılar dostça savaşa seyirci kalacaklar ve Bosna-Hersek, Sırbiye ve Karadağ hariçte kalmak üzere, Balkan yarımadasında Rus ordularının serbest hareketlerine mâni olmayacaklardı.

Bir de, Avrupa hükümetlerinden, savaşa karışmak ve. Osmanlılara yardım etmek isteyen olursa siyasi vesâitle bunun da önünü almaya çalışacaklardı.

Bundan başka Ruslara, Krakovit-Lemberg-Çemoviç ana demiryolu ile Voloziski-Brodi şosesi üzerinde seyyar hastahaneler yapmalarına izin verildi. Ruslar ordularının ihtiyacı için Avusturya-Macaristan'dan istedikleri kadar eşya satın alabileceklerdi.

Buna karşılık, *Avusturya-Macaristan hükümeti de, dilediği zamanda ve istediği şekilde Bosna-Hersek kıtalarını işgalde serbest bırakıldı.*

ROMANYA'NIN VAZİYETİ

Romanya, Osmanlı İmparatorluğuna tâbi müstakil bir prenslikti ve 1856 Paris muâhedesi ile, bu prensliğe, Besarabya'da, Tuna'nın şimâlinde ve Karadeniz'de son bulan bir toprak parçası da verilmiş bulunuyordu. İşin garip tarafı, müstakil bir prenslik olmasına rağmen, Rusya, Romanya'yı

Osmanlı İmparatorluğu'nun bir parçası addediyordu. Aslında iş böyle olmakla beraber, Romanya'nın hudutlarını kendi askerleri müdafaa etmekte idi ve Osmanlı ordusu ile Rus ordusu arasında herhangi bir müşterek hudut dolayısıyla temas mevcut değildi. Rusya, ancak Romanya'yı çiğnemek suretiyle veya bu prenslikle müşterek hareket ederek, Osmanlı İmparatorluğu ordusu ile harp edebilirdi. Rusya, müstakil prenslik olan Romanya'yı Osmanlı topraklarından addettiğine göre, bu devleti çiğnemesi akla en yakın gelen ihtimaldi. Bu sebeple, Romanya bu harpte bî-taraf kalmak imkanlarından mahrumdu.

Buna rağmen, Romanya hükümet reisi mösyö Bratianu, Romanya'nın bî-taraflığında ısrar edeceğini söylüyordu ve siyasetini bu esaslara bağlamış bulunuyordu.

Bu maksatla, Romanya Bâb-ı Alî'ye müracaat ederek birtakım taleplerde bulunmuş ve bu talepler Bâb-ı Alî tarafından reddedilmişti.

Sadrazam olarak Midhat Paşa, Rusya ile bir harbi mutlak çıkarmak, devletin başını derde sokmak kararında idi. Hele, bel bağladığı Kanun-i Esasi'nin ilanı keyfiyetinin, Tersane Konferansına katılan murahhaslar nazarındaki kötü tesiri bile kendisini bu yoldan döndürememiş ve bile bile harbin zuhuruna imkan hazırlamıştı.

Midhat Paşa'nın da, yârânı paşaların da, "İlanından sonra Avrupa devletleri, devlet-i aliyyeye zahir olacaklar" dedikleri Kanun-i Esasi'nin ilanının bu devlet murahhasları tarafından nasıl karşılandığını, İbnü'l-Emin Mahmud Kemal İnal, *Osmanlı Devrinde Son Sadrazamlar* adlı eserinin "Midhat Paşa" kısmında (cüz. 3, s. 348-349) şöyle izah etmektedir:

"14 Kanun-i Evvel (Aralık) 1876'da ilk defa içtima edildi. Yukarıda söylendiği veçhile, kanun-i esasi o gün ilan olunarak toplar atılmaya başladığı sırada, Safvet Paşa, bir nutuk iradı ile keyfiyeti murahhaslara tebliğ eyledi. Midhat Paşa, Kanun-i Esasi ilanının murahhaslar tarafından nasıl telakki edildiğini anlamak için, vürûdunu kemâl-i tehâlükle beklediği Safvet Paşa yanına girince, telaşla, mükerreren 'Ne dediler?' diye sordu. Safvet Paşa(-nın), 'Ne diyecekler, çocuk oyuncağı dediler' cevabını vermesiyle Midhat Paşa fena halde kızdı."

İstanbul'daki İngiliz sefîr-i kebîri sir Henry Elliot'un "Kanun-ı Esasiyi ilan ediniz; Avrupa devletleri size müzâheret edeceklerdir" demek suretiyle devleti parçalamaya sevkettiği Midhat Paşa, işte bu kadar bön ve saf bir adamdı. Şimdi, bizzat kendi kulakları ile Avrupa murahhaslarının söylediklerini Safvet Paşa'dan duymuş oluyordu; fakat, buna rağmen mütenebbih olmuyordu. Midhat Paşa gözü dönmüş bir siyaset adamı olarak, her vesile ile harp kundakçılığı yapıyor, İngiliz sefirinin arzusunu böylece yerine getirmiş oluyordu. Midhat Paşa'nın, harp kundakçılığı bahsinde ne kadar gayret sarfettiği ise İbnü'l-Emin Bey'in, aynı eserinin 349. sayfasında şöyle nakledilmektedir:

Rusya muhârebesine Midhat Paşa'nın sebep olduğuna dair beyânâttan bazıları naklolundu.

Sultan Abdülhamid merhum –dikte edip yazdırdığı tarihsiz ve nâ-tamam muhtırada– diyor ki:

Midhat Paşa'nın makâm-ı sadârete geçtiği günden itibaren, zaten galeyâna gelmiş olan efkâr-ı İslâmiye'yi kendi menfaat-i şahsiyeleri uğrunda fedâ eden bazı şürekâsı ile beraber, Rusya devleti ile muhârebe etmeye teşvik eylemek ve bir taraftan da Şerrullah-Hayrullah Efendi vasıtasıyla bâb-ı fetvâ-penâhîde tarîk-i İlmîden *asâkir-i milliye* namı ile asker yazmak ve arkasına üniformasını giyerek patrikhanelere, emsali görülmemiş olduğu halde, kendisini 'Zito, zito!' diye alkışlatıp, birtakım vaadler etmek ve ol vakit borsa/Galata komiserliğinde bulunan Abidin Bey vasıtasıyla, gece, meşale ellerinde olarak –Atina ve Fransa'da olduğu gibi– birtakım palikaryaları Camlıköşk önünde 'Zito, zito!' diyerek getirmek ve diğer taraftan, birtakım *yobaz* tabir olunan softa ve leblebici vesâire gibi âdemleri başına toplayup Çamlıköşk'ün pîşegâhına kadar gelerek, zât-ı şâhâneyi oraya davetle, 'Biz muhârebe isteriz. İllâ muhârebe olmalıdır. Padişahım, sen gençsin, korkma, bizim bir milyona karîb askerimiz vardır. Biz, gömleğimize varıncaya kadar fedâya hâzır ve müheyyâyız. Bi'l-cümle millet, senden bunu bekliyor!' diyerek, birtakım tehdit-âmiz ve âdâba münâfi şeyler teklif ettirilmiştir. İşte o sırada, Anadolu kumandanlığına, Girit'ten Ahmed Muhtar Paşa getirilip tayin olundu. Oraya gittiği gibi silah-endâz ve bozuk bi'l-cümle askerin miktarı(nın) otuzbin kişiden ibaret olduğunu bildirir. Halbuki, o vakit 'Bir milyona karîb askerimiz vardır' denildiği ve bir taraftan sevkolunduğu ve Redif Paşa, devletin üçyüzbin askeri olduğunu bildirdiği halde, Muhtar Paşa'dan gelen telgrafname bunların mâruzâtının yalan olduğunu tahkik ve tebyîn eder. Bu esnada, İstanbul Konferansı (Tersane konferansı) azasından İngiltere murahhası Salisböry, katib-i hususisi vasıtasıyla gönderip el-haletü hazihî nezd-i hümayunda mahfuz bulunan İngilizce muhtırada vükela-yı hâzıranın tavırlarından şikayetle beraber, devlet-i aliyye, konferansın kararına karşı cevab-ı red verecek olursa, başına gelecek felaketi bi'l-etraf ta'dât ve Rusya devleti azîm bir kuvvete mâlik olduğundan, muhârebe neticesinin vehâmetini ityân ve iş-bu muhtırayı getiren, hususi bir mülakat talebini dahi beyan eyler. Bir gün sonra mülakat vukubulur, esnâ-yı mülakatta, 'Sen gençsin, konferansın kararını kabul sizin için hayırlıdır. Bazı cihetinin tadili kabildir, daha zaman geçmemiştir. Bâb-ı Alî, herhalde itidali iltizam etmelidir, iş bu dereceye gelmiştir. Evvelki gibi, Fransızlarla İngilizler size bilfiil muâvenet edemezler. Fransızların hali malum, İngilizler, yalnız size yardım edemezler' der.

Bunu müteakip Midhat Paşa, Şerrullah (Hayrullah Efendi şeyhülislâm) Efendi, Safvet, Nâmık, Mahmud, Redif ve Konya valisi Said Paşalar, mâbeyn-i hümâyuna celp ile hususi bir meclis akdolunarak taraf-ı şâhâneden irad olunan mütalaada.

Herkes, Rusya ile muhârebe için yediyüzbin asker olduğunu biliyor. Akşama sabaha tüfenk patlamak vakti olup bi'l-cümle harekatımız buna matuftur. Halbuki, Muhtar (Gazi Muhtar) Paşa'dan alınan bir telgraftan, üçyüzbin asker yerine otuzbin asker bulunduğu tebeyyin ediyor. Lord Salisböry dahi böyle ihtaratta bulunuyor. Halbuki siz, şimdiye kadar İngiltere devletinin devlet-i aliyye ile dost ve müttehit olup, her hususta muâvenet edeceğini bana, gerek gazeteler vasıtasıyla ahaliye beyan ve itham eylediğiniz halde, o devletin memuru, muhârebe vukuunda muâvenet edilemeyeceğini resmen beyan etmiş olmasına nazaran, beni ve ahaliyi aldatıp iğfal ettiğiniz anlaşılıyor. Avusturya devletinin Hersek ve Bosna hakkındaki efkârı ve Rusya devleti ile ittifâkı malum. Yunânîlerin niyetleri ve Karadağ hükümetine karşı devletin otuz-kırkbin asker bulundurmaya mecbur ve Bulgaristan'ın ahvali ise aşikar ve devletin yedindeki tüfenklerin nâkıs ve cephanesi nâ-tamam olup muhârebeye girişmenin mesuliyeti azimdir. Bundan ziyade bir denâet ve hamiyetsizlik tasavvur olunamaz.

Bir taraftan softalar gelüp 'Muharebe!" diyerek bağırır ve bir taraftan, en küçük çocuklar, ellerinde tüfenklerle dolaşır. Türlü türlü ahvalden dolayı gece gündüz harp ve rahatım münselip oluyor.

Bu bapta bir çâre-i âcil bulmak lazım olmakla, kaf iyyü'l-mefâdd bir tedbir düşünülmesi.

Görülüyor ki, Midhat Paşa'nın, gerek ilmiye sınıfını gerek halkı, gerekse gayr-i müslim anâsırı ayaklandırarak yaptırdığı "Harp isteriz!" propagandası, cennet-mekan Sultan Abdülhamid Han'ı, memleketin içinde bulunduğu tehlike muvâcehesinde ciddiyle rahatsız etmektedir fakat, buna rağmen, Midhat Paşa ve şürekâsı paşalar komplosu, her geçen gün biraz daha artan bir tazyikle Padişah'ı Rusya ile bir harbe sokmanın çarelerine tevessül etmekte idiler. Bu tazyik, softalar ve gayr-i mes'ul halka dağıtılan akçelerle temin ediliyor ve halk, aldığı akçeler mukâbili sokak nümâyişlerine germi veriyordu.

Kaldı ki, İngiltere, Lord Salisböry'nin ağzı ile de siyasetini açıklamış ve genç sultanı, bir nevi tehdit ifade eden sözlerle ikaz etmek yoluna girmişti. Lord Salisböry'nin, Padişah'a arzettiği İngiliz siyasetinde, durum açıkça ortaya konmuş, Fransa'nın içinde bulunduğu durum izah edilmiş, 1870-71 Alman-Fransız Harbinden mağlup ve perişan çıkmış bir Fransa'dan Osmanlı Devleti'nin desteklenmesi beklenemeyeceği kafi bir ifade ile anlatılmıştır. İngilizler, ayrıca, kendilerinin de bu durumda Osmanlı Devleti'ne faydalı olamayacaklarını kafiyede ortaya koymuşlardı.

Lord Salisböry'nin bu şekilde izah ettiği İngiliz hârici siyaseti böylece, başından beri izahına çalıştığımız iki-yüzlülüğünü ortaya koymuş oluyordu. Devlet, bir ihanet şebekesinin elinde adeta oyuncak haline getirilmişti. Bu çeteye dahil paşalar grubu ise, Lord Solisböry'nin bizzat Padişah'a söylediği sözlerden de hisse almamışlar, İngiltere'nin de, Fransa'nın da Osmanlı Devletine yardımcı olacağını, Avusturya-Macaristan İmparatorluğu'nun ise, tarafsız bir siyaset takip edeceğini ısrarla ileriye sürmekte devam etmişlerdir.

Paşalar, sadece harp fikirlerini ileriye sürmekle de kalmamışlar, İngiliz hâzinesinden elde ettikleri ve sir Henry Elliot'un elinden aldıkları paralarla softaları, leblebici takımını, gayr-i müslimleri her gün, arkası kesilmeyen nümâyişlere şevketmişler ve İstanbul'un sokaklarında, "Harp isteriz!" âvâzeleri ile bağırmalarını ve halk efkârını harbe sevketmek fikrine imâle etmelerini temin etmişlerdi. Paşalar böylece, genç ve dirâyetli padişaha, "Ne yapalım, halk harp istiyor, Rusyalu önünde geri mi çekilelim?! Mademki halk istiyor, öyle ise halkın isteğine boyun eğeceğiz" diyebilmek imkanlarını ellerine geçirmiş oluyorlardı.

Ve devletin başını derde sokan, ihanet şebekesinin başındaki adam olan Midhat Paşa, Padişah'ın kendi imkanları ile elde ettiği bilgiyi teyit eden Lord Salisböry'nin sözlerini, yukarıda naklettiğimiz toplantıda reddetmek cesaretini göstermekle de kalmıyor, İngiliz siyasetinin bu büyük adamına *yalancı* diyebilecek kadar da ileriye gidiyordu.

İbnü'l-Emin Bey'in –yukarıda bahsettiğimiz– eserinin 305. sayfasında üstat, bu mülakatın sonunda bu hususta şunları yazıyor ve diyor ki:

"Hazır olanlara beyan olunan padişahın bu sözleri üzerine Midhat Paşa, 'İngiltere bize böyle vazediyorlar; Salisböry, efendimize yalan söylemiştir. Onlar, bize her halde muâvenette bulunacaklardır. Biz, politika memuruyuz... Müşir paşalar, yani Mahmud ve Redif Paşalar, 'Yediyüzbin askere mâlikiz' demişler idi. Böyle bildiğimiz için ona göre meslek tayin edilmiştir. Mademki bu kadar kuvvet yoktur, bunun mesuliyeti onlara ait olmak lazım gelir' demiştir. Bu sözleri sarfeden adamın Osmanlı sadrazamı olduğunu iddia etmek kadar ahmaklık olamaz. Bu adam düpedüz yalancı, düzenbaz ve korkunç bir siyaset ahmağıdır. Bu adamdan olsa olsa basit bir vali nümunesi çıkarılabilirdi, daha fazlası asla. Ve bu adam, siyasetin "s" harfini dahi bilmeyen bir insan olduğunu, konuşma terbiyesine de sahip olmadığını, siyasi literatüre ise asla vâkıf bulunmadığını, Salisböry hakkında sarfettiği 'Yalan söylüyor!' sözü ile de ortaya koymuştur. Ne yazık ki, taht'a yeni geçen padişah, öylesine bir memleket vasatı bulmuştu ki, istese de istemese de Midhat Paşa'yı sadrazamlığa getirmek mecburiyeti ile karşı karşıya kalmış bulunuyordu ve bu mecburiyet yüzündendir ki, Midhat Paşa, devlete de millete de oynayacağı oyunu oynayabilmiş, devleti, Rusya ile, İmparatorluğun tasfiyesi demek olan bir harbe sokmuş ve Türk milletinin mahvına sebep olmuştur."

Aynı eserin aynı sayfasında üstat; Mahmud Paşa'nın padişaha cevabını da şöyle tesbit etmektedir:

"Mahmud Paşa ise, 'Ben sevkiyata memurum. Benden top ve fişenk talep olunur ise, ânı vermeye memurum. Bâb-ı Seraskerî'ye ait olan işe ben karışmam' demesi ile, Redif Paşa'dan cevap talep buyurulup o da, 'Yalnız başıma ben nasıl mesuliyeti üzerime alırım? Bu husus bana bir hakarettir. Bu kadar mesuliyeti yalnız deruhte edemem. Cümle paşa kulunuzla birlikte deruhte ederim' deyu cevap vermiştir. Sultan Abdülhamid Han, paşaların bu sözleri üzerine derin hayrete düşmüş ve paşaların zavallılığını bir defa daha tesbit etmişti. Padişah, bunun üzerine, huzurda bulunan diğer paşalara da aynı suali sormuş ise de, hiçbirisi cevap vermek cesaretini gösterememişler ve başlarını önlerine eğmişlerdi. Bu elîm manzara karşısında padişah, yine itidalini bozmamış ve 'Öyle ise vezir odasına buyurun. Orada arız ve amîk müzâkere edin. Keyfiyeti ve neticesini bâ-mazbata beyan buyurun!' demek suretiyle paşaların acz(ler)ini yüzlerine vurmuştu."

Şimdi, şu birisi sadrazam, diğeri serasker, yani Harbiye nazırı, üçüncüsü de ordu kumandanı olan ve huzurda bulunan diğer ordu kumandanlarının da aczi ortaya çıkmış bulunuyordu. Paşalar, bocalamışlar, devleti sürüklemek istedikleri bir harpte mesuliyeti, birbirlerinin üzerlerine atmak gayreti içine düşmüşlerdi. Ve bu insanlar, bir devletin en üst kadrosunda hizmet veriyorlardı. Ne acı tecellidir yâ-Rabbi ve devlet nasıl bir kadronun elinde bulunuyordu?! Devlet adına da, millet adına da utanılacak bir hal...

Padişah, işte bu paşaları karar vermeye davet ediyordu.

Paşalar, Padişah'ın irâdesi üzerine, o gece saatlerce içtimâ etmişler fakat, herhangi bir netice alamamışlardı. Padişah ise sabırsızlanıyor, paşaların vereceği kararın gecikmesinden sinirleniyor, endişeleniyordu. Nihayet, daha fazla dayanamayan genç sultan, baş-katip Said (Küçük Said) Paşa ile, diğer Said Paşa'yı, paşaların müzâkerede bulunduğu vezir odasına göndermiş ve paşaların cevabının ne olduğunu sordurmuştu. Vâki sual üzerine ise, Midhat Paşa, her iki paşaya, "Bu iş için mazbata yapmaya lüzum yok. Meclis-i umumide müzâkere olunur, neticesi de arzolunur fakat, şimdiki halde mazbata makâmına kâim olmak üzere tarafımızdan lazım gelen cevâbı Nâmık Paşa beyan buyuracaklardır" deyince, Nâmık Paşa yerinden kalkmış ve "Hâk-i pâ-yi şâhâneye yüz süreriz. Çok az'a, az çoğa bi-izn-i Hûdâ galebe eder. İşte bundan başka diyeceğimiz yoktur. Cevabımız bundan ibarettir. Efendimize böylece arzediniz" demiştir.

Midhat Paşa, kendisinin söylemekten tevakki ettiği, rey ve parmak ekseriyeti prensibi ile Padişah'ın kararı ve irâdesi ne olursa olsun, harbe taraftar ve kararlı oldukları hususundaki niyetlerini, Nâmık Paşa'ya bu mantıksız sözlerle söyletmiş böylece, hem mesuliyetten kurtulacağına kâni olmuş, hem de, genç padişaha karşı yalnız olmadığını, paşaların kendisi ile birlik olduğunu bir kere daha ifade ve ihsâs etmek istemiştir fakat, ne olursa olsun, yukarıdaki sözlerden de anlaşılmaktadır ki Midhat Paşa da, etrafında topladığı paşalar çetesi de, Osmanlı Devleti'ni harbe sokmak kararını kendi aralarında vermişlerdi ve genç padişahın irâdesi ne olursa olsun, bu harbi gerçekleştireceklerdi.

Midhat Paşa ile yârânının devleti Rusya ile harbe nasıl sürüklediklerine dair Cevdet Paşa *Tezâkir*'inde şöyle diyor.

"Rusya İmparatoru muhârebe kapısının açılmasını istemezdi. Midhat Paşa, ânı ilan-ı harbe mecbur etti. Ehâli-i İslâmiye'nin efkârını tehyîc ile cenge hızlandıran odur. Sanki tüfengi o doldurdu. Damat Mahmud Paşa üst tetiğe çıkardı, Redif Paşa ateş etti. Bu üç kişi devletin başını bu felakete uğrattı. Muâmelât-ı harbiyyede dahi büyük büyük kusurlar vukubuldu. Nihâyet Rusyalular, İstanbul kapılarına kadar geldiler."

Görülüyor ki, Osmanlı İmparatorluğu'nu harbe sokmak fıkr-i sakîmânesi Midhat Paşa'nın kafasına yerleştirilmiş ve 1293 (1877-78) Türk-Rus Harbi böylece çıkmıştı.

Midhat Paşa'nın, Türk-Rus Harbi'ni kimler hesabına ve nasıl bir ihanet ile çıkarttığının en mükemmel delilini, bizzat kendi damadı Vefik Bey, *Tasvîr-i Efkâr'ın* 317 numaralı nüshasında neşrettiği ve İbnü'l-Emin Mahmud Kemal İnal'ın, bahsi geçen eserinin 352. sayfasında tarihe intikal ettirdiği şu vesika açıkça ortaya koymaktadır:

"İstanbul'da konferansın (Tersane Konferansı) teşekkülünden evvel, ol vakit İngiltere Hariciye Nezâretin'de bulunmuş olan Lord Derby tarafından Midhat Paşa'ya gelüp re'ye'l-ayn görüp okuduğum bir mektup, 'İstanbul'da in'ikat edecek olan konferansın kararını reddetmekte muhtarsınız. Andan sonra, Londra'dan bir protokol gönderilecektir ki, ânın muhteviyâtı üzerine dahi müzâkere edilecektir' meâlinde idi. Lord Derby gibi, zamanının siyasiyâtına hâkim olan bir zattan, bir sadrazama böyle bir mektup gelmiş olursa, o sadrazamın konferans kararını reddetmekteki cüreti bittabii her türlü tereddütten âzâde olur."

Vefik Bey'in tarihe intikal ettirdiği bu vesika, Midhat Paşa'nın, nasıl bir insan olduğunu ve siyasi iplerinin kimin elinde bulunduğunu açıkça ortaya koymaktadır. Bu paşa için, bundan daha mükemmel bir ihanet vesikası bulmak çok güçtür. Bu mektuptan açıkça anlaşılmaktadır ki; Midhat Paşa, Tersane Konferansı'nı, İngiltere'nin arzusuna uygun olarak çıkmaza sokmuş ve dağılmasını temin etmiştir. Yukarıdaki ifadede, Lord Derby'nin, "Londra protokolü üzerinde müzâkere edebilirsiniz" derken, Midhat Paşa'ya direktif verdiği de müdellel olarak ortaya çıkmaktadır. Yani açıkçası Midhat Paşa, Osmanlı sadrazamı olarak, tıpkı büyük patronu Mustafa Reşid Paşa gibi İngilizlerin adamı idi ve bu siyaseti yüzündendir ki, devlet batırılmak için elinden ne gelirse yapmıştır.

İşte, Midhat Paşa'yı ağır şekilde itham eden bir vesika daha. Bu vesika da, İbnü'l-Emin Bey'in, aynı eserinin 353. sayfasında neşredilmiştir. Üstat diyor ki:

"İngiliz nâmı ile yâdolunan mâbeyn feriki Said Paşa, hatıratında diyor ki; "...Veliyy-i nimet efendimiz dahi harp taraftarı değildir; lâkin en birinci azgın ve ahmak Mahmud Paşa (Said Paşa'nın kayınbiraderi) ve ikinci derecede Midhat Paşa'nın şerlerinden dolayı sabrediyorlar. Bu âdemlerin ne kadar büyük hatada bulunduklarını elbette zaman isbat edecektir. Hele bizim Mahmud Paşa, bu aralık tâun ve vebâdır denilmeye şâyestedir. Harbin netâyic-i vahîmesinden vükelâ, daha doğrusu bizim Mahmud Paşa ile Midhat Paşa mesul olmaz da bu filemde acaba daha kim mesul olur?!.."

İşte bir vesika daha ve bunda da açıkça Midhat Paşa ve Avni Paşa'nın siyasi meslekleri, ihanet derecesinde vasıflandırmaktadır. İbnü'l-Emin Bey'in meşhur eserinin 355. sayfasında üstat diyor ki:

"Onun (Midhat Paşa'nın) azl ü teb'îdinden ve diyâr-ı âhirete (burasını Allah bilir) yolcu edildiğinden yıllarca sonra Paris sefâretinde yazılan şifreli bir telgrafnamede, (Yıldız evrakı arasında, 28 Mayıs 1898 tarihli), 'Geçenki Rusya muhârebesinde olduğu gibi, devlet-i aliyyeyi büyük tehlikeye düçar etmek ve bu suretle kendi menfaatlerini husule getirmek isterlerdi. Bunlar Midhat ve Hüseyin Avni mepunlarının meslek-i mepanet-kârânelerini el-yevm takip etmekte bulunan ve envâ-i habâset ve rezâleti alenen irtikâba meydan bulamadıkları cihetle, hânedân-ı Osmâniye'nin zîr-i idâre-i necât-bâhiresinde yaşamak güçlerine giden birtakım avenelerdir. Bunun yalnız bir his olduğu zannolunmasın. 'Devlet-i aliyye pâyidâr olmaz. Tedricen mektepler ıslah edilerek bir hristiyan hükümeti gelmelidir yolunda Midhat Paşa'nın, Hüseyin Avni dahi hazır olduğu halde bir mecliste tefevvüh etmiş olduğu, gerek Cevdet Paşa merhumdan ve gerek el-yevm meclis-i âlîde bulunan ve isminin zikrine lüzum görülmeyen bir zattan mesmu olmuştur' denilmesi su-i nazar ve buğzun nihayet bulmadığını isbat eder."

Sultan Abdülhamid Han, bütün bu hususlara vâkıf olduğu için, son âna kadar sabretmiş fakat, Midhat Paşa ile avenesinin ihanetlerinde ısrar ettiklerini müteaddit vesilelerle gördüğü için nihayet, 21 Muharrem 1294/5 Şubat 1877 tarihinde saraya davet edilerek azledildiği ve derhal memâlik-i Osmaniye'yi terketmesi bâ-irâde kendisine tebliğ edildi. Böylece, Midhat Paşa'dan boşalan sadârete de Edhem Paşa nasbedildi.

Midhat Paşa'nın niçin azledildiğine dair, fikirlerini ve sebeplerini *Hatırat*'ında yazmış olan mâbeyn feriki Said Paşa, hatıralarında şöyle demektedir:

"Zât-ı şâhâne efendimiz, cülûs-ı hümâyunlarından beri, gerek Midhat Paşa ve gerek Mehmed Rüşdü Paşa hakkında 'Bu adamlar, vatan ve millete hizmet edemez, bunlar haindirler zira, ahlakları icabınca teferrüt etmek dâiyesinde olduklarından, hânedân-ı Osmânî'yi nisyâna attırup memleketi cumhuriyet heyetine koymak ve kendileri dahi reis-i cumhur olmak efkârındadırlar. Onun için, ahaliye sûret-i haktan görünerek, hükümetimizin hâl-i meşrutiyete münkalip olmasını arzu ederler lâkin, hükümet-i meşrûtayı ben istedim. Anlar, bu inkılabı, ancak teferrüt edip de idare-i memleketi bütün bütün altıyüz senelik bir hanedan elinden gasbetmek niyet-i fâsideleri ile isterler!' deyu, efkâr-ı şâhânelerini beyan buyururlardı."

Burada şu hususa işaret etmek isterim. Padişah, önce Midhat Paşa'nın yerine Edhem Paşa'yı sadrazam nasbetmiş olmasına rağmen, Edhem Paşa, her ne sebeple oldu ise, bu tevcihe rıza göstermemiş ve ondan sonra sadâret mührü Said Paşa'ya verilmiştir, İbnü'l-Emin Mahmud Kemal Bey, mührün teslimi sırasında, sarayda paşa dairesinin altında bir odada cereyan eden bir konuşmayı nakletmektedir ki, cidden enteresan olan bu konuşmadan Midhat Paşa'nın, sadrazam olmasına rağmen hâlâ gizli faaliyetlerde bulunduğunu ve bu faaliyetlerin reisi durumunda olduğunu anlamaktayız. Böylece, Midhat Paşa'nın devlete nasıl kasdettiğini bir vesika ile daha pekiştirmek isteriz. Bu vesikada deniyor ki:

"Said Paşa, bir vakitten beri, ötede beride saltanat-ı seniyye aleyhinde tecemmu[1] eden cemiyet-i hafiyelerde bulunanlar, zât-ı âlînizin konağına devam eden takımdan olduklarından bu hal, hakkınızda tabii şüpheyi davet etti ve hatta, dün akşam zabıta tarafından takdim olunan dört jurnalin birinde zât-ı âlînizin ismi zikrolunmuş ve Kemâl Bey'in hânesinde bulunanlar tarafından 'Midhat Paşa, istiklâliyeti aldı, Murâd'ı ber-murâd ederiz!' deyu sözlerin tefevvüh olunduğu yazılmış olduğundan, eğer ki zât-ı şâhane efendimiz, sizin doğrudan doğruya bu cemiyetlerde methaliniz olduğuna inanmak istemediler ise de, mademki ism-i âlîniz böyle sarahaten mezkurdur, ol halde hem nefs-i âlînizi vikâye etmek ve hem de memlekette bu makûle fesâdın önünü almak içün veliyy-i nimet efendimiz, zât-ı alînizin memâlik-i şâhâneden bugün çıkmanızı ferman buyurdular ve bunun içün İzzeddin vapur-ı hümâyunu hazırdır. Midhat Paşa (şöyle der): Vallâhi, billâhi benim bu cemiyetlerden haberim yoktur. Allah bu çapkınların belâsını versin. Bu, Rusya parası ile ve Halim (Prens Halim) Paşa'nın hud'ası ile vücuda gelmiş bir şeydir. Eğer beni buradan tard u teb'ît ederseniz, alimallah memleket mahvolur. Beşikler (Beşike) körfezindeki donanma üç güne kadar buraya gelir. Buraları iyi düşünülmelidir."

Bu zavallı adama bakınız. Kendisi teb'ît edilirse memleket mahvolurmuş. Midhat Paşa, anlaşılan, kendisinde birtakım kuvvetler tevehhüm etmektedir ki, yeni sadrazama karşı böyle konuşabilmek cesaretini bulmuştur fakat, Midhat Paşa'ya bu cesaretin nereden geldiği yukarıdaki sözlerinin içinde mevcuttur. Midhat Paşa'nın sözleri arasında bahsettiği, Beşike'deki donanma, o sırada Çanakkale'de, Beşike'de bulunan İngiliz donanmasıdır. Demek oluyor ki İngilizler, Midhat Paşa'yı her ne suretle olursa olsun işbaşında tutmak, Londra protokolünü kendisine imzalatmak siyasetini takip etmekte idiler ve bu gafil adam, kendisini koruduğuna inandığı İngiliz donanması ile devleti tehdit etmek gibi, *ihanetlerin en büyüğünü* devletin sadrazamına karşı yapmaktan çekinmez. Midhat Paşa denen, tarihlerimizin çok yanlış ve kasıtlı olarak *büyük devlet adamı* vasfını verdikleri insan işte budur yani, düpedüz devlet, millet ve din düşmanı bir hain...

Midhat Paşa, yukarıda verdiğimiz Said Paşa'nın hatıratındaki konuşmasını aynı hatırata göre şöyle devam ettirmektedir:

Midhat Paşa:

-Vükelânın bundan haberi var mı?

-Bilmiyorum.

-Ey, öyle ise rica ederim, gidiniz zât-ı şâhâne efendimize söyleyiniz ki, benim bu işlerden haberim yok. Mademki vükelâ buradadır, bu işi onlar da müzâkere etsinler. Eğer, efendimizin bana emniyetleri yok ise, beni mâbeynde bir odada tevkif etsinler. Evine girmeyeyim, sadâret işlerini burada görebilirim. Gerek burada ve gerek Avrupa'da memleketimizin bu müşkil ânında işleri ben görürüm deyü bir hüsn-i zan hâsıl olmuş olduğundan, eğer ben buradan gidecek olur isem, memleket alimallah biter.

Said Paşa, mührü Padişah'a teslim ile beraber Midhat Paşa'nın sözlerini arzetti. Padişah "Bu olamaz. Muhakkak gitmeli! Bundan sonra bu âdemi burada bırakmak daha ziyade tehlikeyi mucip olur. Al, bu zaptiye jurnallerini de kendisine göster!" dedi.

Said Paşa, Padişah'ın, şimdi hareket etmesi hakkındaki irâdesini tebliğ etti. Midhat Paşa, jurnalleri okudu.

-Haberim yok. Yazılır ya, çapkınlar iftira etmişler. Beni nereye göndereceksiniz?

-Hudûd-ı memâlik-i şâhâneden çıktıktan sonra nereye isterseniz oraya gitmeye mezunsunuz fakat, Şira en yakın olduğundan oraya çıkabilirsiniz.

-Oradan başka yere gitmek için vapur bekleyecek değil miyim? Öyle olduğu halde, beni Rumlar içinde bırakmayınız. Marsilya uzaktır, Brendizi'ye çıkarınız. Yanımda param yok, biraz para isterim. Lâkin benim emniyetim olan bir yâver dahi isterim çünkü, emniyetim kalmadı. Nefsime suikast ederler.

-Aman, böyle bir cinayet kimsenin aklına gelmedi. Bu söylediğiniz şey mümkinattan değildir.

-Gitmeli hâ?

-Evet gitmeli, iki yâver ile iki çavuş, sizi istimbot ile îzzeddin'e götürmek için iskelede beklerler.

-Allah rahmet eylesün bu millete.

Şimdi, bu konuşmalardaki ifadeye dikkat ediniz. Bu zavallı âdem kişi, kendisinin devletten teb'ît edilmesini, memleketin mahvına sebep kabul ediyor ve sözlerinin sonunda "Memlekete Allah rahmet eylesin!" diyebiliyor. Vah bu millete, vah talihsiz imparatorluğa!..

Ve bu adam, devletin dibine koyduğu dinamite rağmen, o devleti idare eden Osmanoğulları'nın en kudretli padişahlarından olan Sultan Abdülhamid Han'ın lütfuna da uğramış ve kendisine 500 altın ihsanda bulunmuştur. Devletinin kaybettiğini bile bile dünyada hangi insan vardır ki, düşmanına rahîm ve şefîk olabilsin?! Osmanoğlu sülalesinin büyüklüğü bir defa daha bu ihsanla ortaya çıkmaktadır ki, bu rahm ve şefkat, Osmanoğlu sülalesi içinde ne ilki idi, ne de sonuncusu olacaktı.

Böyle bir vaka daha Sultan Abdülhamid Han'dan sonra cereyan edecek ve 1877'den tam 36 yıl sonra, hain ilan edilen bir padişah tarafından, Sultan Vahideddin tarafından milleti kurtarması için Mustafa Kemal Paşa'ya verilecektir.

Midhat Paşa hakkında söylenecek, neşredilecek daha birçok vesâik vardır lâkin, bunların neşrine lüzum görmedim. Böylece, Midhat Paşa'nın Avrupa'ya teb'îdinden sonra devletin başı tam manasıyla derde girdi ve Rusya ile, Midhat Paşa'nın sebeplerini hazırladığı harp kazınılmaz oldu. Rusya süratle harbe hazırlanıyordu. İlk olarak, Romanya tarafından, Osmanlı kabinesinden talep edilip de reddedilen talepler üzerine müsait zemin bulan Rusya, 16 Nisan 1877 tarihinde Romanya ile askerî bir anlaşma imzaladı, Böylece, bî-taraf kalmak isteyen Romanya başvekili Braitianu'nun bu vadideki gayretleri de Bâb-ı Âlî tarafından değerlendirilemedi ve bu devlet Rusya'nın kucağına itildi.

Böyle olunca Romanya, Rusların tekliflerini ister istemez kabule ve bunlarla birleşmeye karar verdi. Romanya'nın birliğini elde eden Rusya, yalnız Romanya ordusundan nasıl istifade edebileceğini tayinde mütereddit idi. Romanya prensi Şarl, Rus generallerinden hiçbirisinin emri altına girmeyerek, daima Romanya ordusunun başında ve müstakil kalmak istiyordu. 'Ne olur ne olmaz' ihtiyatkârlık kâidesine riâyet etmek isteyen Romanya, orduyu elden çıkarmayarak, az bir fedakârlıkla en büyük faydalar elde etmek arzusunu güdüyordu.

Siyasi ortalar (mahfiller) ise, Rusya, Balkan yarımadasındaki hristiyanları kurtarmak için savaşa girişmiş olduğuna göre, bunları savaşta kırdırmak ve Romanya'yı ağır bir yük altına sokmak doğru olmaz ve fena tesirler yapar fikrinde idiler. Hele Tuna'nın cenubunda akacak askerî hareketlerde Romenlere ihtiyaç hissedilmeyeceği zannı da kuvvetli idi. Bu mütalaaya Rus Çar'ı 11. Aleksandr da iştirak ediyordu.

Binaenaleyh, bu düşüncelerin tesiri altında savaşa girişilmezden sekiz gün evvel, yani 16 Nisan 1877'de Romanya ile Ruslar arasında sırf askerî bir anlaşma imzalandı.

Bunun hükümlerince Rus orduları Romanya'dan serbestçe geçecekler ve Ruslar dost sıfatıyla, memleketin her yerinde hüsn-i kabul göreceklerdi. Bu anlaşmaya bağlı bir ekte, Rus ordusunun Romen demiryollarından ne yolda istifade edeceği, satın alacağı eşyayı nasıl ödeyeceği ve Romanya memurları ile ahalisine karşı hareketi sureti tesbit edildi.

Esas teşkilat kanununa göre bu anlaşma, Romen meclisinden geçmek ve tasdik edilmek lazım geliyordu. Romanya'da, vaktiyle Rusların yaptıkları zulümden gözleri yılan ve bu birliği istemeyenler çoktu. Binaenaleyh, anlaşma reddolunur korkusu ile, bu, ancak savaş ilan edilip, Rus orduları Romanya'ya girdikten sonra, yani 26 Nisan 1877 tarihinde meclise arzolundu. Artık, aleyhinde söz söylemek zamanı geçmiş olduğundan aynen kabul edildi.

Rusların savaşa girişleri, Avrupa hükümetleriyle birlikte yaptıkları tekliflerin reddedilmesi yüzündendi. Böyle olunca, bu şartlar kabul edilinceye kadar savaşa devam ve Bâb-ı Âlî'yi, *ıslahat* nâmı altındaki teklifleri kabule icbâr etmek lazım gelecekti.

Ruslar, Osmanlı ordusunun kuvveti hakkında doğruya yakın bilgi elde etmekle beraber, bunun savaş kabiliyetini tayinde mütereddit idiler. Buna da başlıca sebep, hükümetin idaresi başında bulunan adamların sık sık değiştirilmeleri ve bir de Osmanlıların, İngilizler tarafından açık veya kapalı, maddi veya manevi yardım görmeleri ihtimali idi. Böyle bir yardımın Bâb-ı Âlî'nin gidişi üzerinde yapacağı tesirat göz önüne getirilecek derecede ehemmiyetli idi.

Binaenaleyh Ruslar, öteden beri besledikleri emele kâfi surette varabilmek için, savaş hareketlerine hedef olarak İstanbul'u kabul ettiler.

Rus ve Slavların Çarigrad ismini verdikleri İstanbul, asırlardan beri bunların hırs ve tamah bakışlarını üzerine çekmiş ve buraya girmek her Rus için adeta dinî bir vazife hükmüne girmişti. İstanbul, o sıralarda, Rus ordusunu bir mıknatıs gibi üzerine çekiyordu çünkü, Ruslar, savaşa *hristiyanları kurtarmak* yüksek duygusu ile giriştikleri süsünü ve buna siyasiden ziyade, dinî bir şekil vermişlerdi.

İstanbul şehri de, müslümanların elinden kurtarılması lazım gelen mukaddes bir yerdi.

Şimdi, burada dikkat edilirse, İngiltere ile Rusya'nın siyasi gayeleri değişiyor ve bu iki devlet ayrı bir siyaset takip ediyorlardı. Başlangıçta, yani XVIII. asrın ortalarında sadece dinî taassup ile Osmanlı İmparatorluğu üzerine çullanan Avrupa devletleri, XIX. asrın yarısından sonra ikiye ayrılmış bulunuyorlardı. Bir tarafta Rusya ve Balkan Slavlığı, diğer tarafta İngiltere, Fransa ve Almanya devletleri yer alıyorlardı.

Rusya eski Hristiyanlık siyasetinin gizlediği bir iktisadi hedefin peşinde koşarken, İngiltere tamamen iktisadi hedeflere ve cihan hakimiyetine dayanan bir siyaset takip ediyordu. Fransa, Almanya, Avusturya-Macaristan İmparatorluğu ise, bu iki devletin rekâbetinden istifadeyi başlıca hedef alan bir siyasetin muakkibi idiler. Yalnız Fransa'dır ki, bu siyasetten ayrılıyordu zira, Fransa, Osmanlı İmparatorluğu içinde Kanuni Sultan Süleyman'ın I. Fransuva'ya verdiği en geniş manadaki kapitülasyonlardan istifade ederek, gerek İngiltere, gerekse Rusya ile, takip ettiği hem dinî, hem siyasi ve iktisadi siyaset dolayısıyla rekâbet ediyor ve daima kendi lehinde birtakım menfaatler elde edebiliyordu.

Demek oluyordu ki, Fransa da, Rusya da, hatta Avusturya-Macaristan İmparatorluğu da, Almanya ve İtalya da Osmanlı İmparatorluğu politikasında İngiltere'ye rakip durumda idiler.

Fakat İngiltere, takip ettiği büyük cihan hakimiyeti ve hammaddeler siyaseti dolayısıyla, devletler-arası bir rekâbetin meydana gelmesinde büyük bir mahâret göstermiş, Rusya-Fransa ve Avusturya-Macaristan arasında zaman zaman meydana gelen yakınlaşmayı ve bu yakınlaşmanın kuvveden fiile çıkardığı anlaşmaları bozmuş ve tek başına yürütmeye kararlı olduğu cihan siyasetini tatbik edebilmiştir.

İngiltere, bu siyasetin son halkasını Osmanlı İmparatorluğu ile tamamlamaya kararlı idi ve bu kararını da gerçekleştirmek için hiçbir fedakârlıktan çekinmiyordu. Nitekim, Osmanlı İmparatorluğu'nda satın almakta mahâret gösterdiği paşalar çetesi ile bu siyasetine rahat ve emin adımlarla ilerliyordu, iş son kertesine gelmişti... İngiltere'ye rakip bir devlet meydana getirmek hususunda büyük gayretler göstermiş ve bunda muvaffak olmuş bulunan şehit Sultan Abdülaziz Han, İngiltere'nin en büyük rakibi Osmanlı tahtından uzaklaştırılmış ve katlettirilmişti. Sıra(daki), şehit padişahın kurduğu dünya İkincisi durumundaki donanma ile, dünyanın en mükemmel teslih edilmiş ordularından birisi durumundaki Osmanlı ordusunu imha etmekti. Bu sebeple de, Midhat Paşa ve yârânı paşaları rahatça kullanmış, Osmanlı İmparatorluğunu, içinden çıkılması mümkün olmayan bir bâdirenin ve devletin felaketine müncer olacak bir Türk-Rus Harbinin patlatılmasında, yine bu paşalardan yardım görerek muvaffak olmuştu.

Rusya ile Türkiye, kaçınılması mümkün olmayan bir harbin içine işte böylece, bizzat o devleti idare edenlerin ihaneti yüzünden itilmiş ve Osmanlı ordusu, evvelce ihzâr edilmiş ve tohumu atılmış paşalar arası anlaşmazlık yüzünden de cephelerde kumandansız kalmış, paşalar, aklın almayacağı bir rekâbet yüzünden orduyu âtıl bırakmışlar ve gerekli harekattan adeta tevakki etmişlerdi. Başkumandan Abdülkerim Nâdir Paşa'nın, Rus ordusunun Tuna'yı geçmesinde gösterdiği büyük müsâmaha denilebilir ki, bütün askerî şöhretini ve kumandanlık vasfını bir anda adeta yok etmiş ve başkumandanlıktan atılmasına sebep olmuştu fakat, Abdülkerim Nâdir Paşa'nın başkumandanlıktan uzaklaştırılması keyfiyeti hiçbir netice vermemiş, Tuna'yı geçen Ruslar, süratle Türk ordularının irtibat yolları ile birlikte ikmâl yollarını da kısmen tehdit, kısmen de kapamış ve orduyu pek müşkil durumda bırakmıştı.

İşte, Midhat Paşa ve arkadaşları olan Bâb-ı Âlî paşalarının devlete yaptıkları korkunç ihanetin bilançosu budur. Yani, en mükemmel şekilde teslih edilmiş olmasına, Karadeniz'de de, Tuna'da da daha üstün bir donanmaya mâlik olmaklığımıza rağmen, Türk orduları her tarafta, sırf paşalar arası rekâbet ve çekememezlik yüzünden mağlup olmuş ve Ruslar, tarihî emellerini kıl payı ile ellerinden kaçırmışlardı. Yani İstanbul'u, *Çarigrad* adını verdikleri bu manevi değeri bütün müslüman âlemince pek yüksek olan İstanbul'u, yine İngiltere'nin cihan hakimiyeti siyaseti yüzünden kaybetmişler ve geldikleri Ayastefanos'tan (Yeşilköy) bu devletin müdâhalesi ile yüz-geri etmişlerdi.

Midhat Paşa ve şürekâsının marifeti, işte bu şekilde bir sona ulaşmış oluyordu.

MİTHAT PAŞA LONDRA'DA ve BAĞDAT VALİLİĞİ

Midhat Paşa, Sultan Abdülhamid Han tarafından Avrupa'ya teb'it edilip de İzzeddin vapuru ile Brindizi'ye gönderildikten sonra, orada vapuru terketmiş ve soluğu İngiltere'de dostları, velî-nimeti İngiliz devletinin büyük prensi, sonradan VII. Edvard olacak olan prens of Wells'in memleketinde almış ve orada fevkalade büyük bir itibar ve dostluk görmüştü.

Oğlu Ali Haydar Midhat'ın kitabında, yani *Hatıralarım* adlı eserinde, Midhat Paşa'nın Londra misâfireti, cidden üzerinde durulmaya değer bir safha arzetmektedir. Bu husus bütün teferruatı ile kaleme alındığı vakit, Midhat Paşa'nın devlete ihaneti çok daha açık şekilde tebellür edecek ve Türk tarihi, bu hususta yaptığı hatayı, bu insanı kahraman ve büyük devlet adamı olarak tanıtmaktaki hatasını düzeltmiş olacaktır.

Midhat Paşa'nın Avrupa'ya teb'it edilip de İngiltere'ye gitmesinden sonra, orada gördüğü fevkalade hüsn-i kabul, yakın ve içten dostluk hakkında birkaç misal vermek, hadiselerin gelişmesi ve Midhat Paşa'nın İngiliz dostluğu hakkında beslediği derin muhabbet karşısında bir hükme varmak, herhalde yerinde olacaktır. Biz, bu mevzuda, kendimiz değil, bizzat Midhat Paşa'nın oğlu Ali Haydar Midhat'ın İstanbul'da bastırdığı *Hatıralarım 1872-1946* adlı eserinin 32. ve müteakip sayfalarındaki mütalaasını vermekle iktifa edeceğiz. Ali Haydar Midhat hatıralarında diyor ki;

Midhat Paşa, Avrupa'da, merkez-i ikâmet olarak Londra'yı

tercih ile buraya yerleştikten sonra, damadı Vefik Bey ve beni de yanına aldırmış ve bizi karşılamak üzere Paris'e kadar gelmişti. Porçester Teras'ta bir yer kiralamıştık. Burası oldukça büyük ve önünde güzel bir de bahçesi vardı. Babam da dahil olmak üzere ev halkı, ben, damadı, katibi, iki uşak ve bir de aşçı ki, cem'an yedi kişiden ibaret idik. Bazı günler babam beni, damadı ve katib-i hususisini yanına alarak, birlikte Hayd Park'a dolaşmaya giderdik. Bir gün, gene parkta dolaştığımız bir sırada, karşımıza, bilahare İngiltere tahtına VII. Edvard olarak cülûs eden, veliaht Prens of Wells çıkmıştı. Babam ile veliaht arasında sıkı bir dostluk olduğundan, arasıra buluşup görüşürlerdi. Bu buluşmalarında yanlarında, ekseri zamanlar, Felemenk veliahtı olan Prens Doranj da eksik olmazdı. Her üçü arasında teklifsiz bir samimiyet hüküm sürerdi.

Prens of Wells, o gün de gene teklifsizce Midhat Paşa'nın koluna girmiş, eniştem Vefik Bey, Vâsıf Kılıçyan[39] ve ben kendilerini, arkalarından kısa bir mesafeden takip ediyorduk. Parkın bir kıvrımında, hiç beklemediğimiz bir sırada birdenbire Kraliçe Victoria ile karşılaştık. Kraliçe, daha o sıralarda, hayli yaşlanmış bulunuyordu. Âdeti üzere, tekerlekli bir arabaya benzeyen tekerlekli koltuğuna oturarak açık havalarda, parka gezmeye çıkmak âdetinde idi. Prens of Wells, peder'i, derhal Valide Kraliçe'ye takdim ile, Kraliçe Viktorya da, Midhat Paşa'ya, şu yolda iltifatta bulundu: 'Pek çok methinizi işittim. Memleketinizde hazırlamakta olduğunuz büyük inkılabı memnuniyetle takip ve takdir ediyorum. Görüştüğümüze memnun oldum...'

Midhat Paşa, bu iltifata şu yolda mukabelede bulunmuştu: "İltifât-ı şevket-meâbları liyâkatimin fevkindedir, teveccüh-i şâhânenize teşekkür ederim.

Evet, İngiltere'nin Osmanlı İmparatorluğu toprakları üzerindeki fevkalade mühim iktisadi menfaatleri ve Midhat Paşa'nın şahsında Osmanlı Devleti içinde aksatmadan devam ettirdiği dünya

---

[39] Mithat Paşa'nın mahremi ve hususi katibi.

hakimiyeti siyaseti, Londra'da menkûp bulunan bir Osmanlı sadrazamı ile, her türlü siyasi skandalı peşinen kabul ederek görüşen bir cihan kraliçesinin bu hatt-ı hareketini, tesâdüflere bağlamak asla mümkün olamaz. Bu görüşme de açıkça göstermektedir ki, Midhat Paşa, İngilizler için cidden büyük bir dost, büyük bir yardımcı ve İngiliz imparatorluğuna büyük hizmetler ifa eden bir insandır.

Ve Midhat Paşa'nın Londra'da böylesine bir itibara mazhar olması da bu yüzdendir.

Ali Haydar Midhat, hatıralarında bu karşılaşmayı şöyle tefsir etmektedir:

"Bu mülâkâtın bu şekilde, Prens of Wells tarafından sûret-i mahsûsada tertip edilmiş olduğundan şüphe yoktur. Kraliçe Viktorya'nın sürgün bir adamı resmen kabul etmesine İngiliz protokolü mâni idi. Midhat Paşa'nın nam ve mevkii ise, gizli olarak kabul edilmesine müsait değildi."

Ali Haydar Midhat, hatıralarının 50. ve müteakip sayfalarında, fevkalade ehemmiyetli bir mevzuya temas etmektedir. Burada bahsedilen husus, İngilizlerin, sonradan Alman-İngiliz rekâbeti haline girecek olan Osmanlı demiryollarına karşı duyduğu büyük alâkadır. Ali Haydar Midhat diyor ki:

"Menfî olarak Avrupa'da kaldığı iki sene, Midhat Paşa için, belki hayatının en çok elem ve üzüntü dolu seneleri olmuştur zira, hak ve teceddüt taraftarlarının elbirliği ile, senelerden beri türlü gayret ve fedâkârlıklar sâyesinde, binbir müşkilâtla hazırladıkları büyük eserin(!) müstebit bir hükümdarın keyif ve cehâleti yüzünden, kafi akâmete uğratılmasına uzaktan seyirci kalmak ve elinden bir şey gelmeden bütün emel ve ideallerinin birer birer yıkıldığını görmekten daha elîm bir şey tasavvur etmek mümkün değildir. Bir taraftan İngiltere, Fransa, hatta Avusturya ile İtalya da dahil olmak üzere, bu memleketlerde Türkiye için ne kadar müsait cereyanlar bulunduğuna göre, Midhat Paşa, bu sâyede, Rusya'nın çoktan beri Türkiye aleyhinde hazırlamakta olduğu ölüm darbesine karşı koyabilmek için, bir muvâzene kurmanın mümkün olabileceğini de anlıyordu. Bundan başka, o sıralarda, bilhassa İngiltere'de, Türkiye'yi kuvvetlendirmek arzusu milli ve siyasi bir cereyan halini almış olduğu için, şimendifer ve liman gibi işler için müsait şartlarda sermaye bulmak imkanları da hâsıl olmuş bulunuyordu fakat, bunların cümlesi zaman geçtikçe zâil olmaya başlamıştı."

İşte, İngiltere'nin asıl maksadı bu idi zira, İngiltere, cihan hakimiyeti siyasetinin ancak Osmanlı İmparatorluğu hudutlarından geçtiği takdirde ve bu topraklarda tam serbestîye sahip olduğu vakit gerçekleşebileceğine inanmış, politikasını bu istikâmette yürütmeye başlamıştı. Demiryolu inşaat meselesi, bu siyasetin ilk köprübaşı noktası idi. Nitekim Midhat Paşa, Londra'da ikâmeti sıralarında, İngiliz sermâye piyasaları ile de en geniş münâsebetler kurmuş ve Osmanlı İmparatorluğuna bu sermâyenin celbini mümkün kılmak için devamlı müzâkerelerde ve ziyaretlerde bulunmuştur. Ali Haydar Midhat, kitabında, bu hususta enteresan malumat vermektedir. Bu zat diyor ki:

"Midhat Paşa, Londra'da, Waterlaw and Sons namında azîm bir müesseseyi ziyaret için bir davet-name almıştı. Müessese direktörleri, Midhat Paşa'yı alkışlarla istikbâl ederek, şu beyannameyi okudular: Biz direktörler, müfettişler, memurlar ve ameleler zât-ı fahîmânelerinize karşı beslediğimiz derin hürmeti kabul etmenizi sizden rica ederiz. Midhat Paşa ismi, bugün İngilizlerin kalbinde derin akisler ve muhabbetler uyandırmıştır. Bu isim hiçbir zaman unutulmayacaktır. Türkiye'nin en meşhur bir devlet adamı ve Türk Kanun-i Esasisi'nin mûcidi(!) olan zât-ı devletiniz, müessesemizi ziyâret için davetimizi kabul etmekle, derin hisler uyandırdınız. Temenni ederiz ki, bu bâdireden yakın bir zamanda kurtulursunuz ve Türk İmparatorluğu, sizin yüksek direktifiniz altında, eski yüksek şevket ve satvetini bulur."

Bu beyanâta karşı Midhat Paşa şu yolda mukâbelede bulunmuştur:

"Efendiler, direktörler, müfettişler, memurlar ve ameleler! Samimi istikbâlinizle bana şeref verdiniz. Türk milletine karşı beslediğiniz, kalpten gelen muhabbetten dolayı kendimi bahtiyâr addederim. Şahsıma karşı gösterdiğiniz teveccüh ve iltifâta ayrıca müteşekkir olmakla beraber, bu teveccühün bir kısmı da, kalplerinin sâfiyeti ve samimiyeti ile meşbu bulunan amele tarafından ibraz edilmiş olmakla, memleketim hakkında besledikleri temenniyât, yaşadığını ahvâl içinde bana medâr-ı teselli olacaktır. Bu muazzam müessesenin, zaman geçtikçe daha büyümesini diler ve kuranını tebrik ederim."

Şimdi, bu ziyaret ile Midhat Paşa'nın şahsına gösterilen büyük teveccühün manasını anlamak için kendisiyle birlikte nefyedilip hapsedildiği Taif hapishanesinde yatan Prens Sabahaddin Bey'in babası Mahmud Celâleddin Paşa'nın: İngilizlerin Anadolu ve Mezopotamya ile Adana, Mersin ve havalisinde demiryolları inşaatı teşebbüslerine girişen ve bu hatların bir kısmını alan İngiliz firmasının Türkiye mümessili olduğunu hatırlamak kifâyet eder zannederim.

Ve İngilizlerin, Almanlarla korkunç bir mücâdeleye giriştikleri bu demiryolu meselesinin asıl hedefi de iktisadi, yani hammadde kaynaklarını ellerine geçirmek olarak tezâhür etmiş ve I. Cihan Harbi ile birlikte İngilizler, hem Osmanlı Devletini yıkmışlar ve hem mağlup Almanya'nın ölüm vesikasını ellerine vermişler, hem de bütün Orta Şark hammadde kaynakları, bu arada bilhassa petrolleri ellerine geçirmişlerdir.

İşte, Midhat Paşa'nın Londra'da ticaret, iktisat âlemi ile olan yakın münâsebetlerinin sebebi de budur. Esâsen Midhat Paşa, Avrupa'da sürgün olarak yaşadığı iki sene sonunda, tekrar vatana dönüp de vazife alınca, İngilizlerin bu arzularını birinci planda tutacak ve bu hususta, bilhassa Bağdat valiliği sırasında büyük gayretler sarfedecektir. Kendisine bu gayretlerinde, o sıralarda İstanbul'da bulunan İngiliz büyükelçisi Layard en büyük destek ve yardımcı olacaktır.

MİDHAT PAŞA
BAĞDAT VALİSİ

Midhat Paşa'nın Bağdat valiliği, Osmanlı İmparatorluğunda pek ehemmiyetli bir yer işgal etmektedir zira, Bağdat, o sıralarda, yani Midhat Paşa'nın bu vilayetin valiliğinde bulunduğu sıralarda, dünyanın geleceğinde çok mühim bir yer işgal edecek olan petrol sahalarının başlıcasını ihtiva eden bir merkezdi. Bu bakımdan, Midhat Paşa'nın Bağdat valiliğindeki icraatı Osmanlı Devleti'nden talep ettiği çok geniş salahiyetleri, etraflıca tetkik etmek ve tarihe ışık tutacak birtakım vesikaları da birlikte aktarmak lazımdır.

Midhat Paşa, Avrupa'ya teb'ît edildikten sonra, tam iki yıl müddetle Avrupa'da dolaşmış fakat, ikamet merkezi olarak Londra'yı daimi merkez ittihaz etmiştir. Bu iki yıl müddet zarfında, bilhassa İngiliz diplomasisi ile çok sıkı dostluklar kurmuştur fakat, bu dostlukların ehemmiyetlisi, muhakkak ki, sonradan İngiltere tahtına VII. Edvard olarak geçen Prens of Wells ile olan dostluğudur.

Bu dostluğun yanında bir başka, fakat dikkati çekmeyen dostluk vardır ki, o da, Hollanda Prensi Doranj ile olan dostluğu idi.

Aslında bu dostluk, en az Prens of Wells ile olan dostluk kadar ehemmiyetlidir zira, Hollanda Uzak Şark'ta tam manasıyla müstemlekeci bir devletti ve bu devletin İngilizlerle müşterek büyük iktisadi işletmelerinin temeli de o sıralarda atılmış bulunuyordu.

Bu işletmelerin başında Royal Dutch adlı petrol işletmeleri geliyordu.

Demek oluyor ki Midhat Paşa'nın, pek mebzul petrol yataklarına sahip olan Bağdat vilayetine tayin ettirilmesinin ayrıca bir sebebi vardı ve Midhat Paşa, bu sebebi asla belli etmeden, devletin başına daha o zamandan, I. Cihan Harbi'nin sonunda gelen felaketi örmeye çalışmıştı.

Midhat Paşa, esâsen Avrupa'da bulunduğu iki yıl müddet içerisinde büyük bir merak ve titizlikle, İngiliz ticari mehâfili ile temaslar kurmuş, onlarla olan münasebetlerini sıklaştırmış, İngiliz demiryolcularını Osmanlı Devleti'ne sokmak için çok çalışmış ve sonunda Mehmed Celâleddin Paşa marifetiyle muvaffak olmuştur.

Midhat Paşa'nın Londra, Paris ve diğer yerlerdeki temasları, İstanbul'un, padişahın gözünden kaçmamış ve kendisinin Girit'te ikâmetine müsaade buyurulmuştur.

Midhat Paşa'ya sarayın irâdesi 1878 senesi Ağustos ayı içinde tebliğ edilmiş ve Londra sefirimiz Muzurus Paşa, Midhat Paşa'ya ayrıca padişahın bin altın ihsan ettiğini ve aylık 200 altın maaşla Girit'e dönebileceğini kat'i olarak bildirmişti. Midhat Paşa, derhal yol hazırlıklarına başlamıştı.

Midhat Paşa Londra'dan ayrılırken pek büyük bir merasimle uğurlanmış, Marsilya'da bu merasim Fransızlar tarafından da hemen hemen aynı şekilde tekrarlanmıştı. Midhat Paşa artık Girit yoluna koyulmuştu.

Nihayet, 14 Eylül 1878 tarihinde Girit'in Hanya limanına varmıştı.

Midhat Paşa'nın bindiği, Osmanlı donanmasına mensup harp gemisi, Hanya limanına girince orada demirli bulunan düvel-i muazzama filoları tarafından top atışı ile selamlanmıştı. Bu durum aslında protokol dışı olmasına rağmen, Midhat Paşa gayr-i müslim halkın tezahüratı arasında ve düvel-i muazzama filolarına mensup bahriyelilerin "Hurra, hurrâ!" sesleri arasında karaya ayak basmıştı.

İngilizlerin arzuları yine tahakkuk etmişti. Midhat Paşa Osmanlı topraklarına ayak basmıştı ve Midhat Paşa, Hanya limanında karaya ayak bastıktan sonra, İngiliz sefiri sir Austin Layard ile temas kurmuştu.

Midhat Paşa'nın oğlu Ali Haydar Midhat'ın *Hatıralarım* adlı kitabının 63-64. sayfalarında bu temas ile alakalı gayet mühim malumat vardır. Ali Haydar Midhat bu hususta kitabında diyor ki:

Midhat Paşa, Girit'e yerleştikten bir müddet sonra, İngiliz

sefirinin mahrem dostlarından birisi tarafından, 3 Ekim 1878 tarihli bir mektup almıştı.

O zamanki hali ve bilhassa Rus tesiri altında bulunanların, Abdülhamid'in etrafında oynamakta oldukları rolü meydana koyması cihetinden büyük ehemmiyeti olan bu mektupta, İngiltere sefiri, sir Austin Layard, şunları bildirmekte idi:

"Altes,

Sefir sir Austin Layard bana dedi ki: Sadârette bulunduğumuz sıralarda, her gün soframızda oturan adamlardan birinin, Rus Generali İgnatiyef'e para mukabilinde casusluk ettiğine dair eline gayet kat'i deliller geçmiş, sâdık bir adamımız olduğunu zannettiğiniz bu casus, sofranızda konuşulan şeyler hakkında, her gün Rusya sefirine muntazam raporlar vermekte imiş. Sefir cenapları, bundan başka, padişahın etrafında Ruslardan para almakta olan adamların bulunduğunu da istihbar etmiş. Altesiniz hakkında Abdülhamid'in vehmini tahrik edenler ve bi'n-netice teb'îdinize sebep olanlar da bunlarmış. Bu sebeple, sefir cenapları, Abdülhaimid'e sizden bahsederken çok ihtiyatlı bir lisan kullanmak mecburiyetinde kalıyormuş ve mütalaasına göre; Viyana'da bulunduğumuz bir sırada, padişahın ihsanını reddetmiş olmanız da fena tesir yaratmış. Sefir cenaplarından aldığım talimat üzerine, altesinize şunu da bildirmek isterim ki, sizi, bir aralık, Girit'e vali tayin etmeyi düşünmüş ise de, sefir elinden geldiği kadar buna mâni olmaya çalışmış zira, Girit'teki hoşnutsuzluk azalmayacağı için ne yapılsa beyhude olacak ve büyümekte devam edecekmiş. Zaten memleketinize faydalı olabilmeniz için behemehal daha yüksek bir makama geçmeniz icap ediyormuş. Sefir, altesinizle bir yerde buluşup görüşmeyi çok arzu ediyorsa da, buna şimdilik imkan görememektedir. Kendisiyle suret-i mahremânede muhabereye devam etmek arzu ettiğiniz takdirde sefiri çok memnun edersiniz. Sefir, sizin şahsi iştirakiniz olmadan, Türkiye'de devam edilecek ıslahatın büyük müşkilat ile karşılaşacağına kânidir. İngiltere'nin, Şark'ta takip etmesi en münasip olacak siyaset ile, Türkiye'de yapılması lazım gelecek ıslahat hakkında vereceğiniz fikirler, sefir tarafından büyük bir ehemmiyet ve alaka ile telakki edileceğinden şüphe etmeyiniz. Sefir cenaplarına doğrudan doğruya yazmamayı daha muvafık gördüğünüz takdirde, benim vasıtamdan kemâl-i emniyetle istifade edebilirsiniz. Sizi şerefimle temin ederim ki, sir Austin Layard ile yapacağınız muhabereden kimsenin asla haberi olmayacaktır. Hürmetlerim."

Yukarıdaki mektuptan da anlaşılacağı gibi, İstanbul'daki İngiliz sefiri sir Austin Layard, Midhat Paşa'nın Girit valiliğine tayinine müdahale etmiş ve bu tayinin tahakkukuna mani olmuştur. Buna sebep olarak da, Girit hadiselerinin durmayacağını; orada, Midhat Paşa'nın bulunmasının, İngiliz cihan hakimiyeti siyaseti için herhangi bir mana taşımadığını ifade etmektedir. Sefir ayrıca, gizli temas kurduğu ve gizlice mektup gönderdiği Midhat Paşa'ya, kendi siyasetine uygun olarak devlet-i aliyyeyi haritadan silmek için, daha yüksek makamlarda vazife görmesinin, kendilerince elzem olduğunu bildirmektedir. Bu lâzime, sonradan İngiliz sefirinin de dahil olduğu bu mektuptan da açıkça belli olmuştur zira, Midhat Paşa Suriye ve Bağdat valiliğine tayin edildikten sonra, oralarda pek tehlikeli birtakım faaliyetlerde bulunacak, bir valiye verilmesi mutat olan salahiyetlerin pek fevkinde birtakım salahiyetler isteyecektir. Şimdi bu zatın, Bağdat valiliğine ait faaliyetlerini, yine yabancı ve yerli vesikalara istinaden tedkik edelim.

Midhat Paşa, 10 Aralık 1878 tarihinde, Sadrazam Safvet Paşa'nın tavsiyesi ile Suriye valiliğine tayin edildi. Sultan Abdülhamid Han'ın emri ile, tahsis edilen Fuad vapuru ile Hanya'dan Beyrut'a geçen Midhat Paşa resmen Suriye valiliği vazifesine başlamış oldu.

Midhat Paşa, Suriye valiliğine tayin edildiği günden beri her fırsat düştükçe, hatta fırsat yaratarak salahiyetlerinin artırılması için Bâb-ı Ali'yi tazyik etmeye başladı. Sultan Abdülhamid'in Midhat Paşa hakkındaki nokta-i nazarı ise ortada idi. Bundan evvel belirttiğimiz gibi, Sultan Abdulhamid Han, Midhat Paşa'yı,

"Bu âdem kişi devlete haindir" demek suretiyle, hakiki veçhesi ve hüviyeti ile ortaya koymuştu. Binaenaleyh, Midhat Paşa'nın istediği salahiyetlerin tehlikeli istikametlere ve gizli birtakım niyetlere dayandığını bilmemesi mümkün değildi ve dikkat edilirse, Yıldız Sarayı'nda kurduğu dünyanın en mükemmel, en kabiliyetli ve en korkulur istihbarat teşkilatı ile Midhat Paşa'nın hakiki niyetlerini, Suriye'deki temaslarını adım adım takip etmekte idi. Hakikaten Midhat Paşa birtakım tehlikeli olabilecek salahiyetler talep etmişti ve bu taleplerinin hiçbirisi tahakkuk etmemişti.

İstediği bu salahiyetlerden bir tanesi, mahkemelerin valinin kontrolü altında olması idi fakat, bu talebi de reddedilmişti. Bu hususta, Bilal N. Şimşir'in yazdığı *Fransız Belgelerine Göre Midhat Paşa'nın Sonu* adlı eserin 19. sayfasında şu malumat yer almaktadır:

"...İkincisi, hükümet, o zamana kadar doğrudan doğruya valinin teftiş ve kontrolü altında bulunan mahkeme meclislerinin, bundan böyle valinin salahiyetleri dışında, tam müstakil olacaklarını bildirmiştir."

Midhat Paşa, mahkeme meclislerini mutlak salahiyeti içine almak istemekle ne yapmak istemekte idi? Şüphe yoktur ki, Midhat Paşa, eğer mahkemelerin kendi salahiyetleri arasında kontrolüne müsaade edilseydi, bunu, sonradan talep ettiği orduyu da, yani vilayeti dahilindeki askerî kuvvetleri de tam kontrol altına almak için giriştiği mezbûhâne gayret sonunda gizli düşüncelerini tahakkuk ettirecek ve tam manasıyla müstakil bir vilayet haline gelecek olan Suriye'de, ileride görüleceği gibi, bir devlet kurmak üzere harekete geçecekti. Bu duruma göre, halen Türkiye'de ve bütün dünyada tam manasıyla hür ve müstakil olan mahkemelerin istiklalini müdafaa eden Sultan Abdülhamid Han mı, yoksa mahkemeleri mutlak otoritesi altına almak suretiyle adaleti kendi keyfine göre tedvir etmek yolunda olan Midhat Paşa mı vatan hainidir?

Elbette Midhat Paşa haindir ve bu ihaneti de tarihen

müsellemdir. İslâmiyet, adaleti insan haklarının en mukaddesi kabul eder ve Hazreti Muhammed Efendimiz'in de buyurdukları gibi, *adaleti mülkün temeli* addeder. Adalet ise ancak hür ve müstakil olduğu vakit adalet olur. Aksi halde, sadece keyfî kararlar veren bir müessese haline gelir.

Aynı eserin 20. sayfasında Bilal N. Şimşir, Midhat Paşa'nın, vilayeti dahilindeki askerî birlikleri tam manasıyla emri altına alabilmek için giriştiği teşebbüslere mazeret olarak diyor ki:

"Suriye'de askerî otorite ise, sivil otoriteden tamamıyla müstakil ve ayrıdır. Vali, askerin yardımına ihtiyaç duyduğu zaman, oradaki ordu kumandanı müşir (mareşal) paşaya başvurmaktadır. Müşir ise, her defasında, asker vermeye salahiyetli olmadığını, bunun için İstanbul'a başvurması lazım geldiğini bildirmektedir."

Evet, Midhat Paşa, buna benzer birtakım bahanelerle vilayet dahilindeki askerî birliklerin de kontrolü altına girmesini talep etmiş fakat, diğer talepleri gibi bu talebi de, hem de vakit geçirilmeden reddedilmiştir. Midhat Paşa, Bâb-ı Âlî'ye yaptığı müracaatlarının reddi üzerine Suriye'deki Fransız Başkonsolosuna müracaat etmiş ve isteklerinin kabul ettirilmesi için Fransız hükümetinin Bâb-ı Alî'yi tazyik etmesini talep etmiştir.

Bu hususta, yukarıda bahsedilen aynı eserin 21. sayfasında şu malumat vardır:

"... Bu şekilde, çeşitli güçlükler ve İstanbul ile devamlı çatışmalar arasında on ay kadar Suriye valiliği yaptıktan sonra Midhat Paşa, 1879 Eylül ayı başında güç durumunu Suriye'deki Fransız Başkonsolos'una anlatmış ve onun aracılığı ile Fransa'dan destek istemiştir. Vali açıkça, İstanbul'daki Fransız büyükelçisinin Bâb-ı Alî üzerinde nüfuzunu kullanıp kendisine yardım etmesini rica etmiştir. Başkonsolos Delaporte, Vali'nin ricasını Fransız Dışişleri bakanı Waddington'a rapor etmiştir. Rapor, Fransa Dışişleri Bakanlığı'nda altı çizilerek okunmuş, ama bir muamele görmemiştir..

Şimdi burada şöyle bir sual akla geliyor: Midhat Paşa acaba neden dolayı İngilizlerle teşrik-i mesai etmemiştir de, Fransızları tercih etmiştir? Midhat Paşa'nın, İngilizlerle olan sıkı münasebetleri, esasen bilinmekte olan keyfiyetti ve İngilizler, Midhat Paşa'nın kendi adamları olarak deşifre edilmesinden dolayı rahatsız idiler. Onun içindir ki, Midhat Paşa'yı bir başka devlete yamamak en uygun yoldu zira, Fransa'nın, daha I. Fransuva'dan itibaren ve Kanuni Sultan Süleyman Han'ın verdiği mühim birtakım imtiyazları vardı ve bu imtiyazlar, bilhassa Katolik kilisesinin hâmisi durumundaki Fransa'yı, Suriye toprakları üzerinde bir nevi hak sahibi devlet durumuna getirmiştir. Bu, İngiltere için mükemmel bir avantajdı. İngiltere bu avantajı gayet rahat bir şekilde kullanmakla birlikte, Midhat Paşa ile yakınlığını ve işbirliğini de hiçbir suretle aksatmamıştı. Nitekim, ileride de göreceğimiz gibi, Midhat Paşa'nın delaletiyle Fransa'yı da bu işe sokacak, fakat kendi menfaatlerini daima ve herşeyin üstünde tutmak yolunu tercih edecekti.

Suriye'deki Fransız Başkonsolosu Delaporte, birinci raporundan sonra Fransız Hariciye nâzırına ikinci bir rapor daha göndermiş bulunmaktadır. Bu rapor, Midhat Paşa'nın başkonsolosa telkin ettiği ve Bâb-ı Âlî'den ordu üzerinde tam bir kontrol hakkı isteğine dayanan teklifini tahlil etmektedir. Bilal N. Şimşir'in aynı eserinin 21 ve 22. sayfalarında, 20 Eylül 1879 tarihinde gönderilmiş olan raporun istinsah edilmiş şekli aynen şöyledir:

20 Eylül 1879 tarihli ikinci bir rapor ile Başkonsolos, Midhat Paşa'nın güç durumunu Dışişleri bakanına (Waddington) yeniden arzetmiştir. Bu defa, Suriye vilayetinin yeni teşkilatı ile, Vali'nin nasıl iş göremeyecek duruma sokulduğu, daha açık seçik belirtilmiştir. Raporun bu kısımlarını Türkçeleştirerek aynen aktarıyorum:

"Bu teşkilatla Bâb-ı Âlî bir adem-i merkeziyet sistemi kurmak amacı gütmektedir ki, bu maalesef eninde-sonunda kendi hayati menfaatleri aleyhine dönecektir zira, valinin şimdiye kadar kullanageldiği otoritesi elinden alınmakla yaratılan durum, bütün kontrolü kaldıracak ve yolsuzlukları serbest bırakacaktır. Yeni kurulan mahkemeler, valinin salahiyeti ve kontrolü dışında bulunmaktadır. Salahiyetler, *müddeî-i umumi* denen İmparatorluk savcılarına verilmektedir. Öte yandan, yarı bağımsız olan belediye, kendi kendisini, anladığı gibi idare etmektedir. Gümrük teşkilatına gelince; bilindiği gibi o, uzun zamandan beri doğrudan doğruya İstanbul'dan idare edilmektedir. Nihayet, ticaret mahkemeleri, hükümet merkezindeki Ticaret Nezâreti'ne bağlıdır. Ordudan hiç söz açmayacağım. Müşir, artık valiye bağlı olma(dı)ktan başka, aynı zamanda sivil otoriteyi sadece köstekleyek gayesi takip eden adeta bir düşmandır. Bu durum muvâcehesinde, bugün valinin hakiki salahiyetleri nelerdir? Bu salahiyetler, artık yalnız mâliyenin menfaatlerine bakan vilayet idare meclisi reisliğinden ibarettir diye hülasa edilebilir. Ne fazla, ne eksik. Yeni tedbirler sayesinde vali tamamıyla silinmiştir. Onun gözleri önünde apaçık yolsuzluklar yapılabilecek ve kendisine, bunlara çare bulmak yetkisi verilmeyecektir. Bununla beraber, adaletin muntazam işlemesi kendisinden istenmektedir... Ayaklanmaları önlemek için vali askerî kuvvet kullanmak mı isteyecektir? Onun hareketini felce uğratmak için müşir, binbir kaçamak yolu bulacaktır. Ve bununla beraber, düzen ve asayişi muhafaza etmek vazifesi valinin omuzlarındadır. Tek kelime ile her şey, Şam'dan daha yüksek yerden çıkmış ve Midhat Paşa'nın kuvvet ve prestijini azaltmak gayesi güden bir emrin mevcudiyetine insanı inandırıyor."

Bu rapor açıkça gösteriyor ki, Midhat Paşa'nın, Suriye'deki Fransız Başkonsolosuna adeta dikte ettirdiği bir rapordu ve büyük vatanperver Midhat Paşa, yani, devletin bir valisi, bağlı bulunduğu devleti bir yabancı devlete gammazlamak suretiyle, bu devleti kendi iç işlerimize müdahaleye ve kendi şahsını vikâyeye davet ediyordu. Bu bir davet de değildi. Bu apaçık devlete ve millete ihanetti.

Nitekim, Sultan Abdülhamid Han'ın kurduğu o efsanevi Yıldız casusluk ve mukabil casusluk teşkilatı, Midhat Paşa'nın

Suriye'deki devlet aleyhine olan faaliyetlerini de tesbit etmiş bulunuyordu. Bu hususta, Midhat Paşa'nın oğlu Ali Haydar Midhat, *Hatıralarım* adlı eserinin 69. sayfasında bu hususu teyit etmektedir. Ali Haydar Midhat kitabının bu kısmında şöyle demektedir:

"...Fakat, bu sırada, saraya şöyle bir jurnal verilmiş bulunuyordu: 'Midhat ve Ahmed Eyüb Paşalar, her ne kadar birbirleriyle geçinemez gibi görünüyorlarsa da, hakikatte, her cihetten hem-fikirdirler. Yakında birleşerek Şam'da hükümet kuracaklardır'. Bu rapor üzerine, Sultan Abdülhamid, Şam'a yeni askerî kumandan olarak, müşir Hüseyin Fevzi Paşa'yı tayin etmek lüzumunu duymuş, Midhat Paşa'yı da, İzmir valisi sadr-ı esbak Hamdi Paşa ile becâyiş ettirmişti. Bu suretle, Abdülhamid, asıl maksat ve hedefi olan, uydurma Abdülaziz'in katli meselesini ileri sürerek, Midhat Paşa'nın tevkifi için, İzmir muhitinde bulunmasını daha uygun bulmuştu."

Şimdi buradaki ifade ile Fransa'nın Suriye Başkonsolosu Delaporte'un Fransız Hariciye nâzırı Waddington'a gönderdiği iki raporu karşılaştıralım. Midhat Paşa, bu raporlardan da anlaşıldığı gibi, askerî birlikleri de mutlak kontrolü altına almak istemektedir ve bu hususta saraya ve Bâb-ı Ali'ye müteaddit müracaatları vardır ve bu müracaatlar her seferinde reddedilmiştir. Bunun üzerine Midhat Paşa, devlete ihaneti en açık şekilde derpiş eden bir yola girmiş, Fransa'yı bu iş için devlet nezdinde tazyik yapmak maksadıyla harekete getirmek istemiştir. Gaye açıktır. Midhat Paşa, Suriye'deki bütün askerî birliklerin kendi emrine verilmesini niçin istemektedir? Bunun cevabı, Ali Haydar Midhat'ın yukarıya aldığımız hatıralarındaki ifadede mevcuttur. Bu ifadeye göre, Yıldız casusluk ve mukabil casusluk teşkilatı, Midhat Paşa'nın yakasını bırakmamış ve Suriye valiliğindeki bütün faaliyetlerini çok sıkı bir kontrol altına almıştır.

Tabii bu kontrollerin neticesini de almış ve Midhat Paşa'nın, "Suriye sultanlığı" adı altında yeni bir devlet kurmak teşebbüslerinde olduğunu da tesbit etmiş ve Yıldız Sarayına, bizzat Padişah

Sultan II. Abdülhamid Han'a rapor etmiştir.

Devlet-i aliyyenin bütünlüğü ve devlet ve milletin selameti hususunda ne kadar titiz olduğu tarihen sabit olan cennet-mekan Abdülhamid Han, böyle bir azim tehlikenin kuvveden fiile çıkmasına fırsat vermemiş ve Midhat Paşa'nın derhal yerini değiştirmiş, kendisini İzmir valiliğine nakletmiştir.

Midhat Paşa'nın oğlu Ali Haydar Midhat'ın dediği gibi Midhat Paşa'nın nakli, şehit Sultan Abdülaziz Han'ın katili olarak kendisi hakkında açılacak dava için göz önünde bulundurması lüzumundan meydana gelmiş bir nakil hadisesi değildir. Bu naklin asıl sebebi, devlet kurmak isteyen Midhat Paşa'nın, bu ihanetine set çekmektir.

Suriye'deki Fransız Başkonsolosu Delaporte'un, yukarıya metnini aldığımız raporundan sonra, aynı kitabın 23. sayfasında bu zatın şu fikre sahip olduğu bildirilmektedir:

Fransız Başkonsolosu Delaport, vilayetteki uyanık(!) şahısların bu durumu çok tehlikeli gördüklerini, kendisinin de, yeni teşkilatın keşmekeşlik ve anarşi tohumları taşıdığına inandığını söylüyor. Hal çaresi olarak da, yine vilayetin bu uyanık(!) şahısları ile birlikte, iki türlü tedbir düşünüyor.

1. Valiye, bütün zaruret hallerinde orduyu kullanma yetkisi verilmelidir; fakat, bunun için Suriye'deki askerî birliklerin başına bir müşir değil, ferik getirilmelidir. Rütbesi yüksek olan müşir, her zaman valiye rakip olabilir. Rütbesi nisbeten küçük olan ferik ile ise anlaşmak daha kolaydır.

2. Aynı şekilde Vali'ye, vilayetin adliye, gümrük ve belediye teşkilatlarını teftiş ve kontrol salahiyeti verilmelidir. Bu salahiyete, mesuliyetsiz ve başına buyruk memurlara işten el çektirme salahiyeti de eklenmelidir. Elinde bu salahiyetler olunca, vali, Suriye'yi en iyi şekilde idare edebilecektir."

Suriye'deki Fransız Başkonsolosunun, iki madde halinde ileriye sürdüğü ve muhakkak Midhat Paşa'dan mülhem olan salahiyetler mevzuunda ileriye sürdüğü fikri, cidden çok mühimdir. Delaporte'un, Midhat Paşa'nın istediği askerî birlikleri emrine almak arzusunu teyit etmesi ve rütbece yüksek olan müşir paşanın yerine, validen dûn bir mevkide olan ferik bir paşanın ordu kumandanlığına tayinini kendi Hariciye Vekaletine tavsiye etmesi, Midhat Paşa'nın Suriye'de devlet kurmak kararının açık bir delilidir. Midhat Paşa, böylece kendisinden dûn bir ferik paşanın kumanda edeceği ve tam manasıyla vali olarak emrine verilecek ordunun, kafasında şekillendirdiği ve İngiliz elçisi Austin Layard'dan bir koz alacağını düşünmüştür.

Fransa'nın Suriye'deki Başkonsolosu Delaporte'un Fransız Hariciye Nezâreti'ne telkin etmeye çalıştığı fikir işte Midhat Paşa'nın kafasındaki bu fikirdir; yani devlet kurmak fikri. Fransız başkonsolosu ısrarla bu planın üzerinde durduğuna ve Hariciye nâzırını Bâb-ı Âlî nezdinde Midhat Paşa'ya bu salahiyetlerin verilmesi için adeta tazyik edercesine zorladığına göre, mumaileyh paşa ile tam bir mutabakat halindedir ve Delaporte, kendi memleketinin kadim Suriye siyasetine de böylece hizmet etmektedir.

Ancak, Fransız Başkonsolosunun görmediği bir nokta vardır ki, o da İngiliz elçisi Layard'ın en mutemet adamı vasıtasıyla Midhat Paşa ile daima temasta olduğu keyfiyetidir. Nitekim Midhat Paşa'nın Avrupa'daki sürgün hayatının son bulmasından sonra oturmasına müsaade verildiği Girit'in Hanya kasabasından itibaren İngiliz elçisinin pek mahrem olarak devam ettirdiği bu münasebetler, Fransız başkonsolosunun mezbûhâne gayretlerle kendi Hariciye nâzırı nezdinde Midhat Paşa'ya salahiyetler verilmesi için Bâb-ı Âlî'yi sıkıştırmalarını tavsiye ettiği günlerde de devam etmekte idi ve pek kısa bir müddet sonra İstanbul'daki İngiliz sefiri sir Austin Layard bu gizli muharebeyi devam ettirmekle beraber, bizzat Suriye'ye bir seyahat yapacak ve Midhat Paşa ile uzun görüşmelerde bulunacaktır.

Suriye'deki Fransız Başkonsolosu Delaporte, Fransız Hariciye nâzırı Waddington'a gönderdiği raporunun ikinci maddesinde ise, askerin Midhat Paşa'nın emrine tam kontrol hakkı ile verilmesi sonunda devlet için pek tehlikeli olabilecek birtakım salahiyetlerin de verilmesi hususunda tazyikte bulunmasını yine ısrar ile istemektedir. Delaporte, ikinci madde adliyenin, gümrük ve belediye teşkilatının teftiş salahiyetlerinin, zaruri olduğuna işaret ettikten sonra, vali olarak Midhat Paşa'ya, dilediğini azl, işten çekme ve nasp haklarının da verilmesini talep etmektedir.

Tamamen hükümete ait olan bu hakların talep edilmesi, Midhat Paşa'yı, istikbalin Suriye sultanı olarak selamlamak için Delaporte'un eline mükemmel bir koz olarak geçmişti fakat, bu salahiyetlerin talep edilmesinin asıl tehlikesi, orduyu da eline geçirecek olan Midhat Paşa'nın, Suriye vilayetinin bütün gelirlerini de eline geçirdikten sonra bir yeni Kavalalı Mehmed Paşa olma yolundaki çalışmalarını kuvveden fiile çıkaracak bir unsur olmasında idi.

Devletin tamâmiyeti üzerinde büyük bir titizlikle duran Sultan Abdülhamid Han, bütün bu faaliyetlerde Yıldız Sarayı'ndaki o pek şahane teşkilat marifetiyle vakıf olmuş ve Midhat Paşa'nın istediği bütün salahiyetleri tereddütsüz reddetmiştir. Hatta Padişah, Midhat Paşa'yı ayrıca daha da muhkem bir şekilde kontrol altına almıştır.

Nitekim, kendisini Suriye valiliğinden İzmir valiliğine naklederken, iddia edildiği gibi, Sultan Abdülaziz'in katili olarak muhakeme etmek istemesi neticesinde İzmir'de daha rahat ele avuca alınabileceği endişesinden ileri gelmemiştir. Eğer Sultan Abdülhamid Han'ın böyle bir düşüncesi olsaydı, Midhat Paşa'yı kaçması asla mümkün olmayan Suriye valiliğinde ibka ederdi; zira, Abdülhamid Han müslüman halka ve kendisine bağlı mahalli şeyh veya liderlere sahip oldukça, Midhat Paşa'nın, kendisini muhakeme etmek için İstanbul'a davet takdirinde kaçması hiçbir suretle mümkün olmazdı. Halbuki, İzmir hiç de bu şartlara sahip bir vilayet değildi.

Bilakis İzmir, Midhat Paşa'nın taht-ı muhâkemeye alınması talep edildiği takdirde, rahatça kaçabileceği bir vasatta idi zira,

İzmir vilayetinde büyük mikyasta kendisine dost, yabancı unsurlarla, büyük devletlerin mümessilleri mevcuttu. Nitekim, sonunda yaptığı gibi, bu devletlerin konsoloslarından herhangi birisine iltica edebilir ve hayatını garanti altına alabilirdi.

Böyle bir yola bile tevessül etmese, taht-ı muhakemeye alınmak istenmesi takdirinde, temin edeceği bir vasıta ile Osmanlı İmparatorluk hudutlarından rahatça dışarıya çıkabilirdi.

Demek oluyor ki, Sultan Abdülhamid'in, Midhat Paşa'yı İzmir valiliğine tayin etmesinin sebebi tahtı muhakemeye almakla alakalı değildi.

Midhat Paşa, Suriye'deki Fransız Başkonsolosu Delaporte'un, Fransız hariciye nezaretine yaptığı telkinlerden herhangi bir netice alamayınca, vakit geçirmeden İstanbul'daki Fransız sefirine, hem de açıkça, müracaat lüzumunu duymuş ve bu müracaatı yapmıştır. Midhat Paşa, bu müracaatı yine Suriye'deki Delaporte marifetiyle yapmış ve İstanbul'daki Fransız büyükelçisinden, Bâb-ı Âlî nezdinde nüfuzunu kullanıp kendisine yardımcı olmasını rica etmiştir. 1879 yılı Eylül ayı içinde yapılan bu müracaat Fransa'nın İstanbul'daki sefiri tarafından pek istekli karşılanmamıştır.

İşte tam bu sıralarda Suriye'ye pek mühim bir misafir gelmiştir. Bu misafir İngiltere'nin İstanbul sefiri kebiri, sir Austin Layard idi.

23 Eylül 1879 tarihinde İngiltere'nin İstanbul sefiri sir Austin Layard, Beyrut'a ayak basmıştır. Ertesi gün de Fransa'nın Suriye'deki başkonsolosu Delaporte, İngiliz sefiriyle bir görüşme yapmış ve Midhat Paşa'nın güç durumunu bu sefer İngiliz sefirine söylemiştir. Kendisini gayet dikkatle dinleyen İngiliz sefiri ona soğukkanlılıkla şu cevabı vermiştir.

"Hakikaten bu valiye, vilayetinin idaresini imkânsızlaştırmak ve bu şekilde istifaya zorlamak için; İstanbul'da herşeyin yapıldığını görmek pek üzücüdür."

Fransız Başkonsolosu, aldığı bu cevap üzerine, bu sefer de

mahkemelerin istiklali mevzuu üzerinde durmuş, Başkonsolos, istiklalin kaldırılmasını ve Midhat Paşa'ya vali sıfatıyla mahkemeler üzerinde her türlü kontrol hakkının verilmesinin pek uygun olacağını sefire söylemiş, kendisini desteklemesini talep etmiştir.

Delaporte'un, ısrarla Midhat Paşa'ya geniş salahiyetler verilmesi hususundaki teklifleri, her halde İngiliz sefirini için için güldürmüş olmalıdır zira, Fransız Başkonsolosuna verdiği cevap gayet enteresandır, İngiliz sefiri, Delaporte'un mahkemeler üzerindeki istiklali fikrine karşı verdiği cevapta:

"Mahkemelerin müstakil olmasını biz istemiştik" demek suretiyle İngiltere'nin Osmanlı İmparatorluğu'nda oynadığı rolü de açıklamıştı.

İngiliz sefirinin verdiği bu cevap karşısında Delaporte ısrar etmiş, mahkemeleri, teşkil eden azaların kifayetsiz oldukları noktasında durmuş ve Midhat Paşa'ya salahiyet verilmesini tekrar ileriye sürmüştür. İngiliz sefiri kendisini bu hususta haklı bulmakla birlikte, mahkemelerin istiklalinin kaldırılmasının bahis mevzuu edilemeyeceğini de tekraren teyit etmiştir.

İngiliz sefirinin Suriye'ye geleceğinin Midhat Paşa tarafından bilindiği ise bir gerçektir zira, İngiliz sefiri 23 Eylül günü Beyrut'a geldikten bir gün sonra, 24 Eylül 1879 tarihinde Beyrut'un ileri gelenlerinden meydana gelmiş bir heyet, İngiliz sefiri sir Austin Layard ile görüşmüşlerdi. Bu görüşmede heyet, Suriye vilayeti halkı adına kendisiyle konuştuklarını bildirdikten sonra, halkın arzusu olarak şu talepte bulunmuşlardı:

"Midhat Paşa, Suriye vilayeti için pek elzemdir. Binaenaleyh, Bâb-ı Âlî nezdinde Midhat Paşa'ya daha geniş salahiyetler verilerek vilayetin başında bırakılması için teşebbüse geçiniz!"

Şimdi bir an bu halk talebi üzerinde duralım: Devrin devlet anlayışı, Sultan Abdülhamid Han'ın, Osmanlı İmparatorluğu'nun hangi noktasında olursa olsun, vuku bulacak her hadiseyi ânında haber almak hususundaki geniş teşkilatına rağmen Midhat

Paşa'nın, mutlaka saray tarafından haber alınacak böyle bir teşebbüse geçmesi sadık dostlarının, yani İngiliz siyasileri ile Suriye'deki Fransız konsolosunun ve bu politikacıların kandırdıkları birtakım insanların yaptıkları bu teşebbüsün el altından hazırlandığı gerçeğini ortaya koymaktadır. Bu husus aynı zamanda Midhat Paşa'nın, kendisine Suriye Sultanlığı'nın verileceği hususundaki İngiliz vaadine kendisinin ne kadar bel bağladığını da göstermek bakımından üzerinde ısrarla durulacak bir hadisedir zira. İngiliz sefirinin ortada sebep yokken ve Fransız Başkonsolosunun, hem Fransız Hariciye nâzırını, hem de İstanbul'daki Fransız sefirini, Midhat Paşa'ya geniş salahiyetler verilmesi hususunda Bâb-ı Âlî'yi sıkıştırmaları hususundaki müracaatlarını yaptığı sırada Suriye vilayetine gelmesi, elbette sebepsiz değildi. Sefir bu seyahatinde daha sonra Midhat Paşa ile de görüşmüş, fakat takip ettiği pek ince siyaseti ile Fransa'yı Sultan Abdülhamid nezdinde pek güç bir duruma da düşürmüştür zira, Midhat Paşa'nın salahiyetlerinin artırılması için Sultan ve Bâb-ı Âlî'yi sıkıştırmak teklifi İngiltere'den değil, fakat Fransa'dan gelmiştir ve bu hadise Sultan Abdülhamid nezdinde pek fena tesir bırakmıştır.

Saray ve Yıldız istihbarat teşkilatı bütün kuvvetlerini adeta seferber etmiş, gözlerini ve kulaklarını İngiliz sefiri sir Austin Layard'ın, hatta yatak odasına kadar girecek şekilde Suriye'ye çevirmişti.

İngiliz sefirinin attığı her adım takip edilmekte idi.

İngiliz sefiri sir Austin Layard, Beyrut'ta halk temsilcileri denen, fakat aslında Midhat Paşa ile birlikte İngiliz ajanlarının ve Fransız konsolosunun tahrik ettiği insanlarla görüştüğü 24 Eylül'ün hemen ertesi günü Şam'a gitmiştir. İngiliz sefirinin Şam seyahati hakkında Bilal N. Şimşirin yukarıda bahsi geçen kitabının 25. sayfasında şu malumata yer verilmektedir:

25 Eylül 1879 günü sir Flenry Layard, Şam'a geçmiş, orada iki gün kalmış ve Midhat Paşa'nın kendisi ile üçer saatten fazla süren iki görüşme yapmıştır. Bu görüşmeler sırasında valinin

salahiyetleri mevzuu etraflıca konuşulmuştur.

İngiliz büyükelçisi, bu mevzuda Midhat Paşa'dan yazılı bir metin istemiş. Paşa da alelacele bir not hazırlayıp vermiştir. Notun bir sureti Midhat Paşa'nın sekreteri Vasıf Efendi (Ermenidir) tarafından Fransız Başkonsolosu Delaporte'a da gizlice verilmiştir.

Bu notta Midhat Paşa hangi sahalarda salahiyetlerinin arttırılmasını istediğini açıklamakta ve bunun esbâb-ı mûcibesini de kısaca belirtmektedir. Aslı Türkçe olan, fakat Fransız arşivlerinde yalnız Fransızcası bulunan bu notu aynen Türkçeleştiriyorum. Midhat Paşa şöyle demektedir:

Askerî otoritenin salahiyetlerinin iki gayesi vardır:

1. İmparatorluğun menfaatlerini dışarıya karşı korumak

2. İçeride emniyeti ve sükunu muhafaza etmek.

Bu sonuncu salahiyet, nizamı tam yoluna koyuncaya kadar her bakımdan sivil otoriteye ait olmalıdır zira, belli bir durumda askerî kuvvet kullanmanın uygun olup olmayacağına hüküm verecek olan sivil otoritedir.

Ehemmiyetleri dolayısıyla Suriye ve Bağdat vilayetlerinin idareleri her şeyden mesul bir şefe verilmelidir. Bugüne kadar valilerle müşirler arasında çıkan anlaşmazlıkların kaynağı budur. Nitekim, bir ara askerî kuvvetleri bir sivil idareciye tâbi olan Bağdat vilayeti, adalet dağıtımı ve asayişin korunması bakımından bir nümune durumunda idi. Daha sonra, bu iki kolunu birbirinden ayıran mahzurlu sistemin kabulü ile binbir karışıklığın doğduğu görülmüştür ki, bunların esas sâikini kavramak güç değildir. Havran, Nablus, Hama ve Humus gibi mıntıkaları içine alan Suriye vilayetinde işlerin süratle yürütülebilmesi ve emniyetin korunabilmesi için kafi miktarda askerî kuvvet bulundurulmalıdır. Valiye, bu kuvvetleri kendi takdirine göre kullanma salahiyeti verilmedikçe kendisinden hiçbir şeyin hesabı sorulmamalıdır. Binaenaleyh, bu duruma son vermek için, tekrar ediyorum, askerî kumandan, valinin emri altına verilmelidir.

Mahkemeler, adalet dağıtmakla vazifeli olduklarına göre, kadimden beri takip edilen sistem lehindeki deliller, nazar-ı itibara alınmalıdır.

Mahkemelerin istiklali bana henüz zamansız görünmektedir. Bizim mahkemelerimiz daha kendiliğinden hareket edebilecek durumda değildir. Bastırılması icap eden suç ve cürümler, işlerde tecrübesi bulunmayan, İmparatorluk mevzuatı hakkında bilgileri kifayetsiz olan kimselerin takdirine bırakılamaz. Bu itibarla mahkemelerin, vali ve mutasarrıfların idaresi altına verilmesi bana mutlaka zaruri görünmektedir.

Bu takdirde vali ve mutasarrıflar, çıkacak en ufak karışıklıktan mesul olacaklardır.

Mâliyemiz acıklı bir durumdadır. Gelirler öylesine kifayetsiz kullanılmaktadır ki, Bâb-ı Âli'ye arzettiğim projemde ve muhtelif raporlarımdaki sistemin kabul edilmesi için tekrar ısrar etmeyi kendime bir vecîbe addediyorum.

Zira istisnai durumu icabı Suriye vilayetinin, başka şekilde düzenlenmesi gerekmektedir. Dürzilerin, Ansarilerin vs. bulunması, Suriye vilayeti için ayrı bir siyaset tayin etmekte ve bazı vilayetlerde tatbik edilmekte olandan daha başka bir idare şekli icap ettirmektedir.

Nihayet, idama mahkum bir kimsenin cezasının derhal infaz edilebilmesi için valiye tam salahiyet verilmesi acil bir zarurettir. Şu halde, bu hususta açık ve belirli bir emir gelmesi icap etmektedir.

Midhat Paşa'nın İngiliz sefirine sunduğu not budur. Bununla vali, hem Suriye'nin idare tarzı hakkındaki görüşlerini kısaca açıklamakta, hem de büyükelçi vasıtasıyla İngiltere'nin desteğini istemiş olmaktadır.

Evet Bilal N. Şimşir'in kitabındaki vesika budur. Şimdi bir an için durmak ve düşünmek icap etmektedir. Midhat Paşa kimdir? Midhat Paşa bir Osmanlı valisidir ki, kendi metbû'u devlete yaptığı bunca müracaat reddedilir ve devleti idare edenlerce bu tekliflerin mahzurları bildirilirken ve ayrıca kendisine yazdıkları ve tekliflerini reddettiklerini bildirdikleri halde bir yabancı devletin sefirine müracaatla Padişah ve Bâb-ı Âlî nezdinde tazyik icrası ile nokta-i nazarını kabul ettirmelerini talep eder. Midhat Paşa'nın yaptığı bu müracaat, tarihin her devrinde emsalinin yaptıkları ve buna benzer hareketlere verilen sıfata tam layık bir harekettir. Yani Midhat Paşa devletine de, vatanına da –hoş vatanı değil ya–, padişahına da ihanet etmekte ve devletini bir yabancı devletin sefiri ile, bir yabancı devletin başkonsolosuna şikayet etmektedir.

Midhat Paşa'nın yaptığı bu mezbûhâne şikayetten de anlaşılmaktadır ki, Midhat Paşa da, İngiltere de, Sultan Abdülhamid Han'ın ne olduğunu, nasıl bir siyaset kurdu olarak tarihteki muhteşem tahtına kurulduğunu anlayamamışlardır ve Midhat Paşa bu ihanetine de bu hamâkat derecesindeki akılsızlığı ile devam etmiş durmuştur.

Midhat Paşa ayrıca Sultan Abdülhamid Han'ın, amcası Sultan Abdülaziz Han merhum gibi bir tuzağa düşeceğini de ummuş, böylece onun da kârını, İngiliz altınları ile itmâm edebileceğini hesaplamıştır.

Lâkin İngilizler, Midhat Paşa'nın gösteremediği hakikati, Sultan Abdülhamid Han'ın korkunç zekasını ve siyasi dehâsını görmüşler, takdir etmişler ve yüz-geri ederek, maşalarını Suriye vilayetinde istiklalini elde etmek için Fransız konsolosuna musallat ettirmek için tahrik ve teşvik etmişlerdir.

İngiliz sefiri Layard, Şam'da daha fazla durmamış ve İstanbul'a dönmüştür lâkin, sefirin İstanbul'a döndüğü sırada da kabinede değişiklik yapılmıştır. Böylece, Midhat Paşa'nın asla dostu olamamış Mahmud Nedim Paşa Dahiliye Nezareti'ne getirilmiştir.

Bu kabine değişikliği hakkında Bilal N. Şimşir aynı eserin dipnotunda şu malumatı vermektedir:

"O zamanki Fransız gazeteleri bu kabine değişikliği üzerinde uzun uzun durmuşlardır. *Les Debats* gazetesi, daha 4 Eylül'de, 'Bayramdan sonra Mahmud Nedim Paşa'nın nâzırlığa getirileceğini' yazmıştır. Gazeteler, bu değişikliğin (sebebinin), İstanbul'daki Rus-İngiliz rekâbeti olduğuna da işaret etmişlerdir. Yine *Les Debats* gazetesi 18 Eylül 1879 tarihli nüshasında, biraz alaylı bir şekilde 'Sir A. Layard lütfen müsaade eder etmez Sultan, Mahmud Nedim Paşa'yı sadrazamlığa getirecektir' diye yazmıştır. Aynı gazeteye göre, İngiliz sefiri Suriye'ye hareket etmeden önce sultan ile görüşmüş ve 'Mahmud Nedim Paşa sadrazamlığa veya herhangi bir nezârete getirildiği takdirde Bâb-ı Alî ile İngiltere sefirinin arasındaki münasebetlerin kesileceği tehdidinde bulunmuştur. *Lerappel* adlı bir başka Fransız gazetesinde yayımlanan 29 Eylül tarihli bir İstanbul mektubuna göre ise, "İngiliz sefiri Suriye'ye giderken Mahmud Nedim Paşa kabineye dönerse, sir Layard İstanbul'a dönmeyecek" demiştir. Fransız gazetelerinin 'Mahmudoff' diye vasıflandırdıkları Mahmud Nedim Paşa'nın, sadrazamlığa getirilmek için İstanbul'daki Rus sefiri Lobanoff'un tazyikte bulunduğuna da işaret etmişlerdir."

Yukarıya aldığımız bu vesikadan da anlaşılmaktadır ki, vatana bağlı bütün Osmanlı vezirlerine, hatta padişahlarına da dil uzatacak kadar haysiyetten mahrum olan Fransızlar, tarihlerimize Rus taraftan olarak geçen Mahmud Nedim Paşa'nın da adını Mahmudoff'a çıkaranlardır.

Fakat, asıl üzerinde durmaklığımız icap eden nokta, Fransız gazetelerinin de bildirdikleri gibi, İngiliz sefiri sir Austin Layard'ın, Mahmud Nedim Paşa'nın, sadrazamlığa veya herhangi bir nezarete getirilmesi takdirinde Bâb-ı Âlî ile münasebetlerini keseceğine dair olan haberi ile Padişah Sultan Abdülhamid Han'ı daha Suriye'ye gitmeden bu hususta ikaz ettiğine dair malumattır. İngiliz sefirinin bu çıkışına ve milletlerarası hukuka da aykırı tutumuna rağmen Padişah, kendisine gayet nefis bir karşılama merasimi yapmış, ayağının Suriye tozu daha gitmeden ve İstanbul'a döner dönmez Mahmud Nedim Paşa'yı, Midhat Paşa'yı, en büyük ajanlarını kontrol edecek bir nezarete, Dahiliye Nezâreti'ne getirmiş ve tehditlerine kulak asmadığını bir defa daha göstermiştir.

Bilal N. Şimşir, aynı eserinin 27. ve müteakip sayfasında, Mahmud Nedim Paşa'nın, Dahiliye Nezâreti'ne getirilmesi hakkında şu hükmü vermektedir:

Aynı zamanda Rus taraftarı ve İngiltere aleyhtarı olarak bilinen Mahmud Nedim Paşa'nın kabineye girmesi, hem İngiliz büyükelçisinin İstanbul'daki nüfuzunu azaltmış, hem de Midhat Paşa'nın ümitlerini suya düşürmüştür. Kabine değişikliği haberi Suriye'ye ulaşır ulaşmaz Midhat Paşa, derhal telgrafla istifasını vermiştir...

Tarihe pek üstün bir siyaset adamı olarak geçtiği artık tebellür etmiş olan Sultan Abdülhamid Han, Mahmud Nedim Paşa'yı dahiliye nezaretine tayin etmiş olmakla bir taşla iki kuş birden vurmuş oluyordu.

Sultan Abdülhamid Han'ın bu kararı, İngiliz sefirinin tehditlerini de, tavsiyelerini de sıfıra indiriyor ve İngiliz siyasetinin Şark'taki bu ünlü adamına hayatı boyunca unutamadığı bir darbe vuruyordu ve ayrıca Sultan Abdülhamid Han, Suriye seyahatine çıkmadan evvel İngiltere'nin Midhat Paşa ile mihrakına oturtmaya çalıştığı Orta Şark siyasetinin temellerini de sarsıyor ve bu ihanetin başı olan ve sultanlık peşinde koşan Midhat Paşa'yı en büyük düşmanı ile âmir ve mâ-dûn olarak karşı karşıya bırakıyordu.

Padişah Sultan Abdülhamid Han, elbetteki kendi salahiyetleri ile Midhat Paşa'yı bertaraf edebilir ve Suriye valiliğinden, hem de vatana ihanetini bildiği halde azledebilir, saf dışı bırakırdı. Fakat kendisi bu yola gitmemiş ve Midhat Paşa'yı en büyük düşmanı ile karşı karşıya bırakmış bizzat kendisinin istifasını istemesine onu zorlamış ve bu istifayı da temin etmiştir.

Nitekim İstanbul'daki Fransız sefiri Foumier, pek gizli dediği fakat bilinen kaynaktan, yani aslı Ermeni olan ve Fransızlar hesabına çalışan Midhat Paşa'nın her şeyi mesâbesindeki Vasıf Efendi'den aldığı bu istifa mektubunu okuduğu vakit pek hayret etmiştir.

Bilal N. Şimşir, aynı eserinin 28. sayfasında bu hususta şu malumatı vermektedir:

Fransa'nın İstanbul büyükelçisi Foumier'in, 'pek gizli' elde ettiği istifa telgrafında ise 'ihtiyarlıktan' hiç bahis yoktur. Midhat Paşa bu telgrafında aynen ve açıkça şunları yazmıştır:

"Memleketime ve hükümdarına son nefesime kadar bağlıyım fakat, Mahmud Nedim Paşa'nın bulunduğu bir hükümetin idaresi altında vazife görmem imkansız olduğundan, hazret-i şâhâneden istifamı lütfen kabul buyurmalarını ve bendenize takdir buyuracakları bir ikametgâh göstermelerini rica ederim."

Fransız sefirine göre, bu istifa, "İngiliz sefirine önceden haber verilmeden yapılmış bir darbe –coup d'etatedir." Mahmud Nedim Paşa, kabineye girdiği takdirde, istifa etmesi yolunda Midhat Paşa ile Layard arasında önceden bir uyuşmaya varılmış olması muhtemeldir.

Öte yandan, Bağdat'taki Fransız konsolosunun verdiği bir habere göre, Dürziler, İngiliz ajanlarının tahriki ile ve Midhat Paşa'ya imtiyazlı salahiyetler vermesi hususunda Bâb-ı Âlî'yi zorlamak maksadıyla karışıklıklar çıkarmışlardır.

Fransız sefiri bundan bir netice çıkarmakta ve Midhat Paşa'nın istifası kabul edilirse Osmanlı hükümeti için vahim güçlükler çıkacağı muhakkaktır demektedir fakat buna rağmen büyükelçi, 'Mahmud Nedim Paşa ile sultanın karakterleri ve Midhat Paşa'ya olan kinleri' karşısında istifanın kabul edilebileceğini de tahmin etmiştir.

Fakat, bu tahmin yanlış çıkmıştır. Sultan Abdülhamid, paşanın istifa telgrafına derhal sitayişkar bir cevap verdirmiş, istifasını kabul etmediğini ve vilayetini iyi idare edebilmesi için kendisine gerekli salahiyetleri vermeye hazır olduğunu bildirmiştir. Bunun üzerine Midhat Paşa, istifasını geri almış ve istediği salahiyetlerin neler olduğunu bildiren bir not hazırlamıştır.

Tam bu sırada valinin istifa telgrafı ile sultanın ret cevabı arasında geçen zaman zarfında Beyrut'taki İngiliz Başkonsolosu Mr. Eldrige, alelacele Şam'a gitmiş ve İngiliz büyükelçisi Layard'ın uzun bir telgrafını Midhat Paşa'ya ulaştırmıştır. Fransız Başkonsolosunun istihbaratına göre, bu telgrafında Layard, Midhat Paşa'ya yerinde kalması tavsiyesinde bulunmuş ve İngiltere'nin desteğini vaadetmiştir.

İngiltere büyükelçisinin Suriye ziyaretinin ilk neticeleri (bu) olmuştur.

Bütün bu vesikalar, İngiltere ile Fransa'nın çevirdiği entrikalar, Midhat Paşa'nın devlete ihanetinin basit ölçüde bürhânıdır. Midhat Paşa'nın devlete ve millete asıl ihaneti bundan sonra başlayacak ve İngiliz sefiri Layard'ın Suriye seyahati daha açık bir şekilde tebellür edecektir.

Ve böylece, büyük vatanperver,(!) büyük insan,(!) büyük milliyetçi... büyük sadrazam... büyük ıslahatçı... Midhat Paşa'nın ihaneti tescil edilmiş olacaktır ve hâlâ bu memlekette Midhat Paşa'yı kahraman, vatanperver, ıslahatçı, büyük sadrazam göstermekte devam edenler acaba bu yabancı vesikalar karşısında ne diyeceklerdir?

İngiliz sefiri sir Austin Layard'ın Suriye seyahati Fransız Hariciye Nezâreti ile birlikte İstanbul'daki Fransız sefirinin de nazar-ı dikkatini çekmiş ve bütün dikkatini bu noktaya, yani Suriye'ye tevcih etmesine sebep olmuştur.

Fransızlar her şeyden evvel, İngiliz büyükelçisinin, Suriye'ye yaptığı ziyaretin hangi maksatlara dayandığını öğrenmek istemiştir. Bu mesele de Suriye'deki Fransız ajanlarını seferber etmiştir. Fransız hâriciyesinin ayrıca öğrenmek istediği husus, Midhat Paşa ile sir Austin Layard arasında Şam'da yapılan uzun görüşmelerden aldıkları kararlardır.

Zira, İngiliz sefirinin bu seyahati, birkaç asırlık Fransız siyasetinin temelinden yıkılması neticelerini tevlit etmek üzere idi.

Fransızlar, bilhassa Suriye havalisindeki Katolik haklarından vazgeçmek niyetinde değillerdi. Bu sebeple, hem büyük bir hassasiyet hem de pek büyük bir dikkat göstermek mecburiyetinde idiler.

Nitekim, Fransız sefiri Foumier de, Fransız Hariciye nâzırı Weddington da, İngiliz sefirinin işbu Suriye seyahatini elde ettikleri malumat ile şu şekilde değerlendirmişlerdi.

Bilal N. Şimşir, mevzu-i bahs eserinin 30. sahifesinde bu mevzuda şunları yazmaktadır:

Fransızlar, önce, İngiliz büyükelçisinin hangi maksat ile bu ziyareti yapmış olduğunu araştırmışlardı ve kendi istihbaratlarına göre başlıca iki ihtimal üzerinde durmuşlardı:

1. Birinci ihtimale göre, Layard'ın Suriye'ye gidişinin maksadı, buralarda hidivlik (une espece de viceroyaute) kurmak çarelerini araştırmaktadır. Şam, Halep ve Bağdat eyaletlerini kapsayacak (içine alacak) bu hidivliğin veya küçük krallığın (un petit royaume) merkez-i hükümetle münasebetleri, o tarihte Mısır'ın İstanbul ile münasebetleri şeklinde olacakmış.

2. İkinci ihtimale göre, İngiliz büyükelçisinin Şam'a gelişinin maksadı, sultan ile valiyi barıştırmaya çalışmaktır. Bu barışma pek lüzumlu hale gelmiş bulunmaktadır zira, Sultan'ın etrafındakiler Midhat Paşa'yı, Sultan'ı devirip bir 'Osmanlı cumhuriyeti' kurmayı ve bunun başına geçmeyi tasarlayan bir muhteris ve padişahın şahsi düşmanı olarak gösteriyorlarmış. Barıştırma gerçekleşirse, Sultan'ın etrafındakilerin bu manevraları önlenecek, Midhat Paşa'ya yeniden sadrazamlık yolu açılabilecek, hiç değilse, onun daha geniş yetkiler elde ederek Suriye'de vali olarak kalması sağlanacakmış.

Fransız istihbaratının, İngiliz büyükelçisi sir Austin Layard'ın Suriye seyahati hakkında kendi ajanlarını seferber ederek elde ettiği netice budur. Şimdi her iki ihtimal üzerinde de durmak isteriz.

İhtimallerden birisi olan, Suriye'de kurmayı tasarladığı ve İngilizlerden yardım gördüğü krallık mümkün olabilir mi idi? Bizce bu asla mümkün olamazdı, zira Sultan Abdülhamid Han'ın o emsalsiz casusluk teşkilatı buna her zaman mani olabilecek kadar kuvvetli idi ve bu casusluk teşkilatı, dünya üzerinde İngiliz gizli servisleri ile yaptığı hemen bütün mücadeleleri de başarı ile sona erdirmiş bulunuyordu. Bu husus İngilizlerce de gayet iyi bilinmekte idi fakat onlar asıl gaye olarak takip ettikleri siyasetlerinden asla inhiraf etmek niyetinde değillerdi. Aslında İngilizler, Midhat Paşa'ya krallık teklif etmiş olsalar bile, bu hususun gerçekleşmesinin mümkün olmadığı bir vakıa idi. Nitekim sonraki hadiseler bu hususu teyit etmiş ve asıl hedef olan Bağdat'ın, dolayısıyla Basra körfezi ile petrolün ele geçirilmesi işi, ancak İngilizlerin Midhat Paşa'dan sonra kullandıkları İttihatçıların devleti tasfiyesi sonunda tahakkuk edebilmiştir.

İkinci ihtimal olarak ileri sürülen 'cumhuriyet kurmak' teşebbüsleri ise o devirde pek ileri bir tafra-furuşluk olurdu.

Zira, Osmanlı teb'alarından hiçbirisi, padişahlığı devirmek, onun yerine cumhuriyeti ikâme etmek gibi bir fikri asla ve kat'â düşünmemişlerdir.

Bu o kadar kafi bir hükümdür ki, hatta Türk milleti İstiklal Harbi'nin başlarında dahi, Mustafa Kemâl Paşa da dahil olmak üzere, saltanatı kaldırmayı ve onun yerine cumhuriyeti oturtmayı düşünmüş olsalar bile söyleyememişlerdir. Bu husustaki vesâik, 1920 meclisinin zabıtlarında bir değil, yüzlercesi ile mevcuttur.

Binaenaleyh Midhat Paşa'nın, Suriye'de İngiliz sefiri ile ancak Suriye krallığı üzerinde görüşmüş olmasını kabule mecburuz ki, doğrusu da budur.

Şimdi, Bilal N. Şimşir'in, Fransız vesikalarına dayanan krallık mevzuu ile alâkalı satırlarına tekrar dönelim. Bu zat, kitabının 31. sahifesinde aynı mevzuda şöyle devam etmektedir:

Midhat Paşa'nın hususi katibi Vasıf Efendi'nin (yani bir Ermeni'nin) Fransız Başkonsolosu Delaporte'a açıkladığına göre İngiliz büyükelçisi, Halep, Musul, Bağdat, Mekke ve Medine'de geniş bir Arap hareketi (conspiration) bulunduğu yolundaki söylentilerin doğru olup olmadığını valiye sormuş; Bu hareket Halep, Şam, Bağdat ve Yemen eyaletlerinde bir 'Arap krallığı' kurmak gayesi güdüyormuş ve hatta Emir Abdelkadir (Abdülkadir), müstakbel Arap kralı olarak düşünülüyormuş. Midhat Paşa böyle bir hareketin bulunduğunu inkar etmemiştir. Fransız Baş-konsolosu bu haberi verdikten sonra, 'İtiraf ederim ki, Osmanlı İmparatorluğu'nun bugün içinde bulunduğu tam keşmekeşlik ve anarşi durumunda böyle bir projenin gerçekleştirilmesi imkansız değildir' diyor.

Layard'ın Suriye ziyareti, Araplık hareketini doğrudan doğruya kışkırtmaya bile, 'Bu memlekette İngiliz nüfuzunu artırma yolunda bir iz bırakmıştır.'

Ziyaretin arkasından, Fransız ajanları, Suriye'deki İngiliz faaliyetlerini adım adım takip etmeye koyulmuşlardır. İngiliz sefiri İstanbul'a döndükten sonra, Beyrut'taki Fransız Başkonsolosu'nun, hükümetine sunduğu ilk uzun siyasi rapor 'İngiltere'nin Suriye'deki faaliyetleri' (agissements de l'Angleterre en Syrie) başlığını taşımaktadır.

Bir sureti Fransız İstanbul büyükelçiliğine de sunulan raporda; İngiliz ajanlarının Suriye'deki hareketi anlatıldıktan ve İngiltere'nin, bilhassa muhtelif imtiyazlar koparmak yolu ile buraya sızmaya, burada nüfuz kurmaya çalıştığı belirtildikten sonra Midhat Paşa'nın tutumu mevzuuna geçilerek şöyle denilmektedir:

"Az veya çok uzak bir gelecekte Bâb-ı Âlî'yi tehdit edecek bu ihtimal (İngiliz sızması) karşısında, Midhat Paşa, bahis konusu imtiyaz teşebbüslerinin İngilizler eline geçmesinin doğuracağı tehlikeyi gizlememekte ve daha şimdiden karşılarına Fransız unsurunu çıkararak bunları önlemek istemektedir..." demektedir.

Beyrut'taki Fransız Başkonsolosunun, raporuna koyduğu bu mütalaa, yukarıdan beri izahına çalıştığımız Midhat Paşa –İngiltere münasebetleri muvâcehesinde– hakikatle asla bağdaşamaz zira, Midhat Paşa, 1849 hareketini hazırlayan İngiliz siyasetinin çarkları içine girdikten sonra, her hareketi ile İngiliz siyasetinin Osmanlı İmparatorluğu içindeki en büyük istinatgâhı ve yardımcısı olmuştur. Esâsen Midhat Paşa, hâlâ devam etmekte olan şöhretini de bu İngiliz propagandasına ve kendisini tutmasına borçludur.

Binaenaleyh, Midhat Paşa'nın yanında bulundurduğu hususi katibi Vasıf Efendi, Fransızlar hesabına casusluk yapmakla beraber, aslında İngilizlerin adamıdır. Fransız Hariciye Nezâreti'ni fena halde faka bastırmış, Midhat Paşa'nın İngiltere'nin desteği ile kurmak istediği Suriye krallığını Seyyid Abdülkadir'e yamamak istemiş ve bunda da muvaffak olmuştur. Aslında *Arap projesi* olarak bahsedilen proje, bir noksanı ile doğrudur. O noksanı da, yukarıda bahsettiğimiz şekilde, Seyyid Abdülkadir yerine Midhat Paşa'nın adını koymakla ikmal edilebilir.

Fransa'nın Beyrut Başkonsolosu Delaporte, aynı kitabın 33. sahifesinde raporuna şöyle devam etmektedir:

"Şu halde, kendisi ile karşılıklı dostluk ve emniyet münasebetleri devam ettirmediğim bu Vali, zannedildiği kadar da İngiliz değildir. Böyle bir itham, yalan değilse bile çok aşırıdır. Midhat Paşa, bana açıkça itiraf ettiği gibi herşeyden önce Türk'tür ve eğer bazı durumlarda İngiltere'ye dayanmış ise bunun için de sâiki vardı ve bu sâik, memleketinin iyiliğinden başka birşey değildi. Bugün bizim olacaktır, çünkü çok iyi anlamaktadır ki, bizim Doğu'daki politikamızın gizli düşüncesi(!) yoktur."

Midhat Paşa Suriye valiliği sırasında, yukarıdaki ifadeden de anlaşılacağı gibi, fevkalade mükemmel çalışmış, Fransızları tatmin etmiştir. Fakat buna rağmen Fransızlar, kendisinin bir İngiliz ajanı olduğunu kabul etmekle beraber Başkonsolos, Midhat Paşa'nın zannedildiği kadar da bir İngiliz olmadığını söylemekle, onun İngiltere'nin adamı olduğunu da kabul etmektedir.

Ancak, şurada bir noktaya temas etmek isteriz. Midhat Paşa, Başkonsolos Delaporte'a söylediğine göre, Türklük'ten bahsetmektedir. Halbuki bilinmektedir ki Midhat Paşa, aslen Macar hahamının oğlu bir dönme Yahudi'dir.

Şu noktayı bir kere daha işaret etmek isterim ki Midhat Paşa, Suriye'de bütün imkanlarını seferber ederek bir devlet kurmak istemiş fakat Sultan Abdülhamid Han'ın o efsanevî Yıldız casusluk ve mukâbil casusluk teşkilatı buna mani olmuştur. Şimdi bu husustaki Fransız resmî vesikalarını, yine Bilal N. Şimşir'in aynı eserinden alarak verelim.

Eserin yazarı, kitabının 36. sahifesinde, sarayın, yani Sultan Abdülhamid Han'ın Midhat Paşa hakkındaki nokta-i nazarını da yine Beyrut Fransız Başkonsolosu Delaporte'un raporuna dayanarak şöyle nakletmektedir:

"Midhat Paşa Suriye'de gerçekten 'müstakil' olma emeli gütmüş müdür? Ve gütmüş ise ne gibi bir 'istiklal' tasarlamıştır? Suriye valiliğine geldiği muhakkak. Salahiyetlerinin arttırılması için İstanbul'a başvurduğu hatta bu hususta Fransa'yı ve İngiltere'yi de araya sokmak istediği sâbit. Salahiyetlerinin artırılmasına aracılık etmeleri için ayrı ayrı her iki devlete de başvurmuş... İstediği salahiyetler arasında, Suriye askerî kumandanlığının kendi emri altına verilmesi ve gerektiği zaman asker kullanabilmesi mevzuları da var. Bu salahiyetleri alabilmiş olsa idi, vali merkeze karşı başkaldırma yoluna sapacak mı idi? Mesela, kendisinden kırk yıl önce Mısır valisi Mehmed Ali Paşa'nın yaptığı gibi, hükümet kuvvetleri üzerine yürüyüp, 'bir nevi hidiv' veya 'küçük bir kral' olmaya kalkışacak mı idi? Daha da ileri giderek hanedanı yıkıp bir 'Osmanlı cumhuriyeti' kurmayı aklından geçirecek mi idi?"

Fransız Başkonsolosunun raporunda ise şunlar yazılıdır:

"Şüphe yoktur ki bugünkü hükümet, Midhat Paşa'nın işleri iyi yürütmek için her gün yaptığı haklı taleplerini reddetmek suretiyle ona her zamankinden daha fazla engeller çıkartmaktadır. Ve öyle görünüyor ki hükümetin maksadı, Suriye halkının umumi hoşnutsuzluğunu tahrik etmek suretiyle burada karışıklıklar çıkartmak ve bunları bağımsız olmak emeli ile Midhat Paşa tarafından kışkırtılmış diye sultana arzetmektir."

Şimdi, gerek müellifin, gerek Fransız Başkonsolosu Delaporte'un yukarıdaki nokta-i nazarlarını tahlil edelim.

Midhat Paşa Suriye'de gerçekten 'bağımsız olmak' emeli gütmüş müdür ve gütmüş ise ne gibi bir 'bağımsızlık' tasarlamıştır?

Bu cümleye verilecek tek cevap Midhat Paşa'nın, Suriye'deki Irak'ı da içine alacak bir devlet kurmak için ciddi birtakım teşebbüslere girdiğidir. Ve Midhat Paşa devlet kurma teşebbüslerini şehit hâkân Abdülaziz Han'ın sağlığında iken başlatmıştır.

Bilindiği gibi Topkapı Sarayı'nın has bahçesi olan Gülhane Parkı Padişah'ın zaman zaman gezindiği (bir) yerdi. Sultan Abdülaziz Han, Gülhane Parkında, tıpkı Japon İmparatoru gibi, beyaz bir atla gezmekten hoşlanırdı. Bu merakını bir âdet hükmüne sokmuştu ve en az haftada bir defa Gülhane bahçesinde gezinirdi. Bu sebeple, esâsen yasak olan Gülhane bahçesinde başka hiç kimsenin atla gezmesine müsaade etmemiştir.

Sultan Abdülaziz Han, bir gün yanında ser-kurenâ olduğu halde, bahçenin deniz tarafından iç kısmına geçerken uzaktan bir atlının, hem de beyaz ata binmiş birisinin bahçe içinde gezdiğini görmüş, derhal bu bî-edep kişinin kim olduğunu sordurmuştu. Gelen cevap, bu bî-edep hareketi yapanın Midhat Paşa olduğunu bildirince de fena halde sinirlenip derhal iç saraya davet etmişlerdi.

Gayet tabii olarak da derhal Midhat Paşa'nın bu bî-edebâne hareketi bir daha tekerrür etmemesi mûmâ-ileyhe ihtar edilmekle kalmamış, Sultan Abdülaziz Han merhum, sadece padişahın yaptığı bir hareketin, Midhat Paşa tarafından icrasının da neticelerini yine bu bî-edep vezire bildirtmişti.

Aslında Midhat Paşa'nın yaptığı bu hareket bî-edebâne de değildi. Bu zatın yaptığı hareket, padişahlık haklarından birisine de tecavüz mahiyetinde idi ve gerçek niyetlerini, yani sultan olmak niyetlerini de su yüzüne çıkartmakta idi.

Midhat Paşa'nın bu mütecaviz hareketi, arkadaşlarına karşı takip ettiği bâridâne (soğuk) davranışları, Jön Türklerden bir kısmı ile de arasının açılmasına sebep olmuştur. Midhat Paşa ile araları açık olanların başında ise eski yâr u ağyârı Jön Türk Nâmık Kemâl idi.

Nâmık Kemal'in bir gün Ziya Paşa'nın evinde, masaya yumruk vurarak, "Biz Âl-i Osman hanedanını yıkıp yerine Âl-i Midhat sülalesini geçirmek için mi bu mücadeleyi yapıyoruz?" dediği ise herkes tarafından bilinen bir hakikattir. Demek oluyor ki, Midhat Paşa daha o zamandan itibaren, desteğini sağladığı İngilizlerin de en geniş yardımları ile arkadaşları arasında bu sultanlık mevzuunu açıktan açığa ortaya atmış bulunmaktadır. Eğer öyle olmamış olsa idi eski arkadaşı, Jön Türk kadrosu içinde mümtaz bir durumda olan Nâmık Kemâl tarafından bu söz sarfedilmezdi.

Binaenaleyh, Midhat Paşa'nın Suriye'deki faaliyetinin merkez-i sıkletini büyük Suriye sultanlığı istinası teşkil etmekte idi.

Bundan ayrı olarak, Midhat Paşa'nın, salahiyetlerinin genişletilmesi bahsinde, hatta vatan ihaneti demek olan, yabancı sefirleri bu iş için tavassuta ve devleti tazyike teşvik etmesi, onlardan yardım talep etmesi, saltanat kurmak fikrinden başka birşeye hamledilemez.

Ancak Midhat Paşa, Suriye'deki faaliyetleri sırasında mükemmel bir taktik kullanmış İngilizlerin adamı olarak fazla deşifre edildiği için, İngilizlerle temastan çok Fransız siyasetini bu işe alet etmiştir. Yukarıdan beri takip ettiğimiz Fransız Hariciye Nezâreti'ndeki vesikalar bunun en canlı, cerh edilemez vesikalarıdır ve Fransızlar da, Midhat Paşa'nın bu taleplerini Bâb-ı Âlî nezdinde müdafaa etmişlerdir.

Osmanlı Devleti hudutları dahilindeki Fransız diplomatlarının ısrarı ile girişilen bu teşebbüslere rağmen, Fransız Hariciye Nezâreti, Midhat Paşa'nın bir İngiliz ajanı olduğu hakkındaki hükmünde de ısrar etmiştir.

Evet Fransız Hariciye Nezâreti de, İstanbul'daki Fransız sefiri de Midhat Paşa hakkındaki hükümlerini vermişlerdi. Onlara göre

Midhat Paşa, resmen İngilizlerin adamı ve ajanı idi.

Nitekim, Bilal N. Şimşir, kitabının 37. ve müteakip sahifesinde söyle demektedir:

Beyrut'taki iki Fransız konsolosu, Peretie ve Delaporte, Midhat Paşa'ya emniyet ve takdir duyguları beslemiş olan kimselerdir. Her ikisi de bu duygularını, muhtelif vesilelerle hükümetlerine ulaştırmışlardır fakat, Fransa Dışişleri Bakanlığı'nın ve İstanbul'daki Fransa büyükelçiliğinin bu duyguları paylaştıkları söylenemez. *Tersine, Fransa Dışişleri Bakanlığı Midhat Paşa ya İngilizlerin adamı gözü ile bakmaya devam etmiştir*

Bir an için bütün bunlardan Midhat Paşa'yı tenzih ettiğimizi farzetsek bile bu zatın, bir vali, Osmanlı Devleti'nin bir memuru olması hasebiyle, yabancı devletlerin diplomatlarına müracaat ederek, bağlı bulunduğu devleti tazyik etmelerini istemesi bile başlı başına bir ihanet vesikasıdır ve bu hususu inkar etmek asla ve kat'â mümkün değildir.

Bilfarz, Türkiye Cumhuriyeti'nin bir valisini düşününüz. Bu vali bey, devlet içinde bir devlet kurmak fikrindedir ve birtakım dolambaçlı yollardan yürümektedir. Bağlı bulunduğu hükümetten geniş salahiyetler talep etmektedir ve Ankara hükümeti de bu salahiyetleri vermemektedir. Bu durum karşısında, bu Cumhuriyet valisine ne sıfat verilecektir? Vatanperver veya bir başka ulvi sıfat mı? Hayır efendim, hayır... Bu adama Cumhuriyet'in vereceği tek sıfat vardır: *Vatan haini*. Evet bu sıfat olacaktır.

O halde, mevcut statükoya rağmen, Türkiye'yi paylaşmak niyetleri bilinen devrin iki büyük devletinin Türkiye'deki diplomatlarına müracaat ederek Bâb-ı Ali'yi sıkıştırmalarını, kendisine devlet kurmak için yardım etmelerini talep eden bir vali hangi sıfatla vasıflandırılacaktır? Bu insan kim olursa olsun, onun sıfatı sadece *vatan hainliğidir*. Bunu bir başka türlü düşünmek mümkün değildir.

Şimdi, dönelim Delaporte'un Fransa'ya gönderdiği rapora.

Fransız Başkonsolosu, raporunun bu kısmında tenâkuza düşmekte ve kendi kendisini tekzip etmektedir. Bu zatın, Midhat Paşa'nın Suriye'deki salahiyetlerinin artırılmamasını, padişahın bir manevrası ve dolayısıyla, Suriye'de halkın hoşnutsuzluğunu celbederek Midhat Paşa aleyhinde bir hava yaratmak şeklinde mütalaa etmesi ve bunu böylece ve resmen Hariciye Nezâreti'ne yazması safsatadan başka birşey değildir.

Aynı zat, daha evvel de mevzu-i bahs ettiğimiz raporlarından bir tanesinde, İngiliz ajanlarının Beyrut ve Şam'da karışıklıklar çıkartmaya muvaffak olduklarını bildirmektedir. Bu ifadelerin hangisi doğrudur? Bu ayaklanmalar ne için ve kime karşı yapılmıştır? Midhat Paşa'ya mı?

Suriye'deki karışıklıkları İngiliz ajanlarının çıkardığı mı? Yoksa bu karışıklıkları bizzat Sultan Abdülhamid Han'ın, Midhat Paşa'yı bertaraf etmek için çıkarttığı mı? Pek garip, pek bön bir izah tarzıdır bu.

Osmanlı İmparatorluğu içinde oynanan oyunları bilenler, Sultan Abdülhamid Han'ın, devletin statükosu bahsinde gösterdiği titizlik ve itinaya vâkıf olanlar, memleketin hudutları dahilinde sulh ve sükundan başka birşeye talip olmamış ulu Sultan Abdülhamid Han'ın böyle bir tertibe girmeyeceğinde müttefiktirler.

Buna karşılık, 1835 yılından itibaren İngiliz ajanlarının ve 1856 yılından sonra da Fransız ajanlarının Türkiye'de oynadıkları oyunlar, çevirdikleri dalavereler, hepsi ve daima devlet-i aliyyeyi parçalamak esasına matuf faaliyetlerdi.

Bunların en belli başlısı, Londra'da kurulmuş olan *Balkan komitası* ve bu komitanın başındaki Noel Bukston kardeşlerdi. Bu iki kardeştir ki bütün Balkanlar'ı ateşe vermiş, yüzbinden fazla Türk'ün katline sebep olmuş ve koca Balkanların elimizden çıkmasında birinci planda rol oynamıştır.

İşte, 1900 yılından itibaren Noel Bukston kardeşlerin Balkanlar'da oynadıkları meş'um oyunu, Fransız ve İngiliz ajanları

Midhat Paşa'nın Suriye valisi olarak bulunduğu devrede de oynamışlardı. Bu devrenin ünlü ajanlarından birisi olan ve Suriye'deki hemen bütün ayaklanmaları idare eden insan da İngiltere'nin Beyrut konsolosu bulunan Eldrig'tir.

Bu hakikat karşısında Fransız Hariciye Vekâleti'nin arşivlerinde saklanan, Fransa'nın Beyrut Başkonsolosu Delaporte'un raporuna itimat etmek değil, ona göz bile atmak abesle iştigal etmektir.

MİDHAT PAŞA İZMİR VALİSİ

Midhat Paşa, 25 Kasım 1878 tarihinde Suriye umumi valisi olarak işe başlamıştı. Suriye vilayetinde Midhat Paşa takriben ondokuz ay hizmet görmüş ve Ağustos 1880 tarihinde İzmir (Aydın) valiliğine tayin edilmiştir.

Ağustos 1880 tarihinden 17 Mayıs 1881 tarihine kadar vazifede kalan Midhat Paşa bu vazife sırasında, İzmir'deki yabancı konsoloslarla pek samimi münasebetler kurmuştu. İşte bu tarihte, yani 17 Mayıs 1881 tarihinde tevkif emri gelmiştir. Midhat Paşa'nın tevkifine ait mesele ise açıktı. Bu mesele Sultan Abdülaziz Han'ın şehit edilmesi ile alâkalı idi. Sultan Abdülaziz Han'ın, iktidara geçtiği günden itibaren pek gizli olarak yürüttüğü kati hadisesi tahkikatı ikmâl etmiş ve suçlular hakkında takibata geçilmesi irâde-i seniyye ile emrolunmuştu.

Tarihte *Yıldız mahkemesi* adı ile tescil edilmiş olan bu davada, başlıca suçlular Midhat Paşa, Mahmud Celâleddin Paşa, Damat Nuri Paşa ile şehit hâkânın baş-mâbeyncisi Fahri Bey'di.

İşte Midhat Paşa, içindeki endişenin tekrar ve âniden su yüzüne çıkmasına sebep olan bir hadise ile karşılaşmıştı.

1881 yılı Nisan ayında başlayan bu endişe üzerine Midhat Paşa bazı tedbirler almak lüzumunu hissetmişti. Bu tedbîr, istihbarat yapmaktan ibaretti. Midhat Paşa, Sultan Abdülaziz'in katli hadisesinin tekrar su yüzüne çıkması ihtimalini daima düşünmüştü. Bu sebeple İstanbul'dan âniden İzmir'e geldiği rivayet olunan binbaşı Hüsnü Bey adındaki bir yâverin hareketlerini kontrol altına almayı emniyet bakımından lüzumlu görmüştü... Bu hususta, Midhat Paşa'nın oğlu Ali Haydar Midhat, *Hatıralarım* adlı kitabının 73. sahifesinde şunları yazmaktadır:

1881 senesi Nisan nihayetlerine doğru İzmir'e, binbaşı rütbesinde Hüsnü adında bir saray yâveri gelerek, akabinde saray ile esrarlı birtakım telgraf muhâberesine başlamıştı. Aradan çok geçmeden, bunu Mirliva Hilmi Paşa, Miralay Rıza Bey (sonradan serasker ve sadrazam Rıza Paşa) ve maiyyeti takip etmişlerdi. Artık yapılan işlerin ölçüsünde adaletin hiç hissesi kalmamış olduğunu, bundan sonra Midhat Paşa da, bütün çıplaklığı ile görmeye başlamış ve dolayısıyla, bu adamlardan her türlü keyfî hareket beklemek lazım geleceğinde şüphesi kalmamıştır.

Midhat Paşa şahsen tanıdığı ve polis işlerinde istihdam ettiği bir Musevi'yi[40] zengin bir İzmirli tüccar kıyafetine sokarak, haber toplamak üzere binbaşı Hüsnü Bey'in, Pasaport denilen mevkiin karşısında oturmakta olduğu otele göndermişti. Musevi, az zamanda yâver binbaşı ile ahbap olmuş ve samimiyetini, akşamları birlikte tavla oynayacak kadar ileri götürerek, öğrendiklerini(!) muntazaman Midhat Paşa'ya bildirmeye başlamıştı.

Bir akşam gene tavla oynarlarken, yanlarına bir telgraf memuru gelerek, yâverin acele makâmı başına çağrıldığı haberini vermişti. Bir müddet sonra Hüsnü Bey'in telgrafhaneden telaş içinde döndüğünü ve acele kılıcını istettiğini gören sahte tüccar, belli etmeden 'Görüyorum telaşınız var, yoksa bir işiniz mi çıktı?' diye sormuştu. Hüsnü Bey de 'Aramızda kalsın, bu akşam Midhat Paşa'yı tevkif etmek için, şimdi Yıldız Sarây-ı hümâyunundan emr-i mahsûsa aldım' diye cevap vermiştir...

Buradaki ifade ile Fransız kaynaklarının ifadeleri birbirlerine asla uymamaktadır zira, buradaki ifadede bir saray yâverinden sûret-i kat'iyvede beklenmeyen bir ifşaat vardır ki bu asla mümkün değildir. Ali Haydar Midhat, babası Midhat Paşa'yı temize

---

40 Midhat Paşa'nın kullandığı adama dikkat ediniz. Bir yahudi...

çıkarayım derken onu, bir o kadar daha çamura itmektedir. Bir yâverin, Sultan Abdülhamid Han'ın Yıldız istihbarat teşkilatına dayandığı ve bu teşkilat marifetiyle Yemen'den Bosna-Hersek'e kadar uçan kuşları bile kontrol ettiği bir devirde, böylesine mühim bir sırrı hem de bir yahudiye ifşa etmesi düşünülemez. Sultan Abdülhamid'in yahudi düşmanlığı da göz önüne getirilirse...

Ali Haydar Midhat, kitabının müteakip sahifesinde, hadise gecesini de şöyle anlatmaktadır:

"Saray tarafından Hilmi Paşa'ya verilen emirler, yalnız Midhat Paşa için değil, bir çırpıda ve maa-âile hepimiz imha edilmemiz içindi."

Burada durmak icap etmektedir zira, Ali Haydar Midhat tarihen sabit olmuş bulunan bir hususu da inkâr etmekte ve Sultan Abdülhamid Han'a en âdi, en şeni şekilde kâtil sıfatını vermeye gayret etmektedir.

Halbuki, bilindiği gibi Sultan Abdülhamid Han, hal' edildikten sonra İstanbul'da, sonradan Bahriye nâzırlığı da yapmış olan Rauf Orbay'ın da içinde bulunduğu bir komisyon kurulmuş ve bu komisyonun adına da *tahkik-i mezâlim komisyonu* denilmiştir. Bu komisyonun vazifesi, Sultan Abdülhamid Han'dan zarar görmüş aileleri tesbit etmek, böylece o güne kadar söylenegelmiş cinayetler serisini meydana çıkarmaktı. Bu satırların yazarına, rahmetli Rauf Orbay, Bebek'teki evinde bir gün sorduğum bir sual üzerine "Hâşâ, Sultan Abdülhamid Han aslâ elini kana bulaştırmamıştır. Uzun müddet yaptığımız tahkikat bize de, memlekete de, dünyaya da bu hususu bütün açıklığı ile anlatmıştır" demiştir.

Binaenaleyh Ali Haydar Midhat'ın bu yolda sarfettiği sözler, sadece o satırları yazan kendisine aittir ve merhum sultana beslediği kin ve adâvetin inkâr edilemez bürhânıdır.

Ali Haydar Midhat bu hayali katliamdan hatıralarında şöyle bahsetmektedir:

O sıralarda evde Nezir isminde bir harem ağası vardı. Bu

harem ağası her nasılsa evvelden elde edilmiş ve arzu-yı pâdişâhı mûcibince, asker konağı basarken bir vesile ile üzerlerine ateş ederek, çıkardığı kargaşalıktan bi'l-istifade, Midhat Paşa ile birlikte çoluk ve çocuğunun işleri bitirilecekti.

Midhat Paşa arka kapıdan konağı terkettikten az bir müddet sonra, Hilmi Paşa ile yâver-i hususileri bir cemm-i gafir halinde büyük kapının önüne gelerek kapıyı çaldılar. "Kim o?" sualine Hilmi Paşa şu cevabı verdi: "Paşa'ya haber veriniz, yangın var, emirlerini telakki etmeye geldik."

Hizmetçinin cevaben, Paşa'nın haremde olmadığını, dışarı çıkmış bulunduğunu söylemesi üzerine gelenler ne yapacaklarını şaşırmışlardı. Planlarının kolaylıkla tatbik edilemeyeceğini anlayınca Hilmi Paşa tavrını değiştirerek, ısrarla şu emri vermek lüzumunu duymuştu: "Paşa'nın içerde bulunduğunu biliyoruz. Kendisini mutlaka görmek istediğimizi haber veriniz!"

Hizmetçi aldığı cevabı Midhat Paşa'nın haremine bildirdiğinde Valide, "Madem ki inanmıyorlar, o halde açın kapıları, içeri girsinler kendi gözleri ile görsünler..." demişti.

Kapı açılınca önde Hilmi Paşa, yanında iki mâbeyn yaveri ve Miralay Rıza Bey, arkalarında birçok zâbitân ve nihayet bir tabur asker içeri dolmuşlardı. Askerlerin hepsi de müsellahtı. Süngüleri tavandaki âvizelere takıldıkça korkunç şangırtılar çıkarıyordu. Hepimiz dehşet içinde yataklarımızdan dışarı fırlamış, hayretler içinde seyrederken, İskoçya'dan beraberimizde getirdiğimiz miss Smith acı acı feryat ediyordu...

Şu zavallı ifadeye ve bu zatın istemeden yaptığı ifşaata bakınız...

Demek, Midhat Paşa'nın, Londra'daki menfâ hayatı içinde edindiği bir de miss Smith vardı. Kimdi bu miss Smith?.. Evet, bu kadın kimdi? Bu kadının varlığı cidden izaha muhtaçtır.

İngilizler, Fransızlar, hadiselerin akışından da anlaşılmaktadır ki, olanlardan ve Midhat Paşa'nın firarından haberdardırlar, zira

Midhat Paşa, Avrupa'ya firar etmek için her hazırlığını ikmâl etmiş bulunuyordu...

Ancak yine ve tekrâren söylüyoruz ki İngilizler de, Fransızlar da Midhat Paşa da, Sultan Abdülhamid'in Yıldız istihbarat teşkilatının ne olduğunu bilememişler, anlayamamışlardı.

Midhat Paşa'yı Avrupa'ya kaçırmak için bu devletlerin birtakım hazırlıklar yaptıkları muhakkaktır fakat bütün bu hazırlıklar Sultan Abdülhamid Han'ın aldığı sıkı tedbirlerle akâmete uğratılmıştır. Bu hususta Midhat Paşa'nın oğlu Ali Haydar Midhat, hatıratının 17. sahifesinde şunları yazmaktadır:

"Midhat Paşa, yanında kâtib-i hususisi Vâsıf ve uşaklarından Yusuf Ağa ile gece yarısı arka kapıdan sokağa çıktığında, ilk fikri rıhtıma doğru ilerleyerek orada kendisini beklemekte olan Joly kumpanyası vapurundan birine binmekti. Avrupa'ya firarı için her türlü tertibat evvelinden alınmış bulunuyordu fakat birkaç adım ilerledikten sonra, Kordon'un tamamıyla askerî işgal altında bulunduğunu ve deniz tarafına yaklaşmanın imkansız olduğunu görmüştü. Şimdi artık bir tek çare kalıyordu; İngiliz konsoloshanesine iltica etmek. Tesâdüfen o sırada oradan geçmekte olan bir arabaya atlamış fakat sonradan İngiliz Başkonsolosu mr. Denis'in, o aralık İzmir'de bulunmadığını, bir müddet dinlenmek üzere memleket içlerine doğru bir seyahate çıkmış olduğunu hatırlayarak çar-nâçar Fransız konsoloshanesine müracaat etmek zaruretinde kalmıştı. Eğer mr. Denis o sırada İzmir'de bulunmuş olsa idi Midhat Paşa ayarında siyasi bir mülteciyi İngilizler, Fransızlar gibi herhalde satmaya razı olmayacaklarından, ihtimal Midhat Paşa'nın ondan sonraki hayatı da bir başka şekil almış olacaktı. Fransız konsolosu mösyö Pellisiye, gece yarısından sonra gelen bu misafirini bizzat ve kemâl-i hürmetle karşılamıştı. Midhat Paşa, tehdit altında bulunduğunu ve hayatı tehlikede olduğu cihetle Fransız konsoloshanesine iltica etmek mecburiyetinde kaldığını ve düvel-i muazzamanın himâyesine sığındığını mösyö Pellisiye'ye bildirmişti. Fransız Konsolosu, vakit kaybetmeden ihtimaldir. Bu hale göre Midhat Paşa'nın tevkif edileceğini bildiği halde, İzmir'deki İngiliz Başkonsolosu Denis, neden dolayı İzmir'i terketmiştir? Bunun manası ve maksadı açıktır: Fransız-Osmanlı münasebetlerine darbe indirmek, Fransa'nın Suriye üzerindeki siyasetine darbe vurmak, Tunus bahsindeki Fransız demarşını tehir etmek. Nitekim pek yakın bir müddet sonra, Tunus ve havalisinde Fransa birtakım ciddi meselelerle karşılaşmış, Ortadoğu'da ise İngiliz ajanları, Fransız siyasetini yıkmak için ellerinden gelen her şeyi yapmışlardı.

Bütün bunlara vâkıf olduğu anlaşılan İstanbul'daki Fransız sefiri, bu sebeple de Midhat Paşa'yı "Fransa'nın amansız düşmanı" telakki etmektedir.

İstanbul'daki Fransız sefirinin düşüncesine Paris'teki Hariciye nâzırı da aynen iştirak etmektedir.

Nitekim Fransız Hariciye nâzırı derhal harekete geçmiş ve Fransa'nın Midhat Paşa mevzuundaki siyasetini ve kararını İstanbul'daki Fransız sefirine bildirmiştir.

Bilal N. Şimşir, bu hususta, aynı eserinin 41. sahifesinde şöyle demektedir:

"Aynı gün akşam üzeri (17 Mayıs 1881), Fransa Hariciye nâzırı Barthelemy Saint Hillaire, kararını büyükelçiye bildirmiştir. Buna göre o günkü şartlar altında Midhat Paşa'ya himâye bahşedilmesi imkansızdır. Bu durumda Fransız konsolosluğunun kendisine melce olmayacağını Midhat Paşa'ya bildirmesi için derhal İzmir konsolosuna talimat göndermelidir. Ayrıca Fransa'nın kararı tez elden Sultan'a ulaştırılmalıdır."

İşte Fransız Hariciye Nezâreti'nin, yani Fransa'nın kararı budur. Bu karar muvâcehesinde, Midhat Paşa için başka çıkar yol kalmamış ve nâçar duruma düşmüştü... Bunun üzerine Midhat Paşa, aynı tarihte, yani 17 Mayıs 1881 tarihinde İzmir'deki bütün yabancı konsolosları Fransız konsolosluğuna davet etmiş ve hayatının tehlikede olduğu masalını bir kere de onlara nakletmiş, kendisini büyük devletlerin himâyesi altına koyduğunu bildirmiştir.

Bu adam, eğer aklî muvâzenesi bozuk değilse, sadece bir hain değil aynı zamanda bir şarlatandır da.

Zira, kâzip bir şöhretin şişirdiği, daha doğru tabiriyle İngiliz diplomasisinin şöhrete ulaştırdığı ve kendisinden ziyadesiyle istifade ettiği Midhat Paşa, kendisini cidden pek büyük pek müstesna bir devlet adamı telakki etmiştir ve işte kendisini böyle telakki ettiği içindir ki, katiden dolayı tevkif emri çıktığı vakit, soluğu önce İngiliz Konsolosluğu'nda almak istemiş, sonra da Fransız Konsolosluğu'na sığınmıştır. Akabinde de İzmir'deki bütün yabancı devlet konsoloslarını Fransız Konsolosluğu'na davet ederek hayatının tehlikede olduğunu, Sultan'ın kendisini mutlaka katletmek istediğini, hayatını kendilerine tevdi ettiğini bildirdikten sonra da, onlardan hayatının taht-ı emniyete alınmasını talep etmişti.

Midhat Paşa'nın bu hareketine nereden bakarsanız bakınız, bu hareketin ardında Midhat Paşa'nın megalo-mani hastalığının tezâhürlerini görmek daima mümkündür. Maalesef, Türkiye'de Midhat Paşa ve yârânını tedkik eden münekkit veya muharrirlerle müverrihler, kıstas olarak daima bugünkü rejimi ele almışlar ve Midhat Paşa hakkındaki değer hükümlerini buna göre vermişlerdir.

Halbuki bir tarihçi için evvel şart, hadiseyi devrin idare şekline ve devrin hukuki, içtimai, iktisadi şartlarına intibak ettirmek, ona göre hüküm vermektir. Bu yoldan hareket edildiği vakit açıkça görülecektir ki, ister iyi, ister kötü olsun, Sultan Abdülhamid devri Osmanlı İmparatorluğu'nun idare tarzı *mutlakiyetti* ve Midhat Paşa, bu idarenin çarkları içinde vazife gören bir devlet adamı idi. Bu şartları hâiz olan bir insan, eğer devletinin idare tarzını beğenmiyorsa, bir kenara çekilir, devlet bünyesinde vazife deruhte etmezdi. Devlette vazife alan bir insan ise, eğer mevcut statükoyu bozmaya matuf çalışmalar yaparsa ve bu çalışmaları aleniyete vurarak devletin istiklal ve tamâmiyetini tehdide matuf bir yolda olursa, o işi yapan her kim olursa olsun, onun hakkında verilecek hüküm sadece *ihanettir*.

İşte Midhat Paşa da bu yolu tutmuş ve devrin Osmanlı Devleti'ne karşı tam manası ile ve tevile sapmayacak kadar açık bir şekilde ihanete gitmiştir. Bunun bir başka şekilde ifadesi ne mümkündür ne de bu hükmü değiştirebilecek birtakım mesnetler mevcuttur.

Midhat Paşa ile yabancı devlet konsoloslarının bu toplantısı, Fransız Konsolosluğu'nda zabta da geçirilmiş ve orada bulunan yabancı devlet konsolosları ile Midhat Paşa da zabtı imza etmişlerdir. Böylece, Midhat Paşa, tarihe kendi hakkında altında kendi imzası bulunan bir ihanet vesikası tevdi etmiş oluyordu.

Midhat Paşa'nın İzmir'deki Fransız Konsolosluğu'na sığınma hadisesi, Fransız Hariciye Nezâreti'ni pek ciddi olarak endişelendirmekle kalmıyor aynı zamanda sinirlendiriyordu da. Midhat Paşa konsolosluğa sığınmış olmakla, Fransa'yı cidden pek müşkil bir mevkide bırakmıştı ve Fransa'nın bu müşkil mevkiinden dolayı, her halde İngiliz diplomasisi içten içe gülmekte idi.

Fransız siyasilerinin, Midhat Paşa hadisesine karşı takındıkları menfî tavır, ertesi günü yani 18 Mayıs 1881'de daha da sertleşmiştir. Bu hususta, Bilal N. Şimşir, aynı eserinin 42-43. sahifelerinde şöyle demektedir:

"Dışişleri bakanı Berthelemy Saint Hillaire, 18 Mayıs sabahı İstanbul elçiliğine gönderdiği ikinci talimatında, Fransa'nın Midhat Paşa'ya himâye bahşedemeyeceği kararını tekrarlamış ve eğer himâye bahşetmek isteyen bir başka devlet çıkarsa paşanın, o devletin konsolosluğuna nakledilmesini istemiştir. Nâzır aynı zamanda, Midhat Paşa'nın hiçbir şekilde Fransız Konsolosluğunda kalamayacağını İzmir'e tellemiştir."

Yukarıdaki vesikaya ilave edecek tek söz bulmak güçtür. Fransız Hariciye nâzırı Barthelemy Saint Hillaire, Fransa'nın Midhat Paşa hakkındaki kat'i kararını bildirmiş olmakla birlikte, bâriz bir sinirlilik hali ile, hem de derhal konsolosluktan çıkarılmasını, isteyen varsa yani Midhat Paşa'nın tâlibi varsa, mûmâ-ileyhin o devletin konsolosluğuna sevkedilmesini pek sert ve diplomaside alışılmamış bir ifade ile emretmektedir.

Midhat Paşa'nın, Fransız Konsolosluğu'na iltica ettiği ve himâye hakkı talep ettiği 17 Mayıs 1881 günü, Osmanlı İmparatorluğu Adliye nâzırı Cevdet Paşa, kendi imzası ile Midhat Paşa'ya bir telgraf çekmiştir.

Adliye nâzırı Cevdet Paşa bu telgrafında, Midhat Paşa'yı ta'yip etmekte, bir yabancı devletin konsolosluğuna sığınmasını ve yabancı devletlerin garantisi olmadıkça teslim olmayacağını söylemesini hayretle karşıladığını, bu sözler muvâcehesinde Türk adaletinin töhmet altında bırakıldığını söylemektedir. Telgrafın geri kalan kısmını yine Bilal N. Şimşir'in kitabının 43. sahifesinden aynen alıyorum:

"Mahkemelerimizin yerleşmiş bir tarafsızlık şöhreti vardır. Bir itham karşısında bulunuyoruz. Şu halde usul-i kanunun bütün şekillerine riâyet olunacak, duruşmalar umuma açık olacak, hüküm, müdafaanıza göre verilecektir. Size bir lütuf olarak, Sultan bana, benim reisliğim altında ilk tahkikatı yapacak hakimlerle birlikte İzmir'e gitme ve sorguya başlama vazifesini verdi. Şu halde, taleplerinizde ısrar etmeyiniz ve kanuna boyun eğdiğinizi ve adalete teslim olduğunuzu telgrafla bana bildiriniz. Cevdet."

Bu telgraftan da anlaşılacağı üzere Midhat Paşa, Fransız konsolosluğuna iltica etmekle, Türk adliyesine en büyük darbeyi vurmuş, Türk adaletini ağır bir itham altında bırakmış, böylece Türklüğe bir kere daha ihanet etmiştir.

Midhat Paşa, Cevdet Paşa'dan gelen telgrafı ertesi günü, yani 18 Mayıs 1881 tarihinde yine Fransız Konsolosluğu'nda tertip ettiği bir toplantıda, yabancı devlet konsoloslarına okumuş, bu arada bir de nutuk atmıştır. Bilal N. Şimşir'in aynı eserinin 44. sahifesinde bu hususta şu malumat vardır:

"Ertesi günü Fransız konsolosluğunda yeniden toplanan

diğer büyük devletlerin mümessillerini celbederek bunlarla istişareye başlamış ve ilk önce, İzmir ile İstanbul sonra da İstanbul ile Paris arasında uzun muhâberelere girişmişti."

Yukarıya aldığımız, Midhat Paşa'nın oğlu Ali Haydar Midhat'ın *Hatıralarım* adlı kitabındaki kısmından da anlaşılmaktadır ki, Midhat Paşa hakkında alınan karardan malumattardır fakat, İngilizlerin birinci derecede alâkadar oldukları Midhat Paşa'yı İzmir'den kaçırmak için aldıkları tedbirlerin akâmete uğramasından da Ali Haydar Midhat acı acı şikayet etmektedir.

Demek oluyor ki Midhat Paşa, İzmir'de Fransız konsolosluğuna iltica etmeden önce İngiliz konsolosluğuna sığınmayı düşünmüş, hatta buna düşünmüş de denemez, oraya gitmek üzere yola çıkmış lâkin, İzmir'deki İngiliz Başkonsolosu mr. Denis'in İzmir'de bulunmadığını hatırlayınca mecburen Fransız konsolosluğuna iltica etmiştir.

Tipik bir ayrılıştı bu İngiliz Başkonsolosunun İzmir'den ayrılışı. Eğer Midhat Paşa Kordon'daki askerlerden yakasını sıyırıp da kaçabilmiş olsa idi, hiç kimse İngiliz diplomatlarını itham edemeyecek, böylece İngiliz diplomatları, tereyağdan kıl çeker gibi hadisenin içinden sıyrılacaklardı. Böylece de Fransızlar müşkil mevkide kalacak ve Midhat Paşa'nın, Suriye valiliği sırasındaki Fransız dostluğu su yüzüne çıkacak, Türkiye ile Fransa'nın aralarının açılmasına bi'l-vesîle diplomatik birtakım nâhoş hadiselerin Fransa'nın başına patlamasına sebep olacaktı lâkin, Sultan Abdülhamid Han, zamanında her türlü tedbirlerini almış ve Midhat Paşa'nın kaçmasına kat'iyyen mâni olmuştur.

Kaldı ki, kaçmak keyfiyetinin esas manasını anlamak için de gayret sarfetmeye lüzum yoktur. Midhat Paşa niçin kaçmak istemiştir? Sultan Abdülaziz Han'ın katlinde medhaldâr olduğu için mi? Midhat Paşa, madem ki bu cinayete iştirak etmemişti. Midhat Paşa madem ki bir hâkânın katlinde rol almamış tertemiz bir insandı, neden dolayı kaçmak istemektedir? Neden dolayı Türk adliyesinden, Türk adaletinden şüphe etmektedir?

Bir an için bütün şüphelerinin yerinde olduğunu farzedelim, sonunun nasıl biteceği belli olmayan bir mahkemenin huzuruna rahatça çıkabilir ve iddialarında musir olduğu *katle teşebbüste* herhangi bir dahli olmadığı hususundaki kanaatini memleketinin hakimleri önünde, Yıldız mahkemesinde müdafaa ettiği gibi, öylece müdafaa eder ve kaçmayı düşünmezdi. Kaçmayı mazur görsek dahi, bu kaçışı niçin bir yabancı devletin desteğini alarak tahakkuk safhasına çıkarmak yoluna gitmiştir? Bütün bu sualler, mukadder suallerdir ve bu ve bunun gibi sualler Midhat Paşa'yı daima itham etmeye kifâyet edecektir.

Sonra Midhat Paşa yaptığı hareketin, yani ilticâ hareketinin nasıl bir netice tevlit edeceğini düşünemeyecek kadar da basiretsiz bir insandı. Midhat Paşa'nın bilmesi lazımdı ki, Yıldız istihbarat teşkilatının içinde birkaç Fransız devlet adamı veya birkaç İngiliz de her zaman mevcuttu ve Sultan Abdülhamid Han bunları rahatça kullanabiliyordu. Sığınsa bile, Abdülhamid Han'ın kendisini almak için her çareye başvuracağını da Midhat Paşa'nın düşünmesi iktizâ ederdi. Midhat Paşa'nın ne Fransız, ne de İngiltere siyasileri nezdinde, Osmanlı İmparatorluğu ile siyasi münasebetlerini zedeleyecek kadar bir siyasi kıymeti yoktu. Yani açıkçası, ne İngiltere, ne de Fransa, bir Midhat Paşa için, bir asırdan beri takip ettikleri siyaseti temelinden yıkacak böyle bir harekete, himâyeye rıza göstermezlerdi. Nitekim Midhat Paşa'nın himâyesini talep ettiği Fransız hükümeti, kendisini başından atmak için durmadan emirler vermiş ve gerek İstanbul'daki Fransız sefirine, gerek İzmir'deki Fransız Başkonsolosu mösyö Pellisiye'ye, Midhat Paşa'nın, başlarına dert açmak niyetinde olduğunu bildiriyordu.

Bu husustaki vesâik, Bilal N. Şimşir'in *Fransız Belgeleri ile Midhat Paşa'nın Sonu* adlı kitabında mevcuttur. Yazar, bu eserinin 40. sahifesinde şu malumatı vermektedir:

"Tevkif edileceğini bir müddetten beri haber almış bulunan Midhat Paşa, gafil avlanmamış, kurtuluşu kaçmakta aramış ve İzmir'deki Fransız konsolosluğuna sığınmıştır. Başkonsolos

Pelissiye de Reynaud, yardımcı konsolos Dutel ile birlikte paşayı kabul etmişlerdir. Durumu tesbit eden bir zabıt tutulmuş ve imza edilmiştir. Türk askerleri, Midhat Paşa'yı almak için Fransız konsolosluğuna girmeye kalkışmamışlardır. Haber, tabiatıyla derhal İstanbul'a ulaştırılmış ve sığınma hadisesi Türkiye ile Fransa arasında bir mesele olmuştur. 17 Mayıs 1881 sabahı, Sultan Abdülhamid, İstanbul'daki Fransız büyükelçisi Tissot'yu durumdan haberdar etmiş ve aynı zamanda 'adi suçlu bir şahsa' Fransız himâyesinin bahşedilmemesini istemiştir dedikten sonra, yazar Bilal N. Şimşir, Fransız sefirinin, Tunus meselesinden dolayı, Fransa ile Osmanlı İmparatorluğu arasındaki gergin durumu hesap ettiğini, bu sebeple de, Midhat Paşa'nın derhal iadesi için Hariciye Nezâreti'ne müracaat ettiğini kaydetmektedir."

Burada dikkat edilecek husus, Fransa'nın Osmanlı İmparatorluğu ile olan Tunus ihtilafı değildir. İstanbul'daki Fransız sefirini Midhat Paşa'nın iadesine sevkeden âmil, bizzat kendisinin ve Fransız Hariciye Nezâreti'nin, *Midhat Paşa'nın İngiliz ajanı olduğuna* dair besledikleri kafi kanaattir.

Midhat Paşa'nın iadesi keyfiyetinde Tunus meselesinin ehemmiyeti pek geride kalmaktadır, zira Fransa, Tunus ile 1800 yıllarından sonra meşgul olmuştur. Halbuki aynı Fransa, Ortadoğu'da ve bilhassa Suriye'de büyük ehemmiyet verdiği bir siyasetin muakkibidir. Bu siyaset ise, tarih boyunca daima Katolikliğin hâmisi ve müdâfii olan Fransa'nın, aynı siyaseti Ortadoğu'da da takip etmesi şeklinde tecelli etmektedir. Binaenaleyh hadiseden yirmialtı yıl evvel, aynı siyasetin takipçisi olarak ve emânât-ı mukaddese meselesinden dolayı Rusya ile bir harbi dahi göze almış ve bu harbi İngiliz ve Türk müttefikleri ile birlikte Kırım'da yapmış olan Fransa, Midhat Paşa'nın Ortadoğu'da İngilizler hesabına, Fransa'nın bu siyasetini temelden yıkmaya matuf çalışmalarını pek büyük bir dikkatle takip etmiştir. Bu takip sonunda ise, Midhat Paşa'nın bir İngiliz ajanı olduğu hususunda aynı devletin Hariciye Nezâreti'nde de İstanbul'daki sefirinde de kat'i bir kanaat hâsıl olmuştur.

Bu duruma göre, demek oluyor ki Fransa, Midhat Paşa'nın derhal iadesi lazım geldiğine dair kararını verirken, Tunus meselesini değil, Fransa'nın birkaç asırdır devam ettirdiği Ortadoğu Katolik hâmiliği siyasetini herşeyin üstünde tuttuğu anlaşılmaktadır.

Bu sebeple büyükelçi, derhal Midhat Paşa'nın iadesini talep etmekle Fransa'ya hizmet ettiğine kânidir.

Bilal N. Şimşir, bu hususu, kendi kanaati olarak, aynı eserin 40. ve müteakip sahifelerinde şöyle nakletmektedir:

"Büyükelçiye göre, Midhat Paşa bir katildir. Abdülaziz'in öldürülmesine birinci derecede karışmıştır ve Fransa'nın bir kâtile himâye bahşetmeye hakkı yoktur. Üstelik paşa, daima Fransa'nın *can düşmanı* olmuş, İngiltere'yi Fransa'ya karşı kullanmıştır. Şimdi İngiltere konsolosluğuna değil de Fransız konsolosluğuna sığınmış olması, Türk-Fransız münasebetlerinin gerginliğine güvenmesinden ileri gelmiştir. Büyükelçinin kanaatına göre, bu münasebetleri düzeltebilecek birşey varsa o da, Midhat Paşa'yı derhal teslim etmektir. Bu hususta tereddüde yer yoktur."

Bu mütalaa tamamen doğrudur. Ancak, Ali Haydar Midhat'ın hatıralarında da bildirdiği gibi Midhat Paşa, selameti kaçmakta bulmuş, kaçamayınca da İngiliz konsolosluğuna sığınmayı düşünmüştü fakat o sıralarda İngiltere'nin İzmir Başkonsolosu Denis'in İzmir'de olmayışı, kendisine Fransız konsolosluğuna iltica fikrini vermiştir.

Fransız sefirinin bu düşüncesinden şu anlaşılmaktadır ki Midhat Paşa, firar ederken dahi Osmanlı-Fransız münasebetlerini bir kat daha berbat etmek hususunda kararlıdır. Ve belki de bu kararı, sadece kendisi değil İngiliz diplomatları ile birlikte vermiştir.

Zira Osmanlı hudutları içinde fevkalade bir istihbarat teşkilatı kurmuş olan İngiltere'nin, Sultan Abdülhamid Han'ın, Midhat Paşa'yı tevkif etmek isteğinden malumatlar olmaması akla uzak bir

Paşa'nın nasıl bir tenâkuz içinde olduğunu daha açık olarak anlatabilelim. Midhat Paşa'nın oğlu Ali Haydar Midhat, hatıralarının bir yerinde, Midhat Paşa'nın tevkif edileceği gece Osmanlı İmparatorluğu hudutlarının dışına kaçmak için her şeyin hazır olduğunu, rıhtımda bekleyen Joly kampanyasının bir vapuruna binmek için rıhtıma gittiğini, fakat rıhtıma yanaşmanın mümkün olmadığını, zira Kordon'un askerler tarafından tutulduğunu yazmaktadır. Aynı Ali Haydar Midhat, kitabının 72. sahifesinde bu hakikatin tam aksini yazmakta ve Midhat Paşa'nın hiçbir suretle memleketten kaçmak istemediğini ısrarla tebârüz ettirmektedir.

Ali Haydar Midhat, *Hatıralarım* adlı eserinin bu kısmında şöyle demektedir:

"Midhat Paşa'nın İstanbul'daki dostları, (bu dostlar kimlerdir, İngilizler veya münasebet kurduğu levantenler mi?) fırtınanın ne taraftan doğru esmeye başladığını fark ettiklerinden, suret-i mahsûsada İzmir'e adam göndererek ve birçok da mektuplar yazarak, Midhat Paşa'ya ısrarla kaçmasını tavsiye ediyorlardı. Diğer taraftan, ecnebi dostları da bu tavsiyelere iştirak ile, hususi bir vapur temini vaat ve teklifinde bulunmuşlardı. Bütün bu haller devam eder dururken, Abdülhamid de fırsattan bi'l-istifade maksadını mevki-i tatbike koymak üzere son hazırlıklarını itmâm ile meşgul bulunuyordu. Midhat Paşa, Abdülhamid gibi bir adamdan her şey beklemekle beraber, hiç de kaçmak arzusunda değildi... Velev ki canını kurtarmak için dahi olsa kaçtığı takdirde, böyle bir hareketin, aleyhinde serdedilmekte olan türlü ithamların az-çok doğru olduğuna dair açık bir itirafı gösterileceğinden çekiniyor ve sırası gelince aleyhindeki ittiham ve iddiaların hepsine cevap vererek, kolaylıkla reddedebileceğinden şüphe etmiyordu."

Evet bakınız, Midhat Paşa nasıl bir düşünce içindedir. Peki, madem ki Midhat Paşa kaçmak istememiştir, madem ki paşa, açık alınla Türk adliyesi önünde hesap vermek istemektedir, peki Fransız Konsolosluğu'na sığınması nasıl izah edilebilecektir?

Kaçması bi'l-farz düşünülebilir bir keyfiyettir. Nihayet kaçması, memleket hudutları dışına çıkması demektir. Ve esâsen buna da Jön Türk hareketine liderlik ettiği eski yıllardan itibaren pek alışıktır. Ama bir yabancı devletin konsoloshanesine sığınması, asla düşünülecek bir hareket değildir. Zira, böyle bir hareket devletin de, milletin de manevi şahsiyeti ile oynamak, onu hiç'e indirmek, devleti yok farzetmek demektir. Bu hareketin icrası ise, düpedüz devlete de millete de ihanet olacaktı. Bu hususu Midhat Paşa'nın düşünmemiş olmasını kabulde mazuruz ve oğlu Ali Haydar Midhat, birkaç sahife ara ile *Hatıralarım* adlı eserinde, babasını bundan daha açık bir şekilde de itham edemezdi.

Bir insan canı pahasına da olsa memleketinden kaçmayı düşünmeyecek, sonra da bir yabancı devletin konsolosluğuna sığınacak, "Benim canım tehlikededir", "Ben canımı büyük devletlerin kefâleti altına terkediyorum" diyecek ve bu işe bütün yabancı devlet konsoloslarını sokarak, siyasi pek büyük bir skandala sebebiyet verecek ve sonra da bu insan büyük vatanperver olacak!...

Midhat Paşa, bu hususu bizzat kendi ağzı ile ve Yıldız Mahkemesi'nin cereyan ettiği Malta Köşkü'nde beyan etmiş bulunmaktadır. Midhat Paşa'nın bu beyanı için, İbnü'l-Emin Mahmud Kemal İnal Beyefendi, *Son Sadrazamlar* adlı eserinin 385. sahifesinde şunları yazmaktadır:

Yıldız Sarayı'nda icra kılınan istintakta Midhat Paşa diyor ki:

"Fransız Konsoloshanesine gitmekliğim, tarih-i ömrümün bir lekesidir, (bunun) yalnız bana değil evlâd u agâhıma dahi kalacak bir şeyn ve ar olduğunu itiraf ederim."

Bizzat kendisi tarafından söylenen bu söze bizim ilave edecek herhangi bir sözümüz olamaz.

Yıldız'da cereyan eden muhâkeme sonunda, mahkeme heyeti, Midhat, Mahmud Celâleddin ve Nuri Paşaları ve diğerlerini idama mahkum ettikten sonra, İngilizlerin Sultan Abdülhamid nezdinde bazı teşebbüslerde bulunduklarına şahit olmaktayız.

Times gazetesinin daimi olarak yaptığı ve Sultan Abdülhamid'in

Midhat Paşa ve arkadaşlarını muhâkemeye cesaret edemeyeceğine dair olan neşriyâtı, mahkeme başlamadan evvel İngiliz hükümetindeki kanaati aksettirmektedir.

İngilizler, dünyanın en büyük devleti olması ve bilhassa Osmanlı İmparatorluğu içinde pek büyük bir istihbarat teşkilatına ve dostlara mâlik olması dolayısıyla, hakikaten Sultan Abdülhamid'in bu eski adamlarını, yani Midhat Paşa'yı mahkeme edemeyeceğine kâni idiler. Fakat iş tam aksi istikamette tecelli etmiş, Sultan Abdülhamid Han, ne İngiliz hükümetinin endirekt teşebbüslerini, ne İngiliz *Times* gazetesinin aleyhteki ağır yazılarını nazar-ı dikkate almamış ve Midhat Paşa'yı, şehit Sultan Abdülaziz'in kâtili olarak muhâkeme ve idama mahkum ettirmiştir. Mahkemenin bî-taraf olmadığını iddia edenler, Midhat Paşa'nın oğlu Ali Haydar Midhat'ın *Hatıralarım* adlı hatıratını okumak zahmetine katlanabilirlerse, bu zâtın, mahkeme reisi Sururi Efendi'nin, Midhat Paşa ile sevişmedikleri için paşanın sorgularında yerini Hristoforidis'e ter ederek celseden çıktığını okuyabilirler. Böylesine bir adlî istikamet içinde ve böylesine bî-taraflık hissi ile hareket eden bir mahkemeyi itham etmek insafın da, iz'anın da dışındadır.

Yıldız Mahkemesi'nin itham edilmesi ve Midhat Paşa'nın suçsuz olarak idama mahkum edilmiş olmasını dillerine dolayanlar, Devlet'in nasıl bir hristiyan tasallutu altında bulunduğunu bilmeyenlerdir. Eğer tarih bir gün bütün hakikatleri ihtivâ ederek yazılırsa, şimdi baş tâcı ettiğimiz ve hristiyan propagandasının, salip fikrinden hareket ederek şişirdiği ve Türk milletine *vatan-perver, milliyet-perver, büyük devlet adamı* olarak takdim ettiği insanların, hristiyan menfaatına nasıl âlet edildiklerini pek açık olarak okumak ve bu hakikatlere vâkıf olmak imkanlarını bulabileceğiz. Biz bu hususta sadece bir deneme yaptık.

Bu mevzuda son sözlerimizi söylemeden önce şunu ifade etmek yerinde olur ki, Türkiye'de bugün okutulan tarih, öğretilen tarihî meseleler, bugün dahi salibin tesirinden kendilerini kurtaramamış ve bütün menbaları hristiyan olan tarih ilmini kitap halinde

Türk halkına takdim eden, zahmetsiz şöhrete ulaşmış insanların kaleminden çıkmadır. Hangi tarih mevzuunu ele alırsak alalım, me'haz olarak gösterilenler, daima Batılı kaynaklardır. Mesela bu kaynaklar şöyle sıralanabilir:

Hammer

Kritovolos

Yorga

Babinger

Albert Sorel

Bu isimler, tarih ilminde dünya çapında şöhrete ulaşmış insanlardır. Ama düşünmek lazımdır ki, onlar hristiyandırlar ve hükümleri, salib'in hilal'e karşı açtığı amansız mücadelenin içinde ve onun tesirlerinden kurtulamadan gelmektedir.

Biz, bir tarih yaratmak değil, Türk tarihini tedkik edecek, onu en doğru şekilde Türk nesillerine takdim edecek insanlara muhtacız. Bu yapılmadıkça, Türkiye'de bir tarih felsefesi gerçekleşmedikçe, Türk milleti kendi tarihini işte Türk'e düşman bu insanların kaleminden ve hükümlerinden okumak mecburiyetinde kalacak ve milli hükümlerinde daima yanılacaktır.

Pendik
1 Eylül 1970
Raif KARADAĞ

yabancı konsoloslara Midhat Paşa şu beyanda bulunmuştur: Efendiler, Sultan'ın Adliye nâzırından (tabire dikkat ediniz) bir telgraf almış bulunuyorum. Bununla nâzır, benim de karışmış bulunduğum söylenen davanın muntazam şekilde yürütüleceğini, bizzat gelip adlî tahkikatı idare edeceğini ve hayatım bakımından hiçbir korkum olmaması gerektiğini bana temin ederek, teslim olmamı rica etmektedir. Bu telgrafa güvenerek teslim oluyorum."

Yabancı konsoloslar bu beyanı "senet ittihaz ediyorlar." Midhat Paşa'nın elinden, Adliye nâzırının söz konusu olan telgrafının aslını alıyorlar ve durumu tesbit eden bir zabıt imzalıyorlar.

Midhat Paşa, aslında Adliye nâzırının teminatına tam güvendiği için değil, başka çaresi kalmadığı için teslim olmak mecburiyetinde kalmıştır.

Burada dikkat edilecek husus, Midhat Paşa'nın hiçbir suretle teslim olmak istememek kararıdır fakat, Midhat Paşa ümit ettiği kapıların kapandığını pek acı bir hakikat olarak müşâhade etmiş ve bedbinliğe düşmüştür. Eski dostları İngilizler, artık kendisi ile meşgul olmamışlar ve Midhat Paşa'nın kaderini Fransa'nın kararına terketmişlerdir. Nitekim Londra'da İngiliz veliahtı ile samimi münasebetler kuran, hatta Kraliçe Viktorya ile de bizzat veliaht prensin tertip ettiği anlaşılan bir randevuda tanışmak imkanını bulan Midhat Paşa'ya, bütün bu dostluklara rağmen yardım ellerini uzatmamışlar ve kendisini kaderi ile baş başa bırakmışlardır.

Bu hadise Midhat Paşa için ibret alınması iktizâ eden bir vâkıa idi fakat, Midhat Paşa'da bu ve emsâli hadiselerden ibret alacak basiret mevcut değildi. Eğer o basiret mevcut olsa idi, ne önce İngiliz Konsolosluğu'na iltica etmek gibi bir garâbete düşecek, ne de Fransız Konsolosluğu'na sığınarak etrafı velveleye vermek isteyen bir eda takınmayacaktı.

Midhat Paşa, Fransız Konsolosluğu'na sığındığı günden itibaren kafasında tasarladığı, âl-i Midhat Saltanatını; ne memâlik-i Osmâniye'de, ne de Suriye'de kuramayacağını anlamış, sâdık ve sâbık dostları İngilizlerin oyununa geldiğini pek geç anlamıştı.

YILDIZ MAHKEMESİ

Midhat Paşa, İzmir'den İstanbul'a getirilmiş ve tarihe *Yıldız Mahkemesi* olarak geçen duruşmalara, 27 Haziran 1881 tarihinde, Yıldız Sarayı'nın bahçesinde büyük bir çadır içinde başlanmıştı.

Mahkeme heyeti şu zevattan teşekkül etmekte idi:

Mahkeme reisi : Temyiz mahkemesi reisi, ulemâdan Sururi Efendi (Türk)

Azalar : Hristoferides Efendi (Rum), Emin Bey (Macar dönmesi), Takvor Efendi (Ermeni), Hüseyin Bey, Hacı Emin Bey (Türk)

Müddeî-i umumi : Latif Bey (Türk)

Mahkeme heyetinin teşkil tarzına bakılırsa, Sultan Abdülhamid Han, her türlü ithamı peşinen reddetmek istemiştir. Zira mahkeme heyetinde, biri dönme, diğer ikisi gayr-i müslim insan vardır. Bilinmektedir ki, o devirde bütün gayr-i müslimler Avrupa devletleri tarafından daima tahrik edilmekte ve istiklal fikirleri etrafında toplanmakta idi. Ve rahatça iddia edilebilir ki, yine o tarihte, bütün bu gayr-i müslim unsurlar devlet-i aliyyenin mahvı için durmadan, dinlenmeden gayret sarfediyorlardı.

Binaenaleyh, böyle bir mahkemeden sâdır olacak herhangi bir karar, hiçbir suretle tesir altında kalınmadan verilmiş olacaktı. Nitekim duruşma sırasında takip edilen usul, bunun böyle olduğunu göstermiştir.

Buna rağmen, mahkemenin tam tarafsızlığı birtakım mehâfil tarafından suistimal edilmiş ve mahkemenin bî-taraflığını terkettiği ileri sürülmekle de kal(ın)mamış, mahkemeye en ağır ithamlar savrulmuştur.

Mesela, Ali Haydar Midhat bunlardan bir tanesidir. Bu zat, babasının mahkemesini yapacak olan Yıldız Mahkemesi ve mahkeme heyeti hakkında şu sözleri sarfetmektedir:

Hatıralarım adlı eserinde ve 71. sahifesinde bu zat demektedir ki:

"Nihayet, 1881 senesi iptidâlarında, saray ve taraftarları, umumi taarruza geçmeye karar vermişlerdi. Abdülhamid'in direktifi ile 'Abdülaziz intihar etmedi, öldürüldü' gibi bir iftira meydana konmuştu. Derhal faaliyete geçerek, böyle hayali bir cinayetin yalancı şahitleri temin edilmiş, birtakım adamlar da işkencelerle yalan söylemeye mecbur tutulmuştu. Damat Mahmud Celâleddin Paşa, Damat Nuri Paşa, Abdülaziz'in mâbeyncisi Fahri Bey ve daha birçok kişinin bu işte methaldâr oldukları iddiası ile, sözde irticanın bir kısım düşmanları hapsedilerek sorguları yapılmak üzere Yıldız Sarayı'nda düzme bir de heyet-i tahkîkiye kurulmuştu."

Midhat Paşa'nın oğlunun böyle düşünmesi ve yazması elbette kendi nokta-i nazarından doğrudur. Lâkin, tarih ve hakikat çok başkadır. Tarih ve hakikat gün gibi açıktadır ve Midhat Paşa, Sultan Abdülaziz Han'ın katlinde oynadığı rol bakımından idama mahkum edilmiştir.

Ancak, elinde böyle bir hüküm olmasına rağmen, Sultan Abdülhamid Han, kandan hoşlanmayan bir sultân-ı âlî-şân olmak hasebiyle, kılına bile dokunmamış, onu sadece Taif'e sürgün ve hapsetmiştir.

Ali Haydar Midhat, aynı hatıralarının 72. sahifesinde, İstanbul'dan Londra'ya gönderilen bir yazıdan da bahsetmektedir. Bu yazı, Londra'da intişar eden *Times* gazetesinin İstanbul muhabiri tarafından kaleme alınmış bulunmaktadır. Muhabir yazısında, Yıldız Mahkemesi ile alâkalı olarak diyor ki:

"İleri sürülen ithamların âdi bir entrikadan ibaret olduğu, şimdi artık tamamı ile tebeyyün ediyor. Bu işte, bizzat Sultan'ın bile daha ileri gitmeye cesareti yok. Tahminlere göre, muhâkeme safhasına geçilmeye cesaret edilmeyerek, her iki damadın ve birkaç kişinin nefyedilmesi ile iktifâ olunacaktır. Abdülhamid'in en yakın dostları, tutulan yolun, yalnız kendisi için değil bütün hanedan için gayet tehlikeli olduğuna kâni bulunuyorlar. Abdülhamid, şimdiye kadar olan samimi nasihatları dinlemeyerek, kendisini müzevirlerin yalancı sözlerine kaptırmış olduğundan, her halde bugün nâdim olmuş bulunmaktadır. Teessüfe şâyân olan bir cihet de, müzevirlerin meş'um teşebbüsat ve faaliyetlerine hâlâ devam etmek imkanını bulabilmeleridir. Bilhassa *Tercümanı Hakikat*, bugün 'Büyük-küçük bütün kabahatlılar behemehal tevkif ve tecziye edilmelidir' diye türlü makaleler yazıyor ve maalesef, bu gibi yazılara Midhat Paşa gibi bir kimsenin de ismi karıştırılıyor."

Times gazetesinin bu yazısı, Midhat Paşa'yı kurtarmaktan çok, onu manevi bakımdan tatmin etmekten ileriye geçmemişti ve İngiltere hükümeti, Sultan Abdülhamid Han nezdinde herhangi bir ciddi teşebbüste de bulunmamıştır. Esâsen Midhat Paşa'nın, İzmir'de Fransız Konsolosluğu'na sığınması hadisesi de, İngiltere'nin Midhat Paşa hakkında daha fazla birşey yapmak istemediğini açıkça isbat etmektedir. Çünkü Midhat Paşa'nın kaçmasını –paşanın oğlu Ali Haydar Midhat'ın da hatıralarında teyit ettiği gibi– planlayan ve tatbik sahasına koyanlardan biri olması büyük bir ihtimal dahilinde olan, İngiltere'nin İzmir Başkonsolosu mr. Denis'in, firar hadisesi sırasında İzmir'de bulunmayışı İngiliz diplomasisinin Midhat Paşa'yı daha fazla tutmak istememesine bir delil olarak kabul etmek en doğru ve mantıki bir harekettir.

Nitekim, bundan sonra gelişen hadiseler ve İngiltere'nin davranışları bunu isbat etmektedir.

İngiltere, her zaman yaptığı gibi Midhat Paşa'yı, kendisine faydalı olduğu noktaya kadar tutmuş, ondan sonra da silkeleyip atmıştır.

Ancak bu arada bir noktaya daha temas etmek isteriz ki, Midhat